한국경제, 재생의 길은 있는가

구조조정 실험의 평가와 전망

한국경제, 재생의 길은 있는가

구조조정 실험의 평가와 전망

이병천·조원희 편

당대

한국경제, 재생의 길은 있는가
구조조정 실험의 평가와 전망

ⓒ 이병천·조원희, 2001

지은이/이병천·조원희
펴낸이/김종삼
펴낸곳/도서출판 당대

제1판 제1쇄 인쇄 2001년 8월 23일
제1판 제1쇄 발행 2001년 8월 28일

등록/1995년 4월 21일(제10-1149호)
주소/서울시 마포구 연남동 509-2, 3층 ⑨ 121-240
전화/323-1316 팩스/323-1317
전자주소/dangbi@chollian.net

ISBN 89-8163-071-2

머리말

김대중정부가 집권하여 한국경제의 구조조정 실험을 추진해 온 지 3년 반이 지났다. 이 실험은 한때 큰 성공을 거둔 것처럼 보였다. 그래서 정부와 IMF는 한국이 유례 없이 빠르게 위기극복에 성공한 모범국가라고 평가한 적도 있었다. 그러나 회복이 빨랐던 만큼이나 그 추락도 빨랐고, 지금 한국경제는 일시적 회복 이후 다시 침체국면에 들어가 있다. 국내외 상황 모두가 짙은 안개 속이다. 한국경제가 일본형 장기복합 불황으로 빠져들 것인지, 라틴아메리카형으로 추락할 것인지, 아니면 정부의 구상대로 성공적으로 '대처의 영국형'으로 변모하게 될 것인지, 논의가 분분하다. 이러한 상황에 즈음하여, 우리는 다시금 1997년 위기이후 한국경제의 전환과 현단계에 대한 면밀한 분석과 평가가 필요함을 느낀다. 새로운 진로와 실현 가능한 민주적 대안에 대해 보다 깊은 고민이 요구됨은 두말할 나위도 없다. 이 책은 이러한 요구에 부응하기 위한 노력의 일환으로 만들어졌다.

이 공동연구는 제도경제연구회와 참여사회연구소 두 단체의 합작품 성격을 가지고 있다. 제도경제연구회는 1998년『위기 그리고 대전환』(당대)의 출간 이후, 라인형 자본주의를 중심으로 하여 전환기 각국 자본주의에 대한 공동연구와 동시에, 김대중정부 시기 구조조정 문제를 중심으로 한국경제에 대한 새로운 공동연구에 착수하였다. 앞의 세계편은 최근『미국식 자본주의와 사회민주적 대안』으로 출간되었다. 그런데 연구회의 한국경제에 대한 연구는 마침 참여사회연구소 대안경제 연구분과가 진행하고 있던 연구와 여러모로 보완관계를 가지고 있었다. 그래서 상의 결과 두 공동연구를 하나의 책으로 묶어내기로 결정한 것이다.

이 책은 구조조정에 대한 연구와 사회운동에 대한 연구를 모두 포괄하고 있다. 마땅히 두 권으로 나누어 발간해야 할 분량을 한 권으로 묶다 보니 여러 가지로 무리를 많이 하게 되었다. 편집상 축소 구조조정이 불가피하여 일부 원고는 싣지 못하였다. 그리고 연구분야뿐 아니라 참여자 수가 많아진 만큼이나 견해차이도 커졌다. 사회운동편과 구조조정편 모두에 많은 견해차이가 존재한다. 구조조정편에서 특히 이윤호, 김연명의 글과 다른 글들 간에는 상당한 간극이 있음을 밝혀둔다. 그러나 통일성의 부족은 분명히 이 책의 약점이라고 할 수 있겠지만, 이종교배를 통해 우리의 연구는 건설적인 자극을 받았다.

이 공동연구는 특별한 연구기금이 없이 이루어졌다. 이는 오랫동안 연구의 진전을 지지부진하게 만든 큰 장애요인이기도 했지만, 오로지 금전적 대가에 구애받지 않는 참여자들의 헌신과 열정에 힘입어 이 정도나마 연구결실을 보게 되었다. 특히 연구회 및 연구소의 회원이 아니면서도 기고해 주신 분들, 사회운동편에 글을 주신 분들께 깊이 감사드린다. 그리고 여러 토론기회에 논평을 통해 글의 개선에 큰 도움을 주신 김기원, 장상환, 유종일, 장하원을 비롯한 여러 논평자들께도 감사드린다. 수록된 글 가운데 유철규·조원희의 초고는 참여사회연구소 주최 심포지엄 "기로에 선 한국경제와 새로운 대안의 모색"(2000. 12)에서, 임주영·김성희의 초고는 참여사회연구소 월례정책포럼(5회, 6회)에서, 그리고 조영철·이병천의 초고는 한국사회경제학회회지(『사회경제평론』 제12호)와 학술대회(2001년 여름)에서 각각 발표된 바 있다. 그 밖의 원고들은 대부분 제도경제연구회의 내부 발표와 토론을 거쳤다.

공동연구에 착수하여 이 책이 발간되기까지 오랜 시간이 걸렸다. 많은 분들이 일찍 원고를 보내주셨는데도 불구하고, 뒤늦게 이제야 책을 출간하게 되어 송구스럽기 짝이 없다. 그리고 당대출판사의 박미옥 사장과 김천희 편집부장께는 제도경제연구회의 『위기 그리고 대전환』 발간 이래 많은 신세를 지고 있는데, 이번 책의 경우는 유난히 시간이 지체되고 원고 분량도 턱없이 많아 출판사에 많은 부담을 주게 되었다. 사과와 함께 깊은 감사의 마음을 전한다.

현실의 대지로 내려올수록 '추상에서 구체로' 진전하려 하면 할수록, 벅찬 과제에 비해 우리가 가진 연구능력이 턱없이 부족함을 절감한다. 무엇보다 해당 분야에 대한 전문지식이 부족함을 솔직히 고백하지 않을 수 없다. 독자들은 분명히 이 책의 여기저기서 갖가지 결함들을 발견하게 될 것이다. 독자들의 기탄 없는 비판과 격려를 기대한다.

2001년 7월 26일
이병천·조원희

차 례

전환기의 한국경제와 김대중정부의 구조조정 실험

글로벌 스탠더드와 구체제의 악조합

이 병 천*

"우리는 신보수주의라는 복고시대에 살고 있다. 이 보수주의 혁명은 사회적 규범을
제압하는 시장법칙의 고유한 논리에 따라 움직이는 경제세계의 법칙을 표명한다.
또한 그것은 금융시장의 지배, 최대이윤을 추구하는 자본주의의 법칙을
찬미한다―그러나 심장은 왼쪽에서 뛴다."   오스카 라퐁텐(1999)

"기업, 은행, 연기금, 고용, 신탁, 계약 및 상업에 관련된 법률은 특정 사회가 어떤
종류의 자본주의를 원하는가에 대한 의식적인 선택을 반영합니다. 그 법은 재산
소유자들이나 사적 주주들이 아닌 다른 이익에 유리하도록 제정될 수 있습니다.
우리는 기업이사들이 이윤을 극대화하는 것 이상의 일을 하도록 요구할 수 있습니다.
또한 우리는 이사회에 노동자들을 대표하는 이사들이 포함되도록 요구할 수
있습니다."   윌 허튼(2000)

1. 시장경제 이행전략과 전환기의 한국경제

김대중정부가 집권하여 한국경제사상 유례가 없는 구조조정 실험을
추진해 온 지 3년 반이 넘었다. 우리 모두가 너나할것없이 휩쓸려 들어
가 있는 이 고통스런 소용돌이의 실체는 무엇인가. 김대중정부의 구조조
정 실험은 우리를 어디로 이끌어가고 있는가. 이는 한국경제의 선진화와
국민대중의 삶의 질 향상을 위한 기틀을 마련해 주고 있는가, 아니면 그

* 강원대학교 경제무역학부 교수

와는 반대로 국민경제, 대중의 삶의 질 그리고 민주주의 이 모두를 궁지에 빠트리는 악순환의 함정 속으로 인도하고 있는가. 3년 반이라는 기간은 구조조정의 성과를 평가하기에는 짧은 기간이라는 지적이 있다. 적어도 10년 내지 20년을 놓고 보아야 한다는 것이다. 이는 틀린 지적은 아니다. 그러나 이제 집권 후반기를 맞은 김대중정부는 임기의 대차대조표를 생각할 때가 되었다. 경제개혁도 마무리 단계에 있으며, 국민들이 이 정부로부터 물려받을 경제개혁의 유산을 냉철히 검토해야 할 시점이 된 것이다.

정부는 올해 초 집권 3년에 즈음하여 그간 추진한 개혁의 결과, 자율과 책임, 공정경쟁이 지켜지는 시장경제 시스템의 기본틀이 정비되었다고 자평했다. 그러면서 이 기본틀을 바탕으로 이후에는 시장에 의한 자율개혁, 자율과 책임을 바탕으로 하는 상시 개혁시스템으로 나아갈 것이라는 일정도 밝힌 바 있다(재정경제부 2001).

그러나 정작 한국경제의 실상은 어떠한가. 우리는 그간 정부가 기울여온 노력을 모르는 바 아니지만, 정부의 자평은 현실과 괴리가 매우 크며, 한국경제가 직면해 있는 문제의 심각성과 그 근원을 제대로 인식하지 못하고 있는 것으로 보인다. 1999년 IMF위기 이후 3년 반이 지난 한국경제는 그 동안 일시적인 '회복의 막간'[1]이 있기는 했지만, 여전히 위기터널에서 벗어나지 못하고 있다. 한국경제가 처한 현재의 어려움은 단순히 단기적인 경기침체는 아니다. 우리 경제는 다음과 같은 복합적인 위기적 상황에 직면해 있는 것으로 보인다.[2]

첫째, 사회적 통합과 민주주의 실종의 위기이다. 한국사회는 점점 더 80의 다수자를 배제하고 그 희생 위에서 20의 소수자가 살찌는 '20 대 80의 사회', 두 국민으로 양극분열된 사회로 나아가고 있다. 공정한 고통분담 및 권한과 책임의 상호성 원칙은 실종되었다. 국민대중의 참여민주적 시장경제에 대한 요구는 자유시장주의에 의해, 탈군부독재시기 기득권옹호의 지배적 논리로 등장한 이른바 자율개혁의 논리——이는 언론 개혁정국에서 잘 입증되고 있다——에 의해 예방되고 감금·봉쇄되었다. 2000년 말 이래 다시금 '강한 정부'의 기치를 내세운 정부는 대재벌과는 특혜적 신개입주의로 결합하면서 노동은 더욱 억압하는 퇴행적 방식으로 위기타개를 기도함으로써 사회적 통합과 민주주의 실종의 위기를 심화시키고 있다.

둘째, 국민경제 대외종속과 시스템 마비의 위기이다. 한국경제는 무한자유를 누리는 국제금융자본의 무책임한 유출입과 미국의 패권적 금융주도 자본주의의 거품 사이클에 덩달아 춤추면서 국민경제의 기본적 자율성과 주권적 통제력을 상실해 가고 있다. 국민경제는 주로 단기수익 극대화를 추구하는 국제금융자본의 복마전으로 전락하고, 이들에 의해 국민경제의 금융혈맥이 장악되고 국민적 산업기반 또한 잠식되어 가고 있다. 금융과 산업, 생산과 내수 간의 국민경제적 연관성이 단절되고 약화됨으로써 국민경제는 분절·파편화 양상을 보이고 있으며 대외종속·대미종속이 날로 깊어지고 있다.

셋째, 신자유주의 구조개혁 비전 그 자체의 위기이다. 정부는 국민에게 대처주의 영국형에 의한 재도약이냐, 라틴아메리카형 위기반복의 악순환이냐 하는 양자택일을 강요하고 있는데, 최근에는 새로이 일본형 복합불황의 복병이 나타났다. 한국이 영국형에 도달하기 이전에 과연 라틴아메리카형과 일본형의 악순환 터널에서 벗어날 수 있을지, 그 과정에서 우리가 얼마나 고통을 감수해야 할지 이것 자체가 큰 문제다. 그러나 더욱 불행한 것은 고생 끝에 무사히 영국형에 도달한다 해도 산업의 공동화(空洞化)와 중산층 와해라는 신영국병이 우리를 기다리고 있다는 사실이다.

일반적으로 시장경제 이행전략은 적어도 다음 세 가지 의제를 내포하고 있다. 즉 어떠한 유형의 시장경제를 지향하는가, 어떠한 방식에 의해 시장경제로 나아가는가, 그리고 세계경제로의 통합을 어떻게 관리하는가 하는 것이다. 이 의제에 대해 자유시장주의적 접근과 제도주의적 접근은 아래와 같이 크게 대립한다.[3]

어떠한 유형의 시장경제를 지향하는가 국가사회주의 실험의 실패와 체제전환 사태가 잘 말해 주듯이, 현대 거대사회의 경제질서를 시장경제를 넘어선 그 어떤 탈시장경제로 상정하는 것은 더 이상 불가능하다. 이것은 국가사회주의 붕괴 이후 체제개혁론의 기본적 출발점이다. 그러므로 국가사회주의 계획경제의 제도개혁과 제도이행은 단순한 탈규제 자유화가 아니라, 시장경제 육성 또는 시장 규칙과 질서의 형성이라는 기본 과제를 갖게 된다. 국가관리와 국가보증을 기반으로 한 동아시아 개발자본주의는 국가사회주의와 달리 국가-시장협력체제의 구조를 가지고 있었기 때문에 국가사회주의 개혁과는 그 역사적 성격이 매우 다르다. 그러나 이 발전모델 또한 시장억압적 성격을 가진, 일종의 '반시장(半市場)자본주의'라는 성격을 가지고 있었기 때문에 시장 규칙과 질서의 육성이라는 과제를 갖고 있다. 따라서 이들 나라에서 제도이행은 규제완화 일변도로 나타나는 서구 복지국가 자본주의의 신자유주의적 전환과는 역사적 맥락과 성격이 크게 다르다.

그렇지만 시장경제 이행에서 이 같은 인식 못지않게 강조되어야 할 것이 시장경제의 유형, 그 제도적·문화적·국민적 다양성에 대한 인식이다. 자유시장주의 또는 신자유주의는 시간과 장소를 떠난 시장의 추상적 보편성의 논리에 입각하여 이 다양성을 인정하지 않으려고 한다. 자유시장주의에 따르면, 시장경제는 원리적으로 사적 소유제와 한 묶음으로 결합되어야 하며 국가규제와 민간부문의 비시장적인 제도는 최소화되어야 한다. 한편 제도주의는 시장경제의 유형과 국민적 다양성의 인식에 기초해 있다. 제도주의에 따르면, 시장의 조절 실패가 심각한 만큼 경제적 조

절양식은 시장-제도-국가의 적절한 혼합을 필요로 한다. 또한 시장경제
는 단지 사적 소유제뿐만 아니라 공동체적 원리에 기초한 다양한 혼합소
유형태와 결합될 수 있다.

어떠한 방식에 의해 시장경제로 이행하는가 목표로 하는 시장경제
유형에 따라 이행과정에 대한 접근도 달라진다. 워싱턴 컨센서스의 시장
이행론은 급진적 자유화와 사유화의 이행전략, 이른바 쇼크요법(shock
therapy) 또는 빅뱅(big bang)전략을 제시한다. 시장정책 패키지가 상호
상승작용을 갖도록 하기 위해 이를 모든 방면에 걸쳐 동시에, 그리고 전
속도로 추진해야 한다고 주장한다.

제도주의적 접근은 워싱턴 컨센서스의 이같은 급진적 이행전략이 해
당 사회의 역사적 조건, 시장과 제도의 연관, 개혁의 순서(sequencing)와
속도(pacing) 등을 고려하지 않음으로써 파괴적 결과를 가져올 위험이
크다고 보고 있다. 그 대신 제도주의는 해당 사회의 발전단계와 신제도
구축의 능력, 제도의 경로의존성과 제도적 보완성, 시장-제도-국가의
보완작용 등을 중시하는 전략, 즉 '제도연계적인'(institution-embedded)
이행전략을 제시한다. 개혁의 적절한 순서와 속도, 소유권 개혁과 별도
의 독자적 중요성을 갖는 지배(governance)구조의 개혁 그리고 이행기
일반의 위험이라 할 수 있는 생산의 붕괴를 막고, 이행과 성장이 병행
발전할 수 있는 공급측면의 정책을 중시한다.[4]

세계경제로의 통합을 어떻게 관리하는가 시장경제 이행의 또 하나
의 기본적인 이슈는 국민경제의 세계경제로의 통합방식의 문제이다. 자
유시장주의에서 전면개방화는 자유화, 사유화와 함께 그 3대 슬로건의
핵심적 구성부분이다. 자유시장주의에 따르면, 개방은 전세계적 차원에
서 공정경쟁질서를 수립하는 것일 뿐만 아니라 발전도상국·중진국에
시장규율을 강화하고 선진국 자본과 경영기법 접근을 용이하게 함으로
써 경제성장에 기여한다. 여기서는 특히 주변국·반주변국에서 자본세

계화의 외압을 규제하는 자율적 국민경제 및 경제정책의 중요성에 대한 관점과 인식은 찾아보기 어렵고, 자본자유화의 이점만이 무역자유화와 함께 아무런 차별 없이 주장된다.

그 반면에 제도주의적 접근은 시장경제 이행과정의 관리된, 선별적 개방을 옹호한다. 중진국·발전도상국이 세계경제 통합을 자율적으로 관리하지 못하고 무분별하게 전면개방에 나설 경우, 이는 국민경제 내부연관을 파괴하고 경제정책의 자율성을 상실케 함으로써 시장경제 이행은 물론이고 국민경제 전체를 치명적인 위험에 빠트릴 수 있다고 보고 있다. 무분별한 급진적 개방이 아니라, 내부개혁의 일정에 맞추어 개방의 충격을 감당할 수 있는 준비와 능력을 갖춘 후의, 순서에 맞는 점진적 개방, 선별적인 관리된 개방을 제안한다.

시장경제 목표유형과 이행방식에 대한 이상과 같은 구도를 놓고 볼 때, 우리는 시장경제 이행에는 한 가지가 아니라 다양한 길이 존재할 수 있음을 알 수 있다. 국가사회주의의 체제전환에서는 러시아와 중국의 실험이 대조적이었으며, 동아시아 개발자본주의의 전환에서는 한국과 대만의 실험이 크게 대조적이었다. IMF관리체제에 편입된, 김대중정부 시기 한국의 구조조정 실험은 기본적으로 자유시장주의 이행모델을 따르고 있다. 국가 관리와 보증을 기반으로 한 재벌자본주의 이후의 지향목표는 영미형 자유시장경제, 주주자본주의다. '시장규율'에 대한 일면적인 신봉이 있을 뿐, 시장의 근본적 불완전성에 대한 인식은 찾기 어렵다. 이행방식도 한국의 역사구체적 조건, 시장-제도-국가의 상호연관, 개혁순서 등에 대한 제도연계적인 사고는 희박하다. 그리고 중심 선진국과는 현저하게 다른 중진-반주변국으로서의 한국의 특수한 처지에 대한 고민 및 이에 입각한 세계경제 통합의 자율적 관리의 중요성에 대한 인식은 찾아보기 어렵다.

그러나 우리는 모든 역사적 체제이행이 그 사회구성에 고유한 구조적 특징, 국민적 다양성의 색채를 띠고 나타난다는 것을 간과해서는 안 된다.[5] 그런데 중진국·발전도상국에서 시장경제 이행의 방식과 양상은 일차적으로는 정치적 민주주의의 수준, '민주화이행' 과정에서의 정치적 투쟁의 결말에 의해 규정된다고 볼 수 있다.[6] 한국에서의 신자유주의는 절차적 민주주의가 제대로 작동하는 미국 또는 영국에서 볼 수 있는 '본래적인', 선진국 자유시장주의의 양상으로 나타나지 않았고, 또 그럴 수도 없었다. 정치적 권위주의의 유산이 두텁고 위로부터의 보수적 민주화의 경로를 걸었고 경제발전단계와 사회복지 발전수준도 다른 중진 한국의 신자유주의가, 민주주의의 큰 문턱을 넘은 역사적 기반을 가진 서방 선진국의 그것과 다른 모습으로 나타난다는 것은 어쩌면 당연한 일이라 할 것이다.

한국의 시장경제 이행은, 결코 러시아의 이른바 '마피아 신자유주의'처럼 혼란된 양상에 비할 바는 아니며 또 같은 아시아위기 경험국가인 태국·인도네시아에 비해서도 훨씬 질서 잡힌 모습을 하고 있는 것이 사실이지만(Haggard 2000), 권위주의 체제로부터의 보수적인 민주적 개방은 구래의 뿌리깊은 기득권 지배구조를 온존시킴으로써 시장경제 이행 또한 매우 기형적인 것으로 만들었다. 그러므로 한국의 시장경제 이행에 대한 연구는 김대중정부의 구조조정 실험과 신자유주의 체제로의 이행이, 보수적인 정치적 민주화 이행과 정치경제적 기득권 구조의 온존에서 비롯되는 낡은 무책임주의와 결합됨으로써 어떤 특수한 연고적·천민적 신자유주의의 변형태를 만들어가고 있는지, 민주적 책임규율의 부족, 사회적 공공성 규율의 결핍이 이행기 혼합경제에 어떤 구조적 모순을 내장·작동시키고 있는지를 밝혀야 할 것이다.

둘째, 김대중정부의 구조조정정책이 사회복지를 강화하고 또 노사정위원회를 가동하고 있어서 자유시장주의의 결함을 수정하고 있는 측면도 간과해서는 안 될 것이다. 특히 사회복지부분은 이념적으로 신자유주의와 이질적으로 보이는 기조를 표방하고 있기도 하다. 이로 인해 정부정책의 성격에 대해 아무런 지배적 경향을 발견할 수 없다면서 그저 단순한 '다중성'만을 주장하거나(김기원 2000), 심지어 명실상부한 '민주적 시장경제'를 지향하고 있다고 주장하는 견해(임혁백 2000)조차 있다. 정부정책의 복합성과 역동성에 충분히 주목해야 하고 사태를 선험적으로 단순화해서는 안 된다는 점에서 이들 견해는 경청할 부분이 없지 않다. 그러나 필자가 보기에, 이들 견해는 IMF위기정세 속에서 김대중정부의 정책이념이 대중(참여)경제론에서 디제이노믹스로 변질되면서[7] 여전히 남아 있는 유제에 대해서는 과잉주목하면서, 대중민주주의와 대중경제의 빛이 바랜 그 본질적인 성격 변질에 대해서는 과소하게 주목하고 있을 뿐 아니라 그 역사적 의미를 부당하게 과대포장해서 높이 평가하고 있다. 그리고 사회복지 확충과 노사정위원회제도가 신자유주의를 지속 가능하게 하기 위한, 강제와 동의를 결합한 헤게모니 프로젝트의 구성부분으로서의 위상을 가질 수 있다는 점에 대해서도 별로 주목하지 않고 있다. 결국 이들 견해는 자신들의 입장을 사실상 디제이노믹스에 동화시키고 있는 것으로 보인다.

또 한 가지 주의를 기울여야 할 것은, 한국의 신자유주의 이행은 미국·영국과 같은 세계체제 중심국의 경우와 사정이 다르다는 사실이다. 한국의 이행은 미국의 패권적 금융주도 자본주의에 종속적으로 편입되는 방식으로 진전되고 있다. 그렇지만 외압은 언제나 일면적으로 관철되는 것이 아니고 국민국가의 논리와 접합되고 그것과 상호 작용하면서 내재화된다. 그러므로 한국의 시장경제 이행의 연구에서는 김대중정부가 IMF와 미국의 요구에 굴복하면서도 구조조정 실험에 부분적으로 한국의 내재적 제도개혁의 의제를 삽입한 부분, 그리고 그 정반대로 IMF와 미국의 개방요구를 초과달성한 부분 등에 대해서도 주목해야 할 것이다.

다음의 〈그림〉은 위기를 맞은 시스템 공백상태의 구체제를 개혁하여 글로벌 스탠더드를 따라잡기 위한 김대중정부의 구조조정 실험이 구체제와 글로벌 스탠더드의 악조합(惡組合)에 의해 난관에 봉착해 있음을 나타낸 것이다. B가 한국경제의 현위치이다. 일반적으로 경제체제의 이행기에는 구체제의 원리와 신체제의 원리가 동거하게 마련이다. 이행기의 혼성형(hybrid)경제의 경우, 구체제를 원만히 작동시켜 온 제도적 보완성은 깨어졌지만 새로운 제도적 보완성의 효과는 아직 작동하지 않음으로 해서 혼란과 불안정, 불확실성, 이해갈등이 매우 크다. 이 상황은 새로운 제도적 보완성과 제도적 위계가 출현, 발전·강화되면서 일관된 새로운 시스템의 논리가 작동하기 시작할 때 극복될 수 있으며, 그렇지 않을 경우 이행기의 혼란과 갈등이 증폭되어 이행의 프로젝트 자체가 중도에 좌초할 수도 있다. 그러므로 우리에게 제기되는 기본적 질문은 B의 한국경제 현시점이 제도적 보완성의 논리가 강화되어 C로의 순조로운 제도이행의 전망을 가질 수 있는 혼성형경제인가 아닌가 하는 것이다. 물론 문제의 성격상 이에 대한 사전적 진단은 매우 어렵다. 그렇지만 유감스럽게도 필자가 우려하는 것은 B가 A와 C의 선조합이 아니라 오히려

〈그림〉 글로벌 스탠더드와 구체제의 악조합(惡組合)

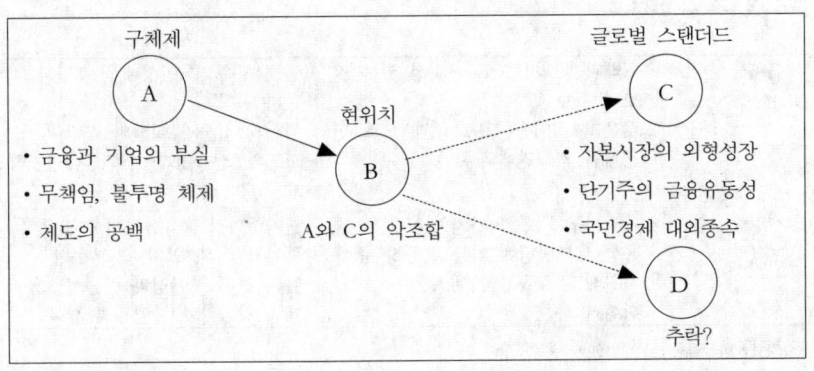

악조합과 악순환의 성격을 갖고 있는 것이 아닌가 하는 점이다.

이 글은 우리가 처해 있는 B의 위치가 어떤 점에서 A와 C의 악조합의 성격을 가지고 있는가를 보이려는 것이다. 한국의 신자유주의 시장경제 이행이 구체제의 유산인 낡은 무책임주의와 중첩되면서 어떤 내용을 가진 특수한 악조합과 악순환의 구조적 모순에 봉착하게 되었는지를, 금융과 기업 구조조정 그리고 대외개방을 중심으로 살펴보려고 한다. 글로벌 스탠더드 따라잡기는 그 핵심이라 할 금융부문에서 자본시장의 빅뱅형 '외형성장'과 은행의 BIS비율 맹신주의를 두 중심축으로 했다. 그리고 이는 재벌개혁에서 출자총액제한제도의 폐지, 소유지배구조 개혁을 통한 책임경영체제 구축의 실패 및 제2금융권 지배상황의 방치 등에 기인하는 외형적인 재무구조 중심의 구조조정과 결합되었다. 이 금융·기업 구조조정, 무책임 관료체제 그리고 대외개방의 결합물이 어떤 악순환의 양상을 보이고 국민경제를 곤경에 빠트렸는가를 분석하는 것이 이 글의 과제다. 금융제도를 중심으로 해서 본다면, B의 현 위치는 〈표 1〉과 같이 은행중심형의 단점(연성예산 제약과 내부자 유착, 위험의 집중, 퇴출 곤란)과 시장중심형의 단점(단기주의, 투기적 축적, 경제 불안정, 계층 양극

〈표 1〉 은행중심형과 시장중심형 금융제도 비교

	장 점	단 점
은행중심형	· 거래관계 형성으로 신뢰성 있는 정보의 확보 · 낮은 고정비용(정보, 거래)으로 안정적인 거래관계의 형성	· 관계 구속 및 연성예산 제약과 내부자 유착 · 위험의 집중과 이전의 곤란 · 고도의 신용평가능력과 감시능력 요구
시장중심형	· 가격기구를 통한 가치창출 · 유통시장 발달에 따른 유동성 증대 · 자원배분 효율성의 제고 · 위험의 분산	· 단기주의적 금융유동성 · 투기적 축적, 카지노자본주의 · 높은 경제 불안정과 변동성 · 계층 양극화와 불평등의 심화

자료: 한국금융연구원(1999, 13쪽) 참조.

화)이 결합된 상황으로 파악할 수 있을 것이다.

이하 제2절에는 엄청난 규모의 공적 자금 투입에 의해 금융구조조정을 위한 비용이 사회화되고 국민대중에 전가되었지만, 그것이 소기의 성과를 얻지 못하고 어떻게 부실 무책임체제가 재생산되게 되었는지를 검토한다. 3절과 4절에서는 대기업 부실과 기업개선작업을 중심으로 기업구조조정 실패의 메커니즘을 분석한다. 5절에서는 자본시장 중심체제로의 빅뱅형 이행으로 단기주의적인 금융유동성 논리 또는 월가의 신용기준과 투자기준이 지배함으로써 금융과 산업의 국민적 연관이 단절되었음을 지적한다. 6절에서는 금융부문을 중심으로 국민경제의 대외종속 상황과 공동화의 위험에 대해 살펴본다. 그리고 맺음말에서는 이 글의 논의를 요약한다.

2. 금융구조조정과 공적 자금 투입: 비용의 사회화와 부실·무책임체제

금융세계화의 시대는 무분별한 금융자유화로 인해 빈번히 금융위기가 발생했는데 이에 대처하는 방식은, 미국을 제외한 거의 모든 나라는 공적 자금의 투입에 의한 금융기관의 국유화 방식을 취했다(고성수 1998). 1997년 위기 이후 한국도 이 방식에 따라서 금융위기의 수습과 금융구조조정을 위해 막대한 공적 자금을 투입하였으며, 이것은 금융시장의 붕괴를 막고 경기회복과 국가신뢰 회복에 결정적인 기여를 하였다.

한국의 공적 자금 조기투입과 부실채권 정리정책은, 일본의 경우와 큰 대조를 이룬다. 일본은 오랫동안 공적 자금 투입과 부실채권 정리에 착수하지 않았고, 재정을 통한 경기부양정책을 시도하다가 뒤늦게 거품붕괴 7년 만에 비로소 공적 자금 투입과 구조조정작업에 나섰다. 그러므로 일본의 경우와 비교한다면, 한국이 조기에 공적 자금을 투입하고 금융구조조정에 나선 것은 적절하고 다행한 일이었다고 해야 할 것이다. 한국도 일본이 10년에 걸쳐 빠져든 장기 복합불황의 덫에 걸릴 가능성을 배제할 수 없는 상황이긴 하지만, 일본에 비해 사정이 훨씬 나은 편이다. 한국의 사정이 나은 점으로는, 극단적인 자산디플레 현상을 겪지 않았다는 점, 수출의 비중이 높아 역설적으로 내수위축을 보완해 줄 수 있다는 점과 함께, 위기 이후 곧바로 공적 자금 투입과 구조조정작업에 착수했다는 점을 들어야 할 것이다(이지평·이근태 2001). 이에 따라 부실채권의 처리 실적, GDP대비 공적 자금 투입규모 등에서 한국은 일본보다 앞서 있다(한국은행 2001c).

그럼에도 불구하고 1차 금융구조조정은 무려 110조 원(공적 자금 64조, 공공자금 27조, 회수분 재투입 19조)에 달하는 공적 자금을 투입한 비용을 생각한다면 소기의 성과를 달성했다고 말할 수 없다. 엄청난 공적 자금 투입규모에 비해서는 부실채권의 감소규모가 미약할 뿐만 아니라, 정부가 제시한 공적 자금의 투입원칙──최소비용의 원칙, 손실분담의 원칙, 자구노력의 원칙, 투명성·객관성의 원칙 등──은 실종되어 버렸다. 그리하여 금융부실과 기업부실의 악순환, 부실·무책임체제의 악순환 현상이 재생산되었고, 다시 50조 원의 2차 공적 자금(추가 40조, 자체조달 10조)을 조성하기에 이를 것이다.

1998년 5월 맨처음 정부가 수립한 부실채권 정리를 위한 종합대책의 구도는 다음과 같은 것이었다(재정경제부 2000, 38~39쪽). 1998년 3월 말 현재 연체채권 총액은 118조 원으로 추산되었다. 이는 고정 이하 여신 68조 원(부도 및 6개월 이상 연체 여신)에 향후 부실채권으로 전환될 가능성이 있는 요주의 여신 50조 원(3개월 이상 6개월 미만 연체 여신 등)을 더한 금액이다. 정부는 118조 원 중 기업의 자구노력을 통한 부실채권 축소 가능성을 감안하여 정리해야 할 부실채권 규모를 100조로 잡고, 이중 절반 50조를 매입해서 정리해 주고 나머지 절반은 자구노력 차원에서 해당 금융기관이 자체적으로 매각, 정리하도록 했다. 부실채권의 실제 가치는 장부가의 평균 50%임을 감안하여 자산관리공사를 통한 부실채권 매입에 약 25조 원의 매입자금이 필요하다고 보았다. 그러므로 금융기관이 100조 원의 부실채권을 모두 정리할 경우 약 50조 원의 매각손실이 발생할 것으로 추정되었다.

1999년 말 이후 부실채권의 기준이 신자산건전성 분류기준(FLC)으로 변화되어 연도별 비교가 어려우므로 무수익 여신을 기준으로 하면 1999년 12월 말 부실채권액은 66.7조 원, 총여신 대비 11.3%이다. 이는 공적자금 투입시 추정액 118조 원의 절반 수준으로, 57조원 정도 감소된 금액이다. 그렇지만 1998년 말 부실채권 60.2조 원(총여신의 10.5%)보다 10% 이상 증가한 수치다. 2000년 9월 말 현재 60.2조 원의 무수익 여신규모는 1998년 12월의 시점과 같은 규모를 유지하고 있다. 특히 주목해야 할 것은 1999년은 실물경제가 크게 회복되었음에도 불구하고 개별 금융기관에 의한 자체 부실채권 정리가 미약했다는 사실이다(고성수 2000, 12~13쪽; 재정경제부 2000, 297쪽).

그러면 왜 엄청난 규모의 공적 자금을 투입하고서도 부실채권 정리에 성공하지 못했는가. 그리고 또다시 추가 공적 자금을 조성해야 하는 상황에 이르렀는가. 논자에 따라서는, 만약 대우사태만 없었더라면 모든 일이 계획대로 순조롭게 잘 풀려나갔을 것이라고 하는 견해가 있을 수 있고, 또 흔히 그런 견해와 마주친다.[8] 부실채권 추이를 말할 때, 대우그룹의 부실규모가 워낙 큰 사실에 대해서 특별한 주의를 기울여야 함은 분명하다. 그러나 '대우사태만 없었더라면' 하는 가정은 대우사태를 예외적·돌발적인 사태로 보는 것인데, 이는 대우사태가 김대중정부의 구조조정 실험의 기본틀과 불가분의 관계에 있다는 점을 망각하는 것이다. 뿐만 아니라 설사 대기업 부실을 별도로 한다 해도, 공적 자금 투입은

금융-기업 동반부실 악순환의 중심 고리를 차단하지 못한, 여러 문제들을 내포하고 있다.[9]

부실 금융기관 정리 실패와 해외매각: 제일은행 사례

원래 금융부실의 정리는 회생이 불가능하거나 회생비용이 너무 큰 금융기관은 퇴출·합병 등으로 정리하고, 회생 가능한 기관은 공적 자금 지원에 의해 경영을 정상화시키는 것을 원칙으로 하고 있다. 이때 기업 구조조정의 경우도 마찬가지이지만, 부실의 판정과 퇴출기업의 선정에서 엄정한 원칙을 세우고 집행하는 것이 대단히 중요하다. '살릴 곳은 살리고 죽일 곳은 죽인다'는 원칙을 세우지 못할 경우, 밑 빠진 독에 국민혈세만 부어넣는 결과를 가져올 것이기 때문이다. 제일은행·서울은행의 해외매각 처리방식은 부실 금융기관 정리의 대표적인 실패사례다. 이 두 은행은 사실 퇴출된 5개 은행(대동, 동남, 동화, 충청, 경기)보다 더 심각한 부실은행인데도, 금융시장에 줄 충격 때문에 살려서 해외에 매각하였으나 이는 명백한 구조조정 실패임이 드러났다.

제일은행의 예를 보자.[10] 정부는 제일은행을 1999년 말까지 반드시 매각하겠다고 못박음으로써 스스로 족쇄를 찼다. 그러고는 누구를 위한 매각인지 알 수 없는 지극히 불리한 조건으로 은행도 아닌, 단기차익 위주로 움직이는 뉴브리지 캐피털에 제일은행을 매각했다. 매각조건에는, 정부와 예금보험공사는 소유주식 49%의 의결권을 뉴브리지에 위임하며 기존 부실에 대해서는 2년, 워크아웃 기업의 여신에 대해서는 3년간 정부가 책임진다는 조건(풋백옵션)이 들어 있다. 뉴브리지에 5천억 원으로 매각하면서, 2001년 3월 말까지 제일은행에 투입된 공적 자금은 16조 3천억 원이다. 추가지원액 2조 1천억 원을 더하면 18조 4천억 원에 달한다. 이는 전체 공적 자금 지원액 80조 7천억 원의 23%를 차지하는 규모

24

다(『내일신문』 2001. 5. 9). 다른 은행과 비교해도 제일은행에 대한 공적 자원 지원은 파격적이다(안국신 2000, 170~71쪽). 2000년 9월 현재, 제일은행 지원이 12.5조, 서울은행 8.1조인 데 반해, 우리 금융지주회사의 주도적 위치에 있다고 하는 한빛은행에 대한 지원은 6.5조 원에 불과하다(유용주 외 2000, 114쪽). 이것 하나만 보아도 정부의 은행구조조정에서 해외매각 정책이 얼마나 문제가 많으며, '우리 금융'을 키운다는 생각이 박약한지를 알 수 있다.[11] 책임성과 함께 투명성은 이행기 한국경제의 새로운 키워드가 되었지만, 뉴브리지와의 불평등 계약서의 내용은 공개되지 않고 있다.

이렇게 비싼 대가를 지불하면서 우리가 얻은 것은 무엇인가. 기대와는 달리 선진 기업금융이 아니라 가계금융에 주력하고 스톡옵션 잔치를 벌이며, 정부정책의 사각지대를 구축하고 있다. 제일은행의 실패 선례는 서울은행의 매각은 물론, 여타 해외매각 협상에도 큰 곤란을 불러일으키고 있다.

책임규율체제 확립의 실패

어떤 외부적 지원도 마찬가지이지만, 공적 자금 지원의 경우도 소기의 성과를 거두려면 책임규율체제가 확립되어야 한다. 과거 부실에 대해서는 책임을 추궁하여 부실손실을 공평하게 분담할 수 있도록 해야 한다. 또한 새로운 부실이 발생하지 않도록, 지원에는 철저한 자구노력의 규율이 부여되고 이를 지속적으로 관리·감독하는 체제가 구축·실행되어야 한다. 그러나 한국의 공적 자금 운영은, 말로는 온갖 좋은 원칙들──최소비용의 원칙, 손실분담의 원칙, 자구노력의 원칙, 투명성·객관성의 원칙──을 내세웠지만, 돈을 집어넣는 데만 급급했을 뿐 정작 그것에 뒤따라야 할 책임규율체제는 갖추지 못했다. 이 책임규율체제의 미비 문제는 공적 자금 운영 전반에 걸쳐 있다.

부실에 책임 있는 금융기관 임직원에 대한 책임추궁은 대단히 미약했다. 그 큰 이유의 하나는, 법과 제도의 정비가 이루어지지 않아 예금보험공사가 손해배상청구권과 재산조사권을 갖고 있지 않은 데 있다. 2000년 말 현재, 예금보험공사가 202개 퇴출기관의 임직원 2094명에 대해 5조 9천억 원의 손실액을 찾아낸 것으로 되어 있으나 금액이 보잘것없음은 물론, 손해배상 청구소송을 통해 받아낸 돈은 한푼도 없다. 부실 금융기관들이 퇴출된 지 2년이 지났는데도 청산이 완료된 곳이 한 곳도 없다.[12]

예금보험공사가 공적 자금 투입 금융기관과 MOU(경영정상화 약정서)를 체결하고 그 이행을 정기적으로 점검하는 것으로 되어 있지만, 그것이 갖는 규율효과는 매우 약했다. 이는 MOU가 법적 구속력이 없다는 점도 있지만, 예금보험공사가 사실상 재경부·금감위의 '거수기 역할'을 하는 데 불과할 정도로 형식적으로 운영된 데 기인한다. 예금보험공사는 자율적 권한이 미미한데다, 기존의 권한조차 제대로 활용하지 않았다.[13] MOU의 투명한 공개원칙도 잘 지켜지고 있지 않다. 또 한 가지 지적해야 할 점은 공적자금관리위원회가 만들어지기 전까지는, 정부기관 어디에도 공적 자금 투입과 집행 전반을 총괄적으로 관장하는 기관이 없었다는 것이다. 이처럼 감시자 자신이 감시되지 않는 허술한 운영체계 속에서 부실책임 추궁, 금융기관의 자기책임과 자구노력 원칙의 이행, 경영에 대한 사후 감시·감독이 정상적으로 이루어질 것으로 기대하기는 어렵다. 국민혈세가 탕진되는 '조직화된 무책임체제'가 존재하고 있었던 것이다.[14]

BIS비율 '분자 늘이기'와 맹신주의

공적 자금 투입효과가 미약한 이유에는, 관리·감독상의 책임규율체제 미확립 문제와 별개로, 은행의 자산건전성 기준의 문제가 존재한다. 은행은 투자가의 신뢰와 신용을 얻기 위해서라도 자본구조의 기본적 건전성 요건을 충족시켜야 하지만, 한국경제의 경우는 그 외형확장 위주 성장체제의 특성 때문에 은행의 자본구조는 특히 열악했다. 이는 기업부문의 고부채-저수익성과 함께 한국경제 구체제의 본질적 병폐다. 그러므로 은행 자본구조의 건실화를 위한 공적 자금의 투입은 국가관리 및 국가보증을 기반으로 한 자본주의로부터 자율적 시장경제로 이행하기 위한 대가라는 성격을 갖고 있다 할 것이다. 그러나 은행제도가 다르고, 무엇보다 은행중심체제로 발전되어 온 경제의 특성에 대한 고려 없이, 자본시장 중심체제에 뿌리를 두고 있는 나라의 기준을 은행건전성의 금과옥조로 삼는다는 것은 어불성설이다. 은행이 자기자본비율의 방어에 전전긍긍하는 나머지 그 본연의 기능인, 기업에 대한 자금중개와 감시 기능을 할 수 없게 된다면, 이는 주객이 전도되는 꼴이다. 우리의 경우 바로 이 문제가 발생했다. 1997년 위기 초기 고금리정책의 충격이 일시적이었던 반면, BIS비율 맹신주의의 충격과 문제점은 지속적이다.

먼저 공적 자금 지원의 용도별 구성을 보자(이 책의 임주영 글). 처음 64조 원을 조성할 당시 지원용도는 부실채권 매입 32.5조, 증자 17.5조, 예금대지급 14.0조로 계획되어 있었다. 부실채권 매입을 가장 중시하고 있었음을 알 수 있다. 그러나 2000년 8월 현재 실제 투입된 것을 보면, 증자에 41.9조(38%), 예금대지급 및 출연에 36.6조가 사용된 반면, 부실채권의 인수에는 31.1조 원만 사용되었을 뿐이다.

물론 부실채권 매입단가가 장부가격에 비해 아주 낮게 산정되었기 때문에 실제 매입한 부실채권 규모는 이보다 훨씬 크지만, 공적 자금의 주된 부분이 BIS비율(자기자본/전체위험가중자산)의 분자에 해당하는 자기자본을 늘이는 데 투입된 사실은 분명하다. 이처럼 최초 계획과 달리 공적 자금 투입용도가 'BIS비율 분자 늘이기'로 변화된 데는, 1999년 말 새로이 신자산건전성 분류기준(forward looking criteria, FLC)을 도입한 데 크게 기인한 것으로 보인다. 그렇지만 공적 자금 투입의 공과는 기회비용 개념으로 판단해야 할 것인데, 우리가 보기에 만약 이처럼 'BIS비율 분자 늘이기'에 허비한 막대한 돈을 부실채권 인수로 전환했더라면, 그리고 또 부실한 은행 및 금융 감독체계의 기본을 세우는 데 투입했더라면 한국경제의 사정은 퍽 달라졌을 것이다.[15]

BIS자기자본비율은 글로벌 스탠더드로서 강제되고 있지만, 그 목적은 단순히 중립적으로 은행건전성 기준을 수립하는 것에만 있는 것이 아니라 국제적 경쟁조건을 평준화하는 데 있으며, 특히 미국이 일본을 견제하기 위한 금융전략의 일환으로 미·영 주도에 의해 '세계화'된 것이다 (東谷曉 1999; 한국은행 1999a). 그렇기 때문에 특히 영미형 자본주의와 금융제도가 다르고 은행의 역할도 다른 나라들이 BIS비율을 수용할 때는 자국의 제도적 조건과 특성에 맞게 신중하게, 점진적으로 도입하는 것이 필수적이다.[16]

정부가 정작 필요한 부실채권 인수와 금융감독체계의 기본을 세우는

〈표 2〉 금융권별 부실여신 추이

(단위: 조원)

	1998. 3	98. 12	99. 3	99. 6	99. 9	99. 12	2000. 3	2000. 6	2000. 9
은행	87.3	33.6	37.0	37.1	30.1	39.7 (61.0)	45.0 (64.1)	39.6 (56.5)	36.7 (51.9)
비은행	20.3	21.2	20.1	18.9	19.0	17.7	16.8	16.2 (16.5)	15.5 (16.0)
보험	2.5	3.4	5.3	5.1	5.9	5.9	5.5	5.4	4.0 (4.4)
증권	2.2	2.0	2.4	2.3	2.9	3.4	4.0	4.1	4.0
합계	112.3	60.2	65.4	63.4	57.9	66.7 (88.0)	71.3 (90.4)	65.3 (82.5)	60.2 (76.3)

* 무수익 여신 기준(3개월 이상 연체 및 부도업체 등에 대한 여신)
** ( ) 안은 자산건전성 분류기준 변경에 따른 FLC에 의한 고정 이하 여신
자료: 공적자금 운용실태규명을 위한 국정조사특별위원회 요구자료, 금융감독위원회·금융감독원(2001. 1)

일은 경시하면서, 전세계적으로도 실제 도입한 예를 보기 어려운 FLC기준까지 도입하는 BIS비율 맹신주의에 사로잡힌 것은 중대한 실책이라고 하지 않을 수 없다. BIS비율 맹신주의의 문제점은 은행이 BIS비율은 맞추면서 부실채권 비율로 본 건전성은 악화되고, 경영정상화는 지지부진한 데서 잘 나타난다. 그리하여 이는 공적 자금을 허비한 것으로 그치지 않고 기업구조조정의 실패와 신용경색의 큰 요인이 되고, 그럼으로써 다시 기업부실→은행부실→공적 자금의 추가투입을 요구하는 악순환의 메커니즘을 낳은 요인으로 작용했다.

3. 기업부실과 무책임의 재생산(1): 재벌개혁정책의 한계와 대기업 부실

재벌개혁정책의 한계

기업구조조정은 처음 1998년 1월에 당시 김대중 대통령당선자가 재벌총수와 맺은 5대 합의사항을 원칙으로 해서 추진되었다. 5대원칙은 ① 기업경영의 투명성 제고 ② 상호지급보증의 해소 ③ 재무구조의 획기적 개선 ④ 핵심 부문의 설정 및 중소기업과의 협력관계 강화 ⑤ 지배주주 및 경영진의 책임 강화를 내용으로 하고 있는데, 이는 IMF의 초기 구조조정요구와는 상당한 차이가 있는 것이었다. 1997년 12월 구제금융 제공 당시 IMF가 요구한 기업구조조정 관련사항은 경영투명성 제고, 관치금융 해소, 과다차입 금지 등, 주로 그들의 직접적인 관심사에 국한된 것이었고 재벌총수의 전횡과 무책임경영의 폐해, 이를 초래한 소유지배구조 그리고 방만한 다각화로 인한 경쟁력 약화 등에 대해서는 아무런 언급이 없었다. 그러므로 이 5개 합의사항은 한국경제의 오랜 대내적 제도개혁의 의제를 담고 있었다고 할 수 있다(참여사회연구소 1998).

그러나 정부의 재벌개혁정책이 갖는 개혁성은 처음부터 큰 한계가 있었던 것이 사실이다. 재벌체제가 위기에 근본적 책임이 있다는 진단이 널리 사회적 공감을 얻고 있는 상황이었던 만큼, 집권 초기는 그 어느 때보다 근본적 재벌개혁을 단행할 수 있는 절호의 시기였다. 그러나 노동이 개혁의 주체로 참여하는 길이 배제됨으로써 근본적 재벌개혁을 가능케 할 사회세력의 기반을 갖지 못했다. 물론 노동을 개혁정부의 동반자로 삼는 길은 IMF와 미국의 압력 때문에 쉬운 길이 아니었음은 분명하지만, 여하튼 이 길이 배제됨으로써 자본이 경영권을 독점하고 공급 측면을 독점하는 길이 열렸고, 이후 노동에 대한 최초의 약속조차 배반함으로써 재벌편향-노동배제적 구조조정의 성격은 갈수록 강화되었다.

5대재벌의 구조조정을 기업주 자율에 맡긴 것은 노동배제와는 또 다른 차원에서 기업구조조정에 중대한 한계를 가져왔다. 이러한 접근은 5대기업이 자체 구조조정능력을 가지고 있고, 또 6대 이하 그룹과 같이 워크아웃 방식을 취할 경우 시장에 주는 충격이 너무 크다는 점을 고려한 것이다. 그러나 개발독재 이후 사회 전분야에서 나타난 이른바 자율개혁의 논리가 일반적으로 그러하듯이, 5대재벌의 자율적 구조조정은 그 기득권을 인정한 것이다. IMF위기에 큰 책임이 있는 집단에 대해, 경영권 이양 등 일반적인 기업정리절차에서 고려되는 대안들을 처음부터 배제하여 민주적 공공성의 규율을 실종시킨 것이다(이 책의 김상조; 조영철 글; 박영철 외 2000, 190쪽). 뿐만 아니라 이는 출자총액제도의 폐기와 결합되고, 총수 독재의 재벌지배체제와 재벌의 금융지배 온존, 이에 따른 재무구조개선 중심의 구조조정으로 이어짐으로써, 국민과 국민경제가 다시금 재벌경영 실패의 볼모로 저당잡히는 씨앗을 심은 꼴이 되었다.

우선 출자총액제한제도(1994년 개정 이래 30대그룹 계열사가 순자산의 25%를 초과해서 다른 기업의 주식을 소유할 수 없도록 규제한 제도)

의 경우, 초기 방안은 인수·합병시에만 3년간 유예하게 되어 있었으나, 1998년 2월의 비상대책위원회의 구조조정법안에서는 완전히 폐기하는 방안으로 후퇴하였다(참여사회연구소 1998). 이렇게 된 데는 외국기업에 의한 적대적 인수·합병을 조기에 허용했기 때문에 정책딜레마에 빠진 측면이 있는데, 여하튼 출자총액제한제도를 폐기함으로써 출발 당시부터 정부는 한편으로는 개혁정책과 다른 한편으로는 그것에 모순되는 반(反)개혁정책을 동시에 내세운 셈이 되었다.

5대원칙의 허점이 분명해지자 그때 비로소 정부는 1998년 8월 15일 대통령의 경축사를 통해서 ① 대기업의 금융지배 차단 ② 계열사간 순환출자와 부당 내부거래의 방지 ③ 대주주의 변칙상속 및 증여 차단을 내용으로 하는 보완원칙을 추가로 제시하였다. 99년 대우사태가 발발하면서 8월에는 출자총액제한제도도 부활되었다. 그러나 수구 기득권세력의 강한 반발에 부딪히자 경축사는 사실상 공문구에 그치고 말았다. 소유제한이나, 계열분리명령제와 같이 확실히 실효성을 가진 정책은 배제되었고 진지하게 논의한 흔적도 보이지 않는다.[17] 출자총액제한제도가 부활되었지만, 많은 예외——기업구조조정을 위한 출자, SOC투자회사에 대한 출자, 외국인투자 유치를 위한 출자, 지주회사 전환을 위한 출자 등——가 인정되었다.

기업구조조정의 다른 분야는, 정도의 차이는 있지만 이전에도 시도되었던 것이나, 기업의 책임경영과 투명경영을 위한 개혁은 김대중정부에 의해서 한국경제사상 최초로 이루어진 개혁이다. 기업 내부적으로는 사외이사제도, 재벌총수의 사실상의 이사제도, 소액주주권의 강화 등 그리고 기업 외부적으로는 M&A시장의 개방, 기관투자자의 의결권 허용 등의 조치가 추진되었다. 그러나 현실은 법 및 제도와는 많은 거리가 있다. 1999년에는 사외이사의 비율을 늘이는 조치가 있었지만, 소수 예외적인 경우를 제외하면 사외이사 임명권은 여전히 총수와 경영진에 장악되어 있고 사외이사가 기업의 직접적 이해당사자가 아니기 때문에 경영감시의 유인이나 능력이 미약하다. 기관투자가의 경우도, 주총의 의결결과에 비례하여 중립적으로 의결권을 행사하도록 되어 있던 의결권행사 제한이 풀렸으나 그 의결권행사는 압도적으로 회사측 안을 지지하는 것으로 나타났다.

소유와 책임경영 제도 개혁에서 그중 성과를 보이고 있는 부분은 소액주주권의 강화라 할 것이다. 소액주주권의 강화는 이행기 한국경제의 기본 과제에 속하며, 이것에 의해 참여연대 등 시민단체들의 재벌개혁을 위한 새로운 시도가 나타날 수 있게 되었고 재벌개혁에 상당한 기여를 한 것도 사실이다. 그러나 소액주주의 권리는 제도적으로 집단소송제와 집중투표제의 장벽에 부딪혀 있을 뿐만 아니라, 근본적으로 주식소유에 기초한 권리의 신장으로 주주자본주의를 추동하고 소유에 기초하지 않는 시민적·사회적 권리, 노동의 권리와 충돌한다는 이중성을 갖고 있다.

한편 노동자와 관련해서는 우리사주제도의 운영에 대한 약간의 개혁조치가 취해졌지만, 자사주 취득기회가 우선배정으로 한정되고 자사주 취득비용을 노동자가 전적으로 부담할 뿐만 아니라 의무보유기한이 1년에 불과하여, 노동자를 기업경영의 중장기적인 경영 참여-감시자로 관여하는 길이 아니라 단기적인 시세차익을 추구하는 주주자본주의의 보충물로 기능하는 길로 유도하고 있을 뿐이다. 여기서 구조조정정책의 재벌편향적·노동배제적 성격의 또 다른 측면이 드러난다.

재벌구조조정과 자본시장 빅뱅 그리고 대기업 부실

글로벌 스탠더드 따라잡기를 기조로 한 정부 구조조정 실험의 중심적 정책은 한국경제제도의 계층구조에서 개방된 시장금융체제를 지배적 층위로 만드는 것, 다시 말해 주주가치를 중심으로 하는 개방된 금융시장의 '규율'과 신용기준-투자기준을 한국경제의 지배적 질서원리로 만드는 것이라 할 수 있다. 정부가 '5+3' 원칙을 내세워 기업구조조정을 추진한 것도 결국은 이것을 지향하고 있다. 그러나 5대재벌의 자율구조조정 방침, 출자총액제한제도의 폐기, 재벌의 금융지배 방치, 기업지배구조 개선의 미진 등으로 인해, 그리고 투자신탁회사를 비롯한 비은행부문의 부실방조, 그 밖의 신제도 구축을 위한 제반 여건과 능력 미비 속에서 급진적인 자본시장 빅뱅이 이루어짐으로써, 기업구조조정은 재무구조 개선 중심의 형태를 취했고, 이는 기대와 딴판으로 신자유주의의 무책임과 구체제의 무책임이 중첩된 기형적인 신구(新舊) 무책임의 악조합의 양상을 초래하였다. 이를 집중적으로 표현하고 있는 것이 바로 대우와 현대를 비롯한 대기업 부실사태와 정부의 특혜적 신개입주의이다. 이하에서는 5대재벌을 중심으로 재무구조 개선 중심의 구조조정이 대기업 부실사태로 이어진 메커니즘을 살펴보기로 하겠다.

정부는 1998년 2월부터 분기 또는 월별로 정·재계 간담회를 개최하여 5대재벌에 대해 재무구조 개선약정 이행 여부를 점검하고 부채비율 200% 등 구조조정목표 이행을 점검·독촉했다. 그 결과 평균부채비율은 352%(98년 말)에서 174%(99년 말)로 크게 감소하였다. 또한 4대재벌은 자구노력(자산매각, 자본확충), 외자유치, 상호지불보증 해소, 분사화, 계열사 정리 및 지배구조 개선까지도 외형적 수치상으로는 모두 기본 목표를 달성한 것으로 나타났다.

그러나 부채비율 200% 목표달성은 분명히 외형적 수치상으로는 놀라운 것임에도 불구하고 실질적 구조조정으로서의 의미는 크지 않았다(참여사회연구소 2001, 제7장; 송원근 2001, 222~23, 235~44쪽). 왜냐하면 재벌들은 부채규모의 축소가 아니라 주로 대대적인 유상증자의 계열사 배정과 그에 따른 상호출자의 증대 그리고 자산 재평가 등을 통해서 부채비율을 감소시켰기 때문이다. 2000년 현재 30대재벌그룹 내부지분율은 99년의 정점과 비교하면 감소하였으나 위기 전과는 비슷한 수준이다. 재벌총수의 지분은 크게 감소한 반면 계열사 지분은 증가하였는데, 이는 재벌총수가 구조조정과 사업확장에 계열사간 상호출자를 적극 이용했음을 보여준다. 이리하여 부채비율의 큰 감소에도 불구하고 오히려 부채규모는 별로 줄지 않으면서 그룹외형을 계속 확대할 수 있었다.[18] 이 같은 경향은 재벌기업의 수익성이 개선되지 못한 것으로도 나타났다. 99년의 이자보상배율을 보면, 97년 위기의 해와 비교할 때, 30대 그룹 전체의 배율이 하락했다. 5대그룹의 경우는 덜하긴 하지만, 마찬가지로 하락했다(송원근 2001, 236~37쪽). 이처럼 재벌그룹의 이자비용 비중이 감소하지 않은 이유는 부채비율 감소가 부채감축보다는 유상증자 및 자산재평가 등에 의해 이루어진 데 기인한다.

부채규모 증대를 통한 자본증강과 그룹외형의 확대에는 차입금의 감소와 회사채 발행의 증대라는 부채구성상의 큰 변화가 수반되었음을 주목해야 한다. 4대재벌은 차입금 상환에 따른 차입자금 조달의 감소를 대대적인 회사채 발행을 통해 보충·조달하였던 것이다(참여사회연구소 2001, 제10장). 1998년 10월 금융기관의 동일 계열기업 발행 회사채 보유한도제가 시행되자 1999년중 회사채 발행은 크게 위축되고 그 대신 유상증자에 의한 자금조달이 크게 늘어났다. 재벌지배하에 있는 투자신탁회사와 증권회사가 회사채 발행과 유상증자를 직·간접적으로 지원했던 것이다.

이 같은 차입의존-외형확장-총수독재경영의 새로운 변형태는 출자총액제한제도가 폐지되고 재벌의 제2금융권 지배상황이 방치되고 소유지배구조 개혁이 미진함으로써 정책적으로 조장되었다. 그 악순환의 구조와 이로 인한 정부 재벌개혁정책 및 자본시장 외형성장정책의 실패는 대우그룹이 파산하고 현대그룹의 부실과 위기가 수면에 떠오르면서, 정부가 채권안정기금의 조성, 각종 고수익펀드의 신설, 산업은행의 회사채 신속인수제도 실시 등 임시방편적인 금융시장 안정대책을 남발하면서, 그리고 연기금까지 투입해서 증시를 떠받치는 정책까지 나타남으로써 분명해졌다.

김영삼정부 시기 IMF위기의 발단은 재벌도산이었다. 당시에도 정부는 무책임 총수독재체제를 방치하고 또 은행의 정보생산과 기업감시 능력 향상을 위한 노력을 건너뛴 채, 자본시장의 외형성장과 이를 통한 재벌의 자금조달을 유도했다. 이로 인해 CP와 단기외채 등, 단기자금에 의존하는 무분별한 외형확장 투자가 초래되고, 단기자금 조달과 장기투자 간의 심각한 만기 불일치로 인해 대기업 도산이 줄을 잇게 되었다. 김대중정부 시기에는 자금조달방식이 CP가 아니라 회사채로 변화되었다는 점이 다르다. 그러나 재벌 소유지배구조의 온존과 자본시장의 외형성장에 따른 기업과 금융의 동반부실이라는 점에서는 문제의 성격이 동일하며, 따라서 정책실패는 반복되고 있다고 해야 할 것이다. '선은행 후투신' 금융 구조조정정책으로 은행은 어느 정도 건전화되긴 했지만, 자본시장의 외형성장이 시작된 이래 오랜 역사를 가지게 된 제2금융권의 부실은 그대로 재생산되었고 이로 인해 부실 회사채가 대대적으로 발행되었다. 1998~99년에 발행된 회사채 중 22%가 부실화되었고 이중 대우계열사 채권의 비중은 78%에 달했다(오규택·이창용 2001). IMF위기 이후 대우그룹의 국내금융 부채추이는 〈표 4〉에 잘 나타나 있다.[19]

국내외 자유시장주의자들 및 정책당국의 진단과 달리, 한국 금융체제와 경제시스템의 근본적인 문제는 결코 자본시장의 미발전에 있었던 것이 아니다. 문제는 국가관리 금융체제에서 자본시장 중심체제로 무리하게 속행하려 한 것, 그럼으로써 은행과 직접금융시장이 정보생산과 감시 기능에서 서로 보완적 계층구조를 갖추지 못한 것, 그런 상태에서 금융시장을 자유화하고 외형적·천민적 자본시장을 팽창시킨 데 있다(김동원 1998; 한국은행 1999b; 이병천 1999). IMF위기의 내부 근본 원인도 여기에 있었던 것이고, 자본시장 빅뱅과 그 '규율'에 의존하여 한국경제를 개편하

〈표 3〉 경제위기 이후 정부의 기업부실정리정책 개요

주요 정책	대상
기업퇴출 판정	· 55개사에 대한 회생불능 판정 후 청산·매각·합병 조치 · 5대재벌계열 20개사, 6~64대계열 32개사, 비계열 3개사
재무구조 개선약정을 통한 자체정상화	· 금융기관 여신규모 2500억 원 이상인 계열기업군 대상 · 5대계열 · 6~64대계열 중 두산, 금호, 한솔 등 40개계열
기업개선작업	· 6~64대계열 중 독자회생이 어려운 16개 계열군(쌍용, 고합, 동아건설, 아남산업, 신호, 갑을, 동국무역, 거평, 우방, 벽산, 진도, 신원, 강원산업, 세풍, 신동방, 대구백화점) · 대우계열 12개사, 새한그룹 워크아웃 포함
법정관리 및 화의	· 6~64대 기업집단 중 워크아웃 탈락그룹(한일, 통일, 해태 등) · 기업개선작업 실시 전에 부도가 발생한 15개 계열기업군(기아, 한보, 삼미, 한신공영, 대농, 뉴코아, 수산중공업, 한라, 청구, 진로, 나산, 극동건설, 두레, 보성, 화승 등)

자료: 유용주 외 2000, 102쪽.

〈표 4〉 대우그룹의 국내금융 부채추이

(단위: 조원)

	1997. 12(A)	1998. 12	1999. 6(B)	B−A
은행대출	8.6(30.0)	8.2	8.6(19.8)	0
제2금융권	8.1(28.3)	4.0	4.0(9.3)	−4.1
회사채	8.4(29.3)	19.7	22.0(50.8)	13.6
CP	3.6(12.4)	12.0	8.7(20.1)	5.1
합계	28.7(100.0)	43.9	43.4(100.0)	14.7

자료: 금융감독위원회, 「금융 기업구조조정 추진현황과 향후대책」, 1999. 8.

려 한 김대중정부의 구조조정 실험 실패의 큰 요인도 여기에 있다. 그러므로 우리는 김대중정부는 위기에서 교훈을 얻지 못하고 다시 정책실패를 반복했다고 생각한다. 출자총액제한제도의 폐지와 소유지배구조 개혁을 통한 책임경영체제 구축의 실패, 재벌의 제2금융권 지배상황의 방치 그리고 투신사를 비롯한 제2금융권 부실의 방치 등이 한데 어우러져,

차입의존-외형확장-총수독재체제의 새로운 변형태를 낳고 대기업 부실과 특혜적 신개입주의로 다시금 국민과 국민경제가 볼모로 저당잡히는 사태가 초래된 것이다.

4. 기업부실과 무책임의 재생산(2): 기업개선제도의 실패

회생 가능 기업을 대상으로 한 정부의 기업부실정리정책은 크게 3개그룹으로 나누어 진행되었다. 앞서 본 바처럼, 5대재벌의 경우는 채권은행과 재무구조 개선약정을 맺게 하여 자율적 구조조정을 유도했으나, 6∼64대재벌에 대해서는 기업개선제도(work out) 방식을 취했다. 그리고 중소기업의 경우는 개별 금융기관의 판단에 따라 처리하도록 했다. 그러면 여기서는 6∼64대재벌을 대상으로 한 기업개선제도의 실패에 대해 살펴보기로 하겠다.

4대재벌과 비교할 때, 그 이하의 재벌그룹은 영업상황이 훨씬 부진했고 신용위험도 더 증대되었다. 1999년중 4대재벌은 모두 흑자를 기록하였지만, 4대재벌 이외 그룹은 그룹 전체적으로 여전히 적자에서 벗어나지 못했고 차입금의 순상환이 이루어지지 않았음은 두말할 것도 없다. 기업부실과 금융부실의 악순환에서는 4대 이하 그룹의 영업부진이 큰 요인으로 작용하고 있음을 알 수 있다(참여사회연구소 2001, 제7장, 표 5, 표 6). 2000년중 5∼15대그룹의 이자보상배율은 0.76(전체), 0.86(비금융)으로서 1.00 이하를 맴돌고 있다(금융감독원, 2001). 또한 2000년중 외부감사 대상 제조업체 조사에 의하면, 우량기업과 부실기업간 부채상환능력의 양극화 현상이 심화되고 있는 가운데, 금융비용 보상비율 100% 미만인 업체의 비중은 전체의 29.3%로 99년의 24.2%보다 오히려 높아졌다(한국은행, 2001b). 이 가운데 기업개선제도의 실패 문제가 자리잡고 있는 것이다.

기업개선제도란 채권금융기관의 채권행사 유예상태에서, 채권금융기관과 채무기업 간의 협상과 조정을 통해 부채조정 신규자금 지원 및 대상기업의 자구노력을 내용으로 하는 기업개선 약정을 체결하여 기업회생을 도모하도록 한 제도이다. 금융기관의 채권행사 유예조치가 부도 유예수단으로 악용되어서는 안 되기 때문에 대상기업은 경제적 회생 가능성은 있으나 재무적 곤란에 처한 기업이 되어야 하는 것이 기본 원칙이다. 또한 주주는 물론, 경영진, 노동자, 채권금융기관 등 이해관계자간에 손실을 공평하게 분담하게 하는 것을 원칙으로 한다(재정경제부 1999, 158~59쪽). 그리고 워크아웃은 일종의 사적 화의로서, 일반 상거래채권까지 묶이게 되는 법정관리와 달리, 금융기관 채권만 동결된다.

　기업개선작업의 추진상황을 보면,[20] 1998년 7월 고합계열을 시작으로 2000년 8월 말까지 모두 104개사가 선정되었으나, 이중 탈락(8), 조기종료(17), 합병(15) 등으로 40개사가 제외되어 2000년 8월 현재 기업개선작업 추진업체는, 대우 12개 업체를 포함하여 64개 업체다. 대상 채권액은 모두 98.6조 원이며, 채무조정액은 이자감면 대상 대출금 70.2조 원, 출자전환액 3.4조 원 그리고 신규자금 지원액 4.9조 원에 달했다. 자구노력은, 부동산 매각은 많이 이루어졌으나 계열사 처분은 매우 저조했다. 기업개선작업의 최대 문제는 막대한 금융지원에도 불구하고, 이 프로그램으로 회생에 성공한 기업이 소수에 불과하며, 그리하여 사실상 새로운 형태의 부도유예조치와 다름이 없는 결과를 초래했다는 것이다. 정부는 2000년 5월, 32개사에 대해 종료방침을 확정하였지만 그 대부분은 중소기업인데다, 경영성과가 우수해서 독자생존이 가능한 업체로 분류된 기업은 19개사에 불과했다(유용주 외 2000, 106쪽). 이후 동아건설을 비롯한 6개사를 청산 또는 법정관리로 처리하기로 하여 37개사가 남은 상태에서 워크아웃은 종료되고 부실기업정리는 구조조정투자회사제도(CRV)로 넘기게 되었다.

그러면 기업개선작업에 의한 부실기업 회생시도가 실패로 끝난 이유는 무엇인가. 기업의 회생을 위해서는 회생 가능한 기업을 잘 선정하고, 선정기업에 대해 채권단의 금융지원과 감시 아래, 책임 전문경영체제를 재구축하는 것이 관건인데, 갖가지 요인들이 이를 어렵게 만들었다.

　첫째, 무엇보다도 퇴출되어야 마땅한 기업들이 퇴출되지 않고 무분별하게 대상기업에 포함된 점을 지적해야 한다. 은행들 스스로가 부실기업을 퇴출시키기보다는 워크아웃을 선호하여 부실기업의 생명을 연장시키려는 경향을 보였다. 중요한 이유는 부실기업을 퇴출시키게 되면 BIS자기자본비율이 떨어져 부실 금융기관으로 낙인찍히기 때문이다. 기왕에 유지되어 온 밀접한 거래관계와 '연고관계'도 엄정한 심사에 의한 기업퇴출을 어렵게 했다고 보아야 한다. 또한 정부의 은행과 기업에 대한 정책도 부실기업 퇴출에는 미온적이었다. 퇴출 대상기업이 워크아웃 기업으로 생명을 연장하면 경쟁관계에 있는 우량기업의 경영에도 악영향을 미쳐 시장경제 전체가 부실 악순환에 빠지게 된다.

　둘째, 부실 기업주의 도덕적 해이 문제를 지적해야 한다. 이는 기업개선제도가 '퇴출기업 피난처'로 악용된 것에 크게 기인하지만, 회생 가능 기업을 선정한 경우에도 구조적인 문제점으로 나타났다. 기업주가 부실에 일차적 책임이 있는 만큼, 기업주의 도덕적 해이가 재발되지 않도록 하고 심각한 결함이 있는 부실 기업주는 퇴진되어야 하는데 이 초보적인 책임원칙조차 관철되지 않았다. 금융감독원의 특별검사에 따르면 다음과 같은 문제점들이 드러났다.[21] 즉 기업주가 증자대금 등의 마련을 위해 회사 앞 부동산매각의 방법으로 회사자금을 수혜한 점, 기업주의 회사자금 및 어음 부당사용, 현지법인에 대한 자금관리의 미흡, 관계회사에 대여해 준 자금의 부실채권화, 기업주 또는 대주주의 기업개선 약정상의 사재출연 기피, 채무 재조업체 기업주들이 경영권을 그대로 유지하고 있어 1차 기업개선작업 실패에 따른 책임의식이 결여된 점, 기업주 등의 해당 기업과 관련 없는 대외활동에 과도한 참여, 채권금융기관 사전동의 없이 신규사업의 시행 및 자금집행, 위장계열사의 소유 등이 그것이다.[22]

셋째, 채권단측의 책임의식과 기업개선능력의 부족 문제가 있다. 금감원의 조사는 채권금융기관의 문제점으로, 다음과 같은 사항을 지적하고 있다. 즉 채무 재조정과정에서 경영진 및 실사기관에 대하여 1차 기업개선작업 실패에 관한 책임추궁이 미흡한 점, 대상업체에 대한 경영평가가 미흡한 점, 사외이사 등 경영진 추천과정의 투명성이 미흡한 점, 경영관리단의 자금관리가 미흡한 점, 경영관리단의 경비집행관리가 미흡한 점, 계약직 경영관리단장의 점유비중이 과대한 점 등이다. 기업경영에 대한 경험과 지식이 부족하고 구조조정 경험도 부족한 은행이 부실기업을 정상화하기에는 큰 한계가 있었음이 분명하다. 워크아웃 기업 경영진의 구성이 주먹구구식이거나, 채권금융기관의 퇴임인사가 고문이나 고위임원 자리를 차지하고 있는 경우가 많아 실질적으로 '경영공백' 상태가 초래되었다(『매일경제』 2001. 4. 6;『조선일보』 2001. 6. 21). 전문경영인 시장이 없어 은행이 경영을 의탁할 곳이 적었다는 점도 지적되어야 할 것이다.

넷째, 그렇지만 지금까지 간과되어 온 것인데, 기업개선제도 실패의 아주 중요한 요인으로 은행의 시계(視界)가 단기화된 것, 그리고 은행이 기업회생의 책임주체가 될 수 없도록 족쇄를 채운 정부시계의 단기화 및 모순적인 정책을 들어야 한다.[23] 은행은 기업도산에 따른 손실 줄이기에 급급하거나 채권의 조기회수에 역점을 두었다. 정작 기업을 회생시키는 방안을 고민하면서 대출채권의 장기적인 회수율을 높이는 데는 관심이 적었고 그럴 유인도 없었다. 부실기업이 하루아침에 회생할 것으로 기대할 수는 없는 만큼, 기업개선제도가 성공할 수 있으려면 은행은 비록 단기적으로는 자신의 자본건전성 악화를 감수하고서라도 중장기적 시계를 갖고 적극적으로 기업회생에 나설 수 있어야 한다. 그리고 은행주도의 기업회생 프로그램에는, 과거 어느 때보다 기업들의 채무상환능력이 취약하고 또 획기적인 재무구조 개선방안이 요구되는 만큼 대출연장이나 이자감면을 넘어선, 부채의 출자전환 형태의 대대적인 채무 재조정이 수반되지 않으면 안 된다. 부채의 출자전환(debt-equity swap)은 기업의 부채비율 감축을 위해 외국에서도 흔히 실시되어 온 방식이며, 자본시장 발전정책과도 부합된다.

그러나 은행에 대한 정부의 단견과 모순적인 정책, 기업구조조정에서 은행의 역할에 대한 무정견(無政見), 그리고 경영권을 지키기 위한 재벌총수의 출자전환에 대한 거부와 정부의 순응 때문에, 이 같은 정책대안은 실현될 수가 없었다. 채무조정에서 부채의 출자전환이 지극히 저조한 것이 이를 잘 보여준다. 정부는 한편으로는 은행에 부실기업을 회생시키는 책임을 지게 해놓고서, 다른 한편으로는 극도로 엄격한 BIS, FLC 건전성기준을 강요함으로써 은행이 도저히 기업구조조정의 책임주체가 될 수 없도록 '족쇄를 채웠다'고 해도 과언이 아니다.[24] 자본건전성, 나아가 자산건전성 기준이라는 족쇄를 차고 있는 은행은 워크아웃 여신의 이자를 감면하거나 부채를 탕감해 줄 경우 대손충당금을 쌓아야 하고 손실부담이 늘어나기 때문에, 중장기적인 시계에 입각한 기업회생보다는 당장의 책임을 회피하는 단기주의를 선택하도록 정책적으로 강요받았다. 이렇게 볼 때 대기업 부실뿐만 아니라, 기업개선제도의 실패 또한 명백히 정책실패의 측면을 갖고 있다고 해야 할 것이다.

따라서 기업개선제도는, 과거 부실기업 정리방식과 비교한다면 국민에의 부담전가와 투명성이라는 면에서는 개선된 점이 있으나 회생을 위한 책임주체의 공백이라는 면에서는 오히려 후퇴했다고 해도 좋을 것이다.[25] 더구나 앞서 본 바와 같이 엄청난 규모의 공적 자금이 투입된 은행이 이처럼 정책적으로 기업회생의 책임주체가 될 수 없게 되어 워크아웃 실패로 금융과 기업 동반부실의 악순환이 재생산되었다는 것을 생각하면, 이 정책실패는 이중실패다.

정부가 현대건설에 대해 대대적인 출자전환을 하면서 이전에는 별로 거론되지 않던 출자전환 이슈가 크게 주목받게 되었다. 정부는 현대건설 출자전환을 결정하면서 이것이 '신개념'(!)의 구조조정이라고 말하기도 했다. 부채를 출자로 전환하게 되면, 기업은 부채가 줄고 자본이 늘어 재무구조가 건실해지고, 이자를 지불하지 않아도 되므로 경영정상화의 발판이 마련된다. 은행의 입장에서도 대출금의 감소로 대손충당금 적립부담이 줄어 BIS자기자본비율이 높아지는 유인이 있다. 그러나 출자전환이 결코 만병의 통치약은 아니다. 출자전환 성공의 기본 전제는 해당 기업의 회생 가능성이다. 회생 가능성이 희박한 기업을 선정하거나 경영자 교체와 자구계획 추진 등 사후감시가 제대로 되지 않을 경우 주가가 폭락하거나 최악의 경우 기업이 도산하게 되고, 그러면 은행은 출자전환을 하지 않은 경우보다 더 큰 손해를 떠안게 된다. 기업과 은행이 동반부실하는 결과가 초래되는 것이다.[26] 현대건설을 비롯한 현대그룹의 출자전환과 자금지원은 회생 가능성 여부와 특혜지원 모든 면에서 문제투성이다.[27] 그럼에도 불구하고 회생 가능성을 가진 부실기업의 회생을 위해서는 출자전환 방안이 필수적임은 분명하다 할 것이다.[28]

5. 자본시장 빅뱅: 단기주의와 양극화, 금융과 산업 연관의 파괴

글로벌 스탠더드 따라잡기를 기조로 한 한국의 구조조정 실험은, 그 핵심이라 할 금융부문에서 자본시장 중심체제로의 빅뱅과 은행의 BIS비율 맹신주의를 두 중심축으로 했다. 앞에서 우리는 이 실험이 의도와는 달리, 한편으로 신용위험의 평가 및 감시 능력을 갖추지 못한 '자본시장의 외형성장' 때문에, 다른 한편으로 은행의 자기방어적 보신주의(保身

主義) 때문에 기업과 금융기관 동반부실의 악순환을 재생산하는 결과를 초래했음을 보았다. 이제 이 절에서는 자본시장 중심체제로의 빅뱅에 의해 초래된 새로운 구조적 모순, 즉 흔히 '월가의 기준'이라 불리는 단기수익성 기준=금융유동성 논리의 지배와 다수 중견·중소 기업의 금융접근을 배제하는 금융시장 양극화, 그에 따른 금융과 산업 연관의 분절현상을 살펴보고자 한다.[29]

금융과 산업의 분절현상은 물론 기업부실의 온존으로 인한 시장 불확실성과 금융기관 부실로 인한 위험부담능력 및 대출능력의 저하에 크게 기인하고 있음이 분명하다. 그렇지만 우리는 이와 함께 시장금융체제 그 자체에 기인하는 단기주의의 폐해에 주목하고자 하는 것이다. 한국 금융 구조조정의 과제는 지난 시기 관치금융이 초래한 '연성예산 제약'의 폐해를 극복할 뿐만 아니라, 산업에 대한 새로운 대안적 금융지원(commitment) 체제를 수립하는 것이다. 다시 말해 연성예산 제약과 단기주의 사이의 '감시와 책임을 동반하는 금융지원체제'(이병천 1999, 153쪽)를 수립하는 것이 과제다. 혁신투자와 고품질 저비용의 신가치생산을 가능케 하는 기업지배구조에서 금융지원은 필수 불가결한 구성요소이며, 이와 더불어 조직적 통합과 내부적 통제라는 조건들이 갖추어지지 않으면 안 된다(Lazonick 1991; O'Sullivan 2000). 그런데 김대중정부의 자본시장 빅뱅은 과거 장기 '인내자본'을 제공했던 은행의 역할은 파괴했지만 이를 대체하는 새로운 대안적 금융지원제도를 발전시키지는 못함으로써, 단기수익성 기준의 지배와 금융의 산업이탈 및 '산업억압'(industrial repression)이라는 문제를 낳고 있다. 자금시장 안정을 위한 각종의 편법적·임기응변적 대응책이 난무하게 된 것도 여기에 큰 요인이 있다.

원래 시장규율의 핵심은 '적응적 규율'이며, 더구나 이는 단기주의를 조장하는 경향이 있다. 그리고 자본시장에서 정보와 감시 기능이 축적되고 어느 정도 인내자본을 제공할 수 있는 제도적 인프라가 구축되기까지는 오랜 시간과 역사적 경험의 축적이 필요하다. 뿐만 아니라 은행금융은 독자적인 장점을 가지고 있고 은행금융제도와 국민경제의 다른 제도형태들 간에는 제도적 보완성이 작용하고 있는 만큼, 한국은 그 제도이행의 발전단계로 볼 때 기업금융과 기업감시 기능에서 은행의 역할을 재정립해야 할 과제를 가지고 있다. 그럼으로써 은행과 직접금융시장이 자금중개·정보생산·감시 기능에서 서로 보완적 계층구조를 갖추어나가도록 해야 하는 것이다. 이런 과제를 건너뛰고, 국가관리 은행체제에서곧바로 자본시장 중심체제로 이행하려는 모험을 감행한 데서 금융의 산업이탈과 산업억압이라는 현상이 초래된 것이다.[30]

'월가의 기준'과 자본시장 양극화

한국의 자본시장은 신용위험에 대한 평가와 관리 기능이 취약하다는 문제점과 동시에, 그 정반대로 한국적 현실에 맞지 않게 신용평가기준이 지나치게 엄격하다는 문제점을 가지고 있다. 전자는 주로 금융접근이 용이한 대기업에 해당된다면, 후자는 주로 중견·중소 기업에 해당된다. 극단적으로 높은 부채비율은 해소되어야 할 한국경제의 중요한 결함임이 분명하나, 고부채비율은 은행금융 중심으로 발전해 온 나라들의 경제발전유형의 역사적·제도적 특성을 표현하고 있기도 하다. 이것은 은행금융 중심으로 발전해 온 다른 많은 나라들이, 한국만큼은 아니지만 한결같이 기업부채비율이 높은 것에서도 입증된다(장하준·박홍제, 2000, 443~46쪽). 그러므로 신용평가와 부실판정에서 이 점을 무시하고, 글로벌 스탠더드의 신용기준, 자본시장중심 모델의 신용기준과 투자기준을 곧바로 한국경제에 적용하게 되면 전환기 경제의 제도적 불일치(mismatch)가 너무 커서 기왕의 한국경제 발전논리와의 제도연계성이 파괴된다. 금융의 '시장규율'이 작동하는 것이 아니라 금융에 의한 산업억압이 일어나게 된다. 부실판정 기준이 너무 낮아도 문제이지만 너무 엄격해도 문제인 것이다. 우리가 보기에 IMF위기 이후 구조적 현상이 된 신용경색은 단지 경기적 현상으로만 볼 수는 없고 이 같은 성격을 가지고 있다.

자본시장에서 신용을 독식하고 있는 것은 재벌 대기업이고, 중견·중소 기업들에게 자본시장의 문턱은 매우 높다. 주식시장의 경우, 중소기업의 비중은 1991년 7.0%, 95년 5.9%에서 2000년 2.0%로 감소하였다. 시가총액에서 10대기업이 차지하는 비중은 56%인데, 이는 미국 뉴욕증시의 18%에 비해 매우 높다. 또한 회사채 발행의 경우, 중소기업의 비중은 1991년 28.2%, 95년 11.3%에서 2000년에는 0.7%로 감소하였다. 2000년에 중소기업의 비중이 격감한 것은 특히 ABS(자산유동화증권) 때문인데, 중소·중견 기업이 프라이머리 CBO에 편입되는 것은 하늘에 별따기만큼이나 어려운 실정이다. 국공채 및 신용등급이 우수한 일부 우량기업의 회사채로만 수요가 집중되고 신용등급이 낮은 회사채의 거래는 극히 부진하다. 따라서 전반적인 신용경색 현상 속에서 특히 중견·중소 기업의 자금사정이 어려운 것이다(한원종 2000).

최근 매킨지는 이자보상배율 2.0을 부실기준으로 삼아 상장기업의 60%(1999년 말 현재)가 부실기업이라고 발표하여 파문을 일으킨 바 있다. S/P도 이자보상배율 2.9 이하를 투기등급의 중요한 기준으로 삼고 있는데, 매킨지 보고서는 S/P와 마찬가지로 월가의 신용기준을 한국경제에 적용한 것이다. 그렇지만 매킨지의 기준대로라면, 상장사 60%가 문을 닫든지 아니면 아마 연기금 투입 등 특단의 조치로 증시를 혁명적으로 팽창시키는 정책이 있어야만 할 것이다. 이는 우리에게 글로벌 스탠더드를 무분별하게 추종할 것이 아니라, 한국적 특성을 고려한 신용기준과 투자기준이 필요함을 반면교사로서 가르쳐주고 있다 할 것이다.

낮은 기관투자가 비중

우리나라 상장회사 주식소유 분포의 중요한 특징은 개인보유 비중이 높고 기관투자가 비중이 낮다는 것이다. 1998~2000년 기관투자가 보유 비중은 13~17% 수준이다. 1997년의 26%는 그 전후의 경향으로 보면 예외적인 경우에 지나지 않는다. 개인보유의 비중은 1997~99년 25~30% 수준을 유지하다가 2000년에 다시 20% 수준으로 하락하였다. 이에 반해 주요 선진국의 경우 기관투자가 비중은 1997년 말 현재 미국 45.9%, 영국 54.5%, 독일 30.0%, 일본 41.0% 등이다.

영미형이든 독일·일본형이든, 선진국에는 기관투자가의 주식보유비중이 매우 높고, 바로 이 기관투자가가 정보생산, 위험분담 그리고 투자가 보호 등에 의해 기업경영을 감시·규율하고 저축자와 투자자 사이에서 원활히 자금을 중개하는 등 금융시장에서 일종의 '시장형성자'로서의 기능을 수행하고 있는 것이다. 그러므로 한국 주식시장에서 기관투자가의 낮은 비중과 개인투자자의 높은 비중은 곧 한국 금융체제 후진성의 기본 지표가 된다. 한국 주식시장의 극심한 단기투자 성향과 높은 주가 변동성에는 여러 요인이 작용하고 있지만 기관투자가의 저발전이 그 큰 요인이다(박광석·마남진 1999).

한국계 기관투자가 비중이 낮음으로 해서 생긴 시장의 공백을 대신 차지한 것은 외국자본이다. 기관투자가의 미발전으로 국민적 자본시장이 채 성숙되지 못한 상황에서 자본시장이 전면 개방됨으로써 외자지배의 자본시장이 된 것이다.[31]

회사채 만기 불일치와 신용경색

한국 자본시장의 가장 후진적인 부분은 채권시장일 것이다. 채권시장은 양적으로는 크게 팽창하였으나 질적으로는 후진성을 면치 못하고 있다. 무엇보다 유통시장이 낙후되어 있다(송홍선 2000; 김명직·오규택 2001). 국채시장의 미비에 따른 지표금리의 부재와 2000년 7월 이전까지 오랫동안 시가평가제도의 미도입으로, 유통시장은 장외시장 중심으로 발달하였다. 장내거래는 장외거래의 1%에도 채 못 미치는 수준이다. 이는 회사채 구조에도 영향을 미쳐 발행된 공모사채의 대부분은 보증사채였다. 더구나 은행보증사채가 대부분이었는데, 정보흐름상 은행보증사채는 은행 차입금과 별다른 차이가 없다.

그런데 한국 채권시장의 최대 문제의 하나는 다른 후진국처럼, 장기채권시장이 존재하지 않는다는 것이다. 가령 미국의 경우, 세계의 저축자금을 빨아들이는 유명한 재무부채권이 있지만 이와 더불어 만기 20~30년이 대부분인 장기회사채가 존재한다. 반면 한국에는 기껏해야 3~5년 만기의 회사채가 있을 뿐이고 3년짜리가 대부분이다. 이처럼 장기회사채 시장이 존재하지 않는다는 것은 기업이 자본시장을 통해서는 안정적으로 장기자금을 조달할 수 없으며, 회임기간이 길고 위험부담이 높은 혁신적 투자는 불가능함을 의미한다. 따라서 채권시장을 통한 자금조달에는 근본적인 만기 불일치의 위험이 내재되어 있다. 위기 이후 한국경제의 구조적 특징이 된 신용경색 현상의 배후에는, 기업-금융 부실의 문제와 함께 장기자본시장의 부재에 따른 만기 불일치의 문제가 존재한다.[32]

6. 국민경제 대외종속과 파편화·공동화의 위험

디제이노믹스와 미국 '제국순환'으로의 편입

한국의 시장경제 이행은 세계경제로의 통합에 대한 관리 문제에서 최대의 실책을 범했다. 국경 없는 글로벌 자본주의의 시대라고는 하지만, 세계경제로의 통합을 자율적으로 관리할 수 있는 여지는 여전히 많으며 나라마다 대외개방정책이 다르게 나타나는 것도 이 때문이다. 한때 한국은 라틴아메리카 국가들은 물론 동아시아의 다른 국가들과 비교하여, 자본 유출입에 대한 규제가 비교적 엄격했고 또 그것이 큰 장점이라고 평가받기도 했다. 그러나 금융세계화가 얼마나 심각한 불안정성과 위험을 내포하고 있는지에 대한 숙고 없이, 개방의 충격과 위험에 대한 아무런 준비와 대책도 없이 갑자기 무분별한 급진적 개방노선으로 선회했고, 그리하여 IMF위기를 자초했다(이병천 1999).

그 때문에 급진적 개방은 명백히 위기의 교훈을 저버리는 것이다. 그럼에도 불구하고 미국은 한국의 위기를 그들의 기회로 삼아, 한국경제를 자국 패권하의 '제국순환'(帝國循環, 原田和明·宿輪純一 1999, 123~31쪽)의 틀 속에 편입시키기 위해 전면개방의 압력을 가해 이를 관철시켰다. 저물가와 고성장의 10년 장기호황을 누리던 미국 신경제는 현재 붕괴과정에 있지만, 미국경제의 성쇠는 그 패권국 지위에 특유한 국제경제적 연관에 크게 의존하고 있다(이병천 2001b).

미국경제의 호황은 대대적인 주식투자에 의한 금융거품의 축적을 통해 이루어졌는데, 이는 동시에 국제수지 적자의 심화과정이기도 했다. 그리고 또 미국가계의 저축률은 대단히 낮다. 그러므로 미국경제는 달러 강세정책과 국제적 금리격차를 유지하면서 지속적으로 세계 잉여자금, 특히 일본 꿀벌경제의 저축자금을 수혈받아 국제수지 적자와 낮은 저축률 문제에 대처하지 않으면 고주가를 유지할 수가 없다. 또한 강달러정책은 외국자본의 유입을 촉진할 뿐만 아니라 수입품 가격을 낮춤으로써 국내 인플레 위험도 회피할 수 있게 해주었다. 이런 메커니즘에 저물가-고성장의 큰 비밀이 있었던 것인데, 강달러-수입촉진 정책은 국내 산업자본의 이해와는 갈등관계에 있다. 그래서 외국자금의 유입으로 주가가 상승하고 경기가 부양되면, 강달러정책에 대한 산업계의 불만도 어느 정도 무마할 수 있게 되는 것이다.

한편 미국은 세계에서 끌어들인 자금의 일부를 해외, 주로 달러연동통화지역에 재투자한다. 해외투자로 투자수익을 올려야만 방대한 대외채무도 상환 가능하기 때문이다. 그런데 해외투자는 유입자본의 재투자만이 아니라 '달러 시뇨리지의 수출'을 내포하고 있다. 이로부터 아시아 신흥시장으로까지 확대된 금융개방의 요구가 나오고, 신흥시장도 미국 주식시장과 연동된 거품성장의 붐을 타게 되는 것이다. 그러나 미국의 '제국순환'에 편입된 나라들의 붐은, 그 거품경제적 성격으로 인해 내재적인 붕괴요인을 갖고 있지만, 이와 동시에 미국경제의 거품붕괴에 따라 동반 붕괴하는 악순환의 성격도 가지고 있다.

김영삼정부 시기 주식시장의 개방은 제한적이었고 1997년 위기는 과도한 단기외채 유입에서 비롯되었다. 김대중정부 시기에 들어와 IMF체제 아래서 한국은 전면개방경제로 변모하고 미국의 '제국순환' 속에 본격적으로 편입되기에 이르렀다.

김대중정부의 개방정책은 집권 초기에는 국제금융시장의 신뢰를 얻어 외환위기를 조기 극복하려는 데 일차적 의미가 있었다고 볼 수 있겠으나, 그런 정세적 의미는 재빠르게 변화되었다. 전면개방은, 국내외 자본에 차별을 두지 않는 세계시장의 경쟁압력을 통해 국내기업의 경쟁력을 높이고 나아가 공정경쟁질서를 수립한다는 '정책 패러다임'적인 의미로 탈바꿈하였던 것이다. 디제이노믹스는 자본과 자본가의 국적을 불문에 부치면서 전면개방경제와 국제자본에 의한 한국경제의 탈국민화를 주창한다. 'IMF 맨'(Cumings 1998)이 되어버린 김대중 대통령의 경제정책 이념과 실천 속에서 국민경제적 시각은 탈각되었고, 대중경제론의 핵심 구성요소였던 국민경제의 통합성 증대 및 내포적 발전과 같은 인식은 사라져버렸다. 한국이 자진해서 서둘러 전면개방경제로 이행하여, 미국과 IMF

의 무리한 요구를 초과달성한 '개방 모범국'이 된 것은 이 때문이다.

정부는 주식투자 한도를 1999년까지 55%로 확대하라고 한 IMF의 요구를 훨씬 앞당겨 97년 12월 50%로 확대한 데 이어, 98년 5월에는 한도를 전면폐지하고 외국인의 단기금융상품에 대한 투자도 완전 자유화하였다. 98년 7월까지 외국인은 증권거래법상의 모든 유가증권을 취득할 수 있게 되었다. 채권시장은 97년 12월에 투자한도가 폐지되어 전면개방되었다.[33] 외환시장의 경우는 97년 12월 변동폭을 폐지하여 시장평균환율제에서 자유변동환율제로 이행하였다. 99년 4월에는 종전의 외국환관리법이 외국환거래법으로 개편되었다. 제1단계 외환자유화에 의해, 기업 및 금융기관의 대외 영업활동과 관련된 경상지급 제한이 폐지되고, 거주자의 국내외 외화증권 발행 및 단기해외차입 등 각종 자본거래가 네거티브 시스템으로 변경되었다. 선물환거래에 대한 실수요 증빙이 철폐되고 비거주자와의 차액정산 선물환거래(non-deliverable forwards, NDF)가 허용되었다. 2001년에 들어와서는 제2단계 외환자유화 조치에 의해 개인의 외환거래가 자유화되기에 이르렀다.

국민경제 불안정, 금융의 산업이탈과 탈국민화·공동화의 위험

국민경제 불안정

한국의 자본시장은 국내 기관투자가가 저발전된 후진적 시장이며 그런 상태에서 전면개방됨으로써, 외국자본에 자본시장 지배권을 넘겨주게 되었다. 주식시장의 외국자본 비중은 1997년 13.7%에서 2000년 30.2%로 높아졌다. 재벌의 경영권 방어용 지분을 고려하면, 외국자본은 사실상 거래 가능한 주식가치의 거의 50%를 보유하고 있고, 그 75%가 상위 10개종목에 집중되어 있다. 국별로는 미국계 자본이 수위를 차지하고 있는데, 잔액 기준으로 전체의 50%, 순유입액 기준으로 전체의 74%를 차지한다. 외자지배 자본시장의 최악의 시나리오는 외국인 투자가들이 주식을 매도하고 한국시장을 빠져나갈 경우와 또 그때 국내 투자가들도 부화뇌동하는 경우이지만, 평상시에도 심한 자본 유출입으로 국민경제의 불안정성과 변동성이 매우 높다.

2000년중 자본유출입 총규모는 약 1천억 달러로 수출입 총액의 약 1/3에 달하는데, 매년 유입액의 80~90%에 해당하는 규모의 자본이 유출되고 있다. 2000년 일평균 외국인 투자자금 유출입규모는 외환시장 일평균 거래규모(33억 달러)의 13.6%에 달하고, 2000년 말 현재 외국인의 증권보유 잔액(468.8억 달러)은 외환보유액(962억 달러)의 49%에 이른다.[34]

투자자 유형별로는, 2000년 말 잔액기준으로 투자회사(53%), 다음으로 은행·증권·보험사(17%), 연기금(9%)의 순이다. 헤지펀드로 추정되는 부분은 1.5% 수준이다. 투자유형을 좀더 구체적으로 보면, 외국인 투자자금은 한국의 거시경제 전망을 중시하는 장기투자펀드, 미국증시 변동에 민감한 반도체·기술 주 투자펀드, 단기이익의 극대화를 위해 투기적 거래를 하는 단기투자펀드로 구분되는데, 평상시 자본시장 변동성을 좌우하는 것은 반도체·기술 주 펀드의 동태이다(『중앙일보』 2000. 9. 27). 글로벌 투자전략을 취하는 외국인 투자자들은 미국증시의 움직임에 따라 전체 주식투자비중을 결정하는데 한국의 증시는, 특히 반도체·기술 주투자의 움직임을 매개로 하여 미국증시와 심한 동조화 현상을 보이고 있다. 미국 나스닥지수의 변동→외국인의 주식 순매수 증감→국내 주가변동 간의 밀접도를 나타내는 상관계수가 매우 높아졌다. 외국인 투자자들이 삼성전자, 현대전자(현재 하이닉스반도체) 등 2개 반도체 주에 전체의 60% 이상을 투자하는 등 일부 종목에 편중됨으로써 국내증시에 미치는 영향이 더욱 크다.

증시동조화 현상은 국내 실물경기 사이클과 관계없이 일어나고 있을 뿐만 아니라 미국주가의 불안정기와 하락시기에는 한층 심화되는 양상으로 나타나고 있다. 한국은 일본, 홍콩, 싱가포르와 같은 국제금융센터가 아니다. 그럼에도 불구하고 자본시장의 전면개방과 미국자본의 지배로 인해 한미 주식시장 동조화는 이들 국가에 버금갈 정도로 높다. 2000년중 국내주가는 미국 나스닥이나 동남아 국가 주가보다 더 크게 하락하였다. 증시동조화 현상의 심화와 부(-)의 자산효과(wealth effect)는 수출감소의 실물부문 효과와 결합하여, 미국 경기침체의 한국에 대한 파급효과를 크게 증폭시킨다. 한국경제는 미국경기에 목을 매달아야 하는 지극히 불안정한 처지로 전락되어 있는 것이다.[35]

금융의 산업이탈과 탈국민화·공동화의 위험

급진적 개방의 문제점은 거시경제 불안정에만 있는 것이 아니다. 외국자본은 미국과 같이 발달된 주식시장중심 경제를 준거로 한 미국식 신용평가기준에 입각하여 움직이면서, 한국경제 전반에 걸쳐 이 기준을 선도하고 있다. 그런데 차입에 의존하여 발전해 온 한국경제에서 미국식 신용평가기준을 통과할 수 있는 기업은 극소수 '우량기업'에 불과하다. 이로 인해 한편에서 유입된 외국자본은 소수 대기업과 결합될 뿐이고, 다른 한편 국내 저축자금은 단기 부동화하여 다수 기업이 자금난에 빠져드는 현상이 초래되고 있다.

소수 대기업만이 외자에 접근하여 이들에 의한 내외 금융자금의 독식현상이 심화되는 반면,[36] 국내저축과 국내투자의 연계는 단절되고 있는 것이다. 그러므로 공적 연기금의 투입 등에 의한 정부의 편법적 증시부양책은 금융시장의 분절화와 이중구조의 심화라는 구조적 모순을 방치·조장하고 국민의 귀중한 금융자산을 털어먹는 위험을 감수하면서 외국인 투자자와 소수 대기업을 위해 '판돈'을 대어주는 결과를 낳게 된다.[37]

외국자본에 의한 한국경제 금융흐름의 주도와 금융의 이중구조, 산업이탈 현상은 은행을 중심으로 한 금융기관의 탈국적화를 동반하면서 진행되고 있다. '윔블던 효과'는 이미 남의 이야기가 아니다. 대부분의 나라들이 국민경제의 안정적 성장을 위한 금융적 보루로서 주요 은행의 국적체제를 준수하고 있고 심지어 아시아 개방주의를 대표하는 싱가포르조차 이러한 기조를 보이고 있는 것과는 반대로, 한국의 김대중정부는 외국인에 의한 은행소유 장벽을 철폐하고,[38] 부실은행을 헐값으로 매각하였다(이찬근 2001; 홍영기 2001). 그 결과 2000년 9월 말 현재 5개 시중은행(제일, 국민, 외환, 하나, 한미)에서 외국자본이 1대 지배주주가 되었고, 그 시장점유율은 총자산기준 43.7%, 수신기준 44.0%, 여신기준 41.9%에 이른다. 외국인 주주지분율 합계 40% 이상을 기준으로 할 경우, 한국에서 외국인 지배은행의 자산점유율은 말레이시아, 태국을 훨씬 넘어서고 멕시코, 브라질, 콜롬비아의 수준과 유사하다. 그런데 제일은행의 경우가 잘 보여주고 있지만, 이들 은행은 주로 펀드성 자금으로서, 소매금융과 국공채 매입에 주력하여 기업금융의 중개기관이 아니라 금융회사나 다름없이 행동함으로써 금융의 단기화와 산업이탈, 금융집중을 심화시키고 있다(유용주 2001).

자금동원이나 위험관리, 경영방식 등 모든 면에서 우위에 있는 외국계 은행 및 외국은행 국내지점이 일부 우량고객만을 주로 공략(cherry picking)하는 국적 불명의 국내 금융시장에서, 경쟁력이 형편없이 뒤지는 국적은행들이 독자적인 한국적 신용기준을 가지고 기업금융의 고유 영역을 확장하고 국내저축과 국내투자의 새로운 연계를 발전시킬 것으로 기대하기는 난망한 일이다. 국적은행들은 살길을 찾기 위해 고위험/고수익을 추구함으로써 금융시스템 전반의 불안정성을 높이거나 아니면 덩치만 대형화하여 비금융재벌처럼 새로운 대마불사의 폐해를 낳을 가능성마저 없지 않다. 금융정책 당국의 영향력이 저하되고 정책 실효성이 약화됨은 두말할 것도 없다.[39]

금융의 대외종속과 탈국민화가 진전되면, 외국 금융기관의 국내 금융시장에 대한 충격을 넘어서 내국인도 국내 금융기관의 이용을 기피하여 금융서비스의 수요가 해외 금융시장으로 이탈하는 국내금융의 공동화(空洞化) 현상을 막을 수 없을 것이다(이덕훈 외 1998, 86~90쪽). 대기업의 금융서비스 수요가 국제 금융시장으로 이탈할 것이며, 개인저축의 해외유출도 현저하게 나타날 것이다. 금융공동화는 국민경제에 다음과 같은 영향을 미칠 것이다. 첫째, 국내 금융시장과 금융부문의 규모가 크게 위축될 것이다. 둘째, 국내 금융시장에서는 소수의 우월한 외국 금융기관이 고부가가치-고수익 공급시장의 대부분을 잠식하고 국내 금융기관은 저부가가치-저수익 부문에서 과당경쟁하는 금융의 종속적 이중구조화가 심화될 것이다. 셋째, 정책당국의 금융변수에 대한 조절능력이 무력화될 것이다. 넷째, 금융의 공동화는 국민경제의 공동화로 이어질 것이다.

그런데 최근 정부는 공적 자금이 투입된 은행들의 매각을 앞두고, 동일인 은행소유한도를 현행 4%에서 10%로 완화하는 것을 주 내용으로 하는 법개정을 서두르고 있다. 산업재벌도 2~3년 내에 제조업을 포기하고 금융재벌로 전환하면 은행소유를 허용한다는 방침까지 천명되고 있다. 국민경제의 금융주권 수호, 금융과 산업의 국민적 연관의 확보 및 이를 기반으로 한 건전하고 안정적인 성장시스템의 재구축을 위해서는 외자지배, 재벌지배 그 어느 것도 퇴행적인 길이며, 금융의 탈국민화와 재벌화가 더 이상 진전되도록 방치해서는 안 될 것이다. 만약 공적 자금 투입은행이 해외에 매각된다면, 이는 한국금융의 탈국민화와 산업이탈, 그리하여 한국경제의 탈국민화의 경향을 걷잡을 수 없는 새로운 국면으로 몰아넣게 될 것이다. 만약 '주인 찾아주기'라는 명분으로, 그리고 외국자본의 국내 금융 지배에 대한 차악(次惡)의·대안이라는 명분으로 재벌이 제2금융권에 이어, 은행까지 수중에 넣도록 한다면 산업자본과 금융자본 간에 차단벽이 완전히 허물어지고 중도반절에 그친 재벌개혁조차

〈표 5〉 경제여건 변화와 외국인 증권투자자금의 유출

연 월	유출규모	주요 국내외 경제여건
1997. 2~4	4.1억 달러(잔액대비 2.6%)	한보(1. 23) 및 삼미(3. 19) 부도 태국경제 위기감 고조
1997. 8~11	19.4억 달러(10.7%)	외환위기 발생
1998. 4~8	9.5억 달러(8.0%)	부실은행(6. 29) 및 기업퇴출(6. 18) 발표 러시아 모라토리엄 선언(8. 18)
1999. 6~9	28.4억 달러(6.8%)	대우사태 발생(7. 19)
2000. 9~	11.1억 달러(1.7%)	대우자동차 매각 실패(9. 15) 반도체 가격 하락 및 유가 급등 미국 증권시장 불안

* 잔액대비는 경제여건 악화기 시작 전월 말 평가잔액에 대한 비율

자료: 한국은행, 「외국인 증권투자 성향과 투자자금의 일시유출 가능성」(보도자료), 2000. 10. 21.

〈표 6〉 국내은행의 외국인 지분보유 상황

(단위: %)

은 행	1997년 말		2000년 말	
	외국지분	주요 주주	외국지분	주요 주주
제일은행	0.1	대한생명(4.9, 1대)	51.0 이상	뉴브리지(51) 해외매각
서울은행				정부(100) 해외매각 예정
주택은행	41.2	정부(22.4, 1대)	65.4	뉴욕은행(13.1, 2대) ING그룹(10.0, 3대) 합병
국민은행	37.0	정부(15.2,1대) 뉴욕은행(8.4, 2대)	56.0	골드만 삭스(11.1, 1대) 합병
신한은행	23.4	재일동포(42.9, 1대)	49.5	재일동포(27, 1대) 독자적인 지주회사 설립
한미은행	29.4	BOA(18.6, 1대)	20.7	JP모건 카알라일 컨소시엄(40. 1, 1대), BOA(10.1, 공동 2대)
외환은행	2.7	한국은행(47.9, 1대)	26.1	코메르츠은행(31.6, 1대)
하나은행	21.3	교보생명(7.7, 1대)	20.0	알리안츠그룹(12.5, 1대) 국제금융공사(2.8, 3대)
한빛은행				정부(100) 금융지주회사 편입 완료
조흥은행				정부(80)

자료: 유용주 외 2000 등.

무위로 돌아가서 국민경제는 무질서와 혼란의 도가니로 변하고 말 것이다. 목하 한국의 금융 체제는 관치금융의 구악(舊惡) 이상으로 금융의 탈국민화—공동화와 재벌금융이라는 신악(新惡)의 길을 재촉하고 있다.[40]

7. 김대중정부 구조조정 실험의 끝: 재생의 길은 있는가

참여민주적이고 투명한 책임경제체제를 확립하는 일은, 개발독재체제 이후 한국경제 선진화의 기본 과제였다. 그러나 민주항쟁의 정치적 결말이 위로부터의 '보수적 민주화'로 귀결됨으로써 참여민주적인 사회적 시장경제의 길은 봉쇄되고 민주화는 중도반절의 외형적인 것에 그쳤다. 이에 따라 개발독재체제 붕괴 이후 출현한 것은 노동대중 및 시민의 능동적 참여는 배제된 채, 민주화의 과실은 재벌이 독차지한 무책임 재벌자본주의 체제, 세계화된 금융시장에 무모하게 편입된 국가—재벌—금융의 무책임 3자복합체였다.

김영삼정부는 국가중심의 관리체제 해체 이후 이를 대체하는 새로운 책임규율체제도 구축하지 못한 채, 무모하게 재벌과 금융에 대한 대내적 탈규제와 대외개방을 감행하였고, 그 결과 한국경제는 시스템 공백상태에서 IMF위기를 맞이했다.

김대중정부는 김영삼정부처럼 무책임 재벌체제에 무기력하게 포획된 '연성시장국가'는 아니었다. 이 정부는 투명한 책임자본주의를 지향하면서 나름대로 국가—재벌—금융의 무책임 복합체의 개혁에 착수했다. '민주주의와 시장경제의 병행발전'으로 표방된 정부의 경제정책 이념에도, 국가—재벌—금융 무책임 복합체를 개혁하고 공정경쟁의 규칙을 기반으로 한 시장경제를 수립한다는 개혁적 지향이 들어 있었던 것은 사실이다. 생각해 보면 IMF위기에서 올바른 교훈을 이끌어내어 위기극복의 대안체제를 수립해야 할 책무를 국민으로부터 부여받은 정부가 위기를 자초한 이전 정부보다 더 개혁성을 가짐은 당연한 일이다. 한국이 다행스럽게도 일본형 복합불황의 늪에 빠지지 않은 것은 위기의 충격이 컸고, 또 김대중정부가 구체제의 개혁에 착수한 데 힘입은 바가 적지 않다. 그러나 정부의 개혁으로 지속 가능한, 건실한 새 성장체제의 길로 들어섰는가 하면, 그것은 전혀 다른 문제다. 한국경제는 여전히 위기터널에서 탈출하지 못하고 있다.

정부의 개혁정책은 IMF체제라는 덫, 사회적 기반의 협소함 그리고 자신의 이념적 허약성 등 복합적 요인들의 제약 아래 놓였다. IMF체제 속에서 정책이념이 대중경제론에서 디제이노믹스로 변질되면서 김대중정부의 구조조정 실험은 영미형 자유시장경제를 실체로 하는 글로벌 스탠더드 따라잡기가 되었고, 이는 처음부터 개혁의 기본 성격과 방향에서 커다란 문제를 안고 있었다. 뿐만 아니라 글로벌 스탠더드로의 이행프로젝트는 구체제의 유산인 낡은 무책임주의와 중첩되었다. 참여민주주의는 억압·봉쇄된 채 글로벌 스탠더드의 무책임과 구체제의 무책임의 악조합으로 인한 새로운 부실·무책임체제가 재생산되고 국민경제는 자본 세계화의 함정 속으로 더욱 깊이 빠져들게 되었다.

디제이노믹스의 글로벌 스탠더드 따라잡기는 그 핵심이라 할 금융부문에서 대외종속적인 자본시장의 빅뱅형 '외형성장'과 은행의 BIS비율 맹신주의를 두 중심축으로 했다. 이는 재벌개혁에서 출자총액제한제도의 폐지, 소유지배구조 개혁을 통한 책임경영체제 구축의 실패 그리고 제2금융권 지배상황의 방치 등에 따른 외형적인 재무구조 중심의 구조조정과 결합되었다. 그 결과는 무엇인가. 막대한 공적 자금 투입과 국민대중에의 비용전가에도 불구하고, 은행은 자금중개와 기업감시라는 본연의 기능을 수행하지 못하고, 금융부실과 기업부실의 악순환, 부실·무책임체제의 악순환 현상이 재생산되었다. 차입의존-외형확장-총수독재의 새로운 변형태가 출현하여 기업부실과 특혜적 신개입주의를 낳고 기업 개선제도에 의한 부실기업 정리 및 회생시도가 실패함으로써, 국민의 삶과 국민경제가 다시금 부실·무책임 기업의 볼모로 저당잡히는 사태가 재생산되었다. 다른 한편에서 금융체제가 단기수익성 중심의 '월가의 투자기준'에 지배됨으로써 산업에 대한 금융 지원(financial commitment)의 이탈과 산업억압, 금융-산업 연관의 단절현상이 초래되었다. 그리고 국민경제는 국제금융자본의 무책임한 유출입과 미국금융 주도 자본주의의 '제국순환'에 편입되어, 국민경제의 기본적 자율성과 주권적 통제력을 상실해 가고 있고, 특히 금융의 탈국민화가 심화되고 있다.

정부 및 내외 자유시장주의자들의 진단과 달리, 한국경제 시스템의 근본적인 문제는 결코 주주자본주의의 미성숙에 있었던 것이 아니다. 문제는 국가관리 금융체제에서 자본시장 중심체제로 무리하게 속행(速行)하려 한 것, 그럼으로써 은행과 직접금융시장이 자금중개와 정보생산·감시 기능에서 서로 보완적 계층구조를 갖추지 못한 것, 그런 상태에서 금융시장을 자유화하고 외형적·천민적 자본시장 빅뱅을 단행한 데 있었다. IMF위기의 근본 요인도 여기에 있었고 자본시장 빅뱅과 그 '규율'에 의존하여 한국경제를 개편하려 한 김대중정부의 구조조정 실험 실패의 근본 요인도 여기에 있다. 그러므로 김대중정부의 정책은 그 핵심 부분에서 위기로부터 교훈을 얻지 못하고 정책실패를 반복했다고 할 수 있다.

우리는 일찍이 현정부가 출범 100일을 맞이한 1998년 6월의 시점에서 경제정책의 기본 방향의 문제점을 지적하면서 진로전환을 촉구한 적이 있다(이병천·김균 1998). 당시는 김영삼정부의 정책실패에 이어 김대중정부가 또다시 실패해서는 안 된다는 절박감이 있었고, 또 어느 정도는 진로전환의 여지가 있다는 생각도 있었다. 3년이 훨씬 지난 지금은 어떤가. 약간의 굴곡이 있긴 하였으나 정책의 기본틀에서 큰 변화를 발견하기는 어려웠고, 그 문제점은 더 완연히 드러나고 있다. 이제 김대중정부는 그 임기를 결산해야 할 때가 되었다. 김대중정부가 우리 국민에게 물려줄 경제개혁의 유산은 거의 확정된 것으로 보인다. 이제 김대중정부는 자신이 물려받은 유산이 아니라, 자신이 물려줄 유산에 대한 책임을 생각해야 할 때가 되었다. 그런데 레임덕 현상을 걱정해야 할 집권 후반기를 맞은 정부의 정책은, 역대 모든 정부가 거의 예외 없이 그랬던 것처럼 재벌, 금융, 노동 등 주요 분야에서 한층 더 퇴행적인 방향으로 굴절하고 있다.

민주주의와 국민경제를 동시에 공동화의 길로 이끌어가는 한국판 대처주의의 길, 라틴아메리카형 추락의 길, 일본형 복합불황의 길, 이와 같은 길말고, 국가주의적 개발독재모델과 시장독재의 신자유주의 모델 사이의 양자택일말고, 민주적이고 지속 가능한 제3의 발전모델의 가능성은 없는가. 비판만이 아니라 현실의 대지에 뿌리내릴 수 있는 대안이 문제다.

한국의 제도형태와 발전단계에 부합되게 기업금융과 기업감시 기능에서 은행의 역할을 재정립하고 은행과 자본시장 간에 보완적 계층구조를 수립하는 가운데 '관계금융'의 새로운 형태를 모색하는 길, 금융자본과 산업자본 사이에 확연히 차단벽을 구축하는 길, 투자주도에서 혁신주도로 나아가는 한국적 신산업정책 및 산업발전과 이에 대응하는 기업조직-산업조직 진화의 길, 노동이 구조조정의 객체에서 주체로 제자리를 잡아 자본과 노동이 투명한 책임자본주의와 혁신주도 산업발전의 대등한 동반자로 협력하는 길, 노동시간단축에 의한 자유시간의 확대와 일자리 나누기의 길, 개방경제를 지향하지만 세계시장에의 전략적·선별적 통합에 의해 글로벌 신자유주의에 내재된 위험을 차단함으로써 국민경제의 자율성과 내발적 통합성을 높여가는 길, 요컨대 참여민주주의, 제도연계적이고 혁신주도적인 사회적 시장경제 그리고 세계시장에 선별적으로 통합된 자율적 국민경제가 병행발전하는 길로의 진로전환은 불가능한

가.[41] 한국의 정치경제학과 민주주의자는 거의 굳어진 것으로 보이는 종속적 신자유주의 길의 궤도수정을 가능케 할 민주적·국민적 대안의 능력을 가지고 있는가.

주

1) 경기회복의 국내외 요인에 대해서는 이 책의 전창환 글; 이병천(2001c, 77~79쪽) 참조.
2) 신자유주의 극복을 위한 대안정책연대회의 발족선언문 참조.
3) 자유시장주의는 IMF와 세계은행이 대표하는 이행전략으로 신자유주의 또는 흔히 '워싱턴 컨센서스'로 불린다. 자세한 내용은 Taylor(1997)의 비판적 정리 참조. 개별 연구자로서 대표적인 견해는 Williamson ed.(1994); Sachs(1993); Sachs et al.(1994; 1997) 참조. 제도주의적 이행 전략의 대표적인 견해로는 Stiglitz(1994; 1998); Stiglitz et al.(2001b); Aoki and Kim(1995); Aoki and Okuno-Fujiwara(1996); Aoki and Dinc(1997); Aoki (1998; 1999b; 2001b); Taylor(1988; 1991); Taylor ed.(1993); Taylor and Pieper(1996) 등을 들 수 있다.
4) 최근 워싱턴 컨센서스도, 그간의 전략실패의 경험에 대한 반성 끝에 제도와 가버넌스를 중시하는 정책패러다임의 변용을 보여주고 있는데, 이는 자유시장주의의 핵심을 유지하면서 그간의 제도주의적 접근의 성과를 선별적으로 수용하여 그 핵심에 접목시킨 것으로 볼 수 있다. 아시아위기에 대한 IMF의 구조조정 프로그램도 다분히 그러한 성격을 갖고 있다고 보아야 할 것이다. Haggard(2000, pp. 3~7)는 거시경제 관리를 중시한 전통적인 '펀드멘털리스트'와 대비하여, 이 같은 시장주의 내의 새로운 흐름을 '신펀드멘털리스트'라고 명명하고 있다.
5) Pempel(1998)에 따르면 체제이행은 사회경제적 연합과 제도, 정책의 세 차원에서 파악해 볼 수 있는데, 이는 변화와 지속성이 혼합된, 매우 다양한 스펙트럼으로 나타난다.
6) 시장경제 이행이라는 관점을 가지고 있는 것은 아니지만, 민주적 개방의 성격과 사회경제적 결말을 연관시킨 체계적인 연구로는 Nataf(1995) 참조.
7) 대중(참여)경제론에서 디제이노믹스로의 변질에 대해서는 이병천(1999, 133~34쪽; 2000, 112~15쪽) 참조.
8) 박승 공적자금관리위원장의 견해("금융시장의 현황과 공적 자금 관리" 2001. 5. 28, 대한상공회의소).
9) 공적 자금 투입의 문제점에 대한 개괄적인 검토는 이 책 임주영의 글 참조.
10) 정부는 매각계약서의 내용을 공개하지 않고 있다. 중요한 사실들은 『시사저널』의 관련 기사 참조.
11) 그렇다고 한빛은행이 공적 자금 투입에 합당한 자구노력과 경영정상화 노력을 기울였는가 하면, 그런 것은 아니다. 6조가 넘는 지원에도 불구하고 한빛은행의 경영개선은 지지부진하다.
12) 『한겨레신문』 2000. 11. 8; 『매일경제』 2000. 9. 6. 예금보험공사의 요청으로 파산재단 관재인(변호사)이 대신 손해배상 청구소송을 해준 금액은 5조 9천억 원의 6.7%에 불과

했다.

13) 공적자금 운용실태 규명을 위한 국정조사특별위원회 요구자료, 금융감독위원회·금융감독원(2001. 1). 예금보험공사의 이사급 이상 경영진은 재경부 관료나 국책연구기관 출신이 대부분이어서 낙하산 인사의 사례를 벗어나지 못했다(『내일신문』 2001. 6. 21).
14) 검찰의 조사에 따르면, 2001년 들어서만 기금횡령, 편취 등 각종 비리범죄(소송사기, 고객예탁금 횡령, 신용협동조합자금 횡령, 역외펀드 해산 후 잉여금 유용, 신용보증기금 누수 등)에 의한 공적 자금 및 공공기금의 손실 규모는 1조 9280억 원(공적 자금 손실 1조 4080억, 공공기금 손실 5200억 원)에 이르지만 이는 빙산의 일각이라는 지적이다(『매일경제』 2001. 6. 28).
15) 이행기 한국경제에서 금융감독―그리고 기업감독―은 아무리 강화해도 지나침이 없을 것이다. 은행감독체제가 취약하기는 개발주의의 원조인 일본의 경우도 마찬가지다. 미국에는 전문은행감독관이 8천 명 이상이나 되는데, 일본은 고작 400명에 불과하다. 그중에서도 은행의 건전성과 자금조달을 제대로 감독할 수 있는 것은 일본은행에 있는 200명 정도이고 대장성 쪽은 기대할 수 없다고 한다(리차드 쿠 2000, 57~58쪽).
16) BIS비율의 모국인 미국조차 경과조치를 두어 점진적으로 도입했다. 미국은 1988년에 종전의 단순 자기자본비율 규제를 은행자산별 리스크 가중치를 반영하는 BIS자기자본비율 규제로 전환하였는데, 이를 시행함에 있어서 1988년 3월~90년 12월까지는 자기자본 최저비율을 1987년 말 수준 이상을 유지하도록 하였고, 1990년 12월~92년 12월까지는 7.25%, 92년 12월 이후는 8.0% 이상이 되도록 했다. 일본의 경우도 유사했지만, 88년 3월 자기자본 최저비율을 도입하였으나 5년 후인 93년 3월 말 이후에야 8.0% 이상이 되도록 했다. 한국은 금융통화운영위원회가 92년 BIS규제를 도입하면서 95년 이후 8% 이상을 유지하도록 하여 경과조치를 두었다고 할 수 있을지 모르나, 이때 BIS규제는 실제 시행되지 못했다(한국은행 1997). 97년 위기 이후 구조조정과정에서 아무런 경과조치도 없이 무분별하게 도입된 것이다. 다른 나라들의 경험에서 BIS비율의 급작스런 강제가 거시경제에 미친 파괴적인 영향에 대해서는 Chiuri et al(2001) 참조.
17) 계열분리명령제는 미국에서 볼 수 있는 19세기 후반 셔먼법에 의한 스탠더드 오일 사의 기업분할명령, 최근 마이크로 소프트에 대한 기업분할명령을 그룹 단위에 적용하는 것으로, 결코 공정경쟁시장 규칙과 어긋나는 것이 아니다(이 책의 김상조 글 참조).
18) 부채비율 산정에는 증권담보 대출이 포함되지 않기 때문에 이를 감안하면 실제 부채비율은 400%를 넘는다는 지적도 있다(송원근 2001, 주 17 참조).
19) 대우그룹에 대한 자세한 검토는 김상조(2000b); 참여사회연구소(2001, 부록); 김대호(2001); 조돈문(2001) 참조.
20) 금융감독위원회, 기업개선작업 대상기업 경영관리단 등에 대한 검사결과 및 조치계획(2000. 8. 23); 기업개선작업 추진상황 점검결과 및 조치상황(2000. 5. 26).
21) 금융감독위원회, 기업개선작업 대상기업 경영관리단 등에 대한 검사결과 및 조치계획(2000. 8. 23).
22) 또한 워크아웃 기업은 분식회계의 의혹도 사고 있다. 참여연대는 워크아웃 기업들이 재고자산평가를 제대로 하지 않거나 대손상각비를 계상하지 않는 등의 방식으로 자산을 부풀렸을 가능성이 있다고 보고, 금감원에 특별감리를 요청한 바 있다.
23) 조영철(이 책의 글)이 이 점을 잘 지적하였다. 대우그룹 및 대우자동차의 기업개선작업에 대한 유사한 지적은 김상조(2000b); 조돈문 (2001); 김대호(2001) 참조.
24) '족쇄를 채웠다'는 말은 오호근 전(前) 기업구조조정위원장의 말이다. "부실기업 처리의 가장 큰 축은 채권은행단이다. 하지만 국내은행들은 발에 족쇄를 차고 있다. 정부측 가

이드라인을 지키려다 보니 은행 건전성을 저해할 수 있는 부실기업처리에 소극적일 수밖에 없다"(『매일경제』 2001. 5. 25, 인터뷰).

25) 유용주 외(2000, 107쪽)에서 기업개선제도와 부실기업정리제도의 비교 표 참조.

26) 2001년 6월말 현재 11개 시중은행의 출자전환 총액은 장부가로 3조 7810억 원이다. 이는 6월말 시가로 환산하면 2조 791억 원으로 평균 45.0%의 손실을 기록했다(『한국경제』 2001. 7. 4). 부실기업 출자전환의 실패 사례들에 관해서는 『매일경제』(2001. 3. 30, 관련 기사) 참조.

27) 김대중정부의 현대그룹에 대한 지원책은, 같은 시장원칙을 말하고 있긴 하지만 미국정부의 크라이슬러 지원책과는 아주 대조적이다. 크라이슬러의 경우는 청문회와 의회토의라는 논의과정을 거쳤고 이해관계자의 연대지원이 강제되었으며 정부는 지급보증에 대한 대가를 확보하였다—지급보증액에 대한 연 1%의 수수료, 크라이슬러 주식 1800만 주를 3달러 가격으로 살 수 있는 주주매수 권리 등(구본천 · 주병기 1998).

28) 현대건설을 '신개념'의 워크아웃으로 처리할 생각을 할 줄 아는 정부가, 왜 대우자동차에 대해서는 해외매각 일변도의 방침으로 나갔는지 큰 의문이 아닐 수 없다. 대우자동차를 중심으로 워크아웃의 문제점을 잘 지적한 것으로는 김대호(2001, 116~17, 125~36, 141~48쪽) 참조. 그러나 워크아웃만이 문제가 아니다. 워크아웃 탈락기업들이 법정관리를 신청해 이 제도가 부실퇴출 대상기업의 피난처가 되고 있다고 한다. 전국에 법정관리중인 기업은 236개사에 이른다. 재경위 국정감사자료에 따르면, 법정관리 · 화의 · 워크아웃 중인 665개 기업 중 경영상태가 호전되는 기업은 63개뿐인 것으로 나타났다. 절반이 넘는 386개 기업은 경영상태가 나아지는지, 나빠지는지를 판단할 중간자료조차 전혀 없는 상태이다(『조선일보』 2000. 11. 2, "법정관리").

29) 이 책의 유철규 글이 이 문제에 주목했다.

30) 선행한 라틴아메리카의 경험에서도 금융자유화는, 장기금융의 고갈을 초래했을 뿐 아니라 비금융 대규모 기업집단에 의한 금융중개 지배를 가져와다(박영철 1988, 373~82쪽).

31) 이에 대해서는 6절에서 더 살펴볼 것이다.

32) 후진 · 중진국 일반에 대해서 이 문제를 지적한 것으로는 Hausmann(1999) 참조.

33) 물론 이 모든 것은 1996년 9월 OECD에 제시한 자본자유화 일정보다 훨씬 앞당겨 진 것이다. 참고로 OECD에 제시한 자본자유화 일정은 아래와 같다.

	1997	1998	1999	2000
주식시장	23%	26	29	한도폐지
채권시장 중소기업 무보증채, 대기업 무보증채, 국내외 금리차 2%이내시, 완전개방				

34) 이하 서술은 주로 한국은행(2001a)에 의존하였다.

35) 미국 · 일본 간 엔화약세를 위한 정책공조와 이것이 환통제가 무장해제된 한국경제에 가하고 있는 심각한 위협에 대해서는 이 책의 전창환 글 참조.

36) 2000년 말 현대, LG, 삼성, SK, 현대자동차 등 5대계열의 신용공여액(대출금, 지급보증, 기업어음, 매입외환, 사모사채 등을 합한 채무)은 53.3조 원으로, 60대계열 전체 공여액의 47.7%를 차지한다(『매일경제』 2001. 5. 15).

37) 개인투자자의 경우도, 상위 4%의 주주가 시가 총액의 55.6%를 소유하고 있다(2000년중).

38) 외국자본(동일인)의 시중은행 소유지분 확대는 4~10%는 신고로 가능하고, 10%, 25%, 33% 이상은 승인에 의해 가능하게 되어 있다. 개별은행의 총외국인지분제한은 없다.

39) 홍영기 2001. 심지어 IMF 세계자본시장 보고서조차도 이 점을 지적하고 있다.

40) 김대중 대통령은 이전에 금융의 자율화를 모색하되 은행의 국유상태를 유지하여 재벌의 사금고화를 방지해야 한다는 견해를 피력한 적이 있다(이병천 2000, 113쪽).

41) 구조개혁의 성공을 위해서는, 세계경제의 기회구조를 고려한 위에서 해당 나라의 조건에 알맞은 혁신전략(예컨대 '급진적 혁신' radical innovation 유형인가, '점진적 혁신' incremental innovation 유형인가)을 찾아야 하며, 또한 새로운 생산 및 혁신 체제는 그에 상응하는 새로운 제도형태를 가져야 한다. 여러 부분 제도형태들이 상호 유기적인 '제도적 보완성'의 협력관계를 이루고 그럼으로써 하나의 일관된 제도적 구조가 작동할 때 비로소 새로운 경제발전모델이 나타나게 된다. 이에 대해서는 주 3)의 제도주의 관련 문헌과 함께 Amable et al.(1997); Amable(2000); Soskice(1999); Hancke(1999); Allen and Gale (2000) 참조.

참고문헌

고성수 (1998), 『국가별 금융구조조정 사례연구』, 한국금융연구원.

_____ (2000), 『금융기관 부실자산정리방안』, 한국금융연구원.

구본천·주병기 (1998), 「크라이슬러 위기극복 경험과 시사점」, 『1997년 한국경제의 주요 현안과 정책대응』, 한국개발연구원.

금융감독원 (2001), 「2000회계연도 결합재무제표 분석」.

김기원 (2000), 「김대중정부의 구조조정정책」, 서울대 민교협 심포지엄.

김대호 (2001), 「대우자동차 하나 못 살리는 나라」, 『사회평론』.

김동원 (1998), 「경제위기의 원인」, 이병천·김균 편, 『위기 그리고 대전환』, 당대.

김명직·오규택 (2001), 「한국채권시장과 신용위험」, 『경제분석』 7권 1호, 한국은행.

김상조 (2000a), 『재벌과 금융, 그 진정한 개혁을 위하여』, 대한발전전략연구원.

_____ (2000b), 「대우그룹의 구조조정과정」, 『구조조정의 정치경제학과 21세기 한국경제』, 풀빛.

리챠드 쿠 (2000), 『탈출 금융위기』, 최경애 옮김, 스포츠서울.

민주노동당 정책위원회 (2001), 『김대중정부 3년 평가와 대안』, 이후.

박광석·마남진 (1999), 「우리나라의 주가변동성 분석」, 『금융시스템 리뷰』 제1호, 8월호, 한국은행.

박영철 (1988), 『금융발전의 과제와 정책』, 고대출판부.

박영철·김동원·박경서 (2000), 『금융기업구조조정: 미완의 개혁』, 삼성경제연구소.

송원근 (2001), 「재벌의 내부거래, 현황과 쟁점」, 『사회경제평론』 16호.

송홍선 (2000), 「한국기업의 자금조달결정과 기업지배구조」, 『동향과전망』 가을호.

신상기 (1997), 「한국경제와 자본시장 40년의 발전과정」, 『한국경제의 구조개혁과제』, 서울사회경제연구소.

안국신 (2000), 「금융구조조정과 공적 자금」, 『금융연구』 제14권, 별책.

오규택·이창용 (2001), 「외환위기 이후 자금순환의 특징: 회사채 부실화에 대한 연구」, 한국금융학회 춘계심포지엄.

유승민 (2000), 「위기 이후를 대비하는 재벌정책의 과제」, 『한국재벌, 미래는 있는가』, 매일경제신문사.

유용주 (2001), 『은행 구조조정 3년간의 평가와 과제』, 삼성경제연구소.

유용주 외 (2000), 『IMF체제 3년간의 한국경제 변화』, 삼성경제연구소.

윤진호·유철규 편 (2000), 『구조조정의 정치경제학과 21세기 한국경제』, 풀빛.

이덕훈 외 (1998), 『우리나라 금융산업의 발전구도』, 한국개발연구원.

이동걸·김세진 (2001), 「기업 신용위험의 현황과 과제」, 한국금융학회 춘계심포지엄.

이병천·김균 (1998), 「IMF관리체제와 김대중정부의 경제정책」, 한겨레신문·참여연대 공동기획 대토론회.

이병천 (1999), 「한국의 경제위기와 IMF체제: 종속적 신자유주의 길의 모험」, 『사회경제평론』 13호.

_____ (2000), 「한국형 발전모델의 역사와 전망」, 학술단체협의회 편, 『전환시대의 한국사회』, 세명서관.

_____ (2001a), 「다시 민족경제론을 생각한다: 국민경제와 민주주의의 정치경제학」, 『동향과전망』 봄호.

_____ (2001b), 「세계자본주의 패권모델로서의 미국경제」, 『사회경제평론』 15호.

_____ (2001c), 「위기의 한국경제와 디제이노믹스의 빈곤」, 『세상만들기』 3월.

이지평·이근태 (2001), 「일본의 장기 복합불황에서 배운다」, 『LG주간경제』 605호.

이찬근 (2001), 「국민-주택 은행 합병의 부당성」, 대안정책연대회의.

이친표 (2001), 「성제개역의 남은 과제」, 2001년 경제학 공동학술대회.

임혁백 (2000), 「신자유주의? 질서자유주의? 제3의 길?: 민주주의 시장경제 병행발전 그리고 생산적 복지」, 『다리』(복간) 제2호, 여름.

장하준·박홍제 (2000), 「한국의 대기업정책에 대한 대안적 모색」, 『한국재벌 미래는 있는가』, 매일경제신문사.

재정경제부 (1999), 『경제백서』.

_____ (2000), 『공적 자금 백서』.

_____ (2001), 「이제는 우리의 미래를 열어나가야 합니다」.

전국금융산업노동조합 (2000), 「한국 금융산업의 대안적 비전 개발: 앵글로 아메리칸형 금융개혁의 반성」, 연구보고서, 9월.

조돈문 (2001), 「대우자동차 죽이기와 살리기」, 대안정책연대회의.

조영무 (2000), 「금융시장 불균형 현상의 진단과 처방」, 『LG주간경제』 599호.

조윤재 (1997), 「한국경제의 구조적 문제점과 개혁방향」, 대외경제정책연구원.

조흥식 (2000), 「고실업사회와 사회복지 제도개혁」, 『구조조정의 정치경제학과 21세기 한국경제』, 풀빛.

조영철 (2001), 「구조조정의 문제점과 대안적 정책방향」, 『동향과전망』 봄호.

참여사회연구소 (1998), 『한국경제 위기와 재벌개혁』.

_____ (2001), 『재벌백서』(증보판), 나남(근간).

최장봉 · 가경수 (1997), 『우리나라와 BIS, 미국 및 일본의 금융기관에 대한 자본규제』, 한국조세연구원.

한국금융연구원 (1999), 『한국 금융시스템 재구축 방안』.

한국은행 (1997), 「은행 건전성 규제에 관한 최근 논의」, 『조사통계월보』 10월호.

_____ (1999a), 『BIS기준 자기자본규제의 영향』(번역).

_____ (1999b), 「구조조정 이후 은행 · 기업 간의 새로운 관계: 은행의 역할 정립을 중심으로」, 조사연구자료 99-4.

_____ (2001a), 「2000년중 외국인 증권투자 유출입 동향 및 시사점」, 보도자료.

_____ (2001b), 「2000년중 제조업 현금흐름 분석」, 보도자료.

_____ (2001c), 「일본의 금융 구조조정 및 시사점」 7월.

한원종 (2000), 「주식시장 취약성과 주가회복 방안」, 『LG주간경제』 591호.

홍영기 (2001), 「금융글로벌화와 외국계 은행의 국내진출 확대」, 미발표논문.

村瀨英彰 · 村瀨安紀子 (2000~2001), 『變革期の金融入門』, 經濟セミナルシリズ.

東谷曉 (1999), 『BIS規制の嘘: アメリカの金融戰略と日本の戰略』, 日刊工業新聞社.

原田和明 · 宿輪純一 (1999), 『マニクライシスイコノミ』, 日本經濟新聞社.

Allen F. and Gale D. (2000), *Comparative Financial Systems*, MIT Press.

Amable B. (2000), "Institutional Complementarity and Diversity of Social Systems of Innovation and Production," *Review of International Political Economy* vol 7/no 4, Winter.

Amable, B., R. Barre, R. Boyer (1997), *Les Systems d'Innovation à l'Ere de la Globalisation*, Paris: Economica.

Aoki M. and Hyung-Ki Kim (1995), *Corporate Governance in Transitional Economies: Insider*

Control and the Role of Banks, World Bank.

Aoki M. and S. Dinc (1997), *Relational Financing as an Institution and its Viability under Competition*, Stanford Univ.

Aoki, M. and M. Okuno-Fujiwara (1996), *Comparative Institutional Analysis: A New Approach to Economic System*. (기업구조연구회 외 옮김, 『기업시스템의 비교경제학』, 연암사, 1998)

Aoki, M (1998), "An Information Theoretic Approach to Comparative Corporate Governance," presented at the conference on "corporate goverance" held in Sitgas, Spain.

_____ (1999a), "Information and Governance in the Silicon Valley Model," Standard University Economics Department.

_____ (1999b), "A Note on the Role of Banking in Developing Economies in the Aftermath of the East Asian Crisis," Paper presented at the ABCDE-Europe "Governance, Equity and Global Markets," the World Bank, June.

_____ (2001a), "Information, Corporate Governance and Institutional Diversity: Competitiveness in Japan U. S. and Transtitional Economies, Oxford Univ. Press.

_____ (2001b), "Toward a Comparative Institutional Analysis," MIT Press. (forthcoming).

Chiuri, M. C. et al. (2001) "The Macroeconomic Impact of Bank Capital Requirements in Emering Economies: Past Evidence to Assess the Future," Word Bank Working Paper, No. 2605, May.

Cumings, B. (1998), "The Korean Crisis and the End of Late Development," *New Left Review* Sep./Oct.

Dietel, H. M. (1998), *Capital Markets and Corporate Governance in Japan, Germany and the United States: Organizational Responses to Market Inefficiencies*, Routledge.

Haggard, S. (2000), *The Political Economy of the Asian Financial Crisis*, Institute for International Economics.

Hancke, B. (1999), "Varieties of Capitalism Revisited: Globalisation and Comparative Institutional Advantage," *La Lettre de la Regulation* no. 30, Sep.

Hausmann, R. (1999), "Discussion," Confernce Series no. 43, Federal Reserve Bank of Boston.

Lazonick, W. H. (1991), *Business Organization and the Myth of the Market Economy*, Cambridge Univ. Press.

Nataf, D. (1995), *Democratization and Social Settlements: The Political Change in Contemporary Portugal*, State Univ. of New York Press.

O'Sullivan, M. (2000), *Contests for Corporate Control: Corporate Governance and Economic Performance in the United States and Germany*, Oxford Univ. Press.

Park, Y. C. (2001), "A Post Crisis Paradigm of Development for East Asia: Governance, Markets, and Institutions," Preliminary Draft, January.

Park, Y. C. and J. H. Lee (2001), "Recovery and Sustainability in East Asia," NBER.

Pempel, T. J. (1998), *Regime Shift: Comparative Dynamics of Japanese Political Economy*, Cornell Univ. Press. (최은봉 옮김, 『현대일본의 체제이행』, 을유문화사, 2000.)

Sachs J. (1993), *Poland's Jump to the Market Economy*, MIT Press.

Sachs J. et al. (1994), *The Transition in Eastern Europe*, NBER.

_____ (1997), *The Rule of Law and Economic Reform in Russia*, Westview Press

Soskice D. (1999), "Divergent Production Regimes. Coordinated and Uncoordinated Market Economies in the 1980s and 1990s," H. Kitschelt, P. Lange, G. Marks, and J. D. Stephens ed., *Continuity and Change in Contemporary Capitalism*, Cambridge University Press.

Stiglitz, J. E. (1993), *The Role of the State in Financial Markets*, The Institute Economics, Taipei: Academia Sinica.

_____ (1994), *Whither Socialism?*, MIT Press.

_____ (1998), "More Instruments and Broader Goals: Moving toward the Post-Washington Consensus," WIDER Annual Lectures 2. (이병천·백영현 편역, 『한국사회에 주는 충고』, 1998, 삼인 수록.)

_____ (1999a) "Whither Reform? Ten Years of the Transition," The Annual Bank Conrerence on Development Economics, Keynote Address, the World Bank, April.

_____ (1999b), "Quis Custodiet Ipsos Custodes," Corporate Governance Failures in the Transition, the Annual Bank Conrerence on Development Economics June, the World Bank.

_____ (2000), "Capital Market Liberalization, Economic Growth, and Instablity,"

World Development vol. 28/no. 6.

_____ et al. (2001a), *Frontiers of Development Economics*, Oxford University Press.

_____ et al. (2001b), *Rethinking the East Asian Miracle*, Oxford University Press.

Taylor, L. (1988), *Varieties of Stabilization Experience*, Oxford: Clarendon Press.

_____ (1997), "The Revival of the Liberal Creed: IMF and the World Bank," *World Development* vol. 25/no. 2.

_____ (1991), *Income Distribution, Inflation and Growth*, MIT Press.

Taylor, L. ed. (1993), *The Rocky Road to Reform*, MIT Press.

Taylor, L. and U. Pieper (1996), *Reconciling Economic Reform and Sustainalbe Huuman Development: Social Conquences of Neo-Liberalism*, UNDP, Office of Devlopment, Discussuin Paper.

Williamson, J. ed. (1994), *The Political Economy of Policy Reform*, Institute for International Economics.

제1부 금융개혁과 대외 개방

공적 자금의 현황과 개선방안

공적 자금의 평가기준을 중심으로

임 주 영[*]

1. 머리말

외환위기 이후 우리 경제는 적지 않은 부침을 경험하고 있다. 위기발생 초기 전국민적인 지지와 노력을 바탕으로 급속히 안정을 되찾다가 위기의식의 해이와 함께 구조조정이 지지부진해지면서 다시금 불안정한 모습을 띠고 있다. 특히 최근에는 거시지표의 불안정, 자금시장의 불안감이 경제위기 재발 가능성으로까지 연계되면서 새로운 금융구조조정의 필요성마저 대두되고 있는 실정이다. 이러한 논의는 필연적으로 공적 자금의 추가조성에 대한 논란을 불러일으켰고 우여곡절 끝에 40조 원 규모의 추가조성이 이루어지는 것으로 예정되었다.

외환위기 이후 우리 경제의 진행과정은 보는 각도에 따라 입장의 차이는 있을 수 있겠으나 한국적 토양에서의 정책 개발과 추진에 대한 무한한 연구과제를 제공해 주고 있다. 이 가운데서도 특히 공적 자금은 조

* 서울시립대학교 세무대학원 조교수

성·운영 과정은 물론 존재 그 자체만으로도 향후 정책연구분야에서 이목이 집중될 수밖에 없을 것으로 보인다. 그것은 공적 자금이 우리 경제의 현상황이 내포하고 있는 가장 본질적인 문제, 즉 '정부주도에 의한 시장 성장과 실패 그리고 그 극복과정에서의 정부영향력 극대화'라는 이율배반성을 집약적으로 표현하고 있기 때문이다.

60년대 이래 우리 경제는 정부가 전략을 수립하고 이에 근거하여 자원을 배분함으로써 시장을 키우는 대표적인 정부주도형 성장의 길을 걸어왔다.[1] 이 과정에서 정부가 부딪힌 가장 큰 난관은 배분할 자원, 그 가운데서도 특히 투자자본의 절대부족이라는 문제였다. 따라서 각종 경제제도들이 국내외 자본을 유치하고 조달하는 데 유리한 방향으로 입안·관리되었고 이는 오늘날까지도 금융, 세제 등 제반 법령과 제도 속에서 자본에 대한 각종 우대조치로 남아 있다.

그러나 자본부족의 문제를 해결하기 위해 정부가 사용한 수단 중 가장 핵심적이고 따라서 치명적인 후유증을 남긴 것은 '금융자본의 재정화'라고 할 수 있다. 이는 금융산업의 민간화를 사실상 금지시킨 상태에서 정부가 전략산업——60년대에는 수출산업, 70년대에는 중화학공업 등——과 전략기업 등을 선정하여 금융자본이 투입되게 한 모든 과정을 의미하는데, 흔히 '준(準)재정' 혹은 '정책금융'이라 부르기도 한다. 이처럼 정부의 주관 아래 금융자본의 배분이 이루어지는 과정에서 금융산업의 경쟁력은 취약해질 수밖에 없다. 당초 정부는 금융업 인허가권을 동원하여 금융산업에 진입장벽을 설치함으로써 이들의 생존을 보장해 주었으나 80년대를 거쳐 90년대 들어오면서 더욱 거세어지는 대외개방 압력 속에서 이러한 방법은 더 이상 설득력을 가질 수 없게 된다.[2] 그리고 개방이 진행됨에 따라 우리 금융산업의 양대 문제인 '허약한 경쟁성과 막대한 부실'은 그대로 노출될 수밖에 없었고 대내적으로 여건이 악화된 시점에 외환위기를 불러들이는 주범이 되어버리고 만다.

공적 자금은 바로 이러한 금융산업의 부실을 보전하고 경쟁력을 보강해 주기 위한 수단으로서 등장하게 된다. 그러나 공적 자금의 역할에서 아이러니컬한 것은 역사적으로나 구조적으로 정부의 개입으로 취약해진 금융기관들을 다시 정부소유로 사실상 국영화시키고 있다는 점일 것이다. 물론 금융위기를 경험한 선진국가들에서도 구조조정의 기본 과정은 '위기발생→공적 자금을 통한 금융기관의 국영화→구조조정→민영화'이었으며 지금 우리 정부가 추진하고 있는 과정도 이와 동일하다. 그러나 이 국가들은 정부의 지속적인 개입에 의해 금융이 부실화된 경험은 가지고 있지 않다.

공적 자금 부분을 제외하고도 현재 정부의 경제력 장악력은 그 어느 경우보다도 공공연하고 확고해진 느낌이다. 비록 우리 경제의 성장과정이 정부의 적극적인 주도에 의해 이루어져 왔지만 최근의 위기를 비롯한 우리 경제의 근본 문제점도 정부개입에서 비롯된 것은 명백하다. 따라서 이 시점에서 우리는 어떻게 정부개입을 조절하고 시장의 자율성을 높여서 같은 과오를 되풀이하지 않을 것인가 하는 본질적인 문제에 부딪히게 된다. 그리고 이런 측면에서 공적 자금 조성·집행·운영의 모든 과정은 우리에게 매우 중요한 연구대상이 될 것이다.

이와 같은 취지에서 이 글은 공적 자금을 둘러싼 그 동안의 경과를 되새겨보고 그 문제점과 향후 운영방향을 진단함으로써 우리 경제의 문제점들을 조망해 보고자 한다. 구체적으로 2절에서는 공적 자금의 기본 개념과 조성 및 운영현황을 간략히 살펴보고 3절에서는 공적 자금의 공과와 관련하여 일반적으로 이야기되는 관점들을 중심으로 간략히 짚어볼 것이다. 그리고 4절에서는 지금까지 공적 자금의 조성·집행·운영의 전과정을 좀더 자세히 평가해 볼 것이다. 우선 논란이 심한 공적 자금 조성규모의 적정성에 대한 평가와 공적 자금 투입분야의 적합성에 대해서 살펴본다. 그런 다음 투입방식의 적절성과 관리·감독의 실효성 여부를 평가하고 마지막으로 국민부담으로의 파급성을 규명해 보기로 한다.

덧붙여 이 글에서 소개되는 각종 수치는 상당히 가변적일 수 있다는 점을 지적해 두고자 한다. 공적 자금의 조성·운영은 현재에도 계속 변화하고 있는 진행과정이기 때문이다. 이런 이유에서도 이 분야에 관한 연구는 앞으로도 계속되어야 할 것으로 본다.

2. 공적 자금의 조성 및 운영 현황

공적 자금이란 1997년 외환위기 발생시 금융산업의 구조조정을 위해 조성하기로 IMF와 합의하고 작성된 협의서에 나타난 Public Fund를 그대로 우리말로 옮긴 용어이다. IMF와의 협의서에서 지칭된 공적 자금에는 국민세금, 각종 연기금을 포함한 기존 자금(fund)들 혹은 국공채발행을 통해 조달한 자금 등 그 어느 것을 재원으로 할 것인가에 관해서는 명기되어 있지 않다. 따라서 구체적인 자금의 조성방식은 IMF측의 기술적인 조언에도 불구하고 우리 정부의 독자적인 판단으로 이루어졌다.

이에 따라 정부는 국회의 동의를 거쳐 64조 원을 조성하여 금융구조조정의 재원으로 활용하기로 하였으며, 이 64조 원은 자산관리공사와 예금보험공사(이하 양대 공사)가 가가 부실채권정리기금채와 예금보험기금채를 발행하여 조달하고 정부는 이 채권들에 대해 지급보증을 서고 이자를 지급해 주는 방식으로 조성되었다. 따라서 원래적인 의미의 공적 자금은 이 64조 원을 의미한다고 보아야 할 것이며, 이 글에서는 이를 '초기 공적 자금'으로 통칭하고자 한다. 초기 공적 자금의 조성과 사용내용은 〈표 1〉과 같다.

그럼에도 불구하고 공적 자금이 실제적인 의미에서 금융구조조정을 위해 정부와 정부가 위임한 기관이 조달하고 집행된 모든 자금을 포괄적

74

〈표 1〉 초기 공적 자금의 조성과 사용내역

(단위: 조원)

조성 주체	조 성 (기금채권)	사 용			
		부실금융기관 증자	예금대지급과 put-back option	인수은행 (출연)	부실금융기관 자산 인수	부실채권 인수
예금보험공사	43.5	19.1	21		3.4	
자산관리공사	20.5					20.5
합 계	64	19.1	21		3.5	20.5

* 부실금융기관증자란 제일·서울·조흥·한빛·평화 은행에 대한 출자를 의미 ** 예금대지급은 종금
사 등 파산금융기관의 고객예금을 대신 지급한 것을 의미 *** 인수은행 put-back option은 퇴출은행을
인수한 신한·한미·하나·주택·국민 은행에의 출연을 의미 **** 금융기관자산 인수는 뉴브릿지가
인수 거부한 제일은행 자산을 의미
자료: 재정경제부

으로 지칭하는 것이라면 공적 자금의 규모는 약 91조 원에 이르는 것으로 추정된다. 즉 정부는 64조원의 초기 공적 자금 외에도 정부보유주식, 공공자금관리기금, 차관 등을 통해 별도로 27조 원을 조달하여 활용해 왔다. 공적 자금의 개념이 기능적으로는 부실금융기관·부실채권 정리 등 금융구조조정을 위해 정부가 투입한 모든 자금을 총칭하는 것이라면 '공공자금' 혹은 '준(準)공적 자금'이라고 불리는 자금들도 포함하는 것이 마땅할 것이다. 따라서 현재까지 조성·운용된 공공자금의 내용은 〈표 2〉, 〈표 3〉과 같다.[3]

그러나 금융구조조정에 투입된 총재원은 초기 공적 자금과 공공자금의 합만이 아니다. 초기 공적 자금으로 매입한 부실채권을 다시 매각하거나 부실채권을 담보로 한 자산담보부채권(ABS채권)을 발행하는 등의 방법으로 일부 자금이 회수되었고 그중 대부분인 18.6조 원 가량이 다시 부실채권 매입 등에 투입되었기 때문이다. 이 재투입분까지 포함할 경우 2000년 8월 현재 금융구조조정에 투입된 총재원은 약 109.6조 원에 이른다. 여기서는 이를 총칭하여 공적 자금이라고 부르기로 한다.

그러면 이처럼 다양한 방식으로 조성된 공적 자금이 전체적으로 어떻

〈표 2〉 공공자금의 조성(2000년 8월 말 현재)

(단위: 조원)

국유재산관리 특별회계	공공자금관리 기금	특수은행 출자	ADB 및 IBRD 차관	금융기관 차입	기타 공사	합계
3.0	6.4	10.2	1.4	4.3	1.7	27

* 특수은행 출자는 산업은행(5.4조), 기업은행(1.8조), 수출입은행(0.8조) 포함

자료: 재정경제부

〈표 3〉 공공자금의 사용내역(2000년 8월 말 현재)

(단위: 조원)

서울·제일 은행 현물출자	한투·대투 현물출자	30개 은행 후순위채 매입	기타 포함 합계
1.5	0.9	4.4	27
예보의 종금사 차입금 인수	서울보증보험 출자	산업은행 출자	
4.1	1.2	5.4	

자료: 재정경제부

〈표 4〉 공적 자금의 총규모(2000년 8월 말 현재)

(단위: 조원)

초기 공적 자금	공공자금	회수분 재투입	합계
64	27	18.6	109.6

자료: 재정경제부

게 사용되었는지 살펴보기로 하겠다. 공적 자금의 용도를 크게 부실채권의 인수, 금융기관의 증자, 예금 대지급 및 출연으로 나누어 그 추정규모를 살펴보면, 증자가 41.9조 원으로 가장 많고 대지급과 출연 등에 36.6조 원, 나머지 32.1조 원이 부실채권 인수에 사용되었다(〈표 5〉 참조).

이것을 다시 투입된 금융권별로 분류해 보면 은행권에 가장 많은 70.3조 원이 그리고 나머지가 투신, 종금, 보험, 신용금고, 신용협동조합 등의 순으로 투입되었다(〈표 6〉 참조).

〈표 5〉 공적 자금의 용도별 사용내역(2000년 8월 말 현재)

(단위: 조원)

금융기관 증자	예금 대지급 및 출연 등	부실채권 인수	합계
41.9	36.6	31.1	109.6

자료: 재정경제부

〈표 6〉 공적 자금의 금융권별 사용내역(2000년 8월 말 현재)

(단위: 조원)

은행	투신	종금	보험	신용금고	신용조합	합계
70.3	12.2	11.9	10.5	3.2	1.5	109.6

자료: 지동현 2000.

3. 공적 자금 운영의 거시적 공과

공적 자금에 대한 국민 일반의 평가는 그리 긍정적이지 못한 것으로 보인다. 언론매체를 통해 공적 자금의 방만한 운영상과 국민부담으로의 전가가 소개되고 또 정부의 잦은 정책수정 등으로 인해 전문집단 내에서 조차도 이러한 부정적인 선입관이 자리잡고 있는 듯하다. 여기서는 지금까지 공적 자금의 운영성과를 거시적인 측면에서 간략히 평가해 보기로 하겠다.

긍정적 측면

1997년 외환위기 발생 이후 지금까지 투입된 공적 자금은 금융시장의 붕괴를 막고 경기회복을 이루어내는 데 심리적·실질적 양면에서 결정적인 기여를 했음은 누구도 부정할 수 없다. 우선 부실한 금융기관을 폐쇄시키고(예금 대지급) BIS자본비율이 낮은 은행들에 정부가 출자하여

BIS비율을 높여주고(증자지원) 각종 금융기관이 안고 있는 부실채권을 정리(부실채권 매입)함으로써, 금융산업의 건전성을 회복할 수 있는 토대를 구축한 것으로 평가된다. 공적 자금의 이러한 공헌은 금융의 붕괴와 이에 따른 국가경제의 붕괴를 우려하던 경제주체들의 심리를 안정시켜 주었고 이는 즉각적인 경기회복으로 이어졌다.

그러나 공적 자금의 보다 중요한 기여는 위기상황의 극복수단이었다는 점보다는 우리 경제의 숨통을 죄고 있는 금융부실을 해결해 낼 수 있는 최초 그리고 최후의 수단이라는 점에서 찾아야 할 것이다. 앞에서도 설명했듯이, 우리 경제는 그간 성장과정에서 누적된 방대한 규모의 금융부실을 도대체 누가 언제 어떤 방식으로 해결할 것인지 실효성 있는 대책이 제시되지 못하는 상태에서 80년대와 90년대를 보냈다. 비록 외환위기를 계기로 그것도 IMF라는 외부기관을 통해 제시된 방법이지만 공적 자금은 이러한 문제제기에 대해 최초로 실현 가능한 해답이라는 성격을 지니고 있다.

물론 지금까지의 공적 자금 운영과정이 이러한 기대에 충분히 부응했는가 하는 점에서는 이론의 여지가 많다. 이에 관해서는 다음 절에서 자세히 설명하기로 하고, 결론부터 먼저 말한다면 운영상에서 나타난 문제점 상당 부분의 책임은 정책을 수립·집행하는 정부당국에 있다고 할 수 있다. 그리고 비록 시행착오가 있었다 하더라도 지금부터라도 정책당국이 분명한 목표와 계획 아래 운영한다면 공적 자금은 우리 경제의 누적된 불안요인을 제거하는 역사적인 과업을 수행해 낼 수 있을 것으로 본다.

부정적 측면

64조 원의 공적 자금이 다 집행되고 공공자금과 투입자금의 회수분까지 방대한 규모의 자금이 동원되었음에도 불구하고 현시점에서 금융구조조정은 아직 미완성이며 부분적인 실패라고까지 평가를 내릴 수 있다. 이는 무엇보다도 2000년 중반 들어서부터 경험하고 있는 각종 거시지표의 악화를 비롯하여 다시 고개를 들고 있는 경제위기감 등 거시적인 여건이 나빠지고 있는 데서도 느낄 수 있다. 뿐만 아니라 각종 외국기관들의 우리 경제에 대한 평가에서도 항상 제일 먼저 지적되는 것이 금융개혁의 미비함이다.

좀더 구체적으로 보면 우선 40조를 훨씬 상회하는 자금을 투입하여 금융기관의 BIS 자기자본비율을 10%에 이르게 했음에도 불구하고 국내 금융기관의 대외신인도는 전혀 회복되지 못하고 있다. 또 은행권이 안고 있는 부실채권은 1998년 상반기 현재 32.9조 원에서 99년 12월 현재 44.6조 원으로 오히려 늘어났으며 2000년 12월 현재는 이보다 훨씬 더 큰 규모로 늘어난 것으로 추정된다. 비은행권을 포함한 금융권 전체의 부실채권은 1999년 말 현재 66.7조 원(전체 여신 11.3%)으로 추산된 바 있다(금융감독원 2000). 이외에도 워크아웃 기업여신(100조 원 상당) 등에 잠복해 있는 잠재부실까지 포함한다면 부실규모는 더 늘어난다.[4]

하지만 이 규모는 2000년 12월을 기준으로 할 때 더욱 증대한 것으로 보인다. 비록 동기간중 숨겨진 부실이 드러나거나 경기하강으로 기업의 부실정도가 심화되어 금융권의 부실로 이어졌다손치더라도 수치상으로 명백히 드러나는 금융부실의 심화만큼은 누구도 부정할 수 없다. 이는 곧 우리의 금융구조조정이 부실채권의 정리에 실패하고 있음을 의미하는 것이다.

4. 공적 자금 운영에 대한 평가와 개선방향

지금까지 살펴본 공적 자금의 둘러싼 각종 논란의 현주소와 공적 자금의 운영현황 그리고 운영에 대한 거시적인 평가 등의 요소를 근거로 여기서는 공적 자금의 문제점과 그 개선방향을 논하고자 한다. 논제의 명확성을 확보하기 위하여 조성규모의 적정성, 투입분야의 적합성, 투입방식의 적절성, 관리 및 감독의 실효성, 국민부담으로의 전가성 등 크게 다섯 분야로 나누어 살펴보기로 하겠다.

조성규모의 적정성에 대한 평가

금융위기를 맞이하여 구조조정자금을 조성·집행한 모든 국가들의 경험은 공통적으로 "빨리 충분히 그리고 과감하게"라는 원칙을 교훈으로 보여주고 있다. 이는 바로 위기 혹은 부실이 심화되기 전에 신속하게, 문제를 해결하기에 충분한 자금을 확보하여 부실이 된 부분을 정리해야 성공할 수 있다는 것을 의미한다. 물론 이와 같이 자못 철학적 의미를 내포한 구호가 복잡다양한 경제현실 속에서 얼마나 제대로 반영이 되었는지 평가하기란 쉽지 않다. 그럼에도 불구하고 우리 공적 자금의 운영과정을 평가하는 것은 사실 그리 어렵지 않다.

1997년 외환위기 발생 직후 정부는 64조 원을 공적 자금으로 조성하였고 이를 통해 금융의 성공적인 구조조정이 가능하다고 공언하였다. 조성규모의 문제는 근본적으로 금융산업의 부실규모를 얼마로 추정하느냐 하는 것과 직결되어 있다. 1998년 초 정부가 추정한 금융산업의 부실규모는 약 118조 원이었는데 당시 이미 관련 전문가들 사이에는 최소 130조 최대 210조까지의 추정치가 제시되고 있었다. 또한 금융위기의 진행과정에서 대우자동차 사태처럼 발발 가능성이 높은 대형 돌발악재에 대한 대비가 전혀 고려되지 않은 점 등도 초기 공적 자금 조성이 과소추정된 부실규모를 근거로 했음을 짐작케 한다.

이처럼 초기 공적 자금의 과소책정은 부족한 재원을 여기저기 배분하는 과정에서 부실은 부실대로 심화시키고 재원은 재원대로 빨리 고갈되는 악순환을 불러일으켰고, 그 결과 2000년 중반에는 급기야 정책당국이 먼저 추가 공적 자금 조성의 필요성을 제기하여 우여곡절 끝에 40조 원의 추가조성에 대한 합의가 이루어졌다. 이 과정에서조차 정책당국은 처음에는 20조 원을 제시하였고 과소책정되었다는 안팎의 지적으로 상향조정했는데 이 역시 전혀 바람직하지 못한 현상이라 할 수 있다.[5] 물론 초기 조성자금이나 추가 조성자금을 최소화하여 국민의 부담을 최소화하겠다는 정책당국의 충정은 이해할 수 있으나 사태를 객관적으로 파악하고 이를 국민에게 솔직히 알려 협조를 구해서 사태를 제대로 해결하는 것이 정도라는 할 때, 매우 큰 문제가 아닐 수 없다.[6]

그러면 현재 추가조성되고 있는 40조 원은 적정하다고 볼 수 있는가? 유감스럽게도 그 대답은 부정적인 것 같다. 2000년 4월에 이미 금융연구원은 추가소요 규모를 42조 원으로 제시하였는데 그 이후 실물경제는 급속히 침체되었고 2001년 현재 기업과 금융의 부실은 더욱 심화된 것으로 평가된다. 또한 그 파급효과가 대우자동차를 능가할 것이 분명한 현대그룹의 처리문제 등 돌발요인이 곳곳에 산재해 있다. 더 이상의 추가조성은 절대 없다고 또 공언한 정책당국의 입장에서는 용이하지 않겠지만 지금이라도 추가부실 정도와 소요자금 규모를 과학적이고 객관적으로 다시 추정하여 이를 근거로 중지를 모을 필요가 있다.

투입분야의 적합성에 대한 평가

지금까지의 금융구조조정이 성공적이지 못한 이유는 여러 가지를 들 수 있다. 부실규모의 과소추정, 대내적인 경제여건의 악화로 인한 추가 부실의 발생, 여전히 열악한 금융산업의 경쟁력과 종사자들의 도덕적 해이, 정책의 일관성 결여 등 다양한 측면에서 원인을 찾을 수 있을 것이다. 그러나 방대한 규모의 공적 자금이 투입되었음에도 불구하고 이렇듯 금융구조조정이 표류하는 주된 이유 가운데 하나로 공적 자금 투입분야의 부적합성을 들 수 있다.

2000년 8월 현재 공적 자금은 금융기관 증자에 41.9조 원, 예금 대지급 및 출연 등에 36.6조 원이 사용된 반면 부실채권의 인수에 사용된 규모는 31.1조이다(〈표 5〉 참조). 물론 부실채권의 매입단가가 장부가격에 비해 매우 낮게 책정되어 있기 때문에 실제 매입한 부실채권의 규모는 이보다 훨씬 크다.[7] 그러나 앞에서도 설명한 바와 같이 1999년 말 현재 150조 원을 상회하는 것으로 추정되는 잠재부실 포함한 총부실의 규모가 극도의 경기침체를 경험한 2001년 현재에는 얼마로 늘어났을지──비록 그 사이에도 지속적인 부실채권의 매입이 이루어졌지만──상상하기는 어렵지 않다. 특히 지금까지 매입한 정도로 해소될 수준의 것이 아닌 것만은 현장 곳곳에서 들려오는 소리로도 분명히 확인된다.

이런 측면에서 본다면 부실채권 매입에 자금을 집중하여 금융개혁에 성공한 스웨덴 등의 경우는 우리에게 시사하는 바가 매우 크다고 할 수 있다. 우리의 경우 총가용재원의 28%(31.1조)만 이에 충당되었고 38%를 상회하는 자금이 BIS 자기자본비율을 높이기 위한 증자에 투입되었다.[8] 이는 결국 BIS비율의 분자에 해당되는 자기자본을 늘리는 데 주로 자금이 투입되었다는 의미인데 이로써 외형적 지표의 건전화에만 주력하였다는 비판을 받을 수밖에 없다. 동일하게 BIS비율의 제고라고 하더라도 스웨덴 등의 경우처럼 그 분모를 줄이는 방식으로 부실채권 매입에 주력한 것은 깊이 음미해 볼 대목이 아닐 수 없다. 부실채권의 과감한 정리 없이는 아무리 BIS비율이 높아도 금융불안은 여전하다고 할 때, 이제라도 부실채권의 정리분야에 자금을 보다 집중하는 것이 타당할 것이다.

투입방식의 적절성에 대한 평가

우리의 금융구조조정이 공적 자금 투입 초반에는 신속히 진행되는 듯 하다가 그 이후 지지부진해진 주된 이유는 자금의 '축차투입'에 있다. 즉 필요한 시기에 과감한 정리와 함께 충분한 자금투입이 이루어지지 못하고 자금을 조금씩 나누어서 혹은 조성되는 규모에 근거하여 투입하는 방식을 채택함으로써 자금의 실효성을 크게 떨어뜨리고 부담만 가중되고 있는 실정이다.

현재까지의 구조조정과정에서 이러한 사례는 무척 많이 볼 수 있다. 대표적인 예가 2000년 현재 3조 원을 투입한 지 석 달 만에 다시 5조 원을 투입한 한국투자신탁과 대한투자신탁의 경우이다.[9] 그리고 제일·서울 은행에 1997년 말까지 3조 원을 투입한 뒤 2000년 8월까지 4회에 걸쳐 17.6조 원을 추가투입하여 총투입금액이 20.6조 원에 달한 경우도 그 예라고 할 수 있다(〈표 7〉 참조).

물론 이 같은 투입방식이 한정된 공적 자금을 안배하여 쓰는 과정에서 나왔다는 점을 감안할 수도 있다. 그러나 시행착오가 지나치게 크고 그로 인한 구조조정의 지연과 국민부담의 증대 등의 비용문제도 감안해야

〈표 7〉 제일·서울 은행의 공적 자금 축차투입(2000년 8월 말 현재)

(단위: 조원)

공적 자금 투입시기	1997. 12	1998. 1	1998. 7	1999. 7 ~1999. 9	1999. 12 ~2000. 1	합계
제일은행	1.6	1.5	0.6	5.1	3.7	12.5
서울은행	1.6	1.5	0.5	4.5		8.1

자료: 재정경제부

한다. 그러므로 앞으로는 부실기관의 정리를 좀더 과감하게 하면서 충분한 자금의 투입이 무엇보다도 중요하다고 여겨진다.

투입방식의 적절성을 평가하기 위한 또 다른 잣대로는 '음성적 조성·투입'을 들 수 있다. 누가 보아도 그리 어려울 것이 없어 보이는 공적 자금의 포괄범위가 그토록 논란의 소지가 된 이유는 가능한 공적 자금의 규모를 최소화하려는 정책당국의 의도가 그 저변에 깔려 있기 때문이다.

이런 의도는 적지 않은 편법을 만들어내게 되는데, 2000년 중반에 대두된 추가 공적 자금의 조성 여부와 방식을 둘러싼 논의과정에서 정책당국이 양대 공사를 통해 무보증채권을 발행하여 추가조성으로 인한 국민부담의 증대라는 비난을 피하고자 한 것이 그 예이다. 그러나 무보증채권도 결국 양대 공사가 발행한 만큼 정부보증이 내재된 것과 다름없고 무보증이라는 조건 때문에 지급이자 부담만 높아지는 부작용이 발생한다는 비판을 피할 수는 없다. 또 대우사태 발생 당시 투신사들에 자사 해당 대우채권에 대해 최고 95%까지의 지급보증을 하게 하였다. 결국 투신사의 추가부실을 초래한 이 조치는 은행들을 투신사에 8조 원 상당의 출연을 하게 만들었고 이는 다시 해당 은행들에 대한 공적 자금의 추가투입으로 이어지는 결과를 낳았다. 공적 자금이 아닌 방식으로 해결하려다가 결국은 공적 자금 투입으로 끝난 전형적인 예이다.

최근 시행되고 있는 '산업은행을 통한 회사채 인수' 방식도 본질적으로는 이와 동일한 성격을 지니고 있다. 현대전자, 쌍용양회 등 부실기업의 만기도래 회사채 가운데 80%를 산업은행이 한국은행·채권단·산업은행이 공동조달한 자금으로 인수한다는 것이 그 주된 내용이다. 주체만 투신사에서 산업은행으로 바뀌었을 뿐 사실상 동일한 내용을 담고 있는 이 방식은 결국 산은과 채권단에 대한 공적 자금의 추가투입으로 매듭지어질 것이 명백하다.

공적 자금의 조성 및 투입 방식이 적절성을 지니기 위해서는 무엇보다도 이 같은 음성적 조성·투입이 지양되어야 한다. 시작은 공적 자금의 투입이 아니었지만 결과는 공적 자금으로 끝나는 마술을 우리는 이미 충분히 목도했다. 그리고 결론은 이런 식을 마술을 통한 책임회피가 아니라 정당하고 투명한 공적 자금의 조성과 투입이 이루어져야 한다는 것이다. 만일 현대를 비롯한 일부 부실기업의 도산이 우리 경제에 괴멸적인 피해를 입힐 것으로 예상되어 무조건 막아야 한다면, 차라리 당당히 밝히고 대응책을 마련하는 것이 바람직할 것이다.

관리·감독의 실효성에 대한 평가

원칙적으로 공적 자금이 투입되어 경영을 정상화한 금융기관들은 철저한 경영혁신의 노력이 이루어져야 하는데 실상은 전혀 그렇지 않다. 언론을 통해 이미 널리 알려진 바와 같이 금융기관 종사자들의 과도한 임금·보상금 지급이나 배임·횡령 등의 경우도 이에 해당한다. 그외에도 금융구조조정의 현장 속에서는 이에 해당되는 사례를 흔히 발견된다.

우선 금융기관의 경쟁력과 수익성이 전혀 향상되지 못하고 있다. 일례로 금융전문가들이 낮은 수익성을 초래한 주범의 하나로 지적하는 점포의 과다 밀집·경쟁이 지금도 여전하다. 금융 구조조정과정에서 은행은 30%가 폐지되었지만 점포는 불과 21.6%밖에 줄어들지 않았다. 금융위기를 경험한 선진국가들 가운데 우리와 비슷하게 은행의 31%가 폐지된 핀란드의 경우 점포폐쇄율이 64%에 이른다는 점만 비교해 보아도 우리의 문제점을 쉽게 확인할 수 있다.

그리고 종금사의 경우에서도 잘 나타나듯이 여전히 낮은 수익률, 후진적 경영기법에도 불구하고 공적 자금 투입 후에 오히려 외형 불리기를 생존수단으로 삼아 결국 부실이 더욱 심화되고 있다. 그럼에도 불구하고 구조조정중인 각종 금융기관들은 공적 자금의 추가투입만을 요구하고 있는 실정이다. 예를 들어 대한생명의 경우 2001년 현재 이미 2.5조 원의 공적 자금이 투입되었는데도 별다른 추가노력 없이 1.5조 원을 더 요구하고 있으며 거의 모든 금융기관들이 이와 비슷한 자세를 보이는 것으로 알려져 있다.

이처럼 방대한 공적 자금이 투입되었는데도 금융기관 스스로 경영정상화를 위한 노력이 부실한 데는 감독당국의 지도소홀도 매우 큰 몫을 차지하고 있다. 2000년 6월 현재까지 경영정상화이행계획약정서(MOU)가 체결된 금융기관이 한빛·조흥·대한생명·서울보증보험 네 군데에 불과한 것이 그 단적인 사례이다. 그나마 이 네 군데도 실제로는 공적 자금이 투입되고 상당 시간이 지나서야 약정서 체결을 했거나 체결 후 조건이 계속 완화되고 있는 실정이다. 이런 상황에서는 공적 자금이 투입된 금융기관이 하나같이 자기혁신보다는 공적 자금을 활용한 현행유지에 더 신경을 쓰는 것은 당연하다.

이러한 각종 현상들은 공적 자금의 조성과 운영 그리고 그 결과를 관리·감독하는 데 궁극적으로 책임 있는 기구가 없다는 점과도 직결된다. 현재 관련정책은 재경부, 금감위, 청와대비서실 등이 담당하고 실행은 금감원, 양대 공사가 맡는 식으로 역할과 권한이 분산되어 있다. 그러다 보니 정책과 집행의 혼선이 따르고 책임의 소재가 매우 불분명한 문제가 발생한 것이다. 특히 대외신인도의 하락을 우려한 나머지, 상황에 따라 원칙이 바뀌고 감독행태가 느슨한 등 심각한 문제가 야기되고 있다.

따라서 이미 일각에서 주장되고 있는 바와 같이 공적 자금의 조성, 운영 및 회수를 총괄할 민관합동의 독립기구를 발족해야 한다. 또한 금융기관의 도덕적 해이를 엄격히 관리·감독할 수 있는 제도의 정비 및 원칙의 재설정이 필요하다. 지금까지 우리가 경험한 '공적 자금의 투입이 많을수록 도덕적 해이 현상이 심화되는' 악순환을 감안한다면 이는 몹시 시급한 과제가 아닐 수 없다.

금융구조조정의 핵심은 공적 자금 투입을 통해 문제가 된 금융기관을 국영화시킨 후 '국영화한 금융기관들을 다시 민간으로 이양하는 과정'에 있다. 이는 공적 자금 투입 금융기관들이 조만간 민간에 판매되어야 함을 의미한다. 따라서 가능한 높은 가격에 빨리 팔아 공적 자금의 주인인 국민들의 부담을 덜어주기 위해서는 팔 물건인 해당 금융기관의 경영혁신이 무엇보다도 선행되어야 할 과제이다.

그런데도 현재 이와 정반대 방향으로 일들이 진행되고 있다. 도덕적 해이에 빠진 일부 금융기관 종사자의 입장에서는 사실상 공기업인 현재의 형태로 남아 있는 것이 바람직할지 모르지만 공기업이 성공한 사례는 거의 없고, 특히 금융공기업이 실패하지 않은 사례는 전혀 없다. 그러므로 조속한 시일 내에 가시적인 조치들이 취해질 필요가 있다.

국민부담으로의 전가 여부에 대한 평가

공적 자금의 국민부담 여부와 관련해서는 그 동안 적지 않은 논의가 있어왔다. 정책당국이 당초 주장한 대로 "공적 자금의 대부분이 회수 가능하므로 현재 재정에서 감당하고 있는 양대 공사 발행채권의 이자만큼만 부담이 된다"는 것이 사실이 아님은 분명하다. 투입된 공적 자금 가운데 회수가 불가능한 부분은 궁극적으로 국민부담이 될 수밖에 없고 현재 이 회수 불능분의 규모가 매우 클 것으로 전망되기 때문이다.

앞에서도 말했듯이 공적 자금은 금융기관 증자, 예금 대지급 및 출연, 부실채권 인수 등의 용도로 투입되었다. 이 가운데서 부실채권인수분은 회수 가능성이 높다고 할 수 있다. 2000년 12월 현재 이미 부실채권인수분의 50% 가량이 매각을 통해 회수된 것으로 나타나고 있다. 기본적으로 인수가액이 장부가액의 40%도 안 되는 할인가격으로 책정되어 있기 때문에 매각에 큰 무리는 없을 것으로 보인다. 그러나 잔존채권의 상당

수가 건물·토지 형태를 띠고 있어 회수시점과 비율이 경기상황에 영향을 받을 것으로 보인다.[10]

공적 자금의 용도별 사용처 중 가장 큰 비중을 차지하는 금융기관증자분의 경우 해당 금융기관의 주식형태로 보유되어 있는 만큼 매각에 별 문제가 없다고 생각하기 쉽다. 그러나 실상은 그렇지 않은 것으로 나타나고 있다. 우선 해당 금융기관의 주가가 언제 액면가액만큼 오를 것인지 불투명한데다, 해당 금융기관에 감자 혹은 매각 등이 이루어진다면 그에 상당하는 부분은 완전한 손실로 확정되기 때문이다.[11] 여기에서 마지막 가변요인은 매각시점이다. 정책당국과 IMF는 현재 2002년 하반기 이후 공적 자금 투입은행의 민영화를 계획하고 있다. 이 시점까지도 해당 금융기관들의 주가가 오르지 않는다 해도, 매각이 일시적으로 연기될지는 몰라도 무한정 연기되지는 않을 것이다. 특히 금융기관의 저가매입을 노리는 국제자본의 로비가 치열한 경우 IMF로 하여금 조속한 매각을 강요할 수도 있다.

마지막으로 예금 대지급 및 출연 등에 투입된 자금은 매우 큰 폭으로 회수가 어려울 것으로 전망된다. 파산한 금융기관의 부채인 예금을 정부가 대신 지급해 주는 예금 대지급은 파산한 금융기관으로부터 뭔가 회수되기 전에는 아무런 보상이 없는 일방적인 지출에 지나지 않기 때문이다. 실제로 이미 투입된 공적 자금 총액 중 34%를 차지하는 이 분야에서의 회수비율은 극히 저조한 것으로 나타나고 있다. 결론적으로 공적 자금의 국민부담분은 지급이자보다 훨씬 클 수밖에 없고 이는 구조조정이 지연되고 경기상황이 나빠질수록 더욱 늘어난다. 만일 2006년까지 양대 공사 발행채권의 원금상환이 전액 완료된다고 해도 국민이 부담해야 할 이자비용은 30조 원을 상회하게 된다.

이런 구조적인 문제 외에도 정책상 과오로 인해 국민부담이 증대하는 사례도 드물지 않다. 조기에 폐쇄시켰다면 2.5조 원의 지급으로 그쳤을 예금대지급금이 영업을 연장시킴으로 해서 6.5조 원으로 늘어난 대한종금과 나라종금이 그 대표적인 사례라 할 수 있다. 앞에서 살펴본 제일은행의 경우도 지금까지만 12.5조 원의 공적 자금이 투입되었고 매각조건이 풋백옵션이기 때문에 앞으로 얼마나 더 투입되어야 할지 모르지만 매각대금은 0.5조 원에 불과하다.

또한 금융기관의 도덕적 해이와 이에 대한 사후관리의 부재로 발생한 손실도 사실상 국민부담을 증대시키는 요인이 되고 있다. 국정감사에서 밝혀진 바에 따르면, 금융기관 대주주 및 임직원이 횡령, 배임, 대출미상환 등으로 끼친 손실이 무려 8.1조 원에 이른다. 그럼에도 불구하고 당사자들을 대상으로 제기된 손해배상소송은 매우 저조한 수준에 그치고 있으며 환수액도 550억 원이 채 못 되는 실정이다.

그외에도 신용협동조합에 대한 공적 자금 투입에서 확인되듯이 이익집단의 로비에 의한 공적 자금의 투입 역시 국민부담의 증대요인이 되고 있다. 신용협동조합은 상호조합의 성격을 지닌 일종의 사금융기관이고 전국적으로 1천 개가 넘는 조합이 있어 정상적인 감독이 불가능한 실정이다. 그런데도 공적 자금을 투입하게 된 것은 이익집단의 로비와 이에 부화뇌동한 정치권의 영향력 때문인 것으로 알려져 있다. 2000년 12월 현재까지 신용협동조합에 투입된 자금은 1.7조 원에 상당한다.

5. 맺음말

지금까지 공적 자금을 둘러싼 여러 가지 논의에 대해 살펴보았다. 우선 현황부분에서는 초기 공적 자금과 공공자금 그리고 광의의 공적 자금이라는 개념을 설정하여 공적 자금의 포괄범위를 달리하여 보았고 그 조성과 집행 내용을 살펴보았다. 그리고 지금까지 공적 자금의 운영결과에 대해 거시적인 측면에서 일반적으로 지적되고 있는 공과를 간단히 논하였다.

본론에서는 공적 자금 조성규모의 적정성, 투입분야의 적합성, 투입방식의 적절성, 관리 및 감독의 실효성, 국민부담으로의 전가 여부를 살펴보았다. 공적 자금 투입의 기본 원칙이라 할 수 있는 "빨리 충분히 그리고 과감하게"라는 명제에 걸맞게 우리의 공적 자금이 운영되었는지를 살펴본 결과는 그리 긍정적이지 못하였다. 상당히 과소추정된 부실을 근거로 조성된 초기 공적 자금뿐 아니라 현재의 40조 원대의 추가 공적 자금도 잠재부실 규모에 비해 불충분한 것으로 평가되었다. 따라서 지금이라도 추가부실 정도와 소요자금 규모를 과학적이고 객관적으로 추정하고 이를 근거로 중지를 다시 모을 필요가 있다.

투입분야의 경우 지금까지 투입된 총가용재원의 28%가 부실채권 정리에 충당되었고 38%를 상회하는 자금이 금융기관 증자에 투입되었다. 이는 결국 BIS비율이라는 외형적 지표의 건전화에만 주력한 결과로서 이보다는 스웨덴의 경우처럼 부실채권 매입에 주력하는 것이 바람직하다고 판단된다.

투입방식의 측면에서는 자금의 '축차투입'과 '음성적 조성·투입'을 지양해야 할 것으로 보인다. 전자는 한정된 자금을 안배하는 과정에서 발생하며, 후자는 대우사태 때의 투자신탁사 동원이나 현재의 산업은행 동원 같은 경우를 의미한다. 여러 가지 측면에서 불가피성이 주장될 수도 있으나 시행착오가 지나치게 크고 그로 인한 구조조정의 지연과 국민부담의 증대 등 비용을 감안해야 한다. 따라서 앞으로는 보다 과감한 부실기관의 정리를 전제로 한 충분한 자금의 투입이 필요할 것이다.

원칙적으로 철저한 경영혁신에 경주해야 할 공적 자금 투입 금융기관들이 그렇지 못한 이유는 효율적인 관리·감독 체제의 부재에 있다고 파악된다. 따라서 이미 일각에서 주장되고 있듯이 공적 자금의 조성, 운

영 및 회수를 총괄할 민관합동의 독립기구를 발족해야 할 것이다. 또한
금융기관의 도덕적 해이를 엄격히 관리·감독할 수 있는 제도의 정비
및 원칙의 재설정이 필요하다.

공적 자금의 국민부담은 현재 발행된 양대 공사 발행공채의 지급이자
보다는 훨씬 클 수밖에 없고 이는 구조조정이 지연되고 또 경기상황이
나빠지면 그만큼 더 늘어나게 마련이다. 그 외에도 정책적 오류와 혼선,
금융기관의 도덕적 해이와 부실한 사후관리, 이익집단의 로비 등이 모두
국민부담을 증대시키는 요인이 되고 있다. 국민부담을 조금이라도 줄이
기 위해서는 이런 요인들에 대한 개선이 시급히 이루어져야 할 것이다.

주

1) 우리나라를 비롯하여 동남아국가들이 외환위기에 봉착하였을 때 일어난 아시아적 패러
   다임에 대한 논란은 바로 이 정부주도의 경제 성장과 운영에 대한 논란으로 이해할 수
   있다.
2) 실제로 80년대 후반 이후 거센 개방압력의 해소와 금융산업 내의 경쟁력 제고라는 차원
   에서 신한, 동화, 평화, 한미 등 은행을 신설해 주었으며 90년대 중반 이후에는 제2금융권
   을 중심으로 한 각종 금융기관의 대규모 신규진입을 허용하였다.
3) 이는 흐름(flow)의 개념이므로 상당히 유동적인 해석이 가능할 것이다.
4) 금융감독원은 중복 제외 약 150조 원으로 추정하고 있다(전체 여신의 26%).
5) 2000년 4월 현재 정부는 30조 원, 금융연구원은 42조 원의 추가 공적 자금 조성이 필요
   하다고 보았다. 또 정부는 이 가운데 20조는 추가조성하고 나머지 10조는 회수분을 활용
   한다는 계획을 수립하였으나 회수분은 2000년 6월(12.1조 원)과 8월(18.6조 원) 사이에
   만 6.5조 원이 회수되자마자 재투입되는 식으로 여유분을 확보할 수가 없는 실정이었다.
6) 실제 금융구조조정을 경험한 선진국가들에서도 추가자금을 조성한 사례는 적지 않다.
7) 자산관리공사에 따르면 2000년 12월 현재 36.5조 원을 투입하여 인수한 부실채권은 장부
   가격으로는 94.5조 원 규모에 이른다.
8) BIS비율의 산식은 간략히 말하자면 (자기자본/위험자산)이라고 할 수 있다.
9) 물론 양대 투자신탁의 경우 12·12조치로 최초 부실 징후가 나타난 후 각종 시책 때마다
   동원되었고 대우사태 때는 투신고객의 보호를 위해 수익증권 환매를 95%까지 보장함으
   로써 부실이 급속히 커졌다는 점 등을 감안할 수 있을 것이다. 그러나 문제는 부실정리
   초기에 충분히 부실을 해소해 주고 그후 정부정책에 동원하는 것 등을 자제함으로써 투
   신의 건전성을 회복할 수 있게 해야 하는데 이와는 정반대의 길을 걸어왔다는 점에 있을
   것이다.

10) 실제 금융위기를 경험한 국가들 중 스웨덴과 노르웨이의 경우에는 인수 부실채권의 정상적인 매각이 가능하였으나 나머지 국가에서는 그렇지 못했던 것으로 나타난다.
11) 이미 이 부분에 투입된 공적 자금 중에서 감자와 매각 등으로 인해 12.3조 원의 손실이 확정된 것으로 나타나고 있다. 이는 해당 원금의 1/3에 상당하는 규모이다(전주성 2001).

참고문헌

금융감독위원회 (2000), 「제2단계 금융구조조정추진계획」.
김우진 외 (1999), 『금융구조조정의 중간평가와 향후과제』 금융조사보고서 99-06, 한국금융연구원
재정경제부 (2000), 「2001년도 주요 업무계획」.
재정경제부·금융감독위원회 (2000), 『공적 자금백서』.
전주성 (2001), 「경제위기 극복을 위한 재정의 역할」, 한국재정학회.
전주성·황진우 (1999), 「금융구조조정의 재정부담」, 『재정논집』 제13권 2호.
지동현 (2000), 「공적 자금의 비용·효과분석」, 한국금융학회.
www.kinds.or.kr
www.mofe.go.kr

금융구조조정의 성격과 부실채권

유 철 규[*]

1. 머리말

국제통화기금(IMF)은 한국정부와 합의한 'IMF자금지원에 따른 이행 각서'(Korea-Memorandum on the Economic Program)에서 구조조정 프 로그램의 핵심적인 부분이 금융부문의 광범위한 구조조정이라고 밝힌 바 있다. 그 동안 이 프로그램이 말 그대로 완전히 실행되었다고 할 수는 없으며, 오히려 한국 경제 및 금융의 현실과 충돌하면서 그리고 또 현정 부의 정치적 고려나 능력의 한계 등으로 인해 많은 부분에서 수정이 있 었던 것이 사실이다. 개혁대상인 구 기득권세력은 끊임없이 타협하면서 도 저항을 그치지 않았으며, 그 결과로 나타난 불평등한 비용부담에 대

* 성공회대학교 사회과학부 교수. 이 글은 『동향과 전망』(2000년 겨울호)에 실린 「금융구조 조정과 부실채권: 경제위기 반복의 가능성」을 일부 수정한 것이다. 글의 초고는 참여사회연구 소 심포지엄(2000. 12. 2)과 한국사회과학연구소 주최의 심포지엄("민족경제론과 세계화 속의 한국경제" 2000. 12. 9)에서 발표되었다. 발표를 지원해 준 영도육영회에 감사드린다.

한 국민대중의 저항도 강했다.

그럼에도 불구하고 이 합의가 구조조정의 정신을 규정하고 목표를 제시했으며 현실적인 압력으로 작용했다는 점에서, 1997년 외환위기 이후 추진된 금융구조조정 과정의 근간을 이루고 있는 것이 바로 IMF와의 합의라는 사실을 부정할 수는 없다. 구조조정의 수정 또는 부족 때문에 한국경제의 위기적 상황이 지속된다고 보는 기존의 다수 견해는 이 점을 간과한 것이 아닌가 판단된다. 오히려 이와 반대의 문제제기, 즉 IMF와의 합의에 기초한 구조조정의 성격 자체에서 문제가 발생하는 것이 아닌가 하는 의문이 설득력을 가질 수 있는 것이다.

그간 진행된 금융구조조정은 자본시장 중심의 금융제도를 정착시키는 것을 중요한 목표로 삼았다. 그리고 현재 한국금융에서 나타나고 있는 마비현상은 일시적인 것일 뿐이며, 향후 주주의 권한이 확립되어 기업 및 금융기관의 진정한 주인이 찾아진다면 해결될 것이라는 믿음이 이를 뒷받침했다. 그러나 대주주의 권한을 강화하고 외국자본을 지배주주로 만드는 것이 어떻게 한국경제의 문제를 풀어줄 것인지에 대한 구체적인 설명은 제시되지 못했다. 외자가 지배하는 한두 개의 대형 금융기관을 국제기준에 걸맞은 '기업'으로 만들어내는 것이 어떻게 국내산업간의 연관성을 높여 일부의 경제회복이 다른 부문에 긍정적인 영향을 주고 나아가 부실채권의 처리능력을 높일 수 있는지, 그간 과다하게 발전한 대외의존성을 억제하고 대외적 충격에 강한 경제체질을 만들어낼 수 있는지, 그리고 경제적 독점력을 행사하는 기업집단이 국민경제에 미치는 파괴적 영향력을 어떻게 사회적으로 관리할 수 있는지가 검토되지 않았다. 한국의 경제현실에서 금융은 다른 경제부문과 따로 떨어져서는 정상화될 수 없다는 점이 무시되었던 것이다.

그간의 구조조정에 따른 한국경제의 전개과정은 국민경제의 발전과제를 해결하는 데 그리 도움을 주지 못했다. 외자유치를 구조조정의 성패를 판단하는 가장 중요한 기준으로 내세움으로써 산업간 연관은 오히려 약화되고 있으며, 국내의 과잉저축이 국내투자로 이어지지 못하고 있다. 외자 의존적 성격이 오히려 강화되고 있는 것이다. 금융산업은 국내 저축과 투자의 연결이라는 고유의 기능을 상실할 지경이며 이는 다시 대외적 충격에 대해 경제의 취약성을 강화시키는 악순환을 일으키고 있다.

이 글의 목적은 지난 3년간에 걸쳐 추진되어 금융구조조정이 부실채권 문제를 해결할 수 없었으며, 나아가 경기순환상의 '침체'를 언제라도 새로운 '경제위기' 상황으로 발전시킬 수 있는 구조적인 요인들을 만들어낼 가능성마저 있다는 점을 주장하려는 것이다. 다시 말해 2000년 하반기 들어 다시 심화되는 금융위기의 징후가 대우자동차의 매각문제나 유가상승과 같은 '사건'에 기인한 우연적인 일이 아니라 IMF식 구조조정과 관련된 체계적인 위기화에 기인한 것일 수 있다는 것이다. 물론 여전히 구조조정이 진행중인 상황에서 이런 가능성은 충분하게 입증될 수 있는 문제는 아니다. 다만 현재의 시점에서 IMF의 관리 아래 추진되는 구조조정정책의 논리적 성격(유철규 1998)과 한국금융의 문제를 부분적으로나마 좀더 구체적으로 연결시켜 보려는 시도이다.

한국경제의 위기 가능성이 다시 거론된 것은 2000년 2/4분기 들어 금융시장의 신용경색 현상이 뚜렷해지면서 시작되었다. 1999년 10.9%, 2000년 8.8% 등 고성장이 2년 가까이 지속되고, 상장기업의 영업이익이 사상최고치를 기록하는 상황에서 대기업에 이르기까지 자금난이 확산되었으며 은행의 부실채권은 해소될 기미를 보이지 않았다. 부실채권을 처리하기 위해 백수십조 원이 넘는 공적 자금이 사용되었음에도 불구하고, 여전히 고정, 회수의문, 추정손실을 포함한 무수익 여신의 규모는 별반 감소하지 않아서 1998년 6월 현재 63.5조 원이었던 무수익 여신의 규모는 2000년 9월말 현재 60.2조 원으로 추산되었다(금융감독원 2000b).

이러한 상황은 논리적으로 매우 이상한 일이다. 더구나 과거의 호황기와 달리 경상수지가 뚜렷한 흑자를 보이고 있기 때문에 '무엇이 문제인가'라는 의구심은 더욱 커질 수밖에 없다. 경상수지 흑자라는 것은 국내저축이 투자보다 많아서 남아돈다는 의미이기 때문이다. 따라서 대답은 의외로 간단하게 찾아질 수 있다. 즉 국내저축이 국내기업에 대한 투자로 이어지지 못한다는 것이다. 그러면 왜 이런 일이 발생하는가? 이 질문에 어떻게 답하는가에 따라, 또 하나의 중요한 질문, 즉 신자유주의 개혁을 받아들인 개발도상국가들에서 예외 없이 나타난 위기재발의 반복이라는 징크스에 대해 한국이 예외일 수 있는가 하는 질문에 대한 대답도 달라질 것이다.

2절에서는 경제의 양극화(차등화), 부실채권의 확대, 외자의 영향력 확대 등을 중심으로 1999년 이후 2000년 상반기까지 지속되었던 경기호황의 특성을 살펴볼 것이다. 3절에서는 고성장에도 불구하고 부실채권이 해소되지 않는 현상이 라틴아메리카의 구조조정과정에서도 나타난 현상이었음을 지적하고, 한국의 경우에 이러한 현상이 나타날 수 있는 근거를 찾아보고자 한다. 그리고 4절은 맺음말을 대신해서 몇 가지 시사점과 이 글의 한계를 지적할 것이다.

2. 경기호황(1999~2000년 상반기)의 특성

2000년 상반기만 해도 정부와 IMF 등 국제금융기구들은 앞다투어 한국이 예외적으로 빠른 경제회복과 급격한 구조조정을 이루고 있다고 평가했다. 경제성장률, 물가, 국제수지 등 거시지표로 본 한국경제의 성과(performance)는 과거 '동아시아 기적'의 대표주자로 주목받던 시기를 연상시키기에 충분할 정도였다. 2000년 1/4분기까지 연속 4분기에 걸친 두자리수 경제성장률과 한국이 산업화를 시작한 이래 최저의 물가상승률 그리고 1998년 405.6억 달러, 99년 250억 달러에 이르는 경상수지 흑자 등 놀랄 만한 성과를 보여주었던 것이다. 실업률도 2000년 6월 현재 3% 중반 수준으로 하락해 있었다. 미시적으로 보더라도 1999년중 상장기업들은 단군이래 최대 호황이었다는 80년대 후반의 3저 호황기를 능가하는 규모로 커다란 영업이익을 실현했다.

1999년 들어서 뚜렷해진 경제성장률의 회복은 대단히 급격해서, IMF 정책의 비판자나 지지자 모두를 곤란하게 할 정도였다.[1] 경험적으로 대체로 동의되듯이, 구조조정이라는 충격이 효과를 가져오는 것은 2~3년이 소요되는 일이기(이종건 2000) 때문이다. 따라서 단기간의 성장률 회복은 구조적인 문제의 치유를 통한 것이라고 보기 어렵다. 이 때문에 경제회복을 허구라고 하든가[2] 아니면 최소한 구조의 개선에 의한 것이 아니라고 해야 한다. 현재로서 1999년 이후의 회복은 제도개혁에서 비롯되었다기보다 물가안정이라는 조건 아래서 작동하는 구체제의 관성에 기인한 것으로 보는 것이 합리적이다(유철규 2000). IMF체제 밑에서 새로 수입된 제도들이 실질적으로 작동하기에는 시간이 너무 짧았기 때문이다.

이러한 단기적인 조정과정은 지난 1980년의 경제위기를 전후한 성장률과 물가의 움직임에서도 동일하게 확인되는데, 최근 위기의 경우는 성장률의 하락과 회복 정도 그리고 물가의 하락 정도가 보다 급격하게(혹은 압축적으로) 나타났다는 점에서 차이가 날 뿐이다(〈그림 1, 2〉 참조). 성장률과 물가의 압축적인 변동은 외환위기 직후 IMF 안정화정책에 의해 강제된 고금리와 재정긴축 등 '인위적인 공황심화 정책'(유철규 1998)에 그 원인이 있었을 것으로 판단할 수 있다.

충격에 대한 조정과정이 구체제의 관성에 근거를 두고 있고 또 그 조정과정에서 일시적일지는 모르지만 위기국가 가운데서 가장 회복속도가 빠르고 가장 높은 수준의 경제성장률과 상대적으로 가장 큰 규모의 경상수지 흑자가 나타났다면, 이는 중요한 사실을 시사하고 있다. 한국의 산업화과정을 총체적으로 '잘못된 것'으로 부정하는 국제금융기구와 금융자본의 평가가 오히려 잘못되었을 가능성이 있는 것이다. 더구나 이들의 평가는 그들이 보기에 너무 강한 노동자세력(혹은 그 전투성), 지나치게 낮은 실업률, 너무 강한 평등의식, 재벌을 사기업으로 보기보다 사회적(혹은 공공적) 경제발전의 도구로 인식하는 국민정서 그리고 너무 싼 공공재 가격 등 한국의 산업화과정 이면에 존재하거나 수반하고 있었던 다른 특징들까지 전반적으로 부정적인 것으로 보고 있다. 이는 내부의 사회적 요구에 따라 구체제의 결함을 극복할 수 있는 가능성까지 함께 부정하는 것이며, 한국의 산업화경험을 시장주의의 전세계적 확대에 반하는 위험한 사례로 인식하는 것이기도 하다(유철규 2000). 그러나 시간이 경과하면서, 아시아위기 초반과 달리 '위기'의 가장 중요한 원인이 금융세계화가 심화시키고 있는 불안정 속에서 성급하게 자본통제를 폐기하는 등 과도하거나 잘못된 금융자유화에 있었다는 주장이 이제 어느 정도 공감대를 얻어가고 있다(Williamson 2000).

경제성장률의 회복과 물가의 하락, 경상수지 흑자의 유지 그리고 외환보유고의 급속한 확대 등 거시적인 측면에서 경제회복이 이루어지면서, 제조업의 매출액 대비 경상이익률도 1998년 상반기 −0.4%에서, 1999년 상반기 4.2%, 2000년 상반기 5.1%로 빠르게 상승했으며(한국은행 2000d), 반면 제조업의 연간 노동시간은 1998년 2390시간에서 1999년 2497시간으로 증가했다(노동부 「매월노동통계조사」). 또한 수출부문의 활황과 내수부문의 상대적 침체를 비롯한 산업·지역 간 불균등이 심화되고,[3] 소득과 소비의 계층간 격차가 확대되었으며[4] 자본의 집중은 강화되었다.[5] 결국 현 경제회복은 산업간, 기업간에 차별화와 선별화를 통해 특정 기업으로 경제잉여를 집중시키고(외국인 투자는 이들 소수기업에 집중되었다), 계급간 분배관계를 악화시켜 달성한 결과라고 할 수 있다(유철규 2000).

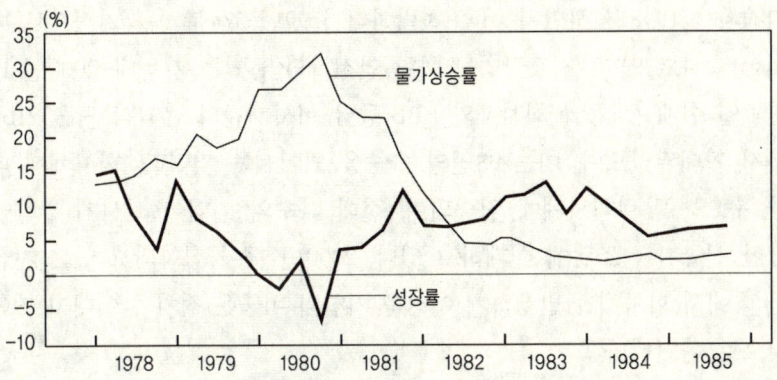

〈그림 1〉 1980년 위기 전후시기의 성장률과 물가의 변화

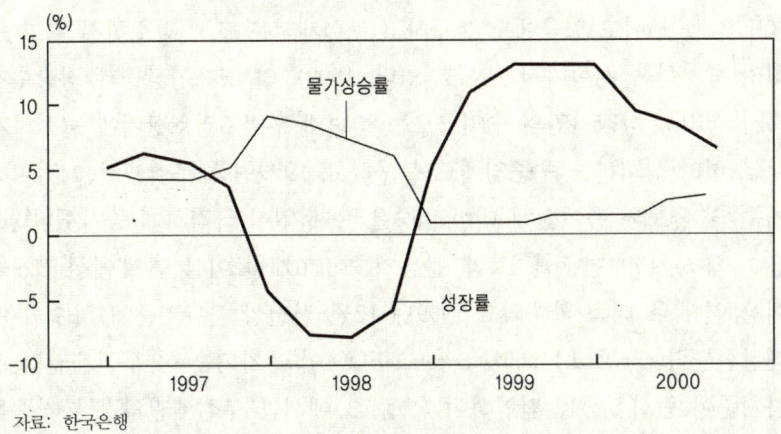

〈그림 2〉 1997년 위기 전후 경제성장률과 물가의 변화

자료: 한국은행

　1997년 외환 이후의 회복과정에서 나타난 다양한 특징 중 이 글에서 주목하는 현상은 다음 세 가지이다. 자금조달과 생산에서 기업간 격차가 심화되고 있다는 점, 실물경제의 회복에도 불구하고 금융부문의 불안정이 기대만큼 해소되지 않는다는 점, 그리고 금융시장에서 외자의 비중이 빠르게 확대되었다는 점이다.

첫째, 외환위기 이후 신용경색 상황 속에서 확대되었던 기업등급간 금리격차는 1998년 하반기 이후 하락하다가 99년 3/4분기를 기점으로 다시 상승하고 있다. 지표금리는 하향 안정화되어 있는 가운데, 2000년 11월 9일 현재 A$^+$등급 회사채와 BBB$^-$등급 회사채간의 금리격차는 321bp까지 확대되었으며, 이는 98년의 수준을 넘어서는 것이다. 회사채에 대한 수요는 우량회사채에 집중되며, 절대 다수의 기업이 회사채 발행을 통한 신규자금 조달에 실패하고 있다. 2000년 들어 심화되고 있는 자금난 속에서 회사채를 발행하기 어려운 기업의 비중은 점차 늘어나고 있는 것으로 판단된다.

다음으로, 금융부문 불안정의 핵심인 부실채권 문제를 보자. 1999년 2/4분기부터 2000년 1/4분기까지 4분기 연속 두 자리수의 경제성장률(GDP)을 보이고 있음에도 불구하고 부실채권은 크게 감소하지 않고 오히려 증가하는 경향마저 보이고 있다. 1999년의 경제성장률과 경상수지 흑자 그리고 상장기업의 수익규모는 80년대 후반 3저호황기에 필적하거나 오히려 상회하는 수준임에도 불구하고, 1999년중 부실채권(고정이하 기준)의 규모와 총여신에 대한 비중은 유례 없이 급격하게 증가했다(〈그림 3〉참조). 1998년 7월 '고정' 분류기준이 '6개월 이상 연체'에서 '3개월 이상 연체'로 대폭 확대되고 1999년 12월 건전성 분류기준에 차주의 미래상환능력(forward looking criteria, FLC)이 추가되는 등 부실채권의 평가기준이 변화했음을 감안하여 〈그림 3〉에서는 부실채권의 분류기준을

〈표 1〉 신용등급별 회사채 금리격차* 추이(2000)

(단위: %p)

3월 말	6월 말	7월 말	8월 말	9월 말	10월 말	11월 9일
1.75	1.93	2.23	2.20	2.20	3.03	3.21

* A$^+$등급 회사채와 BBB$^-$등급 회사채간의 금리격차
자료: 한국은행 2000e.

1998년 6월까지의 기준으로 했다. 참고로 1999년의 경우 은행권의 부실채권 규모는 3개월 이상 연체로 기준을 강화할 때 6.8조 원이 추가되며, FLC기준을 적용할 경우는 여기에 다시 15.4조가 추가될 것으로 추정된다(금융감독원 2000a; 「금융기관의 부실채권현황」 해당호; 「금융기관의 여신건전성현황」 해당호 참조).

신기준에 의할 경우 구기준에 의한 부실채권 규모와 비교하기가 사실

〈그림 3〉 고정이하여신의 규모 및 총여신에 대한 비율

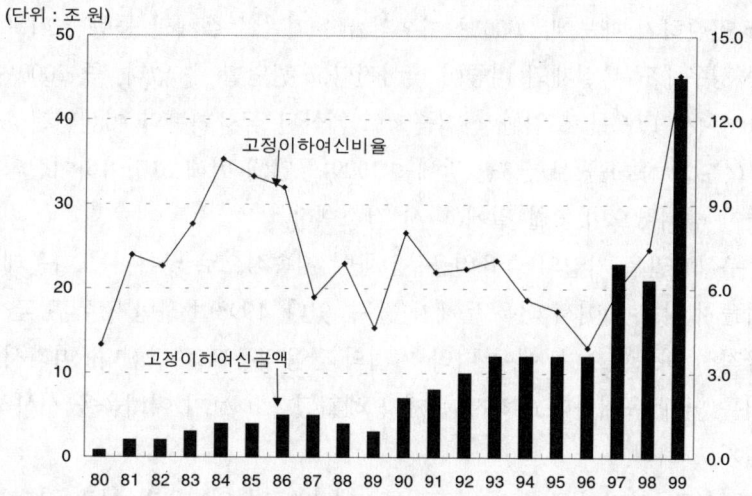

자료: 정유성·윤재호 2000; 한국은행.

〈표 2〉 금융기관의 여신건전성 현황(2000년 6월 말)

(단위: 조원, %, %p)

	2000. 3월 말(B)	2000. 6월 말(C)	1999. 12월 말(A)
총여신(A)	590.9	592.6	607.5
고정이하 여신(B)	88.0	90.4	82.5
비율(B/A)	14.9	15.3	13.6

자료: 금융감독원 2000a.

〈표 3〉 주요 금리추이(2000)

(단위: 연%)

	3월 말	6월 말	7월 말	8월 말	9월 말	10월 말	11월 9일
국고채(3년)	9.00	8.31	8.07	7.79	8.07	7.64	7.27
회사채(3년)*	9.98	9.37	9.17	8.98	9.04	8.59	8.40
통안증권(1년)	8.36	8.15	7.36	7.30	7.31	7.06	6.98
콜(익일물)**	5.09	5.20	5.11	5.11	5.02	5.37	5.33

* 기준물 기준(9월까지는 A+, 10월부터는 AA⁻)   ** 거래량의 주종을 이루는 최단기물의 중개거래 기준
자료: 한국은행 2000e.

상 곤란하기 때문에, 2000년 이후의 금융기관 부실채권 동향만 따로 보는 경우에도 부실채권 비중이 낮아진다고 판단할 수 없다. 즉 2000년에 들어서서 FLC를 도입한 신기준으로 계산된 금융기관의 여신건전성 현황(〈표 2〉 참조)을 보면 3월 말에는 1999년 말에 비해 고정이하여신의 비중이 증가했으며, 6월 말에 다시 감소했다.

부실채권은 기업의 금융비용부담률이 지속적으로 낮아지는 가운데 줄어들지 않고 있어서 더욱 문제가 될 수 있다. 1998년 하반기 이후 금리는 급격히 하락했으며, 이에 따라 기업의 금융비용도 하락했다. 따라서 금리를 낮게 유지한다고 해서 문제가 해결된다고 보기 어려움을 시사하고 있기도 하다.

끝으로, 과거의 경험과 비교해 볼 때 1997년 외환위기 이후 경제회복 과정에서 보이는 두드러진 특징은 외국자본의 '직접적' 영향력이 빠르게 커지고 있다는 점이다.[6] 2000년 8월 말 현재 외국인 국내주식 보유비중은 30.1%, 외환시장에서 외국인 거래가 차지하는 비중은 2000년 2/4분기 중 선물환거래에서 61.6%, 현물환거래에서는 48.2%이다. 소유구조에서도 2000년 8월 말 현재 외국인 주주가 1대주주인 시중은행은 5개[7]인데, 이들 은행의 시장점유율은 41.7%에 달하고 있다. 특히 대표적인 국내 우량은행으로 분류되는 국민은행과 주택은행의 경우 2000년 11월 8

〈표 4〉 제조업의 금융비용 부담률[*] 추이(매출액 대비 비중)

(단위: %)

	1997. 상반기	1998. 상반기	1999. 상반기	2000. 상반기
금융비용부담률	6.2	9.3	7.4	5.1

* 금융비용부담률=금융비용/매출액
자료: 한국은행 2000d.

〈표 5〉 연도별 외자유입 추이

(단위: 억원)

연도	1991	1992	1993	1994	1995	1996	1997	1998	1999	2000(1~8월)
직접투자[*]	14	8.9	10.4	13.2	19.5	32	69.7	88.5	155.4	93.7
증권투자[**]		20.7	57	19.4	24.5	45.7	10.8	47.8	51.9	114.9
합계	14	29.6	67.4	32.6	44	77.7	80.5	136.3	207.3	208.6

* 외국인직접투자 신고기준 ** 외국인 증권투자 순유입액
자료: 삼성경제연구소 2000a.

〈표 6〉 외국인의 국내주식 보유규모 및 비중추이(시가총액 대비)

(단위: 조원, %)

	1997. 말	1998. 말	1999. 말	2000. 3월 말	6월 말	8월 말
규모	10.4	25.6	76.6	82.3	87.7	75.2
비중	14.6	18.6	21.9	27.0	29.7	30.1

자료: 삼성경제연구소 2000a.

〈표 7〉 주요 은행의 외국인 지분율(2000)

(단위: %)

은행명	국민	신한	주택	한미	하나	한빛	조흥	외환	제일
10월 25일	53.49	49.37	64.29	35.87	24.77	4.61	0.49	26.15	51.0% 이상 (9. 21 현재)
11월 8일	54.91	49.95	65.43	36.24	21.45	4.83	0.63	26.15	

자료: 『매일경제신문』 2000. 11. 10, 21면; 삼성경제연구소 2000a.

일 현재 외국인 지분율이 각각 54.91%와 65.43%에 이른다. 또한 8월 말 현재 외국증권사 국내지점의 거래대금 기준 시장점유율은 10.6%(1997년 3.9%), 외국인 1대주주로 경영에 참여하는 증권사의 시장점유율은 9.3% 이다(증권거래소). 또한 1997년말 1.3%였던 외국계 생명보험사의 시장점유율은 2000년 6월 말 현재 8.2%이다(생명보험협회).

이상에서 1999년 이후의 경기호황과정에서 나타난 세 가지 특징을 지적했다. 다음에서는 이들 세 가지 현상간의 관련성 속에서, 왜 고성장에도 불구하고 부실채권이 해소되지 않는가 하는 질문에 대해 가능성 있는 답변을 검토해 보기로 하자.

3. 경제구조의 위기요인: 국내 저축과 투자의 분리

논리적으로 고성장은 기업수익성과 가계의 소득을 증가시키고, 금융기관의 수익성을 향상시켜 부실채권을 축소시킬 수 있다. 따라서 고성장하에서 부실채권의 해소가 부진한 현상을 단순히 시간의 경과에 의해 풀릴 수 있는 문제, 즉 조정시차의 차이로 볼 수도 있을 것이다. 그러나 이것이 구조조정 및 이로 인한 경제구조의 변화와 관련되어 있는 것이라면, 위기를 경험한 대부분의 개발도상국들이 겪고 있는 위기의 반복현상을 설명하는 메커니즘을 의미하는 것일 수도 있다. 다시 말해 IMF의 구조조정이 위기 이후 조정과정에서 나타나는 회복기간 내에 부실채권을 감소시킬 수 있는 경제(금융기관)의 능력을 어떤 구조적인 이유로 위축시킨다면, 회복 이후 다가오는 경기침체의 기간에 다시 발생하는 부실채권은 기존의 부실채권에 누적될 것이고 결국 위기는 재발될 수 있다.

한국보다 앞서서 외환위기를 반복적으로 겪으면서, 미국식 금융제도의 창설과 자본시장의 대외개방을 축으로 구조조정을 해온 라틴아메리카의 경험은 중요한 시사점을 주고 있다.

멕시코의 경우 상업은행의 자산에서 차지하는 부실채권의 비중이 1994년 8.7%에서, 95년 16.4%, 96년 21.4%, 97년에는 29.8%로 증가했다(〈표 8〉 참조). 그리고 부실채권 비율이 급증한 1996~97년은 바로 멕시코의 경제성장률이 급격한 회복세를 보이고, 국제통화기금도 구조조정의 성공사례라고 평가했던 시기였다. 그리고 멕시코를 비롯한 라틴아메리카 경제는 바로 뒤이어 위기상황으로 다시 빠져들었다. 그리고 1996~97년 멕시코경제와 1999~2000년 한국경제의 공통점으로서 가장 유력한 것은 IMF가 구조조정을 주도한다는 것이라고 할 수 있다.

한국의 경우도 이미 새로운 위기의 징후는 금융시장의 불안정성 증가로 나타나고 있다. 표면적으로는 대우사태라는 특정한 하나의 개별사건 때문에, 채권시장을 필두로 금융시장 전반이 무너져 내렸고 관련된 부실채권을 처리하는 과정에서 금융기관의 부실이 심화된 것으로 보인다. 더불어 주식시장의 침체는 이제까지 직접금융시장을 중심으로 새로운 경

〈표 8〉 GDP(실질)증가율과 부실채권비중(멕시코)

(단위: %)

연도	1994	1995	1996	1997
부실채권비율	8.7	16.4	21.4	29.8
경제성장률(GDP)	4.5	−6.2	5.2	7.01

자료: http://www.inegi.gob.mx; Krueger & Tornell 2000.

〈표 9〉 멕시코의 GDP대비 저축률 변화

(단위: %)

연도	1987	1994
저축률	22	16

자료: 같은 곳.

제체제를 구성하려 했던 모든 구조조정과정을 무위로 되돌리고 있으며, 새로운 성장엔진으로 추켜세워졌던 벤처산업까지도 자금난에 빠지고 있다. 자본비율규제(BIS규제)에 묶인 금융기관들은 직접금융시장을 대신하지 못하고, 이에 더해 또 하나의 재벌이 '위기설'에 휩싸이기에 이르렀다.[8]

그러면 대우사태라는 개별적 사건이 없었다면 지금과 같은 위기국면은 오지 않았을까? 그렇다고는 보기 어렵다. 2000년중에 발표된 관련 국책연구원 등의 연구나 설문자료들을 종합해 보면 미래상환능력을 고려한 신자산건전성 기준(FLC기준)으로 한국기업의 20% 정도가 부실기업이다. 그나마 조사대상이 된 기업들은 조사가 가능한 정도로 웬만큼 규모와 체제를 갖춘 기업들일 것임을 고려한다면, 한국경제 전체의 부실규모는 엄청나다고 생각된다. IMF구조조정은 이 잠재적 부실을 서구 금융자본의 기준에 따라 즉각 현실화하는 것인데, 이 현실화된 부실채권을 금융기관이 제한된 기간(즉 경기침체가 심화되기 전까지) 내에 해소하는 것은 실제로 불가능하다.

이런 현상이 나타나는 데는 한국의 산업구조가 빠르게 변화하면서 양극화되는 것도 중요한 이유가 될 수 있지만, 금융구조조정과 관련해서 보면 국내은행과 국내기업 간의 연계가 끊어지고 있다는 점이 더 중요하다.

금융구조조정과 관련해서 가능한 논리적 설명을 찾아보면 다음과 같다. 직접금융시장을 통해 외자에 의존하는 방식으로 금융구조조정을 해왔기 때문에, 우량기업일수록 국내 은행 및 금융기관을 떠나려는 유인이 생겼던 것이다. 반면 직접금융시장을 이용하기 어렵거나 외국자본이 투자하기 꺼려하는 기업은 그대로 국내 금융기관에 머물러 있게 되고 이 때문에 국내은행 대출의 질이 악화된다. 다시 말해 국내은행은 구조조정과정에서 낙오된 기업들을 처리해 주는 역할을 맡게 되고, 경기회복의 혜택을 누리는 우량기업에는 외국자본이 투자하게 된 것이다.[9] 그리고

IMF방식의 구조조정은 월가(Wall Street) 기준의 신용평가방식을 도입함으로써 기업간 양극화 및 선별화를 현 한국경제의 발전단계에서 감당할 수 없는 수준으로 과다하게 촉진한다. 전통적으로 기업금융의 비중이 외국계 은행보다 현저히 높았던 국내 금융기관이 기업금융을 회피함에 따라 기업의 자금난이 심화되고 이는 다시 국내 금융기관에 부실채권을 집중시키는 악순환이 가능하게 되는 것이다. 이와 함께 자금난은 수출부문과 내수부문 사이에 비대칭적으로 작용함으로써, 내수기업의 비중이 외국계보다 높은 금융기관의 부담을 높이는 역할을 한다.[10]

우량기업의 이탈을 가속화하는 과정과 함께 금융기관 측면에서 보면 경직적 BIS률과 FLC기준의 강제는 신용평가기준의 변화와 더불어 기업금융을 회피하게 만들었다. 대출의 질이 악화됨에 따라 금융기관은 더욱 신규대출에 소극적일 수밖에 없게 되었고 이는 다시 부실채권을 증가시키고 금융기관의 신용도를 하락시키는 악순환이 발생하게 된다.

이 과정에서 외자계 금융기관의 역할이 매우 중요한데, 이들이 투자결정을 선도하기 때문이다. 외국은행 지점의 자금운영 중 기업대출의 비중은 국내은행보다 월등히 낮은 수준이며, 대출대상이 되는 기업에 대한 포트폴리오 투자의 집중도는 더 높다(한국은행 2000a). 이들은 세계적 차원에서 포트폴리오 구성이 가능하기 때문이다. 또한 수출기업에 대한 대출비중이 국내은행보다 높다. 따라서 국내 금융기관이 외자계 금융기관의 자금운용 패턴을 답습해 갈수록 금융제도는 국내저축을 국내투자에 연결시킬 수 없게 된다. 이렇게 되면 저축 과잉상태에서 국내저축의 해외유출은 필연적이다. 장기적으로 국내소득의 감소와 저축성향의 감소로 저축률이 추세보다 빠르게 하락할 것으로 보는 것은 실현 가능성이 매우 높은 전망이다.[11]

앞서서 자본주의적 산업화를 이루어 세계경제에서 지배적 위치를 점할 수 있었던 특정 소수의 선진국가들을 제외하면, 대다수의 후발산업화

국가 혹은 개발도상국은 체제적인 결함을 갖고 있게 마련이다. 새로운 산업화의 룰과 방식이 외부로부터 주어지거나 강제되고, 이 새로운 질서는 내부적 질서와 충돌하게 마련이기 때문이다. 급속한 산업화를 추구할수록 충돌을 해소할 시간이 짧아지기 때문에 경제체제의 결함은 커질 것이다.

이 결함들을 편의상 국민경제 전체적 취약성과 기업 등 개별 경제주체의 약점으로 나누어볼 수 있다. 체제적 결함을 가진 국민경제는 앞의 두 가지 취약성 가운데 최소한 한 가지의 결함은 갖게 되는데, 경제개발기 한국의 경제체제에서는 개별기업 혹은 재벌의 취약성이 국민경제 전체적 취약성보다 컸다고 볼 수 있다. 외환위기도 거시경제(fundamental)의

〈그림 4〉 국내 저축-투자의 분리와 외자

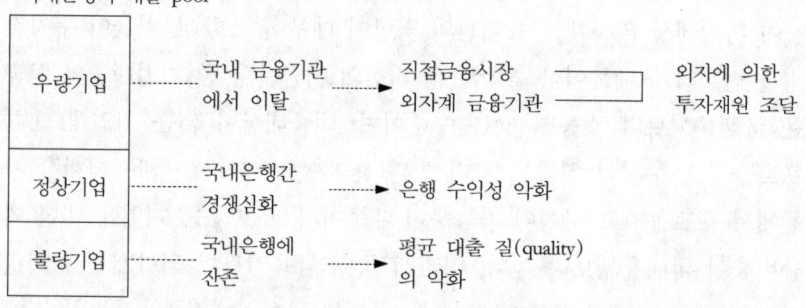

〈표 10〉 총투자율과 총저축률의 변화

(단위: %)

연도	1993	1994	1995	1996	1997	1998	1999p
총투자율	35.4	36.5	37.3	38.1	34.4	21.3	27.0
총저축률	36.2	35.5	35.5	33.8	33.4	34.0	33.7

자료: 재정경제부 2000.

불안정에서보다는 개별기업과 금융기관의 문제에서부터 발생했다. 그리고 국민경제 전체가 개별기업의 취약성을 보완해 주는 양상을 띠고 있었다. 예를 들어 개별기업 차원에서는 필요한 자금을 끌어올 수 없었지만 중앙은행이 뒷받침하는 은행의 보증이나 기업들의 상호보증으로 이 문제를 해결할 수 있었던 것이다. 그리고 개별기업은 자신의 약점 때문에 국민경제 전체의 움직임이나 이해관계에 공조하는 경향이 강했다.

그런 반면 IMF위기 이후 한국에서 새로이 나타나고 있는 경제체제는 취약성의 구조가 거꾸로 되어 있다. 개별기업의 약점은 줄여나가고 그 대가로 국민경제 전체의 약점은 높아지고 있는 것이다. 그 이유는 약점을 줄일 수 있는 기업이 전체의 극히 일부분뿐이라는 데 있다. 한국경제의 현 발전단계에서 미국식 신용평가기준을 들이대었을 때, 정상적인 신용등급을 받아 제대로 제도금융을 이용할 수 있는 기업은 극소수인 것이 현실이기 때문이다. 이 소수의 기업은 국내외 금융투자가의 투자대상이 되지만 나머지는 시장에서 버려질 운명이 된다. 현재의 구조조정방식으로는 이 버려지는 부분이 다수를 차지하기 때문에, 국민경제 전체의 위험도가 커지고 있다. 전체의 취약성은 소수 개별구성원의 강점으로 보완하기 어렵다.

한국의 경우 과거 체제에서는 전체가 개별 경제주체의 약점을 보완했다. 이제 새로운 제도의 도입은 이 약점의 보완을 불가능하게 하면서도 그것을 대체할 만한 다른 방식을 만들지 못하고 오히려 기존의 약점을 증폭시켰다. 이렇게 되면 자연스럽게 부실은 증가한다. 과거에는 위험해 보이지 않았던 것이 이제는 점점 더 위험해지는 것이다. 물론 산업구조가 조정되면서 발생하는 부실증가를 고려해야 하겠지만, 문제는 부실을 처리하는 방식이다. 산업구조 측면에서 보더라도 IMF위기 이후 한국의 산업구조는 특화도가 높아지면서 이에 따른 잠재적 위험도가 높아지고 있다.[12] 시장원리로는 특화도가 높아지는 것을 막을 수 없다. 구조조정의 성과로 내세우는 자기자본의 증가, 부채비율의 감소, 상호지급보증의 완전한 해소 등이 지엽적인(marginal) 효과는 갖되, 경제의 체계적 위험 은 더 높일 가능성을 여기서 찾을 수 있다.

4. 맺음말

외환위기를 겪은 다른 나라들에 비해 위기 이후 한국경제의 회복과정 은 예상을 훨씬 뛰어넘어 급격하게 이루어졌다고 평가받았다. 그러나 이 회복과정은 산업부문별로, 계층별로 대단히 편중되어 나타났다. 예를 들 어 국민총생산(GDP)에서 수출이 차지하는 비중은 1998년 44%에서 2000년 52%로 늘어난 반면, 내수의 비중은 줄어들었다(한국은행 2001; 삼 성경제연구소 2001). 그리고 내수의 침체는 심화되는 소득분배의 불균형과 맞물려 지속되었다(유철규 2000). 이렇듯 경제부문간에 발생한 극심한 불 균형은 인위적인 자본시장 육성을 목표로 한 제도개혁과 결합하면서 은 행의 부실채권 처리능력을 훼손시켰으며, 이는 금융기능의 정상화를 어 렵게 만들었다.

1999~2000년의 경제회복은 비(非)-IMF적인(혹은 구체제적인) 거시 경제정책의 요소와 개별기업이나 노동자에 대한 친(親)-IMF적인 구조 조정의 부분적 효과라는 상호 모순적인 두 측면의 결합으로 이해할 수 있다. 그런데 이 두 가지 측면은 논리적으로뿐만 아니라 현실적으로도 오래 공존할 수 없다. 국제적 저금리와 수입물가 안정이 비-IMF적인 거 시경제정책을 유지할 수 있었던 중요한 조건이지만, 이러한 조건은 빠르 게 소멸하고 있다. 뿐만 아니라 그간 진행되어 온 제도변화의 효과가 시 간이 갈수록 강하게 나타날 것이므로 거시경제정책의 효과는 점점 더 제 약될 수밖에 없기 때문이다. 따라서 경제회복은 특정한 외부적 조건과

함께 내부적으로는 위기극복의 부담을 불공평하게 많이 짊어진 사회계층들이 그 동안 '잘' 참아준 결과이다. 눈앞에 놓인 것은 IMF체제의 졸업이 아니라 그것의 정착과 강화라고 해야 할 것이다.

호황과 통화증발이 부실채권의 감소와 산업자금의 공급에 기여하지 못하고 있다. 금융시장의 자산 단기화와 부동화가 심화되고 있는 반면 다른 쪽에서는 절대 다수의 기업들이 자금난에 빠져든다는 기이한 현상은 국내 금융투자가들의 시각이 외국 금융투자가들의 시각과 합치된 결과이고, 따라서 왜곡된 세계표준(global standard)을 추구했던 작금의 개혁은 '성공했다'. 이러한 현상은 곧 국내저축과 국내투자의 분리이고, 부동자금의 형태로 남아도는 과잉저축은 자본유출을 촉진하기 위해 도입하기로 한 제2단계 외환자유화에서 그 탈출구를 찾을 가능성이 크다.

이 글의 시사점은 다음과 같이 요약할 수 있다. 첫째, 소수 개별기업들의 약점을 고치기 위해 국민경제 전체의 취약성을 높이는 우를 범해서는 안 된다. 국민경제의 취약성이 커지면 결국 개별기업도 국가신인도의 제약에서 벗어날 수 없기 때문이다. 둘째, 국내저축을 국내기업의 투자와 분리시키고, 정작 필요한 투자재원은 해외에 의존하는 파행적 구조를 더 이상 강화해서는 안 된다. 해외(또는 해외투자가와 동일한 시각을 갖춘 국내 선진투자가들)로부터 투자재원을 얻을 수 있는 기업이 소수라는 현재의 조건에서, 이러한 파행적 구조는 경제를 유지하기 위한 최소한 투자조차 부족하게 만들 수 있기 때문이다.

끝으로, 이 글은 구조조정이 진행중이라는 현실적인 제약과 자료의 부족으로 부실채권 증가의 원인에 대한 실증적 근거를 만족할 만큼 제시하지 못했다는 한계를 갖는다. 또한 은행이 기업구조조정과 부실채권의 해소에 적극적으로 나서지 못한 미시적 이유를 적극적으로 제시하지 않았다. BIS룰과 FLC기준의 강제가 은행행태에 미치는 영향에 대한 연구가 향후 필요할 것이다.

주

1) IMF정책의 비판자 입장에서는 IMF체제하에서의 급격한 성장률 상승을 설명하기 부담 스러우며, IMF지지자 입장에서는 제도개혁이나 구조조정이 작용했다고 하기에는 회복 세가 너무 빨리 나타나고 있기 때문이다.

2) "실물경제의 개선은 없다"라고 했던 일본의 평론가 오마에 겐이치의 평가(『매일경제신 문』 2000. 8. 3)나 "개혁없는 회복"이라는 미국의 경제주간지 *Business Week*의 평가 (1999. 8. 첫째주) 등 초기에는 한국경제의 실질적 회복을 부정하는 견해가 지배적이었다.

3) 매출액 경상이익률 기준으로 적자업체의 비중과 이익률 10% 이상인 업체의 비중이 동시 에 증가하고 있다(한국은행 2000d).

4) 도시근로자가구의 노동소득 지니계수는 1998년부터 급격히 악화된 이후 2000년 들어서 도 악화 정도가 둔화되고 있을 뿐이다. 한편 재산소득(이자·배당·임대료 소득)을 대 상으로 한 재산소득 지니계수는 1997년 0.465, 1998년 0.507, 1999년 0.535, 2000년 상반 기 0.570으로 계속 증가하고 있어서 자산소득의 분배율은 지속적으로 악화되고 있다(LG 경제연구원 2000).

5) 상장기업 중 순이익 기준 상위 5대 및 20대 기업의 순이익 점유비중은 1996년 각각 38.7%, 58.2%에서 2000년 상반기에는 44.6%와 70.0%로 급격하게 높아졌으며, 시가총액 기준 5대기업의 비중도 1995년 말 39.6%에서 2000년 8월 현재 59.4%로 급증하였다(〈표 1, 2〉 참조).

〈표 1〉 5대 및 20대 상장기업의 순이익 점유비중

(단위: %)

연 도	1996	1997	1998	1999	2000. 상반기
상위 5대기업	38.7	41.6	40.8	43.7	44.6
상위 20대기업	58.2	61.6	65.1	66.3	70.0

* 2000년 상반기 순이익 중 (주)대우의 순이익은 제외
자료: 삼성경제연구소 2000b.

〈표 2〉 5대기업의 시가총액 비중

(단위: %)

연도	1995. 말	1997. 말	1999. 말	2000. 8
비중	39.6	40.4	57.1	59.4

자료: 같은 곳.

6) 이에 따라 "외자계 자본이 국내금융시장을 사실상 장악했다"는 평가마저 나오고 있다 (삼성경제연구소 2000a).

7) 2000년 8월 말 현재 외국인 주주가 1대주주인 시중은행은 외환은행, 한미은행, 국민은행, 하나은행, 제일은행이다.

8) 상황은 대단히 급박했는데, 시장중심의 경제체제를 만들기 위해 애썼던 경제정책의 최고 책임자가 급기야 "시장참가자의 이기적 행동은 공멸을 불러일으킨다"는 발언을 할 수밖 에 없는 상황에 이르렀다(현대사태에 대한 진념 재경부장관의 발언). 그러나 등뒤에 구 조조정의 칼날을 얹어놓고 있는 금융기관이 이에 기꺼이 응하리라고 보기는 어렵다. 남 보다 먼저 채권을 돌려받고자 하는 이기심이야말로 진정한 시장발전의 초석이 아닌가?

결국 이 정책책임자의 발언은 한국에서 시장이 실패하고 있음을 인정한 것으로 볼 수밖에 없을 것이다.
9) 주식시장에서 외국인투자의 60% 이상이 10여 개 기업에 집중되어 있다는 사실이 이 점을 잘 보여주고 있다.
10) IMF프로그램은 외환의 조기상환을 위해 경상수지 흑자를 강제하기 때문에, 이를 위해 외화를 획득할 수 있는 부문에 유리하게 사회적 자원을 배분한다. 거시경제 안정화프로그램의 핵심인 통화의 평가절하와 통화량 통제를 통한 이자율의 상승은 이런 방향으로 자원과 소득을 재배분하는 기제이다. 원화 신용이 전반적 축소되는 상황에서 외화를 획득할 수 있는 부문은 외화의 원화교환을 통해 상대적으로 신용긴축의 영향을 덜 받는다. 원화의 평가절상은 이 효과를 더 가중시킨다(원화수입만을 갖는 경우와 일부라도 외화수입원이 있는 경우를 비교해 보자)(유철규 1998).
11) 저축률의 감소는 이미 나타나고 있다. "외환위기 이후 국민총저축률의 움직임을 외환위기 이전과 비교해 보면 총저축률과 민간저축률이 하락추이를 지속하는 가운데 정부저축률은 상승추세에서 하락추세로 전환하였으며 가계 특히 중소득계층의 저축률 하락이 두드러진다"(한국은행 2000c).
12) 한국수출의 소수 품목 편중도(5대품목 34.2%, 10대품목 46.7%)는 미국(21%, 30%, 1998년 기준), 일본(28%, 37%, 1998년 기준)에 비해 매우 높은 수준이며, 외환위기 이후 집중도가 빠르게 증가하고 있다.

〈표〉 상위품목 수출비중 추이

(단위: %)

연 도	1990	1995	1996	1997	1998	1999	2000. 상반기
상위 5개품목	21.3	31.1	31.3	31.8	32.5	32.8	34.2
상위 10개품목	33.5	41.0	43.2	43.1	42.9	44.5	46.7

자료: 한국무역협의회 종합무역정보서비스(KOTIS). 한국은행(2000b)에서 재인용.

참고문헌

금융감독원, 「금융기관의 부실채권 현황」, 보도자료 해당호.
_____ 「금융기관의 여신건전성 현황」, 보도자료 해당호.
_____ (2000a), 「2000년 6월 말 현재 금융기관의 여신건전성 현황」 10. 5.
_____ (2000b), 「2000년 9월 말 현재 금융기관의 여신건전성 현황」 12. 14.
노동부, 「매월노동통계조사」, 각호.
삼성경제연구소 (2000a), 「외자와 한국경제」, CEO Information 264.
_____ (2000b), 「외환위기 이후의 기업성적표」, CEO Information 261.
_____ (2001), 「외환위기 이후 경제구조 급변」, 경제동향 Brief 209호.

LG경제연구원 (2000), 「자산소유 편중과 소득불평등 심화」, 『LG주간경제』 10. 25.

유철규 (1992), 「80년대 후반 내수확장의 성격」, 『동향과전망』 통권 18호, 백산서당.

_____ (1998), 「금융자유화와 외환위기 그리고 IMF금융개혁」, 이병천·김균 편, 『위기 그리고 대전환』, 당대.

_____ (2000), 「1998~99 구조조정의 정치경제학」, 윤진호·유철규 편, 『구조조정의 정치경제학과 21세기 한국경제』, 풀빛.

이종건 (2000), 「경제충격과 신경제적 구조변화」, 『경제분석』 6권 3호, 한국은행.

재정경제부 (2000), 「주요 경제지표」.

정유성·윤재호 (2000), 「경기순환과 은행부실화 관계 분석」, 한국은행 은행국.

한국은행 (2000a), 「최근 외국은행 국내지점 외화자산운용 현황」 8월.

_____ (2000b), 「경상수지 흑자 감소추세에 대한 평가와 향후 정책과제」 10월.

_____ (2000c), 「외환위기 이후의 저축률 추이와 시사점」 10. 31.

_____ (2000d), 「2000년 상반기 기업경영분석 결과」 11. 14.

_____ (2000e), 「최근의 금융시장 동향과 전망」 11월.

_____ (2000f), 「최근의 금융기관 대출행태(2000년 2/4분기 및 3/4분기 전망)」.

_____ (2001), 「1998년 산업연관표(연장표) 작성 결과」.

Blecker, R. (1996), "NAFTA, the Peso Crisis, and the Contradictions of the Mexican Economic Growth Strategy," CEPA Working Paper no. 3.

Krueger, A. and A. Tornell (2000), "The Role of Bank Restructuring in Recovering from Crisis: Mexico 1995~98," NBER Working Paper Series no. 7042.

Williamson, J. (2000), "Development of the Financial System in Post-Crisis Asia," ADB Institute Working Paper no. 8.

자본·외환 자유화정책 비판과
대안적 환율체제의 모색

1. 머리말

 IMF위기 이후 위기극복의 성공사례로 칭송되었던 한국경제가 새 천년 들어 대내적으로는 구조조정의 지연과 대외적 여건 악화——미국경제의 경착륙 조짐, 일본의 장기불황 지속 그리고 이를 타개하기 위한 미일의 환율·금리 협조체제의 재가동에 따른 엔화약세의 용인 등——로 제2의 위기를 맞이할지 모른다는 우려의 목소리가 커지고 있다. 재벌 지배구조와 소유구조의 개혁이 별다른 성과를 거두지 못하고 있으며, 2차 금융구조조정에도 불구하고 기업들의 부채축소와 금융권의 부실채권 감축이 제대로 이루어지지 않아 일부에서는 추가적인 공적 자금 투입 필요성을 경고하고 있는 실정이다.

 한편 신자유주의적 구조조정의 요체라 할 수 있는 외환·자본 자유화

* 한신대학교 국제경제학과 교수

의 경우, 김대중정부는 IMF와 미국의 요구에 한 발 앞서 시행함으로써 IMF의 명실상부한 모범생임을 유감없이 보여주었다. 그러나 이것이 1997년 위기 이후 해외 포트폴리오자금의 유입으로 증시부양에는 기여했을지 모르지만, 한편으로 우리의 거시경제 전체를 해외자금 유출입에 일희일비하게 하는 상황을 만들었다. 환율체제마저 조기에 자유변동환율제로 바뀌면서 동아시아 달러본위제하의 엔/달러환율 변동에 취약한 거시경제체제에서 조금도 벗어나지 못하고 있다.

IMF 이후 3~4년의 한국경제 실상을 보면 과연 무엇을 위해, 누구를 위해 구조조정을 추진했는지 되묻지 않을 수 없다. 이 글은 지난 3년간의 경제회복의 동인, 구조조정의 성과와 한계 그리고 2000년 하반기 한국경제의 재도약을 가로막은 대내외의 구조적인 제약요인들을 검토하고자 한다. DJ정부의 외환·자본 자유화정책과 환율체제의 성격을 집중적으로 다룰 것이다. 아울러 말레이시아와 칠레의 자본유출입 통제 및 환율체제의 변형을 비교·분석하여 새로운 자본유출입 통제정책의 가능성과 대안적 환율체제의 모색을 타진해 보고자 한다.

2. IMF위기 이후의 한국경제

IMF위기 이후 3년 동안의 급속한 경기회복은 DJ정부의 구조조정 효과[1]와 국내외 거시경제적 여건이 복합적으로 작용한 결과였다. 국내의 거시경제적 여건 가운데서는 IMF 고금리긴축정책의 조기수정과 원/달러환율의 하향안정화, 1998년 9월 엔화약세의 부분적 시정, 노동시장의 구조조정에 따른 임금비용 감축 등 명목변수들의 동향을 들 수 있다.

고금리긴축정책의 조기수정의 경우, 98년 2월 7일 IMF의향서에 의거하여 외환시장이 안정되면서 금리인하조치를 단행할 수 있었다. 그해 6

116

월 단기금리는 30%에서 15%로, 콜금리도 28% 수준에서 15%대로 하락하였고 그 이후 이런 추세는 더욱 공고해져 2001년 상반기 현재 실세금리는 6~7%대로서, 물가상승률을 감안한 실질금리는 거의 0% 수준이다. 그러나 금리인하의 효과가 경제 전체에 균등하게 파급되기보다 재벌들에게 상대적으로 유리하게 작용하였다. 당시 은행구조조정으로 은행에서 투신권으로 자금이 몰렸지만 중소기업은 회사채발행이 여의치 못해 금리인하에도 불구하고 심각한 자금난과 신용경색에 시달려야 했다 (Park et al. 1999).

다음으로 주목해야 할 것은 원/달러환율과 엔/달러환율의 추이이다. 97년 한국 등 동아시아국가들 위기의 국제적인 여건 중에서 결정적인 계기라고 해도 과언이 아닌 강한 달러/약한 엔은 95년 4월 25일 G-7의 합의에 의해 정착되어 약 2년 반 동안 지속되었다.[2] 이 합의는 85년 9월의 플라자 루블합의에 비견되는 환율협조체제로서 흔히 역플라자합의로 불리기도 한다. 이 합의에 입각하여 95년 7~8월 초엔고 시정과 강한 달러 기조를 정착시키기 위한 일련의 협조개입이 단행되었다. 그 결과 95년 4월 79엔 대까지 치솟아 전후(戰後) 최강세를 보였던 엔/달러환율이 97년 7월 125엔, 98년 6월에는 147엔까지 이르렀다.

달러강세·엔화약세가 정착되면서 원화의 과대평가가 국내의 상대적 고임금화와 맞물려 국내기업들의 대외경쟁력이 크게 약화되었다. 이런 대외여건의 변화는 원래부터 부채비율이 높았던 국내기업들의 자금사정을 크게 압박하였으며, 90년대 초 금융세계화와 국내의 금융자유화 그리고 초엔고 시정을 위한 일본의 초저금리 기조 등의 조건에서 해외로부터 앞다투어 차입했던 국내 금융기관의 대차대조표에 심각한 악영향을 미쳤다. 게다가 경상수지 적자의 누적을 자본수지 흑자로 메워왔던 국내의 거시경제구조는 해외 채권금융기관들의 만기연장 거부와 신규대출 중단이라는 반격에 속수무책이었다. 특히 시장평균환율제하에서 정부가 계속 외환시장에 개입하여 원화시세를 일정 수준으로 유지하기 위해 안간힘을 다해 봤지만 국제(유동성)선호의 폭발적 발현 앞에서는 무기력할 수밖에 없었다. 결국 우리 모두가 IMF위기라는 전후 최대의 경제적 재앙에 빠져들고 말았던 것이다.

　IMF위기 직후 원/달러환율이 급상승하면서 원화의 과대평가가 상당 정도 완화될 수 있었지만 그것만으로는 경제의 조기회복은 불가능했다. 왜냐하면 엔화약세 기조가 그대로 유지되는 한 원화의 과대평가 해소 그 자체만으로는 큰 효과를 가져오기는 어렵기 때문이다. 오히려 이 경우에는 여타 동아시아국가들 통화의 과대평가가 상당 정도 해소되면서 경쟁적 평가절하의 압력을 초래할 수도 있었다.[3] 설상가상으로 98년 중반 러시아 금융위기로 인한 LTCM의 파산위기와 동아시아에서의 경쟁적 평가절하 위험이 중첩되면서 한때 전세계적으로 일촉즉발의 위기감이 고조되기도 했다. 미국과 일본은 이러한 위기조짐을 조기에 진화하기 위해 우선 엔화약세를 시정하는 방향으로 환율협조체제를 가동시켰다.[4]

〈표 1〉 엔/달러환율의 추이

날짜	엔/달러 환율		엔/달러 환율		엔/달러 환율		엔/달러 환율
1998. 1	126.56	1999. 1	116.35	2000. 1	107.37	2001. 1	116.52
2	126.08	2	119.05	2	110.18	2	117.35
3	133.22	3	118.85	3	102.70	**3**	**126.18**
4	133.45	4	119.33	4	108.15	4	
5	139.66	5	121.70	5	107.74		
6	138.93	6	121.23	6	105.96		
7	**144.65**	7	114.50	7	109.38		
8	**140.55**	8	109.54	8	106.70		
9	**136.66**	9	106.33	9	108.16		
10	**116.15**	**10**	**104.14**	10	109.01		
11	123.11	**11**	**102.10**	11	110.40		
12	113.45	**12**	**102.23**	12	114.41		

실제 98년 6월중 한때 147엔 대까지 상승한 엔/달러환율이 9월 외환시장 개입을 계기로 연말에는 113엔 대, 99년 12월 말에는 102엔 대까지 하락하였다. 98년 9월의 협조개입의 결과, 이때부터 이듬해 12월까지 16개월 동안 엔/달러환율은 40.9% 절상되었다(한국은행 2000a, 2쪽). 한국 등 동아시아국가 전체가 IMF위기 이후 불황의 깊은 수렁으로 빠지지 않고 경제회복으로의 반전의 기틀을 마련할 수 있었던 것도 98년 9월 엔화약세 시정을 위한 미일의 협조개입에 힘입은 바 컸다. 물론 정부도 엔화약세의 부분적 완화라는 조건에서 원화강세의 압력을 완화하고 외환보유액 규모를 확충하기 위해 상당한 노력을 기울인바, 실제로 한국은행은 99년 말~2000년 초 원화강세 압력을 완화하고 외환보유고를 확충하기 위해 외환시장에 대규모로 개입했다(Williamson 2000b, p. 47; Park et al. 1999). 결국 이는 비록 우리가 자유변동환율제하에 있지만 정부가 원/달러환율의 적정수준 유지에 얼마나 신경을 곤두세우고 있는지를 극명하게 보여주는 것이다.

98년 중반 이후 원/달러환율과 엔/달러환율의 추이가 한국의 경제회복과 관련하여 중요한 의미를 갖는 것은, IMF위기 이후 3년 동안 미국경제가 90년대 장기확장국면에서 최고 절정에 이르면서(전창환 2000c, 15~26쪽) 과대평가가 해소된 동아시아국가들은 미국경제의 선순환에 편승하여 대미수출을 급속히 증가시킬 수 있었기 때문이다. 특히 컴퓨터, 반도체, 무선기기 등 정보기술 및 인터넷 관련 산업의 대미수출이 호조를 보이자 국내경기는 급속도로 회복되었다.[5] 이 3년 동안 미국경제의 호황은 한국을 비롯한 동아시아 위기국가들의 경기회복에서 그 어느 때보다 중요한 역할을 했다.[6]

이상의 두 가지 요인 이외에도 정리해고제의 제도화에 기초한 노동부문의 구조조정, 특히 대기업의 인력조정——실제로는 대량해고, 실업증대, 고용구조 악화 등 노동세력에 대한 대대적인 공세에 다름 아니다——

은 위기 이후 부실 대기업의 비용부담을 크게 덜어준 한 가지 요인이 되었다. IMF위기 이후 실업자수가 급증하여 99년 2월에는 178만 명에 육박했지만 그후 경기회복으로 대폭 줄고 명목임금상승률도 일시적으로 상승하였다. 그러나 위기 이후 2~3년 동안 명목임금상승률은 연평균 0.4%에 불과했으며 또 일용직·임시직 고용이 크게 증가하여 전체적으로 고용불안정은 매우 심화되었다.[7]

구조조정과정에서의 노동자세력의 희생은 기업구조조정의 왜곡된 구조에서 단적으로 드러난다. 위기 이후 구조조정과정에서 기업들은 대대적으로 인력을 감축하여 총비용에서 인건비를 대폭 줄였다. 99년 말 현재 기업당 평균 노동자수가, 위기 직전인 96년 말에 비해 재벌기업은 30.3%, 비재벌기업은 5.6% 감소하였으며 1인당 평균 연간인건비는 동기간 재벌기업은 얼마간 증가했으나 비재벌기업의 경우 8.6% 상승에 그쳐 동기간중 소비자물가상승률 12.8%에도 못 미치는 수준이다(이동걸·김세진 2001, 14쪽; 장하성 2000).

98년에는 대기업 구조조정과 은행퇴출 등의 파급효과가 워낙 커 전체적으로 한국경제의 성장세는 마이너스(-6.7%)였지만 99년에는 이상과 같은 요인들이 본격적으로 작용하여 두자리수의 성장률(10.8%)을 달성할 수 있었다. 이런 급속한 경제회복은 정부의 증시부양책과 맞물려 급속한 주가회복으로 나타났다. 99년 들어서면서부터 정부의 집중적인 증시부양책과 해외자본의 주식시장 유입 등으로 주가는 빠른 속도로 회복하기 시작하여, 97년 280포인트 대까지 떨어졌던 종합주가지수가 98년 580수준으로, 99년경에는 1000포인트 대를 회복하였다. 특히 코스닥지수의 증가세는 가히 경이적이었다. IMF위기를 겪었던 나라들 중에서 증시를 통한 경기부양이 가장 극적인 형태로 나타났던 나라가 바로 한국이었다(World Bank 2000, p. 4).

3. 김대중정부의 자본·외환 자유화정책과 환율체제의 취약성

자본통제와 환통제의 무장해제

우리나라는 80년대 중반 코리아 펀드(Korea Fund) 등을 통한 외국인의 국내 주식투자 및 채권투자와 국내기업의 일부 해외증권 발행 등에 한해 제한적으로 자본의 유출입을 허용했지만 전체적으로는 동아시아의 다른 국가들에 비해 자본유출입 규제가 비교적 엄격한 편이었다. 그러나 80년대 후반~90년대 초 미국을 비롯한 선진국과 국내재벌들의 자본시장 개방요구가 거세어지면서 자본유출입에 대한 정부의 통제력은 약화되기 시작하였고, 92년 1월 외국인의 국내 상장주식에 대한 직접투자를 허용하면서부터 자본유입이 본격화되었다.

주식시장의 경우, 외국인의 국내 상장주식에 대한 직접투자가 92년 종목당 10%(동일인 3%) 범위 내에서 허용된 이후 계속 그 한도가 확대되었다. 96년 OECD가입을 계기로 주식시장 개방이 더 확대되었고, 97년 외환금융위기 때 IMF로부터 긴급자금을 차입하는 조건으로 그해 12월 11일 외국인 주식투자한도를 50%로 확대하였으며 OECD가입시 우리가 제시했던 개방일정을 조기에 앞당겨 98년 5월에는 포철, 한전 등 공공법인을 제외한 모든 상장주식에 대해 투자한도를 완전히 폐지하였다. 채권시장 개방의 경우, 94년 7월부터 중소기업의 무보증전환사채 및 저리국공채를 대상으로 일정 한도 내에서 외국인의 직접투자가 허용된 바 있으며 97년 6월에는 중소기업의 무보증 중장기회사채(만기 3년 이상) 및 대기업의 무보증전환사채에 대한 투자가 허용되었다. IMF위기 이후에는 IMF 구조조정프로그램에 따라 98년 1월 외국인의 국내 모든 상장채권에 대한 투자가 허용되었다. 그리고 단기금융시장의 개방은, 98년 2월 기업어음,

무역어음, 상업어음 등 단기금융상품에 대한 투자가 자유화되었으며 98년 5월에는 CD, RP, 표지어음의 투자규제가 완화되었고 7월에는 외자유입 촉진과 수출기업의 자금조달 원활화를 위해 기업의 1년 이상 중장기 외화차입 및 해외증권 발행과 무역신용을 자유화하였다. 동시에 외국인 투자자가의 국내 증권투자 대상에 비상장주식 및 채권, 신탁회사발행 수익증권 등을 추가함으로써 외국인이 증권거래법상 모든 유가증권을 취득할 수 있게 되었다.

한편 외환자유화는 자본자유화와 일정한 관련을 가지면서도 그 성격을 달리한다. 경상거래나 자본거래의 결과로 외화자금의 지급과 영수가 수반되는데, 외환자유화는 이 외화자금 지급과 영수에 관한 규제와 제한을 철폐하는 것을 의미한다. 7, 80년대 정부주도하의 경제개발체제하에서는 외환거래가 원칙금지·예외허용이라는 규제 위주의 틀 내에서 이루어져 외환거래도 엄격히 통제되었다. 그러나 미국 등 선진국들의 새로운 금융자본의 외환거래 자유화요구가 상대적으로 저렴한 비용으로 외화자금을 융통하고자 했던 재벌들의 요구와 맞물리면서 기존의 규제 위주의 외환관리체제가 더 이상 유지되기 어려워졌다. 특히 90년대 문민정부가 들어선 이후 금융기관과 재벌에 대한 정부통제가 상대적으로 약화됨에 따라 외환자유화는 급속히 추진되었고 OECD가입을 계기로 가속화되었다.

DJ정부는 IMF 구조조정프로그램에 따라 외환자유화를 원래의 일정보다 훨씬 앞당겨 실시하였다. 99년 4월 1일부터 기업과 금융기관들의 외환거래 자유화를 중심으로 제1단계 외환자유화를 실시한바, 이 조치를 계기로 기업들의 경상지급에 대한 대부분의 제한이 철폐되고 자본거래에서도 기업과 금융기관들의 외화차입과 대외활동 관련 제한들의 대부분이 해제되었다(한국금융연구원 2000). 2001년 1월부터 실시된 2단계 외환자유화조치는 개인들의 경상지급 및 자본거래에 대한 제한들을 철폐하는 것을 주요 내용으로 하고 있고 사실상 완전한 외환자유화의 길을 여는 중요한 조치였다(한국은행 2000b). 2단계 자유화조치에서는 개인의 외환거래에 대한 규제의 대폭완화와 자본유출에 대한 규제 완화·철폐에 초점이 두어졌다.

그러나 외환자유화와 자본자유화로 자본유출입에 대한 규제가 사실상 거의 철폐되었지만 IMF 구조조정프로그램의 일정에 쫓겨 자유화에 따른 폐해를 막을 수 있는 보완책 마련은 극히 취약하고 허술하다. 자본시장과 외환시장의 불안정성이 그 어느 때보다 커졌으나 개인이나 국가 차원에서 이에 대비할 수 있는 조치와 정책수단은 극히 제한되어 있다. 개인과 기업의 환리스크 관리가 취약하고 정부도 자유변동환율제하에서 자본유출입에 따른 경제적 폐해를 차단할 효과적인 조치를 마련하지 못하고 있다.

이상과 같은 자본·외환 자유화 촉진조치를 계기로 해외 기관투자가들의 포트폴리오 투자자금이 대거 유입되어 98년 외국인 증권투자자금의 순유입규모가 47억 8천만 달러였던 것이 2000년 말에는 116억 1천 달러로 두 배 이상 증가하였다(한국은행 2001b, 3쪽). 또한 상장주식의 시가총액에서 외국인이 보유한 상장주식의 비율은 IMF 구제금융 신청 당시

〈표 2〉 외국인 직간접 투자자금의 순유입 추이

(단위: 억달러, %)

	1995	1996	1997	1998	1999	2000
직접투자	19.5	32.0	69.7	88.5	155.4	137.1
(증감률)	(47.8)	(64.5)	(117.6)	(27.0)	(75.6)	(2.6)
증권투자(순유입)	24.5	45.7	10.8	47.8	55.0	116.1
(증감률)	(26.3)	(86.5)	(−76.4)	(342.6)	(15.1)	(111.1)
계	44.0	77.7	80.5	136.3	210.4	253.2
(증감률)	(35.0)	(76.6)	(3.6)	(69.3)	(54.4)	(20.3)

* 직접투자는 신고액 기준   ** 2000년 자료는 1~11월까지임.
자료: 한국금융연구원 2001, 20쪽.

14.74%에 불과했는데 99년 초에는 24.51%로 급상승한 이후 2001년 4월 말 현재 무려 31.11%에 이른다. 외국인 주식보유비중이 높은 종목은 반도체, 정보통신, 은행 등 우량주에 집중되어 있으며,[8] 투자자의 국별 구성과 유형을 보면 미국의 비중과 투자회사의 비중이 높은 것을 확인할 수 있다.

해외 증권투자자금의 대량유입은 국내증시의 기반을 강화하기는커녕 국내증시의 취약성과 불안정성을 증폭시켰다.[9] 우선 이들의 투자종목이 일부 최우량주에 집중됨으로써 증시의 기형화를 부추기고 있는데, 이는 전체 외국인 순매수액에서 상위 2개 종목의 순매수액 비중이 98년 47%에서 2000년에는 66%로 증가한 데서 단적으로 나타난다. 시가총액이 큰 일부 종목에 대한 외국인의 편중투자로 주식시장 전체가 외국인 주식투자자금의 유출에 좌지우지되는 상황에까지 이르렀다. 더 심각한 문제는 해외 증권투자자금의 유입으로 미국 나스닥지수의 변동에 국내주식 순매수가 큰 영향을 받고 국내주가도 이에 덩달아 크게 동요하는 양상을 보인다는 점이다. 또한 해외 투자자금의 유입은 경제 전반적으로 투기문화를 조장함으로써 건전한 부의 형성 풍토에 악영향을 미치고 있다. 단기간에 주주자본주의가 정착할 리 만무하지만 설사 주주자본주의가 성공적으로 정착한다 하더라도 미국처럼 부의 불평등과 빈부갈등만 심화시킬 뿐이다.

정부의 이런 조치는 IMF위기의 여러 요인들 중에서 자본계정의 조기 자유화가 결정적인 요인이라는 사실과 이에 따른 폐해를 망각한 데서 나온 최대의 정책과오라고 할 수 있다. 워싱턴 컨센서스를 주도했던 윌리엄슨조차 최근 IMF위기 이후 금융구조조정, 특히 은행구조조정이 순조롭게 추진되기 위해서는 자본유입 통제와 같은 조치가 필요하다고 뒤늦게 주장하는 판국인데도(Williamson 1999, pp. 32~33), DJ정부는 이에 조금도 아랑곳하지 않는 듯하다.

OECD가입과 IMF위기 이후 추가적인 자유화조치로 한국의 금융·자본 시장은 극도로 왜곡되어 있다. 은행권에서는 BIS 자기자본비율 규제가 부동의 금과옥조로 여겨진 나머지 신용경색과 자금중개의 왜곡이 발생하고 있다. 대우사태 이후 투신권에서 은행권으로 대거 자금이 이동하여 은행은 풍부한 유동성자금을 보유하고 있음에도 불구하고 BIS자기자본비율 준수 및 보수적 자산운용으로 극소수의 초우량기업에의 대출이나 가계대출에 주력하는 경향을 보인다. 그 결과 자금사정이 좋지 않거나 자금수요가 큰 기업에 대해서는 자금이 중개되지 못하고 있다. 또 최근 국내투자율이 국내저축률에 못 미침으로써 투자에 동원될 수 있는 자금이 남아돌고 있음에도 불구하고 해외자금이 대규모로 유입되는 기현상이 계속되고 있다(이 책의 유철규 글 참조). 자본자유화에도 불구하고 오히려 저축재원 배분의 왜곡만 심화되고 있는 것이다.

IMF위기 이전과 그 이후에 신흥시장국가들이 취한 대응방향은 매우 다양하다. 우선 분명한 것은 자본통제를 가한 나라가 급속한 자본자유화를 단행한 나라보다 외환금융위기에 덜 취약했다는 점이다. 90년대 중반 OECD가입을 계기로 급속한 자본자유화를 단행했던 한국과 멕시코가 모두 위기에 직면한 것과 대조적으로, 자본이동에 상당 정도의 국가적 통제를 가했던 중국이나 칠레 등은 외환금융위기와 IMF주도의 구조조정을 겪지 않았다. 적어도 자본통제가 국내 금융시장과 국제 금융시장, 국내금리와 해외금리 간에 차단벽을 설치함으로써 위기의 국제적 전파를 막는 데 크게 기여했다는 사실은 부정하기 어려울 것 같다. 스티글리츠 등이 주장하는 바와 같이 동아시아위기의 결정적인 요인이 자본계정 자유화, 특히 단기자본 이동에 대한 조기자유화에 있기 때문에, 동아시아가 위기를 사전에 예방하려면 단기자본 이동에 대한 국가개입이 필수적이다(Stiglitz 2000, pp. 1081~82). 로드릭의 실증연구에서도 드러났듯이, 자본자유화가 성장을 촉진한다는 이론적·실증적 근거는 극히 박약하고,

특히 단기자본 이동이 외부성을 통해 극도의 불안정성과 취약성을 수반하는 한 단기자본 이동에 대한 다양한 형태의 규제는 지극히 당연하다 (Rodrik 1998, pp. 11~21).

더 중요한 것은, 위기 이후 위기극복을 위한 구조조정과정에서 자본통제를 푸는 것이 위기극복과 경제회복을 달성하는 데 '만병통치약'인가 하는 점이다. 우리는 여기서 자본통제의 해제와 관련된 몇 가지 중요한 편견과 이데올로기를 정정할 필요가 있다. 흔히 국내의 신자유의자들이 주장하는 것처럼 자본통제가 위기극복과 경제회복에 백해무익한 무모한 시도인가 하는 점이다. 말레이시아가 자본통제를 단행한 직후 IMF를 비롯한 많은 신자유주의자들이 마하티르의 자본통제정책을 집중적으로 비판했지만, 우리는 자본통제가 위기극복과 경제회복 나아가 안정적 성장과 금융시스템의 안정에 전혀 장애가 되지 않았음을 말레이시아와 칠레의 경험에서 확인할 수 있다. 글로벌자본주의의 불안정성과 아시아위기가 더 이상 시장근본주의로는 치유될 수 없다는 인식이 확산되면서, IMF와 UNCTAD 등도 이전의 입장에서 한 발 물러나 자본통제가 유효하였음을 인정하기에 이르렀다.[10] 심지어 사카키바라는 말레이시아의 자본통제모델이 당시 신흥시장 위기극복책으로서 가장 바람직한 대안이었음을 강조하면서 아시아 신흥시장국가들에게 몇몇 전략적 부문을 글로벌경제로부터 격리시키면서(자본계정 자유화에 반대) 무역·서비스 자유화를 통해 자유화의 이득을 향유하는 전략을 권고하기도 했다(Sakakibara 2000, pp. 6~11).

셋째, 자본통제를 옹호하는 것이 항상 신자유주의적 이데올로기가 내세우는 것처럼 폐쇄경제를 지향하는 것으로 귀결되는가 하는 점이다. 오히려 자본계정 자유화, 특히 단기자본 이동에 대한 통제 철폐는 글로벌자본주의의 내재적 불안정성을 심화시켜 전체주의보다 더 개방사회 내지 개방경제에 위협요소가 될 수도 있다. 중요한 것은 자국의 경제규모,

국제경제에서의 지위, 거시경제적 조건 등을 고려하여 전략적이고 선별적인 개방을 추구할 수 있는 능력과 의지이다. 따라서 자본통제를 폐쇄경제로의 지향으로 이해하는 것 역시 시장근본주의 내지 신자유주의자들의 편협성과 맹목성에서 유래한 것이라고 볼 수밖에 없다.

동아시아 달러본위제하에서 엔/달러환율의 변동성에 취약한 환율체제

97년 외환금융위기를 경험한 대부분의 동아시아국가들은 달러본위제 내지 달러페그제하에 놓여 있었다. 그러나 동아시아 달러본위제에는 엔/달러환율의 변동성에 따라 이들 국가의 수출과 성장이 크게 동요하는 구조적 취약성이 내재되어 있다. 80년대 한국의 3저호황과 동아시아 기적이 엔화강세(엔/달러환율의 하락)와 대달러 환율을 명목앵커로 함에 따른 물가안정과 경쟁적 환율유지에 의해 주어졌다면, 97년 위기의 일단은 95년 중반의 엔화약세를 가져온 미일간의 협조개입과 금리격차의 조정에 있었다. 특히 90년대에는 일본의 초저금리 기조에 미일간 금리격차의 유지라는 요구가 더해지면서 일본의 금리는 제로 수준에까지 이르렀다. 이런 대외적 조건은 90년대 워싱턴 콘센서스의 동아시아로의 확산과 급속한 금융자유화, 국내 금융기관 및 재벌의 도덕적 해이 그리고 정부의 과소규제와 맞물려 과잉차입(상대적으로 낮은 금리의 외화차입으로 상대적으로 훨씬 높은 금리로 국내 대부포트폴리오를 구사)의 구조적 조건이 되었다.

외환위기 이후 IMF의 고금리 긴축기조가 98년 중반부터 조기에 완화되면서 한국을 비롯한 동아시아국가들과 미국·일본 등 선진국 간의 금리격차가 줄어들자 과잉차입이 크게 줄었다.[11] 97년 말 총대외지불부담 1592억 달러에서 단기외채 규모가 636억 달러였지만 98년에는 307억 달러로 대폭 감소한 뒤 다시 최근에는 400억 달러 규모를 넘어서고 있다(재정경제부 2001, 3쪽). 98년 이후 과잉차입 축소는 기본적으로 국내 금융기관(BIS자기자본비율 준수와 구조조정 대상에서 벗어나기 위한 은행경영진들의 보수적 자산운용)과 재벌의 구조조정(부채비율 축소)에 의한 불가피한 상황이었지만, 과잉차입 축소의 대외적 여건도 동시에 고려해야 할 것이다. 여기에는 앞에서 지적했던 단기금리 격차의 축소 이외에도 IMF위기 이후 위기국가들에 내재한 여러 가지 불투명성으로 인한 미국·일본·유럽 금융기관의 대출중단과 대출회수 등도 중요하게 작용한 것으로 보인다(山本英治 2000, 15~18쪽; van Wincoop & Yi 2000).

IMF위기 이후 우리는 원래의 일정보다 훨씬 앞당겨 시장평균환율제를 폐지하고 미국, 일본 등 선진국과 일부 개발도상국들이 취하는 자유변동환율제(free floating)를 채택하였다.[12] 대체로 국내에서는 우리의 환율체제가 IMF위기를 계기로 시장평균환율제에서 자유변동환율제로 이행한 것에 별다른 우려나 이의 없이 단지 외환시장을 활성화시키는 중요한 계기로 이해하는 듯하다. 98년 10월 이후 2000년 말까지 원/달러환율이 비교적 안정적이었고 외환시장의 작동에도 큰 교란이 발생하지 않아 당시로는 별 문제가 없는 것으로 받아들여졌다. 그러나 그것은 당시 엔화약세의 부분적 시정 등 동아시아의 특수한 금융여건에서 비롯된 것이지 구조적으로 보장된 것은 아니었다. 2001년 초 다시 원/달러환율의 불안정성이 고개를 들고 있는 데는 여러 가지 요인이 있으나, 가장 주요한 요인은 동아시아 달러본위제의 유지·존속, 엔/달러환율의 불안정성(1998. 9~2000. 말 엔화의 상대적 강세의 약세로의 반전)에 취약한 원/달러환율, 자유변동환율제의 채택 등이다.

최근 원/달러환율의 불안정도 이런 달러강세-엔화약세 기조를 강하게 반영하고 있다. 사실 2001년 1/4분기에는 국내 금융시장의 불안요인이나 외환시장의 수급불균형이 큰 문제가 되지 않았는데도 동년 2월 28일 일본중앙은행이 금리인하를 단행하자마자 엔화의 급속한 약세에 동조되

<표 3> 원/달러환율 추이

(단위: 원, 월말기)

날짜	원/달러 환율		원/달러 환율		원/달러 환율		원/달러 환율
1998. 1	1572.9	1999. 1	1175.3	2000. 1	1122.1	2001. 1	1265.5
2	1640.1	2	1222.4	2	1131.8	2	1245.7
3	1378.8	3	1224.7	3	1108.3	**3**	**1328.0**
4	1338.2	4	1176.4	4	1110.3	4	
5	1410.8	5	1186.3	5	1138.8		
6	1385.2	6	1155.9	6	1114.8		
7	1236.0	7	1206.9	7	1116.2		
8	1331.8	8	1184.9	8	1108.8		
9	1373.6	9	1218.7	9	1115.0		
10	**1313.8**	10	1200.5	10	1136.7		
11	1243.7	11	1157.5	11	1195.3		
12	1207.8	12	1145.4	12	1259.7		

어 원화도 대폭 약세를 보였다(한국은행 2001b, 2쪽). 그리하여 2001년 3월 말 원/달러환율이 1327.50원까지 치솟았는데 이는 1998년 10월 20일 1328.0원 이후 최고치를 경신한 것이다.

미국의 경기둔화와 엔화약세 기조에 따른 원/달러환율의 불안정성은 반도체, 무선기기 등 정보통신관련 산업의 대미수출 의존도가 극도로 높아진 한국 등 일부 동아시아국가들에 있어서 치명적인 위협이 아닐 수 없다. 가뜩이나 경기침체로 미국의 수입능력이 현저히 약화되어 있고 일본이 엔화약세로 경기부양을 꾀하는 형국에서 한국·말레이시아 통화의 동반약세로 이들 국가간 대미수출을 둘러싼 경쟁이 더 격화될 경우 엔화약세와 동아시아 통화의 동반약세는 구조조정과정에 있는 이들 국가에게는 큰 부담이 아닐 수 없다. 동아시아국가간 경쟁이 엔화약세로 극도로 치열해질 경우 동아시아국가들은 걷잡을 수 없는 사태에 휘말릴 수 있다. 우리의 경우 97년 위기 직전에 비해 외환보유액이 크게 증가[13]하여 제2의 위기상황으로까지 치닫지는 않을 것으로 보이지만 심각한 위기적 요소가 잠복해 있다고 보아야 할 것이다.

4. 미국의 장기확장국면의 종언과 엔화약세하의 한국경제

강한 달러 정책과 통상압력으로 재무장한 부시정부의 경제정책

2001년 대외경제 여건은 결코 우리에게 유리하지 않다. 우선 1991년 이후 10여 년간 호황을 누려왔던 미국경제가 작년 말부터 침체국면으로 돌아서고 있음을 보여주는 징후가 여러 측면에서 나타나고 있다. 미국경제가 주가 대폭락을 시작으로 해서 전반적으로 파국적 위기에 빠질 것이라는 극단적 전망은 차지하고서라도 그간의 거시경제적 추세와 비교해 볼 때 하락 내지 침체 국면으로 돌아설 것은 분명해 보인다. 2000년 하반기에 경기침체를 주도한 최대요인은 정보통신산업의 과잉설비투자와 이에 따른 수익률 저하 및 인터넷관련 주들의 주가하락이다.

올해 들어 그린스펀이 여섯 차례에 걸쳐 금리인하조치를 단행한 데서 알 수 있듯이 미국은 주가부양에 온갖 수단을 다 동원하고 있지만 문제는 주가부양을 위해 무한정 금리를 인하할 수 없다는 데 있다. 왜냐하면 경상수지 적자가 사상 최대의 4천억 달러를 넘어서고 있는 현시점에서 미국으로서는 해외자본 유입, 특히 일본자본의 유입이 필수불가결한데 금리인하가 자칫 유입된 자금의 환류 내지 유출로 이어질 수도 있기 때문이다. 그 동안 일본이 역사상 유례 없는 초저금리로 미국으로의 안정적 자본유입을 뒷받침해 왔지만 일본의 금리가 극단적으로 낮은 수준에 머물러 있어 더 이상 금리를 내리기 어려운 실정이다.[14] 부시정부가 조기에 감세정책을 실시하기로 한 것도 금리인하정책으로 경기와 주가를 부양하기에는 한계가 있기 때문이다.[15]

그렇다면 부시정부는 어떤 정책을 구사할 수 있을까? 미국이 우선적으로 고려해 볼 수 있는 것은 '강한 달러' 정책에서 180도 선회하여 강한 달러를 약한 달러로 전환시키는 것이다. 그러나 부시정부가 선뜻 약한 달러 정책을 채택하기는 쉽지 않을 것으로 보이는데, 그것은 강한 달러 정책이 고주가와 밀접히 관련되어 있고 부시정부도 클린턴정부와 마찬가지로 월가(Wall Street)의 고주가-강한 달러 압력을 쉽사리 물리치기 어렵기 때문이다. 지난 미국대선은 역대 선거사상 최대의 선거자금이 동원된 것으로 평가되고 있으며, 특히 부시정부는 미국의 증권사나 뮤추얼펀드 등 기관투자가들로부터 많은 선거자금을 받은 것으로 알려져 있다. 이런 상태에서 부시정부가 월가의 경제적 이해에 치명적인 타격을 가하는 약한 달러 정책으로 선회하기란 쉽지 않다. 클린턴정부나 부시정부 모두 증권회사, 뮤추얼펀드, 연금기금 등 월가를 중심으로 한 금융화(financialization) 주도세력을 최우선으로 하여 경제정책을 집행한다는 점에서 커다란 차이가 없다. 따라서 부시정부도 강한 달러의 방어에 최대한 역점을 기울일 것으로 예상된다(Lindsey 2001, pp. 1~4). 이에 따라 자동차, 철강 등 전통적 중화학공업부문의 거대 산업자본의 이해는 당분간 강한 달러 정책에 의해 심한 압박을 받을 것으로 생각된다.

그렇다고 부시정부가 강한 달러 정책에 대한 전통적 중화학공업부문 거대 산업자본의 불만을 계속 방치하기는 어려울 것이다. 이런 조건에서 부시정부의 미국은 경상수지 적자의 해소와 지난 WTO협상에서 완전한 타결을 보지 못한 농산물과 서비스 협상 그리고 무역과 노동 및 환경기준의 연계라는 명분을 가지고 그 어느 때보다 강도 높은 통상압력 및 시장개방 압력을 가할 것으로 보인다. 이는 부시정부의 통상관련 각료들이 시장개방에 대해 극단으로 강경한 입장을 보이는 인사로 포진되어 있는 데서 잘 드러난다. 또한 우리가 주목해야 할 것은, 최근 미국 내의 통상외교 기조와 관련해 다각주의가 크게 후퇴하고 쌍무주의, 일방주의가 큰 힘을 얻고 있다는 점이다. 99년 11월 세계화 반대투쟁으로 공식 절차적 결정조차 내리지 못하고 결렬되고 만 시애틀 WTO각료회담에서도 미국의 쌍무주의 내지 일방주의 기조가 아주 명시적으로 드러났다.

현재 유럽과 일본은 미국의 쌍무주의적 통상정책 기조를 경계하여 최대한 다자주의를 견지하고 몇몇 개별사안보다는 WTO협정하에서 다룰 수 있는 모든 주제를 한꺼번에 다루는 포괄적 접근방식을 제안함으로써 양대 세력간의 견해차이가 좁혀지지 못했다. 만약 이로 인해 협상이 지지부진해질 경우 미국은 쌍무주의에 기초한 자유투자협정과 자유무역협정 등도 적극적으로 고려할 것으로 보인다. 즉 미국은 일본과 우선적으로 쌍무적 투자협정이나 자유무역협정을 추진함으로써 유럽과 일본의 공조체제를 약화시키는 동시에 이러한 쌍무협정을 일부 아시아태평양국가들에도 확대할 공산도 높다. 극단적인 경우 통상압력에서 '전가의 보도'로 알려져 있는 슈퍼301조의 발동도 충분히 예상해 볼 수 있다.

일본의 부실채권 신속처리 공약과 엔화약세를 위한 미일공조

거품붕괴 이후 10년간 불황의 늪에서 헤어나지 못하고 있는 일본으로서도 달러약세/엔화강세를 달갑게 받아들일 리 만무하다. 초저금리정책이 경기타개에 아무런 효과를 내지 못하고 공적 자금 투입, 노령화에 따른 연금재정 적자의 누적 등으로 재정적자가 눈덩이처럼 불어나고 있는 상태에서 일본정부가 경기부양과 부실채권의 최종처리를 위해 어떤 정책을 구사할 수 있을까?

이 문제에 대한 해답을 바로 제시하기 전에 우선 우리는 90년대 이후 일본경제와 관련된 몇 가지 수수께끼를 해명할 필요가 있다. 첫째 왜 일본이 그토록 오랫동안 장기불황에서 헤어나지 못하고 있는가? 둘째, 확장적 재정정책[16]과 초저금리정책 중심의 확장적 통화정책 모두 민간부문의 수요진작으로 이어질 수 없었던 이유는 무엇인가? 끝으로 부실채권의 최종처리가 계속 지연되어 온 이유는 무엇인가? 필자가 강조하고자 하는 것은 이런 수수께끼들이 미일간의 구조적 불균형, 달러본위제하에서의 엔/달러환율의 왜곡 및 불안정성과 관련되어 있다는 사실이다. 그리고 이 문제는 동아시아의 지속 가능한 성장기반의 확립에 결정적인 대외적 제약요인이자 걸림돌로 작용하고 있기도 하다.

90년대 초 일본의 거품붕괴 이후 불황[17]이 예상 밖으로 장기화되자, 95년 봄 달러당 79엔 대까지 치솟았던 엔화강세를 미일협조 개입과 금리협조를 통해 엔화약세 기조로 반전시켰다. 그 이후 96년 한해 동안 일본경기가 이전에 비해 크게 회복되는 양상을 보였지만, 엔화약세와 초저금리기조는 동아시아의 실질절상과 과잉차입을 부추겨 IMF 외환금융위기 발발의 중요한 국제적 조건이 되면서 또다시 일본경제의 발목을 잡았다. 엔화약세가 동아시아위기의 심화와 러시아 금융위기 등을 계기로 98년 후반부터 다시 일정 정도 강세로 전환되어 2년 반 가량 엔화는 그 이전에 비해 상대적인 강세를 보였다. 설상가상으로 97년 하시모토정권이 그동안 불황타개를 위해 크게 의존했던 재정지출 증대가 재정적자의 누적이라는 장벽에 부딪히면서 소비세를 3%에서 5%로 인상하자 다시 심각한 불황으로 빠져들었다. 더 이상 재정지출을 늘리기 어려워지자 일본은 99년 2월 역사상 최저수준이었던 콜금리를 0% 수준으로 유도하는 조치를 단행하기도 하였다.[18]

그러나 부실채권 처리가 지연되고 이에 따른 손실분담이 신속히 이루어질 수 없는 상황에서는 확대 재정정책이나 금융정책이 불황타개에 소기의 효과를 거두기에는 애당초 한계를 지닐 수밖에 없었다. 2001년 초일본이 자국의 경기부양을 위해 동아시아국가들에게는 치명적인 엔화약세정책으로 돌아선 것도 바로 이 때문이다. 일본 통화당국은 엔화약세기조를 더욱 견고히 하기 위해 외환시장에서 달러매입 개입을 주기적으로 단행하는 것으로 알려져 있다. 경기와 주가부양을 위해 호시탐탐 금리인하를 노리고 있었지만 단독으로 금리를 인하하기 어려웠던 미국은 일본에 금리의 동반인하를 요구하는 동시에 일본의 엔화약세 기조에 큰 힘을 실어주었다. 이로써 일본은 다시 제로금리로 복귀하였다.

강한 달러/약한 엔에 대한 미일의 정책적 의지에도 불구하고 미일간 펀드멘털의 구조적 불균형이 존속하는 한 당연히 엔화강세가 예상된다. 엔화강세 예상하에서는 일본의 장·단기 금리는 미국보다 낮을 수밖에 없고 미국이 주가부양과 경기침체 조짐의 반전을 위해 금리인하를 단행한 이상 일본의 금리는 계속 낮게 유지될 수밖에 없는 것이다. 그러나 문제는 일본의 초저금리가 민간부문의 투자지출이나 소비지출 증대로 이어지지 못하고 있다는 점이다. 기업들이 부채극소화를 최우선적인 목표로 삼음에 따라 투자확대에 큰 어려움을 겪고 있으며 가계도 연금재정의 악화와 미래의 불확실성 때문에 초저금리하에서도 저축증대(주식보다는 안정성이 높은 우편저축을 선호)에 여념이 없다. 또한 초저금리로 인해 민간 상업은행들의 부실채권 부담이 덜어지긴 하였지만 예대마진과 대출에 따른 수익성이 극히 낮아 대출유인이 소진됨으로써 신용경색이 심화되고 있다. 결국 낮은 금리스프레드하에서 일본은행들의 대출기피는 총수요를 크게 위축시키고 그에 따라 불황을 더욱 심화시키고 있는 것이다. 게다가 초저금리로 생보사의 자산운용 수익률이 크게 하락함으로써 생보사의 파산이 속출하는 등 일본의 금융시스템은 여전히 부실채권 상각의 지연이 초래한 딜레마에서 벗어나지 못하고 있다. 2000년 기업도산이 금액 면에서 전후 최대규모에 이른다는 사실은 신용경색에 따른 기업도산과 불황이 얼마나 심각한지를 단적으로 보여준다.

은행의 부실채권 최종처리가 지연된 데는 여러 가지 요인이 있지만 무엇보다도 중요한 요인은, 은행이 직접상각을 단행하여 은행 본래의 수입원으로 상각손을 감당하지 못할 경우 공적 자금 투입이 이루어지는데 이렇게 될 경우 은행 자체가 공적 자금 투입으로 폐쇄될 수 있기 때문이다 (高月昭年 2001, 14~19쪽). 이외에도 일본정부가 결과적으로 100조 엔 이상의 공적 자금을 투입했지만, 정부가 투입을 계속 미루다가 투입시기를 적절하게 맞추지 못했던 것도 부실채권 처리지연의 중요한 요인으로 지적된다.

끝으로, 일본 금융기관의 대출방식에도 여러 가지 난맥상이 존재했던 것으로 보인다. 90년대 일본 금융기관들은 부실채권의 노출과 거래기업의 파탄을 막기 위해 금융조건을 대폭 완화하여 부실이 많은 문제의 거래기업에 계속 자금을 공급하면서도 성장이 기대되는 산업이나 기업에 대한 대출은 극도로 기피해 왔다. 90년대 거품붕괴 이후 98년까지 부동산업이나 건설업 등 부실이 많은 산업·기업에 대한 융자가 줄기는커녕 오히려 증가하는 양상을 보인 데 비해 상대적으로 성장전망이 높은 산업이나 기업에 대한 대출은 미미한 수준이었다.

2001년 상반기 일본정부는 부실채권 상각지연에 따른 금융불안과 불황의 장기화를 차단하기 위해 부실채권 처리의 조기실행을 골자로 하는 긴급경제정책을 발표하였다. 이 조치는 2001년 3월 20일 미국경제의 경기둔화와 일본의 불황탈출을 위한 미일간의 정책공조를 논의할 목적으로 개최된 미일정상회담에서 미국의 요구에 대해 일본이 공약한 것이다. 여기에 따르면, 거대은행에 신규 부실채권에 대해서는 3년 내에, 기존 부실채권에 대해서는 2년 내에 대차대조표에서 정리하도록 요구하고 공적 자금 투입은행에 제출하도록 하는 건전화계획 속에 그 추진일정을 매기마다 공시하도록 한다는 것이다.

부실채권을 금융기관의 대차대조표로부터 떼어내는 방법으로는 부실채권의 매각, 회사갱생법과 민사재생법 등에 기초한 법적 정리, 채권포기 등 크게 세 가지 방법이 있다. 현재까지 어떤 방법으로 부실채권을 최종 처리할지에 대한 방침이 확정되어 있지 않지만 부실채권의 매각보다는 채권포기 쪽이 더 유력할 것으로 보이는데, 그것은 일본의 경우 부실채권 매매시장이 발달되어 있지 않아 부실채권 매각이 실효를 거두기 어렵기 때문이다. 또 금융기관이 법적 정리를 강행하는 데도 여러 가지 제약

요인이 있어 부실기업을 무리하게 청산으로 몰고 가기 어렵다. 따라서 현재로서 가장 현실적인 방법은 부실기업에 강도 높은 재건계획을 요구하고 그 대가로 금융기관이 부실채권을 포기하는 것이다. 그리고 부분적으로 법적 정리 등이 보완적으로 활용될 것 같다. 이런 방법이 현실화될 경우 해당 기업에서 수익성이 높은 사업부분과 그렇지 않은 부분이 분리되어 후자부분은 과감히 정리될 것이고, 이 과정에서 실업자수가 급증하고 디플레압력이 현실화될 수밖에 없을 것으로 보인다.

어떤 방법으로 부실채권의 최종처리가 이루어질지 그 귀추가 주목되지만 향후 최대의 관심은 일본이 언제까지 엔화약세를 가져갈 것인가 하는 것이다. 기본적으로 일본정부는 엔화약세가 수출기업의 현금흐름을 늘리고 그것이 설비투자 증대로 이어질 것을 기대하면서 본격적인 부실채권 처리과정에서 발생할 수 있는 경기둔화 압력을 엔화약세를 통해 완화 내지 해소하고자 하는 것이다(河野龍太郎 2001, 31쪽). 따라서 일본의 부실채권 최종처리가 이루어지는 기간 동안에는 엔화약세가 계속될 것으로 보인다.

2001년 회계연도부터 적용되는 주식의 시가평가제도 도입으로 은행들이 상호보유주식을 대량 매각[19]함으로써 주가가 하락하고 지가도 지속적으로 하락하는 상황에서 부실채권의 최종처리가 어떤 결과를 가져올지 일본경제의 최대 관심사라고 해도 과언이 아니다. 과연 고이즈미 총리 주도의 자민당이 부실채권의 진원지이자 자신의 주요 지지기반인 부동산·건설업계의 정리에 어느 정도까지 나설 수 있을지가 부실채권의 최종처리에 관건이 될 것이다.

미국경제의 침체와 미일간 엔화약세 공조하의 한국경제

미국경제의 경착륙 기조와 엔/달러환율의 견고한 상승에 따른 엔화약세가 동아시아의 주요한 경제적 조건으로 자리잡으면서 한국을 비롯한 동아시아는 또다시 심각한 딜레마에 봉착하였다. 이미 앞에서 지적했듯이 2001년 들어 미국경제는 정보통신산업의 과잉설비투자와 수익성 하락 등으로 성장률 둔화와 주가하락을 겪고 있다. 올해 중반까지 여섯 차례에 걸친 금리인하와 감세안이 어느 정도 경기둔화를 막을 수 있을지는 불분명하다. 하지만 2000년 하반기를 기점으로 90년대 미국의 장기확장 국면이 막을 내린 것은 분명하다. 미국으로서는 90년대 경기확장이 남긴 정보통신산업의 과잉설비 및 과잉투자, 가계와 기업의 과잉부채 등을 조정해야 하는 버거운 과제를 안게 되었다. 향후 우리가 주시해야 할 것은 미국이 연착륙을 유도하기 위해 취할 수 있는 정책들이 우리 경제에 미치는 영향이다.

미국이 경기침체와 주가하락을 저지하기 위해 연초 금리를 인하하자 일본도 이에 보조를 맞춰 금리인하와 함께 양적 금융완화정책을 취하였다. 이를 통해 미국은 주가하락을 막고 달러강세 기조를 그대로 가져갈 것임을 분명히 하였고, 일본 또한 불황탈출과 부실채권의 조기처리에 따른 부작용을 막기 위해 당분간 엔화약세에 기대를 걸 수밖에 없다.

요컨대 지속적인 엔화강세 예상에도 불구하고 부시정부가 루빈, 서머스의 '강한 달러 정책'을 계승하고 있고 일본도 불황탈출과 부실채권 정리에 따른 부담을 엔화약세로 만회하려는 한 엔화강세와 원/달러환율의 하향안정 기조가 정착되기 어려울 것이다. 이는 해외수출전선에 차질을 가져와 국내 경기침체를 더욱 옥죌 것으로 예상되므로, 지금까지 부채감축에 사활을 걸고 있는 기업이나 이들 기업에 대규모 대출을 하여 부실대출자산을 다수 안고 있는 국내 금융기관에도 큰 부담이 될 것이다. 미국경제가 조기에 경착륙 기조로부터 탈피하고 일본도 불황에서 쉽게 벗어날 수 있다면 엔화약세 압력도 상당히 완화되어 한국을 비롯한 동아시아국가들에 커다란 부담이 되지 않을 수도 있지만, 현재의 조건에서 이를 기대하기란 쉽지 않을 전망이다. 이런 조건에서 정부가 재무구조가 열악하여 회생이 불가능한 기업들을 납득하기 어려운 다양한 방법으로 연명시키는 한 금융시스템의 불안 등 심각한 경제위기에 봉착할 가능성도 배제하기 어려울 것이다.

5. 말레이시아와 칠레의 자본통제모델 및 환율체제의 교훈

IMF위기 이후 DJ정부가 구조조정프로그램의 일환으로 채택한 자본외환자유화와 자유변동환율제는 98년 중반 이후부터 2000년 말까지 급속한 경제회복에 힘입어 최선의 조합으로 받아들여졌다. 그러나 지금까지 살펴 본 바와 같이 DJ정부의 이런 선택은 국민경제의 공동화와 대외종속을 야기하였을 뿐만 아니라 우리 경제를 변덕스러운 단기자본이동과 환율불안에 극도로 취약하게 만들었다. 그 결과 대다수 사람들의 삶의 조건이 크게 불안해지고 악화되고 있다.

우리가 시야를 조금 넓혀보면 흔히 알려진 것과 달리 얼마든지 다양한 정책선택이 가능하며 또한 그것이 터무니없는 무리수가 아님을 쉽게 알 수 있다. 같은 동아시아에 위치한 말레이시아는 자본유출에 대한 통제정책과 대달러 고정환율제라는 당시로서는 파격적인 정책조합을 선택하였지만 파국적 재앙에 직면하지 않았을 뿐만 아니라 우리와 마찬가지로 급속한 경기회복을 달성하기도 하였다. 그리고 지구의 반대편에 있는 칠레는 자본유입통제정책과 크롤링밴드제라는 독특한 환율체제를 조합하여 다른 대부분의 라틴아메리카 신흥시장국가들이 위기로 몸살을 앓았을 때 이에 동요하지 않고 꾸준한 성장을 달성함으로써 세기말 NICs로 부상하였다. 그렇다고 이들 두 나라가 채택한 정책조합이 아무런 문제가 없다는 것은 아니다. 동아시아의 대안적 환율체제는 이 두 사례를 비교분석함으로써 더 구체화될 수 있다는 점에서 양국의 모델에 대한 비교평가가 절실하게 요구된다. 이 절에서는 양 국가의 경험을 간략히 살펴보고 난 뒤 그것이 대안적 환율체제 논쟁에서 어떤 의미를 갖는지를 짚어볼 것이다.

말레이시아 모델

말레이시아는 동아시아의 여느 국가들에 비해 금융시스템이 상대적으로 잘 정비되어 있었다. 금융시스템이 대체로 영미모델에 가까워 주식시장이 발달한 편이었고[20] 은행시스템은 전업은행체제로 기업 경영과 지배 구조에 대해 '거리두기' 관계를 유지해 왔다. 이런 금융시스템이 왜곡되기 시작한 것은 부미푸트라의 은행지배와 말레이시아를 국제금융센터로 육성하기 위해 실시된 금융자유화 때문이었다(Lee 2000, pp. 11~12). 은행시스템에 대한 규제는 비교적 엄격하여 단기대부 회수와 만기연장 거부에 대해서는 덜 취약했지만, 금융자유화로 해외 포트폴리오자본이 대거 유입되면서 포트폴리오자본의 유출입에 대해서는 상당히 취약했다. 환율체제는, 98년 9월 대달러 페그제(고정환율제)를 취하기 전까지 관리변동환율제를 운영해 왔다. 1997년 바트화 위기가 말레이시아로 파급되어 해외자본이 급속히 유출되자 말레이시아의 종합주가지수는 1300포인트에서 500포인트로 급락하고 링깃화의 평가절하 압력이 거세어졌다.

97년 위기 이후 말레이시아가 곧바로 자본유출의 통제를 실시한 것은 아니었다. 태국에서 외환금융위기가 발생한 직후만 하더라도 말레이시아는 태국위기의 영향이 일시적일 것이라고 보고 경기확대와 고성장정책을 고수하였다. 마하티르는 위기의 요인을 헤지펀드의 투기적 공세로 돌리면서 해외투자가들의 주식매각에 대해 일정하게 제한을 가하는 정책을 취했지만 이것이 악재로 작용하여 주가와 링깃화 가치가 계속 하락하였다. 이를 더 이상 방치하기 어렵다고 판단한 마하티르는 97년 12월 4일 경기확장과 고성장정책을 포기하고 고금리 긴축정책으로 선회하였다. 당시 말레이시아가 IMF구제금융을 받지 않고 자체의 논리로 고금리 긴축정책을 취할 수 있었던 것은 다른 나라에 비해 외채규모가 작고, 특히 단기외채비율이 매우 낮았기 때문이다. 그러나 고금리 긴축정책이 경기침체, 실업증대 등 거시경제적으로 여러 가지 문제를 불러일으키고 위기를 더 심화시키는 측면도 없지 않았다. 이에 마하티르는 98년 6월부터 저금리정책과 신용공급 확장정책으로 경기를 부양하고자 했으나, 저금리 때문에 자금이 상대적으로 높은 금리의 역외 금융시장(싱가포르)으로 유출되면서 링깃화에 대한 투기압력은 더 극성을 부렸다. 역외기관들이 프리미엄을 주고 링깃화를 차입하여 달러를 매입하기 시작하자 링깃화투매와 달러매입으로 링깃화가 계속 절하되는 압력을 받게 되었던 것이다.

이에 대처하기 위해 마하티르는 98년 9월 2일 자본유출에 대한 통제와 링깃의 대달러 환율을 달러당 3.8링깃으로 고정시키는 정책을 전격적으로 단행하였다. 이 과정에서 신자유주의적 프로그램을 충실하게 이행하고자 했던 안와르 이브라힘이 해임되는 정치적 마찰과 갈등이 발생하기도 했지만, 마하티르는 말레이시아인의 대미 경원의식과 경제적 민족주의, 종족에 기초한(ethnic-based) 경제정책(분배정책)을 교묘히 이용하여 정치적 위기를 모면할 수 있었다.

당시의 자본유출 통제정책을 좀더 자세히 살펴보면[21] 역외 금융시장으로 자금이 유출되는 것을 막기 위해 링깃화 자산을 매각할 때는 반드시 국내 중개기관을 거치도록 의무화했으며, 국내계정과 해외계정 그리고 해외계정들 간의 이전을 금지하였다. 이외에도 역외당사자들에 대한 신용공여제도(credit facilities)를 금지하는 동시에 외국인이 보유한 투자자금의 회수(repatriation)도 1년 동안 금지하였다.

99년 2월 15일에는 자본유출 규제를 다소 완화하여 즉각적 금지에서 과세를 통한 유출통제로 전환하였으며 자본과세를 이윤과세로 대체하였다. 98년 9월 자본유출 통제를 단행할 당시만 하더라도 99년 9월 이전까지 1년 동안 해외투자가들이 자금을 회수하여 철수할 수 없게 했으나, 99년 2월 중순에는 이탈세(exit tax)를 지불하면 빠져나갈 수 있게 하고 이탈세는 체류기간에 따라 차등적으로——오래 체류한 자본에 대해서는 낮은 과세, 체류기간이 짧은 경우에는 상대적으로 높은 과세——부과되었다.[22] 이외에도 동조치를 통해 99년 2월 15일 이후 유입되는 신규자본에 대해서는 자유로운 자본유입을 허용하는 동시에 유출시에도 세금을 부과하지 않기로 하였다. 다만 유입된 지 1년이 되지 않은 자본이 이윤을 회수할 때에는 30%의 이윤세가, 1년 이후 회수시에는 10%의 이윤세가 부과되었다. 이 조치는 1년 동안 철수금지라는 98년 9월의 핵심 조치를 철회하는 것이었다. 그리고 해외로부터의 단기매각(short-selling from abroad)을 억제하려는 의도를 지닌 차등이탈세도 99년 9월에는 체류기간에 관계없이 일률적으로 10%의 자본이득세로 대체되었다. 이 결과 해외로부터의 단기매각 가능성을 저지할 수 있는 마지막 수단도 없어졌다(Jomo 2001, p. 207). 여기서 우리는 말레이시아정부가 자국의 거시경제적 상황에 따라 자본유출 통제를 매우 탄력적으로 운용했음을 알 수 있다.

이상의 두 차례 자본통제정책으로 마하티르는 상대적으로 화폐독립성을 달성할 수 있었고 저금리정책을 유도하는 데도 일정한 성과를 거두었다. 그러나 자본통제가 직접적으로 경제회복을 가져왔다는 근거를 찾기는 쉽지 않다. 오히려 주식시장 부양을 위한 확장적 통화정책이 자본통제 이후 말레이시아의 경제회복을 앞당기는 데 크게 기여했다. 이와 함께 98년 중반 이후 러시아위기와 LTCM 파산위기 이후 엔화약세의 상대적 시정-엔화의 부분적 강세로 달러에 페그된 링깃화의 상대적 약세와 이에 따른 해외수출의 급증이 말레이시아의 경제회복에 결정적인 기여를 했다. 이외에도 98년 중반 이후 2년 동안 미국경제가 90년대 확장국면의 최고절정에 있었던 것도 말레이시아의 경제회복에서 중요한 국제적 조건이었다. 이 점에서는 앞서 지적했듯이 한국도 예외가 아니다. 말레이시아의 자본통제 경험으로부터 우리는 적어도 자본통제가 파국적 재앙을 초래할 것이라는 신자유주의자들의 주장이 완전히 허구임을 확인할 수 있다.

그러나 98년 9월 자본통제와 고정환율제를 채택한 이후 말레이시아는 대내적으로 미시적 구조개혁에 대해서는 그다지 철저하지 못했던 것 같다. 국내 민간부문의 부채비율이 매우 높은데도 불구하고 마하티르정부는 부실대부 분류기준을 완화하였고 은행에 대해 최소 대부목표를 설정하여 경제 전체에 신용 및 자금 공급이 경색되는 것을 막고자 하였다. 위기로 기업들의 부실이 심각해져 갔지만 정부는 국가자금 등을 동원하여 부실기업을 구제해 주는 조치를 연이어 취했다. 이런 조치들이 가능할 수 있었던 것은 마하티르가 이끄는 UMNO당과 이들 주변의 후견정치가 및 말레이계 기업집단 엘리트들 간의 유착과 연고 관계(Nesadurai 1998, pp. 19~23)가 정치·경제 등 모든 차원에서 대단히 강한 영향력을 행사하고 있었기 때문이다. 야당, 노조, 시민단체 등이 이런 방식의 부실기업 지원을 강력히 비판했지만 별다른 영향을 미치지 못했다.

서구의 신자유주의자들은 자본통제를 포함하여 말레이시아의 일련의 구조개혁이 연고주의의 청산 등 말레이시아의 근본적 개혁을 미루기 위한 시간벌기에서 나온 매우 위험한 정책이라고 평가한다. 특히 해외투자가들의 신뢰를 상실하여 장기적으로 말레이시아의 해외 직접투자 유입이 줄어들 것으로 우려한다. 그러나 지금까지는 이것이 기우로 판명되었다. 하지만 마하티르를 정점으로 한 후견인정치와 말레이계 기업집단 엘리트의 유착과 연고를 타파해야 하는 험난한 과제가 남아 있음은 부정하기 어렵다. 말레이시아는 모처럼 확보한 시간적 여유를 최대한 활용하여 미시적 구조개혁을 단행하고 이와 동시에 권위주의적 정치체제에서 탈피해야 할 것이다.

끝으로, 말레이시아가 98년 9월에 전격적으로 실시한 대달러 페그제의 채택을 어떻게 이해해야 할 것인지를 살펴보기로 하겠다. 위기 이후 대달러 페그제의 채택이 일시적으로 링깃화의 평가절하와 투기를 막는 데 기여했을지 모르지만 여전히 동아시아 달러본위제 틀에서 벗어난 것이 아니기 때문에 말레이시아도 동아시아에 고유한 환율불안과 엔/달러환율변동에 극히 취약한 거시경제의 결함을 그대로 안고 있다. 말레이시아의 자본통제 및 환통제가 미국과 IMF의 신자유주의 거부라는 기치하에 실시되었던 것과 달리 대달러 페그제의 채택은 역설적으로 환율결정에 대한 권한을 완전히 미국의 연준과 일부 선진국의 중앙은행에 넘겨주는 결과를 가져왔다. 2001년 초·중반 엔화약세로 동아시아통화가 전반적으로 약세로 반전되는 양상을 보이고 있는 가운데 1달러=3.8링깃으로 고정되어 있는 링깃화는 심한 약세압력을 받고 있다. 이런 고정환율제하에서 동아시아통화의 전반적 약세압력은 말레이시아의 수출경쟁력에 커다란 부담이 아닐 수 없다. 말레이시아 통화당국은 고정환율제의 고수를 강력하게 고집하고 있지만 정책당국의 의지가 얼마나 굳건하게 유지될 수 있을지는 여전히 불투명하다.

이런 점에서 한국과 말레이시아 모두 동아시아 달러본위제와 엔/달러환율의 불안정성에 따른 환율불안과 거시적 성장체제의 취약성을 해소할 수 있도록 동아시아 차원의 환율금융협조체제 구축에 전향적으로 임해야 할 과제를 안고 있다. 이 문제가 해결되지 못할 경우 한국과 말레이시아 등 동아시아국가들은 계속 동아시아 달러본위제와 엔/달러환율의 불안정성에 시달리게 될 것이다. 게다가 이들 국가는 대미수출에 크게 의존하고 있기 때문에 지역 차원의 환율금융협조체제를 확보하지 못할 때 의도하든 의도하지 않든 경쟁적 평가절하와 근린궁핍화 정책의 덫에서 헤어나기 더 어려워질 것이다.

칠레의 자본유입 통제와 크롤링밴드제 경험

91년부터 98년 8월까지 시행되었던 칠레의 자본유입 통제정책은 여러 가지 측면에서 시사하는 바가 많다. 이미 지적했듯이, 라틴아메리카 대부분의 국가들이 90년대에 심각한 금융위기에 봉착하였지만 자본유입을 통제했던 칠레만은 위기를 겪지 않았고 라틴아메리카 신흥시장에서 발생한 금융위기가 자국으로 전파되는 것을 차단할 수 있었다. 나아가 지난 10여 년 동안 칠레는 펀드멘털의 개선뿐 아니라 산업구조 및 수출구조의 고도화와 캐치업(catch-up) 기반의 공고화에도 큰 진전을 보여 황금기를 구가하고 있다(Solimano 1999, pp. 113~14). 이제 칠레는 라틴아메리카에서의 동아시아 NICs로까지 불릴 정도이다.[23] 최근에는 자본유입에 대한 통제가 완전히 철폐되었지만 1991~98년의 칠레 자본통제모델은 중간적 환율체제로서의 크롤링밴드제와 함께 21세기 신흥시장의 대안적 모델로까지 부상하고 있다는 점(Williamson 2000b; Stiglitz 2000)에서 면밀한 검토의 대상이 아닐 수 없다.

우선 칠레가 90년대 초 크롤링밴드제의 도입과 자본유입 통제를 단행한 배경부터 살펴보기로 하자. 칠레의 피노체트는 73년 9월 아옌데의 사회주의 정권을 무너뜨린 이후 시카고대학에서 통화주의 및 신자유주의를 체득한 테크노크라트를 중심으로 자본시장 육성 위주의 금융자유화, 민영화, 개방화를 급속도로 추진하였다. 1974~82년 자본시장 육성 위주의 금융자유화가 본격적으로 추진되면서 은행부문 개혁은 상대적으로 철저하게 이루어지지 못했다. 국가의 묵시적 보증이 여전히 남아 있었으며 건전성 규제장치도 취약한 편이었다. 이런 상태에서 80년대 구리를 중심으로 1차원료 가격이 급락하고 1차산품 수출기업들의 재무상태가 악화되면서 이 기업들에 집중적으로 대출한 은행들이 크게 부실화되었다. 그 결과 칠레는 1982~83년 금융위기를 겪는 등 금융자유화의 대가를 톡톡히 치렀다. 금융위기로 칠레는 GDP의 15%가 축소될 정도로 심각한 실물경제의 위기를 겪었다.

82년 금융위기를 겪고 난 이후 칠레는 10여 년에 걸쳐 금융부문을 중심으로 구조조정을 단행하여 금융시스템의 현대화를 추진했다.[24] 80년대 초 금융위기를 계기로 금융자유화에 대한 경계의 목소리가 커지면서 은행부문의 건전성 규제를 중심으로 금융규제가 온건한 형태로 부활하는 양상을 보였다. 다른 한편 칠레는 위기 이후 경제회복을 위해 수출기업의 경쟁력 강화와 수출증대에 총력을 기울였다. 특히 칠레정부는 수출증대를 위해 칠레 페소의 실질절하 유도에 안간힘을 다했다.

80년대 후반 90년대 초 구조조정이 순조롭게 이루어지고 수출증대와 국제수지 개선 등 국내 거시경제적 펀드멘털이 양호해졌다.[25] 80년대 말 피노체트의 군부독재정권이 붕괴한 뒤 새로 등장한 민간정부는 수출주도 공업화와 시장친화적 정책을 적극적으로 펴나갔다. 이로써 칠레 자본주의는 수출부문을 중심으로 세계시장과의 통합과 지역통합을 통해 고도성장을 달성하고 또 한편으로는 그 성과를 조직노동자와 중산층에게 분배함으로써 사회적 합의를 이끌어내려는 구조적 성격을 갖추게 되었다. 수출부문이 칠레 자본주의 성장체제의 핵심을 이루는 이상, 또 수출부문의 대외경쟁력을 유지하는 데 페소화 가치의 하향안정화가 관건인 이상, 어떤 환율체제를 채택할 것인가가 결정적으로 중요해진다.

그러나 80년대 말 90년대 초 칠레경제의 현실이 페소화 가치의 하향안정화에 결코 유리한 것만은 아니었다. 80년대 말 물 밀듯이 몰려온 해외자본 유입이 인플레 압력과 함께 실질절상 압력을 야기함으로써 페소화의 실질절하를 유지하는 데 심각한 걸림돌로 작용하였다. 게다가 이 시기 칠레중앙은행이 인플레타깃정책을 통해 인플레 억제에 대한 의지를 확고히 하고 국내 교역재 생산부문의 생산성이 꾸준히 상승함에 따라 페소화의 실질절상 압력은 더 커져만 갔다. 이런 조건에서 칠레가 실질절상 압력을 완화하는 방법으로 채택한 환율체제가 바로 통화바스켓 크롤링밴드제였다.

환율체제에 관한 한 칠레는 모든 종류의 환율체제를 다 시험해 본 나라라고 해도 과언이 아니다. 칠레는 브레턴우즈체제 붕괴 이전부터 일찍이 크롤링페그제를 채택한 이후 달러페그제와 크롤링페그제를 실시해 왔다. 1982~92년에는 대미달러 크롤링페그제를 시행하였고 그후부터 99년 9월까지는 통화바스켓 크롤링밴드제를 채택하여 운용했다.[26] 99년 9월 이후 현재까지는 한국, 태국, 멕시코 등과 마찬가지로 자유변동환율제를 시행하고 있다.

92년 칠레가 채택한 통화바스켓 크롤링밴드제는 이전처럼 칠레 페소를 달러에 대해서만 페그하는 것[27]이 아니라 달러·엔·마르크화로 구성된 통화바스켓에 칠레 페소를 연계시켜 중심환율을 설정한 뒤, 국내 인플레율과 해외 인플레율의 차이를 반영하여 이 중심환율을 주기적으로 조정하는 환율체제이다. 그리고 이 기준환율을 중심으로 하여 상하 변동폭을 정해 놓고 시장환율이 이 변동폭을 벗어나면 중앙은행이 외환시장에 개입하여 시장환율을 변동폭 내에 머물게 한다. 크롤링밴드제의 특징은 이 변동폭을 수시로 변경할 수 있다는 점이다.

그렇다면 과연 크롤링밴드제만으로 페소화의 실질절상 압력을 완화할 수 있을까? 80년대 말 90년대 초 급증하는 자본유입을 그대로 방치해서는 페소화의 실질절하를 유도할 수 없을 뿐 아니라 크롤링밴드제도 유지할 수 없었다. 이에 따라 칠레정부는 실질절상 압력을 완화할 수 있는 추가적인 보완조치로 자본유입 통제정책을 실시하였다. 칠레중앙은행도 자본유입에 따른 인플레 압력을 사전에 차단하기 위해 인플레타깃정책을 실시하기로 하고 이를 뒷받침할 정책자율성에 강한 집착을 보임에 따라 통화당국의 정책자율성 확보 차원에서 자본유입 통제를 고려하지 않을 수 없었다.

91년에 실시된 자본유입 통제조치(encaje, strong box)는 크게 두 가지로 나뉜다(Neely 1999, p. 25). 우선 직접투자 유입에 대해서는 잔류 의무기간을 그 이전 10년에서 91년부터 3년으로 단축하고 다시 93년에는 1년으로 축소하였다. 실질적으로 이 조치는 해외 직접투자에 대해서는 유입통제를 완화하는 것이었다. 자본유입 통제에서 핵심은 바로 포트폴리오투자에 대한 유입규제이다. 포트폴리오투자의 경우 유입된 자본의 20%(1992년 30%)를 1년 동안 무이자로 칠레중앙은행에 달러로 예치해 두도록 의무화하였고,[28] 만약 이를 어기고 조기에 철수할 경우 3%의 과징률을 부과하였다. 그 이후 자본유입에 대한 통제를 완화하기 시작하여 98년에는 의무예치비율이 30%에서 10%로, 과징률은 3%에서 1%로 인하하였으며, 마침내 98년 9월에는 이 모든 규제를 철폐하여 단기자본 유입에 대한 규제가 완전히 철폐되었다.

칠레의 자본유입 통제의 정치경제적 효과에 대해서는 크게 두 가지로 측면에서 접근할 수 있다. 우선 90년대 칠레의 자본유입 통제가 칠레 페소의 실질절상 압력의 완화라는 기본 목적에 비추어본다면 그다지 큰 성공을 거두었다고 보기는 어렵다. 왜냐하면 자본유입 통제에도 불구하고 자본유입이 꾸준히 증가해 실질절상 압력이 계속 증대하였으며 그 결과 크롤링밴드제의 변동폭이 지속적으로 확대되는 압력을 받았기 때문이다. 둘째, 자본유입 통제가 자본유입에 미친 실질적 효과에 대해서는 자본유입의 절대적 규모를 줄이기보다는 단기자본 대신 직접투자와 장기자본의 유입비중을 높이는 방향으로, 유입된 자본의 만기별 구성을 변화시키는 정도였다고 보는 것이 일반적이다.[29]

1994년 멕시코의 페소위기, 97년 아시아위기, 98년 러시아위기의 파급효과가 칠레에서는 상대적으로 미약할 수 있었던 것은 자본유입 통제의 덕택이지만 인접국가에서 발생한 금융위기가 자국 내로 파급되는 것을 차단하는 것이 자본유입 통제의 일차적 목적은 아니었던 것으로 보인다.

또 그것이 금융의 대내외적 통제에 두어졌던 것이 아니었음도 분명하다.

그렇다면 90년대 말 위기를 겪은 나라의 진보세력들이 이구동성으로 자본통제를 외치는 시점에서 칠레는 왜 자본유입 통제를 철폐하게 되었는가? 또한 최근 신흥시장의 대안적 환율체제모델로 주목받고 있는 크롤링밴드제를 포기하고 극단적 환율체제의 하나인 자유변동환율제를 채택한 이유는 무엇일까? 서로 밀접히 관련되어 있는 이 두 가지 문제는 자본통제의 효과나 대안적 환율체제의 모색과 관련하여 많은 시사점을 준다. 더 흥미로운 것은 이 두 문제가 신자유주의적 연금제도 개혁의 결정판이라고 해도 과언이 아닌 칠레의 연금제도 개혁의 효과와 관련되어 있다는 점이다.

90년대 들어와서는 자본유입에 대한 규제 등 대외적 금융규제가 가해졌지만 1981년 칠레 연금제도 개혁의 결과 연기금을 중심으로 기관투자가의 역할과 지위가 크게 강화되고 이들이 포트폴리오투자의 자유화를 강력하게 요구하자 대외적 금융규제를 계속 유지하기 어려워졌다(Gallego & Loayza 1999, pp. 7~8). 여기서 우리가 주목해야 할 것은 1981년 연금제도 개혁 이후 자본시장의 기반이 꾸준히 강화되고 국내 기관투자가를 비롯한 금융세력들의 영향력이 크게 강화되었다는 점이다. 그 결과 칠레는 다른 나라들과 달리 외환금융위기를 겪지 않으면서도 내적 요구에 의해 대외적 금융자유화를 달성할 수 있었다(Lukauskas & Minushkin 2000, pp. 714~17). 요컨대 연금제도 개혁의 결과 크게 강화된 금융세력들이 대외적 금융통제에 대해 강력하게 저항하자 자본유입의 통제도 더 이상 명분을 갖기 어렵게 되었다. 물론 자본유입 통제에도 불구하고 꾸준히 증가한 해외자본 유입도 자본유입 통제를 무력화시킨 요인이었음은 두말할 필요도 없다.

다음으로 칠레가 크롤링밴드제를 포기하고 자유변동환율제를 채택한 배경을 살펴보기로 하자. 우선 한국, 태국, 멕시코 등 신흥시장국가들이 외환금융위기를 계기로 자의반 타의반으로 자유변동환율제를 채택한 데 비해 칠레는 통화바스킷 크롤링밴드제가 작동하는 가운데 비교적 순조롭게 자유변동환율제를 채택할 수 있었다는 점이 이채롭다. 윌리엄슨은 이를 칠레 등 신흥시장의 통화당국이 자유변동환율제를 옹호하는 미국의 재무부와 월가의 지적 유행에 맹목적으로 휩쓸린 결과로 이해하지만 (Williamson 2000b, p. 13) 반드시 그렇게만 볼 수는 없다.

  1997~98년 위기로 해외수출, 특히 대아시아 수출이 크게 감소하자, 이들 지역에 대한 수출에 크게 의존하고 있던 칠레는 당연히 큰 타격을 받았다. 이제는 그 이전과 반대로 페소화의 실질절하 압력이 발생하였는데, 칠레중앙은행은 실질절하 압력을 인플레타깃의 유지에 커다란 장애요소라고 보고 고금리정책과 외환시장 개입, 변동폭 축소 등 가능한 모든 조치를 취했지만 궁극적으로는 아시아위기로 인한 칠레 페소의 실질 저하 압력이 통화당국에 커다란 부담으로 작용하였다. 뿐만 아니라 크롤링밴드제에 집약적으로 표현된 칠레중앙은행의 환율관리정책이 애초부터 이론상 인플레타깃과 양립하기 어렵다는 점을 고려해야 한다. 이외에도 환리스크 방지를 위한 외환시장의 하부구조 정비 그리고 평가절하의 인플레전가율의 현저한 저하 등도 자유변동환율제로의 이행에 일정하게 기여하였다. 요컨대 90년대 칠레의 크롤링밴드제는 1997~98년 신흥시장의 금융위기라는 국제적 조건과 칠레 내부의 경제정책들 간의 내적 비정합성(자본유입 통제, 칠레중앙은행의 인플레타깃정책, 크롤링밴드제)에 직면하여 커다란 어려움에 봉착했던 것이다. 결국 99년 9월 칠레정부는 크롤링밴드제를 버리고 인플레타깃과 상대적으로 마찰이 적은 자유변동환율제를 채택하게 되었다.

  칠레가 아르헨티나의 통화위원회제나 에콰도르의 달러통용제를 채택하지 않은 것은 자율적 화폐정책·환율정책 상실에 따른 제반 거시경제적 비용을 고려했기 때문이다. 99년 9월 변동환율제로 이행한 이후 칠레

통화당국은 가능한 한 외환시장에 개입하지 않지만 개입을 단행해야 할 사정이 생길 경우 관리변동환율제를 채택하는 나라와 달리 그 개입내용과 외환준비의 내용을 공시함으로써 통화당국의 정책투명성을 확고히 하였다(吉田賴且 2000, 53쪽).

과연 칠레가 자본유입 통제를 해제하고 자유변동환율제를 채택한 이후에도 외환금융위기에 대해 이전과 같은 강한 내성을 유지할 수 있을지에 대해서는 낙관적 견해도 있지만 회의적 시각을 품게 하는 부정적인 요인들이 만만치 않게 존재한다. 우선 이론상 자본유입 통제가 해제된 상태에서 자유변동환율제는 환율의 왜곡과 불안정성에 극도로 취약하다. 99년 9월 변동환율제 채택 직후에는 별다른 문제가 발생하지 않았지만 최근 아르헨티나 위기징후가 라틴아메리카로 확산되면서 칠레도 큰 타격을 받은 것으로 알려져 있다. 더 심각한 문제는 칠레의 연금개혁으로 금융화가 가속화되면서 이들의 영향력이 급속도로 커지고 있다는 점이다. 이제 연금개혁으로 영향력을 넓혀온 칠레 내부의 금융화 지지세력이 정치경제를 주도할 것으로 예상돼 잔여 금융규제들이 대폭 철폐될 것이다. 이럴 경우 칠레경제의 미래는 한치 앞을 내다보기 어려운 상황에 처할지도 모른다.

동아시아의 대안적 환율체제 모색

극심한 인플레와 환율불안 문제를 달러통용제(dollarization)나 통화위원회제(currency board)라는 극단적 형태의 고정환율제로 대처하는 라틴아메리카의 일부 국가들이 화폐주권과 통화금융정책의 자율성 상실이라는 커다란 희생을 치러야 했지만(전창환 2000a, 59~61쪽) 한국, 태국, 멕시코 등이 달러본위제의 틀 내에서 채택한 자유변동환율제도 많은 문제점을 안고 있음을 유념해야 한다. 자유변동환율제 옹호자들의 주장과 달리

환율이 펀드멘털을 제대로 반영하지 못함으로 해서 극도로 왜곡될 수 있을 뿐 아니라, 자본자유화와 외환자유화로 자본이동이 자유로운 상황에서는 환율의 변동성이 커질 수밖에 없다. 더욱이 자유변동환율제에서 해당 국가들이 화폐정책의 자율성을 제대로 확보하고 있는지는 여전히 의문이며 끊임없이 외환보유고 확충에 신경을 써야 한다. 더 심각한 문제는 동아시아의 경우 원/달러환율 및 실질실효환율이 우리의 통제능력 범위 밖에 있는 엔/달러환율에 대단히 민감하게 반응한다는 점이다.

그렇다면 현재의 조건에서 우리는 앞으로도 계속 이런 환율체제와 거시적 성장체제에 주저앉아 있을 수밖에 없는가? 국내에서는 이 문제가 기업 및 금융 구조조정의 과제에 밀려 별다른 관심과 주목의 대상이 되지 못하고 있지만 사실 이 점은 향후 한국 나아가 동아시아 전체의 성장기반 안정화와 관련하여 중차대한 문제가 아닐 수 없다. 따라서 이 문제를 최근 제기되고 있는 신흥시장의 대안적 환율체제 논쟁과 관련지어 좀 더 심층적으로 살펴볼 필요가 있을 것이다.

한국 등 동아시아 국가들의 환율체제를 어떻게 볼 것인가에 대해서는 아직 논란이 분분하다. 흔히 IMF의 환율체제 분류방식에 따라 위기 이전의 환율체제를 관리변동환율제, 위기 이후의 환율체제를 자유변동환율제로 분류하고 있지만 매키넌 등이 지적한 바와 같이 이런 분류방법은 외교적 수사에 불과하거나(McKinnon 1999, p. 5) 환율체제의 본질을 이해하는 데는 부적합하다. 대체로 위기 이전 동아시아의 환율체제를 명시적·암묵적 달러본위제(같은 글; McKinnon 2000b), 연성 달러존(soft dollar zone, Ohno 1998, pp. 1~18), 광의의 달러페그제(김태준·유재원, 2000, 172~74쪽) 등으로 이해하는 것이 이 문제의 본질을 접근하는 데 훨씬 타당할 것으로 보인다. 왜냐하면 일본을 제외하고는 동아시아국가에서 달러에 대한 연계가 국내물가에 대한 명목앵커(명목준거지표)였기 때문이다 (McKinnon 2000b, p. 1). 물론 동아시아국가들마다 조금씩 상이한 환율체제를 운용하고 있지만 이는 동아시아국가들이 동아시아 달러본위제라는 커다란 틀 내에서 자국의 거시경제적 여건에 따라 약간씩 다른 환율체제를 채택한 결과일 뿐이다.[30] 위기 이전에 한국, 대만, 중국, 말레이시아에서는 외환시장과 외환당국의 재량이 적절히 결합됨으로써 달러에 대한 연계가 홍콩, 태국 등에 비해 상대적으로 느슨하였다. 그러나 동아시아 위기 이후에는 말레이시아 등에서는 달러에 대한 연계가 더 강화되었지만 한국과 태국 등은 상대적으로 약화되었다.

이 환율체제는 동아시아 기적의 기초적 펀드멘털의 건전성을 확립하는 데 크게 기여했다. 즉 달러에 대한 동아시아통화의 연계가 이들 지역의 명목앵커 기능을 수행함으로써 물가안정과 환율안정에 기여했다. 그러나 이 체제는 자신들의 정책방향이나 의지와 무관하게 급격하게 변동하는 엔/달러환율의 움직임에 무방비상태로 노출될 수밖에 없었다. 이미 지적했듯이, 엔화강세일 때는 모르지만 95년 이후 98년 중반까지, 특히 위기 이전까지 엔화약세는 한국의 대외경쟁력의 상대적 약화와 국내의 금융규제 완화하의 해외 단기차입(과잉차입)을 부추김으로써 외환금융위기를 촉발했던 한 요인으로 작용했다. 98년 10월 이후 엔화약세의 부분적 시정이 동아시아의 경제회복에 크게 기여한 점이나 2001년 초 엔화가 다시 그 이전에 비해 약세로 돌아서자 동아시아통화의 환율이 다시 불안해지고 성장이 둔화되고 있다는 사실은 동아시아 달러본위제의 구조적 결함이 그대로 유지·존속되고 있음을 단적으로 보여준다.

동아시아 달러본위제의 강점과 장기적 환율안정성을 중시하는 논자들은 동아시아 달러본위제의 장점을 그대로 살려나가면서 현재 동아시아 달러본위제의 최대 아킬레스건 중의 하나인 엔/달러환율의 변동성을 제거하는 방법으로 엔화도 동아시아 달러본위제에 끌어들여 장기적으로 엔/달러환율을 고정시킬 것을 제안한다(같은 글; Ohno 1998). 다만 일일기준의 환율은 끊임없이 변동하도록 한다. 이들은 이런 방법과 조치를 실행할 때만 엔/달러환율의 인하(엔화강세)기대를 줄일 수 있고 일본의 초저금리 기조-유동성 딜레마-장기침체-동아시아의 과잉차입이라는 악순환의 고리를 끊을 수 있다고 강조한다. 동시에 이런 조치를 통해 동아시아가 경쟁적 평가절하=근린궁핍화의 함정에 빠지는 것을 차단함으로써 동아시아의 환율안정을 확보할 수 있다고 본다.

이 제안은 90년대 일본의 장기불황과 아시아위기의 국제적 조건, 즉 미국-일본-동아시아의 환율연관이 가지고 있는 딜레마를 정확히 지적하고 있다는 점에서 시사하는 바가 매우 크다. 그러나 이를 실현하는 데 최대의 걸림돌은 장기적인 엔/달러환율 안정에 대한 미국과 일본이 의지가 극히 미약하다는 점이다(Iwami 2000). 또 만의 하나 이 제안이 실현된다 하더라도 그것은 동아시아에서의 달러패권을 일본의 금융적 협조로 보완하는 틀을 더욱 강화하는 것으로 귀결되기 때문에 장기적으로 동아시아지역간의 환율금융 협조를 공고히 하는 데도 그다지 도움이 되지 않는다. 중국의 위안화를 동아시아 달러본위제의 틀에서 어떻게 자리매김할 것인가 하는 문제를 배제한 채 엔/달러환율의 장기적 고정만으로 동아시아 전체의 환율안정을 기한다는 것은 상상하기 어렵다.

둘째로, 이보다는 덜 극단적인 방법이긴 하지만 기존의 달러페그제로부터 벗어나야만 동아시아의 회복이 가능하다고 보는 견해가 있다(Kwan 2000, pp. 1~6). 이에 따르면 달러페그제의 결함에 대해서는 전자의 견해와 대동소이하지만 이 폐해를 시정하는 대안에서는 크게 엇갈린다. 이 견해에 따르면 아시아 각국의 통화와 달러로 구성된 통화바스켓을 구성하고 각국의 무역가중치에 따라 각각 상이한 통화바스켓에 페그하는 대안적 환율체제를 채택하자는 것이다. 특히 여기서 주목해야 할 대목은 통화바스켓에서 실제 교역규모를 반영하여 일본의 엔화에 훨씬 높은 가중치가 부여되어야 한다는 것이다. 즉 해외시장에서 일본제품과 경합하는 제품을 수출하는 비율이 클수록 통화바스켓에서의 엔화에 가중치를 더 높게 부여한다는 것이다. 예를 들어 인도네시아보다는 태국이, 태국보다는 한국이 통화바스켓에 페그할 때 엔화의 가중치를 더 높이는 식이다. 그럴 때만 엔/달러환율의 급격한 변동이 동아시아경제에 미치는 충격을 완화할 수 있다는 것이다.

관지웅의 최근 제안은 기존의 엔페그제 방안에서 한 발 물러나 달러페그제와 엔페그제의 두 극단적인 환율체제의 문제점을 어느 정도 염두에 두고 엔페그제 방안의 결함을 보완하려고 한 것으로 보인다.[31] 그럼에도 불구하고 관지웅의 엔페그제, 통화바스켓 페그제에는 여전히 보완하거나 추가적으로 더 따져보아야 할 부분이 많은 것 같다.

첫째, 금융세계화하에서 자본이동이 자유롭게 이루어지고, 특히 무역 등 실물거래와 무관하게 투기목적의 자본거래가 급증하고 있는 현시점에서 단기자본의 투기적 공세에 어떻게 대응할 것인지가 충분히 검토되고 있지 않다. 변동환율제 옹호자들이 종종 지적하는 바와 같이, 어떤 형태의 페그제든 광의의 페그제가 투기적 공세에 취약하다는 비판으로부터 자유로울 수 없다는 것이다. 둘째, 일본의 실제 대외거래를 반영하여 엔의 국제화가 추진되어야만 동아시아에서 일본의 엔화가 나름의 역할을 할 수 있고 엔에 상응하는 가중치를 부여할 수 있지만 경상거래나 자본거래 규모에 비해 엔의 역할이 상대적으로 미약하기 때문에 엔화에 정확한 가중치를 부여하기란 쉽지 않다. 이런 문제를 해결하기 위해서는 경상거래나 자본거래에서 엔화의 역할을 대폭 강화해야 한다. 또한 일본이 지금처럼 동아시아에 대해 과도한 흑자를 내고 동아시아국가들은 대일적자를 누적시키는 구조가 상당 정도 해소되지 않으면 안 된다. 뿐만 아니라 일본의 경제규모에 걸맞게 단기금융시장의 인프라를 강화하여 명실상부하게 동아시아에서 국제유동성 공급처로서의 역할을 수행해야 한다. 요컨대 일본 스스로 동아시아에서 명실상부한 기준 통화국으로서의 자질을 갖추어야 한다.

이런 의무와 책임이 전제되지 않은 상태에서 엔의 비중을 높이는 것으로는 동아시아 전체의 경제안정을 기하기 어렵다. 보이지 않는 무역장벽을 가능한 한 낮춰 미국의 통상압력과 엔고기대를 제거하고 동아시아와의 무역역조 해소에도 전향적으로 임해야 할 것이다. 그럴 때만 엔표시 유동성이 동아시아에 안정적으로 공급될 수 있고 엔화가 적어도 동아시아에서 준거통화로서의 역할을 제대로 할 수 있을 것이다. 하지만 일본의 우익정권이 기존의 대미 편향적 국제경제정책을 고수하는 한, 이를 기대하기란 매우 어려울 것이다(Johnson 1998, pp. 653~61).

이상의 동아시아 달러본위제론이나 아시아통화와 달러로 구성된 통화바스켓 페그제론이 기본적으로 고정환율제 옹호의 관점에서 출발해 대안적 환율체제를 모색하는 것이라면, '워싱턴 컨센서스'라는 용어를 유포시킨 윌리엄슨은 IMF나 미 재무부의 신정통이 추천하는 극단적인 환율체제——자유변동환율제와 통화위원제나 달러통용제 같은 극단적 고정환율제——가 신흥시장의 환율안정과 거시경제 안정을 뒷받침하는 제도로서 불충분하다고 보고 예의 절충적인 중간적 환율체제론을 제기한다.[32]

윌리엄슨에 따르면 자유변동제의 경우 환율이 외환시장에서의 교란적 거래자들의 군집행동에 강한 영향을 받아 환율의 괴리문제(misalignment)가 구조적으로 발생할 수밖에 없기 때문에 금융적 하부구조가 상대적으로 취약한 신흥시장국가의 환율체제로는 부적합하며, 더 중요하게는 환율의 괴리가 신흥시장의 안정성에 심각한 교란 내지 위협 요인이 된다는 것이다. 이에 비해 홍콩·아르헨티나의 통화위원회제나 라틴아메리카의 달러통용제의 경우, 환율의 안정은 달성될 수 있을지 모르지만 대내적 화폐금융정책의 독립성이 크게 훼손될 뿐 아니라 투기압력과 고정환율제 유지를 위해 많은 비용(평가유지를 위한 고금리체제)이 수반된다. 통화위원회제를 채택하고 있는 아르헨티나와 달러·유로 중심의 통화바스켓 페그제를 채택하고 있는 터키가 2000년 중·후반부터 2001

년 중반 사이에 심각한 통화위기 조짐을 보이는 것도 이러한 환율체제의 결함과 무관하지 않다.

따라서 이런 극단적 환율체제(two corner solutions)보다는 칠레의 크롤링밴드제를 중심으로 한 중간적 환율체제가 오히려 더 견고할 수 있다는 것이다.[33] 기존의 관리변동환율제는 고정환율제와 변동환율제의 중간적 환율체제인 것으로 알려져 있고 언뜻 윌리엄슨이 주장하는 중간적 환율체제와 크게 다르지 않은 것처럼 보일지도 모른다. 그러나 그는 기존의 관리변동환율제와 크롤링밴드제를 중심으로 한 중간적 환율체제 간에는 중요한 차이가 있음을 강조한다. 우선 관리변동환율제는 환율관리의 불투명성과 맞물려 시장동향을 충분히 반영하지 못하는 약점을 지닌다. 또 정부의 외환시장 개입 기준이 되는 환율수준 등을 공시하지 않음으로 해서 환리스크에 노출된 경제주체들은 큰 어려움과 위험을 감수하게 된다. 최근 아시아개발은행(ADB)이 아시아위기 재발을 예방하기 위한 대안으로 자본계정 통제와 함께 관리변동환율제의 채택을 제시하고 있는데(APF 2000, pp. 3~5), 윌리엄슨의 관점에서 볼 때 관리변동환율제는 바로 이런 치명적인 결함을 지닌 게 된다.

윌리엄슨의 중간적 환율체제론은 자유변동환율제나 통화위원회제, 달러통용제 등 극단적 환율체제로는 신흥시장의 외환금융위기를 막을 수 없고 신흥시장의 위기가 계속 방치될 경우 신자유주의 시장경제질서를 이들 신흥시장에 이식시키기가 불가능하다는 현실판단에서 나온 고육지책이라 할 수 있다. 그는 신자유주의적 시장경제질서를 신흥시장에 뿌리내리기 위해서는 일정 기간 환율 및 자본유출입의 관리가 필요하다고 보는 것이다(Williamson 2000a, pp. 251~64). 그러나 우리는 환율관리와 자본유출입 통제를 신자유주의적 시장경제질서로 나아가기 위한 과도기적 조치로 이해하는 사고방식에 대해서는 동의할 수 없다. 칠레모델이 신흥시장의 대안적 모델이 되기 어렵다고 보는 것도 바로 이 때문이다.

칠레의 자본통제와 크롤링밴드제가 90년대 신흥시장 위기를 차단하는 데 일정하게 기여하였음을 부정하기는 어렵다. 문제는 이것들이 신자유주의적 시장경제질서의 착근과 이 과정에서 나타나는 부작용을 제거하는 것을 목적으로 할 뿐 시장의 힘과 금융세력(특히 기관투자가)의 민주적 통제에 있지 않다는 점이다. 칠레에서 자본시장 육성과 신자유주의적 연금제도 개혁이 본궤도에 오르면서 금융시장에 대한 민주적 제어가 약화되고 오히려 시장의 힘과 금융세력의 이해가 크게 강화되자(Ghilarducci 2001, pp. 326~29), 자본유입 통제와 환율관리도 점차 약화되는 경향을 보인다. 따라서 자본유입 통제나 환율체제 개혁이 신자유주의적 금융화에 대한 저항과 민주적 통제를 위한 새로운 타협에서 중요한 매개고리가 될 수 있음을 부인하지는 않지만, 그 자체만으로는 큰 힘을 발휘하기 어렵다는 것을 명심해야 한다.

칠레의 자본통제와 환율관리모델이 우리에게 주는 교훈도 바로 여기에 있다. 이런 제도적 장치를 공고히 하기 위해 앞으로 더 고민해야 할 것은 노동운동세력과 시민운동세력이 금융화에 대한 민주적 개입과 제어능력을 어떻게 확보하고 배가할 수 있을 것인가 하는 문제이다.

현재 한국의 조건에서 당분간 자유변동환율제를 그대로 받아들일 수밖에 없다면 적어도 자유변동환율제하에서의 환율변동성과 이에 따른 폐해를 억제하기 위해서 자본통제를 단행해야 한다.[34] 그러나 여기에 그쳐서는 안 된다. 동아시아나 한국의 환율 불안정성이 국내 외환시장의 교란에서만 생기는 것이 아니라 중요하게는 엔/달러환율의 불안정성에서 비롯된다면 동아시아 차원에서 달러본위제와 엔/달러환율의 불안정성에 대처할 수 있는 방안을 모색해야 한다. 동아시아국가들이 직면한 딜레마는 미일 일변도의 환율금리 협조가 강화되고 있는 현재의 조건에서 동아시아 차원의 환율금융 협조체제를 가동하기 위한 실마리를 확보하기가 쉽지 않다는 데 있다.

6. 맺음말

IMF위기 이후 3년 동안 여러 차원에서 대대적인 구조조정이 이루어졌지만, 영미식 시장지향적 구조조정이 한국경제의 성장기반을 강화하고 안정화시키는 데는 실패했다. 시장경제와 민주주의의 병행발전이라는 목표도 시장(금융시장)독재와 실질적 민주주의의 형해화로 나타났다. 국민 대다수의 삶의 조건이 위기 이전에 비해 크게 악화되고 불안정해졌다. 시장지향적 구조조정이라는 미명 아래 가진 자 및 해외자본의 맹목적인 이윤추구와 사회적 무책임에 확실한 면죄부가 주어짐으로써 이들은 무제한적 자유를 만끽할 수 있게 되었다.

뿐만 아니라 자본·외환 자유화가 완벽하게 실현되면서 이제는 개인의 경제적 조건뿐 아니라 국민경제 전체가 20세기 말 새로운 금융자본의 지배와 금융시장의 독재에 놓이게 되었다. 여기에 경쟁적 환율의 유지에 필수 불가결한 환율관리도 무장해제되어 경제주체들이 환리스크에 크게 취약해졌으며 더욱이 한국, 말레이시아 등 위기를 겪은 동아시아국가들이 동아시아 달러본위제의 덫에서 조금도 벗어나지 못한 채 미일의 환율공조체제에 자신의 경제적 운명을 맡길 수밖에 없는 딱한 처지에 놓여 있다.

대미수출을 둘러싼 동아시아국가간의 경쟁을 완화시킬 수 있는 지역 차원의 환율협조체제는 위기 이전이나 지금이나 크게 진전된 것이 없어 보인다. 한편 자본시장 개방과 해외 포트폴리오자본의 대량유입으로 금융시스템 전체가 이들 자본의 변덕과 교란에 취약해져 있으며 위기 이전과 확연히 달라진 측면으로 미국의 증시 특히 나스닥시장과의 연동성이 매우 커졌다. 이는 구조조정의 결과 한국의 산업 및 수출 구조뿐 아니라 금융시스템도 미국과의 연동성이 더 커졌다는 것을 의미한다.

금융시장의 독재를 가장 완벽하게 구현하고 있는 90년대 미국의 신경제가 10년 동안의 장기호황국면을 마감하고 조정국면에 들어갔다. 조정 과정이 얼마나 파괴적인 결과를 수반할지 아무도 모르지만 그것이 예전에 비해서는 훨씬 가공할 파괴력을 발휘할 것이라는 예측이 심심찮게 나오고 있다. 지금도 늦었지만 이에 대비할 수 있도록 만전의 조치를 강구해야 한다. 자본유출입에 대한 선별적이고 주체적 관리체제를 새롭게 모색해야 할 것은 두말할 필요도 없다. 아울러 중장기적으로 동아시아 달러본위제와 엔/달러환율의 불안정성을 차단할 수 있는 동아시아의 환율 금융 협조체제를 적극 추진해야 한다. 사실 이 문제가 해결되지 않는 한 일본의 장기불황 탈출이나 아시아의 지속 가능한 성장기반의 재창출도 결코 쉽지 않다. 엔/달러환율이 일시적으로 한국을 비롯한 동아시아에 유리하게 작용할지라도 이는 언제든지 반전될 수 있다. 문제는 현재의 동아시아 달러본위제하에서 엔/달러환율의 불안정성에 취약한 동아시아의 환율체제를 대체할 수 있는 대안적 환율체제의 모색이 쉽지 않다는 점이다. 새 천년 동아시아의 연대가 집중적으로 모색해야 할 최대의 과제도 바로 여기에 있다. 일본의 대미 편향적인 대외경제 정책기조가 변화되지 않는 현시점에서 일본이 동아시아지역의 연대와 협조에 앞장서기를 기대하기란 어려울 것이다. 따라서 당분간은 비현실적인 것으로 들릴지는 몰라도 동아시아의 여타 국가들과 여러 경로를 통해 연대의 기반을 확충하면서 일본을 견인해 내야 할 것이다.

주

1) DJ정부의 재벌개혁과 금융구조조정의 난맥상에 대해서는 조영철(2001); 이 책의 이병천 글 참조.
2) 1995년 중반 역플라자합의(reverse Plaza-Accord)의 구체적 과정에 관해서는 榊原英資 (2000, 115쪽); 전창환(1998) 참조.
3) 외환금융위기를 겪은 나라들 통화가 그렇지 않은 동아시아국가들의 통화보다 대폭 평가

절하되었다.

4) 1998년 9월 엔화약세를 시정하기 위한 일본과 미국의 협조개입과 1995년 4~8월 엔화강세를 시정하기 위한 양국의 협조개입의 차별적 성격에 관해서는 Ramaswamy & Samiei (2000, pp. 1~9) 참조.

5) 그 결과 대미수출 의존도는 여전히 높고 특정 수출품목에 대한 의존도는 위기 이전보다 훨씬 심화되었다. 반도체, 자동차, 석유화학, 컴퓨터, 무선기기, 선박 등 수출 상위 6대품목이 전체 수출액에서 차지하는 비중은 1995년 38%에서 2000년 상반기에는 무려 45%로 증가하였다(한원종 2000, 6쪽).

6) Park & Lee(2001, pp. 11~19)는 위기 이후 3년 동안 동아시아 위기국가의 경기회복과정(V자형 패턴)에 대한 실증분석에서 경기회복을 주도한 세 가지 요인으로 확장적 거시경제정책, 실질환율의 절하 그리고 유리한 세계경제 여건 등을 꼽는다. 필자는 세번째 요인이 바로 위기 이후 3년 동안 미국경제가 90년대 경기확장국면의 최고 절정기에 있었다는 사실과 직결된다고 본다.

7) 김유선(2001, 98~102쪽)의 실태조사에 따르면, 우리나라의 비정규직은 2000년 8월 758만으로 전체 노동자의 58.4%에 달한다.

8) 삼성전자·포항제철의 경우 외국인 주식보유비율이 각각 58.23%, 57.86%이며 주택은행과 국민은행은 각각 62.40%, 61.36%에 이른다.

9) 거래량과 거래대금에서 상위 30개종목이 전체 거래에서 차지하는 비중이 1996년 각각 22%, 25%였지만 2000년 8월까지 46%, 64%를 기록하였다(한원종 2000, 7~8쪽). 시가총액에서도 상위 6개기업이 전체 시가총액에서 차지하는 비중이 96년 말 25%에서 2000년 말 51%로 증가하였다. 이와 같은 시가총액의 양극화구조에서는 내외적 충격으로 시가비중이 큰 일부 종목의 주가만 하락해도 주식시장 전체 나아가 한국경제 전체가 큰 타격을 받을 수 있다.

10) 세계은행의 2000년 연차보고서에서 비슷한 취지가 개진되어 있는바 이는 스티글리츠의 입장이 강하게 반영된 것으로 알려져 있다. 이를 계기로 세계은행 내에서 자본통제나 말레이시아 모델의 유효성을 인정하는 입장과 이를 정면으로 반박하는 입장(미 재무부의 주류견해)의 대립이 있었지만 결국 후자의 승리로 끝났다. 이에 대한 보다 자세한 논의는 Wade(2001, pp. 124~36) 참조.

11) McKinnon(2000b, pp. 19~26)은 위기 이전 동아시아 달러본위제하의 과잉차입이 위기 이후 금리격차 축소에 의해 과잉차입 축소로 이어진 것을 일시적 밀월효과(honeymoon effect)로 규정한다. 이어 그는 위기 이후 동아시아 달러본위제가 되살아나 과잉차입의 가능성이 완선히 불식된 것은 아니라고 본다. Williamson(1999, p. 32)도 위기를 겪은 아시아국가들의 경우 현재 자본계정 자유화 기조가 그대로 유지되면 언제든지 과잉차입이 발생할 수 있다고 본다.

12) 태국과 인도네시아도 우리와 유사하게 IMF의 환율체제 분류방식에서 말하는 자유변동환율제를 채택한 바 있다.

13) 위기예방을 위해 외환보유액을 적정수준으로 유지할 필요가 있지만 2001년 3월 말 현재 약 944억 달러에 이를 정도로(세계 제5위) 외환보유액을 많이 보유할 필요가 있는가 하는 의문이 든다. 외환보유액이 위기예방을 위한 완충장치로서 나름의 중요한 의미를 가지지만 외환보유액의 대부분이 달러 내지 달러표시 금융자산으로 구성되어 있어 과대평가된 달러가치의 유지에 일익을 담당한다. 그러나 외환보유액에서 달러비중이 과도하게 높으면 이는 한국정부에게도 큰 부담이 된다. 왜냐하면 만의 하나 달러화가 폭락한다면 그 폐해는 고스란히 우리에게 돌아오기 때문이다. 외환보유액을 적정량 보유하되 환율변

동에 따른 환차손을 최대한 줄일 수 있도록 구성통화를 지금보다 더 다변화해야 한다.

14) 일본은 1991년부터 재할인율을 계속 인하하는 정책을 폈으며 특히 95년 역플라자합의에 따라 금리협조체제가 가동된 이후에는 재할인율이 0.5% 대로 인하되었으며 급기야 사상 초유의 0%로 떨어지기도 하였다.

15) 부시정부는 2001년 2월 8일 10년에 걸쳐 총 1조 6천억 달러 규모의 세금을 감축하는 안을 의회에 제출한 이후 5월 2일 미국 양원의 공화당과 민주당온건파는 2001년 600억 달러, 2002년 400억 달러 합계 1천억 달러 규모의 감세에 합의하였다.

16) 일본은 경기부양을 위해 1992~93년 연간 10조 이상 재정지출을 하기로 하였지만 90년대 말 재정적자가 급증하면서 재정재건을 위한 다양한 정책을 내놓은 바 있다. 2000년 말 현재 일본의 GDP대비 재정적자 비율이 133%로 선진국들 중에서 가장 높은 수준이며 중앙정부와 지방정부의 부채총액은 약 642조 엔으로 집계되는데, 이것이 2001년 말에는 666조 엔에 달할 것으로 예상된다. 이를 상환하기 위해 국민에게 세금을 부과한다면 1인당 부담액이 무려 524만 엔(4인가족 기준의 1가구당 2096만 엔)으로 추정되고 있다.

17) 90년대 일본의 장기불황에 관해서는 전창환(2000a, 75~87쪽) 참조.

18) 일본중앙은행은 1999년 2월~2000년 8월 사상 초유의 제로금리정책을 단행한 바 있다. 거품붕괴 이후 일본은 지속적으로 저금리정책을 유지해 왔는데 그 기본 의도는 은행의 영업순익을 늘리는 대신 부실채권 처리를 촉진하고, 차입금이 많은 기업의 이자부담을 줄여줌으로써 자산가격 하락을 방지하는 데 있었다.

19) 1990년 32%를 약간 상회하던 일본의 상호주식보유비율이 99년에는 22%에도 못 미치는 수준으로 급락하였다.

20) 1996년 당시 말레이시아 주식의 시가총액/GDP가 310%인 데 비해 한국의 그것은 29%에 불과했다(Kaplan & Rodrik 2000, p. 38). 윌리엄슨은 이런 측면에 주목하여 말레이시아의 금융시스템을 은행에 기반한 시스템이 아니라 시장에 기반한 시스템으로 본다.

21) 이에 관해서는 같은 글(p. 10); Jomo(2001, pp. 205~208) 참조.

22) 7개월 이내는 30%, 7~9개월 이내는 20%, 9~12개월 이내 10%, 1년 이후는 비과세로 하였다(Kaplan & Rodrik 2000, p. 10).

23) 90년대 칠레의 거시경제적 성과는 실로 경이적이다. 1990~98년 연평균 실질GDP증가율이 7.3%로 100년 동안의 칠레경제 역사상 최고수준을 기록하였으며 인플레율은 40년대 이후 최저수준인 11.5%였다(Aninat 2000, pp. 1~2).

24) 대체로 피노체트정부가 본격적으로 신자유주의적 금융개혁을 달성하기 전까지만 하더라도 칠레의 금융시스템은 금융억압 상태에 있었다.

25) 칠레는 사회경제적 펀드멘털에서 라틴아메리카의 여타 국가들과 뚜렷한 차이를 보인다. 우선 교육수준이 높아 문맹률이 매우 낮으며 민간저축률도 매우 높은 편이다. 또한 수입대체공업화하에서 국가의 강력한 보호와 지원을 받았던 여타 라틴아메리카와 달리, 일찍부터 수출지향적 공업화와 세계시장 통합을 지향하였다. 그 결과 지대추구적 기업보다는 생산을 통해 부를 창출하려는 혁신적 기업가들이 광범위하게 존재한다. 구리 중심의 단작형 산업수출구조의 개선과 다변화도 대단히 빠른 속도로 진행되고 있다.

26) 칠레의 외환시장은 공식적 외환시장과 비공식적 외환시장으로 구성되는데 전자에는 상당한 접근제한과 규제가 있었지만 후자에는 규제와 제한이 전혀 없었다. 두 시장에서 형성되는 환율간의 격차는 그다지 크지 않았다. 칠레가 자본유입 통제를 실시했을 때도 공식적 외환시장으로 유입된 자본에 대해서만 규제를 가했다. 크롤링밴드제가 채택되었던 것도 바로 이 공식적 외환시장에서였다(Le Fort & Budnevich 1996, pp. 15~17).

27) 이것이 바로 1982~92년 칠레에서 실시되었던 대달러 크롤링페그제이다.

28) 외국인의 칠레 국내기업 주식취득(미국예탁증서)에 대해서도 30% 의무예치가 적용되었으며 채권과 차입에 대해서도 동일한 규제가 적용되었다.

29) 일부에서는 자본유입 통제조치가 원래 장기투자의 의도를 가진 투자자까지 배제하는 역선택의 문제를 야기했다고 지적하기도 한다. 또한 대기업들은 통제조치를 피할 수 있는 방법을 쉽게 마련하기 때문에 자본유입 통제조치는 차입비용을 상승시켜 중소기업들에 불리하게 작용하였다는 지적도 있다(Edwards,1998; Park 2001, pp. 88~89).

30) McKinnon(2000b, pp. 9~14)은 환율의 일별·주별 변동에 대한 실증분석을 통해 1999년 1월 이후 동아시아가 다시 고빈도(high frequency) 달러페그제로 복귀했다고 규정한다. 그는 동아시아국가들의 통화와 스위스 프랑의 환율변동에 영향을 주는 변수로 대(對)달러 환율, 대엔 환율, 대마르크 환율을 설명변수로 하여 회귀분석을 한다. 만약 대달러 환율변수의 계수가 1에 가까울 경우 동아시아 역내통화가 특정한 달러값에 대해 긴밀하게 고정되어 있는 것으로 판단할 수 있다. 물론 저빈도(월별·분기별) 변동성을 볼 경우 환율변동이 더 커진다. 한편 중국, 홍콩, 말레이시아는 고빈도 변동이든 저빈도 변동이든 달러에 강하게 연계되어 있음을 알 수 있다.

31) 관의 초기 엔페그제의 기본 구상과 이에 대한 간략한 비판에 관해서는 전창환(1997; 1998) 참조.

32) Williamson 2000b, pp. 1~3. 프리드만의 통화주의를 계승하고 있는 Melzer(2000, p. 70)는 완전한 고정환율제와 완전한 변동환율제 이외의 어떤 중간적 환율체제의 선택도 가능하지 않다고 본다.

33) 윌리엄슨과는 다른 맥락에서 프랑스의 Bénassy-Quéré & Coeuré(2000, p. 29) 등도 지역통화협력을 감안한 다양한 중간적 환율체제가 두 극단적 환율체제보다 훨씬 바람직하다고 본다.

34) Park 2001, pp. 82~89. 이렇게 볼 때 IMF위기 직후 자유변동환율제의 조기채택과 자본자유화와 1단계·2단계 외환자유화 조치는 전세계적으로 유례 없는 무모한 대응이라 할 수 있다. Aglietta(2000, pp. 25~30)는 자유로운 자본이동이 저축재원의 효율적 배분에 미치는 순기능을 중시하여 자본통제보다는 자유로운 자본이동을 현실적으로 받아들이고 국민적 화폐금융정책 나아가 국민적 건전성정책을 초국적 화폐금융정책, 초국적 건전성정책으로 대체할 것을 제안하는데, 유럽에서는 이런 선택과 조합이 가능할지 모르지만 동아시아에서는 실현 가능성이 극히 회박한 것으로 보인다. 동아시아에서는 당분간 자본통제를 유지하면서 동아시아지역 차원에서 통화금융 협조를 추진하는 것이 현실적일 것이다.

참고문헌

강호상 (2001), 「자본자유시대하에서의 환위험 관리의 필요성과 효과」, 금융연구원.

권재중 (2001), 「경제불안과 구조조정」, 『주간금융동향』, 한국금융연구원.

김기원 (2000), 「김대중정부의 구조조정정책」, 민교협 심포지엄.

김유선 (2001), 「비정규직노동자 규모와 실태」, 『노동사회』 5월호.

김태준·유재원 (2000), 「아시아 최적통화바스켓과 통화블록에 관한 연구」, 『경제

분석』제6권 제4호, 한국은행.

박상수 (2001),「외환위기 이후 대기업집단의 10가지 경영형태변화」,『LG주간경제』.

오규택·이창용 (2001),「외환위기 이후 자금순환의 특징: 회사채 부실화에 대한 연구」, 한국금융학회 춘계심포지엄 발표자료.

이동걸·김세진 (2001),「기업신용위험의 현황과 과제」, 한국금융학회 춘계심포지엄 발표자료.

이병천 (2000),「한국의 경제위기와 IMF체제」,『사회경제평론』13호, 한국사회경제학회.

이찬근 (2001),「국민-주택 은행 합병의 부당성」, 신자유주의 극복을 위한 대안정책 연대회의.

임웅기 (2000),「오늘 우리에게 주식시장은 무엇인가」,『사회비평』제24호, 여름호.

장하성 (2000),「경제위기 이후의 기업구조조정의 효과에 대한 분석」, 한국개발연구원 심포지엄 발표자료.

재정경제부 (2001),「2001. 3월 말 현재 총대외지불부담채권현황」.

전창환 (1997),「엔의 국제화와 엔화의 국제적 지위」, 강신준 편,『일본 자본주의 분석』, 풀빛.

_____ (1998),「금융세계화와 외환금융위기」, 이병천·김균 편,『위기 그리고 대전환』, 당대.

_____ (2000a),「90년대 일본경제의 위기와 제도변화」,『사회경제평론』14호.

_____ (2000b),「금융세계화와 화폐주권의 동요」,『경제와사회』제45호, 봄호.

_____ (2000c),「미국 자본주의 모델에 대한 비판적 평가」,『아연 연구시리즈』, 고려대학교 아시아문제연구소.

조영철 (2001),「한국경제의 구조조정과 정책대안에 대한 소고」, 사회경제학회 정기학술대회 발표문.

조윤제 (1999),「한국의 금융자유화와 금융위기」, 한국은행 조사연구자료 99-3.

한국금융연구원 (2000),『제2단계 외환거래자유화 추진방안』.

_____ (2001),「외환위기 이후 한국경제의 성과와 향후과제: 실물부문」.

한국은행 (2000a),「엔화 환율변동이 우리 경제에 미치는 영향」,『한은조사연구』2000-15.

_____ (2000b),「제2단계 외환자유화 주요 내용」, 한국은행 국제국 외환운영팀.

_____ (2001a),「2000년중 금융구조조정의 주요 내용」,『조사통계월보』2월호.

_____ (2001b), 「2001년 1/4분기중 외환시장동향」.

한원종 (2000)「주식시장 취약성과 주가회복방안」, 『LG주간경제』.

홍영기 (2001), 「금융글로벌화와 외국계은행의 국내진출확대」(미발표논문).

高月昭年 (2001), 「不良債權最終處理の論点」, 『國際金融』 1062號.

吉田賴且 (2000), 「中南米諸國の爲替相場制度」, 『國際金融』 1056號.

山本英治 (2000), 「オフショア金融センター(OFCs)と國際金融システムの不安定性」, 『世界經濟評論』 8月號.

小林信幸 (2001), 「問題債權150兆円の衝擊」, 『エコノミスト』 5月 15日.

榊原英資 (2000), 『日本と世界が震えた日: サイバー資本主義の成立』, 中央公論社.

河野龍太郎 (2001),「最後の一手は不良債權處理前提の円安政策だ」, 『エコノミスト』 4/3.

Aglietta, M (2000), "The IMF and the International Financial Architecture," Document de Travail no. 2000-08, CEPII.

Aninat, E. (2000), "Chile in the 1990s: Embracing Development Opportunities," _Finance and Development_ vol. 37/no.1, March.

Aoki, M. (2000), "A Note on the Role of Banking in Developing Economies in the Aftermath of the East Asian Crisis," World Bank, A note prepared for the Roundtable Discussion on Capital and Labour Markets.

APF(Asian Policy Forum) (2000), "Policy Recommendations for Preventing Another Capital Account Crisis," ADBI, July.

Barerra, M. (1998), "Macroeconomic Adjustment in Chile and the Politics of the Popular Sectors," P. D. Oxhorn & G. Ducatenzeiler ed., _What Kind of Democracy? What Kind of Market?: Latin America in the Age of Neoliberalism_, Pennsylvania Univ. Press

Bénassy-Quéré, A. & B. Coeuré (2000), "Big and Small Currencies: The Regional Connection," Document de Travail no. 2000-10, CEPII.

Cho, Yoon Je & M. Long (2000), "Restructuring Financial System in Korea: Key Issues," Financial Reform and Venture Business in Korea, Korea Institute of Finance.

Edwards, S. (1998), "Capital Flows, Real Exchange, and Capital Controls: Some Latin American Experiences," NBER Conference on Capital Flows to Emerging Markets, Feb.

Gallego, F. & Loayza, N. (1999), "Financial Structure in Chile: Macroeconomic Developments and Microeconomic Effect," Central Bank of Chile.

Ghilarducci, T. (2001), "The Political Economy of Social Security Reform in the United States," R. Baiman et al eds., *Political Economy and Contemporary Capitalism*, M. E. Sharpe.

Iwami, T. (2000), "A Vulnerable Power in the World Economy: Japan's Economic Diplomacy and the Yen," Working Paper, Univ. of Tokyo.

Johnson, C. (1998), "Economic Crisis in East Asia: the Clash of Capitalisms," *CJE* vol. 22.

Jomo, K. S. (2001), "Capital Control," Jomo ed., *Malaysian Eclipse: Economic Crisis and Recovery*, Zed Books.

Kaplan, E. & D. Rodrik (2000), "Did Malaysian Capital Control Work?," Paper prepared for an NBER Conference on Currency Crisis, December.

Kim, J.-K. & C.-H. Lee (2001), "Insolvency in the Corporate Sector and Financial Crisis in Korea," Working Paper, April, European Institute of Japanese Studies.

Kwan, C. H. (2000), "Sayonara Dollar Peg: Asia in Search of a New Exchange Rate Regime," *Center for Northeast Asian Policy Studies* Feb, Brookings Institute.

Larrain, G., L. Luna, G. Marales & M. Pacheo (1999), "Exchange Rate Policy: Lessons from Chilean Experience," Paper prepared for the ADBI-CEPII-KIEP Conference on Exchange Rate Policies in Emerging Market Economies.

Le Fort, V. G. & L. C. Budnevich (1996), "Capital Account Regulations and Macroeconomic Policy: Two Latin American Experiences," Working Paper no. 162, Jerome Levy Economics Institute.

Lee, C. H. (2000), "Financial Liberalization and the Economic Crisis in Asia," Working Paper, European Institute of Japanese Studies.

Lindsey, L. B. (2001), "In the Dollar We Trust: The Bush Administration's Strong Defense of a Strong Dollar," *International Economy*, March/April.

Lukauskas, A. & S. Minushkin (2000), "Explaining Styles of Financial Market Opening in Chile, Mexico, South Korea, and Turkey," *International Studies*.

Mckinnon, R. I. & K. Ohno (2000), "The Foreign Exchange Origins of Japan's Economic Slump and Low Interest Trap," Working Paper, June, Department of Economics, Stanford Univ.

McKinnon, R. I. (1999), "The East Asia Dollar Standard: Life after Death?," Workshop on 'Rethinking the East Asian Miracle' for Economic Development Institute, World Bank.

_____ (2000a), "The Foreign Origins of Japan's Liquidity Trap," *Cato Journal* vol. 20/no.1, Spring/Summer.

_____ (2000b), "After the Crisis, the East Asia Dollar Standard Resurrected: An Interpretation of High-Frequency Exchange-Rate Pegging," Working Paper, August, Economics Department, Stanford Univ.

Melzer, A. (2000), "Monetary Policy in the New Global Economy," *Cato Journal* vol. 20/no. 1, Spring/Summer.

Morande, F. G. (2001), "Exchange Rate Policy in Chile: Recent Experience," Prepared for the Conference 'Exchange Rate Regimes: Hard Peg or Free Floating?', organized by IMF Institute.

Narusawa, T., M. Emori & S. Ohmori (2001), "Rebirth of Japanese Companies through Governance Reforms," Nomura Research Papers, April 1, Nomura Research Institute.

Neely, C. J. (1999), "An Introduction to Capital Controls," *Review* Nov/Dec., Federal Reserve Bank of St. Louis.

Nesadurai, H. E. (1998), "Accommodating Global Market: Malaysia's Response to Economic Crisis," http://www.warwick.ac.uk/fac/soc/CSGR.

Ohno, K. (1998), "Exchange Rate Management in Developing Asia: Reassessment of the Pre-crisis Soft Dollar Zone," Working Paper, ADBI.

Park, Y. C. (1999), "East Asia Dilemma: Restructuring out or Growing out?," Revised Draft, Nov, paper prepared as a background paper for Asian Development Outlook 2000.

_____ (2001), "A Post Crisis Paradigm of Development for East Asia: Governance, Markets, and Institutions"(Preliminary Draft), Jan.

Park, Y. C. & J. H. Lee (2001), "Recovery and Sustainability in East Asia," A paper prepared for Conference on Management of Currency Crisis, NBER.

Park, Y. C. et al. (1999), "Exchange Rate Policies in Korea: Has Exchange Rate Volatility Increased After the Crisis?," Paper prepared for the ADBI-CEPII-KIEP Conference on Exchange Rate Policies in Emerging Market Economies.

Ramaswamy, R. & H. Samiei (2000), "The Yen-Dollar Rate: Have Interventions Mattered?," IMF Working Paper, WP/00/95.

Rodrik, D. (1998), "Who Needs Capital-Account Convertibility?," *Essays in International Finance* no. 207, May.

Sakakibara, E. (2000), "East Asian Crisis-Two Years Later," Annual Bank Conference on Development Economics, World Bank.

Solimano, A. (1999), "The Chilean Economy in the 1990s: On a 'Golden Age' and Beyond," L. Taylor ed., *After Neoliberalism: What Next for Latin America?*, Univ. of Michigan Press.

Stiglitz, J. E. (2000), "Capital Market Liberalization, Economic Growth, and Instability," *World Development* vol. 28/no. 6.

van Wincoop, E. & Kei-Mu Yi (2000), "Asian Crisis Postmortem: Where Did the Money Go and Did the United States Benefit?," FRBNY Economic Research Paper, Sept., Federal Reserve Bank of New York.

Wade, R. (2000), "The Development of a 'Well Functioning Market Economy': Where do the Institutional Models Come from?," World Bank Workshop.

_____ (2001), "Showdown at the World Bank," *New Left Review*, Jan/Feb.

Williamson, J. (1999), "Development of the Financial System in Post-Crisis Asia," Working Paper, Nov., ADBI.

_____ (2000a), "What Should the World Bank Think about the Washington Consensus?," *World Bank Research Observer* vol. 15/no. 2, August.

_____ (2000b), *Exchange Rate Regimes for Emerging Markets: Reviewing the Intermediate Option*, Institute for International Economics.

World Bank (2000), *East Asia: Recovery and Beyond*, Washington, D. C.: World Bank.

제2부 재벌개혁

기업지배구조와 재벌개혁

조 영 철[*]

1. 머리말

한국경제의 위기는 동아시아 금융위기의 감염효과라는 외재적 요인과 함께 재벌의 과잉중복투자라는 내재적 요인에서 비롯된 것이었다. 재벌은 발전국가의 선별적 산업정책에 의한 조건부 지대(contingent rent)와 컨테스트(contest) 규율을 받으면서 비약적인 성장을 했다. 그러나 1980년대 들어서 국가주도의 성장전략에 대한 비판이 제기되면서 국가의 산업정책 개입은 점차 후퇴하기 시작하고 금융자율화 정책이 진행되었지만 관치금융의 잔재는 여전히 남아 있었다. 재벌은 투자자금 조달을 은행에 크게 의존하고 있었지만, 은행은 책임자율 경영체제의 미비로 채권자로서 재벌을 제대로 규율하지 못했다. 그러므로 국가의 규율기능도 약화되었을 뿐 아니라 은행의 규율기능도 매우 취약한 상태에서 추진된 금융자유화, 금융개방 정책은 재벌의 방만한 차입경영 문제를 심화시켰다

* 국회사무처 예산분석관

(조영철 1998a).

그러나 국가후퇴와 금융규율의 취약성만으로는 왜 재벌이 과잉중복투자를 하게 되는 일방적 편향성을 가질 수밖에 없었는가를 충분히 설명하지 못한다. 또한 기업의 자본구조(capital structure)와 지배구조(corporate governance)는 동전의 앞뒷면과 같은 것인데, 한국경제는 투자자금 조달을 은행에 크게 의존하는 자본구조를 갖고 있으면서도 기업지배구조에서 은행의 역할은 매우 취약한 상태이다. 재벌개혁이 제대로 이루어지려면 자본구조와 지배구조의 비대칭성 문제를 해결해야 하며 이것은 자본구조와 지배구조의 조화를 이루는 경제시스템을 창출하는 것이다.

이 글은 재벌이 수익성 위주의 투자전략이 아니라 성장 위주의 투자전략을 추구한 원인을 재벌 소유지배구조의 특성에서 찾을 것이며, 90년대들어서 고도성장체제가 종식되고 재벌에 대한 외부규율이 취약해지면서 필연적으로 과잉중복투자 문제가 발현될 수밖에 없었던 이유를 설명할 것이다. 그리고 차입의존경제라는 한국적 특성을 고려하면서 기업구조조정과 재벌 문제를 해결하기 위한 정책적 방안을 모색할 것이다.

2. 은행중심 시스템과 자본시장중심 시스템

경제시스템은 흔히 은행중심 시스템과 자본시장중심 시스템으로 구분된다. 은행중심 시스템은 투자자금 조달을 내부유보와 간접금융에 의존하는 데 반해 자본시장중심 시스템은 내부유보와 직접금융에 주로 의존한다.

자본시장중심 시스템의 경우 재무위험의 가능성은 상대적으로 덜하지만 연성예산 제약의 성격상 유휴현금흐름(free cash flow)[1]의 대리인비용이 심각하다. 주식은 주주총회에서 기업해산을 결의하지 않는 한, 일단 납입된 이후에는 기업으로부터 분리될 수 없는 자본이다. 따라서 주주가 경영자의 기업경영이 마음에 들지 않더라도 이탈효과(exit effect)로 경영자를 압박하는 데는 한계가 있다. 이에 반해 부채는 만기에 자본을 회수할 수 있기 때문에 채권자는 만기연장이나 부채계약 갱신을 거부함으로써 경영자에게 이탈효과의 압박을 강력하게 가할 수 있다. 즉 투자자는 기업의 청산을 선호할지라도 경영자는 항상 현재의 기업활동이 유지되는 것을 원하는데, 기업이 지급불능(insolvency) 상태에 처하는 경우 채권자는 청산을 강제할 수 있는 권한을 보유하고 있기 때문에 주주보다 강력한 이탈효과를 가지며 그만큼 투자자와 경영자의 이해상충이 완화된다. 따라서 소유와 경영이 분리된 경영자지배체제의 경우 경영자 재량권은 부채보다 주식자본에서 더 크며, 자본투자자와 경영자의 이해상충은 주식자본이 더 심각하다(Harris and Raviv 1991, p. 302).

경영자는 수익극대화를 추구하는 주주와 달리 투자를 통해 경영권력을 극대화하려고 한다. 기업의 외적 성장은 경영자가 통제할 수 있는 자원의 규모를 증대시킴으로써 경영자권력을 확대시킨다. 반면 유휴현금흐름을 주주에게 배당한다면 경영자통제하에 있는 자원규모가 축소되고 그만큼 경영자권력은 감소한다. 따라서 기업 내에 상당한 유휴현금흐름이 존재하는 경우 기회비용 이상의 수익을 낼 만한 적당한 투자기회가 없더라도 경영자는 주주에게 배당함으로써 외부자본시장에서 투자배분이 이루어지도록 하기보다, 비효율적일지라도 기업 내부에 투자함으로써 자신이 통제하는 자원과 조직 규모를 확대시키려고 한다. 즉 경영자는 기업을 최적 수준 이상으로 성장시키려는 인센티브를 가진다(Jensen 1986, p. 323). 또 현금흐름을 주주에게 배당금으로 지급하면 기업이 신규자금을 조달할 때 자본시장의 감시(monitoring)를 받아야 한다. 그래서 경영자는 자본시장의 간섭·감시를 피하기 위해 투자자금을 내부에서 조달하려고 하므로 현금흐름이 과도하게 기업 내에 유보되는 경향이 생긴다

(Jensen 1987, p. 358). 따라서 수익성을 무시하고 외적 성장을 추구하는 경영자행동을 감시하는 제도적 장치가 마련되어 있지 않으면, 유휴현금흐름이 기업 내에 비효율적으로 과잉투자되고 기업이 과대성장될 가능성이 상존한다.

기회비용 이상의 내부수익률을 낼 수 있는 투자기회를 많이 확보한 성장단계의 기업의 경우 경영자가 현금흐름을 배당하지 않고 기업 내부에 투자하더라도 주가상승을 통해 주주의 이익을 증가시키기 때문에 경영자와 주주의 이해는 크게 상충되지 않으며 기업의 효율성도 저해되지 않는다. 그러나 산업발전 주기상 성장단계에서 성숙단계로 넘어가 적절한 투자기회를 찾기 어려운 기업에서는 유휴현금흐름의 대리인비용이 커질 것이다.

자본시장중심 시스템에서 주주의 이탈효과가 경영자 재량권을 규율하는 데는 한계가 있기 때문에 소수주주권, 사외이사제도, 적대적 M&A, 증권감독기구 등 주주가 경영자 재량권을 감시하는 제도적 장치가 발달할 수밖에 없다. 그러나 경영감시와 관련한 정보생산의 공공재적 성격 때문에 자본시장의 정보생산은 과소생산되며, 이탈효과에 의존하는 자본시장중심 시스템은 정보 비대칭성과 정보생산능력의 한계로 묵시적 계약관계 속에서 형성되는 무형자산(intangible asset)이 과소생산되는 결과를 초래한다. 따라서 자본시장 주도로 기업구조조정과 다운사이징이 진행되는 경우 외부자본시장에 의해 제대로 평가받지 못하는 기업특수적 무형자산이 집중적으로 파괴되는 조정이 이루어지기 쉽다.

포터는 자본시장중심의 영·미 시스템은 투자결정의 시계(time horizon)가 지나치게 단기적이어서 동태적으로 최적효율의 투자를 달성하지 못한다고 한다(Porter 1992). 즉 자본시장의 단기주의 때문에 미국이 일본·독일에 비해 기업특수숙련, R&D 등 장기투자를 적게 하고 미국경제의 장기적 경쟁력이 저하되었다면서, 장기투자가 이루어지려면 장기적

174

이해관계를 갖는 헌신적 자본(dedicated capital)이 필요하다고 주장한다.[2] 자본시장의 단기주의 문제가 발생하는 근본 원인은 정보 비대칭성 때문인데, 이 문제를 해결하려면 기업의 장기적 내재가치가 우수하다는 것을 외부주주가 이해할 수 있게 기업 내부정보를 공개해야 한다. 그러나 정보자산의 비배제성 때문에 포트폴리오투자를 하는 모든 외부주주들에게 정보를 공개하기란 현실적으로 불가능하다. 따라서 정보 비대칭성을 해결하는 포터의 방식은 기업정보를 기회주의적으로 이용하지 않을 만한 신뢰관계와 장기적 투자관계가 형성되어 있는 일부 투자가들에게만 제한적으로 정보를 공개하는 것이다(Miller 1993, p. 41). 일본과 독일의 주요 소유자들은 장기간 동안 상당량의 지분을 보유하는 관계투자를 하므로 기업에 대해 폭넓고 지속적인 정보수집을 하고 장기이익을 추구하지만, 포트폴리오 위주의 투자를 하는 미국과 영국 투자자들은 그렇지 못하다는 것이다.[3]

정보비용은 고정비용, 매몰비용의 성격을 띠며 규모의 경제가 작용하기 때문에 불완전경쟁에 의한 시장실패가 발생하게 된다. 자본시장은 왈라스적 중매시장(auction market)을 지향하지만 자본시장이 아무리 경쟁적이더라도 정보 불완전성으로 인해 가격조정기능은 한계가 있으며 중소기업은 직접금융을 활용하기 어렵고 시장실패가 발생한다. 따라서 자본시장의 정보 불완전성을 완화하는 대리인의 역할이 필요하며 은행은 단순한 중매인이 아니라 자본시장 실패 때문에 발생하는 대리인조직인 것이다.[4]

한편 젠슨은 기업의 자금조달이 부채에 의존하는 경우 유휴현금흐름을 과다하게 내부에 유보하는 대리인문제가 어느 정도 규제된다고 본다(Jensen 1986). 차입은 사전적 계약에 의해 경성예산 제약의 성격을 갖고 있고 또 채무 불이행시에는 경영자의 경영권이 박탈되는 등 강력한 제재를 받기 때문에 연성예산 제약의 성격을 지니는 주식의 경우처럼 유휴현금흐름을 과다하게 내부에 유보하는 것이 어렵다. 또 정보 비대칭성이 심각한 경우 주주권리에 비해 채권자권리는 사전적인 명시적 계약에 의해 더 효과적으로 보호받을 수 있기 때문에 주식보다 부채를 통한 자금조달이 경영자 대리인비용을 완화하는 데 더 유리하다(Shleifer and Vishny 1997, p. 763).

미국기업들에 대한 실증연구에 따르면 투자기회가 적은 기업의 경우 레버리지가 높을수록 토빈 q가[5] 더 큰 것으로, 즉 기업가치가 증가하는 것으로 나타났다. 이것은 투자기회가 적을수록 유휴현금흐름 대리인비용이 커지는데 레버리지가 클수록 유휴현금흐름 대리인비용이 효과적으로 통제되기 때문이다. 반면 투자기회가 많은 기업의 경우 레버리지가 클수록 토빈 q가 작은 것으로 나타났는데, 이런 기업의 경우 레버리지가 크면 재무위험 때문에 경영자가 적극적으로 투자활동을 전개해 나가기 힘들고 과소투자 경향이 발생해 기업의 최적투자 활동을 저해하기 때문이다(McConnell and Servaes 1995).

80년대 미국에서 M&A물결이 거세었을 때 차입매수(LBO) 형태의 M&A가 많았는데, 차입매수는 저성장 기업의 유휴현금흐름 대리인비용을 줄이는 조직혁신을 달성하는 데 크게 기여했다.[6] 그러므로 주식은 위험 분산수단으로서 부채보다 훨씬 우월하지만 경영자 충실의무(fiduciary duty)를 효과적으로 감시하는 제도적 장치가 발달되어 있지 않은 경우 매우 큰 유휴현금흐름 대리인비용을 야기해 부채보다 더 비효율적일 수도 있다(Davis 1992, p. 9).

그러나 차입의존적 은행중심 시스템은 현금흐름의 배분을 둘러싼 주주와 경영자 간의 대리인비용은 작지만 부채의 경성예산 제약으로 인한 현금흐름의 경직성 때문에 재무위험이 클 수밖에 없다. 따라서 은행중심 시스템은 차입의존 경제구조의 특성상 비체계적 위험(unsystematic risk)이 발생할 가능성이 높으므로 이를 신축적으로 흡수할 수 있는 제도적 장치가 마련되어야 한다.

기업자산이 부채를 초과하여 지급불능 상태는 아니지만 현금흐름 경직성으로 기업이 일시적인 유동성 위기에 처할 수도 있고, 지급불능 상태이더라도 청산가치가 존속가치보다 작을 수도 있다. 이런 경우 은행은 차입기업에게 경성예산 제약을 무조건 강요하지 않고 더 신축적으로 운영하여 기업의 재무위기를 사전·사후에 완충, 조정할 수 있어야 한다. 이것은 다른 은행들에는 제공되지 않는 정보가 장기 특수거래관계에 있는 특정 은행에는 제공되며, 기업이 어려울 때 은행이 금융지원을 하면서 기업경영에 관여하는 대신 정상적인 상황에서는 기업이 은행의 단골고객으로서의 신의를 지킨다는 것을 의미한다. 즉 은행이 구제금융을 제공하는 것은 기업 정상화에 따른 이익배분에 은행도 참여할 수 있다고 기대하기 때문이다.[7]

따라서 은행중심 시스템이 제 기능을 하기 위해서는 기업-은행 간에 묵시적 '선물교환'을 하는 장기적 협력관계가 형성되어야 한다. 일본의 주거래은행(main bank)이나 독일의 주거래은행(Hausbank) 제도가 그 예이다. 독일·일본의 경우 대규모 채권자인 은행은 기업의 채무 불이행시 다양한 통제권을 확보하며 평소에도 단기여신에 대한 갱신 여부를 결정하여 기업을 규율한다. 일본의 경우 기업성과가 나쁠 때 주거래은행 관계에 있는 기업이 그렇지 않은 기업보다 이사 교체율이 높고, 독일의 경우 은행이 대주주(block shareholder)로 있는 기업은 그렇지 않은 기업보다 기업성과가 더 높은 것으로 나타났다. 독일과 일본은 은행이 대주주로서 이사회에 임원을 파견하고 대출에서 주도적 역할을 하며 또 법적 환경도 채권자에게 유리하기 때문에 은행권한이 강력한 데 반해, 채무 불이행시 통제권을 은행에게 넘기는 절차가 취약한 나라의 경우에는 은행권한이 약한 편이다(Shleifer and Vishny 1997, pp. 757~58). 그러므로 자본시장중심 시스템에서는 연성예산 제약 때문에 유휴현금흐름 대리인비용을 감시하는 지배구조가 발달했다면, 은행중심 시스템에서는 경성예산 제약의 경직성을 완화하면서 은행의 발언효과(voice effect)를 강화하는 소유지배구조가 발달하는 것이다.

기업도산시 청산절차로 들어가느냐 아니면 부채계약을 재조정함으로써 정상화시키는 워크아웃 절차로 들어가느냐는 파산비용의 크기에 따라 달라진다. 파산비용을 추정한 기존 연구결과를 보면 기업 시장가치의 3~21%로 편차가 심한데, 이것은 파산비용의 상당 부분이 이해관계자(stakeholder)들간의 이해상충에서 비롯되기 때문이다. 독일·일본 같은 은행중심 시스템에서는 청산보다 워크아웃이 더 일반적이다. 즉 이들 국가의 경우 이해관계자간에 장기적 관계 속에서 묵시적인 관계특수 투자가 많이 이루어져 기업청산은 많은 무형의 기업특수자산의 파괴를 초래하며 이해관계자의 관계가 영국·미국처럼 거리두기 관계(arm's length relations)에 있지 않기 때문에 청산과정을 통해 이해상충을 조정하기 힘들다. 이에 비해 미국처럼 부채구조가 은행차입과 회사채로 분산·다양화되어 있는 경우 담보를 확보한 채권자와 그렇지 못한 채권자 간의 이해상충 그리고 채권자들, 특히 회사채 소유자들의 무임승차 경향으로 워크아웃이 진행되기 어렵다.[8] 그러나 독일·일본은 부채구조가 은행중심으로 비교적 단순하고 주거래은행이 채권자들간의 이해상충을 조정하면서 무임승차 문제를 극복할 수 있기 때문에 워크아웃이 상대적으로 쉽게 진행될 수 있다. 특히 재무위기가 경영오류에서 비롯된 것일 때 레버리지가 클수록 기업성과 악화가 재무위기 형태로 조기에 발현하므로 오히려 레버리지가 낮은 기업보다 높은 기업이 조기에 구조개선작업에 들어갈 수 있다(Davis 1992, pp. 45~46).

은행중심 시스템은 장기적 시계를 갖는 장점이 있지만, 기업이 경성예산 제약을 충족시킨다면 경영자가 그 이상의 효율과 수익성을 추구하도록 촉진시킬 유인체제가 취약하다는 고유의 한계가 있다(Shleifer and

Vishny 1997 p. 761). 즉 기업이 시장에서 생존력을 확보하여 경성예산 제약을 충족시킨다면 혁신의 여지가 남아 있는데도 불구하고 은행은 기업경영에 관여하지 않는다. 또한 안정주주의 존재로 자본시장의 외부통제 기능도 취약하기 때문에 생산물시장도 은행도 더 이상 기업효율을 규율하는 기능을 수행하기 어려워지며 유휴현금흐름 대리인문제가 발생할 수 있는 것이다. 가령 일본의 경우 고도성장체제가 중단되면서 계열 기업집단 내의 투자기회가 과거에 비해 크게 감소했는데도 불구하고 경영자와 종업원들이 계속 조직확대를 추구함으로써 유휴현금흐름 대리인비용이 증대하였고 또 이를 규제할 외부자본시장 통제기능이 취약하여 경제가 쇠퇴하게 되었다는 주장이 있다(Jensen 1993).

그리고 차입의존적 경제구조에서는 기업이 주식시장을 통해 위험을 분산시키는 능력이 취약하므로 거시경제적 불안정성이 클수록 기업은 위험을 기피하며 소극적으로 투자하기 때문에 그만큼 거시경제 안정을 위한 국가의 적극적 역할이 중요하다.[9] 더욱이 많은 기업들이 한꺼번에 파산하는 경우 기업간, 기업-금융기관 관계가 거리두기 관계에 있지 않음으로 해서 다른 기업들과 금융기관에 파급효과를 미쳐 금융시스템 위기에 이를 수도 있는 외부비경제를 야기한다. 따라서 은행중심의 차입의존경제에서는 일정 임계치를 넘어선 기업들의 파산처리에 대해서는 기업파산의 외부비경제를 고려하는 정부조정이 필요하다(Davis 1992, p. 47).

3. 재벌의 소유지배구조와 과잉중복투자

한국 30대 기업집단의 경우 소유경영자인 동일인의 지분율이 2000년 4월 현재 1.5% 수준이다. 전문경영자체제 기업과 소유경영자체제 기업의 효율성을 비교, 분석한 미국의 실증연구들을 보면 대개 최고경영자

지분율 3~5% 수준을 기준으로 그 이하인 경우 전문경영자체제, 그 이상이면 소유경영자체제로 구분한다. 물론 미국의 경우와 직접 비교할 수는 없겠지만 한국 재벌총수의 지분율 수준만 놓고 보면 한국의 재벌소유구조는 소유경영자체제라고 말할 수 없다. 그럼에도 불구하고 한국 재벌체제를 소위 오너(owner)체제라고 부르는 것은 재벌총수가 계열사 출자지분 36.6%, 특수관계인 지분율 3.0%, 자기주식 2.3%를 포함한 43.4%의 내부지분율을 장악하고 있기 때문이다. 한국재벌의 경우 계열사 출자지분은 총수가 직접 위험을 부담하지 않으면서 기업지배를 가능하게 하는 결정적 역할을 하고 있다. 즉 1.5%의 지분을 소유하고 있는 재벌총수는 사실상 오너가 아님에도 불구하고 지배구조 면에서는 오너체제인 기형적 모습을 하고 있기 때문에 재벌총수의 전횡에 의한 대리인비용은 거의 최악의 상황에 있다고 해도 과언이 아니다.[10]

소유가 철저히 분산된 영·미 시스템은 분산된 주주의 권리에 대한 철저한 법률적 보호에 근거하여, 분산된 주주들이 적대적 M&A 형태로 일시적으로 소유를 집중시킴으로써 경영자 대리인문제를 해결한다. 이에 반해 일본·독일 시스템은 관계은행이나 계열사같이 장기적 관계투자를 하는 대규모 투자가들이 적극적으로 기업감시에 참여하여 경영자 대리인문제를 해결한다. 그런데 한국재벌은 소유가 집중되어 있다고 하나 내부 지배주주인 동일인 및 특수관계인의 지분율을 합해 봐야 4.5%에 불과하지만 계열사출자로 내부지분율이 높기 때문에 소유경영자가 잔여수익에 대한 자기권리를 훨씬 초과하는 강력한 경영통제권을 행사한다. 따라서 영·미 시스템 방식의 경영자 견제도 어려운 상태이고 일본·독일 시스템 방식의 기업감시도 어렵다는 것이 한국 소유지배구조의 문제점인 것이다.[11]

재벌 기업집단을 하나의 단일체(entity)로 보았을 때 유휴현금흐름을 배당하는 경우 재벌총수에게는 1.5%, 특수관계인을 합해 봐야 4.5% 정도밖에 돌아가지 않는 데 반해 내부유보하여 기업 내에 재투자하는 경우 재벌총수가 100%의 유휴현금흐름을 모두 통제할 수 있다. 다시 말해 재벌총수는 투자자인 동시에 경영자인데, 기회비용 이상의 수익을 낼 만한 투자기회가 없다면 재벌총수는 유휴현금흐름을 배당하는 것이 투자자로서의 자기이익과 합치한다. 그러나 경영자로서 재벌총수의 자기이익은 유휴현금흐름을 배당하는 것이 아니라 자신의 통제하에 있는 기업집단 내에 재투자하는 것이다.

과연 재벌총수는 어떤 이익을 추구할 것인가? 외부주주나 채권자들의 경영감시가 활발하면 소유경영자는 전자를 선택할 가능성이 높을 것이다. 하지만 재벌 소유경영자가 43%의 내부지분율을 지배하기 때문에 자본시장의 외부 통제기능만으로는 소유경영자의 전횡을 통제하기가 힘들 뿐 아니라 은행의 감시기능도 대단히 취약한 상태이다. 또한 부당 내부거래 등 경영자 전횡에 대한 외부투자자의 감시가 취약할수록 후자의 이익이 클 것이다. 따라서 재벌총수는 경영자로서 권력극대화 이익을 선택하는 것이 자기합리적인 것이다.

결국 재벌총수라는 경영자와 외부주주 간에는 유휴현금흐름을 둘러싸고 이해가 상충되며, 재벌총수는 외부주주의 수익극대화 목표를 무시하고 과잉투자와 과도한 성장전략을 추구할 가능성이 높다. 즉 재벌총수의 주요 목표는 경영권력과 조직규모 극대화에 있으며, 재벌의 소유구조와 외부 금융기관의 취약한 감시구조가 바로 재벌총수의 경영권력을 강화하는 기반이 되고 있는 것이다.

성숙단계에 도달한 기업은 대체로 높은 경쟁력을 보유하고 국내시장에서 독과점 지위를 확보하고 있어 상당한 렌트를 얻고 있으며, 일반적으로 이런 기업일수록 금융기관으로부터 높은 신용평가를 받는다. 하지만 이런 기업들은 상당 규모의 유휴현금흐름과 차입여력(unused borrowing power)을 보유한 데 반해 미래의 성장률이 둔화될 것으로 예상되는 상황이기 때문에 뚜렷하게 수익성 있는 투자처를 발견하기 어렵다. 더욱이 재벌기업들은 기술개발보다는 외국에서 기술을 도입하여 저임금의 가격경쟁력을 기반으로 압축성장을 해왔다. 즉 특정 산업분야의 전문적 기술에 근거한 품질·기술 경쟁력을 바탕으로 해서 성장한 것이 아니기 때문에 성장산업→성숙산업→사양산업으로의 산업주기가 상당히 짧았고, 특히 재벌은 특정 산업에 주력하기보다 다각화를 통해 경공업에서 중화학공업으로, 노동집약적 산업에서 자본집약적 산업으로 산업구조를 급속히 변화시켜 왔다.

따라서 재벌은 주력기업의 기술경쟁력 강화에 투자함으로써 업종전문화를 꾀하기보다 성숙단계의 주력기업들을 자금원(cash cows)으로 활용하면서 내부자본시장 수단——계열사출자, 부당 내부거래, 상호지급보증 등——을 통해 성장단계에 있어 투자기회가 많은 다른 계열사들에 투자자금을 공급함으로써 다각화를 추구했다. 특히 80년대에는 은행보다 제2금융권의 금융규제가 훨씬 적었기 때문에 제2금융권의 비중이 급속히 증가했는데, 재벌들이 제2금융권에 진출하면서 제2금융권이 재벌의 사금고화되는 경향도 나타났다. 즉 재벌소유 금융기관들은 계열사의 자금공급원 역할뿐 아니라 주력기업의 유휴현금흐름을 다른 계열사에 중계하는 역할을 함으로써 재벌 내부자본시장 체계를 크게 강화시키고 외부투자자의 견제기능을 약화시키는 데 결정적으로 기여했던 것이다.

정보 비대칭성 등의 이유로 외부자본시장이 제대로 발달하지 못한 상태에서는 외부주주가 성숙단계 기업의 경영자가 풍부한 유휴현금흐름을 비효율적으로 기업 내부에 유보하려는 경향을 제대로 감시하지 못한다. 한편 각 계열사 경영통제권을 강력하게 장악한 재벌총수의 경우에는 유휴현금흐름을 기업 내부에 비효율적으로 유보하려는 각 계열사 경영자 대리인문제를 강력하게 통제할 수 있다. 즉 재벌의 내부자본시장은 현금흐름이 과잉인 계열사에서 유휴현금흐름을 추출해서, 수익성이 높은 투자기회를 갖고 있지만 투자자금이 부족한 계열사로 배분시킴으로써 보다 효율적으로 자원을 배분할 수 있다(Bhide 1997, p. 107). 또 유휴현금흐름이 풍부한 자금공급원 기업은 그만큼 외부금융시장에서도 높은 신용평가를 받기 때문에 계열사 채무보증 등의 방식으로 외부차입자금까지 타계열사에 지원하는 역할을 수행할 수 있다. 이처럼 외부금융기관의 투자심사와 감시 능력이 취약한 상황에서 재벌 내부자본시장은 외부자본시장의 취약성을 부분적으로 대체하였고, 재벌들은 기술경쟁력에 근거한 업종전문화를 추구하기보다 내부자금시장 활용과 다각화전략을 구사하면서 외연적 성장을 추구했다.

그러나 다각화된 기업집단은 계열기업에 내부자본시장과 산업 포트폴리오 안전망을 제공하지만 바로 이런 위험을 줄이는 보험제도는 보험참여자의 도덕적 해이를 심화시키는 문제를 일으킨다. 즉 기업집단이라는 산업 포트폴리오 안정망에 속해 있는 계열기업들은 심각한 위험에 처할 때 내부자본시장의 도움을 받을 수 있다고 예상하기 때문에 과도한 위험을 추구하여 위험을 다른 계열기업에 전가하는 도덕적 해이가 발생하는 것이다. 또한 계열기업들은 구조조정이 필요하더라도 독립기업의 경우 기대할 수 없는 내부자본시장의 지원을 기대할 수 있기 때문에 구조조정을 지연시키고 경영자와 노동자가 구조조정비용 부담을 기피하게 된다(같은 글, p. 108). 따라서 재벌총수 혹은 기획조정실 등 내부자본시장의 중앙통제기구가 각 계열사들이 내부자본시장에 대해 도덕적 해이를 보이는 것을 강력하게 통제할 수 없다면 내부자본시장의 장점은 크게 퇴색한다. 그런데 일반적으로 내부자들은 내부 프로젝트에 대한 자금지원 여부를 냉정하게 판단하기 어렵다. 특히 계열사의 투자결정이 총수의 지시에 의한 것일 때 각 사업의 타당성을 내부자본시장이 외부자본시장처럼 객관적이고 냉정하게 처리하기 힘들다는 것은 쉽게 추측할 수 있다.

기업집단 내의 자원이 최적으로 배분되려면 내부자본시장의 중앙통제기구가 철저하게 장기수익성 관점에서 각 계열사의 투자배분을 조정해야 한다. 그러나 내부자본시장의 본질적 한계는 내부자본시장을 지배하는 재벌총수가 수익성보다는 성장과 권력 확대를 중시할 때 그 안에 이를 규율할 기구가 없다는 점이다. 따라서 외부자본시장 감시가 취약하고 재벌총수가 수익성보다 성장과 권력 확대를 중시한다면 내부자본시장 내의 자원배분은 심각하게 왜곡될 수 있다.

대규모 공개기업의 경우 자본시장이나 생산물시장의 압력이 없는 상태에서 내부 경영시스템이 경영전략의 잘못을 인정하고 자발적으로 구조조정을 하는 경우는 극히 드물다(Jensen 1993, p. 30). 더욱이 내부자본시장은 자금공급원 기업에서 추출된 유휴현금흐름 투자를 주로 기업집단 내로 제한하기 때문에 이런 제약이 없는 외부자본시장의 투자배분보다 더 비효율적일 가능성이 크다. 결국 기업집단의 최고경영자인 재벌총수와 투자자 간의 유휴현금흐름 투자배분을 둘러싼 대리인문제를 해결하려면 외부자본시장의 감시와 규율이 필요하다.

그런데 기업이 기회비용 이상의 내부수익률을 낼 수 있는 투자기회가 많은 고도성장체제하에서는 제국건설과 조직확대를 통해 권력을 확장하려는 경영자의 대리인문제가 주주나 채권자의 이해와 크게 상충하지도 않고 기업 효율성을 크게 저해하지도 않지만, 이 체제가 끝나고 기업의 투자기회가 적고 경영자 감시·견제 장치가 없는 경우에는 대리인문제와 과잉중복투자에 의한 비효율 문제가 심화될 수 있다.

한국기업들은 레버리지가 매우 높은 상태였기 때문에, 과거 고도성장체제에서 채권자들의 규율기능이 매우 엄격했다면 오히려 채권자들의 위험기피 성향으로 경영자들은 기업파산시 경영권이 채권자에게 넘어가는 것을 우려하여 재무위험을 회피하려는 소극적 투자행동을 함으로써 도전적 기업가정신이 약화되고 수익성 있는 투자기회를 전부 살리지 못하고 과소투자되는 비효율이 발생할 수도 있었을 것이다. 이런 측면에서 보면 60～70년대에 관치금융으로 인해 부채의 경성예산 제약이 엄격하게 집행되지 않았던 것이 오히려 고도성장에 기여한 점도 있었다. 당시 재벌의 과잉중복투자 문제는 차입의존구조의 경성예산 제약에 의해서가 아니라 과당경쟁을 방지하기 위한 정부의 산업정책 개입에 의해 통제되고 있었다.

문제는 고도성장체제가 끝나고 기업의 투자기회가 적어진 상태에서 재벌들의 과거 투자패턴은 계속 이어진 데 반해 과잉중복투자를 규제하는 국가의 산업정책 개입은 오히려 후퇴했다는 것이다. 즉 고도성장체제의 종료는 이제부터 본격적으로 조직확대와 권력극대화를 추구하는 경영자 대리인문제가 심화된다는 것을 의미했음에도 불구하고 이를 조정하는 국가의 산업정책적 통제장치는 오히려 해체되었을 뿐 아니라[12] 경영자 대리인비용을 해결하기 위한 효율적인 지배구조를 확립하지 못함으로 해서 과잉중복투자 문제가 필연적으로 나타날 수밖에 없었다.

90년대에 들어와 한국경제는 더 이상 고도성장체제를 유지하기 어려우며 적정 성장률을 6～7% 수준으로 낮추고 재정·금융 정책 등 거시경제정책도 이에 따라 수정되어야 한다는 주장은 많이 제기되었다.[13] 그러나 고도성장체제를 수정한다는 것이 거시경제적 조정만을 요구하는 것이 아니라 한국경제에서도 이제부터 경영자 대리인문제가 본격적으로 나타나기 시작하며 이를 제어하기 위해서 은행의 기업감시 강화와 지배구조 개혁의 문제가 중요해짐을 의미한다는 인식은 불철저했다. 김영삼 정부도 이런 개혁의 필요성을 어느 정도 인식하기는 했지만 신자유주의 정책으로 기존의 국가통제장치만 해체했을 뿐 지배구조 개혁의 시대적 과제는 제대로 펼쳐지지 못했다.

1997년 30대 기업집단의 자기자본비율은 18.2%에 불과하다.[14] 따라서 채권 금융기관들이 여신심사와 기업감시 투자를 적극적으로 해 경성예산 제약이 제 기능을 했다면 상대적으로 제국건설과 과잉중복투자를 하는 경영자 대리인문제는 심각하지 않을 수도 있었다. 그러나 관치금융으로 인한 금융기관의 구조적 취약성 때문에 금융기관들은 여신심사와 기업감시 투자를 적극적으로 하지 않았고 재벌총수들의 방만한 사업확장을 방치했다.

재벌들이 방만한 차입경영으로 비관련 다각화를 추구했을 때 은행은 이를 규제하기보다 오히려 계열사 채무보증을 적극적으로 요구함으로써 재벌에 여신을 집중하고 재벌의 내부자본시장에 기생하려는 경향까지 있었다. 즉 은행은 개별기업들에 대해서 여신심사를 하고 감시투자를 하기보다 재벌계열사에 대한 경영감시를 재벌총수가 통제하는 내부자본시장에 떠넘겼던 것이다. 은행은 재벌 기업집단을 실질적으로 통합된 하나의 단일체로 보았기 때문에 개별계열사에 대한 신용을 보고 대출을 한 것이 아니라 재벌 기업집단 내부자본시장의 신용을 보고 대출을 했다. 따라서 일부 계열사가 부실화되더라도 내부자본시장이 부실기업들을 지원할 수 있는 한 은행은 자신들이 부담해야 할 개별계열사에 대한 여신심사와 감시투자 비용을 내부자본시장에 떠넘겨버리는 기생적 행동을 해도 문제가 되지 않았다.

그러나 내부자본시장이 감당할 수 없는 계열사의 부실화는 재벌계열사 전체의 부실화로 확산될 수밖에 없었고, 어음제도의 일반화로 기업들의 채무관계가 거미줄처럼 연계되어 있기 때문에 재벌의 도산은 재벌과 거래관계에 있는 수많은 기업들에 연쇄적으로 파급되었다. 따라서 금융자유화가 되더라도 개별은행은 금융시스템 위기로까지 확대될 수 있는 엄청난 파급효과를 고려해야 할 뿐 아니라 재벌기업이 도산할 때 은행에 돌아오는 부실채권을 은행 혼자서 감당하기 힘들었기 때문에 마땅히 퇴출시켜야 하는 비효율적 재벌기업이 있더라도 독자적 판단만으로 재벌기업을 퇴출시키는 결정을 내릴 수 없었다. 결국 정부의 정책적 결정 없이는 재벌기업의 퇴출이 구조적으로 어려웠으며 재벌계열사에 대한 시

장퇴출기능은 사실상 작동하지 못했고, 이것은 재벌과 은행 양자의 도덕
적 해이를 심화시켰던 것이다.

4. 기업구조조정과 재벌개혁방안

재벌기업들이 야기한 과잉중복투자와 부실채권 문제를 해결하기 위해
현재 구조조정이 진행되고 있다. IMF위기 이후 정부는 IMF와 미국의 강
요에 따라서 사실상 월가(Wall Street)의 기준을 의미하는 국제기준(glob-
al standard)을 구조조정 기준으로 수용하고 있다. 우리와 같이 고저축-
고투자가 은행중개로 연결되는 기업금융체제에서는 정상적인 기업이라
해도 부채비율이 높을 수밖에 없었고 자산수익률(return on asset, ROA)
이 정상적으로 유지되는 한 국내 금융기관들은 이들 기업에 대해 기업금
융을 지속했다. IMF위기 이후 자본시장이 거의 완전히 개방되자 자본시
장 참여자들은 투자적격 기업을 선별하는 데 국제기준을 자발적으로 적
용하게 되었고 은행부문에는 정부에 의해 BIS기준이 강제적으로 도입되
었다. 국내 초우량기업 중의 하나인 삼성전자조차 S&P 평가가 BBB¯인
상황에서(『한겨레신문』 2001. 1. 20) 국제기준이 도입되자 대부분의 기업들
은 높은 부채비율 때문에 투자부적격 기업으로 전락하게 되었다.

국내기업들의 부채비율을 국제기준에 맞추어 단기간 내 낮추기 위해
주식시장 부양정책이 실시되었고 그 결과 주가상승과 함께 대규모 유상
증자가 이루어졌다. 재벌기업들이 정부가 요구한 부채비율 200%를 형식
적으로나마 맞출 수 있었던 것은 주식시장 부양정책에 의해 대규모 유상
증자가 가능했기 때문이다. 유상증자로 부채비율은 낮아졌지만 유동성
위기를 넘겼을 뿐 위기의 원인인 부실채권이 감소하고 사업구조조정이
이루어진 것은 아니었다. 은행부문에서 관치금융의 폐해가 가장 많이 발

생했지만 그래도 기업구조조정을 주도하는 데 필요한 정보의 하부구조
는 자본시장보다 은행이 많이 보유하고 있었기 때문에 은행이 기업구조
조정을 주도해야 했다. 하지만 대규모 공적 자금이 은행부문에 투입되었
음에도 불구하고 은행들은 BIS의 국제기준을 충족시키지 못하는 경우
퇴출위협을 받으므로 BIS기준을 악화시킬 수 있는 기업구조조정과 기업
금융에 적극적으로 나설 수 없는 상황이었다. 은행들의 이 같은 소극적
태도로 부실기업 정리과정이 지지부진하면서 금융시장의 불확실성 문제
가 증폭되자, 자본시장의 하부구조가 취약한 상태에서 의도적인 부양정
책으로 일시적으로 활성화되었던 주식시장도 급속하게 침체하고 회사채
시장도 급속히 경색되어 국내 저축과 투자의 연결이 마비되면서 경제위
기 재발 가능성을 논의할 정도의 상황에 이르렀다.[15]

　이러한 결과가 발생한 가장 중요한 원인은 자본시장을 무리하게 개방
하고 BIS 같은 국제기준을 과도하게 강제한 데 있다. 자본시장 개방으로
외국인 투자가 증가했지만 월가의 투자자 입장에서는 한국경제가 140개
투자대상국 중 하나에 불과하므로 국제경제 조건이 약간만 변하거나 한
국경제의 투자전망이 조금만 나빠져도 외국자본은 쉽게 이탈한다. 따라
서 한국경제는 국제금융의 금융유동성에 완전히 노출된 상황이며 국내
투자자들도 세계적 투자기준을 수용하고 국제금융의 금융유동성에 민감
하게 반응할 수밖에 없다. 외환위기 초기에는 외자유치 필요성 때문에
국제기준을 수용하는 것이 불가피했다. 그러나 현재는 금융시장의 경색
으로 투자율이 저축률을 훨씬 밑돌아 해외저축이 필요 없는 상황이며 국
내은행들도 과거처럼 해외차입금에 의존하고 있지도 않고 국제금융 취
급비중이 낮아 사실상 국내금융에만 치중하고 있기 때문에 BIS기준을
반드시 적용해야 할 이유가 없다.

　혹자는 국제기준 적용을 완화할 경우 대외신인도 하락으로 위기의 재
발을 염려한다. 하지만 위기재발 가능성의 핵심 원인은 무리한 국제기준

적용이 은행과 자본시장을 위축시키고 기업구조조정을 지연하고 불확실성의 증대에 따른 자금시장 경색을 초래한 데 있기 때문에 BIS기준을 완화하여 은행이 적극적으로 기업구조조정에 나서고 부실기업 처리를 둘러싼 금융시장의 불확실성이 제거된다면 오히려 대외신인도가 올라갈 수 있음을 생각해야 한다. 자본시장 미발달로 간접금융 비중이 큰 고저축-고투자의 한국경제모델에서는 투자적격을 선별하는 국제기준은 부적합한 기준이며 구조조정을 신속하게 처리해야 하는 과도기 상황에서는 위기를 완화시키기보다 오히려 심화시킬 수밖에 없다. 적어도 과도기에는 구조조정이 한국경제 특성에 맞는 투자선별 기준에 따라 진행되어야 한다.

은행 부실채권은 은행의 도덕적 해이와 관치금융이 결합된 결과이기 때문에 부실채권 처리에서 발생하는 은행손실의 상당 부문이 사회에 전가될 수밖에 없다. 공적 자금 투입규모 증가를 지나치게 우려하는 것은 바람직하지 않다. 대규모 공적 자금을 투입하더라도 구조조정을 효과적으로 마무리지어 회수율을 높이는 것이 더 경제적일 수 있다. 오히려 소극적 공적 자금 투입이 구조조정을 지연시켜 사회적 조정비용을 더 증가시킬 수도 있다. 그런데 지금처럼 은행의 도덕적 해이를 우려하여 공적 자금 투입 후 은행의 자구노력과 BIS기준 확충을 강요하는 것은 기업 구조조정을 주도해야 하는 은행의 능력과 인센티브를 파괴하는 결과를 낳고 있다. 즉 은행은 장기적 내재가치를 높이기 위해 자신이 안고 있는 잠재부실을 어떤 형태로든 해결해야 하지만 BIS기준을 충족시키지 못하는 경우 6개월 혹은 1년 뒤에 퇴출될지 모르는 위기에 처하므로 당장의 생존에 급급할 수밖에 없고, 따라서 은행경영은 지극히 단기적 시계 속에서 이루어지고 오로지 당장의 BIS기준 충족에만 매달리게 된다.

정부는 은행에 한편으로는 기업금융 확대를 요구하면서 또 한편으로는 BIS기준 충족을 강요하고 있는데 이런 모순된 정책을 추구하는 한,

은행이 기업구조조정의 적극적 주체로 나설 수 없다. 자본시장 참여자들이 국제기준을 수용하는 것은 자발적인 것이기 때문에 정부정책으로 바뀔 수 없지만 은행의 BIS기준 적용은 정책에 의해 얼마든지 완화될 수 있다. 따라서 기업구조조정이 어느 정도 마무리될 때까지 BIS기준 적용을 유보·완화하여 은행의 자금여력을 마련해 주고 한시적으로 부실기업 퇴출과 관련된 손실 일부를 국가가 부담함으로써 은행이 기업구조조정에 적극적으로 나서게 하는 인센티브 구조를 확립해야 한다.[16] 은행을 통한 기업구조조정이 신속하게 마무리되고 부실채권과 관련된 불확실성이 제거된다면 자본시장의 직접금융도 급속하게 활성화될 것이며 양자의 호순환 속에서 한국경제는 위기극복의 기반을 확보할 수 있을 것이다(조영철, 2001b).

경영투명성과 자본시장의 규모와 기능이 더 강화되어야겠지만 우리나라의 자본시장이 발전해도 한국의 높은 저축률 중 자본시장이 흡수할 수 있는 부분은 한계가 있기 때문에 은행은 저축과 투자를 중개하는 중심적 역할을 해야 하며(Wade and Veneroso 1998) 단기 운영자금만이 아니라 기술개발과 설비투자의 산업금융을 안정적으로 제공하는 '인내하는 자본'(patient capital)의 역할을 계속 수행해야 한다.

은행중심 시스템이 제대로 기능하려면 재벌의 은행지배를 허용해서는 안 되며 주거래은행제도를 확립해야 한다.[17] 독일이든 일본이든 은행중심 시스템인 나라들은 어떤 형태로든 주거래은행제도를 확립하고 있다. 현재 자생적 질서에만 맡겨서는 주거래은행제도를 개혁할 수 없는 상황이기 때문에 국가가 개입하여 주거래은행제도를 개혁해야 한다. 주거래은행 단독으로는 재벌계열사의 퇴출을 결정할 수 없는 터라 채권은행들 간의 사전적 조정과 협력이 있어야 은행의 재벌규율이 효과를 발휘할 수 있다. 따라서 각 재벌에 대해서 대출을 한 은행들로 구성되고 주거래은행이 간사를 맡는 채권은행단이 비공식적 상설기구로 설치되어 주거래은행이 재벌감시 투자와 정보생산을 전담하되 채권은행들간에 기업정보를 공유하고 공동협력하에 재벌의 여신을 관리해야 한다. 즉 부실화가 드러난 이후 사후적으로 채권은행단이 구성되어 활동하는 것이 아니라 채권은행들간의 항시적인 협력체제를 통해서 재벌기업에 대한 신규대출, 대출 회수 및 갱신이 사전적으로 조정되어야 한다. 물론 은행이 기업지배구조에 간여하는 경우 기업경영이 지나치게 안정성 위주로 진행될 염려가 있지만 우리나라는 재벌들이 고위험의 공격적 경영을 함으로써 위험을 채권자에게 전가하는 도덕적 해이가 심각한 상태이기 때문에 큰 문제가 안 된다.

이와 같이 부실은행을 정리하고 주거래은행제도를 정착시키고 금융감독기구를 강화시켜도 은행산업 자체의 경쟁구조와 효율적 지배구조가 확립되지 않는다면 재벌개혁을 포함해 한국경제 개혁은 성공하기 힘들다. 은행산업은 규모의 경제와 결제기구로서의 안정성 문제가 중요하기 때문에 진입규제를 해제해 완전경쟁체제로 나가기 곤란한 측면이 있다. 은행산업을 완전경쟁시장으로 개편할 수도, 산업자본의 지배를 허용할 수도 없는 상태에서 은행 경영진과 종업원들 같은 내부자들이 은행개혁을 주도할 수 있으리라고 기대하기란 힘들거니와 사외이사제나 감독이사회 도입 등 부분적 개혁만으로 은행산업이 경쟁력을 획득하는 것 또한 어려울 것이다. 따라서 현상황에서는 금융지주회사를 허용하여 강력한 지배구조를 가지면서도 산업자본과는 분리된 금융전업기업군을 형성하는 정책이 필요하다고 본다. 즉 외국인소유 은행, 금융전업기업군 소속 은행, 현행체제의 은행 들간의 경쟁 속에서 시장의 자연선택에 따라 가장 우월한 은행체제가 지배적인 제도로 정착되도록 해야 할 것이다.

재벌지배구조 문제의 핵심은 계열사출자 지분이 장기 안정주주로서 기업의 장기적 성장에 대해 헌신적 자본의 역할을 하고 있지만 총수에 의해 장악되어 있음으로 해서 경영을 감시·견제하는 적극적 투자자의 역할을 못하고 있다는 것이다. 독일의 하우스방크(Hausbank)나 일본의 계열사 및 주거래은행 같은 안정주주는 장기투자만 하는 것이 아니라 비효율적 경영에 대해 견제를 하는 적극적 투자자로서의 대주주 역할을 한다.[18] 따라서 한국 재벌개혁의 핵심은 내부지분율이 장기 안정주주의 역할을 유지하면서 동시에 재벌총수의 전횡을 감시·견제하는 적극적 투자자의 역할을 할 수 있게 하는 것이다. 계열사출자 지분을 완전히 해소하는 재벌해체 방식은 외부자본시장이 취약한 우리의 현실을 고려할 때 내부자본시장의 긍정적 기능과 헌신적 자본인 장기 안정주주의 역할까지 파괴하고 더욱이 외국인 포트폴리오 투자가 증가하는 상황에서 외부자본시장의 단기주의 문제를 심화시킬 것이기 때문에 바람직하지 않다.

재벌총수 전횡을 견제하는 지배구조를 확립하기 위해서는 우선 소액주주, 기관투자가 그리고 우리사주의 이해를 실질적으로 대변하면서 총수로부터 독립된 사외이사가 과반수를 차지하는 이사회를 구성할 수 있게 제도를 개편하는 것이 중요하다. 특히 종업원대표의 기업지배구조 참여가 중요하다. 거의 모든 상장기업에는 우리사주제도가 도입되어 있으며 우리사주 지분율이 재벌총수 지분율을 능가하는 경우가 많다. 따라서 종업원들은 기업이 도산할 경우 실직뿐 아니라 우리사주 지분율만큼의 손실을 보게 된다. 이처럼 우리사주들은 재벌총수보다 훨씬 더 중요한 이해관계자인데도 불구하고 기업지배구조에서는 거의 아무런 발언권도 행사하지 못했다.

하지만 대기업노동자는 경영자와 마찬가지로 수익성보다 성장과 조직 확대를 추구하는 경향이 있으므로 기업구조조정을 지연시키는 걸림돌이 될 수도 있다. 재벌기업 노동자들이 내부자 담합에 빠지지 않고 과잉중복투자와 경영 비효율을 감시하는 이해관계자로 등장하려면 장기 안정주주로서 적극적 투자자의 지위를 지녀야 한다. 즉 종업원이 시장실패 영역인 기업특수적 관계투자를 촉진하고 외부자본시장의 단기주의 압력을 완화하는 헌신적 자본의 역할을 수행하는 한편 재벌총수의 비효율적인 경영을 감시하는 역할을 해야 한다. 우리사주조합원은 기업 내부정보에 비교적 밝을 뿐 아니라 장기고용관계가 형성된 경우 기업의 장기발전과 이해를 같이하기 때문에, 민주적으로 구성된 우리사주조합이 재벌지배구조에서 집단적으로 적극적 발언을 한다면 지배주주의 전횡을 막고 주주와 채권자의 이해대립을 조정하고 노사대립도 완화하는 등 기업의 장기발전을 위해 중요한 역할을 할 수 있다.[19] 그러므로 우리사주들의 민주적·집단적 의사가 이사회를 통해 기업경영에 반영될 수 있게 제도를 개편하는 것이 필요하다. 우리사주제도는 약간의 개혁만으로도 재벌체제를 개혁하고 경제민주주의를 확산시키는 중요한 제도가 될 수 있다.

그리고 재벌총수 권력의 핵심이 내부지분율 장악에서 나오는 만큼 이에 대한 규제가 필요하다. 따라서 자사주와 계열사출자 지분에 대한 의결권 행사는 재벌총수로부터 독립된 사외이사들의 동의하에서만 이루어지도록 해야 한다. 왜냐하면 자사주와 계열사출자 지분은 총수가 투자한 것이 아니라 전체 주주의 자산이기 때문이다. 따라서 재벌총수 권력의 핵심 기반인 계열사출자 지분과 자사주 의결권 행사에 대해 총수로부터 실질적으로 독립된 사외이사들이 통제할 수 있다면 재벌 기업지배구조는 근본적으로 변화될 수 있다.

금융계열사를 이용한 재벌 내부자본시장의 부정적 기능을 그대로 방치할 수 없기 때문에 5대재벌의 경우 우선 금융기관과 산업자본계열 기업들간의 출자를 해소시켜서 재벌 내부자본시장의 핵심적 기능을 수행하고 있는 재벌계열 금융기관들을 산업자본 계열사들과 분리시킬 필요가 있다. 제2금융권이 재벌에 의해 장악된 상태에서는 재벌기업의 경영을 감시하는 기관투자가의 기능도 제대로 작동하기 힘들기 때문이다.

주

1) 유휴현금흐름은 현금영업이익(당기순이익+감가상각비+세후이자비용)에서 총투자금 액을 뺀 값으로 모든 투자지출을 지불하고 남은 현금흐름을 말한다.

2) 이에 반해 Jensen(1987)은 단기주의 문제가 발생하는 것은 자본시장 때문이 아니라 경영 자의 근시성 때문이며, 80년대에 M&A, 차입매수(LBO) 등 미국 자본시장기능이 활성화 됨으로써 경영자 근시성에서 비롯된 기업비효율 문제가 완화되었다고 주장한다. 자본시 장 근시성을 부정하는 실증분석 연구들은 미국의 경우 R&D투자를 적극적으로 한 기업 이 그렇지 않은 기업보다 주가반응이 더 좋았다(Keasey et al. 1997)면서 자본시장은 기 업의 장기적 내재가치를 제대로 평가한다고 주장한다(Romano 1999, p. 388). 그러나 이 런 실증분석 연구는 R&D투자가 주가를 상승시킨 것인지 기업성과가 좋은 기업들이 R&D투자를 적극적으로 한 것인지 그 인과관계가 불분명하다는 문제를 안고 있다. 또한 이러한 연구들이 미국의 자본시장이 근시적이지 않음을 보여주고 있다 하더라도 그것이 미국의 자본시장중심 시스템이 일본·독일의 은행중심 시스템보다 장기의 시계를 갖는 다는 것을 증명하는 것은 아니다. R&D투자의 양도 중요하지만 어떤 R&D투자를 했는가 하는 문제도 중요하다. Porter(1992)에 따르면 장기사업과 관련된 R&D투자의 비중이 미 국은 22.6%에 불과한 데 비해 일본과 유럽은 각각 46.8%, 60.5%로 미국보다 더 장기적 R&D투자를 하는 것으로 나타났다. 그리고 R&D투자, 인적 자본 같은 무형자산에 대한 투자와 생산설비에 대한 투자비중이 독일·일본보다 미국이 더 낮은 것으로 나타났다. 더욱이 최고경영자들에 대한 설문조사에서 미국의 최고경영자들은 일본이나 유럽의 최 고경영자들보다 자신들의 시계가 더 짧다고 믿고 있는 것으로 나타났다(Pollin 1998, p. 171).

3) 단기 포트폴리오 투자를 하는 기관투자가의 경우 감시투자를 기피하는데, 그것은 감시투 자의 수익이 장기적 수익이기 때문이다(Black 1997, p. 171).

4) 왈라스적 중매시장은 가격기구에 의해서 조정되는 시장이다. 그러나 금융시장의 경우 정 보 불완전성 때문에 가격에 의한 조정에는 한계가 있다. 따라서 금리자유화가 되더라도 가격기구의 조정한계로 인해 거래실적에 기초해 차입자를 선별·감시하는 정보를 생산 하고 위험을 부담하는 은행이라는 대리인조직이 필요하다. 은행은 가격기구에만 의존하 는 것이 아니라 규모의 경제와 장기 거래실적 자료를 활용해 생산한 정보를 바탕으로 해서 신용을 할당하는 조정역할을 한다(Stiglitz 1993 pp. 50~51).

5) 토빈 q는 기업의 주가총액을 기업의 순자산 대체비용으로 나눈 값으로 기업의 투자수익 성을 나타내는 지표이다.

6) Jensen 1993, p. 35. 차입매수란 부채를 통해서 얻은 자금을 이용해 경영권을 인수하는 것을 말한다. 이렇게 되면 경영자는 자신의 차입금 상환을 위해서 일정한 배당금을 지급 하는 정책을 펴게 되어 기업은 마치 경성예산 제약하에 놓인 것과 비슷한 효과를 받는 다.

7) Davis 1992, p. 20. 자본시장을 통한 직접금융은 규모의 경제 때문에 필요할 때마다 수시 로 자금조달이 이루어지기 힘들다. 그러나 은행은 기업과의 장기 거래실적에 기초해 풍 부한 정보를 갖고 있으므로 상황변화에 더 유연하게 대처할 수 있다(Stiglitz 1993, p. 78).

8) 기업의 위험수준이 유한책임을 지는 주주의 위험부담 한계를 넘어서게 되어 채권자가 위험부담을 안고 기업지배권도 채권자에게 넘어가는 경우 부채는 사실상 묵시적으로 주 식의 성격을 띠게 된다. 지급불능시 회사채 소유자는 무임승차 경향이 은행보다 훨씬 강 하기 때문에 은행이 회사채 소유자보다 기업통제권을 행사하는 데 더 적합하다(Davis

1992, p. 19). 그러므로 워크아웃은 은행의 주도로 이루어지는 것이 일반적이다.

9) 은행중심 시스템은 역사적 우연이 아니라 기업·금융기관·정부의 긴밀한 연계관계 속에서 안정성을 유지하려는 정책적 산물이라고 할 수 있다(같은 책, p. 25).

10) 미국의 경우 기업 내부경영진의 지분율을 기준으로 볼 때 0~5% 수준에서는 내부자지분율이 높아질수록 경영자 대리인비용이 줄어들어 기업의 가치(토빈 q)가 증가하지만, 5%~25% 수준에서는 내부자지분율이 커질수록 경영자 전횡을 견제하기가 힘들어 기업가치가 하락하며, 25% 수준을 넘어서면 주주와 경영자 간의 대리인 문제가 원천적으로 약화되어 내부자지분율이 커질수록 기업가치가 증가하는 것으로 나타났다(Morck et al. 1988). 소유집중은 잔여청구권과 통제권 간의 괴리를 줄임으로써 경영자 대리인비용을 축소시키는 장점이 있지만 심각한 단점 또한 안고 있다. 즉 소유경영자가 현금흐름에 대한 자기권리를 넘어서 사실상 대부분의 통제권을 장악하면 종업원, 채권자, 외부주주 등 다른 이해관계자들이 소유경영자의 전횡을 견제하기가 힘들기 때문에 소유경영자는 다른 이해관계자들이 투자한 기업특수자산을 탈취(expropriation)하고 일방적으로 자신의 사익만 관철함으로써 기업효율을 저해할 수 있다. 따라서 소유경영자의 지분율이 어떤 임계수준(5%)을 넘어서면 소유집중의 단점이 장점을 압도하기 시작하여 소유경영자 지분율이 커질수록 기업성과도 하락하게 된다(Shleifer and Vishny 1997, pp. 758~59).

11) 혹자들은 선진국의 예에서 볼 수 있듯이 우리나라도 기업이 성장함에 따라 소유분산이 자연스럽게 진행되면 언젠가는 소유와 경영의 분리가 이루어질 것이라고 예상한다. 하지만 한국재벌 소유지배구조의 특징은 소유가 분산되어도 계열사출자 때문에 내부지분율은 높은 수준으로 유지될 가능성이 높다는 점이다. 기업집단의 역사가 오래 된 재벌의 하나인 삼성의 경우 동일인 및 특수관계인 지분율이 1996년 현재 2.97%에 불과하다. 그럼에도 불구하고 계열사출자 지분이 45.72%나 되어 내부지분율이 49%에 이른다. 따라서 아무리 소유분산이 이루어지더라도 경영통제권을 이미 장악하고 있는 자는 높은 내부지분율을 바탕으로 계속 경영통제권을 유지할 수 있는 것이다. 삼성의 경우 동일인 및 특수관계인의 지분율이 경영권 세습에 상당한 역할을 하겠지만 결정적으로 중요한 것은 계열사출자 지분을 누가 장악하느냐에 달려 있다. 즉 총수의 지분율이 매우 낮은 수준으로 떨어지더라도 총수가 내부지분율을 장악함으로써 경영지배권을 행사하고 있는 한 경영권 세습은 가능할 것이라고 예상할 수 있다. 기아의 예에서 보았듯이 전문경영자 지배체제라고 해도 경영자가 계열사출자 지분을 장악하고 있고 이를 견제할 지배구조가 취약하다면 재벌 소유경영자와 전문경영자 간의 경영행태는 별 차이가 없다. 그러므로 한국 대기업집단의 경우에는 지배주주 지분율이 낮아지더라도 일본 기업집단의 경우처럼 사장단회의 수평적 견제관계나 계열금융기관의 견제기능이 가능할 것이라고 기대하기 힘들다.

12) 80년대에 선별적 산업정책이 일반적 산업정책으로 전환하면서 정부의 산업정책 개입은 완화되었다. 90년대부터 진입규제정책이 크게 흔들리기 시작했는데, 진입규제정책이 재벌들의 영향력에 의해 원칙 없이 흔들리기 시작하자 재벌들은 이 틈을 노려 중화학공업부문의 영역을 확장하기 시작했다. 그리고 이미 진입해 있던 재벌기업들은 다른 재벌의 신규진입을 막기 위해 시설확장으로 시장포화상태를 만들려고 했다. 결국 진입규제정책의 와해는 90년대 중화학공업부문에 대한 재벌의 과잉중복투자를 초래한 요인 중의 하나였다. 또한 금융자유화로 90년대에 해외차입이 급증함으로써 여신증가율이 갑자기 기존의 국내 예금증가율을 상회했기 때문에 금융기관의 여신심사과정은 더욱 완화되었다. 국가의 산업정책 개입이 후퇴한 데서 발생한 빈 공간은 은행의 여신심사와 기업감시 강화로 메워져야 했지만 그렇지 못했고 이로 인한 재벌의 도덕적 해이는 방치되고 과잉중

복투자가 발생한 것이다(조영철 1998a).

13) 강두용(1998)은 유휴인력 고갈, 기초소비 증가의 둔화 등의 이유로 1992년을 전후해 고도성장체제가 종료했다고 추정한다.

14) 외부투자자와 기업 내부자 간의 정보 비대칭성이 심각한 경우 투자자는 기업가치를 제대로 평가하기 힘들다. 주가가 기업가치를 제대로 반영하지 않고 있다면 순현재가치(net present value)가 양(＋)인 투자기회가 있더라도 기업은 신주발행을 통한 자금조달을 기피하며 외부자금시장에서 심하게 과소평가를 받지 않는 증권, 즉 부채를 통해서 투자자금을 조달하려고 한다(Harris and Raviv 1991, p. 306). 한국의 경우 자본시장 미발달로 높은 저축률이 주로 은행의 간접금융에 의해 투자로 연결되었기 때문에 기업의 부채비율이 높을 수밖에 없었다. 더욱이 재벌기업들은 금융억압정책에 의한 저금리의 신용할당을 받는 데서 절대적으로 유리한 위치에 있었다. 또한 기업경영의 비투명성으로 자본시장의 정보 비대칭성이 심각했을 뿐 아니라 투자자금 조달을 외부주주에 의존하면 소유경영자의 지분율 하락으로 경영권을 위협받을 우려가 있었기 때문에 재벌기업들은 투자자금 조달을 주로 부채에 의존해 경영을 해왔다.

15) 과거에는 경기가 양극화되더라도 수익성이 높은 재벌기업이 내부거래, 채무보증 등의 내부자본시장 기능을 통해 기업잉여가 불황부문으로 확산되는 효과가 있었지만 IMF위기 이후에는 내부자본시장 기능이 제한되면서 국내 저축과 투자의 연계는 더 악화되고 있다.

16) 제일은행에 도입되었던 풋백옵션(put back option)제도는 은행부실을 과도하게 사회에 전가시키는 도덕적 해이를 야기했다는 비난도 받았지만 공적 자금 투입 은행들 중 제일은행이 가장 적극적으로 부실기업을 퇴출시키게 한 인센티브 효과를 냈다는 점에서 시사하는 바가 크다.

17) 기업에 대한 선별과 감시는 공공재의 성격을 지니고 또 정보생산에서 은행들은 상호 의존적 관계에 있기 때문에 주거래은행을 중심으로 한 은행간 협조체제의 확립이 필요하다. 즉 한 금융기관이 어떤 기업에 대출을 한다는 것은 대출자가 그 기업에 대해 긍정적 판단을 하고 있다는 정보를 다른 은행들에 전달하는 외부경제를 창출한다. 다른 은행들은 이 기업이 건전하다는 정보에 무임승차하여 추가대출을 한다면 그만큼 제1대출자의 위험이 증가하는 외부비경제가 발생한다(Stiglitz 1993, p. 29). 따라서 이러한 외부성 문제가 존재하는 상황에서 은행간 경쟁관계만 있고 협조관계가 없다면 은행들이 정보생산에 대해 과소투자를 하거나 미국처럼 지나치게 단기 위주의 대출관계가 형성될 가능성이 커진다.

18) 독일·일본의 준(準)내부자조직이 과연 얼마나 객관적이고 냉정하게 경영감시를 효과적으로 할 수 있을 것인가에 대해 회의적인 시각(Jensen 1993)도 있으며, 독일의 관계은행이 기대만큼 적극적 투자자가 아니라는 주장도 있다(Shleifer and Vishney 1997, p. 761). 즉 준내부자도 내부자의 한계를 부분적으로 갖고 있는 것이다.

19) 우리사주제도는 1992년 실권율이 59.3%에 이르고 있어 제대로 정착되지 못하고 있을 뿐 아니라(황선웅 1994, p. 75) 우리사주가 기업지배에 적극적으로 참여하기보다 외부 소액주주와 마찬가지로 행동하고 있는 상태이다. 종업원은 당연히 포트폴리오 투자를 선호하여 특정 기업의 주식을 대량으로, 장기간 보유하지 않으려고 한다. 따라서 우리사주제도를 확산시키려면 현 제도처럼 신주발행의 일정 비율을 우리사주로 발행하도록 하되 종업원 자금능력 한계와 지나친 위험부담에 대한 보완책이 필요하다. 따라서 차입형 종업원지주제도(leveraged ESOPs)를 도입하여 은행에서 차입한 자금으로 종업원이 주식을 구입할 수 있게 하고 종업원은 차입금으로 우리사주를 구입하는 대신 퇴직시까지 우리사주 신탁계정에 공동으로 신탁하도록 하는 것이다. 그리고 우리사주에 대한 조세혜택이 종업

원, 은행과 기업에 돌아가게 함으로써 이들 모두가 우리사주제도에 적극적으로 참여할 수 있게 유인해야 한다. 그리고 종업원이 급히 자금이 필요한 경우가 발생했을 때 기업은 종업원의 주식을 담보로 대출을 해주는 제도적 장치를 비롯하여, 외부 소액주주와 달리 우리사주들이 기업지배구조에 적극적으로 참여할 수 있게 유인하는 제도적 장치도 마련되어야 한다. 예를 들어 우리사주들이 우리사주신탁조합 대표를 선출하고 그 대표가 우리사주 의결권을 모두 행사하게 하여 주총에서 우리사주의 영향력을 강화하는 방안과 이사와 감사 선임에 대해서는 우리사주만의 별도 주총을 개최해서 우리사주를 대표하는 감사와 이사를 한두 명 선출하는 방안을 생각해 볼 수 있다. 이런 방안은 자본투자를 통해 위험부담에 참가한 종업원에게만 국한해 경영참가를 허용하는 것이므로 독일식 공동결정제와는 의미가 다르다.

참고문헌

강두용 (1998),『고도성장의 종료: 일본의 경험에 비추어본 한국경제의 감속성장 전환』, 산업연구원.

김기원 (2000),「재벌개혁을 둘러싼 쟁점」, 윤진호·유철규 편,『구조조정의 정치경제학과 21세기 한국경제』, 풀빛.

김진방 (2000),「재벌의 소유구조와 총수의 지배력」, 윤진호·유철규 편,『구조조정의 정치경제학과 21세기 한국경제』, 풀빛.

이병천 (1999),「한국의 경제위기와 IMF체제: 종속적 신자유주의의 모험」,『사회경제평론』13호, 한국사회경제학회.

조영철 (1996),『재벌문제의 본질 및 재벌정책의 개선방향』, 국회 입법조사분석실.

_____ (1997),「기업소유권과 노동자관리기업」,『경제학연구』제45집 3호, 한국경제학회.

_____ (1998a),「국가후퇴와 한국경제발전모델의 전환」, 이병천·김균 편,『위기 그리고 대전환』, 당대.

_____ (1998b),「신제도주의 경제학의 관점에서 본 한국경제성장모형」,『입법조사연구』통권251호, 국회 입법조사분석실.

_____ (1999a),「차입의존경제와 재벌개혁」,『사회경제평론』제12호.

_____ (1999b),「앵글로아메리칸모델과 라인모델의 기업지배구조」, 한국사회경제학회 제45회 연구발표회.

_____ (2001a),「미국의 기업지배구조」,『미국식 자본주의와 사회민주적 대안』, 당대.

_____ (2001b), 「구조조정의 문제점과 대안적 정책방향」, 『동향과전망』, 한국사회과학연구소.

홍영기 (1998), 『일본의 금융시스템의 위기와 메인뱅크시스템』, 국회 입법조사분석실.

황선웅 (1994), 「현행 종업원지주제도의 문제점과 활성화방안」, 『상장협』 추계호.

Aoi, J. (1993), "To Whom Does the Company Belong?," D. H. Chew ed., *The Second Mitsui Life Symposium on Global Financial Markets*.

Bhide, A. (1997), "Reversing Corporate Diversification," in D. H. Chew ed.

Black, B. (1997), "Institutional Investors and Corporate Governance: The Case for Institutional Voice," in D. H. Chew ed.

Chew, D. H. ed. (1997), *Studies in International Corporate Finance and Governance System: A Comparison of the U. S., Japan & Europe*, NY: Oxford Univ. Press.

Davis, E. P. (1992), *Debt, Financial Fragility, and Systemic Risk*, Oxford: Clarendon Press.

Gamble, A. and G. Kelly (1996), "The New Politics of Ownership," *New Left Review* no. 220, Nov./Dec.

Harris, M. and A. Raviv (1991), "The Theory of Capital Structure," *Journal of Finance* vol. 46/no. 1, March.

Jensen, M. (1986), "Agency Costs of Free Cash Flow, Corporate Finance, and Takeovers," *American Economic Review* vol. 76/no. 2.

_____ (1987), "The Takeover Controversy: Analysis and Evidence," J. Coffe et al., *Takeovers and Contests for Corporate Control*, Oxford University Press(J. Stern and D. H. Chew eds., *The Revolution in Corporate Finance*, Third Edition, 1998, Oxford: Blackwell Publisher).

_____ (1993), "The Modern Industrial Revolution, Exit, and the Failure of Internal Control System," D. H. Chew ed., *Journal of Finance* vol. 48.

Keasey, K., S. Thompson and M. Wright eds., (1997), *Corporate Governance: Economic and Financial Issues*, Oxford: Oxford Univ. Press.

McConnell, J. and H. Servaes (1990), "Additional Evidence on Equity Ownership and Corporate Value," *Journal of Financial Economics* vol. 27/no. 2, Oct.

_____ (1995), "Equity Ownership and the Two Faces of Debt," *Journal of Financial Economics* vol. 39/no. 1, Sep.

Miller, M. (1993), "Is American Corporate Governance Fatally Flawed?," D. H. Chew ed., *Journal of Applied Corporate Finance* vol. 6/no. 4.

Morck, R., A. Shleifer, and R. Vishny (1988), "Management Ownership and Market Valuation: An Empirical Analysis," *Journal of Financial Economics* vol 20/no. 1~2, Jan.~Mar.

Pollin, R. (1998), "Financial Structures and Egalitarian Economic Policy," P. Arestis and M. Sawyer eds., *The Political Economy of Economic Policies*, Houndmills: Macmillan.

Porter, M. (1992), *Capital Choices: Changing the Way America Invests in Industry*, D. H. Chew ed., A research report presented the Council on Competitiveness, Washington DC.

Prabalad, C. K. (1993), "Corporate Governance or Corporate Value Added?: Rethinking the Primacy of Shareholder Value," D. H. Chew ed., *The Second Mitsui Life Symposium on Global Financial Markets*.

Romano, R. (1999), "Corporate Law and Corporate Governance," G. R. Carroll and D. J. Teece eds., *Firms, Markets and Hierarchies: The Transaction Cost Economics Perspective*, NY: Oxford Univ. Press.

Shleifer, A. and R. W. Vishny (1986), "Large Shareholders and Corporate Control," *Journal of Political Economy* vol. 94/no. 3, Part 1, June.

_____ (1997), "A Survey of Corporate Governance," *Journal of Finance* vol. 52/no. 2, June.

Stiglitz, J. E. (1993), *The Role of the State in Financial Markets*, The Institute Economics, Taipei: Academia Sinica.

Stulz, R. (1990), "Managerial Discretion and Optimal Financing Policies," *Journal of Financial Economics* vol. 26.

Wade, R. and F. Veneroso (1998), "The Asian Crisis: The High Debt Model Versus the Wall Street-Treasury-IMF Complex," *New Left Review* no. 228, March~April.

Williamson, W. E. (1979), *Markets and Hierarchies*, NY: The Free Press.

재벌개혁에 대한 평가와 향후 과제

삼성·대우·현대 그룹의 사례를 중심으로

김상조*

1. 머리말

지난 2년 반 동안의 재벌개혁조치에 대한 진보진영의 평가와 향후 과제는 어떤 방향으로 설정되어야 하는가. 미시적인 측면에서 볼 때, 기업조직이 유지·발전되기 위해서는 반드시 갖추어야 할 두 가지 기본 원칙이 있다. 투명성(transparency)과 책임성(accountability)이 그것이다. 우선 기업 내에서 전략적 의사결정이 이루어지는 절차와 내용 그리고 이에 따른 경영성과를 투명하게 드러내야 한다. 그리고 성과에 따른 합당한 보상, 특히 경영실패가 발생한 경우에는 의사결정권자에게 엄격한 책임을 부과함으로써 그 오류의 재발을 방지할 수 있도록 해야 한다.

문제는 투명성과 책임성의 원칙을 어떠한 수단을 통해 달성할 수 있는가이다. 그 첫번째 대안으로 제시된 것이 이른바 시장원리에 따른 신자

* 한성대학교 무역학과 교수. 이 글은 2000년 한성대학교 교내연구비 지원과제임을 밝혀둔다.

유주의적 구조개편전략이다. 즉 성과측정 및 책임부과의 단위를 개별화된 경제주체(individualized economic agent)로 세분화하는 전략이다. 모든 것을 개인의 책임으로 환원하는, 나아가 이것을 국민경제의 경계를 넘어 전지구적 차원으로 확대하는 것이다.[1]

이런 관점에서 볼 때, 이 기간 동안의 재벌개혁조치는 분명히 신자유주의적이다. 재벌그룹 단위에서 개별기업 단위, 나아가 개별 경제주체(개별화된 주주, 경영진, 채권단, 노동자 등) 단위로 세분화된 성과측정 및 책임부과 기준을 적용하는 내용의 개혁조치들이 시행되었다. 그러나 한편으로는 개별화를 강제하는 개혁조치에 대해 재벌들이 노골적으로 저항하고 또 한편으로는 이러한 개별화방향의 개혁조치가 한국사회 여타 부문의 구성원리와 끊임없이 충돌함으로써, 재벌개혁은 지지부진한 상태를 벗어나지 못하였다. 더욱이 개별화의 또 다른 표현인 세계화의 물결 속에서 한국경제의 구조적 문제점이 그대로 노출됨으로써 국내외에서 발생하는 사소한 충격에도 국민경제 전체가 흔들리고 위기설이 난무하는 지극히 불안정한 상태를 초래하였다.

이처럼 지난 2년 반 동안의 재벌개혁과정은 너무나 명백한 한계를 갖고 있다. 그럼에도 불구하고 재벌개혁은 결코 포기할 수 없는 과제이다. 재벌개혁은 신자유주의와 가장 직접적으로 부딪히는, 따라서 대단히 위험하지만 그렇다고 해서 결코 우회할 수도 없는 진보진영의 당면과제이기 때문이다. 이것을 수구적 지배세력 또는 그 대리인들의 수중에 방치하는 순간 한국에서 진보진영이 생존·발전할 수 있는 공간은 존재하지 않을 것이다.

이러한 관점에서 이하에서는 이 기간 동안의 재벌 개혁과정을 평가하고 구체적 과제를 제시하고자 한다. 먼저 2절에서는 재벌 구조조정의 의미와 진행과정 그리고 그 한계를 총괄적으로 살펴본다. 이어 3절에서는 재벌개혁의 분수령이 되었던 핵심 사안들, 즉 삼성그룹의 삼성자동차 부채처리 및 삼성생명 상장 문제, 대우그룹 부도에 따른 워크아웃 시행상의 문제, 현대그룹 왕자의 난을 계기로 한 소유·지배 구조 개선의 과제를 차례로 살펴보고 4절은 맺음말이다.

2. 재벌 구조조정의 의미와 평가

구조조정의 의미

지난 2년 반은 '구조조정'으로 점철된 시기였다. 한국전쟁 이래 최대의 국난이라는 IMF사태를 맞아 재벌·금융·공공·노동 등 이른바 4대부문의 구조조정조치들이 숨가쁘게 이어졌다. 이 구조조정조치들로부터 자유로울 수 있는 국민은 한 사람도 없을 것이다. 그러면 이제 너무나 일상적인 용어가 되어버린, 그러면서도 여전히 정체를 알 수 없는 공포의 대상인 구조조정이란 도대체 무엇을 의미하는 것인가. 이는 크게 보면 다음 두 가지 의미를 담고 있다.

첫째 협의의 구조조정(restructuring)으로서, 저조한 경영성과를 기록한 기업의 조직을 재편하는 것을 말한다. 즉 미시적 차원의 기업 경영혁신 전략을 의미한다.

그런데 한국기업, 특히 그중에서도 재벌기업의 경영성과가 저조한 주된 이유는 차입의존경영·선단식경영·중복과잉투자 등의 단어가 함축하는 바와 같이 생산성 향상보다는 외형성장을 통해 독점적 지대를 추구한 데 있다. 재벌기업의 이러한 경영전략이 한때는 경제성장의 견인차 역할을 했던 것이 사실이며 현상황에서도 재벌총수에게는 여전히 매력적인 경영전략이다. 그러나 재벌총수의 이익과 재벌기업의 이익과 국민경제의 이익은 결코 일치하지 않는다. 대마불사형의 외형성장 위주 경영전략은 결국 국민경제 전체를 위기로 몰고 간 주된 원인이 되었다. 따라서 현상황에서 재벌 구조조정은 일차적으로는 기업조직의 비효율적인 요소를 제거하는 것, 즉 이른바 과잉설비 및 과잉인력의 해소를 의미하는 것으로 이해될 수밖에 없다. 재벌기업의 구조조정이 노동대중에게는 생존의 문제로 다가오는 이유도 바로 이것이다. 금융기관 및 공기업의 구조조정도 마찬가지이다.

실제로 1998, 99년 우리나라 제조업 전체의 매출액 대비 인건비 비중은 각각 9.8%에 불과하며, 이는 12%대를 유지하였던 1995～96년에 비해 3%p 이상 급감한 것이다(〈표 1〉 참조). 그 원인은 부도·해고에 따른 취업자수 감소와 임금하락에 있는데, 특히 1998년 상반기에는 명목임금까지 큰 폭으로 감소하였다(〈표 2〉 참조). 한편 수익성 현황은, 1998년 극심한 경기침체 이후 99년 들어서 내수경기의 회복과 수출호조, 저금리에 따른 금융비용 급감, 반도체 및 증권업의 활황 등을 반영하여 기업들이 사상 최대의 순이익을 기록하여 대우계열사를 제외한 577개 상장기업의 당기순이익 총계는 무려 16조 3376억 원에 이른다. 그러나 이것은 어디까지나 평균적인 이야기일 뿐, 여전히 상당한 비중의 한계기업들이 존재한다. 1998년의 29.0%에 비해 많이 개선되기는 하였지만, 99년에도 전체 제조업체의 19.8%나 되는 기업들이 적자상태를 벗어나지 못하고 있다(〈표 3〉 참조). 또한 제조업체의 평균 부채비율은 98년 303.0%에서 99년 214.7%로 크게 개선되었지만, 10.4%의 기업이 자본잠식 상태에 있고 13.1%의 기업은 부채비율이 400%를 초과한다(〈표 4〉 참조). 즉 전체 제조업체의 약 1/4이 잠재부실 상태에 있다. 결국 개별기업 단위에서는 앞으로도 상당한 기간 동안 조직축소, 특히 인력감축 압력이 강하게 작용할 수밖에 없을 것이다.

둘째 광의의 구조조정(structural adjustment)으로서, 환경변화에 대응하여 스스로 혁신할 수 있는 내부동력을 상실한 낡은 경제질서를 재편하는 것을 말한다. 즉 거시적 차원의 경제질서 재구축이다.

60년대 이래 경제성장과정에서 한국경제에는 '정부주도 · 재벌중심 · 노동배제 · 대외종속의 질서'가 뿌리내렸다. 이러한 경제질서는 경제성장의 측면에서 매우 효과적이었지만, 시간이 지남에 따라 경제성장은 역으로 이러한 경제질서의 유효성을 제약하게 되었다. 특히 80년대 후반부

〈표 1〉 제조업의 매출액 대비 원가구성비 및 이익률 추이

(단위: %)

	1995	1996	1997	1998	1999
매출액	100.0	100.0	100.0	100.0	100.0
매출원가 및 판매관리비	91.7	93.5	91.7	93.9	93.4
재료비	47.1	48.3	48.1	49.4	49.0
인건비	12.6	12.9	11.4	9.8	9.8
감가상각비	5.0	4.9	4.7	5.4	5.5
대손상각비	0.2	0.2	0.5	1.4	0.7
광고선전비	1.1	1.1	1.1	0.7	0.8
접대비	0.3	0.3	0.2	0.2	0.2
운수하역포장비	2.0	2.1	2.1	2.1	2.0
연구개발비	–	0.4	0.5	0.5	0.5
영업이익	8.3	6.5	8.3	6.1	6.6
영업외수지	-4.7	-5.5	-8.6	-8.0	-4.9
순금융비용	-4.0	-4.3	-4.9	-6.7	-5.4
순외환차손	0.2	-0.4	-3.1	0.1	0.3
경상이익	3.6	1.0	-0.3	-1.8	1.7

자료: 한국은행 2000.

〈표 2〉 제조업 취업자수 증감률 및 임금상승률 추이(전년동기 대비)

(단위: %)

	1996/상반기	1997/상반기	1998/상반기	1999/상반기
제조업 취업자수 증감률	-2.0	-3.7	-11.8	-2.7
제조업 임금상승률	13.0	9.6	-3.2	10.3

자료: 노동부, 「매월노동통계조사보고서」 각호.

〈표 3〉 제조업의 매출액 대비 경상이익률 분포(업체별 비중)

(단위: %)

	−20%미만	−20~−10%	−10~0%	0~10%	10~20%	20%이상
1997	5.9	5.1	16.2	66.9	4.9	1.0
1998	12.3	5.7	11.0	62.3	6.9	1.8
1999	7.8	4.3	7.7	64.2	12.9	3.1

자료: 한국은행 2000.

〈표 4〉 제조업체의 부채비율 추이 및 분포

(단위: %)

		1997	1998	1999
평균 부채비율		396.3	303.0	214.7
분 포	200% 이하	26.3	40.4	53.4
	200%~400%	28.8	28.1	23.1
	400% 초과	36.3	20.0	13.1
	자본잠식	8.6	11.5	10.4

자료: 같은 글.

터 기존의 경제질서는 내부에서부터 서서히 허물어지기 시작하였다.

국가는 경제개발의 합목적성을 상실한 채 정경유착·관치금융의 부패한 정치권력자로 전락하였고, 국가의 보호 속에 성장한 재벌은 이제 국가의 보호조차 거추장스러워할 정도의 절대적인 경제권력자가 되었다. 노동대중은, 비록 그 권리의 제도화 측면에서는 국가와 자본으로부터 끊임없이 공격받고 있지만 1987년 노동자대투쟁을 통해 한국사회의 현실적 세력이 되었다. 그리고 국제자본 이동 면에서 사실상 폐쇄상태에 가까웠던 한국경제는 90년대 들어 섣부른 개방화·국제화 과정을 거치면서 세계경제의 불안정성에 완전히 노출되었다. 그 결과 한국경제의 이와 같은 경제질서는 형평성 면에서는 말할 것도 없고, 효율성 면에서도 그 유효성이 소멸되었다. 그럼에도 불구하고 이를 혁신하기 위한 국내의 노력은 번번이 실패하였으며, 혁신을 저지하는 물질적·이데올로기적 힘을 제공하는 세력은 언제나 재벌이었다. 김영삼정부의 개혁실패가 그 생생한 증거이다.

따라서 구조조정은 과거의 낡은 경제질서를 폐기하는 것을 의미한다. 이에 대한 최대 저항세력이 재벌이라고 할 때, 재벌 구조조정은 새로운 경제질서를 구축하기 위한 핵심 과제이다. 문제는 재벌 구조조정과정에 노동대중이 얼마나 주도적으로 개입해 들어가느냐이며, 이것은 새로운 경제질서의 민주성·진보성 정도를 좌우하는 요소가 될 것이다.

이상과 같이 구조조정의 의미를 두 가지로 생각할 때, 재벌 구조조정에 직면한 노동대중의 입장은 매우 곤혹스럽고 모순적일 수밖에 없다. 노동대중은 한편으로는 과잉설비 및 과잉인력의 해소에만 관심을 집중시키는 협의의 재벌 구조조정에 저항함으로써 자신의 생존권을 지켜내야 하고, 또 한편으로는 광의의 재벌 구조조정을 지지하고 나아가 주도함으로써 낡은 경제질서를 대체할 민주·진보적 경제질서를 구축해야 한다. 구체적 현실에서 끊임없이 충돌할 수밖에 없는 이 두 가지 모순된 과제를 한국의 노동대중은 동시에 안고 가야 하고 또 동시에 해결해야 한다. 어차피 모순을 통일시키는 것은 논리가 아니라 실천이기 때문이다.

재벌 구조조정조치에 대한 총괄평가

재벌 구조조정에 대한 실천적 개입지점을 확인하기 위한 노력으로서 우선 지난 2년 반 동안 IMF와 정부가 추진한 재벌 구조조정의 내용 및 문제점을 살펴보기로 한다. 시기적으로는 1998년 5월까지의 외환위기 수습기, 1999년 8월까지의 정부주도 구조조정기 그리고 그 이후의 구조조정 후퇴기로 나누어볼 수 있다.

외환위기 수습기(~1998. 5)

이 시기에는 모든 정책적 노력이 말 그대로 외환위기 수습에 집중되었다. 따라서 개별기업 단위의 미시적 구조조정, 즉 협의의 구조조정 측면에서는 종금사의 영업정지 및 인가취소 조치를 제외하고는 진전된 것이 거의 없다. 다만 광의의 구조조정과 관련해서 다음 두 가지 사항에 주목할 필요가 있다.

첫째는 거시경제정책 차원의 초긴축정책, 특히 금융정책 면에서 고금리 기조를 유지한 것이다. 그 결과 1998년 초에는 콜금리가 30% 이상으로 치솟기도 하였다. 고금리정책은 외자유치를 위해 IMF가 모든 구제금융 수혜국에 부과하는 기본 메뉴이다. 그러나 고금리만으로는 단기의 투기적 이익을 추구하는 초국적 금융자본을 안정적으로 끌어들일 수 없었다. 환율이 1300원대에서 안정화됨으로써 원화절상에 따른 환차익 기대가 사라진 1998년 4월에는 외자 유입액이 급감하였으며 5월 이후에는 금리까지 점차 하락함에 따라 순유출로 돌아선 것이다. 결국 이 시기 동안의 고금리정책은 안정적 외자유치라는 소기의 성과도 달성하지 못하고 국내자본의 양극화를 더욱 심화시키는 부작용만 낳았다.

IMF가 대변하는 미국식 경제질서에서는 고금리정책이 가장 강력한 구조조정수단이 될 수 있다. 고금리를 감당할 수 없는 부실기업·사양산업을 신속하게 도태시키는 대신, 희소한 경제자원을 우량기업·성장산업에 집중시키기 때문이다. 그러나 재벌이 지배하는 한국적 경제질서에서는 부실기업과 우량기업, 사양산업과 성장산업의 구분이 중요한 것이 아니라 그것이 재벌, 특히 5대재벌에 속해 있는지 여부가 문제일 뿐이었다. 고금리정책은 중소기업의 연쇄도산을 야기하여 산업기반을 붕괴시킨 동시에 5대재벌로의 자금집중을 심화시킴으로써 오히려 구조조정을 지연시키는 결과를 낳았다.[2]

둘째는 기업경영의 투명성을 높이고 경영진의 책임을 강화하기 위한 다양한 법·제도 들이 마련된 것이다. 상호채무보증 해소, 결합재무제표 작성, 국제회계기준의 적용, 외부감사인 선임위원회 설치, 이사의 충실의무 강화, 사외이사제 도입, 기관투자가의 의결권 제한 폐지, 소수주주권 강화 등이 그 주요 내용인데 이들 조치는 1997년 12월 3일 체결된 IMF 대기성차관협정을 기초로 1998년 1월 13일 김대중 대통령당선자와 재벌 총수들 간의 5대원칙 합의, 2월 9일 제1기 노사정위원회의 사회협약 등의 과정을 거치면서 입법화되었다.

광의의 구조조정, 즉 새로운 경제질서의 구축이라는 관점에서 볼 때 이상의 투명성 향상 및 경영책임 강화 조치들이 갖는 의미는 이중적이다. 그것은 후진적 천민자본이면서 근대적 독점자본이라는, 재벌의 이중적 성격과 관련되어 있다. 우선 경영내용을 투명하게 공개하고 경영성과에 따라 적절한 보상과 제재를 가한다는 것은 어떠한 경제질서하에서도 반드시 지켜져야 할 기본 원칙이다. 노동대중이 추구해야 할 민주·진보적 경제질서라고 해서 예외는 아니다. 따라서 이상의 조치들은 재벌의 천민성에 심각한 타격을 주는 것이며, 그만큼 노동대중의 입장에서도 소중한 성과이다. 노동대중은 (집단소송제 도입, 집중투표제 의무화, 종업원지주제 활성화 및 민주화 등의) 추가적인 개선조치를 요구하고 (재벌의 은행소유 허용 등의) 반개혁적 조치를 저지함으로써 그 성과를 강화해야 할 의무를 갖고 있다. 그러나 다른 한편, 이상의 조치들이 곧바로 재벌의 독점성을 약화시키는 것은 아니다. 재벌개혁이 이 정도 차원만으로 한정된다면 그것은 전근대적 천민자본을 근대적 독점자본으로 변모시키는 것에 불과할지도 모른다. 노동대중이 추구해야 할 민주·진보적 경제질서에 비추어본다면 아직도 갈 길은 멀기만 하다.

이상의 조치들에 내포된 근본적 한계는 그것이 주로 주식소유자의 권익을 확대하는 데 집중되어 있다는 사실에서 비롯된다. 즉 소유에 기초한 권리만 인정하고 있다는 점에서 신자유주의적이라고 할 수 있으며,

소유에 기초하지 않는 사회적 권리를 제한하고 있다는 점에서 반노동자적이라고 할 수도 있다. 그렇기 때문에 이 조치들이 비록 IMF에 의해 강제된 것이지만, 현정부에 의해 적극적으로 수용될 수 있었고 재벌들도 드러내놓고 저항하지는 않았던 것이다. 결국 민주·진보적 경제질서 구축 여부는 재벌총수의 소유·지배권 독점에 대한 사회적 통제장치를 확보하느냐 못하느냐에 달려 있다고 할 수 있으며, 이것이 바로 1998년 6월 이후에 진행된 정부주도의 재벌 구조조정의 핵심이었다.

정부주도 구조조정기(1998. 6~1999. 8)

1998년 6월 초 김대중 대통령의 미국방문(!) 이후 개별기업 단위의 미시적 구조조정, 즉 협의의 구조조정작업이 가속화되었다. "한국에는 시장이 존재하지 않으니 정부가 나서서 '졸속으로라도' 구조조정을 신속히 마무리짓겠다"고 한 당시 김대중 대통령의 발언은 현실로 나타났다. 특히 1998년 11월 중순 클린턴 미국대통령의 방한(!) 이후 5대재벌의 구조조정작업이 급진전되었다.

재벌 구조조정을 위한 정부개입의 수단은 주로 금융감독위원회(이하 금감위)의 금융감독권이다. 자본주의적 기업으로서는 상상도 할 수 없을 정도의 취약한 재무구조를 가진 재벌들에게는 여신중단, 대출회수 등을 동반한 금융감독권이 가장 강력한 구조조정 압박수단이었기 때문이다. 그러나 금감위는 첫 단추부터 잘못 끼웠다. 5대재벌에게는 빅딜(대규모 사업교환), 6대 이하의 재벌에게는 워크아웃(workout, 기업개선작업)이라는 별개의 구조조정수단을 적용한 것 자체가 잘못이었다. 금감위가 구조조정 대상과 수단을 구분하면서 제시한 유일한 근거는 자체 손실부담능력의 유무이다. 즉 5대재벌은 자체 손실부담능력이 있으므로 자율적으로 빅딜을 추진하도록 유도하되, 손실부담능력이 없는 6대 이하 재벌의 경우에는 금융기관이 출자전환과 부채탕감 등의 방식으로 손실을 분담하는 대신 구조조정과정에 직접 개입하겠다는 것이다(금융감독위원회 1999, 4쪽 참조).

물론 5대재벌과 그 이하의 재벌은 규모 및 관리기법의 측면에서 비교도 할 수 없을 만큼 현격한 차이가 있다. 따라서 5대재벌의 구조조정을 성공시키기 위해서는, 단순한 재무구조 개선조치뿐 아니라 문어발식으로 확장된 계열사를 정리하는 사업구조 개선조치가 필요한 것도 사실이다. 그러나 구조조정에 필요한 비용을 자체 부담할 능력이 없다는 점에서는 5대재벌이나 6대 이하의 재벌이나 별다른 차이가 없다. 5대재벌이 합의한 빅딜계획안이 한결같이 출자전환과 원리금상환 유예 등을 요구하였던 것이 그 증거이다. 빅딜이나 워크아웃이나 금융기관의 손실분담을 통해 결국 구조조정비용이 국민에게 전가되는 것은 마찬가지이다.

결국 금감위가 제시한 논거는 경제적인 것이 아니라 정치적인 것이다. 빅딜과 워크아웃의 차이는 재벌총수의 손실부담능력의 유무라는 사전적 기준에 있는 것이 아니라, 재벌총수의 경영권허용 여부라는 사후적 결과에 있는 것이기 때문이다. 이제는 재벌총수라도 상위재벌에 들어야만 경영권을 유지할 수 있다. 대마불사의 관행은 사라진 것이 아니라 다만 그 적용범위가 좁아진 대신 효과는 더욱 강력해졌다.

이런 관점에서 볼 때, 1998년 12월 7일 정·재계 간담회에서 합의된 5대재벌 구조조정안은 상당한 기대와 함께 그 이상의 우려를 동시에 불러일으켰다. 공공연히 지연작전을 펴고 있던 5대재벌을 강력하게 압박함으로써 이들의 선택폭을 상당 정도로 제한했다는 점에서는 일단 긍정적이지만, 그 성과를 가시화할 수 있는 이행점검절차에 대해서는 3개월마다 대통령이 직접 챙기겠다는 것 이상도 이하도 아니었기 때문이다. 특히 5대재벌 총수의 경영권 향배에 대해서는 전혀 원칙이 수립되지 않았다. 5대재벌 구조조정의 성패가 대통령 한 사람의 의지에 달려 있는 셈이었으며, 결국 새로운 경제질서의 제도화라는 면에서는 한 걸음도 전진하지 못하였다.

이러한 문제점은 김대중정부가 추진하고 있는 구조조정정책의 근본적 한계로부터 유래된 것이다. 단언하건대 구조조정은 정부가 주도할 수밖에 없다. 현재와 같은 경제위기 상황에서 이를 극복할 수 있는 정책적 도구는 대부분 국민국가의 수중에 있기 때문이다. 따라서 정부의 구조조정정책에 대해 '신관치경제' 운운하는 시장주의자들의 비판은 현실을 모르는 순진한 주장이거나 아니면 재벌의 이익을 대변하는 음흉한 주장일 뿐이다.

문제의 핵심은 정부주도냐 시장주도냐가 아니라, 정부가 주도할 수밖에 없는 구조조정과정에 노동대중이 주체로 참여하느냐 아니면 구조조정의 대상으로서만 존재하느냐이다. 이 기준에 입각해서 보면, 1998년 6월 이후 정부가 구조조정과정에 보다 직접적으로 개입해 들어가면서 그에 비례하여 구조조정의 노동배제적 성격도 강화되었다. 김대중정부의 개혁적 성격을 대변한다는 노사정위원회는 제2기에 들어 구조조정의 중심에 서기는커녕 그 쓰레기하치장으로 전락하였으며 시간이 흐를수록 그나마 쓰레기 처리능력조차 마비되고 말았다. 특히 재벌 구조조정의 경우 모든 것이 정·재계 간담회에서 결정되었고 노동대중은 그 어떤 수준의 논의과정에도 참여하지 못하였다. 재벌총수의 경영권 유지를 위해 소수의 밀실협상으로 수많은 노동자의 운명이 좌우되는 기업구조, 이것이야말로 구조조정의 대상이 되어야 함에도 불구하고 현실적으로는 구조조정의 주체로 군림하고 있는 것이다. 경영권은 소수에게만 허용된 신성불가침의 권리라는 낡은 경제질서는 아직도 강고하게 남아 있다.

구조조정 후퇴기(1999. 9~)

1999년 8월 15일 김대중 대통령의 광복절 축사는 재벌 구조조정의 정점이라고 할 수 있다. 1998년 2월에 발표한 재벌 구조조정 5대과제(기업

경영의 투명성 제고, 상호채무보증 해소, 재무구조의 획기적 개선, 핵심
사업 설정 및 중소기업과의 협력 강화, 지배주주 및 경영진 책임 강화)에
추가하여 3대 보완과제(대기업의 금융지배 억제, 계열사간 순환출자 및
부당내부거래 방지, 대주주의 변칙상속 및 증여 차단)를 설정한 이른바
'5+3원칙'이 제시되었던 것이다. 특히 3대 보완과제는 재벌총수의 황제
적 지배권에 직접적으로 타격을 줄 수 있는 사항들로서, 기존의 빅딜이
나 워크아웃으로 대변된 사업구조 개선 및 재무구조 개선 작업을 넘어
기업지배구조 개선작업(corporate governance restructuring)으로 재벌 구
조조정의 초점을 전환시킬 수 있는 중요한 의미를 담고 있었다. 뿐만 아
니라 재벌 구조조정을 협의의 미시적 경영혁신 차원에서 광의의 거시적
경제질서 재구축 차원으로 발전시킬 수 있는, 즉 진정한 재벌개혁으로
나아가는 계기가 될 수 있었다.

그러나 광복절 축사가 재벌체제의 핵심을 공격한 것인 만큼, 이에 대한
저항도 거세었다. 사실 지배구조 개선작업은 소유권 및 경영권의 내용에
대한 사회적 재해석을 필요로 하는 것이므로, 이데올로기 논쟁으로 비화
될 개연성을 안고 있었고 수구적 기득권층은 예외 없이 이를 이용하였
다. 이른바 '색깔논쟁'이 전개되면서 현정부는 즉각 백기를 들고 말았고
1999년 하반기의 재벌 구조조정은 다시금 부채비율 200% 맞추기 차원으
로 왜소화되었다. 한편 1999년 7월 말 이후 표면화되기 시작한 대우그룹
사태는 '11월 금융대란설'을 통해 국민경제 전체의 안정성을 위협하는 수
준으로 비화되었고, 위기관리의 문제가 다시 전면화되자 구조개혁의 과
제는 수면 아래로 가라앉았다. 금융시장 안정대책이라는 명분 아래 구조
개혁의 원칙을 훼손하는 대증요법이 난무하였던 것이다.

결론적으로 1999년 하반기는 진정한 의미의 재벌개혁을 시작할 수 있
는 결정적인 계기였으나, 김대중정부의 정치적 취약성 그리고 대우사태
로 촉발된 경제불안 우려로 인해 좌절되고 말았다. 물론 여기에는 김대

중정부의 개혁의지를 견인하지 못한 노동대중의 전략부재도 중요한 요인으로 작용하였다.

구조조정 추진 방식 및 주체의 문제: 노동배제성

세계 각국의 기업구조조정 추진방식은 크게 세 가지로 나눌 수 있다 (이하의 내용은 금융감독위원회 1999, 31쪽 참조). 첫째 스웨덴, 헝가리 등에서 시행한 정부개입에 의한 추진방식(centralized approach)이다. 이것은 주로 규모가 작고 지배구조가 단순한 대상기업에 적합한 방식인데, 다만 정부가 각 이해관계자들로부터 신뢰를 받는 주체이어야 하는 것이 성공의 필수조건이다. 둘째 미국, 폴란드 등의 예에서 발견할 수 있는 민간자율 추진방식(decentralized approach) 또는 이른바 시장기구에 의한 추진방식이다. 이해관계자가 구조조정 관련제도(M&A를 비롯한 금융·자본시장기구 및 파산 관련 법적 기구) 아래서 자율적으로 이해관계를 조정함으로써 추진된다. 셋째 런던식 추진방식(London approach)으로, 90년대 초 영국에서 해당 기업과 금융기관의 자율협상으로 구조조정을 추진하되 중앙은행인 잉글랜드은행이 적극적인 중재자 역할을 한 경험에서 유래한 방식이다. 이 방식은 중앙은행 고위관료와 주요 금융기관 경영진 사이의 끈끈한 비공식적 관계(inner circle)에 기초함으로써, 중앙은행의 개입방식과 그 폭에 대한 공식기록이 남아 있지 않다.

우리나라의 경우 외형적으로는 런던식 추진방식에 입각하고 있다. 잉글랜드은행의 역할은 금융기관 자율협약인 '기업구조조정협약'에 의해 설립된 중재기구인 기업구조조정위원회가 대체 수행하는 것으로 되어 있다. 그러나 이러한 외형과 달리 실질적으로는 금감위를 통한 전형적인 정부주도의 추진방식이라고 할 수 있다. 원래 IMF와 세계은행은 1998년 2월경 재벌구조조정기구를 청와대 내에 설치할 것을 요구하였으나 한국

정부가 이를 거부한 것으로 알려져 있다. 당시 재경원과 한국은행에 대한 불신이 가시지 않은 상태에서 결국 신설되는 통합금융감독기구(현재의 금감위) 내에 재벌구조조정기구를 설치하기로 최종 결정되었고, 그 결과 1998년 4월 1일 금감위가 출범할 때까지 재벌 구조조정의 공백기가 발생하기도 했다.

그러면 재벌 구조조정의 추진 방식·주체에서 외형(런던식 추진방식)과 실질(신관치경제로 불리는 정부주도형 추진방식) 사이에 괴리가 발생한 이유는 무엇인가. 무엇보다 먼저 정부 또는 정치권의 주도성을 공식화할 경우에 발생하는 정치적 부담의 문제가 있다. 그럼에도 불구하고 한국경제가 안고 있는 극도의 불확실성 및 높은 거래비용 때문에 시장기구에 의한 재벌 구조조정이 불가능하고 따라서 정부개입이 불가피하다는 딜레마가 존재하게 된 것이다. 그리고 금융기관, 특히 은행이 자율적으로 기업 구조조정을 추진한 경험이 전무하며 따라서 전문성이 결여되어 있다는 현실적인 문제도 중요한 제약요인이다. 또한 6대 이하 재벌 및 중소기업에 대해서는 금융기관이 그나마 교섭력 우위를 확보하고 있으나 5대재벌에 대해서는 주채권은행은 물론 채권단협의회조차 교섭력 열위에 있다는 것도 결정적인 제약요인이다. 그 단적인 사례가, 6대 이하 재벌의 경우 주력기업 하나의 부실은 그룹 전체의 붕괴를 의미하고 따라서 은행이 워크아웃 과정에서 재벌총수의 소유·경영권도 박탈할 수 있으나(동아, 거평그룹의 예) 5대재벌의 경우는 채권단을 제쳐두고 정치권과 직접 협상할 수 있는 힘을 가지고 있는 점이다.

이처럼 재벌 구조조정의 추진 방식·주체 면에서 외형과 실질 사이의 괴리는 IMF와 현정부의 본질적인 한계(즉 노동배제적이라는 신자유주의의 한계)로부터 유래한 것이지만, 그 자체로도 매우 중요한 현실적 문제점을 발생시키고 있다. 좀더 구체적으로 살펴보면, 첫째 구조조정의 실질적 주체인 정부에 대한 불신을 증폭시키는 요인이 된다. 금감위의 공식적인 부인에도 불구하고 모든 경제주체들이 금감위 나아가 정치권이 재벌 구조조정을 주도하고 있다고 믿고 있으며, 그 결과 개별기업 단위의 채권자-채무자협상, 노-사협상이 무력화될 수밖에 없다. 특히 금감위 또는 정치권과 공식적 · 비공식적 협상창구를 가지고 있지 못한 노동운동 진영의 경우에는 이 문제가 가장 심각한 불신과 불만의 대상이 된다.

둘째, 재벌 구조조정기구가 정부부처 전체를 통괄하는 위치에 있지 못함으로써 구조조정조치의 일관성과 통합성이 결여되고 있다. 특히 금감위의 업무성격상 재벌 구조조정을 채권자-채무자 사이의 사적 계약의 문제로만 규정함으로써, 노사관계 및 고용 문제에 대한 대책까지를 포함하는 통합적 구조조정조치가 시행되기 어려운 실정이다. 노사관계와 고용 문제는 언제나 사후적 고려의 대상일 뿐이다.

셋째, 개혁의 제도화에 실패할 가능성이 커지고 있다. 총체적 위기국면에서 불가피한 면이 없지 않으나 재벌, 특히 5대재벌의 구조조정은 결국 정치권과 재벌총수의 비공식적 협상창구에 의해 결정되었던 것이 현실이다. 재벌개혁이 점점 더 대통령 한 사람의 의지에 의존하는 양상으로 전개되었으며 이것은 자칫하면 개혁의 제도화를 지체 또는 실패로 이끌 위험성을 안고 있다. 5대재벌의 재무구조개선약정이 제대로 실행되지 못할 경우, 그 불이행에 대한 제재 책임도 결국 채권단에서 정치권으로 이전되고 이에 대해 새로운 밀실협상이 진행되는 악순환이 반복되었다. 정부주도 개혁의 불가피성과 정부개입의 제도화 문제는 별개의 것이다.

3. 삼성 · 대우 · 현대 그룹의 구조조정 사례 및 대안

지난 2년 반 동안의 재벌개혁 요구는 노동운동진영보다 주로 시민운동 진영에 의해 제기되었고, 또 이 과정에서 양 진영 사이에는 미묘한 긴장과 갈등이 조성되었던 것도 사실이다. 이러한 갈등관계를 어떻게 해소하고 어떤 내용의 연대관계를 구축할 것인가가 재벌개혁의 성공과 진보성 여부를 결정할 것이다.[3]

여기서는 재벌개혁의 분수령이 되었던 구체적 사안들, 특히 삼성·대우·현대 그룹의 구조조정사례를 살펴보기로 하겠다. 이를 통해 주로 시민운동진영이 제기한 재벌개혁과제가 노동운동진영의 진보적 과제로 발전되어야 하는 이유 및 그 대안을 비록 단편적인 수준에서나마 구체화하고자 한다.

삼성그룹사례: 삼성자동차 부채처리 및 삼성생명 상장 문제

90년대 중반 이른바 친정체제를 확립한 이건희 회장이 추진한 신규사업은 자동차, 유통, 부동산개발, 영상사업 등이었다. 물론 이 신규사업들은 모두 실패하였으며, 특히 자동차사업은 총 4조 원 이상의 투자비를 지출했음에도 불구하고 르노에 단돈 5억 6200만 달러(6200억 원)[4]에 매각할 수밖에 없었던 대표적인 실패사례이다.

이건희 회장의 자동차사업 진출 및 철수 과정은 왜곡된 소유·지배 구조의 실상, 즉 재벌개혁의 핵심이 무엇인지를 적나라하게 보여주고 있다. 1998년 말 현재 삼성자동차의 자본금은 8054억 원인데, 그중 이건희 회장의 직접출자분은 0.2%(16억 원)에 불과하고 나머지는 모두 삼성그룹 계열사의 출자분이다. 특히 아일랜드에 설립된 팬-퍼시픽사(Pan-Pacific Industrial Investments)라는 서류상의 가공회사(paper company)가 투자한 2억 8820만 달러는 실제로는 삼성전자·삼성전기·삼성전관 등의 상장계열사가 이면계약을 통해 원리금 지급을 보장한 사실상의 외자도입이었다. 이들 계열사는 삼성자동차를 매각하는 과정에서 출자지분과 채권을 모두 상각함으로써 사업실패에 따른 손실을 소액주주들에게 전가

216

하였다. 이것은 재벌총수가 기업경영의 전략적 의사결정권을 독점하면 서도 이에 대한 책임은 전혀 부담하지 않는 재벌체제의 특징, 즉 계열사를 이용한 고수익-저위험(high return & low risk) 전략의 전형적인 사례라고 할 수 있는바 이러한 왜곡된 소유·지배 구조의 개혁은 진보진영의 입장에서도 결코 방기할 수 없는 과제이다.

더욱이 삼성전자 등 상장계열사의 경우에는 삼성자동차 부채처리과정에서 떠안은 손실에 대해 그나마 소액주주가 문제제기할 수 있는 제도적 장치가 있지만 비상장 금융기관인 삼성생명은 금융감독당국이 직접 나서지 않는 한 저축자가 손해를 구제받을 길이 사실상 존재하지 않는다. 계열 금융기관의 사금고화, 이것이 재벌체제를 구성하는 핵심 요소의 하나인 것이다. 삼성생명의 삼성자동차에 대한 대출잔액은 총 5400억 원에 이르렀다(〈표 5〉 참조). 특히 대우그룹과의 빅딜합의(1999. 3. 22 삼성·대우 양 그룹회장간 '삼성자동차 잠정인수를 위한 기본합의' 체결) 이후에도 삼성생명은 삼성자동차에 1500억 원에 이르는 무담보·무보증 형태의 신용대출을 추가로 집행하였음이 밝혀졌다.

이에 대해 삼성생명측은 생보사의 동일인 대출한도(총자산의 3%. 단

〈표 5〉 삼성자동차의 부채내역

(단위: 억원, %)

부채내역		지급보증
합계	43482(100.0%)	삼성계열사 지급보증 1500
은행	11400(25.0%)	서울신용보증의 회사채 원리금 지급
비은행권	7508(17.5%)	보증 21000
삼성생명	5400(12.6%)	
리스	1853(4.3%)	
종금	255(0.6%)	
회사채	18574(43.2%)	
기업어음 및 기타(협력업체)	6000(14.0%)	

자료: 금융감독원 2000. 『내외경제신문』(1999. 7. 8, 3면)에서 재인용.

총자산이 1조 원을 초과하는 보험사업자는 300억 원＋1조원 초과금액의 1.5% 이내. 보험감독규정 제51조 1항 3호), 자기계열집단 투자 및 대출 한도 (총자산의 각각 3%. 보험감독규정 제51조 1항 7호) 등의 재산운용규정을 위배하지 않았으므로 아무런 법적 문제가 없다고 주장하였다. 당시 삼성생명의 총자산이 36조 원이라고 할 때 동일인 대출한도는 5550억 원(300억 원＋(36조원－1조원) * 0.015)으로, 삼성생명은 삼성자동차에 대한 동일인 대출한도를 꽉 채운 셈이다.

그러나 삼성생명의 이러한 주장은 국내 최대 생보사로서 무책임하기 이를 데 없는 것이다. 생보사를 포함한 비은행 금융기관 전체에 대한 건전성 감독기준을 은행과 동일한 수준으로 강화시켜 나가는 것이 전세계 금융산업의 일반적 추세이며 국내적으로도 이런 방향의 조치들이 점차 시행되고 있다. 좀더 구체적으로 살펴보면, 은행의 경우 1999년 은행법 개정을 통해 BIS기준 자기자본의 25% 이내로 동일계열 및 동일인 신용공여한도를 크게 강화하였으며 신용공여의 범위도 기존의 여신(대출 및 지급보증) 이외에 거래상대방의 지급 불능시 금융기관에 손실을 초래할 수 있는 모든 거래를 포함하도록 확대하였다. 이에 비추어본다면 현행 생보사의 재산운용기준은 위험할 정도로 관대한 것이다. 특히 삼성생명처럼 총자산 규모가 방대한 생보사의 경우 이러한 재산운용기준은 사실상 의미가 없다.

또한 우리나라 금융산업의 낙후성을 보여주는 증거 중의 하나가 바로 금융기관의 자산건전성 분류기준이다. 기존의 자산건전성 분류기준은 단지 과거의 원리금 상환실적만 고려하고 있는데, IMF의 요구에 따라 은행에 대해서는 99년 말부터 미래 상환능력을 중심으로 한 신자산건전성 분류기준(forward looking criteria, FLC)을 도입하였고 생보사 등 비은행 금융기관에 대해서도 2000년 하반기 이후 점진적으로 확대적용할 예정이다. 따라서 삼성자동차의 처리방식이 빅딜이든 법정관리든 해외

매각이든 관계없이, 미래 상환능력을 기준으로 할 때 삼성생명은 삼성자동차 대출잔액 전체에 대해 대손충당금을 적립해야 하고 이것은 곧 보험계약자의 손실로 이어질 수밖에 없는 상황이었다. 결국 삼성생명의 삼성자동차 대출, 특히 빅딜합의 이후의 추가 신용대출부분은 보험계약자에 대한 명백한 배임행위로 볼 수밖에 없다.

한편 1999년 6월 30일 이건희 회장은 삼성자동차의 부채 처리를 위해 삼성생명주식 400만 주를 이른바 사재출연 형식으로 내놓았다.[5] 이때 삼성생명의 상장을 전제로 주당 가치를 70만 원으로 평가하였는데, 이후 생보사 상장문제가 뜨거운 쟁점으로 부각되었다. 원칙적인 측면에서 볼 때 주식회사 형태로 조직되어 있는 생보사의 증권거래소 상장을 금지할 수는 없다. 상장에 필요한 조건들이 충족되면 당연히 상장되어야 하겠지만, 문제는 그 조건들이 무엇이며 어떠한 과정을 거쳐 이를 현실화할 것인가이다.

무엇보다 먼저 기존 주주의 주식 소유 및 변동 과정에 대한 투명성이 확보되어야 한다. 98년 9월 현재 10.00%인 이건희 회장의 삼성생명 지분은 26.00%로 늘어났고 그 아들 이재용이 최대주주로 있는 에버랜드의 삼성생명 지분은 2.25%에서 20.67%로 늘어났다(〈표 6〉참조). 이것은 삼성그룹의 전·현직 임원 명의의 비실명주식을 실명 전환하거나(이병철 전회장으로부터의 상속과정에서 위장분산) 시세에 크게 못 미치는 가격으로 매입(에버랜드의 경우 주당 9천원에 매입, 사실상의 증여)한 것이다. 그 어떤 경우이든 상속·증여세 포탈 의혹을 벗어날 수 없으며 이러한 상태에서 천문학적 액수의 자본이득을 보장하는 삼성생명의 상장은 이루어질 수 없다. 특히 98년 경영상의 이유로 2천여 명의 직원을 사실상 정리해고한 삼성생명의 주당 가치가 9천 원에서 불과 몇 달 사이에 70만 원으로 수직 상승하였다는 것은 있을 수 없는 일이다.

따라서 생보사 상장에 따른 자본이득은 성장기여도에 따라 보험계약

〈표 6〉 삼성생명의 지분 변동 내역

(단위: %)

	1998. 9	1999. 6
개인	**이건희(10.00)** 이종기(5.00), 이수빈(4.00), 강진구(3.00) 이해규(1.67), 홍종만(1.67), 김헌출(1.50) 현명관(1.50), 이형도(1.33)	**이건희(26.00)** 이종기(5.00), 이수빈(4.00), 강진구(3.00) 이해규(1.67), 홍종만(1.60), 김헌출(1.50) 현명관(1.50), 이형도(1.33), 임직원(2.73)
개인	소병해(2.00), 신훈철(2.00), 박경팔(1.67) 이명환(1.67), 윤재우(1.67), 황선두(1.67) 송세창(1.50), 이수중(1.50), 원종섭(1.33) 이필곤(1.17), 손영희(1.03), 경주현(1.00) 안시환(1.00),임직원(17.87)	–
법인	신세계(14.50), 제일제당(11.50) 삼성문화재단(5.00), **삼성에버랜드(2.25)**	**삼성에버랜드(20.67)**, 신세계(14.50) 제일제당(11.50), 삼성문화재단(5.00)

* 1998. 9의 수치는 1998년 국감자료로, 지분 1% 이상의 주주명단임.
** 개인은 모두 삼성그룹의 전·현직 임원임.
자료: 참여연대 1999.

자(현재 및 과거의 보험계약자)와 주주 사이에 공평하게 분배되어야 한
다. 이때 분배비율뿐 아니라 분배방식에서도 세심한 검토와 의견수렴 과
정이 전제되어야 한다. 그리고 현재의 보험계약자에 대한 분배방식으로
는 현금지급이나 보험료 감액보다는 주식을 직접 나누어주는 방법을 적
극 고려해야 한다. 현금유출을 방지함으로써 생보사의 재무건전성을 높
일 수 있고 또 소유분사을 통해 재벌의 제2금융권 지배 문제도 완화할
수 있을 것이다.

과거의 보험계약자 몫은 직접 본인에게 돌려주는 것이 현실적으로 불
가능하기 때문에 결국 공익재단에 출연하는 형태를 취할 수밖에 없다.
그런데 재벌들이 운영하는 공익재단의 실태를 보면 사실상 상속·증여
세의 회피수단으로 악용되고 있으며 나아가 계열사 지분을 관리하고 사
회적 영향력을 확대하기 위한 수단으로 변질되어 있다. 회계정보 공시
및 이사회 구성 등의 면에서 투명성 확보장치도 대단히 미흡한 실정이

다. 한마디로 공익재단이라는 이름이 무색한 상황이다.[6] 따라서 과거의 보험계약자 몫을 공익재단에 출연하는 경우에는 해당 생보사로부터 인적·조직적으로 완전히 독립된 형태를 취해야만 한다. 이것은 재벌총수의 사재를 시혜적으로 출연하는 것이 아니라 보험계약자의 재산을 출연하는 것이기 때문이다.

결론적으로 삼성그룹은 지난 2년 반 동안의 구조조정과정에서 우등생이었다고 할 수 있지만, 소유·지배 구조의 관점에서는 아무런 변화가 없고 오히려 이재용으로의 3세 승계작업이 가속화되었을 뿐이다. 삼성그룹의 구조조정은 결국 소액주주·저축자·노동자의 희생을 전제로 한 사업구조·재무구조 개선에 불과하였다. 재벌 구조조정의 진보성은 이 한계를 뛰어넘을 때만이 확보될 수 있다. 특히 1998년 소리소문도 없이 삼성그룹 전계열사에서 진행된 사실상의 정리해고사태에서 볼 수 있듯이, 노동자 스스로가 소유·지배 구조 개선을 위한 재벌개혁의 적극적 주체로 나서지 않는다면 노동자의 생존권조차 확보할 수 없을 것이다.

대우그룹사례: 위기관리와 구조개혁의 갈등

시장의 기능마비와 정부의 책임회피

앞에서도 설명했듯이 5대재벌의 구조조정에 대한 정부의 기본 입장은 "5대계열은 자체 구조조정능력을 보유하고 있는 점을 감안하여 가급적 그룹 자율에 의한 사업구조조정을 추진하되, 5대계열과 채권금융기관 간 기체결된 재무구조개선약정의 이행 여부를 주기적으로 점검"한다는 것이었다. 그러나 대우그룹은 1998년 말에 이미 기술적 부도(technical default)상태에 직면함으로써 구조조정비용을 자체적으로 부담할 능력이 없음이 명약관화했다.

98년 말 당시 외환·금융 위기가 진정되지 않은 상황을 감안할 때 대우그룹을 워크아웃 대상으로 지정하는 등의 근본적인 처리방안을 공식화하기는 어려웠다고 하더라도, 비상사태에 대비한 준비작업(자산·부채 실태조사 그리고 이를 기초로 한 위기관리계획 수립 및 모의실험 등)이 진행되었어야 했다. 그러나 대우그룹이 사실상 부도를 공개선언한 99년 7월 19일 이후 확인된 것처럼, 정부는 그 동안 아무런 준비도 하지 않았다. 특히 98년 12월 7일 정·재계 간담회를 통해 5대재벌의 구조조정이 빅딜로 집중되어 버림으로써, 구조조정의 원칙이 완전히 허물어졌다. 대우그룹은 삼성그룹과의 자동차-전자 빅딜을 통해 정부·채권단·삼성그룹으로부터 최대한의 금융지원을 얻어내는 데 운명을 맡겨버림으로써 구조조정의 시기도 놓쳐버리고 말았던 것이다. 이 과정에서 상당수 투신사의 대우채권 편입한도가 초과되었음에도 불구하고 정부가 사실상 이를 방조 또는 묵인하였고[7] 결국 투신사 부실문제를 더욱 가중시키는 결과를 낳았다.

5대재벌에는 빅딜, 6대 이하 재벌에는 워크아웃이라는 식으로 구조조정의 대상과 수단을 분리한 것이 불가피한 선택이었는가 하는 것은 정부의 재벌개혁조치를 평가하는 데 핵심적인 문제이다. 1998년 말의 경제상황을 전제할 때, 5대재벌 역시 부실징후가 발견되는 경우에는 예외 없이 워크아웃 방식을 적용했어야 한다고 자신 있게 말하기는 어렵다. 이것이 위기관리에 내포된 특수성이다.

그러나 대우그룹의 경우 98년 말에 이르러서는 김우중 회장 중심의 자체 구조조정능력도 채권단 주도의 구조조정능력도 사실상 보장할 수 없음이 명확하게 드러났다고 할 수 있다. 기업과 금융기관이라는 시장기구 속의 핵심 경제주체들이 문제해결능력을 상실하였다면 남은 것은 정부뿐이다. 이러한 상황이야말로 정부가 위기관리와 구조개혁의 일차적 주체로서 시장에 개입하는 것이 용인될 수 있는 전형적인 사례이다. 그러나 정부는 자신의 책임을 거부하였다. 형식적으로는 자율 구조조정의 틀을 내세우면서 실질적으로는 재벌총수와 정부당국자 사이에 밀실협상의 틀을 가동하였고 결국 위기관리와 구조개혁 양자 모두 실패하고 말았다. 98년 말 이후의 과정은 대우그룹과 채권단을 대신하여 정부가 위기관리의 주체로 나서지 않을 수 없을 만큼 대우그룹의 부실이 악화되는 과정이었을 뿐이다. 1999년 6월 말 이후 1일콜자금이 수조 원에 이를 정도로 자금사정이 악화된 대우그룹은 7월 19일 마침내 10조 원 상당의 계열사 자산 및 김우중 회장 재산을 추가담보로 제공하는 조건하에 자금지원을 공식적으로 요청하기에 이르렀다. 나아가 생산 자체가 중단되고 임금조차 체불되는 최악의 상황에서 결국 8월 26일 12개 주력계열사를 워크아웃 대상기업으로 지정하였다.

결론적으로 시장은 이미 오래 전부터 대우그룹 문제를 잘 알고 있었음에도 불구하고 정부는 "대우에 워크아웃 방식을 적용하는 것은 시장에 감당할 수 없는 충격을 줄 것"이라는 막연한 이유로 문제해결을 지연시켰다. 이것은 정부의 경험부족만으로는 설명할 수 없으며, 결국 위기관리 주체로서의 책임회피 나아가 재벌개혁 의지의 부족으로 귀착될 수밖에 없다. 정부의 책임회피와 의지부족은 대우그룹 문제 해결을 위한 사회적 비용을 증대시켰으며 나아가 그 비용의 대부분을 노동자와 국민에게 전가하는 결과를 가져왔다. 특히 투신사 수익증권 환매대책으로 개인·법인에 대해서는 3개월 간격으로 대우채 원본의 50%→80%→95%를 보장한 것이나, 채권안정기금 30조 원을 조성하여 투신사 매물을 인수한 것 그리고 한국은행의 유동성 공급확대를 통해 저금리 기조를 유지한 것은 재벌 구조조정을 지연시켰을 뿐만 아니라 기업부실을 은행에 전가함으로써 금융구조조정의 원칙마저 훼손하였다. 2000년 6월 이후 금융시장의 자금중개기능이 완전히 마비되고 제2경제위기론이 등장하게 된 것도 결국 대우그룹 처리가 지연되고 미봉적 금융안정대책으로 일관한 것에 따른 필연적 결과라고 할 수 있다.

워크아웃제도의 개선: 국민과 노동자의 참여

워크아웃은 기업의 입장에서는 기업의 회생을 도모하고 채권단의 입장에서는 채권의 회수 가능성을 높이기 위해 구조조정비용을 분담하는 것을 전제로 한다. 그런데 기업의 고통분담은 대주주 또는 경영자에 의해서만 이루어지는 것이 아니다. 오히려 많은 부분이 노동자에게 전가되며 나아가 공적 자금 투입 형태로 국민에게 귀착되고 있다.

그러나 IMF사태 이후 진행된 그 어떠한 형태의 구조조정에도 비용을 분담하는 노동자와 국민의 참여가 실질적으로 보장된 경우는 없었다. 전국적 차원의 구조조정원칙 수립과정은 물론, 특히 개별기업 구조조정의 기본 틀이 되는 재무구조개선약정이나 워크아웃 플랜 작성과정에 노동자와 국민의 대표가 실질적으로 참여할 수 있는 통로는 존재하지 않았으며 심지어 그 내용도 알려지지 않았다. 위기관리는 소수에 의한 신속한 의사결정을 필요로 한다는 것을 논거로, 위기관리의 의사결정단계에서 대중의 참여는 철저하게 배제되는 대신 소수의 정책결정권자가 구조개혁의 대상인 소수의 재벌과 그것도 밀실에서 협의하는 방식으로 전개되어 온 것이다. 그 결과 구조개혁의 지지기반 자체가 허물어짐으로써 구조개혁은 물론 위기관리에도 실패하였다.

현상황에서 위기관리와 구조개혁을 위한 정부의 개입은 불가피한 것이므로, 양자간에 존재하는 현실적인 갈등관계를 해소하는 방향으로 정부개입이 이루어지도록 노동자와 국민의 참여가 제도적으로 뒷받침되어야 한다. 노동자와 국민의 참여를 보장하기 위해서는 우선 많은 비용이 소요되는 것이 사실이지만 이 비용은 소모성 경비가 아니라 위기관리와 구조개혁의 성공을 위한 투자이다. 따라서 노사정위원회 등 사회적 합의기구의 활성화, 진보적 이념 및 정책을 구현하는 대중정당의 건설 등과 같은 전국적 차원의 과제와 더불어 노동조합의 경영참가 및 소액주주권 활성화 등 개별기업 차원의 과제가 체계적으로 고려되어야 한다.

다양한 수준의 과제들 중에서 여기서는 재벌 구조조정, 특히 대우그룹의 구조조정과 관련하여 워크아웃제도의 개선 필요성을 제기하고자 한다. 런던식 추진방식에 입각한 워크아웃제도는 '기업구조조정협약'이라는 이른바 민간 자율협약에 의거하여 진행되고 있다. 따라서 법정관리나 화의 등의 법적 절차와 달리, 워크아웃은 채권자-채무자 간의 사적 계약에 기초한 매우 탄력적인 부실기업 처리방식으로서 향후 체계적으로 발전시킬 필요가 있는 새로운 금융관행이다.

그러나 다른 한편, 워크아웃은 적지 않은 문제점을 불러일으키고 있다. 첫째, 채권단과 해당 기업 간 또는 채권단 내부의 이해관계가 첨예하게 엇갈릴 때 이를 조정할 수 있는 강력한 중재기구가 존재하는가가 워크아웃의 성공 여부를 좌우하는 결정적 요인이다. 기업구조조정협약에 의하면 기업구조조정위원회가 중재역할을 담당하도록 되어 있다. 그러나 민간기구인 기업구조조정위원회가 첨예한 이해관계 대립을 조정한다는 것이 사실상 불가능하고, 결국 금감위가 비공식적으로 개입할 수밖에 없다는 것이 바로 한국의 현실이다. 또한 금감위의 법적인 권한은 금융기관에 대한 건전성 감독에 국한되므로, 개별기업의 구조조정방안에 대한 금감위의 개입은 애초부터 비공식적으로 이루어질 수밖에 없다. 결국 부실기업을 회생시키기 위해 금융기관에 공적 자금을 투입했지만, 정작 그 부실기업의 구조조정방안에 대해서는 공적 자금의 부담자인 국민이 개입할 여지가 없어지고 만 것이다. 그 결과 회생 가능성이 희박한 부실기업이 워크아웃 대상기업으로 지정되고 기존 대주주의 경영권유지 욕구로 인해 충분한 규모의 부채-출자전환(debt-equity swap)이 이루어지지 않는 등 도덕적 해이 현상이 만연하고 있다.

둘째, 워크아웃은 채권자-채무자의 사적 계약 내용을 조정하는 데만 집중하게 되므로 구조조정의 여타 측면, 특히 고용 및 임금 조정과 관련하여 노동조합의 개입을 사실상 봉쇄한 상태에서 이루어진다. 채권단이 노동조합에 요구하는 것은, 내용도 알려지지 않은 워크아웃 플랜에 대해 노동조합이 적극 협력한다는, 아니 워크아웃에 차질을 주는 그 어떠한 행동도 하지 않는다는 내용의 동의서를 제출하라는 것뿐이다. 이것은 채권자-채무자의 사적 계약이 노동자-사용자의 법적 계약을 대체하는 결과를 가져오는 것이다. 워크아웃 기업에서 채권단은 단순히 채권자의 지위에 머무는 것이 아니라 출자전환을 통해 최대지분을 확보한 지배주주임을 잊어서는 안 된다. 따라서 워크아웃 기업의 경우 노사관계의 당사자는 노동자·사용자·채권단 3자이어야 한다. 이것은 기업의 회생을 위해 반드시 필요한 조건이다.

이상의 문제점을 해결하기 위해서는 워크아웃제도의 탄력성을 최대한 유지하는 조건하에 워크아웃의 법제화가 필요하다. 차제에 기업구조조정위원회의 중재기능에 법적인 강제력과 함께 법적인 책임을 부과하고, 채권단에 대해 사용자로서의 법적 책임을 부분적으로나마 부과하는 내용의 법제화가 이루어져야 한다. 이른바 민간자율의 외피 아래 정부의 법적 책임을 은폐해서는 안 된다는 것이다. 위기관리와 구조개혁의 갈등을 해소하기 위해서는 그 일차적 주체인 정부의 법적인 권한과 책임을 투명하게 드러내는 데서부터 시작해야 한다.

현대그룹사례: 소유·지배구조 개선 대안

2000년 3월 및 6월 두 차례에 걸친 현대그룹의 형제간 경영권분쟁은 재벌개혁이 왜 필요하며 또 재벌개혁의 핵심이 무엇인지를 극명하게 드러낸 사건이라고 할 수 있다. 즉 상장주식회사로서 반드시 준수해야 할 상법 및 증권거래법상의 절차를 완전히 무시한 채 해당 기업의 주식을 단 한 주도 갖고 있지 않은 재벌총수의 말 한마디("내가 뒤에 있으니 아무 문제 없다")로 모든 것을 결정해 버리는 봉건적 소유·지배 구조에 한국경제의 미래를 맡길 수는 없는 것이다.

시장은 진공상태의 블랙박스가 아니다. 그 안에는 수많은 경제주체들의 의식과 행동이 충돌하고 있으며 이를 조정하는 과정에는 협의의 시장기구(market mechanism)뿐만 아니라 다양한 비시장적 제도(non-market institution)들이 작용하고 있다. 이러한 비시장적 제도들 중에서 기업의 경영성과에 중대한 영향을 미치는 것이 바로 소유·지배 구조와 관련된 것이다. 물론 최근에 와서는 자본시장에서의 적대적 M&A, 스톡옵션, 경영자노동시장 등과 같이 협의의 시장기구를 통한 지배구조 개선장치들이 갖는 의미가 크게 부각되고 있지만, 그럼에도 불구하고 지배구조의 본질적 특성은 각 경제주체들간의 비시장적 관계에 의해 규정되고 있는 것이 현실이다. 특히 대주주-경영진-중간관리자-노동자 등으로 이어지는 기업 내부구성원들간의 관계나 계열사-관계사-하도급기업 등의 그룹구성 기업들간의 관계는 비시장적 요소에 의해 지배되고 있다.

경쟁적 시장구조와 건전한 기업지배구조는 어느 하나가 다른 하나를 완전히 대체할 수 없는 상호 보완적 관계에 있다. 왜곡된 시장구조는 파행적 지배구조를 가져오며, 마찬가지로 불건전한 지배구조하에서는 시장의 생산적 성과를 기대할 수 없다. 바로 그렇기 때문에 지배구조 개선의 과제를 왜곡된 시장, 특히 시장을 왜곡시킨 장본인인 재벌에 전적으로 맡길 수는 없는 것이다. 최근 재벌측에서는 시장개방, 즉 외국기업의 국내진입에 따른 시장경쟁의 강화로 지배구조상의 폐해가 사라질 것이라는 주장을 제기되고 있는데, 이 역시 시장구조와 지배구조의 상호 보완적 관계를 은폐하는 주장에 불과하다. 세계화시대에서도 해외경쟁이 국내경쟁을 완전히 대체할 수 없으며 또 국내외 시장경쟁이 기업 내부에서 작동하는 건전한 지배구조의 의미를 완전히 대체할 수는 없기 때문이다.

기업지배구조 개선의 과제: 사전적 감시장치, 사후적 제재장치 확립

기업지배구조 개선을 위한 법과 제도를 마련하는 것은 일차적으로 정부의 고유한 책무이지만, 정부의 노력만으로는 부족하다는 사실 또한 분명하다. 다양한 이해관계자들의 의식과 행동이 변화할 때만이 지배구조의 관행은 개선될 수 있다. 따라서 그 의식과 행동의 변화를 적극적으로 유도할 수 있는 장치를 갖추는 데 정부의 노력이 집중되어야 한다.

지배구조 개선의 궁극적 목표는 다양한 이해관계자들이 그 기업에서만 가치를 가지는 특수한 자산, 즉 기업특수적 자산(firm-specific assets)에 투자하도록 유도하는 것이다.[8] 소액주주들이 주식의 장기보유를 통해 안정주주로서 기능하고, 채권단들이 저리의 자금을 안정적으로 공급하고, 노동자들이 그 기업에 특수한 인적 자본을 형성하기 위한 교육훈련에 노력하고, 하도급기업들이 소재·부품의 품질을 개선하기 위한 기술개발투자를 하고, 소비자들이 브랜드 충성도(brand royalty)를 갖도록 유도하는 것이다. 물론 이해관계자들의 입장에서는 기업특수적 자산의 가치가 어느 날 갑자기 폭락하지 않도록 하는, 즉 대주주나 경영진의 약탈행위를 통제할 수 있는 안전장치가 마련되어 있을 때만이 기업특수적 자산에 장기적으로 투자할 것이다. 따라서 지배구조의 개선대책은 다음 두 가지 내용으로 구성되어야 한다.

첫째, 다양한 이해관계자가 자신의 의견을 기업의 전략적 의사결정과정에 반영할 수 있는 장치를 마련하는 것이다. 이것은 이해관계자가 적극적으로 경영에 참여하거나 최소한 경영감시 역할을 수행함으로써 대주주의 전횡을 견제하는 사전적 통제장치를 의미한다. 사전적 통제장치의 구체적인 형태는 대주주로부터 독립된 사외이사를 선임하는 문제로 귀착될 것이다. 개정된 증권거래법(제191조 16)에 의하면, 총자산 2조 원 이상의 대형 상장법인의 경우 사외이사후보추천위원회를 거쳐 이사 총수의 과반수 이상을 사외이사로 선임하도록 되어 있다. 문제는 후보추천

위원회를 구성하는 인사들의 독립성이 확보되지 않으면 사외이사의 독립성을 확보할 수 없다는 것이다. 현재의 제도하에서는 이러한 악순환의 고리를 끊을 수 있는 가능성이 없다. 독립적 사외이사를 선임하는 제도적 방안으로는 개별회사 정관에서 적용·배제할 수 있게 되어 있는 집중투표제를 의무화하는 방안, 감사위원으로 활동하는 사외이사 선임의 경우에는 현행 단독감사와 마찬가지로 동일인의 의결권을 3%로 제한(증권거래법 제191조 11 및 동 시행령 제84조 18)하는 방안, 그리고 종업원지주제를 활성화·민주화하는 방안 등을 생각할 수 있다.

여기서 종업원지주제 문제를 좀더 구체적으로 살펴보자. 현재 우리나라에서는 우리사주조합의 형태로 종업원지주제가 실시되고 있다. 99년 9월 말 현재 상장기업 719개사(전체 상장기업 735개사 중 97.8%) 및 비상장기업 367개사 등 총 1086개사에 우리사주조합이 결성되어 있으며 이들은 평균 2.34%(상장기업 2.29%, 비상장기업 2.54%)의 지분을 보유하고 있다. 이것은 세계 어느 나라에서도 찾아볼 수 없는 매우 이례적인 현상이다. 그러나 우리사주조합은 종업원지주제 일반의 목적, 특히 노동자 경영참가의 수단이라는 면에서는 매우 실망스러운 결과를 보여주고 있다. 무엇보다도 노동자 스스로가 종업원지주제의 적극적 의미에 대한 이해도가 매우 낮으며 오직 단기적인 재산증식 수단으로만 치부되고 있다.

종업원지주제는 장기적인 인센티브 시스템으로서의 역할을 해야 한다. 즉 노동자가 회사의 경영상황을 적극적으로 감시하고 회사의 경영성과를 나누어 갖는 제도가 되어야 한다. 이에 비추어볼 때, 현행의 우리사주조합은 주식 구입대금을 노동자 스스로가 마련해야 하기 때문에(회사가 자금대여 및 대출알선 형태로 일부를 지원해 준다고 할지라도), 그 결과에 대해서도 노동자 개인이 책임질 수밖에 없으며 결국 장기보유의 인센티브가 약해질 수밖에 없다. 따라서 우리사주조합과는 전혀 다른 접근방법에 의한 종업원지주제가 모색되어야 한다. 회사가 미래의 경영성과를 담보로 금융기관으로부터 자금을 대출받아 종업원지주신탁을 설립하는 차입형 종업원지주제가 도입되어야 한다. 또한 새로운 접근방법의 종업원지주제가 시행되더라도, 현행 우리사주조합을 곧바로 폐지할 수는 없기 때문에 이에 대한 개선책이 마련되어야 한다. 특히 우리사주조합 총회 또는 대의원회가 민주적으로 구성·운영될 수 있도록 관련규정을 강화함으로써 우리사주조합이 대주주 및 경영진의 전횡을 견제하는 적극적 역할을 할 수 있게 지원해야 한다.

물론 노동자의 경영참가권리는 소유권에 기초하지 않은 사회적 권리이다. 그러한 관점에서 볼 때 종업원지주제는 오직 소유에 의한 권리만 인정하는 신자유주의적 경향에 포섭될 위험을 안고 있으며, 특히 우리사주조합 형태의 종업원지주제는 그 위험을 극대화하고 있는 것이 사실이다. 그렇지만 모든 것이 한꺼번에 이루어지지는 않을 것이다. 종업원지주제가 안고 있는 잠재적 위험과 잠재적 가능성이 어떤 형태로 발현될 것인가는 결국 노동운동진영의 주체적 능력에 달려 있다.

둘째, 대주주의 전횡에 의해 피해를 입은 이해관계자가 있을 경우 그 피해를 신속하게 회복할 수 있도록 하는 장치를 마련해야 한다. 이것은 이해관계자가 피해구제절차를 통해 대주주의 위법행위나 부실경영을 제재하는 사후적 통제장치를 의미한다. 사후적 통제장치의 구체적 형태는 실효성 있는 사법적 피해구제절차를 마련하는 문제로 귀착될 것이다. 이를 위해서는 무엇보다 집단소송제도를 조속히 입법화해야 할 것이다. 집단소송제도는 판결효력의 적용범위(피해를 본 투자자 한 사람이 소송을 내도 그 결과가 수많은 투자자 모두에게 적용), 입증책임의 귀속주체(원고측의 입증책임 경감, 법원의 석명권 강화 및 직권증거조사 강화), 소송비용(소송인지대 경감) 등의 측면에서 기존의 민사상 손해배상제도와는 비교할 수 없을 정도로 강력한 제재효과를 가지고 있다. 만약 집단소송제도가 시행되었다면, 주가조작이나 변칙상속을 시도하는 무모한 재벌총수는 많지 않았을 것이다. 따라서 집단소송제도를 종업원지주제와 결합할 수 있으면, 노동운동진영은 파업 이상의 위력을 가지는 경영통제수단을 확보하는 것이 되므로 그 가능성을 사전적으로 배척할 이유는 없다.

산업자본과 금융의 분리: 금융기관의 소유·지배 구조 개선

소유·지배 구조의 개선은 재벌개혁의 과제일 뿐 아니라 금융개혁의 과제이기도 하다. 현대그룹 형제간의 경영권분쟁은 금융소그룹(현대증권, 현대투신 등)에 대한 지배권 다툼이 그 발단이지만 현대투신의 부실문제가 채권시장 전체의 기능마비를 초래한 것 등을 볼 때, 금융기관의 소유·지배 구조 개선 없이는 재벌개혁도 금융개혁도 불가능하다고 볼 수 있다. 재벌의 금융지배를 타파하지 않고서는 중복과잉투자에 따른 낭비와 이에 따른 경제불안을 모면할 수 없으며, 결국 노동자와 국민의 희생 위에 정부가 또다시 개입해야 하는 악순환을 피할 수 없을 것이다.

무엇보다 먼저 은행에 대한 동일인 지분소유한도(시중은행 4%, 지방은행 15%)를 유지함은 물론, 제2금융권에 대해서도 동일인 지분소유한도(최소한 15% 수준)를 새로 도입해야 한다. 이러한 전제 위에서 산업자본과의 연결고리가 완전히 차단된 금융전업 기업가에 대해서는 동일인 지분소유한도 규제를 완화할 수 있을 것이다. 이 경우에도 금융전업 기업가의 지분율이 일정 수준(10%, 25%, 33% 등)을 초과할 때마다 엄격한 자격요건 심사절차(fit and proper test)를 거쳐야 함은 두말할 필요가 없다.

한편 치열한 논란 끝에 최근 도입된 금융지주회사제도가 금융기관에 대한 동일인 지분소유한도 규제를 우회하는 수단으로 악용되어서는 안될 것이다. 1999년 11월 미국은 그램-리치-블라일리법(Gramm-Leach-Bliley Act, Financial Services Modernization Act)을 제정하여 금융지주회사가 은행·증권·보험 등 서로 다른 업종의 금융자회사를 보유할 수 있게 허용함으로써 30년대 대공황 이래의 유산이었던 분업주의를 공식적으로 폐기하였다. 그러나 미국 금융산업의 겸업주의 채택이 곧 산업자본과 금융의 결합까지를 허용한 것은 아니라는 사실을 잊어서는 안 된다. 이 법에 따르면, 금융지주회사의 전체 수익 중 비금융활동으로부터의 수익이 15% 이상을 넘을 수 없게 규제하고 있다. 정보통신기술의 발전에 따라 다양한 금융업종 사이의 경계는 허물어지고 있지만 그럼에도 불구하고 산업과 금융의 분리는 여전히 포기할 수 없는 원칙으로 고수되고 있는 것이다.[9]

또한 공정거래법에 계열분리명령제를 도입함으로써, 공정경쟁을 저해하는 산업자본과 금융의 결합사례에 대해서는 강제적 분리명령을 발동할 수 있게 해야 한다. 계열분리명령제는 선진국 독점금지법상의 기업분할명령제(예를 들어 미국의 셔먼법 Sherman Act에 의한 스탠더드 오일사와 AT&T의 기업분할 명령사례 그리고 최근 마이크로소프트사에 대한 기업분할명령 발동 가능성 등)를 그룹단위에서 적용하는 것으로, 경쟁촉진정책의 핵심 사항이라 할 수 있다.

이상의 두 가지 대책은 금융기관의 소유구조를 직접 규제하는 것인 만큼 엄청난 저항을 불러올 것이다. 그러나 지난 2년 반 동안의 경험을 돌이켜볼 때, 제2금융권의 경우 소유구조 개선 없이는 지배구조 개선이 사실상 불가능하며 제2금융권 개혁 없이는 재벌개혁 역시 불가능하다는 사실을 분명히 확인할 수 있다. 산업자본의 금융지배는 국민경제의 효율성, 형평성 그리고 안정성 모두를 파괴하는 요인이다. 이 점에서 정부의 단호한 입장정리가 절실히 필요한데, 금융산업노동조합이 산업자본과 금융의 분리를 자신의 절대적 과제로 설정하고 정부를 압박할 때만이 이를 실현할 수 있을 것이다.

4. 맺음말

현상황에서 재벌개혁이 가지는 의미는 다음 세 가지로 정리할 수 있다.

첫째, 재벌개혁은 '핵심적' 개혁과제이다. 즉 한국사회를 지배하는 권력의 중심이 정치권력으로부터 경제권력으로 점차 이동하고 있는 상황을 염두에 둘 때, 재벌개혁은 바로 한국사회의 발전을 억누르고 있는 수구적 지배권력의 중심을 직접 공격하는 것이 된다.

둘째, 재벌개혁은 '실현 가능한' 개혁과제이다. 비록 재벌이 막강한 지배권력을 행사하고 있다고는 하지만 재벌체제는 형식적으로나 실질적으로 매우 취약하다. 특히 IMF사태를 통해 재벌체제의 문제점이 백일하에 드러났으며 재벌개혁의 당위성에 대해서는 그 누구도 부정하지 않게 되었다.

셋째, 재벌개혁은 '당면한' 개혁과제이다. 재벌개혁을 완성한다고 해서 바람직한 사회경제체제 또는 바람직한 기업모델이 곧바로 실현되는 것은 아니다. 더 정확하게 말한다면, 바람직한 사회경제체제와 기업모델을 선험적인 차원에서 아주 구체적으로 정의하려는 태도는 무의미하거니와 위험할 수도 있다. 그러한 의미에서 재벌개혁은 궁극적 과제는 아니다. 다만 재벌개혁은 바람직한 경제사회질서와 기업모델을 실현시켜 가는 동태적 과정의 출발점, 즉 진화(evolution)를 위한 도약(jump)의 과제이다.

물론 재벌개혁을 추진하는 과정은 초국적 금융자본을 축으로 하는 신자유주의 세력의 압박과 국내 수구적 지배세력의 노골적인 저항으로 끊임없이 왜곡될 것이다. 이것을 극복하기 위한 실천적 노력이 바로 재벌개혁의 진보성 그리고 재벌개혁을 통해 달성하고자 하는 사회경제질서의 진보성을 담보하는 요체이다. 특히 노동운동진영이 재벌개혁을 자신의 과제로 설정하고 시민운동진영과의 연대를 적극적으로 모색하는 것은, 노동운동의 진보성을 희석시키는 것이 아니라 시민운동의 진보성을

강화하는 결과를 가져올 것이다. 이 모든 가능성을 사전적으로 배척할
이유는 없다.

주

1) 외견상 투명성과 책임성 원칙 그 자체는 가치 중립적이라고 할 수 있다. 그러나 영미식 개인주의가 성과측정 및 책임부과의 엄밀성에 보다 쉽게 접근할 수 있다는 점에서 이 원칙들은 신자유주의에 친화적이라고 할 수도 있다. 문제는, 개인주의가 아닌 연대 (solidarity)의 원리에 기초한 기업조직 또는 사회경제체제가 투명성과 책임성을 확보할 수 있는 수단이 무엇인가 하는 점이다. 이에 대해 진보진영에서 제출한 답변은 "노동자의 주체적 참여와 이에 기초한 민주적 통제"였다. 여전히 추상적인 이 답변에 구체성을 부여하기 위한 이론적·실천적 노력이 바로 반(反)신자유주 대안 모색의 핵심이라고 필자는 판단한다.
2) 당시 세계은행의 수석부총재 스티글리츠는 고금리정책을 다음과 같이 평가하였다. "… 환율과 이자율은 국민경제에 주는 영향력에 상당한 차이가 있다. 환율은 대외거래에 관련된 이해당사자에게 영향을 주지만 이자율은 대기업과 중소기업, 가계와 근로자 모두에게 영향을 준다. 환율에서 발생한 문제를 이자율을 통해 해결하려 든다면 외환위기와는 직접적 상관이 없는 중소기업, 중산층과 빈민이 피해를 보게 된다. 도덕적 해이(moral hazard)란 바로 이를 두고 하는 말이다. 가장 큰 책임을 져야 할 당사자는 주주와 경영진인데 고금리 처방은 이들 대신 억울한 피해자를 만드는 게 문제다…."(『매일경제신문』 1999. 1. 5)
3) 지난 10여 년간 시민운동은 노동운동의 엄호 아래, 특히 민주노조운동의 비합법투쟁이 넓혀놓은 합법공간 내에서 성장하였고 어느덧 한국사회의 주요한 세력으로 자리잡았다. 그 결과 원하든 원치 않든 간에 이제는 시민운동이 노동운동의 엄호세력이 되는가 여부가 노동운동의 진로와 그 성패에 중요한 영향을 미치는 상황이 되었다. 노동운동과 시민운동은 궁극적 지향성에서 하나가 되기는 어렵고 또 하나가 되어서도 곤란하다. 다만 시민운동 좌파의 최전선이 어느 선까지 확장될 수 있는가는 노동운동의 전략에 따라 달라질 수 있다.
4) 르노는 인수대금 중 1100억 원은 현금으로 자산인수와 동시에 지급하고 2330억 원은 2004년부터 2014년까지 분할상환하기로 하였다. 또 2330억 원은 부채형태로 르노가 인수하고 나머지 440억 원은 채권단이 신설 합작회사의 주식으로 갖게 된다. 따라서 매각대금의 현재가치는 3000억~3200억 원에 불과한 것으로 평가된다.
5) 이건희 회장은 삼성생명의 주당 가치가 70만 원에 미달하는 경우 50만 주를 추가출연키로 하였으며 이것으로도 부족할 경우 삼성그룹의 계열사들이 채권단이 발행한 무의결 우선주 또는 후순위채를 인수하는 방식으로 보전키로 하였다. 삼성그룹 계열사들은 이에 필요한 이사회 의결절차를 완료한 상태이다. 그러나 삼성그룹의 계열사, 특히 상장계열사가 부족분을 보전하는 것은 소액주주에 대한 배임행위이다. 따라서 이를 승인한 금융감독당국 역시 직무유기의 책임을 벗어날 수 없다.
6) 자세한 내용은 참여연대 경제민주화위원회(1998) 참조.

7) 1999년 국정감사자료에 의하면, 99년 8월 말 현재 한국투신 · 현대투신 · 서울투신운용 · 한빛투신운용 · 주은투신운용 등 5개사가 동일계열 CP편입한도(총신탁재산의 5%, 1998. 7 도입, 초과분은 6개월에 걸쳐 해소 지시) 내지는 회사채 편입한도(회사채 편입 총액의 15%, 1998. 10 도입, 초과분은 2년에 걸쳐 해소 지시)를 초과한 것으로 드러났으며 그외 4~5개 투신사도 한도 초과 가능성이 있는 것으로 알려졌다. 한국투신의 경우 국공채까지 합한 전체 보유채권 16조 391억 원 중 대우 회사채가 3조 1597억 원(19.7%)이었고, 서울투신운용은 전체 보유채권 6조 7761억 원 중 대우 회사채가 2조 2022억 원(32.5%)이나 되었으며 CP보유액도 1조 2424억 원으로 총신탁재산의 5%를 훨씬 초과하였다.

8) "In 'new' stakeholder model, stakeholders are specially defined to be those who have contributed firm-specific assets. The 'best firms' according to this stakeholder model are ones with committed suppliers, customers, and employees. Therefore, it is in the interest of the shareholders to promote the development of long term relations, trust, and commitment amongst various stakeholders. **Corporate governance in this contex becomes a problem of finding mechanism that elicit firm-specific investments o the part of various stakeholders.**"(OECD 1998 참조. 강조는 인용자)

9) 재벌의 금융지배 문제 그리고 부실 금융기관의 구조조정 문제와 관련하여 금융지주회사제도 도입이 갖는 의미 및 보완대책에 관해서는 김상조(2000a) 참조. 최근 제정된 금융지주회사법은 개인뿐 아니라 증권투자회사(mutual fund)에 대해서도 금융전업 기업가의 자격을 인정하고 있는데, 이것은 증권투자회사→은행지주회사→은행으로 이어지는 3단계의 연결고리를 통해 소수지분의 대주주가 은행을 사금고화할 가능성을 열어두는 것이기 때문에 이 조항은 반드시 폐지되어야 한다.

참고문헌

금융감독원 (2000), 「기업개선작업 추진상황 점검결과 및 조치사항」, 보도자료.

금융감독위원회 (1999), 「기업구조조정 추진현황 및 향후계획」, 보도자료.

김기원 (2000), 「재벌개혁을 둘러싼 쟁점」, 윤진호 · 유철규 편, 『구조조정의 정치경제학과 21세기 한국경제』, 풀빛.

김상조 (1999), 「재벌의 생보사 지배에 따른 폐해와 개혁방향」, 『경제와사회』 제43호, 가을호.

_____ (2000a), 「대우그룹의 구조조정과정: 위기관리와 구조개혁의 갈등」, 『구조조정의 정치경제학과 21세기 한국경제』.

_____ (2000b), 「최근 금융시장동향과 2차 금융구조조정」, 한국산업노동학회주최 토론회.

_____ (2000c), 「현대사태를 통해 본 재벌개혁의 새로운 과제: 소유 · 지배 구조 개선을 위한 대안」, 참여연대주최 긴급토론회.

유승민 (1999),「위기 이후를 대비하는 재벌정책의 과제」, 한국개발원.

이선·좌승희·정광선·김용구 편 (2000),『한국 기업지배구조의 현재와 미래』, 미래경영개발연구원.

참여연대 경제민주화위원회 (1998),『공익재단법인 백서』, 도서출판 지정.

참여연대 (1999),「이건희, 이재용씨의 삼성생명 위장지분 소유와 탈세 및 불법혐의에 대한 전면적 조사를 촉구하는 참여연대 기자회견」, 보도자료.

한국은행 (2000),「1999년 기업경영분석 결과」,『조사통계월보』.

한국증권금융주식회사 사주조합부 (1999),「우리사주조합제도에 대한 설문조사」.

한국증권금융주식회사 (1999),『우리사주조합제도』.

OECD SG/CG(98/7) (1998), "Corporate Governance and Corporate Performance."

금융의 재벌통제와 재벌의 금융지배

이윤호[*]

1. 머리말

90년대 들어 과거 공산주의권 국가들의 체제전환 및 정보화·세계화가 급속하게 진행되고 있는 상황에서 각국 경제의 성과와 관련해 자본주의 체제의 유형별 차이성에 대한 관심이 기업지배제도를 중심으로 크게 고조되었다. 우리나라에서도 압축성장에 따른 경제규모의 급속한 확대와 경제구조의 고도화에 따른 경제운용방식에 대한 재검토가 활발하게 이루어지고 있는 가운데 외환경제위기를 맞았고, 이를 계기로 종래의 기업지배구조의 문제점에 대한 검토 및 개선이 본격화되었다.

재무구조는 기업들의 지배적인 자금조달방식 또는 그 동전의 뒷면인 국민경제의 지배적인 금융체계에 의해서 결정적인 영향을 받는다. 통제권이 주주 또는 채권자 누구에게 속하게 되는가는 기업의 채무상환 의무의 이행 여부에 의해 결정되며 채무불이행 상태의 발생 가능성은 그 기

---

* 순천대학교 사회교육과 교수

업의 재무구조에 의해 결정된다. 기업의 재무구조 결정은 그 기업의 통제권이 언제 누구에게 속하는가에 대한 이해당사자간의, 효율성 확보·증진을 위한 사전적 설계라고 할 수 있다. 우리나라 재벌의 기업지배구조를, 기업통제권에 대한 설계로서의 재무구조 및 그런 재무구조를 초래한 지배적인 자금조달방식 그리고 그 과정에서 자금제공자들의 기업에 대한 통제에 초점을 맞추어 설명하고자 하는 것이 이 글의 첫번째 목적이다.

우리나라는 전형적인 은행중심 금융체계이다. 경제성장과정에서 기업의 자금조달이 은행을 중심으로 이루어져 오는 가운데, 정부가 은행경영에 적극적으로 개입하면서 자금배분을 주도해 왔다. 따라서 재벌에 대한 우리 사회의 감시통제는 재벌-은행-정부 3자관계에 대해 조명할 때만 제대로 파악될 수 있다. 우리나라에서 재벌과 관련한 기업지배구조 개선 논의는 자연히 발전금융체계에 대한 논의와 맞물리게 된다. 정부주도-대기업중심 성장전략은 관치금융과 재벌의 경제력집중이라는 두 가지 큰 문제를 낳았다. 한편 재벌들은 다수의 금융회사들을 계열사로 거느리면서 지배해 오고 있다. 그 결과 금융체계의 재정립에 대한 논의는 '관치금융 청산'과 '재벌의 금융지배 차단'이라는 두 축을 중심으로 날카롭게 대립하고 있다. 한편으로는 은행의 경영에 대한 정치권력이나 관료의 부당한 개입과 압력을 차단하고, 또 한편으로는 재벌이 금융기관을 장악하는 데 따르는 폐해를 막음으로써, 금융자원의 효율적 배분을 위한 틀을 구축하고 산업기업에 대한 금융의 감시통제기능을 회복할 수 있는 방안을 생각해 보는 것이 이 글의 또 하나의 주제이다.

2절에서는 먼저 우리나라의 은행중심 금융체계와 기업의 재무구조적 특징을 살펴보고, 이어서 불완전계약이론의 관점에서 외부투자자, 특히 은행의 재벌감시통제를 중심으로 재벌에 대한 사회적 감시통제구조를 분석, 평가한다. 3절에서는 재벌의 금융지배 실상, 재벌의 내부자본시장

238

에서 금융계열사의 역할 그리고 재벌의 금융계열사 지배가 초래하는 효율성의 침해를 차례로 살펴본다. 그리고 4절에서는 앞의 논의에 근거하여 관치금융의 폐해 및 재벌의 금융지배에 따르는 문제를 동시에 완화할 수 있는 금융기관의 소유지배구조와 자본시장규율 강화 방안을 모색해 보고자 한다.

2. 재벌의 자금조달구조와 금융지배

은행중심 금융체계와 재벌의 자금조달의 특징

금융체계의 이념형은 기업의 투자자금 조달이 크게 자본시장중심으로 이루어지는 시장중심 금융체계와 은행중심으로 이루어지는 은행중심 금융체계로 나누어지며, 이 두 체계에서 기업의 재무구조는 각 체계의 지배적인 금융방식을 반영하여 상호 차이가 난다.[1]

우리나라는 은행중심의 금융체계이다. 일제 식민지시대에 그 틀이 잡힌 은행중심의 금융체계는 60년대 이래 정부주도의 경제발전전략 아래서 더욱 강화되었다. 일제 식민지시대부터의 대륙법적 체계에서 직접적 자금제공자에 대한 법적 보호가 소홀한 가운데 자본시장이 발달하지 못하고[2] 금융이 은행을 중심으로 이루어지게 되었다. 60년대부터 정부가 공업화전략의 추진수단으로 은행을 적극적으로 활용함에 따라 우리나라 금융은 한층 더 은행중심적 체계를 띠게 된 것이다.

미국이나 영국 등 자본시장중심 체계 국가와 비교해 볼 때도 우리나라는 은행중심 체계로 분류되는 일본이나 독일처럼 자금조달에서 은행에 의존하는 비중이 상대적으로 높고 자본시장에 의존하는 비중이 낮다(〈표 1〉 참조).

〈표 1〉 주요 국가의 대(對) 민간 은행신용 및 자본시장 규모(1986)

(단위: 원)

국가	대 민간 은행신용/GDP	상장주식 총가치/GDP	사채 상장총가치/GDP
한국	84.16	12.84	9.07
미국	70.90	49.85	23.27
영국	53.85	83.70	2.48
일본	104.22	85.31	4.74
독일	86.58	25.79	0.13

자료: Rajan and Zingales 1995, p. 1448; 한국은행, 『경제통계연보』; 금융감독원, 『금융통계월보』.

〈표 2〉 주요 국가의 기업외부자금 조달구조(flow, 1996)

(단위: 구성비 %)

	한 국	미 국	일 본	독 일
간접금융	38.4	10.2	46.6	48.1
은행차입	18.5	4.9	28.5	45.3
비은행차입	19.9	5.3	18.1	2.8
직접금융	37.3	63.3	30.9	31.2
주식	12.0	51.4	24.6	28.7
회사채	16.8	10.7	5.4	2.4
기업어음	8.5	1.2	0.9	0.1
기타	24.3	26.5	17.0	20.7

* 기타는 상거래신용 및 해외차입 등
자료: 한국은행

4개국 기업의 외부자금 조달 구성에서도 드러나듯이(〈표 2〉 참조) 90년 대 중반 들어와서도 각국의 자금조달은 〈표 1〉과 같은 구조적 일관성을 뚜렷이 나타내고 있다. 한국, 일본, 독일의 간접금융 의존도는 전체 자금 조달의 40% 안팎으로 미국의 10%에 비해 월등히 높다. 미국의 직접금 융 의존도는 63.3%로 일본이나 독일의 약 2배에 이르며, 특히 주식을 통 한 자금조달 비중이 전체 자금조달의 반을 넘어선다.

은행중심 체계에서는 기업의 주된 자금조달이 은행차입형태로 이루어 지고 그 결과 기업의 부채비율이 시장중심 체계의 경우보다 높아진다.

1990~95년의 평균치를 볼 때 한국과 일본의 부채비율은 300% 이상으로 시장중심 체계인 미국 103.2%, 영국 80.0%보다 현저히 높다. 은행중심 체계의 또 다른 특징은 은행산업이 흔히 정부의 통제 아래서 과점적 시장구조를 가진 가운데 기업의 채무가 소수 채권자은행에 집중되어 있는 정도가 높다는 것이다. 시장중심 체계에서는 기업이 비록 사채로 외부자금을 조달하는 경우라도, 은행중심 체계에서 소수의 은행으로부터 집중적으로 자금을 차입하는 경우에 비하면 채무가 다수의 채권자에게 분산되는 모습을 띠게 된다(Bergloef 1990).

우리나라 기업의 부채비율에서 나타나는 뚜렷한 특징 가운데 하나는 기업규모가 클수록 부채비율이 높아진다는 점이다. 일반적으로 기업규모는 부채비율을 설명하는 통계적 유의성이 높은 요소인데(Rajan and Zingales 1995, p. 1453; Ferri and Jones 1979), 특히 우리나라에서는 대기업중심의 신용할당구조의 영향으로 기업규모와 부채비율 간에 매우 강한 비례적 관계가 형성되었다. 〈표 3〉과 같이 기업규모 대비 부채비율이 뚜렷

〈표 3〉 기업규모별 부채비율과 상위 재벌의 부채비율

(단위: %)

	소1 규모	소2 규모	중1 규모	중2 규모	중3 규모	중4 규모	대규모	상위 재벌
1976~90 평균	64.4	109.7	175.8	249.4	325.7	340.4	356.0	n.a
1986~90 평균	77.9	123.1	214.9	285.2	305.3	316.0	295.9	377.1
1991~97 평균	140.9	194.9	291.3	370.7	375.7	325.3	301.3	356.8

* 기업규모는 종업원수를 기준으로 소1규모(5~9인), 소2규모(10~19인), 중1규모(20~49인), 중2규모(50~99인), 중3규모(10~199인), 중4규모(200~299인), 대규모(300인 이상)로 분류. 단 대규모 기업의 경우는 업종에 따라 상시종업원 100인 또는 200인 이상의 표본업체들로부터 얻어진 경우도 있음.
** 1986~90년 상위재벌은 30대재벌, 91~97년 상위재벌은 5대재벌 기준
자료: 중소기업청, 『중소기업실태조사보고』, 각 연도; 공정거래위원회 발표자료; 한국신용평가정보 KIS-Line, 각 재벌의 합산재무제표, 각 연도.

이 단조적으로 증가하는 모습을 보인다.[3) 특히 중소기업에 비해 평판이 높고 정보의 비대칭성 정도가 낮아 주식을 통한 자금조달이 상대적으로 유리한(Mayers and Majluf 1984; 이윤호 1994) 대기업 및 재벌이 오히려 주식보다 차입을 통한 자금조달에 더 의존하였다는 것은 정책신용의 유리함과 대기업 및 재벌에 대한 우선적 신용할당의 구조적 특성을 그대로 반영하는 것이다.

이는 저금리구조하에서 대기업중심의 신용배분체계에 기인하는 바가 크다. 자금에 대한 초과수요가 상존하는 가운데 제도권 금융자금의 많은 부분이 정부의 정책적인 판단에 따라 배분되었다. 60～80년대의 은행 총대출금에서 정책금융이 차지하는 비중은 50～60%에 이르렀으며, 은행 스스로 조성한 일반자금에 대해서도 정부는 협조나 지침의 형태로 융자대상에 실질적 제한을 가하곤 했다. 정책적 자금배분구조의 특징은 대기업 또는 재벌에 대해 유리한 금리조건으로 우선적인 할당이 이루어졌다는 점이다. 〈표 4〉를 보면 제도권 금융자금에 대한 할당이 기업규모

〈표 4〉 기업규모별 금융기관 차입금 규모 및 접근도(1976～90 평균)

(단위: 원, %)

	은행 차입금 규모(매출액 1원당)	은행 접근도	금융기관 차입금 규모(매출액 1원당)	금융기관 접근도
소 1 규모	0.103	-42.4	0.115	-45.1
소 2 규모	0.153	-14.4	0.171	-18.6
중 1 규모	0.178	-0.4	0.199	-5.2
중 2 규모	0.185	-3.5	0.209	-0.6
중 3 규모	0.174	-2.6	0.209	-0.5
중 4 규모	0.214	19.8	0.258	22.7
대규모	0.244	36.5	0.317	50.7
평 균	0.178	0.0	0.210	0.0

* 금융기관차입금=은행차입금+비은행금융기관차입금   ** 은행 및 금융기관 접근도=100×(규모－평균)/평균

자료: 이윤호(1994, 52쪽 〈표 2-5〉, 94쪽 〈표 3-11〉) 참조.

에 비례하여 이루어진 특징이 잘 드러난다.[4) 5)]

특히 상위재벌의 부채비율은 다른 어떤 규모의 기업군보다 수치가 높다. 〈표 3〉에서 볼 수 있듯이, 80년대 후반기에 30대재벌, 90년대 초·중반기의 5대재벌의 기간중 평균 부채비율은 각각 377.1%와 356.8%로 중소규모 기업이나 대규모 기업의 부채비율보다 월등히 높다.

인플레이션이 만성화되어 있고 사기업의 투자실패시 그에 대한 정부구제가 이루어지는 상황에서 부채에 의한 자금조달은 기업들에게 매력적일 수밖에 없다. 외화자금의 집중적 이용자인 재벌과 그 자금의 조달자인 은행, 은행에 대한 지급보증자인 국가가 경제적 공동운명체로 묶여 있는 가운데 사기업의 투자위험의 사회화에 따른 혜택은 채무탕감이나 부실기업 인수자금 지원 등의 형태로 상위재벌들에 집중되었다(조윤제 1995; 강철규 외 1991). 또한 재벌은 기업집단의 형성을 통해 자금조달에서 유리한 위치를 차지할 수 있었다. 재벌은 기업집단을 형성함으로써 계열사간 출자와 상호지급보증으로 대출에 요구되는 보증 및 재무 요건을 손쉽게 충족시키면서 제도금융권의 저리자금을 손쉽게 조달할 수 있었다. 이에 비해 독립기업의 자금조달은 그 기업의 담보제공 능력에 의해서 제한받았다. 이러한 요인들이 추가적으로 작용하면서 재벌의 부채비율은 비재벌기업들보다 훨씬 높아졌다고 할 수 있다.

70년대 중반부터 중화학공업화가 본격적으로 추진되면서 경제력집중이 심화되고 금융권 자금이 재벌로 집중되는 이른바 '편중여신' 문제가 나타나자, 80년대 후반 들어서 이를 시정하기 위해 여신관리제도의 강화, 타회사 출자총액 제한, 대규모 기업집단에 대한 채무보증한도 규제 등 규제가 가해지기 시작했다. 1991년 19.5%에 이르던 30대재벌의 은행 및 비은행 대출금 비중은 90년대 전반기 동안 여신관리한도가 강화됨에 따라 축소되어 나갔다.

그러나 은행여신에 대한 규제가 강화되자 재벌은 제2금융권으로부터의 대체자금 조달을 늘리기 시작했고 재벌의 비은행 금융기관 대출금 규모가 급증했다. 그 결과 금융기관 대출금에서 상위재벌이 차지하는 비중은 별달리 줄어들지 않았으며(이윤호 1999b, 435쪽 〈표 7-33〉 참조), 제2금융권에서의 재벌소유 동기가 자극되고 금융자원 점유가 더욱 촉진되는 부정적인 계기로 작용하기도 하였다. 제2금융권에서 종금사 대출금의 약 50%, 보험사 대출금의 35% 이상을 30대재벌이 사용하는 등 대표적인 제2금융권 금융기관들의 여신이 재벌에 편중되었다(같은 글, 446쪽 〈표 7-43〉 참조).

3. 재벌의 기업지배구조에 대한 평가

기업지배(corporate governance) 또는 감시통제(monitoring and control)란 기업에 자금을 제공한 투자자들이 자신의 투자에 대한 수익을 보장받기 위해 경영진의 의사결정을 감시하고 통제하는 행위이다. 기업지배는 투자자 개인의 입장에서 보면 자신의 투자수익을 실현하기 위한 행동이지만, 자본주의 시장경제체제에서는 이와 동시에 희소한 자원의 효율적 배분과 이용을 위한 사회적 기능과 직결된다. 자원은 기회비용의 우선순위에 따라서 배분·투자되어야 하고 투자된 자원은 낭비되지 않고 사용되어야 하며 또한 잘못된 투자는 적은 비용으로 신속히 바로잡아져야 한다. 기업지배와 관련해서 보면, 정상적 상태에 있는 기업의 생산 및 투자에 대해 판단하고 감시·통제하는 투자자의 행위를 통해 사전적 효율성이 추구·달성되며 부실기업에 대한 처리가 사후적 효율성을 결정한다.[6]

자금이 기업으로 제공될 때 투자자들은 근본적으로 정보의 불완전성과 계약의 불완전성에 직면한다. 경영을 위임받은 경영자의 행동 및 발

244

생 가능한 모든 기업상태에 대한 파악과 그것을 계약에 반영하는 것은 현실적으로 불가능하다. 이런 현실적 여건 아래서 계약에 명시되지 않는 잔여적 상황에 대한 통제권은 기업의 상태에 따라 주주 혹은 채권자에게 주어지고 주주(집단) 혹은 채권자(집단)는 자신들의 통제권을 다시 특정 경영자에게 위임한다. 하지만 불완전 정보가 지배적인 상황에서 잔여적 통제권을 어느 한쪽이 일방적으로 행사하는 것은 이해당사자들간에 대리인문제를 낳는다. 내부경영자가 야기하는 대리인문제를 막고 완화하기 위해 외부투자자는 그를 감시하게 된다. 즉 불완전 정보와 불완전 계약이 통제권의 위임을 낳고 이것이 다시 대리인문제를 낳으며 대리인 문제는 감시통제의 필요를 불러일으킨다(Alchian and Demsetz 1972; Jensen and Meckling 1976; Williamson 1979; Hart 1995).

한 국민경제에서 재무구조는 기업들의 지배적인 자금조달방식 또는 그 반사물인 국민경제의 지배적인 금융체계에 의해서 결정적인 영향을 받게 된다. 통제권이 주주 또는 채권자 누구에게 속하는가는 기업의 채무상환 의무의 이행 여부에 의해 결정되며 채무 불이행 상태의 발생 가능성은 그 기업의 재무구조에 의해 결정된다. 부채비율이 높을수록 기업이 채무를 불이행할 가능성은 높아지며, 이는 채권자가 기업의 통제권을 행사하게 될 미래상황의 범위가 넓어짐을 의미한다. 따라서 기업의 재무구조 결정은 그 기업의 통제권이 언제 누구에게 속하는가에 대한 이해당사자간의 효율성 확보·증진을 위한 사전적 설계라고 할 수 있다(Bergloef 1990; Aghion and Bolton 1992; Hart 1995).

이미 살펴보았듯이, 우리나라는 기업의 부채비율이 시장중심 체계 국가들에 비해서는 물론이고 다른 은행중심 금융체계 국가들보다도 높으며 그 가운데서도 재벌의 부채비율이 특히 높다. 이하에서는 불완전계약이론의 맥락에서 재벌의 기업지배구조를 기업통제권에 대한 설계로서의 재무구조와 관련지어 살펴보고자 한다.

정상상태에서의 기업통제와 대리인문제

재벌 경영구조의 핵심적인 특징은 각 계열사가 이사회중심의 독립적인 경영체제를 갖추지 않고 재벌총수가 일괄적으로 경영지배를 하고 있다는 점이다. 재벌총수 개인의 지분율은 높지 않으나 계열사 상호보유지분율이 높고 총수는 피라미드식 소유를 통해 이들 계열사에 대해 완전한 지배권을 행사한다(김진방 1999; 김동운 1999). 모든 이사의 임면(任免)이 총수에 의해 이루어지고 자본시장에서의 시장規율은 거의 작동하지 못해 왔다.

총수의 재벌지배는 종종 소유경영자의 지배로 규정되고, 따라서 소유와 경영의 분리에 따른 대리인문제의 발생을 막아주는 것으로 평가된다(엄영석 1996, 68쪽 참조). 그러나 적어도 정상적인 기업상태에서 경영전권을 행사하고 그에 대한 잠재적 위협장치가 작동하지 않는 상황에서, 지분율이 낮은 총수에 의한 완전한 지배통제는 더 심각한 형태의 대리인문제, 즉 재벌총수에 의한 외부투자자(채권자 및 외부주주) 탈취로 귀결될 수 있다.

우리나라 재벌에서 대리인문제의 구조적 특징은 '총수의 이중적 탈취'라고 명명할 수 있을 것이다. 먼저, 총수는 개인 지배주주로서 재벌 전체의 주식가치를 극대화하고자 할 것이다. 첫번째 단계에서의 대리인문제는 외부 타인자본 제공자의 이익을 재벌 내로 전가하는, 즉 총수를 포함한 주주들이 은행 등 채권자의 부를 주주들에게 이전시키는 형태로 나타날 것이다. 사회적으로 볼 때 이는 정책금융의 할당을 통한 금리지대의 추구, 부실기업에 대한 구제금융이나 부실기업 인수과정에서의 금융 지원과 특혜 등을 통해서 실현된다. 다음으로, 재벌 전체의 가치극대화가 추구되는 가운데 총수는 계열사들의 소득과 부를 자신의 개인적 소득과 부로 이전시킨다. 두번째 단계에서의 탈취는 외부주주의 부를 자신에게 이전시키고 비금전적 편익을 추구하는 행동으로 나타날 것이다. 계열사 간 내부거래를 통해 총수는 개인지분율이 낮은 계열사들로부터 자신이 '소유'·지배하고 있는 계열사 또는 특수관계인에게 소득과 부를 손쉽게 이전시킬 수 있다.[7] 총수의 이런 이중적 탈취는, 낮은 지분율에도 불구하고 경영전권을 행사하며 그에 대한 감시통제로부터 사실상 자유로운 총수의 전면적 지배 아래 계열사들이 놓여 있는 재벌의 소유 및 통제 구조로부터 발생할 개연성이 매우 높다.[8]

아울러 중요한 점은, 잘못된 경영으로 기업의 부실화가 진행되고 있더라도 그 기업이 외형상으로 채무이행을 지속하고 있는 한에는(채무불이행으로 최종 부도처리된 '부실기업'과 구분하여 이런 상태의 기업을 이하 '부실화기업' 또는 '부실징후기업'으로 칭함) 경영자 또는 기업지배권을 교체할 수 있는 어떤 장치도 사실상 부재했다는 점이다. 부실화 진행시 내부경영자는 분식을 통해 기업의 부실을 감추고 빚으로 빚을 갚으며 경영권을 유지시켜 나갈 수 있거니와, 외부투자자의 자금을 이용하여 모험적인 투자사업을 감행하거나 사취를 도모하는 말기적 행동을 할 수도 있다. 그에 따라 기업이 최종부도에 처할 때 부실규모는 한층 확대되어 있게 된다.

은행을 비롯한 금융기관들은 기업에 자금을 공급할 때 예금자들을 대신하여 투자의 위험성에 대해 심사를 하고 대출이 이루어진 기업을 감시하며 대출 축소 및 중단의 형태로 제재를 가한다. 은행은 거래기업과 장기적 고객관계를 형성하게 되고 지속적 거래관계 속에서 기업에 대한 정보를 입수·축적해 나감으로써 거래기업에 대한 정보 비대칭성의 문제를 완화할 수 있다(Sharpe 1990). 정보적 불완전성과 투자자 보호의 미흡성으로 인해 자본시장에서 기업활동에 대한 평가·감시 기능, 시장규율이 제대로 작동하지 못하고 그 반사로서 은행중심으로 자금이 공급되는 우리 경제에서 은행의 이러한 기능이 가지는 중요성은 매우 크다.

은행금융중심 체계에서 기업경영에 대한 사전적 통제는 그들의 영업 및 투자 활동에 대한 은행의 평가를 통한 자금지원——신규자금의 지원, 기존 대출금의 만기연장이나 회수 등의 형태로 이루어진다——여부에 의해서 이루어진다. 그런데 발전금융체계(조윤제 1995) 아래서는 기본적으로 정부의 정책적 판단이 은행의 이런 사전적 감시기능을 대신하고 있었다. 정상적 영업상태에 있는 재벌에 대해서 정부는 산업정책의 구도에 따라 개별기업의 신규투자에 대한 인허가와 자금의 우대적 지원을 결정하였으며 은행은 이를 집행하는 역할을 하였던 것이다. 이외에도 정부는 재벌에 대해 출자제한(1986년 도입), 여신관리제도(1984년 금융기관 여신운용 규정으로 정식도입), 상호지급보증규제(1992년 도입), 업종제한 또는 업종전문화 시책 등을 통해 각종 규제를 가해 왔다. 재벌에 대한 이런 규제들은, 자본시장이나 은행의 대출심사과정에서 제대로 작동하지 못하고 있는, 재벌에 대한 사전적 감시통제기능을 정책적 판단 및 규제 형태로 정부가 대체 수행한 것으로 규정지을 수 있을 것이다.

그러나 이런 규제방식은 재벌에 대한 바람직한 사전적 기업통제기능의 작동이라는 면에서 볼 때 문제점을 안고 있었다. 규제가 개개 재벌의 상황을 고려하지 않고 획일적으로 이루어진다는 점이다. 각 재벌의 업종적 특성, 재무적 안정성, 미래의 사업전망 등 미시적 요소들에 대한 고려 없이, 개개 재벌은 오직 총여신 규모, 출자총액, 총상호지급보증 규모 등 총량적 변수들에 의해서만 평가되고 규제되었을 뿐이다. 그리고 총량규제의 도입은 이미 기존 규모에 대한 축소로 이어지는 경우가 대부분이어서, 이는 모든 재벌에 대한 무차별적 규제적용을 의미했다. 보다 근본적으로는 재벌에 대한 규제가 총량규제 형식을 띠어온 것도 대재벌 정책의 목표가 경영의 효율성 달성을 위한 감시통제보다 형평성 추구가 더 강조되는 경제력집중 억제, 외형 억제에 초점이 맞추어져 온 데서 비롯된 것이라고 할 수 있다.[9] 70년대 중화학공업화 정책과 80년대의 부실기업 정리과정을 통해 재벌의 외형이 급팽창하고 이에 따른 소유집중과 경제력

집중이 심각한 사회문제로 대두하자, 재벌의 정치·경제적 영향력 행사를 견제하고 그에 따른 폐해와 사회적 비판을 줄이기 위해 앞서 거론된 일련의 규제들이 도입되어 나갔다.

부실화기업 및 부실기업에 대한 통제와 은행

통상적으로 우리나라 대기업들은 담보능력 이상으로 부채를 조달하고 높은 부채비율의 자본구조를 갖고 있다. 따라서 채권자들은 채무기업의 계속가치가 담보능력 이하로 떨어지기 이전에라도 채권보전을 위해 경영에 개입할 유인을 갖는다. 그런데 현실적으로 기업의 가치를 신속하게 객관적으로 평가하기란 어렵다. 또한 기업 내부자에 의한 회계적 조작은 용이한 반면 외부자가 그것을 밝혀내는 것은 어렵기 때문에 기업의 수지로 기업의 상태를 평가하고 통제권 전환과 관련한 결정을 내리는 것은 이해당사자간에 많은 논란을 불러일으키기 쉽다. 따라서 기술적 지급불능, 즉 채무불이행이라는 확실한 신호를 기점으로 채권자들은 기업통제권을 지배주주 및 그 대리경영자로부터 넘겨받는 것이 통례이다. 기업채무가 청산가치를 초과하게 되면 채무의 일부분만 기업의 순자산에 의해 보장된다. 따라서 기업의 채무에 대해 선순위 담보채권 및 후순위 무담보채권의 우선순위가 형성된다. 대기업 또는 재벌의 차입의 주된 원천, 즉 주채권자는 통상 은행이다. 한편 우리나라의 과점적 은행산업구조에서 기업의 채무가 소수 은행에 집중되어 있어 시장중심 금융체계에 비해 상대적으로 채권자집단의 구조가 단순하고 동질적이며 따라서 채권자집단으로의 기업통제권 전환이 용이하고 비용이 덜 드는 구조이다.

우리나라 은행의 대출은 거의 대부분이 보증이나 담보대출로서 형식적으로 보자면 선순위 채권이다. 그러나 기업이 지급불능 상태로 들어가기에 앞서 제2금융권 금융기관들이 대출자금을 먼저 회수하기 때문에 은행채권의 많은 부분이 실질적으로 후순위 무담보채권의 성격을 갖게 된다. 따라서 실질적 후순위 채권자이자 최대 채권자인 은행이 부실징후기업 및 부실기업을 통제하는 것은 합리적이라고 할 수 있다. 그리고 은행 채권의 후순위성으로 인해 은행들은 부실화기업 또는 부실기업을 조기에 수습·정리하고 기업 재건시 중심적인 역할을 수행하려는 유인을 갖게 될 것이다.[10] 은행은 평소에 채무기업의 경기동향과 현금흐름 등을 지속적으로 파악하고 있으면서 기업이 자금경색 상태에 놓이면 그것이 일시적인 유동성 부족인지 아니면 구조적인 지급불능 상태인지 판단하고 기 채무계약에 대해 재교섭을 하게 된다.

그러나 우리나라 은행들은 부실화기업이 채무불이행 상태에 처하려할 때 그 기업이 대기업일수록 이른바 높은 공익성을 갖는다는 판단——정부로부터 외적으로 주어지는 정책적인 판단——기준에 따라 우선 구제금융부터 제공하는 경우가 일반적이었다. 그런데 대기업에 대한 이런 구제금융의 제공은 부실경영에 대해 (소유)경영자의 책임을 묻지 않는 문제뿐 아니라 부실규모를 더욱 확대시키는 문제를 낳는다. 이런 정책적 고려는 회사정리법상의 구조적 결함과 결합되어 문제를 더욱 악화시켰다. 그간의 회사정리법은 채무기업이 법정관리를 신청하면 대주주 지분 전액을 무상 소각하도록 규정하고 있다. 따라서 경영권을 계속 유지하고자 하는 대주주 또는 소유경영자로서는 계속적인 차입으로 마지막까지 버티기를 시도하고, 기업은 부실규모가 더 확대된 후에 가서야 부도를 맞게 되기 때문이다(고동수 1998, 123~26쪽).[11]

1972년의 이른바 8·3긴급경제조치는 압축 경제성장 기간 동안 최초로 그리고 모든 기업의 채무를 대상으로 행해진 전면적인 구제금융조치였다.[12] 이후에도 대기업 또는 계열기업군의 주거래은행은 거래기업이 채무 불이행 상태에 빠지려 하면 그것을 막기 위해 우선 구제금융부터 제공하였고,[13] 이렇게 구제금융이 제공되기 시작하면 그것은 단발로 그

250

치기보다 연이어 이루어졌다. 구제금융의 조건으로 일정한 자구노력이 요구되기는 했지만 기존의 경영권은 그대로 인정되고 유지되었다. 자금 핍박 상태에 놓인 부실화기업에 대한 단자자금의 추가적 제공이나 회사채 추가발행이 이루어지기도 하는데, 그런 거래 자체가 은행의 인정과 지급보증 아래 이루어졌다. 즉 은행은 여타 금융기관 나아가서 사채발행(에 대한 지급보증)과 관련한 손실을 떠안았을 뿐 아니라 주거래은행을 중심으로 채권은행단이 분담하여 협조융자를 제공하였던 것이다. 그러나 그와 관련한 의사결정은 은행 자체의 판단보다는 어디까지나 정부의 지시를 따라 수동적·타율적으로 이루어졌다(최진배 1995, 156~83쪽 참조).

채무불이행 상태에 빠진 부실기업에 대한 처리는 청산이 될 수도 있고 채무조정, 즉 채무 유예 및 탕감, 채무의 출자전환 등을 통한 기업회생[14] 절차가 될 수도 있다. 구제금융 제공 여부가 정부에 의해서 결정되듯이, 그 연결선상에서 자연히 기업에 대한 부실판정, 부실기업에 대한 통제기능 또한 주채권자인 은행이 자율적으로 수행하지 못하고 정부가 했다. 채권자로서의 은행, 정확하게는 은행의 소유자 혹은 사실상 경영자인 국가는 기업이 부실화되어 채무불이행에 직면하는 시점이 되어서야 주채권자로서 기업경영에 개입하기 시작한다. 그 동안에 이루어진 부실화기업에 대한 구제금융조치나 부실기업 정리, 산업합리화 조치뿐 아니라 현재 진행되고 있는 워크아웃도 바로 은행의 지배자인 국가가 은행을 통해 해당 기업들에 대해 주채권자로서 기업 지배권 또는 통제권을 실질적으로 행사하고 있는 경우들이다. 이렇듯 우리나라에서 기업 갱생 및 퇴출에 관한 의사결정은 정부에 의해 수행되어 왔다.

은행자금의 많은 부분이 정부에 의해 정책적·지시적으로 이루어짐에 따라 은행의 경영자율성은 크게 제약받았다. 은행은 단지 정부의 의사결정에 따라 금융자금을 배급하는 수동적 역할에 머물렀고, 이 때문에 정부의 지시에 의한 대출과 특히 기업회생 과정에서 은행은 무수익채권의 증대나 대출금의 장기 고정화에 따라 경영이 악화될 수밖에 없었다. 그러나 정부는 비상시에는 한은특융, 평상시에는 수익이 보장되는 관제적(官制的) 예대금리구조로 은행에 대해 기업으로서의 안정성을 보장해주고 있었기 때문에 은행 스스로도 자신이 경영성과를 위해 기업을 적극적으로 감시·통제할 유인을 거의 갖지 못한다. 특히 재벌대출의 부실에 대한 정부보전을 암묵적으로 보장받고 있는 은행들로서는 타인자금에 의존한 재벌의 무리한 사업확장, 위험성 높은 사업에 대한 투자를 견제하려는 노력을 적극적으로 기울일 유인이 없다. 오히려 은행들이 거래기업의 대출만기를 원활히 연장해 주고 안정적으로 자금을 공급함으로써 결과적으로 기업의 성장 가능성을 높여온 것으로 나타날 수 있다(김동환 1999). 그러나 이것은 어디까지나 실물부문의 성장을 위한 은행부문의 희생을 전제로 해서 가능한 것이었다.

과점적 시장구조하에서 은행들은 관치금융체계의 피해자라기보다 오히려 수혜자로서 혜택을 누렸다.[15] 적어도 80년대까지만 해도 은행원은 가장 안정적이고 급여가 높은 선망의 일자리였다. 게다가 관치금융체계하에서 대출심사를 제대로 행할 권한과 의지, 능력도 부족한 은행으로서는 담보와 보증에 근거한 대출이라는 심사방법을 택하였다. 이런 안이한 심사방법은 자연히 거래기업의 상태 파악을 소홀히 하고 금융기관의 산업기업에 대한 정보생산기능이 소홀한 것으로 나타났다.[16]

담보 및 보증 요구에 대해 재벌소속 기업들은 계열사간 상호지급보증으로 이 문제를 해결할 수 있었던 반면에, 독립기업들은 대부분 담보에 의존할 수밖에 없었다(이윤호 1999a, 415쪽 〈표 7-12〉 참조). 재벌계열사가 은행여신을 제공받을 때 상호지급보증에 의존해 온 것은 매우 일반적 관행이었다(정병휴·양영식 1992, 107쪽). 재벌계열사들은 법적 측면에서 보면 독립적이지만, 계열사의 총체로서의 재벌은 실질적으로는 총수라는 동일인의 소유지배 아래 놓여 있다. 따라서 계열사 지급보증에 의한 대출은 자기신용에 근거한 대출의 성격을 갖게 된다. 계열사간 지급보증의 강한 자기신용성에도 불구하고 은행들이 계열사 상호지급보증에 근거해 재벌에 대규모 대출을 해준 것은, 암묵적인 사회적 보험체계하에서 재벌은 망하지 않는다는 신화적 현실인식에 근거한 것이라고 볼 수 있다. 보다 근본적으로 보자면, 이는 은행의 실질적 경영주체인 정부가 그것을 인정하고 받아들였기 때문에 가능한 것이었다. 또한 계열사간의 상호지급보증과 상호출자 등 자금 내부거래는 청산위협을 통한 퇴출 메커니즘으로부터 재벌을 보호해 주는 강력한 기능을 한 것으로 볼 수 있다.

논의를 종합하자면, 기업지배구조라는 시각에서 평가할 때 지금까지 우리나라 재벌에 대한 재벌 내·외부적 감시통제기능은 재벌 내부·외부 주주 및 금융기관 그 어느 것에 의해서도 만족스럽게 이루어지지 못했다. 재벌의 경영을 감시하고 통제할 장치를 우리 사회는 제대로 갖추고 있지 못했던 것이다. 특히 사전적 감시장치는 매우 취약했으며, 그 결과 거시경제 상황이 악화되면 기업의 부실화는 집단적·대규모적으로 발생했다. 기업이 부실화되고 나서야 정부는 주채권자로서 또 국민경제 운영의 정책적 책임자로서 부실재벌 처리에 대해 제도성이 약하고 따라서 예측성이 결여된 형태로 개입해 왔다. 재벌의 경영을 감시하고 필요시 경영자를 문책하는 중차대한 사회적 기능이 경제개발계획과 산업정책이라는 이름의 정부판단과 재벌총수의 개인적 능력에 거의 전적으로 일임되어 왔던 것이다. 물론 거시경제적 지표를 놓고 평가한다면 이 방식은 상당한 성과를 낳았다. 그러나 산업구조의 고도화, 경제의 개방, 재벌경제력의 증대, 정경유착과 도덕적 해이는 성공의 이면에서 구조적 문제를 누적시켜 왔고 이는 1997년 말 외환경제위기로 다시 한 번 폭발적으로 표출되었다(정운찬 1998, 72~78쪽; 임원혁 1998, 173~79쪽). 외환경제위기가 전적으로 허술한 기업지배구조 때문이라는 주장은 지나치겠지만, 그 주된 원인 가운데 하나임은 아무리 강조해도 지나치지 않을 것이다.

3. 재벌의 금융지배

재벌의 금융회사 소유와 지배 실태

금융계열사 현황과 금융업종별 시장점유율

우리나라에서 재벌, 특히 상위재벌의 금융업 진출과 지배는 보편적인 현상이며 최근 들어서는 그 정도가 더 심화되는 모습이다. 최근 수년간 제2금융권에서 진입이 신규 허용된 금융업 쪽으로 상위재벌들의 진출이 활발하게 이루어졌다. 이는 금융에 대한 사회적 수요가 양적·질적으로 팽창하면서 금융산업이 급속한 성장과 다양한 업종분화를 나타내고 금융산업의 자유화 추세로 진입이 용이해진 결과이다. 상위재벌은 소유가 규제되고 있는 은행업을 제외한 주요 금융업종들에 금융보험회사를 계열사로 거느리고 있다. 2000년 4월 공정거래위원회 발표자료에 따르면, 4대재벌은 현대 9개사, 삼성 9개사, LG 5개사, SK 4개사 등 모두 27개의 금융회사를 계열사로 거느리고 있다.[17]

4대재벌의 제2금융권 전체 수신점유율은 1996년 17.6%에서 2000년 3월 말 현재 41.4%로 기간중에 꾸준히 증가했다. 외환경제위기 이후 금융산업의 극심한 구조조정 와중에도 상대적으로 4대재벌 소속 금융기관들은 계열사간 출자 및 자금대출 등 내부거래에 힘입어 퇴출을 모면할 수 있었고 업종에 따라서는 신규진입, 높은 인지도 및 시장신뢰성을 바탕으로 오히려 시장점유율을 높여나가기까지 하였다.

재벌의 금융자본 소유현황

은행법에 따라 산업자본의 은행지배가 금지되어 있고 규제 이하의 은행지분만이 보유 가능하다. 1997년 말 현재 대우를 포함한 5대재벌은 총 자기자본의 0.67%에 상당하는 335.2억 원의 은행주식을 보유하고 있으며 5대재벌의 은행별 평균 보유지분율은 4.52%이다. 그러나 외환경제위기 이후 은행산업이 극심한 구조조정을 겪는 와중에 4대재벌의 은행지분 보유는 크게 줄었다. 1999년 말 4대재벌의 결합재무제표에 나타난 투자주식자료에 근거할 때, 4대재벌 가운데 LG와 SK는 은행주식을 전혀 보유하고 있지 않으며 삼성이 5개 은행 지분 229.9억 원, 현대가 1개 은행 지분 79.6억 원을 보유하고 있다. 그리고 현대와 삼성이 보유한 은행지분은 각각 그룹 전체 자기자본의 0.23%, 0.80%, 총자산의 0.08%, 0.19%로 낮은 비율이다.

그러나 4대재벌은 소유에 대한 제한이 거의 없는 비은행 금융보험업 분야에서는 출자한 대다수의 금융기업에 대해 지배주주로서 소유경영권을 행사하고 있다. 1999년 말 현재 4대재벌 26개 금융계열사의 자기자본 합계는 9조 6330억 원이며(〈표 6〉 참조), 금융계열사 자기자본의 규모는 삼성이 6조 2521억 원으로 다른 재벌에 비해 압도적으로 크다. 그룹 전

〈표 5〉 4대재벌의 제2금융권 주요 업종별 시장점유율

(단위: %)

	1996. 3	1997. 3	1998. 3	1999. 3	2000. 3
증권업	16.0	21.6	32.4	41.2	41.4
종합금융업	13.7	18.7	18.4	11.3	1.9
투자신탁업	5.8	6.2	23.7	21.8	31.6
생명보험업	30.0	30.5	33.4	37.7	38.4
할부금융업	–		–	42.3	41.7
카드업	–		–	53.6	59.5
제2금융권 수신	17.6	18.6	29.6	34.0	–

* 증권업은 수수료 수익, 종합금융업은 총자산, 투자신탁업은 수탁고, 생명보험업은 보험료, 할부금융업과 카드업은 여신액 기준
** 투자신탁업에는 투자신탁운용사만 포함, 현대투자신탁증권과 삼성투자신탁증권은 증권업에 포함.
*** 할부금융업 및 카드업의 1999. 3, 2000. 3 자료는 각각 1998. 12, 1999. 12 현재 시점임.
자료: 『제215회 정기국회 정무위원국정감사요구자료』, 2000; 한국신용평가정보(주), KIS-Line 기업정보 재무자료; 한국은행, 『경제통계연보』, 각 호; 재정경제부 금융정책과 1999; 금융감독위원회·금융감독원 1999.

계열사의 자기자본에서 금융계열사 자기자본의 비중도 삼성이 21.6%로 다른 재벌에 비해 크게 높다.

그리고 4대재벌의 금융계열사에 대한 평균 내부지분율은 43.81%이며 그 가운데 계열사 보유지분율이 32.03%, 개인대주주 지분율이 11.24%로서 내부지분율 중 계열사 지분이 73.11%를 차지한다(〈표 6〉). 삼성의 경우는 다른 재벌과 대조적으로 개인대주주 지분율이 16.44%로 유난히 높고 계열사 지분율은 25.75%로 여타 재벌에 비해 크게 낮다. 이는 자기자본 기준 국내 최대의 비은행 금융기관인 삼성생명보험의 개인대주주(총수 및 친인척) 보유지분율이 46.85%(삼성생명 총내부지분율은 68.14%)로 매우 높은 데 그 전적인 이유가 있다. 삼성생명이라는 특이 요소를 제거하고 얻어진 자료(〈표 6〉의 마지막 행)는 4대재벌의 금융계열사 지분보유에 대해 상당히 다른 모습을 보여준다. 즉 삼성생명을 제외하면 삼성의 경우도 다른 재벌과 다름없이 금융계열사 내부지분율 중 계열사 지분이 차지하는 비중이 97.98%나 되며 개인대주주의 비중은 2%에 불과하다. 따라서 삼성생명을 제외한 4대재벌 금융계열사의 일반적인 지분구조의 모

〈표 6〉 4대재벌의 금융계열사 지분구조(1999년 말)

(단위: 백만원, %)

그룹명	자기자본	내부지분율 (A+B)	계열사보유 지분율(A)	개인대주주 지분율(B)	A/(A+B)
현 대	2271910	44.21	43.83	0.38	99.14
삼 성	6252165	42.19	25.74	16.44	61.02
L G	2171524	46.42	37.79	8.63	81.41
S K	230547	59.37	57.49	1.88	96.84
합계 및 평균	10926146	43.81	32.03	11.24	73.11
합계 및 평균 (삼성생명 제외시)	8782344	37.87	34.66	2.55	91.50

* 각 계열사의 자료는 1999. 12 또는 2000. 3월 결산시점에서의 값임.

** 지분율 계산시 자기자본이 음인 현대투자신탁증권과 SK생명보험은 제외했음.

자료: 4대재벌의 결합재무제표

습은 '40% 정도가 내부지분, 내부지분의 90% 이상이 계열사 지분'이라고 요약할 수 있다. 즉 재벌들은 거의 계열사 자금에 의존해서 금융계열사들을 소유·지배하고 있는 것이다.

내부자본시장과 금융계열사

사채시장의 제도화에서 출발한 우리나라 비은행 금융시장, 이른바 제2금융권은 은행에 비해 상대적으로 소유규제가 약했고 경영자율성이 크게 인정되었다. 자금에 대한 초과수요가 상존하는 상황에서 제2금융권은 기업에 대한 단기자금 공급을 중심으로 급속하게 외형적인 성장을 거듭해 왔으며 주요 비은행 금융기관들은 재벌의 소유지배 아래 놓이게 되었다.

경제성장 초기의 자본축적 수준이 낮고 자본시장 발달이 미약한 상황에서 빠르게 성장하고 있던 재벌들은 기업가치 극대화를 위해 부족한 내부자본을 계열사간에 효율적으로 배분할 필요가 있었다. 그러나 더 중요한 것은 기업성장에 결정적인 제약요소로 작용하는 부족한 자본을 외부로부터 조달하는 데 내부자본시장이 적극 활용되었다는 점이다. 재벌이 금융업에 대한 투자를 통해 단지 사업적 이익과 위험분산 효과를 기대하는 것이라면 투자한 금융기업에 대해 굳이 지배주주로서 경영권을 확보하지 않아도 될 것이다. 그러나 소유에 대한 법적 규제가 없는 경우 재벌의 금융기업 투자는 지배주주가 되어 금융기업을 계열사로 편입시켜 온 경우가 거의 대부분이다.

내부자본시장이 매우 활성화되어 있는 재벌에서 금융계열사는 본연의 금융기능을 소속재벌 전체의 내부자본시장 기능에 결부시켜 수행할 것으로 기대된다. 그것은 재벌이 필요로 하는 자금을 재벌의 외부로부터 조달하여 재벌 내부로 자금을 공급하고 나아가서 다른 계열사가 유리한 조건으로 수월하게 자금을 조달할 수 있도록 지원하는 자금조달기능, 그리고 금융계열사가 다른 계열사들에 직접 자금을 제공하거나 또는 계열사간에 자금을 중개하는 형태로 기업집단 내부에서 금융자원의 재배치 또는 이동을 집행하는 자금배분의 집행기능이다. 즉 재벌의 금융계열사가 내부자본시장의 형성 및 그 안에서의 자금이동에 중심적인 역할을 수행하는 것이다.[18) 19)]

재벌들이 예외 없이 적극적으로 활용한 계열사간 출자(이른바 상호출자)는 부족한 자기자본을 적어도 그 재벌 전체의 입장에서 효율적으로 사용할 목적으로 행해진 자본의 내부거래행위이다. 그리고 자본투자가 우량한 계열사로부터 수익성 및 안정성이 낮은 계열사로 이루어져 이들 계열사의 재무구조가 개선되고 차입능력이 향상됨으로써 외부자금조달 능력이 확대된 점 또한 그 못지않게 중요하다. 재벌 주력기업들은 우량한 자기신용을 바탕으로 낮은 비용으로 조달한 자금을 여타 계열사로 자본출자 형태로 지원하는 한편, 아울러 자신의 우수한 신용력을 외부차입에 대한 지급보증의 형태로 계열사에게 제공하였다.[20)] 자본시장의 발달이 불완전하고 정보 비대칭성이 지배적인 상황에서 이런 행위들은 외부자금 조달비용의 저하와 조달규모의 확대를 통해 재벌 전체적으로 자금부족을 완화시키는 데 기여하였다.

자금의 내부거래에 대한 가존 규제에도 불구하고 재벌들은 금융계열사를 이용한 편법적 및 부당한 내부자금 지원행위를 매우 일반적이고 큰 규모로 해왔다.[21)] 특히 규제가 허술하고 불투명한 상황에서 재벌소속 종합금융사는 재벌이 은행여신 규제를 피해 가는 주요 통로로 활용되고 대주주의 사금고처럼 이용되었다. 예를 들어 1997년 8월 동일계열 기업군 여신한도제가 도입되자 재벌들은 이의 적용대상에서 제외되는 거액의 기업어음을 발행하여 여신규제를 회피해 나가는 데 종금사를 이용했다(이윤호 1999a, 398쪽; 1999b, 439쪽). 최근에는 서울투자신탁운용, 현대투자신탁증권 등 재벌소속 투신사들에 의해 다시 한 번 금융계열사가 재벌의 자금조달 창구로 적극적으로 이용되고 있음이 여실히 드러났다.[22] 금융계열사는 또한 금융 노하우와 대규모 운용자산을 활용하여 재벌총수의 효과적이고 효율적인 소유지배를 위한 역할, 즉 지주회사의 역할을 수행할 수 있는데, 그 대표적인 예가 삼성그룹의 삼성생명보험이다.[23]

총수 1인지배의 경영구조하에서 단위사업부로서의 금융계열사는 전략적 의사결정에 직접 참여하지 않는다. 금융계열사는 재벌 전체 차원의 의사결정 기능과 역할에 참여하기보다는 총수와 실세 지배기구의 결정사항을 집행하는 역할을 수행한다. 이는 일본의 기업집단에서 그룹소속의 은행들이 주거래은행으로서 계열사의 주된 자금공급자이며 제조업 계열사에 대해 주요 주주의 하나로서 경영진을 파견하고 자금공급과정에서 입수되는 정보를 바탕으로 계열사들의 지배 기능을 수행하고 있는 것과 대조를 이룬다(아오키·오쿠노-후지와라 1998, 제9장; 야부시타 1995; Bergloef and Perotti 1994).

결론적으로 재벌소속 금융계열사는 위임감사라는 본연의 기능과 거리가 먼, 재벌총수의 1인지배를 강고히 하고 재벌 내부의 자금이동 및 재벌 내부로의 자금유입을 촉진함으로써 재벌의 팽창을 돕는 도구 역할을 해 왔다. 제2금융권 금융기관에 대한 규제가 소홀한 상황 아래서 재벌소속 비은행 금융회사들은 외부의 감시로부터 자유로운 재벌의 편리한 자금원 및 지배장치의 하나로 이용되어 온 것이다.

재벌의 금융회사 지배가 야기하는 효율성 침해

이처럼 재벌의 금융계열사 소유는 지배를 통해 내부자금 거래 및 외부자금 도입을 촉진하고 총수의 계열사 지배를 용이하게 하는 것을 그 목적으로 하고 있다. 재벌소속 금융계열사들의 수익성이 독립 금융기관에 비해 낮음에도 불구하고(이윤호 1999a; 한국개발연구원 1999a) 재벌의 금융회사 지배가 보편적인 것이 바로 금융계열사 지배에 따른 이점을 반증하는 것이라고 볼 수 있다. 시장이 완전하다면 산업자본의 금융자본 지배는 기본적으로 범위의 경제 실현과 투자다각화에 의한 위험분산 효과로 결정될 기업조직상의 문제라 할 것이다. 그러나 제품시장에서 독과점적 시장구조가 일반적이고 금융시장에서는 정보의 불완전성이 지배적인 여건에서 재벌의 금융계열사 지배는 재벌의 렌트 추구 및 그에 따른 사회적 문제점을 유발하게 된다.

먼저, 만성적 자금부족 상태에 놓여 있는 우리 경제에서 재벌의 금융회사 지배는 희소한 금융자원의 재벌집중을 더욱 심화시키고 배분효율성을 저해한다. 재벌의 투자결정은 투자대상분야에서의 독과점적 렌트를 포함하는 사적 수익성 및 위험분산 효과를 따르게 되며, 이는 독과점적 시장구조가 지배적인 상황에서 사회적 기준의 투자효율성과 괴리를 보이게 된다. 정부의 금융자원 배분은 그 성격상 사회적 투자효율성 기준으로 이루어지고, 사적 기준에서 볼 때 투자자금의 부족을 느끼는 재벌은 자신이 지배하는 금융계열사를 통해 그 부족자금을 조달할 수 있다. 물론 그 결과 재벌의 다각화가 확대되고 경제력집중이 심화된다.

재벌의 금융회사 지배가 가져오는 훨씬 심각한 문제는 소속재벌이 자금난에 처할 때 발생한다. 계열사들이 상호지급보증과 상호출자로 얽혀 있는 상황에서 한 주력 계열사의 자금난과 부도는 재벌 전체의 운명을 결정하게 되며, 이런 상황이 발생하면 총수에게는 선택의 여지가 있을 수 없다. 총수는 금융계열사들을 통해 편법적이건 불법적이건 모든 방법을 동원해 자금조달을 도모하는 말기적 행태를 보이게 되며, 그 결과 금융계열사의 부실과 투자자의 손실은 급속히 확대되고 금융시장의 안정성은 크게 위협받게 된다. 이 경우 정부는 금융기관의 부실이 지불제도의 안정성에 미치는 높은 외부성 때문에 공적인 금융안전장치를 작동시켜야만 하고 사기업의 손실을 상당 부분 떠안을 수밖에 없게 된다.

재벌의 금융회사 지배는 이처럼 간접금융중심 체계에서 금융자원의 효율적 배분기제의 작동을 저해할 뿐 아니라 기업지배에서 사후적 효율성을 심각하게 침해하며 공적인 금융안전장치에 사적 손실을 전가시키는 문제를 낳는다. 더구나 이런 폐해는 지금과 같은 재벌의 총수 1인지배구조와 계열사간 자금적 결속구조에서는 그 발생이 불가피하다는 점이 다시 한 번 강조되어야 할 것이다.

그 동안의 부실한 금융감독제도 아래서는 이 같은 폐해의 발생이나 진행에 대한 감시와 차단이 매우 부실하게 이루어져 왔다. 하지만 설령 상시적 감독과 금융계열사의 비금융계열사 지원에 대한 차단벽이 강화된다고 하더라도, 지금과 같은 재벌의 소유지배구조와 계열사간 자금적 결속구조 아래서는, 특히 재벌이 자금위기에 처할 때 금융계열사에 의한 자금의 무조건적인 긴급지원과 규제당국이 이것을 막는 데 한계를 보이는 사태는 반복해서 발생할 수밖에 없을 것이다.

4. 금융기능의 회복과 재벌통제의 강화

과거 저소득과 저자본의 저개발상태에서 벗어나기 위해 우리 경제가 취했던 발전방식은 그 뚜렷한 공과와 더불어 해결이 결코 만만치 않은 구조적 문제들 또한 남겨놓았다. 정부-은행-재벌을 중심 축으로 한 관계중심의 경제운영 및 은행중심 금융체계는 시장을 포함해 사회 전반의 제도적 인프라가 구축되어 있지 않은 저개발의 상태에서 선택의 필연성이 높았다(Johnson 1987). 아울러 투자기회에 비해 자본이 절대 부족하고 경제구조가 단순한 사회에서는 이 방식의 문제점보다 장점이 잘 발휘되었다. 투자판단과 금융자원 배분 및 기업경영에 대한 감시와 통제는 정부에게 맡겨졌다. 정부의 구상과 지원, 위험분담하에서 재벌총수는 과감하게 투자하고 시장의 불완전성 문제는 기업집단의 형성을 통해 내부적으로 해결해 나갔다.[24] 이런 구도하에서 우리 경제는 압축적 성장에 성공했다. 그러나 경제성장과정에서 형성된 정부와 재벌의 관계는 유착의 병폐를 낳았고 취약한 기업지배구조는 경영에 대한 사회적 감시통제의 부실, 문책의 결여와 도덕적 해이로 이어졌다. 경제의 덩치는 급속히 커졌지만, 정치권력-관료-재벌의 강력한 기득권구조하에서 시장과 제도는 경제의 발전에 발맞추어 정비·강화되어 오지 못했던 것이다.

최근 외환경제위기를 겪은 이후 우리 경제가 취해야 할 체제적 방향에 대한 모색이 과거 어느 때보다도 치열하게 이루어지고 있다. 사회주의권 몰락 이후 이 논의는 자본주의 유형 또는 기업지배구조 및 지배적인 금융방식에 대한 비교형식으로 전개되고 있다. 90년대 들어서 미국경제의 장기호황과 일본·독일 경제의 상대적 침체는, 은행중심 금융체계 및 관계자중심 기업지배구조에 대한 시장중심 금융체계 및 주주중심 기업지배구조의 우월성을 입증하는 강력한 현실적 근거로서 주장되고 있다. 특히 시장의 세계적 통합이 빠른 속도로 진전되면서 미국중심의 세계적 표준의 규정과 적용 압력으로, 기업지배구조 개편은 우리에게도 자발적 필요와 외부적 압력을 받는 핵심적 현안과제가 되었다.[25] 재벌의 지배구조에 대한 이상의 논의를 바탕으로 이 문제와 관련한 방향성 및 금융기관 소유지배구조 개편방안을 논하면서 이 글을 맺고자 한다.

금융기관 소유지배구조 개편과 기능 회복

제도의 총체로서의 한 사회의 경제체제는 오랜 기간에 걸쳐 진화해 온 결과물이다. 체제의 요소로서의 제도는 상호 보완적 관계를 가지며 체제의 변화는 인간의 제한된 합리성으로 인해 경로 의존적이고 관성의 지배를 받는다(아오키·오쿠노-후지와라 1998, 서장). 또 경로의존성 때문에 한 시기에 여러 체제가 공존할 수 있는데, 현존하는 특정 기업지배구조가 우월성을 갖는다는 선험적 근거를 찾기는 어렵다(Rajan and Zingales 1998). 80년대 일본·독일의 체제, 90년대 미국체제의 긍정적 결과에 대한 당대의 평가들은 이론에 따라 사전적으로 예측되고 추구된 결과물이라기보다 현실에 대한 견강부회식 해석의 성격이 강하다. 따라서 기업지배구조의 우열에 대한 판단은 일반화에 따르는 오류의 위험성이 너무 크다고 하겠다. 한편 제도요소간의 상호보완성은 체제의 부분적 개편이나 개혁으로 인해 오히려 체제 전체의 원활한 작동이 저하될 수도 있음을 경고한다.

우리나라의 금융체계를 일시에 시장중심 체계로 전환하는 것은 불가능하고 또한 바람직하다는 증거도 없다. 따라서 기존의 간접금융 중심체계에서 은행을 비롯한 금융기관의 기업경영에 대한 사전적 및 사후적 통제기능을 회복·강화하는 것이 우선적으로 중요하다. 그런데 이 문제의 근원은 흔히 일차적으로 관치금융에서 찾아진다. 그렇다면 문제의 핵심은 금융기관을 관치금융의 폐해로부터 어떻게 벗어나게 하는가 또는 금융기관의 경영자율성을 어떻게 확보해야 하는가가 될 것이다. 은행경영에 대한 정부의 개입을 막기 위해 93년 은행장추천위원회제도, 96년 확대이사회제도, 97년 사외이사제의 법제화 등 일련의 제도적 장치가 도입·강화되었음에도 불구하고 은행장 추천에는 여전히 정부의 의사가 크게 반영되고 있다. 경영성과를 평가하고 그에 따라 은행장의 임면을 주도할 수 있는 주체가 추천위원회 내에 사실상 존재하지 않으며 결과적으로 이 제도는 단지 정부의 의도나 결정에 모양새를 갖추어주는 절차상의 기구에 불과하다는 지적을 받고 있다.[26] 이는 기존 풍토하에서 은행경영에 대한 정부개입의 배제가 현실적으로 지난함을 강하게 시사한다.

금융기관, 그 가운데서도 특히 은행의 소유지배구조 문제는 단순히 금융기관 경영의 효율성 차원이 아니라 경제 전반의 운용체제의 개선 또는 전환이라는 더 큰 차원에서 검토되어야 할 문제이다. 은행의 소유지배구조 개편은 향후 우리 경제의 운영체제 선택의 중심에 놓여 있는 문제이다. 그것은 종래의 발전국가적 체제에서 은행은 정부가 자원을 동원하고 배분하는 핵심적 장치였기 때문이다. 정부가 은행을 통제하지 못했다면 정부주도 경제발전이 유효했겠는가, 은행신용을 정책적으로 배분하면서 동시에 은행의 기업성까지 고려하는 것은 불가능했나? 이런 반사실적 (contrafactual) 질문에 대한 답은 본질적으로 가능하지 않다.

오히려 환경의 변화에서 논의를 시작하는 것이 바람직해 보인다. 여기서 가장 중요한 것은 금융의 세계화 또는 이것의 국내적 반영인 금융시장 개방 및 재벌의 자체 자금조달능력의 향상이다. 자금, 기술, 노동 그 어떤 생산요소에 대해서도 정부의 통제력은 과거 개발연대에 비해 크게 줄어들었다. 하지만 국내 자본시장의 발달 및 한결 자유로워진 세계금융시장 접근으로 인해 재벌이 국가와 은행의 간섭을 우회할 가능성은 크게 높아졌다. 이는 그 동안 작용해 오던 정부의 은행을 통한 재벌통제마저 그 힘을 상실해 가고 그 결과 재벌에 대한 사회적 통제의 공백이 구조적으로 심화되었음을 뜻한다.[27]

한편 세계화와 금융시장 개방으로 국가의 경제정책 자율성이 대폭 약화되었다. 국민경제적 기준에서 아무리 바람직한 정책이더라도 금융시장이 개방된 상태에서는 그것이 국내경제에 대한 외국자본의 부정적인——특히 군집적인——행동을 야기한다면 정부로서는 선택에 제한을 받게 된다. 우리나라 금융기관들은 세계 기준의 감독과 규제를 강요받으면서 외국 금융기관들과 경쟁을 벌이게 되었다. 국가소유 은행체제로 가지 않는 한, 사기업으로서 은행의 수익성 실현 압력은 강해지고 특히 은행에 대한 외국인의 경영지배 및 지분투자가 이루어지고 있는 상황에서, 과거와 같이 은행 기업성의 희생을 요구하는 정부의 은행경영 개입은 근본적으로 어려워지고 있다.

이 같은 점들을 '주어진 여건'으로 받아들인다면, 은행 및 금융기관에 대한 통제구조 개선과 관련해 택할 수 있는 현실적 경로로 두 가지를 생각할 수 있는 것 같다. 하나는, 지금처럼 지배적 대주주블록이 인정되지 않는 가운데 정부가 은행경영에 대한 실질적 통제자 위치를 유지하되 권한이 강력한 여신심사위원회제도의 도입 등으로 일정 규모 이상의 대출 의사결정에 대한 정부의 부적절한 개입을 차단하는 장치를 강화하는 것이다. 또 하나는, 소유상한을 일정 수준으로 상향조정하여 과점적 민간 대주주블록(control block)이 은행경영진을 구성해서 상호 견제·감시하게 하되 동시에 정부가 기관투자가나 소액주주의 이해를 대표하는 자격으로, 예를 들어 은행 최고경영진 구성에서 제도화된 정부 몫(이를테면 감사 등)을 통해 민간의 은행경영에 대한 감시통제를 제도화하는 것이다. 즉 은행경영이 정부나 민간(재벌) 어느 한쪽에 일임되는 것이 아니라 민간 상호간에 그리고 민간과 정부 양자에 의해 상호 견제·감시되게 하는 것이다. 금융기관의 기업성을 회복함으로써 정부의 부당한 경영 간섭을 배제하는 한편 정부가 산업자본재벌의 금융자본 지배에 따른 부당한 자금내부거래 등의 폐해를 공식적인 내부경영 참여를 통해 막자는 것이다.

비은행 금융기관의 소유규제 도입으로 인한 지배적 대주주의 부재는 정부의 실질적 경영권행사가 가져오는 관치폐해로 연결될 가능성이 높다. 그러나 다각적인 장치가 마련되고 강화되어 재벌의 소유지배에 의한 금융기관의 사금고화 위험을 막아야 한다. 대주주 및 계열사에 대한 차단벽의 강화, 상시 여신 모니터링 체제의 구축, 사외이사제 및 감사위원회의 도입 등 지배구조 개선, 부당 유가증권거래에 대한 처벌 강화 등 복합적인 장치가 마련되고 강화되어야 한다. 또한 소액주주들의 경영감시가 강화되어야 할 것이다. 소수주주권 행사요건의 완화 및 집단소송제도 도입, 누적투표제 도입의 의무화 등으로 소액주주 대표의 이사회 참여 같은 소액투자자의 기업경영 감시기능이 강화되어야 한다.[28] 이와는 별도로 재벌의 통제구조와 계열사간 자금결속구조가 깨지지 않는 한 재벌의 금융기관 소유통제는 심각한 폐해를 초래할 개연성을 언제나 안고 있다. 이런 점에서 계열사간 상호지급보증 해소는 큰 의미를 지닌다고 하겠다.

자본시장 규율의 강화

사회적 관점에서 볼 때 기업지배구조의 원활한 작동의 핵은 필요시 기존의 기업통제권을 박탈하고 대체할 수 있는 효율적이고 유효한 메커니즘을 어떤 형태로든 사회가 지니고 있어야 한다는 점인데(Shleifer and Vishney 1997), 은행중심 체계에서는 은행이 그 역할을 중추적으로 수행해야 한다. 그러나 우리나라의 경우 은행이 단순히 채권자로서 기업이 부실화되고 나서 사후적으로만 책임을 묻게 된다는 점에서 지금까지 사전적 효율성의 달성에 한계를 드러냈다. 또한 관계와 연고 중심으로 움직이고 그 결과 유착과 부패의 위험성에 항상 노출되어 있으며 기득권 고착력이 강하고 변화에 대한 저항력이 큰 사회에서 사회 내에 '비인격적' 장치가 있어 그것을 비로잡아주는 기능을 행하면 좋을 깃이다. 그 동안 우리 사회에서는 이것이 취약했다. 비인격적 장치, 그것은 시장이라고 불리는 것이다. 특히 대기업 자금조달의 자본시장 의존도가 높아지고 있는 상황에서 경영권에 위협을 가할 수 있는 자본시장 규율 강화의 필요성은 더욱 커지고 있다.

자본시장 규율의 핵은 적대적 인수합병(의 잠재적 위협)이다.[29] 적대적 기업인수합병의 제도적 장애는 그 동안 수차례 관련규정의 개정을 거쳐 크게 완화되었다. 그러나 자본시장 규율의 작동을 가로막는 실질적으로 가장 큰 장애는 총수가 계열사 보유 내부지분율을 지배하고 있는 점이다. 99년 4월 현재 5대재벌의 내부지분율은 53.5%이며 이 가운데 총수및 특수관계인의 지분율은 4.6%에 불과하고 계열사 지분율이 48.9%로 그 대부분을 차지하고 있다. 계열사 보유 내부지분율은 계열사가 투자유 가증권으로 보유하고 있는 재산으로서, 이중 일부에 대해서는 그 계열사의 외부주주들의 권리가 엄연히 존재한다. 그런데도 총수가 계열사 내부지분율 48.9%를 모두 자신의 지배 아래 두고 있는 것이 지금까지의 실정이다. 재벌총수는 바로 이것을 바탕으로 급격한 외형팽창에도 불구하고 계열사에 대한 지배권을 유지하고 공격적 인수합병의 위협으로부터 실질적으로 자유로울 수 있었으며 외부투자자에 대한 이중적 착취를 행할수 있었다.

재벌총수의 계열사 보유 내부지분에 대한 통제는 주식회사제도의 기본 원리, 1원1표원칙에 정면으로 위배된다. 계열사 보유 내부지분율 가운데 외부주주의 지분에 대해서 재벌총수는 최소한 형식적으로라도 계열사 주주총회를 통해 외부주주들로부터 주권을 위임받지 않고서 다른주주들의 주권을 무단적으로 행사해 왔으나 지금까지 이에 대한 어떤 직접적 제재도 이루어지지 않았다. 계열사 주주총회를 통해 외부주주들의 지분에 대한 주권을 위임받은 한해서만 총수가 그 주권을 행사하게 된다면 적대적 인수합병 등 자본시장 규율이 작동하는 상황에서 총수의 계열사 지배는 한층 어려워질 것이다. 주식회사제도의 원리가 지켜지기만 한다면, 재벌이 그 동안 지배권 유지에 사용해 온 강력한 무기, 계열사의내부지분 보유는 반대로 재벌의 치명적인 아킬레스건으로 변하게 될 것이다.

이와 관련해 매우 구체적인 정책방안을 생각할 수 있는데, 매우 간단한 방안이다. "계열사 보유 내부지분율 가운데 외부주주 몫의 지분율에 대해서는 그 회사 외부주주들의 동의를 얻은 한에서만 계열사 또는 재벌

(총수)의 주권행사를 인정하는 것"[30]이다. 그러나 그 파급효과는 작지 않을 것이다. 왜냐하면 재벌총수의 자동적 지배 아래 놓이는 내부지분율이 크게 줄어들기 때문이다. 그 결과 자본시장에서의 인수합병 위협에 대해 재벌(총수)의 방어력이 크게 약화되고 재벌은 스스로 경영권 보호를 위해서 어쩔 수 없이, 계속 지배를 유지하고자 하는 기업들로 계열사 수를 줄이게 될 것이다. 금융계열사의 경우만 보더라도 이 규제가 가져오는 위력은 거의 가공할 만하다. 규제는 단순하고 그 근거가 명백할수록 강력한 힘을 갖고 자의적 조정으로부터 보호될 수 있다. 이 규제는 재산권(주권)은 그 재산의 소유자(주주)가 행사한다는 단순하고 자본주의 체제의 근본적인 원리에 기초하고 있을 뿐이다.

은행의 산업자본 지배?

우리나라 은행은 순수한 채권자로서, 정상상태에 놓인 기업의 경영을 감시·통제하는 데는 한계를 보여왔다. 사전적 효율성과 관련한 은행의 기업경영 통제를 강화하기 위해 은행의 산업기업의 지분 소유 및 주권행사를 가능하게 하는 것은 어떨까? 일본 및 독일식 은행-기업관계가 바로 이런 경우이다.[31] 그러나 우리나라에서는 소유지분에 근거한 은행의 기업경영 참여는 그 기초가 마련되어 있지 않은 것으로 보인다. 첫째로, 은행이 기업경영에 대해 판단할 능력을 갖고 있느냐 하는 점에서 회의적이다. 은행은 산업동향 파악과 미래에 대한 전망을 할 수 있어야 하며 이에 기초하여 투자위험을 평가하고 그것을 떠안는 의사결정을 내릴 수 있는 능력을 갖추고 있어야 한다. 그 동안의 관치금융 풍토 아래서 은행산업 내에서 이런 인력의 양성과 업무체제 구축이 제대로 이루어지기 힘들었다.[32]

둘째로, 현재와 같이 은행경영에 대한 정부의 실질적 간섭이 온존하고 연줄망이 강하게 작용하는 우리 사회에서 은행이 이사파견 등으로 산업 기업의 경영에 직접적으로 참여하는 것은, 사전적 효율성 향상이라는 긍정적 측면은 의문시되고 오히려 정부-은행-기업 유착의 심화와 규율의 실종이라는 부정적 효과를 낳을 위험성을 높일 수 있다. 따라서 은행의 지분소유에 근거한 기업경영 참여는 먼저 은행경영의 자율성이 확립되고 자율적 대출심사 능력과 체제가 구축되고 난 후에 고려해 볼 만한 문제이다. 다만 은행 등 금융기관이 기관투자가로서 보유주식에 의거해 주주총회에서 제기된 안건에 대해 주권을 행사하는 수준은, 특히 재벌의 전횡적 경영을 견제하는 하나의 제도로서 적극적으로 활용될 수 있을 것이다.[33]

5. 맺음말

지금까지 불완전계약이론의 관점에서 기업통제권에 대한 설계로서의 재무구조, 그런 재무구조를 초래한 지배적인 자금조달 방식 및 그 과정에서 자금제공자들의 기업에 대한 통제에 초점을 맞추어 우리나라 재벌의 기업지배구조상의 문제점을 살펴보았다. 그리고 이를 바탕으로 관치금융과 재벌의 사금고화의 폐해를 동시에 완화할 수 있는 구체적 방안에 대해 생각해 보았다.

앞에서 제시한 대안이 튼튼한 기초를 가지려면, 좀더 거시(meta)적으로 한국경제의 발전 체제 또는 방식에 대한 명시적 평가를 바탕으로 해서 논의가 전개될 필요성이 있다. 이는 중요하고도 판단이 어려운 작업으로, 별도의 주제로 다루어져야 할 것이다. 이와 관련한 필자의 기본적인 입장은 환경변화에 발맞추어 이른바 종래의 발전국가론 체제──자원배분에 대한 직접적이고도 과도한 국가의 간섭과 개입──는 지양되

어야 한다는 것이다.[34]

이 글에서 기업지배를 정의할 때 그 범위를 금전적 투자자들에 제한함으로써, 종업원 및 거래기업 등 주요한 비금전적 이해관계자들의 이해가 지금까지의 논의에서 고려되지 않았다. 논의의 시각을 넓히면, 기업지배와 관련해 효율성뿐 아니라 기업경영의 민주성 및 안정성——고용의 안정성과 국민경제의 안정성——역시 중요한 고려요소가 될 것이다. 그러나 바람직한 기업지배구조 또는 그 개선의 일차적 기준은 어디까지나 효율성이 되어야 할 것이다. 민주성 및 안정성을 포괄하는 상위개념으로서의 형평성의 개선은 사회보장제도의 확충을 통한 재분배의 강화가 직효이며 효율성과 상충을 일으키는 부작용이 적다. 이 측면에서 국가의 기능은 한층 강화되어 나가야 할 것이다.

주

1) 금융체계의 유형별 특성에 대해서는 Bergloef(1990, 특히 p. 250의 표) 참조. 기업지배제도의 유형별 특성에 대해서는 최연혜(1997, 3장); 이영기(1998, 3장) 참조.
2) 법체계가 영미법 체계이냐 아니면 대륙법 체계이냐가 한 나라의 지배적인 자금조달방식을 결정하는 주요한 결정요소의 하나라는 실증적 분석에 대해서는 La Porta et al.(1997) 참조. 영국 관습법(Common Law) 체계의 특징에 대해서는 쿠터 외(2000, pp. 81~82) 참조.
3) 90년대 들어서는 이전 시기에 비해 기업규모와 부채비율의 강한 비례관계가 다소 약해진다. 90년대 초반 재벌에 대한 여신관리기준이 계속 강화되었고 또한 80년대 후반 주식시장이 호황을 보일 때 정부는 상장기업들에 의무적으로 증자에 의한 조달자금으로 은행차입금 상환을 강제하였다. 그러나 김영삼정권 후기에 가면 재벌에 대한 여신관리가 느슨해지면서 재벌들의 부채비율이 중소규모 기업에 비해 매우 급격하게 상승한다(이윤호 2000 참조).
4) 또한 정책금융에 적용된 대기업, 수출기업에 대한 우대금리구조에 대해서는 이윤호 (1999b, 409쪽 〈표 7-8〉) 참조.
5) 1991~97년의 매출액 1원당 금융기관 차입금을 보면 소1규모기업 0.214, 소2 0.261, 중1 0.306, 중2 0.319, 중3 0.309, 중4 0.291, 대규모기업 0.340로, 중소기업과 대기업 간의 제도권 금융기관 차입금에 대한 접근도의 차이가 완화되었다. 이는 90년대 초반의 재벌에 대한 강력한 여신규제와 중소기업 의무대출의 강화 등 정부정책의 영향 결과라고 볼 수 있다. 그러나 대기업의 매출액 1원당 금융기관 차입금 크기는 94년 0.310에서 95년 0.334,

96년 0.354, 97년 0.495로 그 수치가 다시 급격하게 커지고 있다(『중소기업실태조사보고』;『기업경영분석』).

6) 사후적 효율성은 부실기업에 대한 처리, 즉 파산절차를 통해서 구현된다. 좋은 파산절차 또는 파산절차의 목표는 파산시켜야 할 기업을 잘 식별해 내고 파산 후의 기업가치를 극대화하고(이것이 좁은 의미의 사후적 효율성이다) 채무이행 약속을 지키지 않은 것에 대해 주주에게 책임을 물어야 하며 주주의 말기적 행동을 막기 위해 파산시 주주의 몫에 대한 일정한 고려가 있어야 한다(Hart 1999; 전성훈 1997, 71~74쪽 참조).

7) 이는 총수 자신 및 친인척 소유의 비공개 기업 및 신설 기업에 대한 집중적 지원을 통해 해당 기업의 성장 및 가치를 급속하게 증대시키는 행위, 계열사 유가증권을 저가 또는 고가로 발행해 인수·매각하는 행위, 계열사 자금을 통해 신규 계열사를 설립한 후 그 계열사의 사업이 본궤도에 오른 후에 특수관계자의 위치를 이용해 지분참여함으로써 초기 투자에 따른 위험을 회피하고 과실을 향유하는 행위, 공개 계열사와 비공개 계열사 합병시 합병 비율을 대주주에게 유리하게 책정하는 행위 등 다양한 형태로 이루어진다. 재벌의 부당 내부거래에 대한 공정거래위원회의 조사자료(1998; 1999; 2000)에 풍부한 사례들이 보고되고 있다.

8) 피라미드적 소유구조와 탈취는 매우 긴밀하게 연결되어 있다. 이 점은 지금까지 제대로 주목을 받지 못하고 있다. 예를 들어보자. 총수가 모회사에 대해 40%, 모회사가 자회사에 대해 40%, 자회사가 손회사에 대해 40%의 지분을 갖고 있는 경우에, 총수는 손회사에 대해 실질적으로 6.4%(0.43)의 지분만큼의 자기 돈을 투자하고 있다. 손회사의 실제 가치 100의 자산이 60의 헐값에 모회사에 부당 내부 매각되면, 그로 인해 손회사의 주주로서 총수가 입는 손실은 2.56{=(100-60)*0.064)}인 반면 이 부당내부거래로부터 얻는 순이득은 13.44{=(100-60)*0.4-2.56}이다. 즉 총수는 이 거래로 손회사의 가치 13.44를 간단하게 자기에게 이전하고 있다. 더 극단적으로, 자회사가 가치 100의 주식(자산)을 60의 싼값에 총수나 그 가족에게 발행했다고 하면, 총수는 이 부당내부거래로부터 손회사의 가치를 무려 37.44(=40-2.56)만큼이나 획득하게 된다. 피라미드 소유구조하에서 총수가 탈취의 유혹을 견뎌내기는 매우 어려울 것이다.

9) 대표적인 재벌규제의 하나인 여신관리제도에 대해 은행감독원은 "여신관리제도는 제도 본연의 목표인 편중여신 억제 및 기업재무구조 개선을 통한 금융자산의 건전성 제고보다는 부차적인 목표인 경제력 집중 억제에 중점을 두어 운용되어 왔으며, 이에 따라 여신관리 대상영역이 대기업계열군의 과다한 계열확장 억제 등 '경제력집중 완화' '부동산투기 억제' '업종전문화 유도' 등 산업정책적 분야까지 확대되어 왔고, 운용방법도 기업에 대한 직접규제방식에 주로 의존"해 왔다고 평가하고 있다(은행감독원 1995 참조).

10) 일본의 기업집단(keiretsu)에서 동일집단 내 주거래은행의 이런 역할에 대해서는 Bergloef and Perotti(1994) 참조.

11) 대주주 또는 경영자에게 회사정리를 적절한 시점에서 신청하려는 유인체계—대주주 지분의 완전 감자가 아닌 부분 감자, 정리절차 신청 후 경영권의 부분적 보장 등—가 제공되는 것이 필요하다. Hart(1995; 1999)는 이 점을 특히 강조하고 있다.

12) 72년 현재 10대재벌의 부채비율은 473%로 제조업 평균 333%보다 훨씬 높아 그 조치의 집중적인 혜택을 대기업 및 재벌이 누렸다. 한편 이 과정에서 발생한 시중은행의 부실채권을 상환해 주기 위한 한국은행의 특별융자, 즉 한은특융이 2천억 원이나 지원되었다. 이는 당시 예금은행 대출금의 12.4%에 이르는 큰 규모였다(최진배 1995, 77~78쪽).

13) 구제금융조치에 대해서는 강철규·최정표·장지상(1991); 최진배(1995) 참조.

14) 우리나라 파산절차 및 그 문제점에 대해서는 한국개발연구원(1998); 전성훈(1997), 각국

의 파산절차에 대한 비교는 Rajan and Zingales(1995, pp. 1444~47, 특히 Table Ⅶ) 참조.

15) 이에 관한 연구로는 원승연(1996) 참조. 또 일본의 주거래은행제도에서 주거래은행 관계를 형성함으로써 안정적 자금원을 확보하는 데 따라 기업이 그 혜택을 입은 것이 아니라 그로부터 발생하는 렌트를 주거래은행이 대부분 누렸다는 실증분석에 대해서는 Weinstein and Yafeh(1998) 참조.

16) 은행의 정보활동 조건 또는 특성에 대해서는 Leland and Pyle(1977); Fama(1985) 참조. 은행대출은 일반적으로 채무변제 순위가 열위이기 때문에 기업의 내부정보에 쉽게 접근할 수 있는 입장에 서려는 동기를 가진다. 또 은행은 주로 단기대출계약과 이의 갱신과정에서 차입기업에 대한 양질의 내부정보를 획득하게 된다. 이 점이 바로 은행정보에 대한 신뢰성의 근간이 되며, 금융시장에서 은행이 정보생산의 중추적 기능을 담당하게 되는 이유다.

17) 이는 97년중 4대재벌의 금융계열사 33개에 비해 6개가 줄어든 수치이다. 외환경제위기 이후 4대재벌 금융계열사의 자세한 변동내역은 이윤호(2001, 〈표 2〉, 〈표 3〉) 참조.

18) 1994~99년의 5대재벌 합산재무자료를 이용한 통계적 분석 결과는 이 주장을 지지하고 있으며 금융계열사들이 내부자본시장에서 규모에 관계없이 금융중개기능을 수행하고 있음을 보여주고 있다(이윤호 1999c).

19) 내부자본시장의 기능 및 그것이 기업의 투자와 성과에 미치는 영향에 대해서는 Sharfstein and Stein(1997); Sharfstein(1998); Shin and Stulz(1998); Stein(1997); Lamont(1997) 참조.

20) 1993년 4월 대규모 기업집단에 대한 채무보증한도제가 최초로 도입될 당시 5대재벌의 제한대상이 되는 채무보증금액은 자기자본의 342.4%에 달하였다. 또한 1996~98년에 5대재벌의 채무보증 중 재벌별 채무보증 상위 3개사의 채무보증비율이 75% 안팎으로 신용도가 높은 소수의 대규모 계열사가 채무보증의 대부분을 제공하였다.

21) 금융계열사가 관련된 내부자본거래에 대한 자세한 내용은 이윤호(1999a, 368~84쪽); 공정거래위원회의 재벌 부당내부거래에 대한 조사자료 참조.

22) 예를 들어 대우그룹이 대주주인 서울투자신탁운용(주)은 1999년 9월 8일 현재 콜자금의 81.2%, CP투자액의 50.5%를 비롯해 전체 신탁재산의 38%를 대우계열사에 지원하였다. 서울투신은 이미 유가증권 투자액이 법정한도를 초과한 이후인 1998년 11월부터 99년 9월까지 3조 5640억 원(평잔 기준)을 자금난에 몰린 모그룹에 우회적인 방법으로 지원해 주었다. 대우증권 역시 투신사의 신탁형 증권저축에 가입한 뒤 투신들이 대우계열사 발행 기업어음을 매입하도록 하거나 다른 금융회사를 경유해 콜론을 계열사에 간접 지원하였다(금융감독위원회·금융감독원 1999; 『한겨레신문』 2000. 3. 24).

23) 1998년 12월 3일 현재 삼성의 총수 이건희 1인의 지분율이 26.0%에 이르는데다 그 아들 이재용이 대주주로 있는 삼성에버랜드의 삼성생명 지분율이 20.67%로, 부자가 지배할 수 있는 지분율의 합이 46.67%나 된다. 여기에다 삼성문화재단의 지분율 5.0%를 합치면 직접지배 가능한 지분율이 과반수인 51.67%가 되어 삼성생명은 총수 이건희의 절대적 소유지배 아래 놓여 있다. 이러한 확고한 총수 1인소유지배하에서 삼성생명은 거대한 규모의 운용자산을 이용하여 1997년 7월 말 현재 삼성전자 8.8%, 삼성물산 6.0%, 삼성전관 5.3%, 삼성전기 5.4% 등 삼성그룹 주요 계열사의 지분을 다수 보유함으로써 사실상 삼성그룹의 지주회사 역할을 하고 있다(이윤호 2001 참조).

24) 다각화 기업집단의 형성 이유 일반에 대해서는 Montgomery(1994), 저개발국에서 기업집단이 형성되는 경제적 이유에 대해서는 Khanna and Palepu(1997); 이윤호(1999c) 참조.

25) IMF는 1997년 말 한국정부에 대한 외화자금 지원 조건의 일부로 금융감독 강화와 금융

산업 구조조정 및 기업지배구조의 개선을 요구하였다.

26) 예를 들어 김견(1994, 7~11쪽), 그리고 이른바 은행주인 찾아주기에 대한 전반적인 비판적 검토에 대해서는 홍영기(1998b) 참조. 최근의 은행 경영지배구조 현황에 대해서는 한국은행조사국(2000) 참조.

27) 80년대 후반 이후 일본에서 전개되고 있는 이와 유사한 사태, 즉 주거래은행의 계열기업에 대한 통제력 약화 및 대장성의 선단호송체제의 부작동에 대해서는 손열(1998); 홍영기(1998a); Weinstein and Yafeh(1998) 참조.

28) 정부는 재벌의 금융지배 차단을 위해 경영투명성 강화, 지배구조 강화, 자산운용 규제 강화 등 다각적인 조치를 취하고 그래도 안 될 때는 비은행 금융기관에 대해서도 소유제한까지 강구하겠다는 정책방향을 밝혔다. 1999년 8·15경축사에서 대통령의 재벌개혁 강조에서 표명된 이런 방침이 구체화되고 있다. 비은행 금융기관에 대한 기업 내부의 경영 감시·통제 강화를 위해, 주권상장법인의 경우에 적용되는 사외이사의 선임 및 사외이사 후보추천위원회의 설치, 대규모 상장법인에 대한 상근감사 선임 및 감사위원회의 설치가 2000년 5월부터 제2금융권 금융기관들에도 상장 여부와 관계없이 적용된다. 또한 이들 금융기관에 대한 소수주주권 행사요건도 일반 상장기업의 1/2 수준으로 완화되어 적용된다(재정경제부 금융정책과 1999; 한국개발연구원 1999b 참조).

29) Shleifer and Vishney(1988)는 경영자에 대한 기업의 내부통제 실패시 적대적 인수합병이 그것을 바로잡게 하는 규율장치임을 강조하며 아울러 그에 따르는 여러 가지 문제점에 대해 언급하고 있다. Stiglitz(1985)는 규율장치로서의 적대적 인수합병의 한계를 지적하면서 채권자(은행)에 의한 기업통제의 바람직성을 강조하고 양자가 상호 보완적임을 주장한다.

30) n개의 계열사로 구성되는 재벌의 내부구성인(자연인인 재벌총수 및 법인인 계열사) i가 임의의 타계열사 j에 대해 보유하고 있는 지분'율'을 hij라고 하자. hij의 지분은 총수나 회사의 투자자산으로서, 그에 대한 권리는 원리적으로 따지면 모든 주주들이 지분율에 따라서 갖고 있다. hij에 대한 주권행사는 종래에는 그것이 전적으로 그 계열사 또는 그 계열사를 지배하고 있는 재벌총수에 의해서 이루어지는 것으로 인정되어 왔다. 주장하는 대안은 다음과 같다. 계열사 i의 내부지분율은 $\sum jhji$(%)(이 자료는 특정 시점에 각 계열사들의 주주명부에 기록되어 있다. 그 자료들을 확인만 하면 된다)이다. i사가 각 타계열사 j에 대해 보유하고 있는 투자자산으로서의 내부지분'액' Hij(이 자료 또한 특정 시점에 j사의 투자자산목록을 들쳐보기만 하면 바로 파악된다)에 대해 $\sum jhji*Hij$만의 내부주권의 행사를 인정하고 나머지 $(1-\sum jhji)*Hij$에 대해서는 그 주인인 외부주주들의 동의를 얻은 한에서만 총수 또는 계열사에 의한 그 주권의 행사를 인정하자는 것이다. 99년 4월 현재 5대재벌의 평균 내부지분율은 53.5%, 그중 계열사 보유지분율은 48.9%, 총수의 지분율은 4.6%이다. 여기에 위의 규제방식을 적용한다면, 재벌계열사 보유 내부지분율 48.9%에 대한 외부주주가 통제하는 부분은 (1-0.535)*48.9%=22.74%이다. 따라서 총수가 외부주주의 허락 없이 지배할 수 있는 내부지분율은 종전의 53.5%에서 22.74% 포인트가 줄어든 30.76%가 되고, 그만큼 재벌(총수)은 계열사에 대한 적대적 인수합병 위협에 취약해지게 된다.

31) 일본에서는 기업집단 내에서 계열회사간 경영자 상호감시가 행해지고 부실에 대한 최종적 규율을 기업집단 내부의 주거래은행이 맡아 수행한다. 높은 부채비율에 따른 원리금 상환의무 부담을 통해 계열회사간, 경영자 상호간 봐주기를 막고 계열사간 거래신용에 대한 주거래은행의 지급보증 관행을 통해 부실화에 대한 주거래은행의 상시감시와 조기 수습을 유인함으로써 부실화의 확대를 막는다(Bergloef and Perotti 1994; Canals 1997,

Ch. 7; Morck and Nakamura 1999). 독일에서는 대부분의 대규모 상장기업의 경우 은행이 자체 보유지분 및 고객이 신탁예치한 주식에 대한 주권행사에 기초하여 대주주로서 경영에 참여하고 통제한다(Canals 1997, Ch. 6; Krummel 1980).

32) 우리나라에서 부실기업의 갱생을 위한 은행관리 사례와 일본의 경험은 좋은 대조를 보인다. 우리나라에서는 은행관리 사례가 많지 않고, 은행의 부실기업 관리는 자발적·주도적이지 않은 경우가 대부분이며, 회생률 또한 낮다(전성훈 1997, 76쪽 〈표 III-2〉 참조). 일본의 경우에는 주거래은행이 중심이 되어 부실기업의 갱생에 임원진 파견, 채무 조정 등을 통해 자율적·적극적으로 개입하며 70년대까지만 해도 은행주도의 기업회생률이 70% 정도로 상당히 높다(Hoshi and Kashyap, 2001, 〈Table 5-2〉 참조). 일본 은행제도의 역사는 1800년대 후반으로 거슬러 올라가며, 전시기간을 제외하고는 기본적으로 자율적 은행경영이 이루어져 왔다(같은 책, 특히 2, 3장 참조).

33) 종전까지 금지되어 오던 기관투자가의 의결권 행사가 1998년 9월 관련법의 개정에 의해 가능해졌다. 우리나라 기관투자가의 주식소유 제한에 대해서는 한국경제연구원(1999, 189～91쪽 관련자료) 참조.

34) 필자의 이런 입장은 이윤호(2000)에 나타나 있다. 발전국가론에 대한 종합적이고 비판적인 논의에 대해서는 조희연(1997) 참조.

참고문헌

『한겨레신문』.

『한국경제신문』.

강철규·최정표·장지상 (1991), 『재벌』, 비봉.

고동수(1998), 『퇴출장벽 제거를 위한 파산관련제도의 개선방안』, 산업연구원.

공정거래위원회 조사기획과 (1998a), 「5대기업집단의 부당내부거래 조사결과」.

＿＿＿＿ (1998b), 「5대기업집단의 부당내부거래 2차조사결과」.

공정거래위원회 (각 연도), 「대규모기업집단 주식소유 현황」.

공정거래위원회 조사1과 (1999), 「5대그룹에 대한 3차 부당내부거래 조사결과」.

공정거래위원회 조사2과 (2000), 「4대그룹에 대한 부당내부거래 등 조사결과」.

금융감독원, 『금융통계월보』 각 호.

금융감독위원회 (1998), 「IMF 분기협의에 따른 경제프로그램 합의서 중 금융부문 내용」.

금융감독위원회·금융감독원 (1999), 「대우계열사 불법지원 관련」, 국회, 『208회 정기국회 정무위원 국정감사 요구자료(II)』.

김견 (1994), 『금융전업기업가제도 도입논의의 문제점과 개선방안』, 국회도서관.

김동운 (1999), 「5대재벌의 지배·경영 구조」, 참여연대 참여사회연구소경제분과,

『한국5대재벌백서, 1995~1997』, 나남.

김동원 (1994), 『은행의 소유구조와 경영권 창출』, 한국경제연구원.

김동환 (1999), 『은행과 기업의 관계와 금융시스템의 향방』, 한국금융연구원.

김진방 (1999), 「5대재벌의 소유구조」, 참여연대 참여사회연구소경제분과, 『한국5대
　　재벌백서, 1995~1997』, 나남.

박영철·D. C. 콜 (1984), 『한국의 금융발전: 1945~1980』, 한국개발연구원.

손열 (1998), 「일본 금융위기의 길」, 백광일·윤영관 편, 『동아시아 위기의 정치경
　　제』, 서울대학교출판부.

송홍선 (2000), 「한국의 기업금융구조: 변화와 의미」, 윤진호·유철규 편, 『구조조정
　　의 정치경제학과 21세기 한국경제』, 풀빛.

아오키 마사히코·오쿠노-후지와라 마사히로 편 (1998), 기업구조연구회·서울사회
　　경제연구소 옮김, 『기업시스템의 비교경제학』, 연암사.

야부시타 시로 (1999), 김인도 외 옮김, 『금융시스템과 정보이론』, 두남.

엄영석 (1996), 『한국 자본주의와 기업지배구조』, 한국경제연구원.

원승연 (1996), 「금융규제와 은행의 수익성 및 안정성」, 서울대 박사학위논문.

은행감독원 (1995), 「우리나라의 여신관리제도 해설」.

이영기 (1998), 『글로벌경쟁시대의 한국기업소유지배구조』, 한국개발연구원.

이윤호 (1994), 「순서적 자금조달 가설에 따른 기업규모별 고정투자 행태 및 재무적
　　특성 분석」, 서울대 박사학위논문.

_____ (1999a), 「5대재벌의 금융업 부문의 소유와 경영」, 참여연대 참여사회연구소
　　경제분과, 『한국5대재벌백서, 1995~1997』, 나남.

_____ (1999b), 「5대재벌의 자본구성과 자금조달」, 참여연대 참여사회연구소경제분
　　과, 『한국5대재벌백서, 1995~1997』, 나남.

_____ (1999c), 「내부자본시장에서 금융계열사의 역할과 기능: 5대재벌의 경우」,
　　『한국국제경제학회 1999년도 동계학술발표대회 논문집』 제2권.

_____ (2000), 「외환경제위기에 대한 문화적 설명과 유교자본주의 비판」, 『사회교
　　육연구』 31집.

_____ (2001), 「금융업부문에서 4대재벌의 소유와 경영」, 참여연대 참여사회연구소
　　경제분과, 『한국5대재벌백서, 1998~1999』, 나남(근간).

임원혁 (1998), 「경제위기의 본질」, 재정경제부, 『경제백서 1997』.

재정경제부 금융정책과 (1999), 「제2금융권 금융기관의 지배구조 개선 및 경영건전
　　성 강화방안」.

전성훈 (1997), 『은행의 기업통제 역할』, 한국금융연구원.

정병휴·양영식 (1992), 『한국 재벌부문의 경제분석』, 한국개발연구원.

정운찬 (1998), 「한국경제, 거품의 붕괴와 제도개혁」, 『창작과비평』 제26권 제1호.

조윤제 (1995), 「광복 이후 우리나라의 금융정책에 대한 평가 및 앞으로의 정책과제」,
　　　　한국조세연구원, 『광복 후 50년간의 조세 및 금융정책의 발전과 정책 방향』,
　　　　한국조세연구원.

조희연 (1997), 「동아시아 성장론의 검토: 발전국가론을 중심으로」, 『경제와사회』
　　　　제36호.

최연혜 (1997), 『세계화시대의 한국형 기업지배제도의 모색』, 산업연구원.

최진배 (1995), 『해방 이후 한국의 금융정책』, 경성대학교출판부.

쿠터 외 (2000), 『법경제학』, 이종인 옮김, 비봉출판사.

한국개발연구원 (1998), 「회사정리제도(법정관리)와 화의제도의 개선방안」.

_____ (1999a), 「재벌의 제2금융권 소유에 따른 문제점」.

_____ (1999b), 「제2금융권 금융기관의 경영건전성 강화방안」.

한국개발연구원·재정경제부 옮김 (1998), 『OECD 한국경제보고서』(OECD).

한국경제연구원 (1999), 『우리나라 기업지배구조의 새로운 패러다임 모색』.

한국신용평가정보주식회사, KIS-Line 기업정보.

한국은행금융경제연구소 (1996), 「금융규제가 기업금융 및 금융시장 발전에 미치는
　　　　영향: 미, 일, 독을 중심으로」.

한국은행조사국 (2000), 「우리나라 은행의 지배구조 개선방안」.

홍영기 (1998a), 『일본 금융시스템의 위기와 메인뱅크 시스템』, 국회도서관.

_____ (1998b), 『은행의 소유지배구조와 산업자본의 진출』, 국회도서관.

Aghion, P. and P. Bolton (1992), "An Incomplete Contracts Approach to Financial
　　　　Contracting," *Review of Economic Studies* vol. 59.

Alchian A. and Demsetz H. (1972), "The Property Rights Paradigm," *Journal of
　　　　Economic History* no. 33.

Bergloef, E. (1990), "Capital Structure as a Mechanism of Control: A Comparison of
　　　　Financial Systems," Masahiko Aoki et al. eds., *The Firms as a Nexus of Treaties*,
　　　　London: Sage Publishing Co.

Bergloef, E. and E. Perotti (1994), "The Governance Structure of the Japanese
　　　　Financial Keiretsu," *Journal of Financial Economics* vol. 36.

Canals, J. (1997), *Universal Banking, International Comparisons and Theoretical Perspectives*,

Oxford Univ. Press.

Economist (1998), "A Survey of East Asian Economies," March 7th~13th.

Fama, E. (1985), "What's Different about Banks," *Journal of Monetary Economics* vol. 15.

Fazzari, S. M., R. G. Hubbard, and B. C. Peterson (1988), "Financing Constraints and Corporate Investment," Brookings Papers on Economic Activity.

Ferri, M. G. and W. H. Jones (1979), "Determinants of Financial Structure: A New Methodological Approach," *Journal of Finance* vol. 44/no. 3.

Gertner, R. H., D. S. Scharfstein, and J. C. Stein (1994), "Internal Versus External Capital Markets," *Quarterly Journal of Economics* vol. 108, Nov.

Hart, O. (1995), *Firms, Contracts, and Financial Structure*, Oxford: Clarendon Press.

_____ (1999), "Different Approaches to Bankruptcy," unpublished, homepage.

Hoshi, Takeo and A. Kashyap (2001), *The Japanese Financial System*, MIT Press.

Jensen, M. C. and W. H. Meckling (1976), "Theory of the Firm: Managerial Behavior, Agency Costs and Ownership Structure," *Journal of Financial Economics* vol. 3.

Johnson, C. (1987), "Political Institutions and Economic Performance: The Government-Business Relationship in Japan, South Korea, and Taiwan," F. C. Deyo ed., *The Political Economy of East Asian Industrialization*, Cornell Univ. Press.

Khanna T. and K. Palepu (1997), "Why Focused Strategies May Be Wrong for Emerging Markets," *Harvard Business Review* July~Aug.

Krummel, H.-J. (1980), "German Universal Banking Scrutinized, Some Remarks Concerning the Gessler Report," *Journal of Banking and Finance* vol. 4.

La Porta, R., F. Lopez-de-Silanes, A. Shleifer, and R. W. Vishny (1997), "The Determinants of External Finance," *Journal of Finance* vol. 52/no. 3.

Lamont, O. (1997), "Cash Flow and Investment: Evidence from Internal Capital Markets," *Journal of Finance* vol. 52/no. 1.

Leland, H. E. and D. H. Pyle (1977), "Informational Asymmetries, Financial Structure, and Financial Intermediation," *Journal of Finance* vol. 32/no. 2.

Montgomery, C. A. (1994), "Corporate Diversification," *Journal of Economic Perspectives* vol. 8/no. 3.

Morck, R. and M. Nakamura (1999), "Banks and Corporate in Japan," *Journal of Finance* vol. 54/no. 1.

Mayers, S. C. and N. S. Majluf (1984), "Corporate Financing and Investment Decisions

When Firms Have Information the Investors Do Not Have," *Journal of Financial Economics* vol. 13.

OECD, *Main Economic Indicators*.

Prowse, S. D. (1992), "The Structure of Corporate Ownership in Japan," *Journal of Finance* vol. 47/no. 3.

Rajan, R. G. and L. Zingales (1995), "What Do We Know About Capital Structure? Some Evidence From International Data," *Journal of Finance* vol. 50/no. 5.

_____ (1998), "Which Capitalism? Lessons from the East Asian Crisis," http://www.stern.nyu.edu/~nroubini/asia/AsiaHomepage.html.

Scharfstein, D. S. (1998), "The Dark Side of Internal Capital Markets II: Evidence from Diversified Conglomerates," NBER Working Paper no. 6352.

Scharfstein, D. S. and J. C. Stein (1997), "The Dark Side of Internal Capital Markets: Divisional Rent-Seeking and Inefficient Investment," NBER Working Paper no. 5969.

Sharpe, S. A. (1990), "Asymmetric Information, Bank Lending, and Implicit Contracts," *Journal of Finance* vol. 45/no. 4.

Shin, H. and R. M. Stulz (1998), "Are Internal Capital Markets Efficient," *Quarterly Journal of Economics* vol. 112.

Shleifer, A. and R. W. Vishney (1988), "Value Maximization and the Acquisition Process," *Journal of Economic Perspectives* vol. 2/no. 1.

_____ (1997), "A Survey of Corporate Governance," *Journal of Finance* vol. 52/no. 2.

Stein, J. C. (1997), "Internal Capital Markets and the Competition for Corporate Resources," *Journal of Finance* vol. 52.

Stiglitz, J. E. (1985), "Credit Markets and the Control of Capital," *Journal of Money, Credit, and Banking* vol. 17/no. 2.

Weinstein, D. E. and Y. Yafeh (1998), "On the Costs of a Bank-Centered Financial System: Evidence from the Changing Main Bank Relations in Japan," *Journal of Finance* vol. 53/no. 2.

Williamson, O. (1979), "Transaction-Cost Economics: The Governance of Contractual Relations," *Journal of Law and Economics* vol. 22.

_____ (1985), *The Economic Institutions of Capitalism: Firms, Markets, Relational Contracting*, The Free Press.

제3부 노동개혁과 공공부문개혁

유연화 모델인가 노동시간단축 모델인가

미래를 위한 선택

김 성 희[*]

> 우리는
> 혼자 있을 시간이,
> 타인과 깊숙이 관계를 맺을 수 있는 시간이,
> 집단의 일원으로서 창조적인 일을 할 수 있는 시간이,
> 우리 자신의 일을 몸소 창조적으로 행할 수 있는 시간이,
> 우리 외부에서 주어지는 즐거움을 주체적으로 즐길 수 있는 시간이,
> 아무것도 생산하지 않고 그저 우리의 모든 근육과 감각을 사용할 시간이 필요하다.
> 그리고 바라건대,
> 많은 사람이 동료들과 함께
> 정말 건전한 세상을 만드는 방법을 기획할 시간이 필요하다.
> ─프레드 톰슨,「폴 라파르그, 일과 여가: 전기적 에세이」

1. 머리말: 노동시간단축의 의미를 되돌아보며

20세기 초 서구 산업국가들에서 최저노동시간이 주48시간으로 제도화된 후 40시간제가 도입되는 데 약 반세기가 걸렸고 그로부터 35시간제로 진전되는 데 또 반세기가 지나고 있다. 기준시간으로 생활임금을 충족하지 못하는 대부분의 노동자들은 여전히 추가노동에 매달리고 있다.

---

[*] 한국노총 중앙연구원 연구조정실장·경제학박사

『게으를 수 있는 권리』를 쓴 폴 라파르그는 1세기도 전에 8시간노동의 단지 1/16시간만 투입해도 모든 사람이 먹고 쓸 생필품과 생활편의용품을 생산할 수 있다고 진단했다. 과거에도 지금도 노동자들은 자신이 입고 먹을 것의 수십 배, 수백 배 이상을 생산하고 있다. 그러나 생산의 결과물은 골고루 배분되지 않고 있으며 노동자들은 이 결과물을 향유할 시간조차 충분히 갖지 못한다. 아니, 적게나마 휴식과 재충전을 위해서 쓸 수 있을 시간마저 소비자본에 내몰려 불필요한 소비문화의 홍수 속에서 탕진하고 있다. 노동해방이 곧 인간해방이며 노동운동의 역사는 바로 노동시간단축의 역사라는 언명은 이런 역사와 현실에 대한 인식에서부터 비롯된다.

다른 각도에서 보면, 노동시간단축은 고도성장시기 노동공급이 부족했을 때만 일어났던 현상이 아니며 지속적으로 진행되었다. 일시적으로 성장이 정체 또는 하락하더라도 경제는 경향적으로 계속 성장한다. 노동시간단축은 일시적인 성장이 아닌, 이런 장구한 성장추세에 따른 그 성장과실 일부의 배분이라는 성격을 갖는다. 그러나 70년대 경제위기 이후, 특히 80년대 신자유주의 유연화논리가 득세하는 가운데 진행된 노동시간단축 협상은 노동시간단축과 함께 노동시간 유연화나 임금자제가 교환되는 이질적인 양상이 동시에 나타났다. 노동시간단축을 상쇄하여 실제 노동시간은 크게 줄어들지 않고 시간외수당의 감소로 인해 간접적인 임금감축의 결과를 가져오는 유연화된 노동시간제도가 도입되거나 협상 임금 인상 자제와 같은 우회적인 임금축소가 이루어지기도 한다. 이런 양상은 노동자에 대한 성장과실의 과소배분의 또 다른 요소이다.

성장과실의 배분은 크게 이윤 대비 임금으로의 배분, 노동시간단축을 통한 배분, 고용증대를 통한 일자리로의 배분으로 나눌 수 있다. 노동자들에게 노동시간단축이 갖는 진취적인 의미는, 사회복지제도의 확대 등 사회적 임금을 포함한 임금향상, 여가시간 확대, 고용기회 확대 등 세 가지 측면을 포함한다. 문제는 이 모두를 동시에 관철할 수 있는가 하는 점이다. 성장과실 배분의 면에서 볼 때, 최근 자본의 유연화 전략이 주도하는 현실에서 노동시간단축은 고용에 초점을 둔 일자리나누기(work-sharing)의 방안으로 제시되든, 여가시간의 확대를 초점으로 한 삶의 질 향상의 방안으로 제시되든 괄목할 만한 노동자의 성과로만 나타나지 않는다.[1]

1997년 말 경제위기 이후 한국에서 제시된 노동시간단축은, 인원감축을 축으로 한 구조조정 국면에서는 일자리나누기를 통해서 노동자생활의 파탄을 방지하는 방안으로 제시되었다. 또한 실업률이 하락하고 있는 2000년 이후의 시점에서는 성장과실을 다소나마 균형 있게 배분하면서 장시간노동으로부터 벗어나 최소한의 인간다운 생활을 모두가 누릴 수 있게 하기 위한 삶의 질 향상이란 목적이 강조되었다. 경제위기하의 한국에서 이런 논의가 가능했던 것은 무엇보다 과거 성장과실이 노동시간 측면에서 거의 배분되지 않았고, 엄청난 초장시간노동에서 초래되는 사회적 비용과 노동자의 희생이 매우 크다는 사실에서 출발한다.

특히 경제위기 이후 생산성증가율은 낮아졌지만 노동소득분배율은 낮은 수준에서나마 지속적으로 상승하던 추세가 반전하여 오히려 악화되었고, 보수증가율도 높은 증가율에서 감소세로 돌아섰다. 노동시간 측면에서는 단축 추세가 다소 강화되었으나 초장시간노동이란 현실을 개선하기에는 미미한 변화일 뿐이다. 이는 경제위기가 곧 노동자의 생활위기로 비화되는 현실을 드러내주는 지표이다. 경제위기를 겪으면서 심화된 노동소득분배율의 악화와 함께 소득 양극화의 그늘도 점차 짙어지고 있다(〈표 1〉 참조).[2]

이런 경향을 반전시키기 위해서는 사회 전구성원에 대한 고용기회의 확대와 적정 생활수단 보장, 사회 전반적 소득 불평등의 완화를 목적으로 한 사회연대적 정책을 채택할 필요가 있으며, 그 계기이자 핵심 방안

〈표 1〉 한국의 1인당 생산성, 보수, 노동시간, 소득분배율(연평균증가율)

(단위: %)

시기(특징)	1인당 생산성(a)	노동소득 분배율(b)	1인당 보수(c)	1인당 노동시간(d)
1980~88 (87년 전후)	5.7	0.9	7.0	0.4
1989~92 (89년 44시간제)	5.9	2.4	6.8	-1.6
1993~97 (90년대 중반)	5.1	0.1	4.8	-0.4
1980~97 (전체)	5.6	1.0	6.3	-0.3
1997~99 (경제위기 이후)	3.2	-3.0	-0.6	-0.8

* 보수와 노동시간의 괄호 안은 생산성증가율과 노동소득분배율 변화율의 합계가 실질임금증가율과 노동시간단축률로 배분되는 비중임. 이 관계를 수식으로 쓰면 $a+b=c-d=c+d'$(노동시간단축). 이 수식의 논리는 b가 고정되어 있다는 전제하에서 생산성이 보수와 여가시간으로 배분되는 비율을 보는 것이라는 점에서 제한적임.

자료: 한국은행, 『국민계정』 각 연도; 통계청, 『경제활동인구연보』 각 연도.

이 바로 노동시간단축이다.[3]

또한 노동시간단축 방안은 실업문제, 삶의 질 문제를 새로운 사회원리를 통해 해결하는 방안이자, 인원감축 중심의 비용절감전략과 외형성장 중심의 전략을 수정하여 질적인 구조개혁을 유도할 수 있는 정책적 의미를 갖는다. 현재 한국경제는 장시간노동에 기초한 비용절감형 전략에 의존할 유인을 제거해 인건비 절감에 치중하는 구조조정의 폐해를 막고 구조조정의 본래 목적인 고생산성·고부가가치형 기업구조로의 전환을 촉진할 기반을 마련해야 할 시점에 놓여 있다. 기업의 인건비감축전략은 '저숙련-저생산성-저품질-저가격-저부가가치'의 악순환을 낳으며, 또 저가제품의 대량생산은 이미 한계에 도달한 경쟁전략이다. 그러나 노동시간단축은 '고숙련-고생산성-고품질-고가격-고부가가치'의 선순환을 형성하기 위한 초석이기도 하다.[4]

역사적 타협으로 뒷받침된 케인스주의 경제정책으로 짧은 시간 내 공황을 극복한 스웨덴은 수출산업 중심의 한국과 유사한 대외지향적 경제라는 특징을 지닌 소국이다. 스웨덴의 구조전환 촉진형 노동시장구조를 보면, 고임금정책을 통해 저임금 의존적 한계기업의 퇴출을 유도하고 연대임금정책(solidary wage policy)으로 역시 인건비경쟁이 배제되어 있는 고생산성 부문에 끊임없이 구조개선 압력을 행사할 수 있었다. 저임금정책은 기업생존에 단기적으로는 도움이 될지 모르지만 장기적으로 산업구조를 낙후하게 만든다. 그리고 스웨덴사회는 강력한 노동시장정책과 사회보장정책으로 저생산성 부문에서 퇴출당한 노동자들을 보호한다. 적극적 노동시장정책(active labour market policy)을 통해 저생산성 부문에서 퇴출된 노동자를 고생산성 부문에 적합한 고숙련인력으로 전환시키기 위한 생활지원과 교육훈련 정책을 통해 이들이 산업구조 고도화에 적응할 수 있도록 돕는다.[5]

노동시간단축 방안은 이런 구조전환 촉진형 정책에 부합하는 정책이다. 산업구조 고도화를 꾀하는 산업정책은 저숙련·장시간 노동에 의존하는 구조를 배제하는 노동시장정책과 부합해야 하며, 노동시간단축은 이런 전반적 노동시장정책의 방향을 함축하고 있다.

장시간노동체제와 이에 의존한 단순 비용절감형 전략이 설자리는 점점 줄어들고 있다. 경제위기를 전후로 '더 많이, 더 크게'만 추구했던 사람들의 생각도 변하고 있다. 주5일제 도입의 기초여건이 성숙해지고 있으며 이 흐름을 공식화하고 가속화할 필요성이 높아지고 있다. 노동시간단축은 전반적 사회경제 시스템을 안정되고 성숙하게 구축해 나가는 데 가장 필요한 해법으로서 의미도 가진다.

노동시간단축은 실업을 성장의 내재적 조건으로 삼는 경제운용방식에 대한 대안이자, 경제구조의 질적 전환을 촉진하는 정책이며 무엇보다 성장과실의 공정 배분을 여가의 영역으로 확대하여 관철하는 해법으로서 의미를 가진다.

2. 21세기 한국사회의 선택지: 유연화 모델인가, 노동시간 단축 모델인가

사회경제 시스템의 바람직한 변화방향으로 두 가지 상반된 방향이 제시되고 있다. 유연화 모델과 노동시간단축 모델이다.

주류경제학에서도 인정할 수밖에 없었던 노동시장의 특수성(Fine 1998, pp. 117~56 참조)과 노동규제의 불가피성을 넘어서 시장지상주의를 노동영역에까지 확산시키고 있는 유연화론은 70년대 중반 석유위기 이후 등장하여 80년대에 대세를 형성하면서 그후 자본전략 주도기의 담론으로 자리잡고 있다. 이런 흐름에 힘입어 유연화를 통한 경쟁력 향상과 조속한 경기회복이 만병통치약처럼 제시되고 있다. 그 주장의 근거가 되는 미국의 노동시장모델을 평가해 보자. 과연 미국은 우리가 추구해야 할 모델인가? 90년대 중반까지 두자리 수 실업률을 기록하고 있는 유럽에 비해 아주 낮은 실업률(1995년 5.6%, 750만 명)의 비결은 노동시장 유연성과 저임금비용 때문이며, 과연 이것이 유연화 모델의 우월성을 입증해 주는 것인가?

유연화론자들은 정리해고제와 파견노동제를 입법화했듯이, 자유로운 해고와 고용형태의 변경이 가능하도록 노동시장을 변화시키고 노동자들도 평생직장 개념을 평생고용 개념으로 빨리 바꾸어 다양한 직종과 직장을 경험하는 사회로 전환해야 한다고 주장한다. 이들이 모델로 삼고 있는 것은, 고용형태가 평생고용·상용고용 중심에서 고정계약제와 불완전고용의 형태로 바뀌고 가구별 1인고용에서 맞벌이가 아니면 생활이 불가능한 사회로 전환되며 일시해고(lay-off)가 일반화되는 미국식 노동시장이다. 그리고 남는 과제는 사회의 불안정성을 제거하는 수준으로 관리되는 사회보장제도의 보완이다.[6]

그러나 미국사회의 이면에는 저임금·저생산성 직업(맥도널드 햄버거의

파트타임직을 일컫는 이른바 Mc Job)에 종사하며 '은둔실업'(hidden or dis-
guised unemployment)에 속하는 방대한 층이 존재한다. 취약한 사회안
전망과 실업의 위협 때문에 노동자들은 정규직 대신에 저임금, 임시직,
파트타임을 가리지 않고 받아들인다. 미국노동통계청에 따르면, 공식실
업 750만 명에다 정규직이 아닌 파트타임직 종사자 450만 명, 직업을 원
하지만 적극적으로 구직활동을 하지 않고 있는 실망실업자 570만 명을
더하면 무직업률(jobless rate)이 12%를 넘는다. 이런 노동시장의 상황은
임금수준에도 반영되어, 1995년 평균 실질임금은 30년 이전인 1965년 수
준으로 후퇴했다. 반면 "최고경영자의 급여는 생산직노동자 평균임금의
42배에서 141배로 상승했다. 소득불평등도는 더욱 증가해 상위 20%의
소득은 하위 5분위 계층의 14배에 이른다"(Ginsburg et al. 1997, pp. 23~26).
　과연 우리는 양극분해된 '이중구조화된 사회'(two-tier society, Gordon
1996)로 나갈 것인가? 미국사회는 사회 내 불안정성을 흡수할 수 있는
완충구조로서 다인종적 사회구조를 갖추고 있다. 일례로 흑인청년 실업
률은 36%에 이른다. 또 미국의 교도소 수감률은 유럽국가들의 10배에
이르는데, 1995년 현재 수감자가 160만 명으로 그 대부분이 직업을 구하
기 어려운 소수인종의 청년들이며 민간수용시설을 제외한 수용시설의
실업자 흡수율이 약 2%나 된다(Ginsburg et al. 1997, p. 24). 그리고 흑인과
히스패닉계의 30%, 모자가정의 40% 이상이 그나마 낮게 설정되어 있는
미국의 빈곤선에도 미치지 못하는 생활을 하고 있다.
　양극분해된 사회의 비극은 다른 곳에서도 나타난다. 대처 집권기에 복
지해체 등으로 대두되었던 영국의 '두 국민 전략'(two-nation strategy),
대량실업 발생의 시기에 저임금직에 주로 종사하는 이민노동자에 장려
금을 주어 본국으로 돌아가도록 조처하였던 독일의 노동시장정책이 도
달했던 '2/3의 사회'(two-third society, 이는 독일통일 후 동독지역을 통
해 재현됨) 등은 모두 비정규고용과 사회빈곤층을 확대시킴으로써 경제

위기의 고통을 전가하는 방식을 뜻한다.

또한 94년 말에 닥친 금융위기 이후 98년 4.8%의 성장률을 기록한 멕시코는 성공적인 위기극복의 사례로 보이지만, "거시경제의 활력은 대중빈곤을 대가로 달성"(*Wall Street Journal* 1999. 3. 16)된 것이다. 국민생활은 10년 전에 비해 오히려 낮은 수준으로 하락했고 소비자구매력은 94년 말 페소화 폭락 이전보다 39%나 낮아졌다. 1일소득이 2달러 이하인 극빈층이 97년 이래 2년여 동안 인구증가의 2배에 이르는 400만 명으로 늘어났으며 빈곤층은 위기 이전 7명 중 약 1명에서 위기 이후 최근에 이르러서는 7명 중 5명 꼴이다(같은 글).

지속적인 대규모 실업자 발생과 장기실업자 증대, 빈곤층의 급속한 확대와 중산층의 붕괴, 생활불안정 계층으로서 비정규직 비중의 급증과 같은 현상이 한국의 경제위기 시기에도 나타나고 있다. 이제 우리는 대중의 빈곤을 희생양으로 삼는 경제 살리기 방안인 유연화 모델인가, 아니면 노동시간단축이란 대안인가를 선택해야 하는 갈림길에 서 있다.

미국모델과 대비되는 유럽모델의 특징은 유럽경제의 장기침체로 인한 두자리 수 실업률에 대처하는 해법에서 두드러진다. 집단감원에 대해서는 노동자의 생활보호대책을 사전에 마련하는 사회적 조처(social plan)를 취하는 것이 일반적이다. 해고제한에 대한 규정과 비정규직노동자에 대한 보호기제를 통해 노동자의 개별적·집단적 권리가 유지되고 있기 때문에 일방적인 유연화가 아니라, '경직성과 유연성의 조화'(harmony of rigidity and flexibility)를 도모하거나 유연화된 시장흐름에 대응할 수 있는 '재규제화'(reregulation)의 움직임도 나타나고 있다. 특히 그 대표적인 경우가 정규노동시간 단축을 통한 일자리나누기와 같은, 연대주의와 평등주의에 기초한 고용 유지 및 창출에 주력한 사례이다.

양극분해된 사회의 비극을 보여주는 대중빈곤모델인 미국식 유연화모델의 실패를 거울삼아 구조조정과 고용조정의 관계에 대한 새로운 모델인 노동시간단축을 중심으로 한 유럽대륙식 모델을 적극적으로 채용할 필요가 있다.

3. 외국사례에서 얻는 교훈: 독일, 프랑스를 중심으로

노동시간단축 모델은 유연화 모델과 대비되는 해법이다. 하지만 시장만능과 유연화 논리가 주도하는 시기의 노동시간단축은 유연화의 압력을 비켜나가지는 못한다. 자유롭게 국경을 넘나드는 초국적자본의 '제도고르기'(Regime Shopping, Traxler and Woitech 2000) 생리는 노동비용 상승을 유발하거나 노동시간의 탄력적인 활용에 장애가 되는 일국 차원의 노동시간단축을 저지하거나 유연화가 동시에 관철되도록 하는 요인이다. 노동시간단축의 도입은 사회적 합의가 선행되거나 사회적 합의를 통해 최종적으로 승인된다. 이 과정에서 유연화논리에 바탕을 둔 노동시간탄력화나 우회적인 임금자제의 압력이 동시에 채택되기도 한다. 나라별 다양한 도입방식을 검토하면서 유연화와 교환에 대한 평가, 임금비용 증가에 대한 사회적 흡수를 통한 대처방식을 독일·프랑스의 노동시간단축 사례를 중심으로 살펴본다.

어떻게 도입할 것인가

노동시간단축을 통해 실업을 해결하려던 최초의 사례는 대공황기 미국에서 30시간노동제를 제시한 상원의원 블랙의 제안이다. 그러나 블랙안은 기업측과 이에 결탁한 보수정치인들의 반대로 최초의 문제제기라는 의의만 가진 채 실행되지는 못했다. 실업정책의 초점은 적극적인 공공투자를 통한 일자리창출 방안인 뉴딜정책에 맞춰졌지만, 이 또한 보수적인 기업과 정치인들의 반대 때문에 규모를 대폭 축소하여 타협적으로 실시되었다. 이리하여 결국 실업은 전쟁이라는 전혀 별개의 돌발사태이자 비극적인 사건을 통해 해결되게 된다. 사회적 세력간에 명확하게 입장이 갈리는 사안이기 때문에 노동시간단축을 통해 일자리를 확대하고 적극적인 재정투자를 통해 일자리를 만들어내는 선택은 결코 쉽게 달성되지 않는다는 사실을 확인할 수 있다.

독일은 노동시간단축을 주로 산별노조가 주도하는 투쟁과 교섭을 통해 성취했다. 노동시간단축이 산별협약의 형태로 나타나는 것은 독일 노사관계의 특징과 노동조합구조 때문이다.[7] 독일은 노조조직률은 높지 않지만(90년대 후반 약 40%), 산별협약은 미조직사업장의 노동자에게도 적용되기 때문에 교섭적용률 면에서 노조의 노동자대표성은 매우 높은 수준이다. 이런 조건 때문에 산별'교섭'의 방식으로 노동시간단축이 전개되었으며, 대표적인 예가 가장 격렬한 파업사태를 동반했던 1979년과 80년, 84년으로 이어진 독일금속노조의 '주35시간노동제 쟁취 투쟁'이다. 85년부터 주당40시간에서 평균 38시간(37~40시간)으로 노동시간단축을 실시한 이후 최근에 이르기까지 줄곧 노동시간단축이 주요한 노사갈등의 쟁점으로 대두되고 있다.

프랑스의 경우 정부가 주도적인 역할을 하면서 입법을 통해 노동시간단축을 시도한 전형적인 사례이다. 프랑스는 1981년 주41시간에서 85년 39시간으로 점진적으로 노동시간이 단축되었다. 39시간으로 단축될 때까지 노동시간단축에 따른 임금삭감은 없었다. 이후 93년에 일자리나누기를 통해 노동시간을 39시간 이하로 단축하기 위한 5개년계획이 시도되었고 98년 35시간제 입법으로 이어졌다

영국의 경우에는 1979년 39시간으로 노동시간을 단축하였는데, 완전한 1시간 작업의 단축이라기보다 작업 종료시간을 부분적으로 단축하는 제한된 양상으로 진행된 사례이다. 그리고 기술과 작업속도의 변화, 초과

노동 증가, 높은 생산성으로 고용단축 효과는 대개 상쇄되고 제대로 나타나지 않았다. 영국은 유럽연합 내에서 평균노동시간이 가장 긴 편인데, 이는 노동시간에 관한 규제가 거의 없는 전통과 관련된다(ILO 1995, pp. 267). 영국의 경험은, 제한된 수준으로 진행된 노동시간단축은 실효성이 없다는 사실을 보여준다.

벨기에의 노동시간단축 과정에서 나타나는 두드러진 특징은 국가가 '모범적 사용자'(model employer)로서 선도적인 역할을 했다는 점이다. 3자협약을 통해 실행되지만 국가가 공공부문의 사용자로서 모델을 제시하는 방식이다. 3자협약으로 실현 가능한 방안을 마련하고 정부주도로 최초의 추동력을 얻는 동시에, 3자협약의 실질적 이행을 통해 산업 또는 기업 단위의 호응을 유도하면서 이루어졌다. 3자협약의 방식이 주축을 이루었기 때문에 노동시간단축과 노동시장 유연화가 동시 추진되는 특징도 두드러진다.

이상과 같이 노조가 추동하는 협약중심의 독일과 정부중심의 프랑스, 3자합의 중심의 벨기에 유형으로 단순하게 구분할 수 있다. 그러나 정부주도와 정부의 합의유도는 서로 배치되는 관계라기보다 병행, 보완의 관계이다. 벨기에정부는 노사정 3자합의를 위해 주도적으로 역할하면서 모범적 사용자로서 공공부문에서 모델을 제시하였고, 프랑스정부는 3자합의를 유도하기 위한 우선적인 조처로서 입법을 통해 선도하였다. 독일의 경우에는 입법의 역할은 기준점만 제공할 뿐 구체적인 방향을 제시하지 않으며, 강력한 산별노조인 금속노조(IG Metall)가 주도적인 역할을 담당했다.

변화 가능성이 많은 동태적인 노사관계의 성격과 관련제도의 불충분한 정형화를 특징으로 하는 한국의 경우 모든 선택의 가능성이 열려 있다. 사회적 합의의 형체는 있으나 기반이 약하고 노조의 영향력은 전국적 수준에서 체계화되어 있지 않다. 따라서 현정부가 신자유주의 해법으로 일관하지 않는다고 전제한다면──시간단축에 대한 의지가 조금이라도 있을 때──세 가지 선택 가능성이 존재한다. 강력하게 주도할 것인가, 합의를 유도하고 선도할 것인가, 노사간의 문제로 두고 심판의 역할(한국의 현실에서는 방관자의 역할)을 할 것인가?

유연화와 노동시간단축의 교환을 어떻게 볼 것인가: 독일사례

1950~75년 독일은 임금증가와 노동시간구조 개선(주5일근무제 등)과 더불어 연간 실노동시간이 2316시간에서 1737시간으로 감소했다. 그러나 1973~74년 석유위기로 이런 흐름에 변화가 나타나, 이후 시간단축면에서 노동조건의 개선은 지체되었다. 1978~79년 독일금속노조는 6주간 파업에도 불구 주35시간 쟁취에 실패하고 연차휴가, 고령노동자와 교대제노동자에 대한 추가 휴일자격 부여에 대한 양보를 얻어내는 데 그쳤다. 그러다 84년 대규모 파업 이후 그간 단호하게 거부하던 사용자도 38.5시간제에 합의하는 등 노동시간단축으로 향한 길이 열렸다. 이어 90년 금속산업에서 최초로 35시간제에 대한 합의가 이루어지면서 노동시간단축과 임금자제, 노동시간 유연화 간의 타협이라는 노사 상호수용의 방법으로 해결이 되었다(Bosch 1990, pp. 611~18; 〈표 2〉 참조).

노동시간단축 협상의 양상: 유연화와의 교환

1984년을 전후해서 서독의 신자유주의 열풍은 미국이나 영국보다 온건한 편이었다. 그러나 공동결정권이나 노조협약을 통한 노동조건 규제를 우회해 사용자의 선택권을 확대하려는 흐름은 지속적으로 나타났다. 바로 이 같은 정치상황이 배경이 되어 노동조합은 신자유주의 열풍에 대처하는 대안으로서 노동시간단축안을 제시했다.[8]

84년 당시 온건 노조는 조기퇴직제를 선호했고 금속노조를 비롯한 강

〈표 2〉 독일의 노동시간단축 과정

합의 시기	주당시간 (발효일)	임금(발효일)	개별적 차별화	변동 기준
1984	38.5 (85. 4. 1)	+3.3%(84. 4. 1), +2.0%(85. 4. 1) +2.9%시단에 따른 임금보상(85. 4. 1)	37～40 (공장 평균 38.5)	2개월
1987	37.5 (88. 4. 1) 37.0 (89. 4. 1)	+3.7%(87. 4. 1), +2.0%(88. 4. 1) +2.66%시단에 대한 임금보상(88. 4. 1) +2.6%(89. 4. 1) +1.35%시단 따른 임금보상(89. 4. 1)	36.5～39.0 (공장평균 1988년 37.5, 89년 37.0)	6개월
1990	36.0 (93. 4. 1) 35.0 (95. 10. 1)	+6.0%(90. 3. 1)	공장종사자의 13%는 자발적으로, 주당 40 시간까지 작업 가능 (90. 4. 1): 임금 또는 2년 내 휴가로 보상	6개월

자료: 독일금속산업 협약 1984; 1987; 1990. Bosch 1990, p. 616에서 재인용.

성 노조는 노동시간단축을 요구했다.[9) 이처럼 노동시간단축을 쟁점으로
노사간 대결이 벌어진 1984년 상황은 마주보고 달리는 두 기관차와 비유
되었다(Thelen 1989, p. 67). 그러나 금속노조의 헤센과 바덴-뷔르텐베르크
지역에서 7주 파업과 인쇄종이노조의 12주 파업으로 마침내 완전 임금
보상이 이루어지는 주38.5시간 단축합의가 이루어졌다. 중앙협약의 기초
가 된 레버(Leber) 타협안의 핵심은 주38.5시간으로 노동시간을 단축하
는 것과 함께 공장 수준에 이를 실행하는 과정에서 유연성을 부여하는
것이었다(Bosch, 1990, p. 616; 〈표 2〉 참조). 유연화의 내용은 다음과 같다.
　첫째, 개별적 차별화이다. 개별노동자의 주당노동시간은 37～40시간
범위에서 허용하되, 개별기업에서 전체 노동자의 평균시간은 38.5시간을
초과하지 못한다. 둘째, 변동노동시간(탄력적 노동시간)의 도입, 확대이
다. 주당 노동시간은 주5일 동안 균등 또는 불균등하게 분산이 가능하지
만, 주당 평균시간 38.5시간은 두 달이라는 기준기간 내에 충족해야 한
다. 셋째, 교섭분권화이다. 노동시간, 개별적 차별화, 노동시간 변동폭의
정확한 시점은 기업 수준에서 경영진과 직장평의회 간에 합의되어야 한

다는 것으로 산별교섭에 대한 사업장교섭 영역의 확장을 의미한다.

노동시간단축과 유연화의 교환양상은 그 이후에도 지속된다. 1987년 금속노조가 더 많은 노동시간단축을 제기했을 때 금속사용자연합(Gesam-metall)은 더 많은 유연성 요구를 들고 나왔고, 결국 단체교섭 역시 양자의 거래를 통해 타결되었다. 또한 사용자는 노동시간에 대한 추가적 양보의 대가로 노동시간의 추가적 유연성과 함께 몇 년간의 산업평화와 임금안정성을 위해 장기계약을 요구함으로써 전례가 없는 3년단위의 노동시간과 임금에 대한 협약이 체결되었다(〈표 2〉 참조). 그리하여 최대 균형기간(탄력적 시간제 적용기간)이 2개월에서 6개월로 연장되어 사용자는 생산필요성과 수요의 계절변동에 따라 노동시간을 조절하는 데 있어서 더 많은 재량권을 확보하였다. 한편 노조는 적용대상 노동자의 범위를 좁히고 84년 노동시간단축의 혜택을 보지 못하고 여전히 주40시간제가 적용되고 있는 수습공에게도 혜택이 돌아가게 하는 등 노동자간 차별적 적용을 제한하는 데 성공했다. 이 결과는 노동시간 유연성의 확대와 차별화의 축소라는 형태로 나타났는데, 노동자의 연대성을 중시한 금속노조의 교섭전략이 반영된 결과라고 할 수 있다.

90년 금속노조는 유연성에 대한 추가적 양보로 최초로 35시간제 합의에 도달하였다. 87년 협상 이후 금속노조가 얻은 쓴 교훈은 노동시간단축에 대한 보상을 포함한 추가 임금인상은 매년 협상되어야 한다는 사실이었다.[10] 그 결과 차별화조항이 개정되어 대상자를 명시하지 않고 종업원의 13%까지 40시간노동이 허용되었으며, 이 13%의 인원에게는 시간외수당이 없는 정규임금이나 2년 이내 휴가로 보상하는 방식을 취했다. 그리고 어린 자녀를 둔 노동자는 탄력시간제로 근무할 권리를 가지며 500인 이상 사업장에서는 재고용을 보장받고 5년의 양육휴가를 가질 수 있게 되었다. 또 금속노조는 유연성 확대를 사용자에 대한 양보로서만 아니라 고숙련직의 노동조건 개선의 기회로 간주하였는데, 연구개발직이

294

나 조립라인 종사자들에게는 안식휴가제가 시간단축을 적용하는 유일한 길이었다.

이어 1994년 금속노조는 90년에 합의된 "95년 10월부터 주35시간으로의 단축 조기실시와 주30시간으로의 계속적 단축, 합리화, 해고금지와 고용보장, 노동시간단축시 임금 완전보전"을 주장하였다. 금속노조는 당시 주당 노동시간이 36시간이고 실업자가 600만 명 수준이어서 실업해법으로서 조기단축을 주장하게 된 것이다. 이에 사용자측은 임금 10%감축과 이후 '임금동결 및 주40시간으로의 연장'을 주장하면서 양쪽의 견해가 극단적으로 맞섰다. 결국 타결된 안은 최소 2년간의 고용안정 달성과 기업사정에 따라 노동시간을 탄력화한다는 내용이었다.

이에 따라 노동시간 유연화는 더욱 확대되었다. 예를 들어 벤츠자동차에서는 조석 2교대에 고정 야간근무조가 결합되는 근무형태를 도입, 생산의 필요에 따라 2교대를 3교대로 전환할 수 있게 되어 심야노동이 부활했다. 이로부터 1일 3교대, 주6일 근무, 1교대 8시간근무제가 증대하였다. 결국 노동시간 유연화, 임금감축과 고용안정 간의 교환형태를 띠면서 명목상 임금삭감 없는 35시간제 도입이라는 성과를 얻어냈지만, 기업 또는 사업장 단위의 노동시간 추가축소에 대한 임금삭감은 허용하게 되었다.

94년 협약에서 중요한 것은 금속노조가 임금삭감을 동반한 일자리나누기를 수용했다는 점이다(EIRR no. 254). 고용안정을 얻는 대신 유연성과 부분적일지라도 임금삭감을 수용한 결과(시간당 임금은 유지되지만, 유연화 등 다른 부수적인 요인으로 발생하는 임금삭감)로 나타난 것이다.

시간단축과 유연화의 교환에 대한 평가

셀렌은 두 가지 유연성(개별적 차별화와 변동노동시간)을 시간의 유연성(유연화 flexibilization)과 개별적 유연성(차별화 differentiation)으로 구분하면서 후자인 차별화는 노동자간 연대성을 훼손하고 노동조합조직에 위험스러운 것으로 평가한다(Thelen 1994). 하지만 산별교섭에서 규정하지 않고 사업장단위 교섭사항인 유보조항(opening clause)으로 남겨진 유연화 협상과정에서 차별화조항은 노동측의 우려와 달리 독일사용자단체(BDA)의 적극적 권유에도 불구하고 단지 13%의 사업장에서 적용하는 데 합의가 이루어졌을 뿐이다. 반면 2개월의 준거기간을 활용하는 탄력적 노동시간제도가 많이 활용되는 것으로 나타났다. 금속산업 내 3300개 사업장을 대상으로 조사를 한 결과, 주당 노동시간 단축을 실행한 사업장은 절반도 안 되었으며(47.7%), 여러 주에 걸쳐 노동시간단축을 배분하거나(8.3%) 단축된 노동시간을 모아 휴일과 주말 사이의 휴일을 설정하는 방식(30%)으로 실행하였다. 결국 주로 유연화 조항을 활용하는 방식으로 시간단축이 이루어진 것이다(Thelen 1989, p. 69).

이와 같은 노동시간단축의 결과에 대해 금속노조는 '금기를 깬' 큰 승리라고 선전했으며 사용자들 역시 경직된 협약으로부터 후퇴를 얻어낸 중요한 일보전진이라고 평가했다. 노동자는 사용자가 완강하게 거부하던 노동시간단축으로 나아갈 계기를 얻은 한편, 사용자는 유연화와 교섭 분권화를 위한 터전을 구축했던 것이다. "이제 문은 주35시간노동으로 열려 있지만, 단축된 더 유연한 노동시간으로의 또 다른 문도 열리게" 되었다(같은 글, p. 70). 노동조합은 신자유주의의 유연화 추구에 대응할 터전을 마련했지만, 동시에 사용자의 입장에서는 유연화의 실현기반을 마련한 것이었다.

한편 노동시간단축 협상을 거치면서 금속노조는 탄력제나 파견제 확대가 갖는 문제점에 주목하기 시작했다. 노동시간단축의 혜택을 다양한 직종과 조건의 노동자에게 확대적용하면서 동시에 탄력제 운용방식에 대한 엄밀한 정의나 노동시간단축 효과의 누출을 막기 위한 초과노동 규제에 초점을 두기 시작했다(Bosch 1990, pp. 620~21). 탄력제협약은 1988

년 12월 폴크스바겐에서 처음 조인되었는데, 그 내용은 1일노동시간은 9.5시간을 초과할 수 없고 중점 노동시간은 5시간이며, 노동시간의 주당 대차는 1개월 내 8시간을 초과하지 못하며 초과노동을 통해 저축한 충분한 여분시간을 가진 노동자는 월 1일의 휴가를 가질 수 있다는 내용이다.

그리고 1989년 이후 국가보험을 적용받지 못하는 파트타임직 수를 줄이기 위해 소매업의 경우 사용자는 노동자가 요구하지 않는 한 주20시간 이하 계약을 체결할 수 없도록 하였다. 파트타임 노동자는 1～2시간의 '초단시간노동'(minishift)을 피하기 위해 1일 최저 4시간노동은 해야 한다고 규정한 것이다. 또 다른 부문에서는 초과노동 최고치(a ceiling on overtime)에 대한 협약이 체결되었다. 금속산업은 월20시간 최고한도를 설정하는 방식으로, 가구산업은 직장평의회가 동의할 때 추가 가능하지만 이에 대한 의무적인 휴가를 부여하는 방식으로 협약이 맺어지는 등 부분적으로 규제장치를 도입하기도 했다.

독일은 산별교섭체계이기 때문에 노동시간단축은 산별 차원의 교섭을 통해서 실현된다. 1994년 개정된 법정노동시간은 주48시간, 1일10시간의 최대한도만 정해 놓고 있으며 구체적인 사항은 교섭을 통해 결정된다. 노동시간단축은 기업 차원에서 세부적으로 정해야 할 사항이 많은 사안이라서 공장 수준의 보충협약이 불가피하고 그 역할이 확대되는 등 노동조건 결정과정이나 노사관계 구조의 변화내용을 담고 있다.

첫째, 모든 협약은 노동시간단축과 유연화(시간유연화. 탄력제의 확대 적용과 차별화)의 교환이라는 공통적인 특징을 갖는다. 노동시간단축이 진전되는 만큼 더 많은 유연성을 도입하는 것으로 귀결되었다. 그런데 이런 유연성 확대는 노동시간단축이 목표로 하는 고용 유지나 창출의 여력은 축소시키는 데 반해, 임금감축 없는 노동시간단축으로 인한 기업비용의 증가를 상쇄함으로써 노동시간단축의 기업 차원 적용을 촉진하는 상반된 효과를 가진다. 이런 결과에 대해 전세계적 유연화 추구라는 거부하기 어려운 흐름 속에서 노동조합이 노동시간단축이라는 대응을 통해서 오히려 효과적으로 유연화를 수용한 결과라고 긍정적으로 평가하는 입장이 있는가 하면, 노동시간단축과 함께 임금인상 자제, 유연화 확대적용 등이 이루어져 수세적이고 실패한 결과라는 부정적인 입장도 있다.[11] 노동시간단축은 노동자에게 절대선이 아니며, 독일에서처럼 산별교섭의 방식으로 협상을 통해 타협점을 찾게 될 때 노동조합측이 기댈 수 있는 정치·경제적 여건에 따라 그 결과는 많이 달라질 수 있음을 알 수 있다.

둘째, 유연화와 차별화조항 등 유연화의 형태별 구별이나 파트타임, 견습공 등 노동시간단축의 직접적인 혜택을 받지 못하는 비정규직에 대한 고려 등 노동자간 연대성 문제에 대해 시사하는 바가 크다. 기업이 설비 가동시간을 유지하기 위해 일부 인원을 노동시간단축의 적용에서 예외로 취급할 수 있도록 보장하는 차별화조항은 숙련직이나 핵심 노동자층과 그외 노동자로의 양분화를 촉진할 수 있다는 점에서 노동조합이 좀더 적극적으로 대처했어야 한다는 주장(Thelen 1989)이 있는 반면, 실제로 적용한 기업은 일부 대기업집단에 지나지 않기 때문에 시간유연성과 동일한 수준의 유연화 효과로 평가하는 입장(Bosch 1990)이 있다. 어쨌든 노동조합은 유연성 여부를 결정한 것이 아니라, 단지 어떤 형태의 유연성인가를 결정할 수 있을 뿐이었다. 그러나 비정규직에 대한 노동시간단축 적용, 파트타임 규제조항은 노동시간단축의 실행효과를 높이고 노동자연대를 구축하기 위해서는 반드시 필요한 사항으로, 금속노조가 이에 주목하여 보완방안을 마련한 점은 긍정적으로 평가해야 할 것이다.

셋째, 명목상의 임금이 감축되지 않더라도 협상임금 인상을 자제하거나 다년간 임금계약에서 예상했던 것보다 실제 물가상승률이 더 높아지면서 실질임금이 삭감되는 결과를 초래하는 등 임금감축의 결과가 나타났다. 더욱이 유연화의 확대적용으로 시간외노동 할증임금 부분이 줄어드는 등의 실질소득 감소효과가 커졌다. 고용안정을 담보로 하는 협상은 노동조합의 입장에서 수세적일 수밖에 없으므로 불가피하다는 관점과 노동시간단축으로 인해 소득의 불균형을 심화시키고 근무형태가 복잡해 졌을 뿐이라는 비판적인 관점으로 나뉜다. 그러나 노동시간단축은 유연화와 신자유주의 시기에 선택할 수 있는 노동조합의 전략적 대응방안이기도 하지만, "변화하고 있는 노동조합의 대변기능과 대변대상의 변화"[12]에 직면하고 있는 노동조합 기능의 변화양상을 모순적으로 보여주는 사안이기도 하다. 독일금속노조가 "신자유주의를 더 잘 뚫고 나간 것"(Thelen 1989, p. 82)이라는 평가는, 더 비관적인 다른 나라의 사례가 많기 때문이기도 하지만 크게 틀린 말은 아니다.

넷째, 독일 노사관계구조에서 변화와 관련된 항목으로서 노동시간단축 협상결과는 이중체계(산별노조가 주체가 되는 산별교섭과 직장평의회를 중심으로 한 사업장교섭의 병행체계)의 중심 축을 사업장 쪽으로 하방이동시키는 계기로 작용했다. 분권화된 교섭에 대한 사용자의 요구가 관철되는 양상을 띠고 있으며 독일형 이중체계의 안정성 자체가 위협받고 있다는 진단도 제기된다. 한편 "단체교섭의 분권화라기보다는 교섭 간——지역 또는 산별 교섭과 작업장교섭 간——분업의 복잡성이 증대된 것으로 이해해야 한다"(Bosch 1990, p. 622)는 반론도 제기된다.

과연 독일형 이중체계의 무게중심의 변화를 어떻게 평가할 것인가? 산별노조의 작업장기반이 약화되는 과정에서 직장평의회가 기업논리를 수용하는 '비공식적인 협력'(wildcat cooperation)을 수행하면서 노동자 간 연대성을 해치는 '공장이기주의'의 기반이 되거나, 전국노조의 영향력으로부터 분리되어 '비공식적 갈등'(wildcat conflict)을 통해 '맹동주의적 경향'(syndicalist tendency)을 띨 수도 있다.[13] 특히 불황기에는 임금안정과 고용안정이 공장의 성패에 달려 있다는 의식이 확산되어 공장이기주의의 경향이 돌출하면서 사용자 주도성이 관철되는 비공식협력의 형태로 귀결될 가능성이 커진다. 법치주의적 요소와 제도적 타협을 전제로 하는 독일 노사관계구조상 급격한 변화는 잘 일어나지 않지만, 동요의 조짐도 분명하게 목격되고 있다.

이 모든 변화는 노동시간단축 협상의 시기에 나온 것이기는 하지만 노동시간단축 교섭으로부터 바로 시작되었다고 보기는 어렵다. 신자유주의의 흐름에 대항하기 위해 노동조합이 전략적 대안으로 노동시간단축을 제출하고 그것이 변형되는 과정에서 나타난 결과이다. 설령 노동시간단축이 실현되지 않았더라도 사용자의 유연화와 분권화 추구는 지속적으로 나타났을 것이다. 따라서 문제는 노동시간단축이란 방향의 선택과 구체적인 협상결과가 이후 상황변화에 어떤 작용을 했는가 하는 점이다. 노동시간단축을 통해 일방적인 유연화의 관철을 막고 고용 유지·확대와 함께 노동자연대성을 재확인하는 성과도 있었다. 이런 점에서 독일금속노조의 노동시간단축 협상에 대해 "신자유주의를 더 잘 뚫고 나간 것"이며 '수세적 국면의 적극적 전략'으로서의 가치를 충분히 발휘한 것이라는 평가를 내리는 것이 더 타당할 것이다.[14]

노동시간단축의 사회연대적 의미: 프랑스사례

프랑스에서는 노동시간이 1981년 주41시간에서 85년 39시간으로 점진적으로 단축되었다. 그후 98년에 오브리법이 통과되어 주35시간제가 도입되기까지 사회당과 보수당의 정권교체 속에서도 지속적으로 노동시간단축 실험이 이어졌다. 언제나 정부주도의 입법이 핵심적인 역할을 한 점은 프랑스 노동시간단축의 일관된 특징이다.

노동시간단축 과정
고용위기에 대한 대응으로의 노동시간단축 전통은 1936년 인민전선정부로 거슬러 올라간다. 1919년 주48시간제, 주6일 근무, 1일 8시간노동이 법제화된 이후 1936년 주40시간제와 2주 연차휴가제가 법제화되었다. 그리고 63년 4주 연차휴가제 도입 이후 노동시간단축에 대한 논의가 한동안 단절되었다가 80년대 들어와 다시 활발해졌다(〈표 3〉 참조).

80년대에는 5개년고용법과 들라바르법, 세긴법 등을 통해 39시간제와 탄력적 시간제가 도입되고 정부주도 입법방식의 핵심 특징들이 형성된다. 그리고 1993년 5개년고용법으로 연단위노동시간제와 시간외노동에 대한 규정이 도입되며 96년 로비앙법을 거쳐 98년 오브리법이 통과되면서 프랑스정부가 80년대부터 지향해 오던 35시간제 입법이 마침내 이루어졌다.

1981년 사회당정부는 85년부터 주35시간제를 도입하는 데 주력하였다. 모로아(Mauroy) 수상은 "노동시간단축은 이제까지 실업에 대한 대응 중에서 가장 효과적 수단이며… 85년 35시간제를 실제로 성취할 때만 새로운 고용의 창출이 이루어질 것"이라고 했다(Bastian 1994, p. 132). 결국 논란 끝에 82년 정부법령으로 4주간의 유급휴가와 주당 기본시간을 40시간에서 39시간으로 단축하였다. 최저임금에 해당하는 노동자나 공

〈표 3〉 프랑스 노동시간단축의 역사

연도	노동시간제	기타 도입된 규정
1919	주48시간제	1일8시간, 주6일 근무
1936	주40시간제	2주 연차휴가
1963	주39시간제(82년법)	4주 연차휴가
1982	탄력적 시간제(들라바르법)	
1986		5주 연차휴가, 사회보장비 감면제 도입
1993	5개년고용법	연단위노동시간제, 시간외노동과 파트타임직 종사자 관련규정
1996	로비앙법	고용유지 목표 추가
1998	주35시간제(오브리법)	임금액수와 상관없이 일정한 지원금

공부문 노동자에 대해서는 임금상실 없이 실시하였다. 그러나 임금삭감에 따라 노사관계가 불안해지는 상황에 직면하자 당시 미테랑 대통령은 사적 부문에서도 임금상실이 없을 것임을 천명했다. 임금삭감이 이루어진 부문은, 38시간을 채택하며 70%임금보상을 실시한 금속산업부문과 38.5시간과 66%의 임금보전을 실시한 화학산업부문뿐이었다. 법정노동시간 이하를 도입한 산업부문에서만 부분적으로 임금이 삭감된 것이다.

82년법의 발효 이후 석 달 동안 체결된 협약에서 주당 39시간 이하인 35시간으로 추가로 감축한 기업의 경우 임금상실이 함께 이루어졌는데, 이로써 '35시간노동제로의 점진적 노동시간단축'이라는 사회당정부의 주장에 대해 노동자들은 비판적인 태도를 가지게 되었다. 그러나 사회당정부는 '연대협약'(solidarity contract)을 통해 주당 노동시간 단축을 지속적으로 촉진하여, 감원회피나 고용증대를 하는 기업에 대해서는·사회보험 기여금을 3년 동안 점차 감소시켜서 면제해 주는 식으로 대처했다. 연대협약은 35시간제, 고용의 5%증가, 생산성 10%증가를 목표로 했다.

1986년 사회당정부는 노동시간단축과 시간제 재편과 관련하여 추가입법안(도미니크 타디 Dominique Taddei의 공식보고서에 근거했다고 하여 타디안이라고 함)을 통과시켰는데, 그 내용은 임금상실 없이 36시간으로 노동시간단축, 교대작업 증대를 통한 자본활용시간 증가를 골자로 하고 있다. 이후 이 입법안은 금속산업의 협약안으로 이어져 실질화되었다. 이와 함께 86년 들라바르법(Delabarre Act), 87년 세긴법(Seguin Act)이 제정되어 탄력적 시간제가 도입되었다.

82년법으로 대표되는 80년대 프랑스 노동시간단축의 특징은 90년대에도 약간의 변형을 거쳐 계승된다. 고용을 목표로 한 연대적 성격의 노동시간단축, 노동시간단축의 지원과 협약촉진을 위한 사회보장비 감면 방식의 정부지원제도, 생산성 향상과 설비이용시간 유지·확대를 목표로 하는 노동시간제도의 개편 등의 내용은 입법을 통한 '정부주도적 방식과 협약을 통한 적용'이라는 프랑스 노사관계의 고유한 성격을 반영하면서 노동시간단축의 전형으로 자리잡았다.

92년 이래 "프랑스정부는 사용자들에게 노동시간단축과 임금감소를 협상함으로써 더 많은 노동자를 채용하고 감원을 회피할 것을 촉구"(EIRR no. 226)하였다. '고용을 위한 임금과 노동시간의 동시감축'이라는 기업협약의 흐름과 달리, 프랑스정부는 이런 협약을 적용받는 노동자들의 상실임금을 부분적으로 보전할 수 있는 장치를 마련하고자 했다. 하지만 노사 양측의 반대에 직면하여 이를 철회하고 '5개년고용법'(1993. 12. 20)을 대신 제출한다. 5개년고용법은 노동시간단축과 함께 1년단위의 탄력적 노동시간제를 도입하는 '연단위(탄력적)노동시간제'(annualization)를 촉진하고 파트타임과 시간외노동에 적용될 수 있는 규칙을 수정하는 것을 핵심 내용으로 하고 있다. 정부의 협약촉진 수단은 국가보조였는데, 첫해의 국가보조는 사용자의 사회보장부담금 40%에 해당하며 이어 2년 동안은 그 30%를 보조한다. 그러나 "이전의 일자리나누기 계획의 경험이 고용 증대에 따른 국가보상의 현실성에 대해 의문"(EIRR no. 246)을 가지게 했기 때문에 협상은 활발하게 이루어지지 않았다.

이후 96년의 로비앙법(Robien law, 1996. 6. 11)은 5개년고용법 제39조를 확대한 법인데, 두 법은 다음 세 가지 면에서 차이가 난다(〈표 4〉 참조).

첫째, 5개년법과 달리 로비앙법은 노동시간단축의 공세적 측면(고용창출)뿐 아니라 수세적 측면(고용유지)까지 목표로 삼고 있다. 고용을 위한 연대적 성격의 확장이다. 둘째, 5개년고용법이 임금감소를 규정하고 있는 데 반해 로비앙법에는 임금에 관한 별도 규정이 없다. 임금감축에 대한 노동자의 반발은 노동시간단축의 확산을 제약하는 요소이며, 임금감축은 노동자의 희생이 과도하다는 점에서 사회연대적 의미를 축소시키는 요소였던 셈이다. 셋째, 5개년고용법에는 연단위노동시간제가 규정되고 있으나 로비앙법에는 노동시간재편과 관련된 별도 규정이 없다. 법

〈표 4〉 5개년고용법과 로비앙법의 비교

1993년 5개년고용법	1996년 로비앙법
공세적 측면만을 의도	공세적 측면과 수세적 측면 의도
임금감소	임금에 관한 규정 없음
제3유형에 의한 변형시간제(modulation type Ⅲ): 연단위노동시간제	노동시간단축에 수반되는 노동시간의 계획적 이용에 대한 세부규정 없음

자료: Aufrere 1998.

〈표 5〉 로비앙법의 노동시간단축 규정

(단위: %)

	첫째 사례	둘째 사례
노동시간단축	10	15
일자리 창출 또는 유지	10	15
사회보장분담금의 감면		
첫해	40	50
그후 6년간	30	40

자료: 같은 글.

개정에 따라 이루어지는 산업·기업 차원의 노동시간단축 협상을 통해 임금감축 여부나 노동시간제 개편방식이 결정되도록 한 것으로서, 핵심 쟁점사항 결정에서 당사자간 협약의 중요성을 강조하는 형태로 변화했다. 이는 임금감축이나 탄력제 확대에 대한 규정이 담긴 82년법이나 5개년고용법에 대한 노동자의 반발이 컸던 현실을 반영하는 것이다.

로비앙법에서는 10% 또는 15%의 노동시간단축을 통해 그에 상응하는 비율의 고용 창출과 유지를 목표로 하면서 해당 기업에 대해 첫해에는 40~50%, 그후 6년간에 걸쳐 30~40%의 사회보장분담금을 감면해 주는 지원제도를 도입하였다(〈표 5〉 참조). 이에 대해 일부 노조는 사용자에 대한 사회보장분담금 감면조처는 7년인 데 반해 고용 유지·창출 기간은 5년으로 불공평하며 수세적 측면에 대한 지원은 감원방지계획(social plan)의 성실한 이행을 방해할 뿐이라고 비판하면서 사용자에 대한 특혜

조처로 귀결될 가능성이 크다고 지적하기도 했다.[15]

1998년 5월 현재 로비앙법으로 2천 개의 협약이 체결되어 약 35만 5천 명에게 적용되었으며 이로써 2만 5천 명의 새로운 일자리를 창출하고 1만 7천 명의 일자리를 유지한 것으로 평가되고 있다. 2천 개 협약 중 74%는 공세적 측면을 겨냥하고 26%는 수세적 측면을 겨냥한 것으로 협약의 60%는 연단위 탄력적 시간제를 도입하고 있으며, 협약의 63%는 임금의 완전보상을 정하고 있다(Aufrere 1998 참조).

그러나 로비앙법의 효과는 프랑스의 대량실업을 해소하기에는 역부족이었다. 기업에 대한 사회보장감면 조처라는 유인장치에 기초하여 기업협약을 유도하는 데 초점을 두었기 때문에 사회 전반적인 노동시간단축을 촉진하지 못했다. 이후 법정노동시간을 35시간제로 규정하는 입법을 추진하게 된 배경에는, 프랑스의 만성적인 고실업에 대한 처방으로서 기업 차원의 자발적인 성격의 노동시간단축에만 의존할 수 없다는 점을 인식하기 시작했기 때문이다.

1998년 6월 13일 노동시간단축의 지원 및 촉진에 관한 법(이하 오브리법)이 통과되었다. 이리하여 프랑스정부가 80년대 초부터 추진해 오던 35시간제로의 이행이라는 숙원은 1차적으로 마무리되었다.[16]

연대적 의미의 확장과 남은 과제

로비앙법과 비교할 때, 35시간제를 규정한 오브리법은 크게 네 가지 측면에서 차이가 있다. 첫째, 로비앙법과 달리 오브리법은 법정정규시간을 35시간으로 단축하는 것을 전제로 하고 있다는 점이다. 로비앙법이 사회보장분담금 감면조처를 통해 기업들이 일자리나누기 협약을 맺도록 유도하는 유인장치만 마련하고 있는 데 반해, 오브리법은 법정시간단축을 전제로 함으로써 노동시간단축 협약을 지원하는 동시에 이를 촉진하기 위해 기업에 대한 '유인장치와 견인장치'(pull and push)를 고루 갖추

고 있다. 연대적 성격의 확장을 넘어 전사회적 관철을 위한 제도적 장치
마련으로 진전한 것이다.

　둘째, 로비앙법에서는 시간단축의 비율과 고용 유지·창출의 비율이
같았지만 오브리법은 10%(15%) 단축에 6%(9%) 고용 창출 또는 유지
로 생산성 향상의 여지를 남겨놓아 노동시간단축 협약을 촉진하는 요인
으로 작용할 수 있다. 오브리법에서는 최소 10%의 노동시간단축으로 최
소 6%의 고용 창출(공세적인 협상의 경우)이나 유지(수세적인 협상의
경우)가 이루어져야 하는 데 비해(15%의 경우에는 9%), 로비앙법에서
는 10%의 노동시간단축은 10%의 고용 창출이나 유지가 이루어져야 했
다. 확실히 오브리법의 이러한 탄력성은 노동생산성 향상을 실현 가능하
게 했고 더 많은 기업들이 재정적 지원을 받을 수 있게 함으로써 노동시
간단축의 실질적 적용과 확산에 기여했다.

　셋째, 로비앙법에서는 노동시간단축 지원금이 임금총액에 비례한 데
반해 오브리법은 임금총액과 무관하게 일정하기 때문에, 상대적으로 저
임금업종이나 중소기업에 도입이 용이해졌다. 또한 노동집약적인 기업
이나 장기실업자·청년실업자를 고용하는 경우, 지원금이 늘어나기 때
문에 취업 가능성이 낮은 취약계층의 재취업 가능성을 높이는 방향으로
설계되어 있다(〈표 6〉 참조). 지원금 측면에서도 연대적 성격이 강화된 것
이다.

〈표 6〉 오브리법의 노동시간단축 지원금

(단위: 천프랑)

	1차연도	2차연도	3차연도	4차연도	5차연도
10% 노동시간단축으로 6%의 고용 증대 혹은 유지를 가져오는 경우	9	8	7	6	5
15% 노동시간단축으로 9%의 고용 증대 혹은 유지를 가져오는 경우	13	12	11	10	9

　자료: Cahuc et Granier 1997; Aufrere 1998.

넷째, 99년 7월 이전까지 단축하는 기업에 대해서 높은 지원금을 줌으로써 조기도입의 확산효과를 고려하였다. 이는 법정노동시간 단축을 전제로 했기 때문에 가능한 체계이다. 아울러 로비앙법에서는 2년차 이후에는 일정한 단축지원금이 부여되는 데 반해, 오브리법은 매년 지원금액을 줄임으로써 정부의 재정부담을 줄이는 동시에 과도한 기업지원이라는 측면을 완화함으로써 '지원과 촉진'의 균형을 도모하였다.

노동시간단축의 도입을 촉진하기 위해 인건비 증가요소에 대해서 유의하면서 열악한 계층에 실질적인 효과가 더 크게 나타날 수 있고 도입기업이 고용에 기여하는 데 상응하는 수준으로 매년 감소하게 설정된 정부지원금과 연계시키는 방식으로 발전시켜 온 점을 눈여겨볼 필요가 있다. 과거 임금감소를 동반했을 때 노동시간단축이 부정적으로 인식되었던 데 비해 노동자의 호응도도 높아졌으며 바람직한 성장과실 배분의 한 예를 보여주고 있다.

오브리법에 대해 노사간은 물론 이데올로기를 달리하는 학자들간의 논쟁이 치열하다는 점은 충분히 예상할 수 있다. 노동시간단축에 수반되는 임금비용 증가를 정부보조금, 생산성 향상분으로 대부분을 상쇄하고 여기에 추가적으로 완전임금 보상이 아니라 부분보상을 하는 방식, 협약임금 인상률을 동결 혹은 완화하는 방안을 통해 해결하자는 오브리법 주창자들의 주장을 둘러싸고도 논란이 컸다.[17] 노동조합 내부에서도 노동시간단축에 대한 찬반 논란이 있다.

프랑스민주노동자동맹(CFDT)의 경우, 고용문제 해결에 초점을 두고 노사정 3주체가 공동으로 비용분담을 하여 이를 해결하는 방안으로서 오브리법을 지지한다고 밝히고 있다. "이번 노동시간단축의 특징은 국가주도에 의한 도입이라는 점이다. 국가에 의해 제시되고 기업과 노동자도 대가를 지불하게 되는데 노동자는 노동강도 강화, 탄력적 시간제의 확대 등의 대가가 발생한다. 반면 사용자는 고용 유지나 창출 대신 사회보장분담금 삭감의 혜택을 받는다. 정부는 고용 유지·창출 기업에 대해 사회보장분담금을 삭감해 주므로 실업완화라는 노동정책적 목표를 위해 재정수입 삭감을 감수하고 이를 사회적으로 바람직한 자원배분으로 평가하는 것이다."(프랑스민주노동자동맹 정책담당자와 산하 금속노조 CFDT-FGMM 정책담당자의 인터뷰자료). 99년 시점에서 실업률이 12%나 되는 프랑스의 고용문제를 해결하는 과제에 초점을 두면서 노동시간단축법안에 적극 찬성한 것이며, 그 해결방안을 일자리나누기와 공정한 소득분배(비용분담)에서 찾는 데 동의한 입장이라고 할 수 있다.

노동시간단축이 이루어질 때 자본은 노동조직 변화에 주도권을 행사함으로써 생산성 향상 즉, 가동률 증대와 이로 인한 노동강도 강화와 같은 현상이 발생하게 된다. 노동조건이 악화되지 않으면서 동시에 고용창출 효과를 보장하기 위해서는 이에 대처하는 것이 노동조합의 중요한 과제라고 인식하고 있다. 또한 프랑스민주노동자동맹은 총연맹조직간의 의견차이는 초과노동시간과 초과노동 수당 문제에 있다고 본다.[18] 초과노동시간 감축에 따른 초과수당 삭감액은 5~7%에 이른다. 자동차회사 푸조시트로앵에서는 토요일 초과노동을 정상시간으로 평가해서 초과수당 프리미엄이 감축되었다. 사용자는 초과노동을 감축하는 방법으로 노동시간 재조직화를 도입하는 것이다. 이런 문제에서 일반적 이해와 개별적 이해가 엇갈리는 것으로 평가하는 것이다. 고용 유지·확대 등 노동시간단축의 연대적 의미를 관철하기 위해서는 초과노동 수당 감소로 인한 임금감소분을 감수할 수 있어야 한다는 입장이다. 그렇다고 작업재조직화나 생산체계의 합리적 재편이 아닌 초과수당 할증률의 축소 방식으로 기업이 시간단축의 비용증가를 상쇄하는 형태가 바람직한 모델은 아니다. 노동강도 강화 없는 생산성 향상을 노동시간과 작업체계의 재조직화를 통해 달성한 프랑스국영전력에너지회사 EDF-GDF의 협상내용을 그 모델로 제시한다.[19]

반면 '프랑스노동총동맹-노동자의 힘'(CGT-FO)은, 노동시간단축은 고용창출 효과가 없다고 본다. 퇴직노동자를 대신하는 고용만 증가할 뿐이며 따라서 실질적 고용증가가 발생하지 않는다는 것이다. 그것도 정규직의 60%임금을 받는 임시직이 증가할 뿐이라는 점에서 부정적으로 평가한다. 특히 어떤 식으로든 임금하락이 발생하므로 문제라는 평가이다. "성장을 견인하는 것은 소비다. 시간단축으로 임금이 줄면 소비가 줄고 따라서 실업은 오히려 증가한다. 시간단축은 고용에 대한 초단기적 해결책일 뿐이며 효과적이지 않다. 또한 유연성이 증대하고 조기퇴직이 증가하면 임시직이 늘고 임금은 준다. 이로 인해 성장은 저하된다."(CGT-FO 정책담당자와 산하 프랑스철도노동자연맹 Fédération des Cheminots 정책담당자의 인터뷰자료)

대안으로 국방비 삭감을 통한 수요증진을 중요시하며, 1세기 동안 노동시간단축은 생산성 향상의 필연적 결과이므로 인위적 수단의 효과는 없다는 입장이다. 그러므로 "노동생활의 향상을 주장하면 양보할 것이 없다. 반면 고용문제 해결에 초점을 두면 유연성이나 임금 측면에서 양보가 불가피해진다. 이것이 함정이다. 기업비용 유지가 관건이라고 하면서 결국 고용은 유지·창출이 안 되고 임금만 하락하는 결과를 초래한다. 생산성과 유연성은 높아지므로 결국 소비만 감소하게 된다"(앞의 자료).

프랑스민주노동자동맹과 '노동자의 힘'의 노동시간단축에 대한 견해차이는 뿌리깊은 이념의 차이에서 비롯되므로 단편적으로 평가할 수 없다. 다만 시장경제의 틀 내에서 제출되는 노동자의 대안이란 항상 양면성을 갖게 마련이라는 점을 확인시켜 준다. 노동시간단축의 효과에 대한 논란과도 얽혀 있는 '완전임금 보상 여부' '초과노동시간에 대한 제한' '노동시간이나 작업조직 재편에 따른 소득의 감소' '협약임금 인상의 완화나 동결' 같은 구체적 사안이 초점이다.

전반적으로 노동시간단축과 연관된 이 모든 문제는 크게 "연대를 강조하며 고용문제 해결에 초점을 두면서 임금소득의 간접적이고 부분적인 감소를 초래할 수 있는 결과도 수용하는(직접적인 감소는 아니지만) 선택"인가, "노동자의 정체성을 강조하며 전반적인 소득과 성장과실의 공정한 분배를 통한 노동생활의 질 향상에 초점을 두면서 임금에 대한 직·간접적인 양보를 거부하는 선택"인가로 나눌 수 있다. 여기서 전자의 입장은 인본주의의 외피를 쓴 현실타협주의로 비난받으며, 후자는 경제주의적 전투성에 머물러 있다는 비난에 직면한다.[20] 노동시간단축 방안을 어떻게 설계하는 것이 옳은 것인지, 이 두 가지 주장에 담겨 있는 경고에 주목해야 할 것이다.

특히 노동시간단축분이 초과노동으로 흡수되어 실제노동시간이 줄지 않는 결과를 용인할 때 임금은 증가하겠지만 기대했던 고용효과는 나타나지 않게 된다. 조직노동자의 경제적 이해만 단편적으로 옹호하게 되는 것이다. 한편 노동시간단축이 실노동시간의 감소로 이어지게 하기 위해서는 작업조직재편이나 탄력제 확대 등 노동시간제 개편을 받아들여야 할 경우가 발생한다. 이때 노동강도 강화나 작업시간의 불규칙성이 증가하는 등 노동자의 이해와 상충되는 결과가 빚어진다. 그러나 바람직한 해결책이 없는 것은 아니다. 효율적이면서도 작업자의 작업편의를 도모하는 방식으로 작업조직을 재설계해 작업체계 재편이나 노동시간제도를 개편할 경우, 노동강도의 급격한 강화를 초래하지 않으면서 생산성 향상도 도모하고 생산의 연속성도 저해하지 않는 해결책을 찾을 수 있다. 다만 탄력제 확대와 시간제도 개편의 경우 시간외노동 수당의 감소로 인한 간접 임금감소가 발생할 수 있으며, 이를 임금보상의 시간보상의 변화로 평가할 것인지, 실질 임금감소로만 바라볼 것인지는 논쟁점이다.

한국과의 차이점이라면, 한국에서는 노동시간단축의 목적이 실업해결이 아니며 삶의 질 향상과 소득의 균형분배에 있다는 점이다. 특히 탄력제도 중요한 쟁점이지만 국제관행과 차이가 있는 휴일휴가제도에 대한 논란이 초점이다. 또 한 가지 관련제도의 개악의 방향은 전혀 상반된다. 휴일휴가 확대가 아닌 축소(5일제가 전제이긴 하나), 할증률 인상이 아닌 인하의 방식은 한국만의 쟁점사항이다. 그러나 무엇보다 프랑스 사례에서 얻을 수 있는 교훈은 노동시간단축에 대한 비용을 모든 사회적 주체가 분담하고 모든 주체에게 공평한 혜택이 돌아가는 해결책을 구체적으로 제시하고 있다는 점이다.

프랑스의 시간단축 재원은 시간단축으로 인한 생산성 이득(최소 25% 최대 50%)과 정부의 사회비용지출 절감분에 해당하는 구조적 지원금(25%)으로, 이것은 완전임금보상 기준시 노동시간단축으로 인한 임금비용 증가의 1/2 또는 2/3정도를 감당할 수 있다. 나머지 재원을 정부의 일시적 보조금, 매년 상승하는 생산성 증가분을 활용하는 방안, 과거 노동의 기여도나 분배의 불평등을 반영하는 방안, 협약임금 인상률을 완화하여 활용하는 방안 등을 선택하여 해결한다면 완전임금보상을 통해 노동자의 소득저하를 방지하면서 동시에 실업축소와 고용여력 확대에 기여할 수 있으며 기업비용이나 재정균형에도 큰 충격을 주지 않는 해법을 찾을 수 있음을 보여준다.

사회연대적 비용분담 방안이라고 지칭할 수 있는 프랑스식 노동시간단축 재원마련 방안은 노동시간단축의 목적 자체가 고용을 위한 연대의 성격을 가지면서 구체적인 정책에서도 중소영세기업의 노동자나 실업자를 배려하는 방안을 포함하며, 노동시간단축으로 인한 비용증가 역시 사회적 주체들의 공동의 기여를 통해서 해결할 수 있음을 의미한다. 프랑스의 시간단축의 역사는 노동시간단축으로 인한 비용을 정부의 지원금을 중심으로 사회적으로 흡수하는 동시에 전사회적인 확산을 촉진하는 수단으로 삼아온 과정이면서 또 이를 노동자가 수용할 수 있는 방안으로 정교화해 온 과정이었다. 한국의 경우 장시간노동체제와 소득 불평등도의 심화라는 현실과 아울러 35시간에 대비되는 40시간으로의 단축이라는 점, 노동생산성 향상도가 높을 것이고 과거 생산에 대한 노동의 기여도도 소득배분이나 시간단축으로의 배분에 반영되지 않았음을 염두에 둔다면 노동소득계층 전반의 생활의 질 향상이라는 또 다른 의미의 사회연대적 목표를 관철하는 사회연대적 비용분담 방안을 설정하기가 훨씬 더 쉬울 수 있을 것이다. 간접적인 임금감소나 우회적인 실질휴가 축소의 내용을 포함하지 않고 비정규직이나 중소영세기업 노동자를 노동시간단축 혜택으로부터 소외시키지 않는, 사회연대적 관점의 노동시간단축 방안의 원형을 프랑스사례에서 찾을 수 있다.

4. 한국의 노동시간단축: 쟁점과 시각비교

노동시간단축을 둘러싸고 "경영압박이냐, 실업해결이냐"[21] 또는 "경제수준 저하냐, 삶의 질 향상이냐"라는 근본적인 대응논리가 맞서고 있는데, 그 양상은 이제 실질적인 정책도입안의 쟁점에 대한 논란으로 구체화되고 있다.

논의과정과 정책방안 쟁점비교

1989년 주44시간제 도입 이후 10여 년 만에 제시된 '주40시간 주5일 노동시간제' 도입은 오랜 논의를 거치면서도 실현되지 않고 있다. 정부측은 몇 차례 실시의사를 밝혔지만 구체적인 노력은 기울이지 않은 채 노사정위원회에서의 지루한 논의만을 강조하였다. 그 와중에 노동계는 '참여-탈퇴 또는 불참'을 반복하면서 노사정위원회 안팎에서 조기도입을 압박했지만, 논의만의 한계를 극복하지 못하고 정부의 가시적인 조처를

끌어내지 못한 상태이다(〈표 7〉 참조).[22]

현재 상당히 논란이 되고 있는 노동시간단축의 쟁점사항에 대한 노사정의 입장을 비교해 보면 〈표 8〉과 같다. 종래 '노동시간단축'을 결사 거부해 왔던 한국경영자총협회(이하 경총)은 2000년 6월, 월차휴가 및 생리휴가 폐지, 가산수당 50%에서 25%로 인하, 연차휴가 축소, 유급주휴일 폐지, 근로시간제 탄력화 도모, 근로시간 및 휴일·휴가 비적용범위 확대, 법정노동시간 단축 실시시기 유예기간 설정 등의 7가지 전제조건이 받아들여진다면 노동시간단축에 대해 '논의'할 수 있다면서 입장을 선회했다.[23]

정부는 노사정위원회 논의로 넘겨놓은 상태에서 노동부만이 간접적인

〈표 7〉 노동시간단축 관련합의의 과정

시 기	명 칭	내 용	참 고
1998. 2. 8	노사정위원회 합의	정부는 노사정 및 관련전문가가 참여하는 가칭 '근로시간위원회'를 98년 상반기중 구성하여 근로시간단축을 통한 고용안정 방안을 강구한다.	양 노총
1998. 6. 5	노사정위원회 합의	근로시간위원회를 설치하여 법정근로시간·실근로시간 단축 및 임금조정 등 근로시간제도 개선을 논의하기로 함	양 노총
1999. 6. 25	노정합의	법정근로시간 단축 등 근로시간과 관련된 제반제도에 대하여 노사관계제도개선위원회에서 개선방안을 논의하고 그 결과를 토대로 99년도중 관련법안을 마련한다.	한국노총
2000. 4. 28	노사정위원회 합의	'근로시간단축특별위원회' 설치	한국노총
2000. 10. 23	노사정위원회 합의	삶의 질 향상과 경쟁력 향상의 동시추구를 위한 '근로시간단축 및 관련임금, 휴일·휴가제도' 노사정 합의	한국노총

* 중간중간 정부여당의 노동시간단축 추진발표가 여러 번 있었지만 당시 노사정·노정 합의의 수준을 넘지 못하는 생색내기나 여론 떠보기에 지나지 않았다.

유연화 모델인가 노동시간단축 모델인가 313

자료를 제공하면서 삶의 질 향상과 경쟁력 향상을 동시에 추진한다는 발상을 밝히고 있다. 탄력제 대폭 확대와 월차 폐지와 연차휴가 축소 등 휴일휴가제 축소 재편, 산업부문별·규모별 단계적 도입을 포함하는 40시간제 도입방안을 검토하고 있는 것으로 확인된다. 비례적인 임금감소는 언급하고 있지 않지만 세계적으로 40시간제 이하로 단축될 때 이루어진 유연화와의 교환이나 간접적 임금감소를 초래하는 조처를 당연시하면서 외국에 없는 월차휴가제 폐지를 전제로 휴가일수를 축소조정하는 등 자본측의 요구를 상당히 수용하면서 40시간제 이행을 추구하는 입장이다.[24)]

노동측은 공식적으로 최대치를 제시하고 있어 자본뿐 아니라 정부의 입장과도 차이가 크다. 그러나 세부내용을 보면 〈표 8〉에서 보는 바와 같이 상당한 접점이 형성되어 있는 것도 사실이다.[25)]

첫째, 법정시간단축을 실시하고 또 89년 전례를 따라 단계적, 점진적으로 진행하는 것에 의견이 일치할 수 있지만, 유예기간과 적용범위에 대한 세부적인 조정만이 쟁점이라고 할 수 있다.

둘째, 임금 감축 또는 보전이라는 내용은 법정시간단축 문안에 포함할 사항이 아니며, 임금보전을 전제로 하는 삶의 질 향상이 목적이라고 천명하는 선언적 표현 정도 이상을 노동이 얻어내기 어려울 전망이다.

셋째, 시간외노동 축소 방안에서 할증률 인상-인하라는 노사의 상반되는 입장을 조정하기는 쉽지 않을 것이고 다만 노동이 요구하는 최대시간 한도의 엄밀한 규정을 도입할 수 있을지 여부가 관건이다.

넷째, 탄력제 적용기간의 확대 여부나 그 수준은 노동이 양보를 요구받는 사안이자 노동 내부의 의견차이가 큰 부분 중 하나이다. 노동시간 단축 도입에 강한 의지를 보인다면 현실적으로는 확대 수준을 3개월 또는 6개월 이하 수준에서 제한할 수 있는가 정도가 실질적인 쟁점이다.

다섯째, 휴가제도 개편이 가장 큰 논란거리이다. 생리휴가 폐지, 주휴

〈표 8〉 노동시간단축에 대한 노사정 입장 비교

쟁점	세부쟁점	노 동	자 본	정부(노동부) *	접점 비교
법정시간단축	실행여부	실시	전면 반대에서 7대 전제조건 제시	실시	89년 방식은 300인 (금융 150인) 이하 사업장 1년 유예조처. 실시하되 단계적, 점진적 도입으로 수렴 가능성 존재
	유예조처	없음	중소기업 유예조처	89년 방식의 단계적 유예조처 포함	
	단계적	2001 전면실시	점진적 방식	점진적 방식 검토	
임금 및 실노동시간단축	목표	노동조건 저하 없이 삶의 질 향상 목표에 따라	경쟁력 유지 위해 단축된 시간만큼 비례적인 임금감소	경쟁력 유지와 삶의 질 향상의 두 가지 목표 조화 주장	삶의 질 향상을 위한 목적에서 기준임금 보전과 경쟁력 향상 차원에서 탄력화의 확대 논리 적용 가능성 큼. 임금보전은 원칙제시 차원의 선언적 의미가 강함. 초과근로 축소안은 입장차이로 별도 규정 도입 안 할 가능성 높음. 탄력제 확대는 사무직보다 생산직의 반발 가능성 큼
	임금	기준임금 보전	비례적인 임금감소	고려 안 함 (사업장별 협약사항)	
	초과근로 축소	한도 규정의 엄격화와 할증률의 인상	할증률 인하 (25%)	기준 엄격화와 할증률 인하를 동시 언급하나 방침 제시 없음	
	탄력화	현행 유지 (2주 또는 노사합의시 1개월)	기준을 1년 단위로 확대	기준을 6개월 또는 1년으로 급속 확대하는 방안	
휴일휴가제도	목표	노동조건 저하 불가. 휴가사용권 확대 추진	전면적인 폐지와 축소	국제기준에 따른 주휴무급화, 생리 및 월차 폐지. 연차 확대나 실질사용권 확대방안에 대해서는 언급 안 함	국제기준 수준의 재편이 초점이며, 실질사용권 확대 방안은 도출 어려움. 이때 정부안 수준
	주휴	유급제 유지	무급화	무급화 전제로 임금감소에 대한 일시적 보전 방안 포함	정부안 적용시 실질적 보전방안 마련이 어려움
	월차	현행 유지	폐지	폐지를 중심으로 검토	폐지 후 연차로 흡수 후 자격요건과 일수의 축소 가능성
	연차	현행 유지와 자격요건(출근일수와 근속연수 규정) 완화	연차 상한선 설정과 대체수당의 축소조항 신설	월차통합 후 대폭 축소방안 검토	월차 폐지 후 비정규직 고려한 자격요건 완화와 함께 축소폭의 설정이 관건
	생리	현행 유지	폐지	산전후 휴가 확대와 연동 검토했으나 별도 고려로 변화	상징적 의미로 인한 방안도출의 어려움 존재

* 정부 특히 주무부서인 노동부의 입장은 간접적인 방식으로만 확인될 수 있을 뿐이며, 관련 문건을 통해 파악한 내용임.

유연화 모델인가 노동시간단축 모델인가 315

무급화, 월차 폐지, 연차 축소 중 어느 사안도 간단치 않다. 정부가 제기하는 국제기준에 따른 개편의 원칙을 노동이 수용하더라도 이를 제도폐지 여부만이 아니라 전반적 휴무일수나 휴가사용권, 관련제도의 마련 수준으로 확대해서 따져야 할 사안이다. 주휴 무급화는 퇴직금, 산재보상금 등 평균임금과 연동되는 임금을 보전하는 방안이 마련되는 선에서 논의되고 있으나 이에 대한 정확한 파악이 숙제이다. 월차폐지 후 연차로의 통합과 1년 미만 근속자에 대한 월차 수준의 연차보장 방안은 합리적 재편 수준이라고 노동측도 동의할 수 있으나 통합된 연차의 일수를 어느 수위에서 조절하는가가 중요한 쟁점이다. 생리휴가 폐지는 모성보호조항과 연동되는 사안이나 단순폐지가 아닌 신청을 통한 휴가부여방식과 대체수당을 지급하지 않는 선에서 받아들이는 안이 쟁점이 될 가능성이 높다.[26]

한편 유연화 확대나 휴가제 재편 수준에 대한 동의 여부를 둘러싸고 노동 내부의 입장이 갈라져 있어 정부측 복안을 약간 상회하는 수준의 합의안 마련과 그 수용 여부에 대해서는 장담하기 어려운 상태이다. 노동계에서는 부분적인 양보를 담고 있는 노동시간단축을 실현하는데 적극적으로 나서는 것이 '역사의 죄인'이 되지 않는 길이라는 주장도 제기되고 있다. 노동시간단축의 '대의'를 저버리지 말아야 한다는 주장의 타당성은 부분적인 양보의 수준이 어디까지인가에 상당히 의존하지만, 양보 자체에 대한 평가의 잣대에도 크게 의존한다. 그리고 자본측에서는 어떤 양보를 받아내더라도 노동시간단축을 승인하는 순간, (경제를 망친) 역사의 죄인이 된다는 주장이 제기되는 형국이다. 이를 넘어서는 길은 정부의 정치적 결단이나 노동운동의 의견통일과 결단으로부터 시작될 수 있을 것이다.

노동운동 내 입장차이를 넘어

신자유주의와 유연화의 논리가 대세를 이루고 경제위기의 한파에서 채 벗어나지 못하고 있는 현시점에서 노동시간단축이 갖는 의미는 무엇인가? 노동운동 내 시각차이를 노사정위원회 합의(2000. 10. 23. 민주노총 불참)에 대한 평가를 토대로 해서 비교하면서 노동시간단축의 추진방안과 의미를 살펴본다.[27]

협상참여자인 한국노총은 내용에 대해 크게 기대를 하지 않으면서도 실시합의를 도출했다는 데 큰 의미를 부여하고 있다(한국노총 성명서 「노동조건 후퇴 없는 2001년 전산업 실시에 한 발 다가서」). 세부쟁점에 대한 구체적 언급이 없는 상징적 수준의 합의이지만 단지 의미를 부여한다면, 성명서에도 나오듯이 그간 지지부진했던 논의과정에 중간 꼭지점을 마련한 정도라고 할 것이다.

합의에는 참여하지 않은 민주노총의 경우, 노동시간제도를 개악하고 노동조건을 후퇴시킨 합의안은 노동시간단축의 근본 취지에 어긋난다는 시각에서 비판하고 있다. 이 합의문에 대해 민주노총은 "노동자의 삶의 질 개선이라는 주5일근무 도입 취지를 무색케 하며, 임금을 삭감하고 휴일휴가를 크게 축소하고 업종과 규모를 감안한 단계별 실시를 기정사실로 만드는 것이 아닌지 크게 우려하며, 만약 이것이 사실이라면 결코 받아들일 수 없음을 분명히 한다"고 밝히고 있다(민주노총 성명서 「노동조건 후퇴·단계별 실시론 받아들일 수 없다」). 노동조건 후퇴를 동반한 합의안에 대해 비판하고 대안적인 방안으로 정부측이 의지를 갖고 삶의 질 향상 차원의 노동시간단축법안을 주도적으로 추진할 것을 촉구한다.

노동운동 내 좌파시각을 대변하는 사회진보연대의 입장은 '노동시간단축 합의의 비밀'이 노동시간단축의 탈규제화의 목적에 있는 것으로 평가하면서 전면적으로 비판한다.[28] 이 합의문은 "노동시간단축과 연동하여 노동시간 탈규제화를 추진하려는 정부와 자본의 노동법개악 시도의 연장선상에 위치해 있다"면서 노동계가 주장하는 사안인 임금삭감 여부, 그 실시시기 및 단계적 실시 여부 등의 핵심 쟁점에 대해 모호하게 표현한 데 비해 관련임금, 휴일·휴가 제도의 개선에 대해 명시적으로 밝혀 개악의도가 분명히 드러났다고 평한다. "노동시간단축 합의에 담긴 비밀이 노동시간에 대한 탈규제화라는 노동법개악 시도라는 사실은 '노동개혁'이라는 포장과 '노동시간단축'이라는 상품성으로 인해 철저히 은폐되고 있다"고 평하면서 "노동력 유연화를 위한 제도적 정비라는 점에서" 97~98년 정리해고 및 파견제 도입을 통한 노동유연화와 맥락을 같이하는 '제2차 노동법개악'이라고 결론짓고 있다.

앞서 외국사례에서 살펴보았듯이 독일의 노동시간단축 과정은 강력한 산별노조의 강고한 파업투쟁을 거치고도 탄력적 제도의 확대도입과 이로 인한 비정규직의 확대를 수용하면서(보완적 보호조처 마련의 노력은 병행되었지만) 진행되었다.[29] 이를 '35시간제를 향한 진전으로 볼 것인지, 유연화를 향해 열린 문'으로 볼 것인지는 노동운동을 진단하는 관점이나 이념의 근원적 차이를 반영한다. 하지만 노동시간단축은 노동의 대의이면서 또한 제도화된 투쟁의 수단이라는 점을 고려하여 노동시간단축을 향한 문과 유연화를 향한 문이 동시에 열린다는 사실에 대해 명확한 입장을 원칙적으로 밝히는 것만이 아니라, 실질적 영향 측면에서도 구체적으로 분석하는 일이 필요하다.[30] 신자유주의를 더 잘 뚫고 나간 방안인지 여부에 대한 전략적인 판단도 중요할 것이다.

연간노동시간제 도입이나 시간외수당 축소 등으로 우회적인 방식의 임금상실이 발생했음에도 불구하고 프랑스 노동자들 다수는 노동시간단축의 대의, 특히 고용에 대한 연대적 해결 원칙이 관철되었다는 점에서 긍정적인 진전으로 평가하고 있다. 프랑스정부는 강력한 유인책이자, 견인책으로 정부지원금제도를 활용하여 사회연대적 해결을 선도하는 역할을 했다. 연대적 해법과 한 사회의 미래를 위한 선택의 가능성을 열어놓을 수 있는 전향적인 발걸음을 노동운동이 전혀 시도하지 않고 정부의 의지박약만 탓하는 태도도 한계가 있다. '노동시간단축의 진보성과 사회 연대적 의미를 추구'하는 데 지나치게 인색하게 평가하고, 스스로의 능력에 대해서는 과대 평가하고 있는 것은 아닌지 반문해 볼 필요가 있다.

신자유주의 유연화 논리가 주도하고 있는 자본주도의 시기가 계속되고 있다. 신자유주의 흐름과 맞서기 위해 노동시간단축이 노동조합의 전략적 대안으로 제출되면서 변형되는 과정에서 유연화와 맞물리는 반작용도 나타난다. 이를 극복하기 위해서는 사안별 전투적 맞대응만으로 충분하지 않다. 노동시간단축은 실현 자체가 신자유주의 유연화에 대한 전략적 대안으로서 가치를 가진다. 구체적인 도입방안의 측면에서 합리적 제도개편 방식과의 융합은 불가피하며 심지어 필요하기까지 하다. 노동시간단축이 갖는 해방의 의미는 연대적 의미 차원에서 현실에서부터 관철되어야 한다.

5. 맺음말: 노동시간단축, 미래를 위한 선택

주5일제가 동반되는 주40시간으로의 노동시간단축이 초래할 사회의 변화와 사람들의 변화는 가히 혁명적일 수 있다. 상대적 소수라 할지라도 당장은 이 혜택으로부터 소외받는 사람과 오히려 손해를 입는 사람이 생길 수 있지만 곧 노동 전체의 이해를 증진하는 일대 전기가 될 수 있다. 따라서 구체적인 적용조건에 대한 논의로 진전해서 생기는 위험보다 원칙적 태도로 거부할 때 생기는 폐해가 더 클 가능성도 높다. 노동 내부의 입장차이를 딛고 구체적인 수준의 논의로 진전시키면서 대의실현을 위한 방안에 대한 합목적적 논의를 전개할 필요가 있다.

노동시간단축의 실현은 노동, 자본, 정부 3자 모두의 정치적 판단에 의존하는 사안이다. 정부의 정치적 결단이 핵심이지만, 그 못지않게 노동 내부의견의 조정과 정치적 판단도 정부의 결단을 촉발·유지·고양하는 데 결정적인 영향을 미친다. 노동으로부터도 지지받지 못할 노동시간단축안을 제시하면 정부는 가장 먼저 노동으로부터, 저항에 직면하게 될 것이다. 이는 노동시간단축의 구체적인 방안을 도출하는 데 현실 노동조합조직이 앞장서기 어려운 여건이기도 하지만, 동시에 최대 수준의 노동시간단축 방안을 끌어낼 수 있는 힘의 기반이기도 하다. 노동운동은 '노동운동의 미래, 한국 사회의 미래를 위한 선택이 무엇인가'를 되물으면서 접근할 필요가 있다.

가까운 시일 안에 결론이 나지 않는다 하더라도 노동시간단축은 노동운동의 지속적인 과제로서, 또 노동의 담보물로서 계속 남아 있을 것이다. 하지만 유연화 시기의 노동시간단축 방안이 노동자에게 절대선으로 다가오지는 않는다는 사실을 상기할 필요가 있다. 노동자 내에서 승자와 패자를 부분적으로든, 일시적으로든 갈라야 하는 정책사안에서 선택이란 매우 위험스러운 일이다. 그러나 무엇보다 우려할 일은 노동세계를 지배하는 신자유주의 유연화 논리와 원치 않는 공존이 당분간 불가피한 현실에서 현재 노동시간단축 사안을 잠복하게 함으로써 후일 노동시간단축의 논의수준이 더욱 후퇴된 지점에서 다시 시작될 위험성이다.

이제 노동운동은 노동시간단축이란 방향의 선택과 구체적인 협상결과가 상황변화에 어떤 작용을 할 것인지 산업부문별, 고용형태별, 직종별로 구체적인 적용모델을 만들어나가면서 실천적으로 고민해야 한다. 궁극적으로 신자유주의와 유연화에 대한 대안적 가치를 극대화하기 위해 노동시간단축 논의의 현 국면을 '수세적 국면의 적극적 전략'이라는 관점에서, 또 노동자 전체와 한국사회의 '미래를 위한 선택'이라는 관점에서 바라볼 필요가 있다.

주

1) 한국사회에서 경제위기를 경과하면서 현안이 되고 있는 주40시간제 노동시간단축안과 관련한 여러 가지 쟁점사항에 대한 입장차이는 노동시간단축의 본질적 의미와 유연화와 교환되면서 도입되기에 제기되는 현실적 의미 사이의 긴장을 반영하고 있다고 할 수 있다(4절 참조). 이는 신자유주의 유연화 시기의 노동시간단축에 '과연 의미를 부여할 수 있는가', 있다면 '어떤 의미를 부여해야 하는가' 하는 물음을 던져준다.

2) 지니계수는 지난 97년 0.283에서 2000년 1/4분기에 0.325로 급격히 높아져 소득불평등도가 커졌다. 도시근로자가구 가운데 소득수준 상위 20%의 소득을 하위 20%의 소득으로 나눈 소득배율 역시 같은 기간 4.49배에서 5.56배로 확대됐다. 물가상승률을 감안한 2000년 2/4분기 실질소득은 193만 9400원으로 외환위기 이전인 96년의 194만 7900원에 못 미쳤고 97년 203만 1100원의 95.5%에 불과했다. 대다수 국민들의 삶은 5년 전으로 후퇴했으며, 소득의 양극화는 더욱 심화되었다.

3) 김성희 1999a, 1쪽. "적정임금, 작업장 민주성, 사회적 불이익 집단에 대한 기회평등을 결합하는 것이며, 정규직과 비정규직, 공식적 실업과 경제활동인구 밖의 인구를 모두 포함하고 가정과 작업장 사이의 양립성을 고려하는 고용의 개념"(Ginsburg et al. 1997, p. 7~8)을 바탕으로 고용지위나 고용 여부에 관계없이 사회적 생활수준 이상이 유지되는 소득수준을 보장하는 "사회적 임금(social wage)이 담보되는 사회"(Ferner and Hyman 1998, p. 18)로의 이행은 노동시간단축을 기반으로 추동될 수 있다.

4) 저숙련노동을 통한 저노동비용으로 저부가가치의 상품을 대량생산하는 비용중심전략(cost-based strategy)과 고숙련·고임금·고생산성 노동을 통해 고부가가치 상품생산을 추구하는 부가가치전략(value-added strategy)의 대비에 대한 논의(Locke and Kochan 1996, pp. 373~75; Appelbaum and Batt 1994)는 매우 논쟁적인 성격을 띤다. 부가가치 전략으로 주창되는 미국의 고기능생산조직(high performance work system)과 기업단위의 협력적 노사관계(micro corporatism)에 대한 찬양의 근거와 현실성은 매우 취약하다. 이들 부가가치전략을 추구하는 기업은 소수이며, 감량경영을 핵심수단으로 삼는 "거대 다국적 기업의 비용중심전략이라는 바다에 갇힌 섬"(같은 책, p. 48)의 형국에 불과하다. 또한 강력하고 독립적인 노동조합운동과 거시적 협력관계가 결합된 독일 노사관계의 생존력(Ferner and Hyman 1992)조차 이제 다국적기업의 비용중심전략의 훨씬 더 강력해진 위력 앞에 약화되고 있다(Ferner and Hyman 1998). 이런 문제에 대한 근원적인 답을 제시하는 것은 이 글의 범위를 넘어선 과제이다. 경쟁력이란 용어를 채용하는 논의의 한계에 유념하지 않을 수 없다. 이 글에선 단지 노동시간단축이란 방향선택의 의미를 살펴보는 데서 멈출 것이다.

5) 스웨덴의 연대임금정책과 적극적 노동시장정책 같은 노동정책은 산업구조 고도화를 꾀하는 경제정책의 의미도 갖고 있다. 더구나 임금소득자기금(wage-earners' funds)을 통해 고생산성 부문에서 발생한 이윤을 노동자가 집단적으로 관리하는 정책을 추진하기도 했다. 70년대 말 '이윤과 투자의 사회화'까지 추구한 시기는 적자재정정책과 사회복지정책으로 특징짓는 케인스주의와 사회민주주의를 한 단계 진전시킨 스웨덴모델의 황금기였다. 이후 정치지형의 변화와 함께 임금소득자기금의 후퇴와 스웨덴노총(LO)의 연대임금정책에서 연대노동정책(solidary work policy)으로 전환을 거쳐 신자유주의 모델과 혼재되는 양상으로 이어졌다. 이에 관해서는 김성희(1996) 참조.

6) IMF가 한국에 구제금융조건으로 제시한 내용과 동일하다. IMF 정책입안자들과 가장 가까운 거리에서 이들을 지켜본 사람도 IMF의 정책처방을 신랄하게 비판한다. 1997~2000

년 세계은행의 수석경제전문가이자 부총재를 지냈던 조셉 스티글리츠의 평가는 천편일
률적인 IMF처방의 폐해를 잘 알려준다(Stiglitz 2000 참조).

7) 독일은 노동시장에 대한 법률적 규제의 강력한 전통을 지닌 것으로 평가되지만(legalism),
법적 규제는 어디까지나 기본틀로 기능하고 구체적인 내용은 산별교섭을 통해 결정된다.
또한 노동조합구조의 측면에서 교섭과 투쟁의 주체는 주로 산별노조이며 중앙조직(최대
조직인 독일노총 DGB)의 역할은 정책연구와 지원의 기능에 한정된다. 독일의 산별교섭
과 작업장 보충교섭의 이중적인 교섭구조는 스웨덴 등 중앙조직의 역할이 강한 나라에서
나타나는 중앙교섭이 첨가된 3중교섭구조와 비교된다. 노동시간단축의 문제에서도 노총
조직이나 중앙교섭의 기능, 산별조직이나 산별교섭의 기능 간의 상대적 비중은 이런 노동
조합구조와 노사관계제도에 따라 다르다.

8) 80년대 초부터 개정논의가 시작되어 1985년에 제정된 고용증진법(Employment Promo-
tion Act)이 서독에서의 신자유주의 열풍을 대표한다. 이 법이 직장평의회의 공동결정권
자체를 바꾸진 못했지만 산별노조나 직장평의회의 영향력을 우회하여 노동력의 유연성
을 증대시킬 수 있도록 사용자의 선택권을 확장했다. 첫째, 최고 18개월까지 고정기간
계약으로 신규노동력을 고용할 수 있도록 허용되었다. 둘째, 하청 또는 임시직 노동자의
최대 재직기간을 3개월에서 6개월로 연장하였다. 셋째, 파트타임 근무와 직무공유(job
sharing)를 촉진시켰다. 넷째, 사용자가 직장평의회와 감원과 관련된 '사회적 계획'(social
plan)을 협상해야 하는 몇몇 조건들을 재규정함으로써 공동결정권을 약화시켰다. 이 법
으로 상징되는 정부의 새로운 노동시장정책은 단체교섭과 공동결정을 통해 그 지위를
잘 보장하지 못하는 노동자들의 이용을 쉽게 함으로써 사용자의 인력관리의 유연성을
증대시키는 목적을 가지고 있었다.

9) 조기퇴직제는 퇴직연령을 58세로 단축하자는 안으로 과거 70년대의 주요 쟁점이었으나
이것이 노동시간단축에 미치는 효과는 적었던 것으로 평가된다. 84년까지 생산직의 평
균퇴직연령은 57.9세, 사무직은 60.5세로 낮아졌다(Borsh 1990, p. 612).

10) 협약을 맺을 때 금속노조는 소비자물가가 안정적으로 유지될 것이라고 가정했다. 그러나
1986년과 87년에는 0.2% 하락과 상승 등 예상과 일치했지만 88년 1%, 89년 3% 상승으
로 임금소득의 GNP비중은 지난 30년 동안 최저인 64.8%로 하락했고 이와 반대로 이윤
은 폭발적으로 증가했다(Bosch 1990, p. 618).

11) 임금감축, 임금인상 자제 등에 명시적인 양보를 하지 않는 노동시간단축 방안이 실현된
다 하더라도 유연화조항에 대한 양보나 분권적인 협상구조의 확대로 인한 노조대표성의
약화와 같은 현실이 벌어진다. 따라서 노동시간단축 방안에 어떤 의미를 부여하는가에
따라 평가가 달라질 수 있다. 또한 협상과정에서 임금인상 자제를 수용하거나 부분적인
임금감축을 수용하는 경우에는 더 치열한 논란이 벌어진다. 노동시간단축의 방향을 포함
해서 노동조합운동의 전략과 진로 논쟁을 전개할 때 각 주장이 담고 있는 이념과 지향점
의 차이를 명확히 구분하고 시작하는 것이 좋을 것이다. 노동시간단축에 대한 평가도 '변
혁 프로젝트의 한 국면 전술방안'인지, '사민주의 프로젝트의 전략전술'로 볼 것인지에
따라 달라진다. 유럽에서 노동시간단축이 이루어진 배경에는 '신자유주의와 사용자 주도
성의 시기, 친노동자 사민주의 정당의 집권과 노동시간단축 주도, 고실업의 시기, 노동운
동의 수세적 국면, 노동운동의 대안전략으로서 노동시간단축안의 제기'와 같은 조건이
작용한다. 이런 환경의 상호작용의 결과, 일방적인 유연화가 아닌 노동시간단축 방향을
선택할 수 있을지라도 유연화가 딸린 노동시간단축이라는 제한성을 띠게 된 것이다.

12) 대변기능 자체의 변화란 임금을 중심으로 한 양적·분배적 쟁점에서 고용과 생산과 관
련한 질적·생산 중심의 쟁점으로의 변화를 말한다. 대변할 대상의 변화란 제조업 중심

의 정규직에서 서비스업이 집중된 비정규직으로 대변대상이 확대되는 것을 의미한다(Terry 1994).

13) 독일형 이중구조의 변화에 관해서는 Müller-Jentsch(1995); Rogers and Streeck eds. (1995); Thelen(1994); Trinczek(1995) 등 참조.

14) 변혁 프로젝트가 아닌 사민주의 프로젝트의 하나로서 노동시간단축을 평가하고 있으며 노동시간단축은 원칙일 뿐 아니라, 정책이자 전략전술이라는 점을 강조하는 입장에 근거한 평가이다.

15) 이런 입장의 CGT-FO의 견해에 관해서는 마지막 소절 노조평가에 대한 부분과 Aufrere(1998) 참조.

16) 오브리법에 의해 실행된 노동시간단축 정책의 주요한 내용에 대해서는 Cette et Gubian(1997); Aufrere(1998); Cette(1999); Taddei ed.(1997); 김성희(1999a) 참조.

17) 임금이 노동시간단축의 재원 마련에 얼마나 기여하는가? 오브리법 주창자 중 한 사람인 G. Cette는 기업의 상황이나 노동자들의 기대가 매우 다양해서 일반화할 수 없다고 전제하면서, 또한 자본의 효율화만으로도 충분하여 불필요할 수도 있다고 한다(Cette 1999). "평균적으로는 두 가지 재원수단, 즉 고유한 생산성 이득과 정부의 구조적 보조금이 각각 1/3과 1/4로서 총시간단축 재원의 60%를 충당할 수 있다. 임금기여는 따라서 나머지 40%를 충당해야 한다. 이 수치는 동시에 높거나 낮을 수 있다. 임금기여가 불가피하다면 이는 시단의 감축된 부분의 단지 일부를 의미하는 것이며 몇 년에 걸쳐서 획득될 수 있다."(같은 글)

18) "(오브리법 도입 이전) 프랑스의 법정노동시간은 38.50시간이고 실제 초과노동시간은 주3시간 정도이다. 금속산업의 경우는 연간 초과시간 한도가 94시간이고, 실제 초과노동시간은 주2시간이다. 따라서 실제 노동시간은 '정규시간 38.50시간+초과시간 2시간=40시간30분/주'이다. 2000년부터 정규시간 35시간에 초과시간은 얼마가 될지 모르는 상황인데, 경영자는 주당 4시간, 연간 180시간까지 확대를 요구하고 있다. 노동자의 힘은 이에 동의한 것이다. 노동자의 힘은 경제적 조합주의를 주장하는 데 반해 CFDT는 모든 노동자의 이해를 대변하겠다는 철학의 차이에서 비롯된 것이다."(인터뷰 자료)

19) EDF-GDF의 노동시간단축 협상에는 공공부문에 가장 조직률이 높은 공산당계열의 프랑스노총 CGT가 처음으로 기업단위 협상에 참여하여 서명한 바 있다. CGT가 개혁노선으로 변화한 상징적인 사건의 하나이면서 동시에 35시간노동제에 대한 논란에도 불구하고 좌파진영인 CGT도 노동시간단축 협상의 과정을 전향적으로 평가하고 있다. 단 일방적 노동강도 강화가 아니라 작업조직의 효과적 설계를 통해 생산성 향상을 실현하는 방식으로 이루어질 때 사회연대적 비용부담을 긍정한 것이라고 할 수 있다(Fédération CGT des Cheminots와의 인터뷰자료).

20) 프랑스민주노동자동맹과 노동자의 힘의 견해를 인터뷰에 근거해 평가하는 것은 지나치게 단순화할 위험이 있다. 노동시간단축을 둘러싸고 노동자 내부의 찬반 의견의 극단을 보여준다는 점에서 참고하길 바라며, 양 조직의 공식적인 견해로 해석하지는 않았으면 한다.

21) White 1987, p. 1. 일반적으로 사용자측은 기대하는 고용효과는 없고 노동비용을 상승시켜 오히려 기업의 고용흡수력을 감소시킨다고 주장한다. 이에 반해 노동조합측은 심각한 실업문제를 해소할 수 있는 바람직한 방안이라고 주장한다. 이는 고용효과 논쟁과도 관련이 있는데, 이에 관해서는 김성희·노정휘(1999) 참조.

22) 2001년 7월 시점에 노사정위원회의 노동시간단축 논의는 가닥을 잡아가고 있지만 민주노총이 빠진 상태에서 쟁점사항을 좁혀놓았으며 정부와 한국노총, 경총의 결단만 남겨놓

고 있다. 핵심 쟁점인 월차폐지, 월차의 연차통합시 연차수준 조정, 탄력적 시간제 기준기간 확대 수준, 단계적 도입시 부문별·기업규모별 적용시기 등에 대한 최대·최소 진폭이나 평균선을 중심으로 단일안을 제출할 수 있는 단계에까지 도달해 있다. 그러나 그 결단의 실행 여부에 대해서 섣부른 예측을 할 수는 없다. 보수기득권층이나 중소기업, 자영업자의 반발뿐 아니라 노동자 내부의 반발도 무시할 수 없을 정도로 클 것이기 때문에 어느 누구도 선뜻 나서기가 어려운 현실이다.

23) 그 배경으로 노동계를 노사정위원회의 틀 안에 묶어두기 위한 정부여당의 설득과 압력이 가장 크게 작용했다고 보는 편이 옳을 것이다.

24) 경쟁력 향상과 삶의 질 향상을 동시 추진목표로 삼는다는 정부의 입장은 노동시간단축과 유연화는 병행추진될 사안임을 강조하는 것으로 귀결된다. 노동부(2000a; 2000b); 「2000. 10. 23 근로시간단축 합의문」 참조.

25) 쟁점사항에 대한 접점이라 함은 노사정위원회 논의를 주로 지칭하지만, 반드시 이에 한정되는 것은 아니다. 98년 이후 노동운동 내 논의를 종합하건대 임금감축을 전제하지 않는 법정 주40시간 입법화가 이루어질 때 합의 가능한 범위 내에 포함될 수 있는 내용을 의미한다.

26) 생리휴가 폐지는 "여성(노동)운동이 간통제를 존속시킬 것인지 여부를 내부적으로 심각하게 고민하는 것과 비슷한 사안"이란 표현을 한 여성노동운동가로부터 들은 바 있다. 전근대적 고혈을 짜는 노동체제가 재택근무 등 미래형 직무형태가 등장하는 시점에서도 분명 존재하기 때문에 나온 고민일 것이다. 전근대와 미래가 한 시기 안에 공존하고 있는 한국사회에서 제도화가 갖는 이런 위험성은 여러 곳에서 목격된다.

27) 10·23 노동시간단축 노사정위원회 합의문 자체는 의견차이를 봉합하는 수준에서 다루고 있으며, 쟁점사항에 대한 구체적인 논의 진전이 없는 선언적인 내용에 가깝다. 하지만 이로 인해 드러난 노동계의 시각차이에 대해서는 음미해 볼 필요가 있다. 이에 관해서는 김성희(2000) 참조.

28) "합의문에서 노동시간단축의 필요성으로 밝힌 '근로자의 삶의 질 및 창의력 향상'이라는 취지의 실현은 고사하고, 온전한 의미에서 '근로시간단축 합의'라고 보기도 어렵다. 이날 합의문의 핵심은 바로 '기업의 경쟁력 확보를 위해 국제기준에 걸맞도록 관련 임금, 휴일·휴가제도를 개악' 하는 것에 있기 때문이다."(사회진보연대 성명서, 「노동시간단축의 합의의 비밀」)

29) 비정규직 확대와 노동시간단축의 관련성 문제는 진지한 고찰이 필요하지만 별로 연구 결과가 없는 사안이다. 노동시간단축의 혜택으로부터 비정규직이 소외되고 비정규직을 양산하는 데 기여하면서 상대적으로 소외와 차별을 승속시킬 가능성은 있다. 그러나 노동시간단축이 비정규직의 노동조건을 직접적으로 악화시킬 것이라고 단언하기는 어렵다. 할증률 인하나 월차휴가 폐지는 모든 노동자의 사안이다. 특히 할증률 인하는, 생활비를 시간외노동수당에 의존하고 있는 한국의 현실에서 어떤 노동자도 결코 받아들일 수 없는 조건이다. 시간외수당을 거의 받지 못하는 사무직노동자만이 약간 무관심할 뿐이다. 또 월차휴가는 사용률이 높고 이용하기도 용이한 휴가제도였다. 연차휴가로 흡수하는 형태로 이름만 바꾸거나 1~2일 줄이고 1년 미만의 근속기간에도 월차와 같은 형태로 자격요건을 부여하는 방식으로 비정규직에 대한 악영향은 피해 갈 수 있다. 또한 노동시간단축으로 비정규직 고용이 늘어날 가능성이 있다. 문제는 정규직으로 고용할 여력을 비정규직 확대로 이용 또는 대체하는가 하는 점이지, 비정규직 고용의 증가 자체를 무조건 부정적으로 평가할 사안은 아니다. 노동시간단축에 의한 영향은 산업부문별, 직종별, 고용형태별로 다양하게 나타날 것이다. 세부적인 적용모델에 대한 천착이 필요

324

한 시점이다. 구체적인 안으로 정리된 노동시간단축을 적용할 때 얻는 사람과 잃는 사람이 누구이며, 이를 바탕으로 노동자 전체가 얻는 것과 잃는 것을 확인할 필요가 있다. 이런 시도 중의 하나로는 Purdy(1988) 참조.

30) 실질적인 영향에 대한 평가를 기초로 하지 않았다는 점에서 '2차 노동법개악 기도'라는 비판에서 우리는 이념적 잣대의 차이만을 확인할 수 있을 뿐이다. 노동시간단축의 기본적 의의가 발휘되는지 여부에 대해서는 아무것도 새로운 사실을 발견할 수 없다. 노동시간단축은 노동측이 전향적으로 주도해야 하는 사안이며, 관철 자체가 갖는 의미가 크다는 사실을 과소평가하는 것은 '과도한 원칙적용의 폐해'를 초래할 수 있다. '원칙 없는 타협'이라는 비판의 잣대를 좀더 구체적으로, 섬세하게 가다듬을 필요가 있다.

참고문헌

고용이 (1999), 「근로시간단축, 고용효과 있는가」, 전국경제인연합 1999. 8.

김성희 (1996), 「스웨덴 모델: 노동의 대안적 체제의 실험」, 『경제와사회』 제31호, 한국산업사회연구회.

_____ (1998a), 「노동시간단축 방안의 정책효과와 적용방안」, 『노동사회』 7·8월호, 한국노동사회연구소.

_____ (1998b), 「한국의 경제위기와 노동조합운동의 대응전략」, 한국노총 중앙연구원, 『고용구조재편의 세계적 추세와 노동조합운동의 대응』, 제3회 '98한국노동조합총연맹 중앙연구원 국제심포지엄 자료집.

_____ (1999a), 『노동시간단축의 쟁점과 과제: 주40시간노동제 도입에 관한 연구』, 한국노총 중앙연구원.

_____ (1999b), 「프랑스와 영국의 노동조합과 노동기관 방문 보고서」(미간행).

_____ (2000), 「노동시간단축 합의안 평가와 향후 전망」, 『민주노동과 대안』 12월호.

_____ (2001), 『노동시간단축의 새로운 쟁점과 적용모델 연구』, 한국노총 중앙연구원.

_____ 편 (1998), 『고용구조재편의 세계적 추세와 노동조합운동의 대응』, 한국노총 중앙연구원.

김성희·노정휘 (1999), 『노동시간단축의 경제적 효과』, 한국노총 중앙연구원.

김소영 (1998), 「근로시간단축의 쟁점과 과제: 근로시간의 재조직 및 휴일, 휴가 운용의 개선」, 노사정위원회.

김소영·전병유·유성재 (2000), 『근로시간단축의 쟁점과 과제: 우리나라에 있어서의 근로시간단축 도입방안과 정책과제』, 한국노동연구원.

노동부 (2000a), 「우리나라의 근로시간 궁금합니다」, 노동부자료 2000. 5.

_____ (2000b), 「다른 나라의 근로시간, 궁금합니다」 노동부자료 2000. 7.

박우성 (1999), 「프랑스의 법정근로시간 단축과 평가」, 한국노동연구원.

서영주 (1999), 「99년 실천적인 노동시간단축 투쟁을 위하여」, 노동조합기업경영분
석연구소 토론회.

윤진호 (1998), 「노동시간단축을 통한 일자리나누기와 노동조합의 정책과제」, 전국
민주노동조합총연맹 정책토론회자료집.

이은숙 (1998), 「노동시간단축과 생활임금보장 투쟁의 현재적 의의」, 한국노동이론
정책연구소 창립심포지엄 발표문.

윤진호 외 (1999), 『노동시간단축의 정책과제』, 전국민주노동조합총연맹.

폴 라파르그 (1997), 조형준 옮김, 『게으를 수 있는 권리』, 새물결.

한국경영자총협회(1999), 「근로시간단축에 대한 경영계 입장」, 한국경총자료 1999. 3.

Appelbaum, E. and R. Batt (1994), *The New American Workplace: Transforming Work
Systems in the United States*, ILR Press.

Aufrere, R. (1998), "Dispositif de la lio Robien du 11 juin 1996 et Loi d'orientation
et d'incitation relative à la réduction de la curée du travail du 13 juin 1998".
(김성희 편, 『고용구조재편의 세계적 추세와 노동조합운동의 대응』, 1998, 한
국노총 중앙연구원.)

Bastian, J. (1994), "Work Sharing: The Reappearance of a Timely Idea," *The Political
Quarterly*.

Blyton, P. (1991), "Flexible Times? Recent Developments in Temporal Flexibility,"
Industrial Relations Journal.

Bosch, G. (1990), "From 40 to 35 Hours: Reduction and Flexibilisation of the
Working Week in the Federal Republic of Germany," *International Labour Review*
vol. 129/no. 5.

_____ (1995), *Social Europe: Flexibility and Work Organisation*, Luxemburg: Office for
Official Publications of the European Communities.

Bosch, G., P. Dawkins, and F. Michon eds. (1993), *Times Are Changing: Working Time
in 14 Industrialized Countries*, Geneva: International Institute for Labor Studies.

Cahuc, P. et P. Granier (1997), *La Réduction du Temps de Travail: Une Solution pour
l'Emploi?*, Economica.

Cette, G. (1999), "Employment, Unemployment and Reducing Working Time: The
French Approach," to be presented at the Conference on Reductions in

Standard Hours: Employment Effects, Rome: Università degli Studi di Roma Tre.

Cette, G et A. Gubian (1997), "La Réduction de la Durée du Travail: Les Évaluations Convergent-ells?," Cahuc, P. et P. Granier, *La Réduction du Temps de Travail: Une Solution pour l'Emploi?*, Economica.

Cheminots of CGT-FO (1999), "RTT: De ce Que l'On Ne Vous Dit Pas!"

Cornilleau, G., E. Heyer et X. Timbeau (1998), "Le Temps et l'Argent: Les 35 heures en Douceur," Rvene de L'OFCE, *Observations et Deagnostics Économiques* no. 64, Janvier.

Edwards, P. ed. (1995), *Industrial Relations: Theory and Practice in Britain*, Oxford: Blackwell.

European Industrial Relations Review(*EIRR*), 1996~1998년 각 월호.

Ferner, A. and R. Hyman (1992), *Industrial Relations in New Europe*, Oxford: Basil Blackwell.

_____ (1998), *Changing Industrial Relations in Europe*, Oxford: Basil Blackwell.

Financial Times 1998. 5. 13.

Fine, B. (1998), *Labour Market Theory: A Constructive Reassesssment*, London: Routledge.

Ginsburg, H. L., J. Zaccone, G. S. Goldberg, S. D. Collins, and S. M. Rosen (1997), "Special Issue on: The Challenge of Full Employment in the Global Economy-Editorial Introduction," *Economic and Industrial Democracy* vol. 18/no. 1, Sage Publications.

Golden, M. (1997), *Heroic Defeats: The Politics of Job Loss*, Cambridge University Press.

Gordon, D. (1996), *Fat and Mean: The Corporate Squeeze of Working Americans and the Myth of Managerial Downsizing*, Martin Kessler Books.

Hart, R. A. (1987), *Working Time and Employment*, Allen & Unwin.

Hunt, J. (1996), "The Response of Wage and Actual Hours Worked to the Reduction of Standard Hours in Germany," NBER Working Paper no. 5716.

Hyman, R. and A. Ferner eds. (1994), *New Frontiers in European Industrial Relations*, Oxford: Basil Blackwell.

ILO (1995), "Perspectives," *International Labor Review* vol. 134/no. 2.

_____ (1997), *Yearbook of Labour Statistics*, ILR Press.

Kochan, T. A., H. C. Kats, and R. B. McKersie (1986), *The Transformation of American*

Industrial Relation, New York: Basic Books.

Locke, R. and Kochan, T. (1996), *Employment Relations in a Changing World Economy*, MIT Press

Müller-Jentsch, W. (1995), "Germany: From Collective Voice to Co-management," J. Rogers and W. Streeck eds., *Works Councils: Consultation, Representation and Cooperation in Industrial Relations*, Chicago and London: The University of Chicago Press.

Neifer-Dichmann, E. (1991), "Working Time Reductions in the Former Federal Republic of Germany: A Dead end for Employment Policy," *International Labour Review* vol. 130/no. 4.

OCDE Division de la Communication (1997), "35 Heures: Mode d'Emploi: Dix Questions-réponses pour Savoir ce Qui Va Changer".

OECD (1994), "Labor Adjustments and Active Labor Market Policies," *The OECD Jobs Study: Evidence and Explanations*.

_____ (1995), *Flexible Working Time: Collective Bargaining and Government Intervention*.

_____ (1996), *Employment Outlook*, July.

_____ (1998), "Working Hours: Latest Trend and Policy Initiatives," *Employment Outlook*.

Problèmes économiques (1998), "35 Heures: L'état du Débat", Hebdomadaire no. 2561, Mars. 25, La Documentation Française.

Purdy, D. (1988), "Reduced Working Time and the Redivision of Labour," Purdy, *Social Power and the Labour Market: A Radical Approach to Labour Economics*, London: Macmillan.

Roche, W. K., B. Fynes, and T. Morrissey (1996), "Working Time and Employment: A Review of International Evidence," *International Labour Review* vol. 135/no. 2.

Rogers. J. and W. Streeck eds. (1995), *Works Councils: Consultation, Representation and Cooperation in Industrial Relations*, Chicago/London: The University of Chicago Press.

Rubin, M. and R. Richardson (1997), *The Microeconomics of the Shorter Working Week*, Ave.

Schmid, G. ed. (1994), *Labour Market Institutions in Europe: A Socioeconomic Evaluation of Performance*, M. E. Sharpe.

Seifert, H. (1991), "Employment Effects of Working Time Reductions of the Former Federal Republic of Germany," *International Labour Review* vol. 130/no. 4.

Stiglitz, J. (2000), "What I learned at the World Economic Crisis," *The New Public* 4.

Taddei, D. ed. (1997), *La Réduction du Temps de Travail*, La documentation Française.

Terry, M. (1994), "Workplace Unionism: Redefining Structures and Objectives," in R. Hyman and A. Ferner eds.

_____ (1995), "Trade Unions: Shop Stewards and the Workplace," in P. Edwards ed.

Thelen, K. (1989), "Neoliberalism and the Battle over Working-Time Reduction in West Germany," Forglesong et al. eds., *Politics of Economic Adjustment*.

_____ (1994), *Union of Parts: Labor Politics in Postwar Germany*, Cornell Univ. Press.

Traxler, F. and B. Woitech (2000), "Transnational Investment and National Labour Market Regimes: A Case of 'Regime Shopping'?," *European Journal of Industrial Relations* vol. 6/no. 2.

Treu, T. (1989), "Introduction," A. Gladstone et al. eds., *Current Issues in Labour Relations: an International Perspective*, Walter de Gruyter/Berlin/New York: A Publication of the International Industrial Relations Association.

Trinczek, R. (1995), "Germany: The Case of the Metal Manufacturing Industry," in OECD.

White, M. (1987), *Working Hours: Assessing the Potential for Reductions*, Geneva: ILO.

교육과 훈련제도: 한국과 독일의 비교

정주연[*]

1. 머리말

한국의 제조업체의 빠른 성장에 관한 여러 영어문헌들(Amsden 1989; Kim 1997; Porter 1990)에 따르면 그러한 성장을 가능케 한 인적 자원의 중요성이 공통적으로 강조되고 있다. 특히 이 연구들에 따르면 교육수준이 높고 남다른 작업의욕을 가진 기술 및 생산직 근로자 등의 인적 자원이 그러한 성장을 이루는 데 주요한 공헌을 하였다. 그러나 최근에 한국을 포함한 아시아국가들의 경제위기는 그 제조업체들의 허약한 재무 및 경영 구조를 드러내면서 아시아 경제모델에 대한 기존의 낙관적인 평가에 의문을 제기하고 있다. 또한 최근에 중국 등 아시아 개발도상국들의 높은 성장잠재력도 한국의 장기적인 수출경쟁력이나 산업경쟁력에 대해 근본적인 의문을 품게 하는 요인이다. 이러한 최근의 한국 경제발전상황 아래서 숙련양성을 포함한 한국기업들의 조직 및 기술 능력의 영역에 대

[*] 고려대학교 경제학과 부교수

한 냉철한 재평가가 필요하다.

이 글은 한국과 독일 제조업체의 생산 및 기술직 근로자들이 업무수행에서 높은 수준의 숙련도를 갖추기 위해 거치는 교육·훈련과정에 초점을 맞춘다. 이 글에서 숙련근로자라 함은 수년간의 업무경험을 통해 작업장에서 상시적 혹은 비상시적으로 발생하는 상황에 대처할 수 있는 충분한 직무 경험 및 능력을 쌓은 근로자를 가리키며, 또 이 근로자는 신규채용된 근로자들에게 업무를 가르칠 수 있는 능력이나 경험을 가지고 있다. 한국의 생산직근로자의 경우 공업고등학교 과정을 마친 후 취업을 하는 것이 보통이고 기술직근로자의 경우 2년과정의 전문대학 혹은 4년과정의 이공대학을 졸업하고 취업한다. 또한 이들은 이러한 정규교육 외에도 회사에서 다양한 사내외 훈련(on- and off-the-job training)을 받는다. 독일에서도 생산직 및 기술직 근로자들은 회사 밖의 정규교육 및 회사 내의 훈련과정을 거친다.

특히 이 글에서는 한국의 교육·훈련제도의 구조와 기능적 특성을 독일의 경우와 비교적인 시각에서 분석하고 정책적인 개선방향을 살펴보고자 한다. 독일의 교육 및 훈련제도는 세계적으로 가장 모범적인 제도로 손꼽혀왔는데, 여기서는 독일제도의 이런 장점들을 살펴보면서 최근 독일의 정치·경제적 환경변화 속에서 이 제도가 드러내는 한계도 논의할 것이다. 아울러 독일과의 비교적인 시각에서 한국제도의 약점 및 강점을 살펴보고, 한국의 교육·훈련제도를 둘러싸고 있는 환경적 여건을 고려하면서 그 제도의 약점을 줄이는 방안을 제시해 보고자 한다.

2. 교육·훈련제도의 구조적 특성

교육·훈련과정의 구성

한국의 제조업체에 근무하는 생산직근로자 대부분은 고등학교 졸업자들이다. 인문계고등학교 졸업자 중 상당수가 대학진학을 준비하는 반면 대다수의 실업계공업고등학교 졸업자들은 제조업체에 취업한다.[1] 또 소수의 생산직근로자는 공공직업훈련원의 숙련과정을 이수하기도 하며, 제조업체에 근무하는 기술직근로자의 대부분은 2년제 전문대학이나 4년제 이공대학을 졸업한다. 그리고 생산 및 기술직 근로자 모두 회사에 채용된 후 일정 기간의 양성훈련(initial training)과 기술변화나 회사의 조직변화의 경우에 제공되는 재훈련(retraining)을 받으며, 상당수의 생산 및 기술직 근로자들이 국가가 공인하는 각종 기능·기사 자격증을 보유하고 있다.

독일 제조업체에 근무하는 생산직근로자가 선택하는 고등학교 교육과정은 한국보다 다양하다(Muench 1991). 우선 학교교육과 현장실습이 병행되는 이중훈련제도(dual training system)인 파트타임 직업학교(Berufsschulen)는 3년과정이며 수공업(craft work), 상업(commerce), 기업경영(business or administration), 행정(public service) 분야에 관해 주당 8~12시간 정도의 교실 위주 이론교육을 제공한다. 그리고 학교교육에만 전념하는 풀타임 직업학교(Berufsfachschulen)는 상업, 무역, 수공업(handcrafts), 사회사업(social work) 등의 분야를 교육한다. 이외에 고등직업학교(Berufsaufbauschulen)나 기술학교(Fachschulen)도 일부 생산직 숙련근로자가 거치는 정규교육과정이다. 그리고 제조업체의 기술직근로자의 경우에는 엔지니어링학교(Fachhochschulen)를 졸업한 후 잉게노이어 그라디어트(Ingenieur Graduiert) 자격증을 받는 3년과정을 이수하거나 혹은 기술대학(Technische Hochschulen)을 졸업하고 공학사(Diplom Inge-nieur) 자격증을 받는 평균 5.8년의 과정을 거친다(Hutton and Lawrence 1981). 한국과 마찬가지로 독일에서도 생산직·기술직 근로자들은 회사 내에 양성훈련과 재훈련을 받으며, 여기서는 정부가 공인하는 기능 및 기사 자격증 획득이 흔히 취업이나 승진에 중요한 요구조건이 된다.

교육·훈련과정의 운영체계

한국과 독일의, 숙련근로자가 되기 위한 교육·훈련제도의 가장 중요한 차이는 이 제도의 수립 및 일상운영을 어떤 경제주체가 주도하는가에 있다. 한국은 정부가 인력수요에 대한 나름의 판단에 기초하여 관련된 정책을 입안·집행하는 정부주도형 제도(state-led system)인 데 비해 독일은 정부가 관련 법이나 정책을 수립하고 사용자들이 교육·훈련에 투자하도록 규제를 하지만 사용자나 노동조합도 주요한 역할을 분담하고 있는 노사정 협의와 합의에 의한 규제가 강조되는 제도(corporatistically regulated system)이다.

교육·훈련제도의 운영에서 이런 경제주체들의 역할분담의 차이는 제조업 생산직근로자를 양성하는 한국 공업고등학교와 독일 파트타임 직업학교의 운영에서도 현저히 드러난다. 한국은 공업고등학교 교육과정의 변화 같은 주요 결정뿐 아니라 교육과 관련된 일상적인 의사결정도 주로 중앙정부인 교육부가 주도하거나 그 규제를 받으며, 이러한 정부주도의 숙련양성제도는 기술직근로자를 양성하는 이공대학의 운영에서도 마찬가지이다.

독일에서 생산직근로자 숙련양성의 중추적 역할을 담당하는 파트타임 혹은 이중직업훈련의 운영체계를 한번 살펴보겠다. 이중직업훈련이라 불리는 이유는 이 학교의 교육과정이 회사 내에서 이루어지는 실무능력

양성을 위한 사내훈련과 교실 내에서 이론교육을 제공하는 직업학교로 구성되어 있기 때문이다(Muench 1983). 이 학교교육의 참여자는 회사에서는 훈련생이고 직업학교에서는 학생이 된다. 그리고 사내훈련은 훈련지침에 따라 운영되지만 직업학교는 정해진 교과과정에 따라 운영되며, 전자는 실질적인 일의 수행을 배우고 후자는 그와 관련된 이론을 배운다. 즉 사내훈련은 일하면서 배우는 과정이고 직업학교는 체계적이면서도 실무에 응용될 수 있는 이론이 강조되는 교과과정이다. 또 사내훈련은 생산 및 공정과 관련된 배움이 실질적인 경험을 통해서 현장에서 제공되고 실제 업무수행이나 긴급한 실무상황에 직접 부딪히면서 배우는 데 비해 직업학교는 안정적인 학교여건 아래서 배우는 차이가 있으며, 전자는 생업과 관련된 업무를 수행하는 성인근로자들의 배움의 공간인 데 비해 후자는 청소년을 위한 학교이다. 마지막으로 사내훈련은 경제적 목적이 우선시되는 생산활동과 교육적 목표가 고려되어야 하는 훈련이라는 상충되는 요소로 구성되는 데 비해 직업학교는 교육적인 목표가 최우선의 운영지침이 된다. 결론적으로 직업학교에서는 업무수행을 위한 기초적이고 폭넓은 이론을 배울 기회가 제공되고 사내훈련을 통해 그러한 이론을 실제 생산현장에서 응용해 보고 이해를 심화시킬 수 있는 기회가 제공되는 것이다.

〈그림 1〉에서 볼 수 있듯이, 독일은 중앙정부인 연방정부와 지방정부인 주정부의 관련부처를 비롯하여 사용자단체와 노동조합 등이 이중직업훈련 운영에 관여하며, 이중직업훈련의 한 축을 구성하는 사내훈련 운영은 여러 조직들에 의해 결정된다. 우선 연방직업훈련연구소(Bundes-institut fuer Berufsbildung)는 직업 교육·훈련과 관련된 연방정부 및 지방정부의 위원회와 전문가위원회로 구성되어 교육·훈련의 방향과 내용을 과학적으로 연구하고 정책을 구상하는 기능을 담당한다. 또 사내훈련에 대해 직접적인 자문이나 정책제안도 하는데, 연방정부의 관련부서들

〈그림 1〉 독일 이중훈련제도의 법·조직적 구조

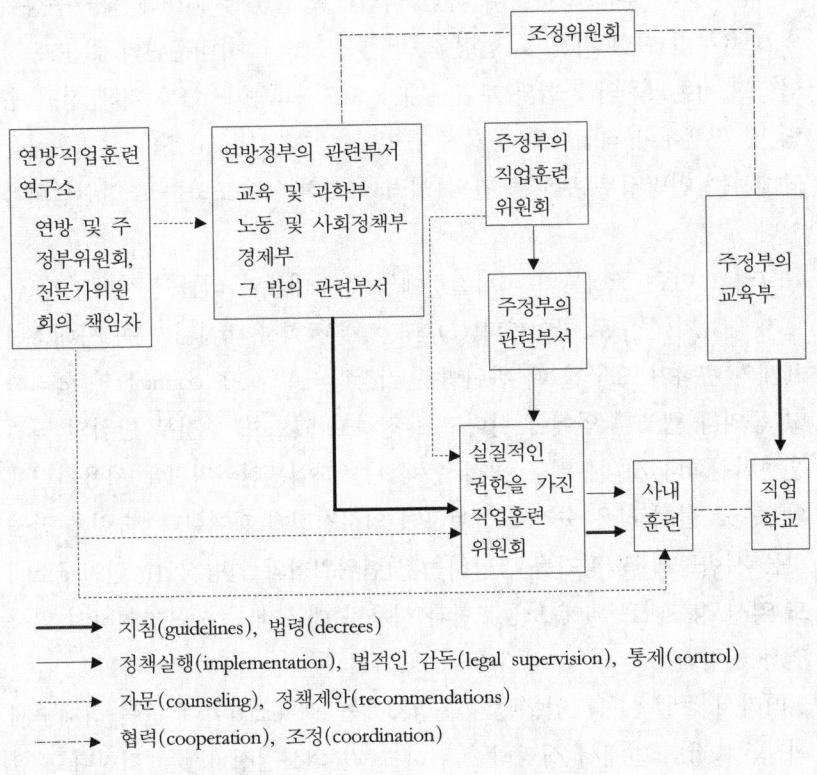

자료: Muench 1983, p. 41.

은 이런 자문, 정책제안을 기초로 사내훈련의 지침과 법령을 내린다. 그리고 이 부서들은 사내훈련에 대해 법적 감독·통제 등의 실질적인 권한을 가진 직업훈련위원회에 지침이나 법령을 내리는 권한을 가지지만, 연방직업훈련연구소가 이 위원회에 직접 자문하거나 정책제안을 하기도 한다. 주정부의 직업훈련위원회 역시 이 위원회에 자문이나 정책제안을 하며 주정부의 관련부서와 함께 직업훈련과 관련된 정책을 이 위원회가 잘 수행하는지 법적으로 감독·통제한다.

이중직업훈련의 또 하나의 축인 직업학교의 운영에 대해서는 주정부의 교육부가 관련 지침 및 법령을 내린다. 그리고 사내훈련의 내용과 직업학교 이론교육의 조화와 보완관계가 중요시되는데, 이를 위해 정책 수립 및 집행에서 직업학교 운영에 관여하는 주정부 교육부와 사내훈련을 규제하는 연방정부 부서들 간의 협력과 조화를 유도하는 조정위원회가 있다.

그리고 이런 조직들의 의사결정에는 정부대표와 더불어 사용자와 근로자 대표가 동수로 참여한다(〈그림 1〉 참조). 회사 내에서 기존 사내훈련 체계의 변화가 요구될 때 관련법은 직장평의회(work council)와 협의하고 동의나 협조를 얻어야 한다고 규정하고 있으며, 주정부 단위의 직업훈련위원회나 사내훈련을 직접 통제하는 직업훈련위원회에 사용자단체와 노동조합이 같은 숫자로 참여하여 의사결정에 관여한다. 숙련을 인증하는 시험출제 및 평가를 담당하는 시험위원회와 연방직업훈련연구소에도 역시 정부대표 외에 노동조합과 사용자 대표가 동수로 참여하여 의사결정을 한다.

따라서 독일 이중직업훈련의 운영체계는 관여조직이나 관련 경제주체의 참여 정도 면에서 상당히 복잡하고 긴 의사결정과정을 거친다고 할 수 있다. 특히 직업훈련의 경제주체라 할 수 있는 정부·사용자·노동조합의 협조와 상호보완 역할이 강조되는 노사정 합의적인 의사결정과정이다. 이러한 구조적 특성의 사회·경제적 성과에 관해서는 다음 절에서 살펴보기로 하겠다.

교육·훈련에 대한 사용자와 근로자의 관심

이상과 같이 교육·훈련과정과 그 운영주체들의 역할이 다른 양 국가

교육·훈련제도의 구조적인 특성을 좀더 깊이 이해하려면 이 제도의 운영과 직접 관련된 숙련양성에 대해 사용자와 근로자가 얼마나 높은 관심과 투자를 보이는가가 논의되어야 한다. 이 주제를 놓고 독일과 한국을 직접 비교하기는 어렵지만 여러 관련연구들을 종합해 보면 양국간에 상당한 차이가 있음을 확인할 수 있다. 그리고 이 점은 다음 절에서 논의되는 양국 교육·훈련제도의 성과를 설명하는 데 중요하다. 특히 숙련인력의 수요자가 기업이고 실제 숙련을 양성하는 주체가 근로자인 점을 감안하면 숙련양성과 관련하여 직접적인 당사자인 근로자나 사용자가 낮은 관심을 보이는 한 어떤 정부주도형 숙련양성제도도 원하는 성과를 기대하기 어렵다. 이런 관점에서 한 나라의 숙련양성제도의 성과를 논의하는 데 근로자나 사용자가 보이는 태도가 중요하게 고려되어야 한다.

독일의 경우

독일의 사용자들은 생산직·기술직 근로자들이 거치는 직업학교나 대학교육의 성과에 대해 높은 신뢰감을 가지고 있으며, 이는 대다수 기업이 이런 교육과정의 이수를 통한 공식자격증 획득을 근로자 채용 및 승진 기준으로 삼는 데서 확인된다(Lane 1989). 그리고 이 점은 근속연수나 관련직종의 경력을 중시하는 영국이나 프랑스 기업과도 대조를 이룬다(Sorge 1991). 따라서 독일에서는 이중직업훈련의 중요한 한 축을 구성하는 사내훈련과 관련된 고정·가변 비용에 대한 투자부담을 주로 기업이 맡고 있다.

독일 사용자들의 직업교육과 훈련에 대한 지속적이고 장기적인 관심과 투자는 사용자단체(Kammern)의 역할에서 잘 드러난다(Crouch et al. 1999). 사용자들의 경제적 필요에 따라 산업별·지역별로 조직되어 사용자들의 이해를 대변하는 사용자단체는 그 가입이 의무적인 자치조직이며, 일정 영역에서 공공정책을 수립·수행할 수 있는 법적인 권한을 정부로부터 부여받고 있다. 그중 중요한 기능 하나가 숙련근로자의 양성이다. 그리고 사용자단체는 회원사들이 이중직업훈련을 위한 사내훈련을 소홀히 하거나 다른 회원사의 양성인력을 스카웃할 때 이에 대해 규제를 가할 수 있다. 그러나 이 단체에 가입한 사용자들은 회원으로서 각종 혜택을 누리므로 이 권리를 포기하지 않으려는 동기에서 이 같은 규제를 준수하기 때문에 이 규제는 상당한 구속력을 가진다.

그러면 지속적인 숙련양성에 대한 독일 근로자들의 태도는 어떠한가? 우선 근로자 입장에서는 대우가 좋은 회사에의 채용이나 승진을 위해 공식적인 숙련자격증의 획득이 필요하므로 숙련양성제도에 높은 관심과 참여를 보인다. 예를 들어 1980년대에 18세 청소년의 약 65%가 앞에서 설명한 파트타임·풀타임 직업학교를, 20%가 더 높은 교육과정을 거쳤다. 이는 영국, 프랑스에서 유사한 과정을 거친 청소년이 1/3 정도 혹은 그 미만인 것과 비교할 때 매우 높은 수치이다(Lane 1989). 또 청소년들 사이에서는 생산직 숙련근로자나 기술직근로자인 엔지니어가 자랑스러운 직업으로 간주되고 이를 위한 교육이나 훈련에 대해 참여도가 높다(Hutton and Lawrence 1981). 하지만 독일의 이런 분위기는 단순히 직장이 고임금과 직무의 안정성을 제공하기 때문만은 아니며, 추상적이고 이론적인 교육 혹은 직업보다 실질적인 직업능력의 습득을 강조하는 독일 고유의 직업·교육 문화 속에서 이해될 수 있다. 이에 관해서는 4절에서 자세히 살펴보기로 하겠다.

독일 노동조합들 역시 지속적인 숙련양성에 높은 관심을 보이는데, 특히 노동조합은 직업교육 및 훈련정책의 수립과 집행을 담당하는 각종 조직에 사용자단체와 함께 참여하여 의사결정권을 가진다. 노동조합은 사용자들이 그 기업에만 활용될 수 있는 기업특수적 훈련보다 한 업종 내에서 일반적으로 활용될 수 있는 일반적 훈련에 투자하는지 그리고 그 숙련의 질이 유지되는지 여부를 감시한다. 또한 산업·직종 수준에서 유사한 임금수준을 합의하는 산업·지역 단위의 노동조합과 사용자 단체 교섭구조도 사기업이 타기업의 숙련인력을 높은 임금에 스카웃 하려는 시도를 어렵게 한다. 나아가 기업 수준의 근로자대표기구인 직장평의회도 기업 내 양성훈련, 재훈련, 향상훈련의 숙련 내용과 질을 결정하는 데 참여하여 공동결정기능을 수행한다.

요컨대 독일의 노사정 합의형 직업 교육·훈련제도 운영에는 정부뿐 아니라 사용자 및 그 단체 그리고 근로자 및 노동조합, 직장평의회 등이 참여하여 중요한 협의기능을 담당하고 있으며 이들은 상호 협력적·보완적 관계를 맺으면서 역할분담을 하고 있다(Streeck et al. 1987).

한국의 경우

한국의 사용자나 근로자들이 숙련양성에 어느 정도의 관심과 투자를 보이는지 독일과 직접적으로 비교할 수 있는 자료는 부족하다. 그럼에도 지속적인 숙련양성에 대한 사용자와 근로자의 태도를 가늠해 볼 수는 있다. 여러 연구에 따르면 기업이나 근로자들의 관심과 투자는 낮은 편이다. 예를 들어 생산직·기술직 근로자를 양성하는 과정인 실업계고등학교나 전문대학 교육과정의 현장실습에 대해 경영자들의 관심이 낮고 투자 또한 저조하다.

이 실습과정은 독일 이중직업훈련제도의 사내훈련과 마찬가지로 교실의 이론교육과 함께 기업현장의 사내훈련을 통해 그 이론을 실제에 응용해 봄으로써 실무능력을 기르는 것을 목표로 하고 있으며 숙련근로자가 되기 위해서 반드시 거쳐야 하는 중요한 과정이다. 하지만 경영자들을 대상으로 산업체 입장에서 현장실습을 통해 얻을 수 있는 이득을 설문조사한 결과, 이 현장실습의 원래 목표인 훈련생에 대한 체계적인 숙련양성에 대해서는 관심이 낮았다. 그보다는 훈련생을 기능인력으로 활용하고(47.0%) 우수한 기능 및 기술 인력을 조기확보할 수 있다(36.4%)고 응답한 데서 나타나듯이 기업의 안정적인 인력확보에 관심을 보였다(강종훈 1998, 149쪽). 이는 한국의 산업체들이 현장실습의 목표를 교육적 측면보다 기능·기술 인력 확보 측면에 두고 있음을 나타낸다.

또 산업체의 현장실습 운영을 직접 담당하는 산업체담당자나 이 실습과정을 거친 실업고등학교나 전문대 학생들의 응답에서도 현장실습이 매우 형식적으로 운영되고 있음을 확인할 수 있다(같은 책, 151~52쪽). 산업체담당자의 경우, 교육과정 편성과 운영과 관련하여 "교육과정을 편성하여 실제로 운영한다"가 21.9%인 데 비해 "교육과정을 편성하나 여건상 운영하지 못함"과 "교육과정을 편성하지 않음"은 각각 40.6%, 37.5%였다. 실습과정에서 순환실습운영이 제대로 이루어지는가에 대해서도 "한 작업장에서 고정"이라는 응답이 64.1%이었다. 그리고 현장실습의 교육시설에 대해서도 "충분히 잘 갖추어져 있다"(6.1%) "비교적 잘 갖추어져 있다"(24.2%)보다 "갖추어져 있지 않다"(21.2%) "교육시설이 없다"(13.6%)가 높았다. 실업고 학생들의 경우에는 순환실습(51.4%), 전공에 따른 배치(57.7%), 현장실습 담당자 배치(30.4%), 필요한 시설·재료 등의 제공(30.1%)이 잘 이루어지지 않는다고 응답했다. 이로써도 생산직·기술직 근로자 숙련양성의 주요 과정인 사내훈련을 통한 현장실습에 대해 기업경영자들의 관심과 투자가 낮음을 알 수 있다. 그리고 이는 현장실습을 통해 충분한 실무능력을 갖춘 근로자들이 제대로 양성되지 못하고 있다는 것을 의미한다.

한국 제조업체들의 생산직·기술직 숙련근로자 양성을 위한 지속적인 투자에 대한 낮은 관심은 다른 연구들에서도 확인된다. 전통적으로 공작기계산업은 자동차나 전자제품 같은 최종 소비재를 제조하는 기계를 만드는 산업으로 미국이나 일본, 유럽 선진국들에서는 숙련근로자가 많이 필요한 산업으로 인식되고 있다. 이런 공작기계산업의 생산직근로자에 대한 숙련양성 실태를 파악하기 위해 이 산업에서 대표적인 기업이라 할 수 있는 대기업 3개사와 중소기업 3개사를 조사연구하였다(Jeong 1995 참조). 대기업의 경우 신규채용된 생산직근로자에 대한 양성훈련(initial training)은 2주 내외의 단기훈련과정이 주종을 이루었으며 이 과정도 장기적인 안목의 숙련양성보다 현재의 업무수행과 관련된 최소한의 숙련을 빨리 습득하여 실무를 단기간에 수행하는 것에 중점을 두고 있었다. 또 채용된 지 상당 시간이 지난 생산직근로자에 대한 재훈련(retraining, further training)의 훈련과정 목표도 유사했다. 중소기업 3개사의 경우에는 이 정도의 숙련양성과정도 갖추지 못하고 있었다. 특히 중소기업의 열악한 임금이나 근로조건 때문에 숙련근로자의 대기업으로 이직률이 높아서 경영자들은 체계적인 훈련을 꺼리고 있었으며 또 대기업에 비해 기업여건이 열악하다 보니 이런 훈련을 담당할 회사 내 조직이나 금전적 여력도 부족하였다. 공작기계산업뿐 아니라 한국의 기업들 대부분이 생산직근로자의 숙련양성은 주로 작업현장에서 선배근로자나 동료로부터 비공식적으로 배우는 식으로 이루어졌다.

대기업 제조업체의 기술직근로자 숙련양성 실태를 살펴본 연구에서도 경영자들이 장기적인 숙련양성에 대한 관심과 투자가 저조하다는 것이 확인되었다(정주연 1999). 농업기계, 남성의류, 화학섬유, 플랜트건설, 정보통신, 자동차조립, 공작·건설기계 산업의 11개사 사례연구에 기초한 이 연구에서 100명의 대졸 엔지니어(기술직근로자)를 대상으로 회사가 관련업무에 대해 장기적인 시각에서 숙련양성이 이루어질 수 있도록 양적·질적으로 충분한 양성훈련을 제공하는가를 물었다. 이에 대해 "그렇다"고 응답한 사람은 10명, "그렇지 않다"와 "보통이다"(그렇다와 그렇지 않다의 중간반응)는 각각 36명과 31명이었다.[2] 그리고 후자의 두 그룹 응답자들은 이런 판단을 하게 된 초기훈련의 문제점들을 다음과 같이 언급하였다. 첫째 훈련의 내용이 실제로 수행하는 업무와 관련성이 낮다, 둘째 훈련과정의 기간이 너무 짧아서 관련된 기초숙련이 충분히 습득될 수 없다, 셋째 회사의 최고경영자나 부서경영자들의 사내훈련에 대한 관심이 충분치 않고 이 요인이 실무를 수행중인 엔지니어들의 훈련과정에의 참여 가능성을 제한한다, 넷째 사내훈련과정에 참여의 기회를 제한하는 과다한 직무부담, 다섯째 사내훈련과정을 체계적으로 가르칠 경험 많고 전문성 높은 강사의 부족, 마지막으로 이론교육보다도 응용 위주의 훈련을 받을 기회의 부족 등이다.

그리고 엔지니어들이 받은 재훈련과정과 관련해서도 근시안적인 인력양성의 문제점들이 제기되었다. 우선 훈련기간이 너무 짧아서 관련분야의 깊이 있는 전문숙련을 양성하지 못하고 있으며, 또 대부분의 훈련과정이 관련된 숙련의 실질적인 활용보다 이론교육만 강조하는 점, 셋째로 그 과정의 규모가 작아 훈련과정에의 참여혜택을 받을 수 있는 엔지니어의 수가 제한되는 점, 넷째로 관련분야에서 심도 있고 전문화된 숙련을 양성하기에는 훈련과정의 수가 너무 적은 점, 다섯째로 관련된 연관분야(예를 들어 상품개발분야에 근무하는 엔지니어의 경우 마케팅분야)의 업무수행을 위한 숙련을 폭넓게 익힐 수 있는 훈련프로그램의 부족, 여섯째로 한 전문분야에서 숙련을 고도로 높여서 성숙한 수준에 도달할 수 있게 유도하는 체계적인 재훈련과정이 구축되어 있지 못한 점이 지적되고 있다.

그러면 근로자들의 숙련양성에 대한 관심과 투자는 어떠한가? 독일의 경우처럼 사용자들이 인사정책의 집행에서 숙련양성을 얼마나 중요시하는가가 근로자들의 관심을 결정하는 데 중요하다. 그런데 앞에서 살펴보았듯이 사용자들이 지속적이고 장기적인 숙련양성을 중시하지 않거니와 또 유망한 회사에서 선발 및 승진에 결정적인 역할도 하지 않음으로 해서 그러한 숙련양성에 대한 근로자의 관심과 투자 역시 자연히 낮아질 수밖에 없다. 또 생산직·기술직 근로자들이 배움에 대한 열정과 관심을 보이는 것은 사실이지만 이것은 직무수행과 관련성이 떨어지는 경우가 많다. 더욱 흥미로운 사실은 한국사회의 높은 교육열에도 불구하고 독일과는 대조적으로 실질적인 직업능력을 양성하는 교육이나 훈련보다 추상적이고 이론적인 교육이 강조되는 경우가 흔히 관찰된다는 점이다. 이는 대다수의 청소년들이 실업계고등학교보다 인문계고등학교를 나와 대학진학을 선호하는 사회적 분위기에서도 간접적으로 확인된다.

이상의 연구결과들을 종합해 보면 현장실습의 강조, 사내훈련과정의 길이, 사내훈련의 내용과 운영, 생산 및 기술직 근로자의 사내훈련에 대한 경영자의 태도 등의 면에서 볼 때 국내 대기업들의 숙련양성방식은 비용 절약적이고 근시안적인 유형의 특성을 지니고 있다. 즉 국내 제조업체의 경영자나 근로자들의 숙련양성에 대한 수준은 상당히 낮다고 평가할 수 있다.

3. 교육·훈련제도의 사회·경제적 성과

성과를 측정하는 다양한 기준

그러면 교육·훈련과정은 어떤 경제·사회적 성과를 낳고 있는가? 이 점은 여러 가지 기준에 의해 논의될 수 있다. 그 기준은 과정을 이수한 후에 근로자들이 받는 임금의 향상이나 각종 근로조건의 개선이 될 수도 있고 그들이 누리는 심리적 만족감이나 사회적 대우가 될 수도 있다. 또한 이런 근로자들이 소속된 회사의 생산성 혹은 이윤 향상이라든가 이 근로자들의 생산활동이 사회의 다른 구성원들에게 가져다주는 각종 혜택, 즉 숙련양성의 양의 외부성(positive externality) 효과가 기준이 될 수도 있다. 여기서는 근로자들이 받은 교육이나 훈련이 소속회사의 경영성과, 특히 상품전략이나 기술정책과 어떤 연관성을 가지는지에 초점을 맞추고자 한다. 이 기준은 최근 선진국 기업들간의 경쟁이 격화되고 제조 업체의 산업경쟁력 비교가 많이 되는 상황에서 한 국가의 교육·훈련제 도가 산업경쟁력에 미친 영향이라는 관점에서 자주 고려되고 있다. 또한 교육이나 훈련을 받은 근로자들이 누리는 사회적 지위나 회사 내에서 사 용자와의 고용관계에서의 입지 등도 제한적인 수준에서 고려되고 있다.

사회·경제적 성과의 평가

독일 교육·훈련제도의 사회·경제적 성과에 대한 평가는 기업 수준 의 연구에 기초한 영국과의 비교연구를 통해서 다루어졌다. 여기서 성과 는 숙련양성제도를 거쳐 배출된 숙련근로자들의 양 혹은 질이 양국의 산 업경쟁력과 어떤 연관성을 가지며 또 숙련근로자들의 회사 내 사회적 지 위에 어떤 영향을 주는지를 가리킨다. 이에 비해 한국의 성과에 대한 평 가는 유사한 방법론에 기초한 필자의 최근 연구나 다른 국내문헌들에 기 초한다.

독일의 경우

독일 교육·훈련제도의 성과는 흔히 영국과 비교하면서 평가되는데, 두 나라의 산업발전 역사나 인구 등이 유사하여 이런 식의 비교는 독일 의 제도적 성과를 이해하는 데 유용하다.

〈표 1〉에서 보듯이 대학수준의 학력을 가진 근로자의 비중은 영국과 독일이 큰 차이가 없다. 그러나 독일은 영국보다 중간수준의 숙련근로자 (intermediate skill qualifications)의 비중이 훨씬 높아, 1976년과 88년경의 제조업·비제조업 부문의 중간수준 숙련의 경우 거의 두 배나 된다. 이 는 같은 시기 양 부문에서 영국에는 적절한 직업능력을 가지지 못한 근 로자(no vocational qualifications)가 독일보다 두 배나 많다는 것을 의미

〈표 1〉 영국과 독일 근로자의 숙련자격 수준 비교

	영국 (1976)	영국 (1988)	독일 (1978)	독일 (1987)
전체 부문				
학사학위	6	10	7	10
중간직업자격	30	27	60	64
무자격	64	63	33	26
합계	100	100	100	100
제조업부문				
학사학위	3	7	3	6
중간직업자격	29	31	61	64
무자격	68	62	36	29
합계	100	100	100	100
비제조업부문				
학사학위	7	11	9	12
중간직업자격	31	26	59	63
무자격	63	63	32	25
합계	100	100	100	100

자료: Prais 1995, p. 17.

〈표 2〉 영국과 독일 엔지니어링산업 근로자 중 숙련수준의 자격증 소지자 수(1985~96)

(단위: 천명, %)

	영(85)	독(84)	영(92)	독(92)	영(95)	독(95)	영(96)	독(96)
숙련근로자(craft)	17.6	161.4	11	107.8	10.9	105.4	11	104
NVQ3 자격 소지 근로자			3.5		13.1		9	
기술직근로자(technician)	20.5		17.8		13.5		12	
조정된 합계	38.1	161.4	32.3	107.8	27.1	105.4	23	104
20세 근로자 중 위 근로자 비중	4.34	13.78	4.0	14.7	4.4	16.39	4.0	16.58

* 25세 이하의 근로자를 대상으로 했음.

자료: Steedman 1998, p. 80.

한다. 영국과 독일의 이런 양적 차이는 엔지니어링산업의 경우 90년대에도 크게 변하지 않았다(〈표 2〉 참조).

그리고 비슷한 수준의 숙련근로자의 경우에도 숙련의 질이 차이가 난다. 영국과 독일 기계산업근로자, 전기공, 건설근로자, 사무직종사자 및 소매업근로자 숙련의 질적 수준을 비교한 연구(Prais and Wagner 1983)에 따르면, 교과과정 영역이나 최종시험에서 이르게 되는 숙련수준의 기준을 가지고 비교해 볼 때 독일이 영국보다 우수했다. 특히 독일의 경우 숙련과 관련된 자격시험에서 이론보다 실무평가가 강조되었다. 또한 수학시험에서 요구하는 기초적인 수준에 도달해 있는 숙련근로자의 비중도 영국보다 독일이 훨씬 높았으며 이것은 새로운 숙련을 지속적으로 익히는 데 중요한 이론적 기초가 되었다.

이러한 차이는 생산직근로자를 감독하는 중간수준의 경영자인 감독자(영국의 supervisor, 독일의 Meister)의 숙련이나 경영능력에서도 드러났다(Lane 1989). 독일에서 감독자가 되기 위해서는 자격증을 획득해야 하기 때문에 독일의 감독자는 여타 생산직근로자들이 인정하는 높은 수준의 숙련뿐 아니라 근로자들을 효율적으로 통제하는 경영능력도 갖추게 된다. 반면에 영국의 감독자는 연공서열에 의해 임명되므로 숙련수준이나 경영능력이 일반적으로 독일보다 떨어진다(Sorge and Warner 1986).

숙련근로자의 이 같은 양적·질적 격차는 양국 제조업의 산업경쟁력의 차이로 나타난다. 근로자의 수나 생산상품의 종류 및 기술수준 등이 유사한 두 나라의 기업들을 선택하여 경영성과가 어떻게 다르고 또 이것이 근로자의 숙련양성 패턴이나 숙련수준의 차이와 어떤 연관성을 가지는지를 고찰한 연구들이 있다(Prais 1995; Sorge and Warner 1986; Steedman and Wagner 1987; 1989; Streeck 1992). 구체적으로 엔지니어링, 목재가구, 섬유의류, 음식제조, 호텔 및 기계 산업의 독일기업들은 생산성, 품질, 성능, 불량률, 첨단기계 활용 등의 면에서 영국보다 경쟁력이 뛰어났다. 그리고 이 점은 근로자들의 숙련수준의 차이, 특히 판단력이나 작업수행능력 및 여기에서 비롯되는 동일 생산업무를 수행하는 데 소요되는 근로자수의 차이 등으로 설명되고 있다. 이처럼 경쟁력을 좌우하는 여러 지표에서의 차이는 얼마나 최신의 기계를 활용하고 있는가에 의해서도 영향을 받지만, 여기서도 이 첨단기계의 활용 정도를 결정하는 근로자 숙련수준의 차이가 더 중요했다. 요컨대 독일의 양적·질적으로 풍부한 숙련근로자의 수는 곧 새로운 산업경쟁력의 향상을 추구할 수 있는 기회가 되고 있지만 영국의 숙련근로자의 부족은 경쟁력의 추구에 장애요인이 되고 있는 것이다.

생산직·기술직 근로자의 사회적 대우 면에서도 독일과 영국은 두드러지게 차이가 난다(Sorge and Warner 1986; Lane 1989). 독일에서는 이중직업학교를 통해서 생산직 숙련근로자가 되고 더 높은 숙련을 쌓아서 생산직의 감독자가 되는 것이 보통의 청소년들이 선호하고 선택하는 직업경로인데, 이 점은 10대 후반 청소년의 약 2/3가 이 같은 경로를 선택한다는 데서도 잘 드러난다. 반면에 영국에서 이런 직업경로는 정상적인 교육과정에서 학업성적이 떨어지는 경우에 선택되는 과정이다. 이러한 직업문화의 차이는 독일에 비해 영국 생산직근로자의 경제·사회적 지위가 열등한 것을 설명하는 데 중요하다. 독일의 근로자들은 생산직근로자로 취업한 후에도 사용자와의 고용관계에서 영국보다 대등한 근로권리 및 대표권리를 누리는 편이다. 예를 들어 작업장 내 각종 생산업무의 수행에서 독일의 생산직근로자들은 상대적으로 높은 자율성을 가지는데 이는 이들의 높은 숙련수준과 관련이 깊다(Lane 1989).

이외에도 경영자들이 생산과 관련된 각종 결정을 내릴 때 독일의 직장평의회는 영국의 작업장 수준의 노조보다 더 높은 협의, 참여 및 공동결정권을 가지는데, 표면적으로는 독일의 경우 그러한 권리를 보장한 노사관계제도가 갖춰진 때문으로 해석될 수 있다. 하지만 독일의 생산직근로자들이 이런 권리를 누릴 수 있는 것은 생산업무와 관련된 정책의 수립 및 집행에서 경영자들이 무시할 수 없는 전문적이고 폭넓은 숙련을 갖추고 있기 때문이다. 독일 생산직근로자의 회사 내 지위는 영국과 비교하여 상대적으로 높은 직업만족도나 장기적인 고용관계를 보이는 점을 이해하는 데도 유용하다.

독일의 기술직근로자의 경우 역시 영국보다 높은 경제·사회적 지위를 누리고 있다. 대졸 엔지니어의 경제·사회적 지위를 비교한 연구들에서 양국의 차이가 확인된다(Hutton and Lawrence 1981; Lawrence 1992). 우선 엔지니어의 급료가 독일이 더 높다. 독일의 경우 고위공직자나 대학교수보다 엔지니어의 급료가 높은 데 비해 영국은 이 직종들보다 낮다. 그리고 이공대 졸업의 엔지니어가 고위경영자로 승진하는 사례도 독일이 더 많다. 특히 6, 70년대 독일기업들에 대한 설문조사들에 따르면 경영자의 가장 중요한 교육배경이나 자질은 엔지니어링을 전공한 학력이었다(Lawrence 1992). 이렇듯 영국보다 독일의 엔지니어들은 회사 내에서 더 높은 지위에 오르고 안정적인 대우를 받는다. 또한 독일의 엔지니어들은 업무를 수행하는 데 있어서 회계나 재무 같은 경영학 전공과목보다 디자인이나 전문엔지니어링, 기초엔지니어링 과학 등 엔지니어링 전공과목의 중요성을 강조하였다. 나아가 독일의 청소년들에게 엔지니어가 되는 것은 경제적으로 안정적이고 사회적으로 유망한 직업을 가지는 것으로 인식되었다(Hutton and Lawrence 1981).

그러나 80년대까지 세계적으로 가장 모범적인 숙련양성제도로 평가받았던 독일의 이중직업훈련제도는 90년대의 정치·경제·사회적 환경변화 속에서 상당한 한계를 드러내고 있다. 앞의 〈그림 1〉에서 볼 수 있듯이 이 제도의 복잡한 구조는 이 한계들을 이해하는 데 도움을 준다. 이러한 한계는 독일경제가 직면한 새로운 정치·경제적 환경, 특히 독일통일 및 외국기업과의 경쟁격화에 따른 비용부담 등으로 심화되고 있는데 크게 다섯 가지로 요약할 수 있다(Attwell and Rauner 1999; Crouch et al. 1999; Flecker and Schulten 1999; Wagner 1999).

첫째는 훈련생의 양성비용 부담이 늘어나는 추세이고 이에 따라 기업들이 양성된 숙련인력을 기업 내에 보유하기보다 회사 밖에서 공급되는 임시직근로자를 채용하는 쪽을 선호한다. 또 대기업들이 단기이윤추구 극대화의 압력에 직면하면서 상당한 운영비용이 드는 이중훈련을 제공하는 기업수가 감소하고 있다. 1993~94년 훈련생과 기업의 도제훈련계약(apprenticeship training contracts)의 체결은 해마다 줄어들었다. 사내 훈련에 대한 기업들의 이런 새로운 태도는 90년대 들어와 국내외 상품시장에서 일본이나 아시아국가들과 독일 제조업체들의 경쟁격화 및 유럽 단일통화와 독일통일 등 정치·경제적 환경변화에서 그 이유를 찾을 수 있다. 변화된 경제상황에서 구서독기업들은 저임금국가로의 생산시설 이전을 늘리고 있으며, 동독지역의 기업들은 낮은 생산성과 낙후된 경영관행으로 생존의 위기에 처함으로써 도제훈련과 관련된 높은 금융부담이나 규제를 회피하고 있다. 따라서 도제훈련에 참가하는 기업들도 훈련생을 저임금노동으로 활용하려 하고 결과적으로 훈련의 질이나 훈련생의 취업기회는 크게 낮아졌다.

둘째는, 이중훈련을 통해 양성된 인력의 활용이 활발했던 전통직종부문(craft trade)에서 기존의 훈련과정이 새로운 직종에 수요되는 훈련이나 직무경험을 충분히 제공하지 못하게 되었다. 과거의 핵심적인 숙련이 통합되어 가면서 교육이나 학습 과정의 상당한 변화를 요구하는 새로운 개념의 숙련이 중요해지는 것이 최근의 추세이다. 그래서 새로운 훈련목표에 도달하기 위해 대기업이나 첨단기술산업 부문에서는 70년대부터 상당한 개혁을 시도하였지만, 이 같은 개혁이 전통직종부문에서는 충분히 달성되지 못했다.

셋째는, 고용창출이나 매출액 면에서 서비스부문이 독일경제에서 차지하는 비중이 점점 높아졌지만 이 부문에서는 전통적으로 이중직업훈련이 시행되지 않음으로 해서 이 부문의 증가가 이중직업훈련의 증가로 이

이지지 않는다. 1992~96년 기업에서 이중훈련을 제공하는 곳의 감소가 제조업의 직무(jobs)감소를 웃돌았다. 또 같은 시기에 서비스부문에서 고용은 늘어났지만 훈련생수는 줄어들었다.

넷째로, 청소년들이 전통도제과정에서 제공되는 것보다 더 폭넓은 교육기회, 예를 들어 기술대학의 진학을 선호하면서 이중직업훈련에 대한 인기도가 더욱 하락하고 있다. 이러한 청소년들의 선호도 변화는 도제훈련과정에 남은 사람들의 자질 저하로 이어지고 따라서 훈련생 채용의 매력이 감소함으로써 사용자들도 훈련생의 취업을 선호하지 않는다.

마지막으로, 기업에서는 기존 근로자들의 직업능력을 조정하거나 향상시키는 재훈련의 중요성이 커지고 있지만 이중훈련은 신규채용한 근로자의 양성훈련에 치중하고 있다. 재훈련이 강조되는 이유는 새로운 경쟁압력이 증대하는 속에서 기업들은 기존 인력 중 뛰어난 소수인력의 재훈련을 통한 경쟁력 향상이 새로운 기술의 활용에 유용해지고 있기 때문이다. 그러나 재훈련의 경우에는 정부나 사용자단체가 영향력을 행사하지 못하고 있고 따라서 앞에서 살펴본 훈련과 관련된 노사정 합의적인 독일모형의 강점이 그만큼 줄어든다.

최근에 드러난 독일 교육·훈련제도의 한계가 이 제도에 어떤 변화를 가져올지를 구체적으로 예상하기는 어렵다. 일부 비관론자들은 이 제도의 급격한 변화를 예상하지만(Herrigel and Sabel 1999) 이 제도가 적절하게 적응하게 될 것이라는 낙관론도 있다(Crouch et al. 1999; Wagner 1999).

한국의 경우

독일의 사용자들과 비교할 때 한국의 사용자들은 생산직·기술직 근로자들이 거치는 공업고등학교, 직업훈련원, 전문대학, 이공대학 등의 교육성과에 대해 신뢰감이 낮은 편이다. 물론 생산직·기술직 근로자의 채용과정시 고등학교 혹은 대학교 졸업자격증을 요구하지만, 그 교육과정이 기업현장의 인력수요에 부합하지 않는다는 인식이 경영자들 사이에 지배적이다. 따라서 채용 후 생산직근로자는 2∼3개월, 기술직근로자의 경우에는 더 긴 기간의 기업 내 훈련과정을 거치는데, 여기에서 기업 내에서 실제로 활용되는 분야의 기본적인 이론적 지식이나 실무담당 능력이 습득된다. 국내기업의 사례조사에 기초한 연구들에 따르면, 인사정책을 담당하는 경영자들은 생산직이나 기술직 근로자들이 기업의 인력수요와 상당히 동떨어진 이론 위주의 교육을 받은 것으로 평가하고 있었다(Jeong, 1995; 정주연, 1999).

뿐만 아니라 근로자들 스스로도 공업고등학교나 이공대학의 교육이 현장에서 실무를 수행하는 데 유용하지 않다고 본다. 이공대학을 졸업하고 대기업 제조업체에 취업한 엔지니어 100명에 대한 설문조사에서, 현재 맡은 업무를 수행하는 데 대학교육이 유용한가라는 질문에 대해 "그렇다" 18명, "그렇지 않다"가 33명이었으며 49명이 "보통이다"(그렇다와 그렇지 않다의 중간)라고 대답했다(정주연, 1999). 그리고 두번째와 세번째 응답을 선택한 엔지니어들은 대학교육의 한계들을 다음과 같이 구체적으로 나열하였다. 우선 교육내용이 지나치게 이론적이고 추상적이어서 기업현장의 다양하고 급변하는 업무상황에 유연하게 적용할 수 있는 엔지니어링의 원칙이나 그 응용을 배우는 데 불충분하다고 말했다. 그리고 각 전공분야의 교육내용이 지나치게 일반적이고 광범위한 데 비해 현재 근무하는 회사에서 제조하는 상품은 한 종류의 특수한 상품으로 전문화되어 있는 점을 들었다. 가령 기계공학을 전공하여 기계 전반에 걸친 일반적인 교과과정을 이수한 엔지니어들은 흔히 취업 후에 자동차, 농업기계, 건설기계 등의 제조에 전문화되지만, 4년의 대학교육은 관련 상품의 제조나 관련분야를 심도 있게 다루지 못한다. 또 대학교육의 내용과 시설이 너무 낙후해서 기업이나 관련부서에서 요구하는 숙련수준을 충족시키기 어렵다고 답변했다. 한 예로 대부분의 섬유공학과에서는 여성의류의 디자인을 강조해 왔으나 국내의 대규모 의류회사들은 남성의류로 전문화되어 있어서 대학교육의 내용이 기업의 인력수요와 불일치하게 된다.

이처럼 이공대학교육의 질에 대한 대졸 엔지니어들의 불만은 다른 연구에서도 확인된다. 259명의 이공대 졸업생의 설문조사에 기초한 연구에서는 이공대학의 이론 위주 교육의 가장 큰 한계가 회사수준에서 숙련에 대한 실질적인 요구를 충분히 고려하지 않고 있는 것이라는 점이 드러났다(정진화 1993).

비교적인 시각의 분석

이상의 독일과 한국 사례를 비교해 보면 노사정 합의형과 정부주도형 숙련양성제도의 성과의 차이가 파악된다. 사용자의 인력수요를 얼마나 만족시키는가 하는 면에서 전자는 후자보다 더 나은 성과를 나타낸다. 독일의 사용자들은 이중직업훈련이나 그 밖의 교육·훈련제도를 통해 양성된 인력이 기업에 유용하다는 인식을 가지고 이 제도의 운영을 위해 기여할 수 있는 부분, 특히 근로자들의 실무능력 배양을 돕는 사내훈련에 대해 아낌없는 관심과 투자를 하였다. 이러한 인력양성에 대한 노력이 새로운 기술의 활용이나 고부가가치 상품전략 추구를 용이하게 하는 유리한 노동시장 여건을 조성하고 있다. 동시에 근로자들도 직업교육 및 훈련제도에 높은 참여도와 관심을 보였다.

반대로 한국 교육·훈련제도는 기업의 인력수요를 고려하지 않고 관련정책이 수립, 집행된다. 따라서 이 제도를 통해 양성된 인력이 기업의 수요를 만족시키는지가 우선 관심사인 기업들로서는 불만족스러울 수밖에 없다. 특히 제조업체들은 공업고등학교나 이공대학을 졸업한 신입 생산직·기술직 근로자를 선발했을 때 인성교육이나 기초적인 이론중심의 기술교육은 받았다고 가정하고 일정한 기간 동안 실무중심의 현장실습을 시킨다. 근로자들 또한 이런 교육과정의 이수 그 자체는 원하는 기업의 선발과정에서 유리하지만 기업현장에서 실제로 활용될 수 있는 직업능력을 배양하는 데 크게 기여할 것으로 기대하지 않는다. 결국 독일과 한국의 직업 교육 및 훈련제도는 기업의 인력수요 충족이나 실제로 활용될 수 있는 직업능력의 배양에 대한 경영자나 근로자의 만족도 등에서 대조적인 성과를 낳고 있다.

이러한 정부주도형 인력개발제도의 한계와 노사정합의형 제도의 강점은 한국과 독일의 비교뿐 아니라 이미 유럽국가들의 문헌에서 지적되고 강조되어 왔다. 독일과 영국의 직업 교육 및 훈련제도의 구조와 기능적 특성에서의 차이를 살펴본 여러 연구들은 숙련양성과 관련한 정부실패와 시장실패라는 개념으로 이 차이를 설명하고 있다(Finegold and Soskice 1988). 여기서 시장실패는 민간 경제주체들인 사용자나 근로자가 충분한 투자를 하지 않아 숙련의 양적·질적 부족이 발생하는 상태를 가리킨다. 또 정부실패는 숙련양성과 관련된 정부의 교육·훈련정책이 그러한 한계를 낳는 상태를 의미한다. 영국이나 프랑스, 미국과 비교할 때 독일과 일본은 상대적으로 시장실패나 정부실패가 적은 것으로 인식되고 있다(Ashton and Green 1996; Finegold 1991). 그리고 이 이론적 개념을 한국에 적용해 보면 앞에서 논의한 것처럼 숙련양성과 관련하여 상당 수준의 정부실패와 시장실패가 존재하는 것으로 판단된다(Jeong, 2000).

이처럼 독일과 한국의 직업 교육 및 훈련제도에서 나타나는 성과의 차이는 상당 부분 앞에서 말한 그 제도의 구조나 관련 경제주체들의 역할분담의 차이에서 비롯된다. 독일의 경우 노동조합과 사용자단체, 정부, 전문가 들이 참여하는 직업훈련연구소의 자문 및 정책제안은 숙련양성제도가 기업의 인력수요를 맞추는 방향으로 작동하게 하는 중요한 수단이다. 숙련양성과 관련된 사용자나 사용자단체의 꾸준한 관심과 참여 역시 정부가 관여하는 인력개발제도가 노동시장의 인력수요에 부응할 수 있게 기여한다(Streeck 1989). 또한 사용자단체나 노동조합의 규제 및 간섭도 기업이 숙련양성과 관련하여 무임승차자가 되려는 동기를 약화시키는 데 일조한다. 반면에 이러한 숙련양성과 관련된 제도적인 제약이 부족한 한국의 경우 정부의 인력수요가 기업의 인력수요와 불일치하거나 기업이 근시안적인 인력양성방식을 유지해도 이를 고칠 수 있는 제도적 장치가 부족하다.

4. 양국 제도의 구조 및 기능적 특성을 설명하는 요인들

앞의 2절에서 독일과 한국 직업교육·훈련제도의 구조적 특성에 상당한 차이가 있음을 확인했다. 독일의 제도가 정부를 비롯하여 사용자 및 그 단체, 근로자 및 그 조직이 참여하여 협의하는 노사정합의형 모형인데 비해 한국의 제도는 정부가 제도운영을 거의 독점적으로 주도하는 정부주도형 모형이다. 또한 독일의 경우 사용자나 근로자가 그 제도의 운영에 높은 참여도와 관심을 보이는 반면 한국은 그 정도가 낮다. 이러한 구조적인 차이는 양국 제도의 경제·사회적 성과의 차이를 설명하는 데 중요하다.

이 절에서는 이 같은 숙련양성제도의 구조 및 기능적 특성의 차이를 낳은 다양한 정치·경제·사회·문화적 환경요인들을 역사적인 관점에서 살펴보고자 한다.

국가의 경제성장전략

독일은 본격적인 산업화를 시작하면서 경제성장을 추구할 때 영국과 미국 중심의 세계무역질서를 극복해야 하는 상황이었다. 이러한 상황에서 정부는 산업화과정을 촉진하는 데 기존의 선진국들보다 좀더 적극적인 역할을 담당하였다. 특히 현대적인 산업의 발전을 위해 정부는 교육제도의 구축이 시급했고 이에 따라 훨씬 개입적이고 적극적인 역할을 하게 되었다(Ashton and Green 1996; Ashton et al. 1999; Ashton et al. 2000). 동시에 독일의 노조도 20세기 초부터 거시경제의 운영이나 기업운영과 관련하여 사용자 수준의 참여권을 요구해 왔으며 이는 노동조합이 사용자단체와 더불어 직업 교육·훈련제도의 운영에 관여하는 주요한 배경을 이룬다(Berg 1994). 결국 정부주도적인 경제성장전략이 노동조합과 사용자단체의 참여와 결합되면서 경제성장을 지원하는 사회합의적인 각종 제도가 구축되었고 교육 및 훈련에서도 그러한 유형의 제도가 등장하였다.

반대로 한국의 경제성장은 정부에 의해 주도적으로 계획·추진된 정부주도형 모형이었다. 정부는 기업의 정상적인 활동을 위한 각종 사회간접자본의 조성을 도맡았고 교육·훈련을 통한 인력양성에서도 중요한 역할을 하였다. 이런 정부주도형 성장전략은 제한된 자원을 집중적으로 투자하고 빠른 의사결정을 통해 단시간 내 가시적인 성과를 낼 수 있다는 장점이 있다. 그러나 경제성장이 성숙단계에 접어들고 경제구조가 복잡해지고 다양해질수록 경직된 대응밖에 할 수 없음으로 해서 그 한계를 드러내게 된다. 교육·훈련에서도 기업의 인력수요 요구는 점점 높아지고 다양해지지만 정부주도형 제도들은 그 제도의 수요를 중요시하지 않는 내재적 성향 때문에 이러한 요구를 충족시키는 데 소홀하기 쉽다. 그러므로 독일과 한국의 다른 산업화 경험, 특히 정부의 역할은 교육·훈련 관련의 정부정책 유형을 이해하는 데 중요하다.

기업의 성장전략

앞의 독일과 한국 직업교육·훈련제도의 비교에서 기업이 이 제도의 운영, 즉 근로자들의 체계적인 숙련양성에 얼마나 관심과 투자를 보이는 가가 제도의 성과를 설명하는 데 중요함을 확인할 수 있었다. 예를 들어 독일의 경우에는 사용자들의 체계적인 사내훈련이 이중직업훈련의 성과를 설명하는 데 중요하다. 반면 한국의 경우 공업고등학교나 전문대학 학생들의 기업현장실습은 사용자들의 낮은 관심과 투자로 상당한 한계를 드러냈다.

왜 독일과 한국의 사용자들은 장기적인 시각의 숙련양성에 대해 이런 대조적인 태도를 보이는 것일까? 이 점을 설명하는 중요한 요인으로 양국 기업들이 취한 성장전략, 특히 상품전략과 기술정책이 고려되어야 한다. 미국이나 영국과 비교할 때 독일 제조업체들의 상품전략은 가격보다 상품의 품질이나 디자인, 성능 면에서 비교우위를 강조하는 것이었다 (Dertouzos et al. 1989; Sorge 1991; Steedman and Wagner 1987; 1989; Streeck 1992). 이러한 고부가가치 상품전략은 최신기술을 적극적으로 개발하고 활용하는 기술정책과 결합되어 있다(Lane 1989; Sorge and Warner 1986; Steedman and Wagner 1987; 1989). 따라서 독일기업들은 이런 상품전략과 기술정책을 유지하기 위해 장기적인 시각의 숙련양성에 대해 꾸준한 관심과 투자를 하게 된다.

이와 달리 한국의 기업들은 단시간에 가시적으로 빠른 성장을 추구해 왔으며, 이런 외형적 성장 위주의 기업에서 상품 개발 및 개선 기술은 선진국들로부터 수입되거나 모방되었다. 그리고 의존적인 기술정책하에서 생산되는 상품은 품질, 성능, 디자인보다 가격에서 경쟁우위를 보였다 (Kim 1997; Porter 1990). 이와 같은 의존적 기술정책과 가격 위주의 경쟁전략은 앞의 기업사례로 살펴본 공작기계, 농업기계, 남성의류, 화학섬유,

플랜트건설, 정보통신, 자동차조립, 건설기계 등의 산업에서 정도의 차이는 있지만 공통적으로 관찰되고 있다(Jeong 1995; 정주연 1999). 그리고 그만큼 한국기업들은 상품개발이나 디자인, 기술, 생산경영에 창의적인 능력을 지닌 고숙련 생산직·기술직 근로자를 길러낼 필요성이 적어지고 대신 근로자들은 맡은 바 직무분야에서 세계수준의 기술능력을 모방해서 이해할 수 있는 정도의 능력만 가지면 된다. 이 때문에 한국의 대기업들은 근로자들에 대해 체계적이고 장기적인 숙련양성을 유도하는 노력을 기울일 강한 동기를 가지지 못했다. 특히 해외의존적 기술정책하에서는 각종 고정 성격의 비용을 지불한 후에도 가격경쟁적 상품전략을 고수하기 위해서 훈련비용을 포함한 노동비용의 최소화가 경영의 주요한 관심사가 될 수밖에 없었다.

직업 및 교육 문화

한 나라의 직업문화는 그 나라 구성원들의 직업선택에서의 지배적인 태도를 나타낸다. 가령 한 나라의 특정 직업에 대한 선호도가 다른 나라들보다 높다면 그것은 그 나라의 독특한 직업문화로 간주할 수 있다. 마찬가지로 한 나라의 교육문화는 특정한 교육과정을 선호하거나 그렇지 않은 태도로 나타난다. 이런 직업 및 교육 문화 면에서 볼 때 독일과 영국은 확실히 차이가 난다. 영국은 대학에서 인문, 자연과학의 전공에 대한 인기도가 높은 반면 독일은 공학의 인기도가 높다(Hutton and Lawrence 1981). 또한 독일에서는 생산직근로자나 기술직 엔지니어가 인기 있는 직종이다(Sorge and Warner 1986; Larwrence 1992). 이러한 독특한 직업 및 교육문화는 독일 고유의 산업화 역사 속에서 발전한 사회·문화적 토양의 산물이라고 할 수 있는데 이는 이 직종과 관련한 독일의 교육·훈련에 대한 근로자나 사용자, 정부의 높은 관심과 투자를 설명하는 데 중요하다. 또한 독일 경제주체들의 생산 및 기술직종에 대한 긍정적인 태도는 현재 이 직종 근로자들의 임금이나 근로조건 그리고 이 직종에 대한 지배적인 사회적 인식 같은 경제·사회적 지위와도 비례관계에 있다.

한국의 경우 공업고등학교는 인문고등학교보다 선호되지 않거니와 성적이 떨어지거나 집안사정이 어려워서 선택되는 경우가 많다. 또 한국의 지배적인 교육방식은 배운 이론이나 지식을 현실생활에 어떻게 활용하는가에 맞춰져 있기보다 배우는 것 그 자체에 의미를 부여하는 경향이 있으며, 이런 지식을 활용하여 정치에 관여하거나 정부요직을 차지하는 것이 바람직한 입신양명의 길로 평가되고 있다. 이러한 독특한 유교적인 직업 및 교육 문화가 제조업부문에서는 생산현장에서 기계를 다루면서 일하는 직종을 경시하는 형태로 나타난다. 즉 책상에서 하는 정신적인 노동을 선호하는 직업관이 제조업에 종사하는 젊은 근로자들 사이에도 강하다.

대기업 제조업체 11개사의 엔지니어들을 대상으로 다음 두 가지 설문을 통해 대기업 엔지니어들의 지배적인 직업관을 살펴본 연구가 있다(정주연 1999). 첫번째 설문은 엔지니어 자신이나 그 친구들 사이에서 대학졸업시 가장 선호하는 직업이 무엇이었는가 하는 것이었다. 이에 대해 엔지니어들 대부분이 민간·정부 연구소의 연구직, 학업을 계속하여 국내외에서 석·박사 학위취득 후 전문연구직에 종사, 각종 고시합격을 통한 공무원, 안정적이고 지속적인 성장을 하는 자동차 및 정보통신 산업 등의 일부 대기업에의 취업 등을 꼽았다. 물론 이러한 직업관의 형성은 이 직업들이 안정적인 고용보장을 하고 상대적으로 임금수준이 높다는 점과 무관하지 않다. 그러나 이런 독특한 직업관은 유교적인 교육 및 직업문화 속에서 형성·발전된 것으로 볼 수 있다.

두번째는 엔지니어 자신이나 친구들이 대학졸업 후 취업에서 제조업체를 기피하는 경향이 있었는가 하는 설문이었는데 98명의 응답자 중 40

명이 "그렇다"를 선택하고 나머지는 "그렇지 않다"고 했다. 이것은 상당한 수의 젊은 엔지니어들이 제조업체의 직장을 기피한다는 것을 의미한다. 이러한 현상은 우리나라의 젊은 세대 사이에서 보편화되어 있는 직업관——일반 제조업체를 3D(dirty, dangerous, demanding)업종으로 보는 것——을 나타낸다. 즉 이 직장은 임금수준이나 평생직업의 기회, 고용안정, 사회적 권위 등의 면에서 앞에서 언급한 가장 선호되는 직장들보다 열등하다는 의미이다. 인사담당 경영자들에 따르면 이런 독특한 직업관은 유망한 직장에 취업의 기회가 상대적으로 풍부한 명문대 졸업생들 사이에서 더 두드러진다.

이론 위주의 추상적인 지식습득을 강조하는 이런 독특한 교육문화는 직업교육이나 훈련제도가 현장수요를 충족시키는 과정을 마련하는 데 소홀함을 간접적으로 설명해 준다. 또한 현장에서 실질적인 업무를 수행하는 생산·기술직종을 선호하지 않는 직업문화는 이 직종 근로자들의 사기를 저하시키고 직종전환을 원하게 한다. 이러한 기업분위기에서 근로자들 자신이나 기업이 체계적이고 장기적인 시각의 숙련양성에 심혈을 기울이기를 기대하기란 어렵다. 따라서 한 나라의 지배적인 교육 및 직업 문화는 그 나라의 숙련양성에 대한 관심과 투자를 이해하는 데 중요하다.

5. 맺음말

이상에서 한국과 독일의 생산·기술직 관련 직업능력 양성을 담당하는 교육·훈련제도는 구조나 기능 면에서 상당한 차이가 있다는 것을 살펴보았다. 우선 구조 면에서 보면 독일은 노사정 합의가 강조되는 모형인 데 비해 한국의 제도는 정부주도형 모형이라고 할 수 있다. 이러한 구조적 차이는 독일의 제도가 기업의 인력수요에 부합하면서도 높은 수준의 숙련양성을 이룬 것을 설명하는 데 중요하다. 하지만 이 제도는 정책 수립이나 집행에 여러 경제주체와 조직이 관여하기 때문에 새로운 환경변화에 적응하는 데 느린 경직성의 약점을 가진다. 이에 비해 한국의 제도는 특히 운영에서 정부만이 중요한 역할을 하므로 신속한 의사결정을 내릴 수 있다는 장점이 있다. 그렇지만 이 제도는 정책 수립이나 집행 과정에서 기업의 인력수요를 충분히 고려하지 않는 한계를 가진다.

또한 이런 제도의 성과와 관련하여 양국의 차이는 제도의 구조적인 요인뿐 아니라 제도운영에 대한 경영자나 근로자의 태도와도 밀접한 관계가 있다. 한국의 경영자와 근로자들은 독일과 비교하여 숙련양성에 대한 관심이 낮다. 특히 한국의 제조업체 경영자들은 교육과 훈련에서 근시안적이고 비용 절약적인 방식을 고수하는 태도를 보였다.

이와 같이 숙련양성제도 여러 가지의 한계들이 지적된 만큼 자연스럽게 정책대안을 고민해야 한다. 실제로 국내에서 이 주제에 대한 여러 연구들이 이 문제를 고민하고 있다. 앞에서 독일의 이중직업훈련을 근간으로 하는 숙련양성제도가 각종 성과지표에서 강점을 가진다는 것을 확인했지만, 그렇다고 해서 독일제도를 한국에 그대로 이식하는 정책대안은 효과적인 해결책이 되지 못한다. 왜냐하면 4절에서 살펴보았듯이 제도의 구조와 기능적 성과는 각 국가의 독특한 산업화과정에서 형성ㆍ발전된 서로 다른 정치ㆍ경제ㆍ사회ㆍ문화적 환경의 산물이기 때문이다. 따라서 한국의 독특한 환경여건에 독일의 교육ㆍ훈련제도를 이식해서는 기대한 성과를 내기 어렵다. 이는 국내의 교육ㆍ훈련제도에 관한 정책진단이 국내 제도의 한계뿐 아니라 독특한 환경토양을 분석하는 방향으로 상당히 신중해져야 함을 의미한다.

그러면 한국의 교육ㆍ훈련제도를 둘러싼 환경적인 특수성을 고려하면서 현재의 제도적 한계를 치유하는 정책대안은 무엇일까? 우선 장기적인 시각에서 새로운 경제성장전략이 구축되어야 하고 이와 부합하는 정부역할 및 기업의 성장전략이 고려되어야 한다. 최근에 한국기업의 성장전략이 기존의 모방적 기술정책에 기초한 저가격 위주의 상품전략을 탈피해야 한다는 주장이 꾸준히 제기되어 왔다. 특히 중국이 WTO가입을 통해 세계무역체제에 급속히 편입되고 동남아 개발도상국들의 경제성장이 두드러지면서 한국기업들의 이러한 전략적 변신은 더욱 요구되고 있다. 따라서 독창적인 기술정책에 기초한 고부가가치 상품전략으로의 변화가 필요하다. 또한 최근 들어서 경제운영에 대한 정부의 역할이 감소되고 있는 추세이다. 지나친 정부규제가 수반하는 높은 비효율성이나 부정부패의 가능성 및 비용을 고려할 때 이러한 정부규제의 완화추세는 정당화될 수 있다.

그러나 교육·훈련분야에서 지나친 규제완화는 상당한 부작용을 낳을 수 있다. 앞에서도 확인하였듯이 한국의 숙련양성제도에서는 기업들이 장기적인 시각에서 인력양성에 관심과 투자를 보이지 않아도 이를 규제하는 제도적 장치가 미흡하기 때문이다. 독일의 경우 정부가 숙련양성을 위한 법적 기초를 만들고 각종 규제나 감독을 통해서 양적·질적으로 충분한 숙련양성이 이루어지도록 하는 제도적인 기초를 마련한다. 이 기초 위에 사용자단체가 기업단위의 숙련양성에 대해 협조적이고 규제적인 역할을 하며 그리고 노동조합이 양성되는 숙련의 성격이나 질에 대해 견제를 한다. 이처럼 각종 사회주체들의 간섭과 규제는 기업이 근시안적인 시각으로 인력양성을 소홀히 하면서 숙련양성에 대한 무임승차자가 되어 양적·질적으로 떨어지는 사내훈련을 하거나 타기업에서 숙련된 인력을 스카웃 하는 선택을 못하게 한다. 하지만 국내 대기업제조업체의 경우 정부가 인력양성에 관여하지만 그 수준이 미약하고 장기적인 시각의 숙련양성을 유도할 수 있는 정부나 사용자단체, 노동조합이 관여하는 제도적 규제도 미흡하다. 이러한 이유로 정보통신 같은 성장 가능성이 높은 산업에서 기업들간, 특히 신규업체에 의해 주도되는 과도한 인력스카웃은 기존업체들로 하여금 체계적이고 장기적인 인력양성을 소홀하게 해서, 모든 기업들이 인력의 양적·질적 부족에 시달리는 심각한 상황이 발생하고 있다(정주연 1999).

따라서 교육·훈련제도의 운영에서 정부의 주도적인 역할은 지금보다 더 효율적으로 개선되면서 유지되어야 한다. 이를 위해서는 교육·훈련제도와 관련된 정책의 수립이나 집행에서 비효율성을 낳는 불필요한 규제는 과감히 완화되어야 한다. 그러나 이 정책들이 기업의 인력수요에 잘 부합하는지를 고민하면서 정책에 관한 여러 단계의 의사결정과정에서 숙련양성의 주체인 기업이 근로자들의 의견을 고려하는 개혁이 필요하다. 즉 현재의 정부주도적인 교육·훈련제도의 골격은 유지하되 사용자의 인력수요나 근로자의 이해가 고려되는 정책이 절실히 요구된다.

한국의 숙련양성제도의 성과에 대한 평가와 정책대안 제시를 위해서는 더 많은 후속연구가 필요하다. 더욱이 이 글은 한국의 제도를 세계에서 가장 모범적이라고 알려진 독일의 제도와 한국제도를 비교하였으며 기업수준의 자료에 의존하여 제도를 평가하고 있다. 따라서 좀더 다양한 기준이나 방법론에 기초한 제도의 평가가 시도되어야 할 것이다. 그럼에도 불구하고 이 글은 두 가지 측면에서 후속연구에서 좀더 심도 있게 다루어져야 할 방법론이나 시각을 제시하고 있다. 방법론 측면에서 양성된 인력의 혜택을 받는 경제주체는 근로자나 그 인력의 수요자인 기업이므로 이 경제주체들의 숙련양성에 대한 관심이나 숙련양성의 성과에 대한 그들의 판단과 견해가 충분히 고려된 연구가 유용하다. 또 이 글은 한국 교육·훈련제도의 구조 및 기능적 특성을 한국적인 토양의 산물로 이해하는 시각을 강조하고 있다. 따라서 앞으로 한국 경제성장과 관련한 정부의 역할 및 기업의 성장전략 그리고 현재의 교육 및 직업 문화가 충분히 고려된 정책대안이 신중히 검토되어야 할 것이다.

주

1) 1997년에 중화학 공업계와 경공업계 고등학교 졸업생의 각각 70.7%와 58.8%가 취업을 하였고 각각 26.7%와 38.1%가 진학을 하였다(강종훈 1998, 70쪽).
2) 이 질문에 대해 23명은 응답을 하지 않았다.

참고문헌

강종훈 (1998), 『직업교육훈련 현장실습의 효율적 운영방안연구』, 한국직업능력개발원.

정주연 (1999), 「한국 대기업의 대졸 엔지니어의 숙련양성: 국제비교적인 시각에서의 분석」, 『노동경제논집』 22권 2호, 한국노동경제학회.

정진화 (1993), 『기술인력의 배출과 활용: 이공대 대학졸업자의 취업실태분석』, 한국직업연구원.

한국직업능력개발원 (1999), 『한국의 직업교육훈련지표』, 한국직업능력개발원.

Amsden, A. H. (1989), *Asia's Next Giant: South Korea and Late Industrialization*, New York: Oxford Univ. Press.

Ashton, D. and F. Green (1996), *Education, Training, and the Global Economy*, Cheltenham: Edward Elgar.

Ashton, D., F. Green, D. James, and J. Sung (1999), *Education and Training for Development in East Asia: The Political Economy of Skill Formation in East Asian Newly Industrialized Economies*, London: Routledge.

Ashton, D., J. Sung, and J. Turbin (2000), "Towards a Framework for the Comparative Analysis of National Systems of Skill Formation," *International Journal of Training and Development* vol. 4/no. 1.

Attwell, G. and F. Rauner (1999), "International Briefing 3: Training and Development in Germany," *International Journal of Training and Development* vol. 3/no. 3.

Berg, P. B. (1994), "The German Training System," R. Layard, K. Mayhew, G. Owen eds., *Britain's Training Deficit: The Centre for Economic Performance Report*, England: Avebury.

Crouch, C., D. Finegold, and M. Sako (1999), *Are Skills the Answer? The Political Economy of Skill Creation in Advanced Industrial Countries*, London: Oxford Univ.

Press.

Dertouzos, M. L., R. Lester, and R. M. Solow (1989), *Made in America: Regaining the Productive Edge*, New York: Harper-Perennial.

Finegold, D. (1991), "Institutional Incentives and Skill Creation: Preconditions for a High-Skill Equilibrium" P. Ryan ed., *International Comparisons of Vocational Education and Training for Intermediate Skills*, London: Falmer Press.

Finegold, D. and D. Soskice (1988) "The Failure of Training in Britain: Analysis and Prescription," *Oxford Review of Economic Policy* vol. 4.

Flecker, J. and T. Schulten (1999), "The End of Institutional Stability: What Future for the 'German Model'?," *Economic and Industrial Democracy* vol. 20/no. 1.

Herrigel, G. and C. F. Sabel (1999), "Craft Production in Crisis: Industrial Restructuring in Germany during the 1990s," P. D. Culpepper & D. Finegold eds., *The German Skills Machine: Sustaining Comparative Advantage in a Global Economy*, Oxford: Berghahn Books.

Hutton, S. and P. Lawrence (1981), *German Engineers: The Anatomy of a Profession*, Oxford: Clarendon Press.

Jeong, J. Y. (1995), "The Failure of Recent State Vocational Training Policies in Korea from a Comparative Perspective," *British Journal of Industrial Relations* vol. 33/no. 2.

_____ (2000), "Skill Formation of Engineers in Large Korean Firms: An Analysis from a Comparative Perspective," *International Journal of Training and Development* vol. 4/no. 1.

Kim, I. S. (1997), *Imitation to Innovation: The Dynamics of Korea's Technological Learning*, Boston: Harvard Univ. School Press.

Lane, C. (1989), *Management and Labour in Europe: The Industrial Enterprise in Germany, Britain, and France*, Hants: Edward Elgar.

Lawrence, P. A. (1992), "Engineering and Management in West Germany: A Study in Consistency," G. L. Lee and C. Smith eds., *Engineers and Management: International Comparisons*, London: Routledge.

Muench, J. (1983), *The Dual System: The Vocational Training System in the Federal Republic of Germany*, Bonn: Deutscher Industrie- und Handelstag.

_____ (1991), *Vocational Training in the Federal Republic of Germany*, Berlin: CEDEFOP.

Porter, M. (1990), *The Competitive Advantage of Nations*, New York: Free Press.

Prais, S. J. (1995), *Productivity, Education and Training: An International Perspective*, Cambridge: Cambridge Univ. Press.

Prais, S. J. and K. Wagner (1983), "Some Practical Aspects of Human Capital Investment: Training Standards in Five Occupations in Britain and Germany," *National Institute Economic Review* vol. 83.

Sorge, A. (1991), "Strategic Fit and the Societal Effect: Interpreting Cross-National Comparisons of Technology, Organization and Human Resources," *Organization Studies* vol. 12/no. 2.

Sorge, A. and M. Warner (1986), *Comparative Factory Organization: An Anglo-German Comparison of Manufacturing, Management and Manpower*, Aldershot, Hants: Gower.

Steedman, H. (1998), "A Decade of Skill Formation in Britain and Germany," *Journal of Education and Work* vol. 11/no. 1.

Steedman, H. and K. Wanger (1987) "A Second Look at Productivity, Machinery and Skills in Germany," *National Institute Economic Review* vol. 87/no. 4.

_____ (1989), "Productivity, Machinery, and Skills: Clothing Manufacture in Britain and Germany," *National Institute Economic Review* vol. 89/no. 2.

Streeck, W. (1989), "Notes and Issues: Skills and the Limits of Neo-Liberalism: The Enterprise of the Future as a Place of Learning," *Work, Employment & Society* vol. 3/no. 1.

_____ (1992) "Productive Constraints: On the Institutional Conditions of Diversified Quality Production" W. Streeck, *Social Institutions and Economic Performance: Studies of Industrial Relations in Advanced Capitalist Economies*, London: Sage.

Streeck, W., J. Hilbert, K. H. Kevelaer, F. Maier, and H. Weber (1987), *The Role of Social Partners in Vocational Training and Further Training in the Federal Republic of Germany*, Berlin: CEDEFOP.

Wagner, K. (1999), "The German Apprenticeship System under Strain" P. D. Culpepper & D. Finegold eds., *The German Skills Machine: Sustaining Comparative Advantage in a Global Economy*, Oxford: Berghahn Books.

한국 자본주의와 공기업 구조조정

김 윤 자[*]

1. 머리말: 세계경제와 한국의 구조조정

70년대 스태그플레이션으로 축적애로에 봉착한 세계 자본주의는 투기자본화한 과잉자본의 주도 아래 정보기술혁명을 계기로 국제적 파생금융상품을 확대하면서 80년대 이후 자본 및 금융 시장 개방을 통해 새로운 자본축적, 이른바 신자유주의적 축적을 도모해 왔다. 이 과정에서 금융적 축적의 양면성, 즉 폭발적인 생산력 발전과 그 반전으로서의 연쇄적인 경기불안 국면이 교대되어 왔다. 그리하여 오늘날 세계경제는 "월가가 재치기하면 아시아경제가 독감에 걸리는 상황"에서 이제 "방콕에서 나비가 날갯짓하면 월가에 폭풍이 이는 상황"으로까지 상호 동조화되고 있다.

그런데 일견 무소불위인 국제투기자본의 '위력'에도 불구하고, 금융과 신용불안이 증폭되는 불황기에 정작 이들 자본은 강력한 국민국가의 우

* 한신대학교 국제정치학과 교수

산 밑으로 그 안전처를 구한다. 한쪽에서는 아시아금융 불안의 배후에 국제투기자본의 '음모'가 있다는 주장이 끈질기게 나왔고 금융위기에 처한 이들 국가의 알짜기업을 국제자본이 '헐값에 사냥'한다는 주장은 일부 일본기업을 외국자본이 매수하는 과정에서조차 어김없이 제기되었다.[1]

그러나 막상 90년대 말 세계적 금융축적에 교란이 발생하자 이들 국제투기자본은 발전도상국을 버리고 일제히 선진국, 특히 '강한 달러'의 나라 미국으로 피신하였다. 국제금융자본은 어디까지나 미국, 독일 등 국민국가가 그 공적 권위를 최종 보장하는 달러나 마르크의 가치변동을 기준삼아 이리저리 움직인다. 세계정부가 화폐로서의 신인도를 최종 보장하는 세계화폐는 아직 없기 때문이다. 때로 그 이동이 역으로 일국 화폐 가치의 폭락이나 폭등을 연출해 낸다 하더라도 이동의 기준은 여전히 개별국가의 국민화폐이다. "아무리 휘발성이 강한 투기자본이라도 국민통화와의 연관 속에서만 자신의 투기성을 발휘"하는 것이다(김윤자 1999a, 215쪽).

이처럼 자본자유화 역시 각국 자본의 이해를 대변하는 국가권력이 있기에 비로소 가능하다. 역설적이지만 투기든 투자든 국제자본은 국가권력의 보호막이 없는 무정부상태에서는 운동하지 못한다. 자본의 이윤추구에서 국적이 부차적이라는 것과 국가(권력)의 보호가 절대적이라는 것은 별개의 문제이다. 그러므로 일부의 국민국가 무력화론에도 불구하고 일국정부의 민주성을 확보하는 일, 소수 독점자본분파의 이해에 좌우되지 않는 정책결정과정의 민주성을 확보하는 일이 결정적으로 중요하다.

요컨대 한 나라 경제를 좌지우지하면서 국제투기자본이 가지고 있는 것으로 보였던 위력의 정체는 고도로 사회화(이른바 세계화)가 진전된 현대자본주의하에서 그 급속한 축적을 뒷받침하는 금융적 축적이 가지고 있는 양면성이었다고 할 수 있다. 그 양면성은 한편으로 축적을 확대시키고 자본주의 생산력 발전을 비약적으로 가속화시키는 그 신용창출의 위력과, 또 한편으로 그 금융축적이 실물적 한계에 부닥쳤을 때 그간의 비약적인 생산력 발전속도에 비례하여 연쇄적으로 파급될 수밖에 없는 저 축적 중단과 생산력 파괴의 가공할 효과를 의미한다.

그런데 현대자본주의의 금융적 축적하에서 불황이 닥쳤을 때 국내나 국제적으로 그 효과는 지역별, 부문별, 계층별로 매우 불균등하게 나타난다. 현재의 세계경제구조에서 불황의 파괴적 효과는 국제적으로는 주로 자본주의 세계체제의 약한 고리들——발전도상국과 빈국——에 집중되고 일국 내에서는 주로 노동자와 저소득층에 집중된다. 예컨대 1998년 러시아의 모라토리엄 선언 당시에도 미국, 독일, 일본 등 G7정부는 세계적 경제침체에 대비하는 공조체제를 언급하면서도 그에 따르는 주된 책임과 부담을 서로 전가하였다. 오히려 선진국들은 일련의 금융위기에 대해 기본적으로 발전도상 채무국들이 '뼈를 깎는 내부 구조개혁'을 통해 외자유치 환경을 조성하고 교역증대를 통해 이 위기를 벗어나야 한다는 입장이다.

이상으로부터 우리는 불안정성이 심화되는 세계경제의 최근 동향 속에서 경제발전의 안정적 토대를 확보하고 성장잠재력을 활성화시키는 결정적 관건은 국민국가의 역할, 구체적으로는 각국 정부의 경제정책 운용에 달려 있음을 알 수 있다. 특히 한국과 같이 자원 및 원자재의 해외의존도가 높은 경제소국은 해외요인에 의한 경제변동의 진폭이 클 수밖에 없어서 경제의 안정기반 확충이 향후 경제성장의 결정적인 전제조건이다. 따라서 현단계 구조조정의 중요한 내용으로서 정책의 자율성 제고와 내수기반의 확충이 강조되어야 한다. 시장개방과 투자유치 등 대외정책은 정책의 자율성과 사회적 통제의 가능성이 확보되는 범위 내에서 추진되고 진척되는 것이 바람직할 것이다. 이때 사회적 통제란 일국정부의 자율적 정책집행력뿐 아니라 사회·노동단체 등 각계 사회구성원의 민주적 참여 및 통제 장치를 두루 포함하는 것이다.

더욱이 한국경제는 '대마불사'라는 시중의 속어나 '국민적 대기업'이라는 대기업마다의 슬로건이 시사하듯이, 이미 생산단위의 거대화가 고도로 진행되어서 비슷한 조건의 다수 생산자가 경쟁한다는 시장체제의 논리만으로는 감당할 수 없는 높은 수준의 생산력 사회화에 도달해 있다. 따라서 이 거대한 경제력을 소수 대자본가나 특권관료가 아닌 국민 전체의 이익을 위해 조치하고 관리할 수 있는 새로운 사회적 조정기제가 요구된다. 이는 정권이나 개별기업 오너의 차원이 아닌 '사회 전체의 차원에서 효율적인' 조정기제를 강구하는 것을 의미하고 그러한 '사회적 효율'을 위해서는 무엇보다도 이해당사자와 공중을 포함한 다수의 사회구성원이 의사결정에 동참하여 그에 따른 성과를 공유하고 아울러 책임과 고통도 공유하는 투명하고 개방적인 조정장치를 요구하는 것이다.

　이 글에서 우리는 외환위기를 거친 한국 자본주의가 세기의 전환점에서 처해 있는 안팎의 축적조건을 공기업의 전략적 위상을 중심으로 조망해 보고자 한다. 먼저 2절에서는 민영화논의의 이론적 한계와 한국적 상황을 고찰하고 3절에서 그간의 민영화경험을 살펴본다. 4절에서는 한국전력공사와 한국통신공사 등 기간산업 및 공익산업의 몇 가지 사례를 통해 현단계 민영화정책의 문제점을 진단하고, 마지막 5절에서는 이상을 정리하여 한국의 공기업개혁이 소유구조개편(민영화)보다 지배구조개편(전문책임경영＋공기업으로서의 공공참여)에 역점을 두어야 한다고 강조한다.

2. 공기업민영화의 쟁점[2]

　공기업의 성격에 따라 다소 차이는 있지만 공기업민영화론의 주된 근거는 '비효율적인 독점공기업'(sic)에 경쟁을 도입하여 효율성을 증진한다는 것이다. 특히 전력·에너지 등 자연독점적 공익산업부문에서도 최근 소형기술이 발달하여 경쟁의 도입이 '기술적으로' 가능해졌다고 강조한다. 그러나 경쟁 혹은 독점은 시장구조(시장지배력)의 문제이지 기술(소형/대형)의 문제가 아니며 따라서 경쟁과 독점의 관계는 정태적 분석이 아니라 동태적 분석을 필요로 한다.

논리적으로는 경쟁에서 도태된 비효율적 경쟁자를 효율적인 경쟁자가 흡수합병하는 과정 자체가 독점형성의 과정이며 역사적으로는 소규모자본으로 운영이 가능하던 19세기 면공업으로부터 오늘날 보는 바와 같이 최소적정 자본규모가 거대(생산단위의 거대화)한 철강·조선업, 우주항공산업, 네트워크산업 등으로 발전해 온 자본주의의 사회적 생산력 발전과정 그 자체가 독점의 형성과정이다. 게다가 19세기와 달리 현대자본주의는 이미 생산단위가 거대화하여 경쟁에서 도태된 기업(=과잉자본 혹은 과잉생산시설)의 퇴출에 엄청난 사회적 비용(실업, 공적 자금 등)을 요구한다. 또 과잉투자 자체가 '원활한 축적에 비해 자본이 과잉'이라는 상대적 개념이기 때문에 불황기 구조조정의 적정선을 두고 자본분파간 이해가 엇갈리고 부실기업 퇴출이 과도하다(이른바 overkill)는 논란이 벌어지는 것이다.

이처럼 주요 생산단위가 고도로 거대해진 현대경제에서 시장기구는 이미 정부의 각종 거시적 조정하에서만 비로소 일정한 자기역할을 담당할 수 있게 되었다. 70년대의 스태그플레이션 위기를 거치면서 시장의 실패보다 정부의 실패가 더 문제라는 주장이 제기되지만, 이는 정부개입의 성격 혹은 방식을 문제삼는 것이지 정부개입의 필연성 자체를 배제하는 것이 될 수 없다. 특히 독점 대기업의 수익성 확보(이윤율 보전)를 위해 수요 팽창적인 재정정책과 인플레이션 유발적인 통화정책을 남발하는 정부행태가 비판의 초점이었는데 이것은 투명하고 개방적인 정부의 개입(혹은 규제)을 통해 보정될 수 있는 것으로서 '정부 대신 시장'이라는 주장은 논리의 비약이다.

이와 관련하여 케인스주의적 개입국가 혹은 복지국가가 관료주의적 정체성을 보이고 개성과 창의의 침체를 가져온 것이 일정 부분 인정된다 하더라도 그 대안을 시장으로의 복귀에서 찾는 것은, 그것이 아무리 과도기적 복원이라 하더라도 역시 역사의 아이러니가 아닐 수 없다. 케인스주의의 관료주의적 정체로의 편향은 케인스주의 그 자체의 이론적·정치적 본질에 내재해 있었다고 할 수 있다. 독점자본의 재생산에서 체제의 재생산을 담보할 수밖에 없는 케인스주의의 계급적 속성 자체가 안이하고 단기적인 재정정책 운용을 방조했고 이에 따른 과잉생산 경향과 만성적 인플레이션은 체제의 탄력성을 이완시켜 왔던 것이다. 그러므로 공기업민영화 등 시장원리로의 복귀가 사회의 일부 독점자본분파에게는 일시적으로 축적재개의 숨통을 틔워줬을지라도 체제 전체의 탄력성 회복과는 거리가 멀어 미국을 비롯한 세계경제 전체에 '20 대 80의 사회'를 야기하고 사회통합력을 떨어뜨리고 있는 것은 결코 우연이 아니다.

흔히 주인-대리인문제가 복잡하다거나 X-비효율과 A-J효과 등의 문제를 지적하여 공기업의 경영비효율을 이야기하는데 이는 공기업에 고유한 문제가 아니라 공·사기업을 막론하고 독점기업 일반의 문제이다.[3] 앞에서 경쟁과 독점의 논리적·역사적 인과관계를 설명했거니와 독점의 폐해는 이미 자본주의 문명발전의 역사적 경향의 문제로서, 인위적으로 경쟁을 모사하여(simulate) 해결될 수 있는 것이 아니다. 오히려 시장의 불완전성을 보완하는 투명하고 개방적인 감시와 견제의 사회적 장치를 통해 효율성과 민주성의 시너지효과를 극대화해야 할 문제이다.[4]

예컨대 1981년 노벨경제학상 수상자인 미국 예일대학의 토빈(J. Tobin)이 자본시장의 개방, 즉 자본자유화를 규제하여 자본이동세(토빈세)를 주장한다든지 세계은행 부총재를 역임한 스티글리츠가 시장의 정보 불완전성과 혁신(innovation) 부재를 역설하는 데 반해(Stiglitz 1994, p. x), 재벌에 의한 시장기구의 왜곡 등 특수한 문제를 안고 있는 한국의 경제학자들이 오히려 시장경쟁의 논리를 과잉신봉하는 것은 아닌가 생각된다.

토빈은 1998년 11월 16일 『르몽드』(Le Monde)와의 회견에서 IMF 등 국제금융기구들이 아시아국가들의 위기타개책으로 개방확대를 권고하는 것을 비판하면서 "지나친 개방 때문에 위기가 발생한 상황에서 추가적인 개방요구는 도저히 납득하기 힘들다"고 주장하였으며 또 토빈세의 실현을 위해 우선 선진 20개국이 앞장설 것을 촉구했다. 20개국이 이를 도입한 후 2단계조치로 IMF나 기타 국제금융기구의 가입조건으로 토빈세 도입을 내세울 수 있다는 것이다(장상환 2000, 52쪽 참조). 토빈세의 현실 가능성에 대한 회의론에도 불구하고 그의 주장은 시장의 불완전성을 보완하기 위한 사회적 장치의 개발노력이라는 점에서 시사하는 바가 있다. 마찬가지로 스티글리츠 역시 세계은행 부총재를 그만두면서 세계은행이 점점 저개발국의 경제발전을 지원하기보다 긴축정책의 강요 등 국제자본의 이해관계를 대변하고 있다고 비판한 바 있다. 심지어 '투기의 황제'라는 소로스(G. Soros)조차 "금융시장은 원래 불안정하기 때문에 명시적인 정부의 정책목표로 안정성을 추구하지 않을 경우 무너지기 쉽다"면서 금융회사가 거래하는 모든 파생상품이 각국의 여러 감독기관을 통해 국제결제은행에 등록돼야 한다고 주장한다(김윤자 1999a, 219쪽 참조).

이처럼 현대자본주의하에서 민영화와 시장경쟁이 갖는 역사적 한계를 감안할 때 공기업 민영화는 각국 민간부문의 여건 등 구체적 사정과 각 산업의 특성 속에서 사회 전체의 효율성 개선을 전제할 때만 정당화될 수 있는 것이며 그렇지 않다면 그것은 국민의 자산을 국내외 민간독점에게 특혜를 주는 것이 될 것이다. 그럼에도 불구하고 현재 한국의 논의구조는 기존의 공기업경영에서 무엇이 문제이고 또 그에 따른 적절한 처방이 무엇인지 논하기도 전에, 먼저 민영화하면 경쟁이 도입되어 효율이 증진된다는 선험논리가 강하게 전제되어 있어 충분한 의견수렴을 방해하고 있다. 이 때문에 정작 경영기율의 이완이든 노동기율의 이완이든 방만한 경영을 해소하기 위한 구체적인 논의는 밀려나고 일부 언론의 선정적인 공기업 힐뜯기 속에서 문제의 핵심은 희석되고 있다.

특히 기간산업의 민영화에는 많은 전제가 필요하다. 현재 민영화가 거론되는 한국의 공기업은 한국전력이나 한국통신 등의 예에서처럼 경영개선의 여지는 있지만 당장 팔아치워야 할 정도의 부실기업이 아니다. 이들 공기업의 규모로 보아 민영화는 재벌이나 해외 대자본에의 매각을 의미하는데, 우리의 민간부문은 '왕자의 난'이니 '가신그룹' 운운하는 표현이 일상화되어 있는 데서 보듯 아직 스스로의 개혁과제도 해결하지 못하고 있다. 또 외국자본의 기간산업 투자는 우리의 통제능력에 비례하여 유치할 때 비로소 그 선진 기술과 경험을 우리 것으로 만들 수 있을 것이다. 특히 기간산업에서는 우리의 정책자율성이나 사회경제적 관리능력을 벗어나는 지나치게 앞지른 대외개방은 그 속도를 조절해야 구조조정 전체의 페이스를 견지할 수 있을 것이다.[5]

이와 관련하여 공기업의 수익성(효율)과 공익성은 종종 길항(trade-off)관계에 놓인다. 이 때문에 낮은 가격의 공공재 공급이라든지 사양산업이나 신규산업 등 국내산업 지원(예컨대 한국전력의 국산 석탄연료 구입, 한국통신의 초고속정보통신망 건설지원 등)을 위해 개별기업으로서의 수익성을 일정 정도 양보하는 경우가 있으므로 공기업의 효율성 역시 개별기업 혹은 개별산업 차원이 아니라 전체 국민경제 차원에서 접근되어야 할 문제이다.

3. 한국의 자본축적과 공기업민영화

한국 자본주의는 외압에 의한 개항과 식민지지배로 인해 토착자본의 성숙이 지연되었는데, 이 지체된 공간은 60년대 이후 80년대에 이르기까지 군부독재하의 경제개발 속에서 국가주도의 자본축적에 의해 대행되었다. 식민지 지배기간 동안 여타 사회부문의 발전이 지체되었던 데 비해 상대적으로 조직화와 집단적 동원에 유리한 집단이었던 행정기구와 군대를 중심으로 산업적 동원이 이루어진 셈이다. 그리고 이 과정에서 사적 자본의 역할이 군부에 의해 대행되었다면 그에 맞서는 사회적 저항의 역할 또한 노동자계급의 미성숙 속에서 상대적으로 조직적 동원이 유리했던 학생집단에 의해 대행되는 과정이 전개되었다. 노동자계급이 미처 사회적 계급으로서 조직화되지 못한 산업화 초기의 여타 저개발국에서도 비슷하게 목격되거니와, 한국의 사회운동에서 학생운동의 조숙성은 그 공과와 별도로 이러한 자본축적과정의 특수성과 일정한 관계가 있다.

한국의 이와 같은 국가주도 자본축적과정은 서구 자본주의에서 독점과 공공부문이 등장하는 과정을 압축한 것이었는데, 이러한 역사적 특수성 때문에 한국 자본주의는 조기 독점화의 경향과 국가부문의 비대화를 나타낸다. 여기에다가 유교주의적 전통의 또 다른 표현일 수 있는 과도한 중앙집중 및 국가주의의 경향은 사적 시장의 포화, 사적 자본의 과잉에서 비롯되는 독점화 및 국가화가 아니라 사적 시장과 사적 자본의 성숙을 앞질러버리는 조기 독점 및 국가화로 나타났다(김윤자 2000a, 18쪽).

이것은 한국의 공공부문[6]이 서구와 같은 시장적 공공성마저 시현하지 못하고 일찍부터 관료주의의 각종 폐해 속에 시달려왔던 역사적 배경이다. 공기업에서 정부법인체에 이르기까지 한국의 공공부문이 그간 낙하산인사, 정치자금 상납 시비 등 전근대적 스캔들로 얼룩졌던 이면에는 이러한 역사적 특수성이 작용했다고 할 수 있다. 그리하여 한국의 경제발전은 이미 시장경쟁논리만으로는 포괄할 수 없는 거대 규모의 생산단위 수준에 이르렀음에도 이를 사회적으로 관리할 공공원리 혹은 사회적 합의기제는 관료주의에 압도되고 정경유착의 폐해가 심각한 것이다.

374

이러한 특징은 공공부문 노동진영에도 일정하게 각인되었는데, 특히 6, 70년대의 고용불안정 속에서 저임금시비에도 불구하고 상대적으로 안정적 지위를 누릴 수 있었던 공공부문 노동자들은 여타 사부문 노동진영에 비해 상대적으로 보수적 경향을 보였고 아래로부터의 이른바 민주노조운동에서도 지체되는 경향을 보였다. 이 때문에 한국의 공공부문은 이중적 과제에 직면해 있다고 할 수 있다. 한편으로 공공성에 반하는 무차별적 시장주의에 맞서면서 또 한편으로는 시장주의에도 못 미치는 그 이전의 전근대적 관료주의와 전체주의에 맞서야 하기 때문이다. 더욱이 그러한 이중적 과제가 국가 및 자본진영뿐 아니라 노동진영 내부에도 엄존한다는 점에서 공공부문개혁은 지난한 내부과제를 제기하고 있다.

앞에서도 설명했듯이 60년대 경제개발 이후 한국의 경제성장은 군부정권에 의해 주도되었는데 이 과정은 한국의 주요 공기업이 등장하는 과정인 동시에 민간자본이 정권과의 일정한 유착관계를 통해 성장해 가는 과정이기도 하였다(〈표 1〉 참조). 이 과정에서 공기업은 민간부문의 성장을 유도하는 매개고리로서 기본적으로는 자본축적 리듬에 따라, 정세적으로는 정권과 민간자본의 정치경제적 역관계에 따라 공사화되거나 민영화되어 왔다. 따라서 공기업의 민영화과정은 민간자본들간의 세력판도에 결정적인 영향을 미쳤고 이 과정에서의 수혜 여하에 따라 재계순위에 커다란 변동이 일어났다.

1968~73년 부실 제조업체의 경영합리화, 전략산업 육성 등을 목표로 공기업민영화가 진행되어 이 기간 동안 한국기계, 해운공사, 조선공사, 인천중공업, 대한항공, 광업제련 등이 수의계약 또는 공개입찰에 의한 주식매각과 시중은행에 대한 현물출자의 혼합방식 등으로 민영화되었다. 그러나 관광공사 산하의 워커힐호텔이 선경으로 민영화되고(1973) 대한항공을 인수한 한진그룹이 재계 10위권으로 진입하는 등 특정 기업에 대한 특혜시비가 적지 않았다(이성복 1999, 2쪽). 그리고 80년대 초 5공화국

〈표 1〉 설립동기별로 본 공기업 유형

설립동기	공기업
경제개발지원 (재화 및 필수서비스의 공급)	대한석유공사, 석탄공사, 포항제철, 광업진흥공사, 한국전력, 대한항공, 한국통신
공공수요 충족 (사회간접자본)	도로공사, 주택공사, 토지개발공사, 수자원공사, 농업진흥공사
재정수입	담배인삼공사
전략적 특수목표	산업은행, 수출입은행, 무역진흥공사, 농산물유통공사

하에서의 두번째 민영화는 금융자율화를 위해 정부가 보유한 시중은행주를 일반공개경쟁 입찰방식으로 법인과 개인에게 각각 50%씩 나누어 매각하는 방식을 취했다. 재벌의 은행소유를 막기 위해 엄격한 소유제한규정을 두었으나 민영화는 제대로 진행되지 않았고 오히려 정치권 개입의 빌미가 되어 은행부실화의 한 원인이 되었다. 특히 당시의 석유공사가 선경(SK)에 민영화됨으로써 재계순위가 바뀌는 결정적 계기가 되었다.

80년대 후반 6공에서의 민영화는 87년 '공기업민영화추진위원회'에 의해 민간주도 경제체제 등 산업구조 고도화를 내걸고 진행되었다. 이에 따라 포철, 한전, 국민은행, 외환은행 등의 정부보유 주식 중 자기자본 기준 5조 원 상당의 주식을 향후 5년간 국민주로 보급키로 하였으며, 특히 88년 10월 포철의 정부 보유주식 중 34.1%를 주식시장의 활성화 속에 인기리에 매각하였고 89년에는 한전의 정부보유 지분 21%를 다시 국민주로 매각하였다. 그러나 이후 주식시장의 침체와 서울지하철노조의 파업 등 반발이 확산되면서 민영화계획은 답보상태에 머물렀다. 이어 김영삼 정부는 신경제계획하의 작은 정부를 기치로 공공부문 축소를 계획하면서 다시 대규모의 민영화계획을 발표하였다. 그리하여 대한중석, 종합기술개발, 한국비료 등의 경영권이 민간에 이양되고 연합TV뉴스, 한화종금 등의 지분 일부가 매각되었으며 일부 공기업의 통폐합이 이루어졌다. 그러나 23개 정부투자기관 중 8개를 민영화하고 102개의 정부투자기관 출자회사 중 61개사를 민영화하기로 한 당초의 계획은 상당 부분이 미진한 채 다음 정부로 이양되었다.

IMF구제금융 이후 출범한 현정부의 민영화는 재벌 등 민간부문의 이해관계 외에, 공기업 해체를 요구하는 IMF, OECD 등의 정책적 권고와도 밀접한 관련이 있다. 먼저 기획예산처(당시 기획예산위)는 98년 5월 13일 출연연구기관 경영혁신추진계획을 발표하고 같은 해 7월과 8월에 다시 공기업(투자기관, 출자회사, 재투자)과 정부출연·위탁기관에 대한 경영혁신 계획을 발표하였다. 이에 따르면 포철, 한국중공업 등 5개 공기업(21개 자회사)을 완전민영화하고 한국전력, 한국통신 등 6개 공기업(31개 자회사)을 단계적으로 민영화(지분매각·해외매각)하며 그 밖의 19개 공기업(37개 자회사)은 조직과 인력을 감축한다는 것이다. 구체적으로는 민간위탁, 통폐합, 사업폐지, 경쟁체제 도입 등을 제시하고 있다. 그리고 이들 모든 기관의 공통사항으로 ① 조직개편 ② 인력조정 ③ 인건비와 경상비 삭감을 통한 예산감축 ④ 제도개선을 제시하였다.

그리하여 571개 정부 및 지방자치단체 산하기관 중 117개를 매각 또는 통폐합하고 31만 명의 산하기관 노동자 중 18%에 달하는 인력을 감축한다는 것이다. 기획예산처는 경영혁신 추진계획 발표로 그치지 않고 매달 2회씩 정기적인 점검을 통해 공기업 등 정부산하기관의 경영혁신 추진실적을 인원감축 목표달성에 비추어 집계하고 그 결과를 정기적으로 발표하였다. 더구나 추진실적이 목표에 미달하는 경우 예산 및 인사상의 불이익을 가하겠다고 밝히고 있다. 그리고 2000년 2월에는 전년도의 1단계 구조조정에 이어 2단계 공공부문 개혁 추진방향을 제시하였는데, 그 내용은 정부부처간 내부조직·업무체계의 자발적인 리엔지니어링을 추진하고 정보기술을 활용하여 업무생산성을 높이는 등 이른바 '전자정부'를 조기실현하여 고객 위주로 일하는 방식으로 혁신하겠다는 것이다. 특히 공기업과 산하기관의 경영혁신과 관련해서는 "확정된 공기업민영화 계획을 차질 없이 추진하고 일반공모, 우리사주 등 국민 참여기회를 확대하며 경영의 효율성과 투명성 제고를 위한 운영시스템을 개선하겠다"고 하였다.

정부는 99년까지의 공공부문 1차개혁에 의한 비용절감 효과가 총 3조 7천억 원에 달하고 민영화수입은 9.3조원에 이른다고 발표했다. 이에 따르면 두 차례에 걸친 인력조정으로 정부부문에서만 1만 7천 명이 감축되었고(97년 총원 대비 17% 감소) 공기업에서는 3만 2천 명이 감소하였다(97년 총원 대비 19% 감소). 이 밖에도 공기업의 운영시스템 개선과 관련해서는 다음과 같은 성과를 제시하고 있다.

· 명예퇴직제도 개선(전체 공기업), 퇴직금 누진제 폐지(19개 공기업), 학자금·주택자금·개인연금·경조사비 등 과도한 복리후생제도 개선
· 정부이사제 폐지, 예산편성지침 임의 규정화 등 자율성 향상
· 사장추천위, 사장경영계약제 도입 등 책임경영 강화
· 재무제표, 감사결과, 경영실적 평가 등 국민의 관심사항을 공개하는 경영공시제도를 도입하여 투명경영 확보
· 지식경영체제, 경제적 부가가치(EVA) 시스템 등 신경영기법 도입으로 공기업 효율성 향상
· 공기업 고객헌장제, 고객만족도 조사 등 공기업 경영에 '고객만족' 개념을 도입하여 열린 공기업 지향

그런데 이상의 정부발표에도 불구하고 현정부의 공공부문 개혁은 고객서비스 개념 등 추상적인 슬로건으로 포장되어 있어서 인력감축과 공기업민영화를 제외하면 구체적이고 가시적인 성과를 내지 못하고 있다. 특히 사회적 효율성의 과도적 거점으로서 공공부문이 가질 수 있는 사회성과 공공성에서의 일정한 진전이라는 관점에서 볼 때, 현재의 공공부문 개혁은 한국 자본주의가 공공부문에 부과한 관료주의의 과잉이라는 문

378

〈표 2〉 공기업 모기업 현황

(단위: 억원, 명, %)

기관명(자회사수)	매출액(1997)	정원(1998)	지분분포
포항종합제철(16)	97181	19294	정부 3.1, 산은 23.6, 외국인 30, 기타 43.3
한국중공업(3)	30070	7851	산은 43.8, 한전 40.5, 외환은 15.7
한국종합화학(1)	150	263	산은 98.8, 기타 1.2
종합기술금융	4384	163	정부 10.2, 현대 9.1, 기타 89.7
국정교과서	517	739	정부 40.0, 산은 46.5, 기타 13.5
전기통신공사(13)	77852	59491	정부 71.2, 국민연금 7.4, 기타 21.4
담배인삼공사(1)	42434	7680	정부 35.3, 산은 8.2, 기은 32.3, 기타 34.2
한국전력공사(7)	131162	39454	정부 58.2, 산은 4.2, 외국인 16.3, 기타 21.3
한국가스공사(5)	29266	2891	정부 50.2, 한전 35.5, 지자체 14.3
대한송유관공사(2)	336	523	정부 48.8, 유개공 3.9, 기타 47.3
지역난방공사(3)	2026	1015	정부 46.1, 한전 26.1, 기타 27.8
한국조폐공사	1967	2634	정부 100
한국관광공사(1)	2118	984	정부 56.1, 산은 43.6. 기타 0.3
농어촌진흥공사	7947	2478	정부 100
농산물유통공사(7)	1825	948	정부 100
광업진흥공사	550	431	정부 98.1, 산은 1.9
대한석탄공사	2110	4072	정부 98.3, 산은 1.7
무역투자진흥공사	784	649	정부 100
석유개발공사(2)	3841	949	정부 100
대한주택공사(6)	38224	5914	정부 98.1, 산은 1.9
한국토지공사(3)	32706	2490	정부 92.9, 산은 7.1
한국도로공사(3)	14778	5178	정부 89.5, 산은 10.4, 국민 0.1
수자원공사(2)	16169	4162	정부 91.8, 산은 2.3, 지자체 5.9
한국감정원(1)	816	1120	정부 49.3, 산은 30.7, 5대시중은 20
한국방송공사(6)	9999	5741	정부 100
서울신문	1840	1077	정부 49.9, 포철 36.7, 기타 13.4
수출입은행(5)	71203	637	정부 76.5, 한은 23.5
국민은행(19)	42007	12775	정부 10.4, 기타 89.6
산업은행(8)	59583	2515	정부 100
주택은행(6)	44418	11660	정부 16.1, 뉴욕은행 21.3, 기타 62.6
중소기업은행(4)	31532	7626	정부 64.5, 기타 35.5
성업공사(1)	12466	471	정부 33.3, 산은 33.3, 기타 33.4

* 기획예산처, 1998. 3 기준

〈표 3〉 공기업민영화 추진실적

소관부처	기 업	일 자	인수자	매각대금	매각지분
교육부	국정교과서	98. 11. 5	대한교과서	460억 원	정부(40%)
					산은(46.5%)
산업자원부	포항제철	98. 12. 11	뉴욕증시 DR발행	3.5억 달러	정부(3.14%)
					산은(2.73%)
과학기술부	한국종합기술금융	99. 1. 21	미래와사람	93억 원	정부(10.2%)
산업자원부	한국전력공사	99. 3. 26	뉴욕증시 DR발행	7.5억 달러	정부(5%)
정보통신부	한국전기통신공사	99. 5. 26	뉴욕증시 DR발행	24.9억 달러	정부(6.7%)
					신주(7.8%)
산업자원부	포항제철	99. 7. 14	뉴욕증시 DR발행	10.1억 달러	산은(8%)
재정경제부	담배인삼공사	99. 9. 30	국내증시 공모상장	9583억 원	정부(15%)
					기은(3%)

* 기획예산처, 2000. 2.

제점의 해결에서조차도 거리가 매우 멀다. 정부부문의 서비스봉사 증진 이라든가 공기업의 고객중심 경영 등이 한국사회 전반의 전근대적이고 가부장적인 권위주의 질서를 해소하는 데 전혀 무의미한 것은 아니지만 오히려 외견상의 이 같은 기능적 변화가 구조적 폐해의 혁파를 호도하는 측면도 간과할 수 없다.

따라서 실질적 비중에서 볼 때 현재의 공공부문 개혁은 결국 두 가지 축으로 집중되는데 그 하나는 양적인 성과에 치우친 인력감축이고 또 하나 역시 양적 성과를 중심으로 전개되고 있는 공기업민영화라고 할 수 있다. 이 때문에 정부는 공공부문 구조개혁의 성과를 발표할 때마다·인 력감축의 비율이나 공기업의 민영화실적을 중심으로 수치를 제시하고 있는 것이다.

또 자율성과 책임경영을 강화한다는 방침에도 불구하고 공기업 등 정 부산하기관에 대한 기획예산처의 예산편성지침도 사실상 지침 이상의 강제효과를 여전히 발휘하고 있어서 책임경영방침이 사실상 언론홍보용 슬로건이 아니냐는 지적이 제기되고 있다. 예컨대 기획예산처는 1999년 말 '2000년도 정부투자기관 예산편성지침'을 확정발표하고 공기업의 구조조정실적에 임금인상폭을 연계시켰는데 이에 따르면 총인건비의 3%를 예비비로 편성한 뒤 구조조정실적에 따라 인건비로 전용시키도록 하고 있다. 책임경영과 관련해서도 한전 장영식 사장의 교체과정에서 보듯이 주무장관과의 인사불화로 공기업 사장이 도중하차하거나 16대총선을 전후해서 여당의 낙천·낙선자들이 대거 공기업 임원으로 거명되어 논란이 되는 등 여전히 정치권과의 이해관계 속에서 공기업 경영진이 채워지고 있다.[7]

4. 사례를 통해 본 문제점

이상에서 보듯이 현정부의 공공부문 구조조정은 한국의 공공부문이 가지고 있는 역사적 특수성에 대한 천착 없이 과도하게 시장논리에 의존함으로써 불필요한 사회경제적 비용을 유발하고 있다. 특히 공기업 경영혁신과 관련하여 현정부는 각 공기업의 세밀한 특성을 무시하고 민영화 실적을 곧 경영혁신의 지표로 삼고 있어서, 모처럼의 구조조정의 호기를 무산시키고 있다는 우려를 낳고 있다. 이하에서는 주로 기간산업 및 공익산업의 몇 가지 민영화사례를 가지고 현재 진행중인 민영화의 문제점을 살펴보도록 하겠다.

한국전력공사의 민영화

한전의 구조개편방향과 관련하여 해외 분할매각을 포함한 민영화를 주장하는 측에서는 그 주된 근거로 공기업으로서 한전조직의 관료주의와 비효율성 그리고 이윤극대화와 배치되는 여타의 정책기능으로 경영목표가 왜곡되어 있다는 점 등을 들고 있다. 그 밖에도 소수에 의한 중앙집중적 의사결정구조의 문제점과 규제가격제도에 의한 배분상의 비효율 등이 지적되고 있다. 따라서 그 대안으로서 경쟁적 시장구조를 가동시켜 생산적 효율을 향상시키고 시장정보를 활용한 투자결정, 전력가격구조의 합리화, 배분적 효율의 증대 등을 꾀하여야 한다고 주장한다. 다만 적정 단위로(6개사 예정) 현재의 한전을 분할했을 경우 공정경쟁을 위한 균등한 부하구조, 입지분할 및 위험분산 등을 충족시키기 어려운 현실적인 어려움, 해외진출상의 불리함, 담합 가능성에 대한 규제 문제 등을 문제점으로 아울러 지적하고 있다(산업자원부 전력심의관실 1999자료 참조).

그간 한전의 경영성과에 대한 평가는 항목별로 다소간 엇갈리고 있지만 구조개편의 방향으로서 해외 분할매각 및 민영화를 지지하는 쪽이나 반대하는 쪽 모두 한전이 국내외 여타 공·사기업에 비해 상대적으로 부실기업이 아니라는 데는 대체로 의견이 일치하고 있다. 다만 한전의 경영구조상의 문제점으로 양쪽 모두 의사결정의 관료적 경직성, 정치권의 당략적 개입 등으로 인해 경영의 자율성이 확보되어 있지 못하다는 점을 들고 있다.

정부는 한전의 차입금이 급증하고 있어서 2008년 말 한전의 부채비율이 253%에 이를 것이라고 주장하지만 2000년 8월 말 현재 부채비율은 98.1%, 당기 순이익은 1998년 1조 1017억, 99년 1조 4679억, 2000년 상반기 1조 1433억 원으로 매년 늘어나는 추세이다. 또한 최근의 정부용역 보고서는 "…재벌이 금융자본을 마음대로 쓰면서 무분별하게 사업을 확장하는 방편의 일환으로 발전사업에 참여하는 경우 전력산업 구조개편과 민영화가 의도하는 효율성의 증진과 경쟁력의 향상은 이루어지지 않을 것"이라면서 "그러나… 발전자회사가 1개사당 자산규모가 약 3.2조

원, 5개사 총 16조 원의 규모로서 재벌기업을 배제할 경우 현실적으로 발전자회사를 인수할 수 있을 만한 국내기업은 별로 없[으며]… 국내재벌을 배제하는 경우 발전자회사는 대부분 외국기업에게로 인수될 가능성이 높아질 것"으로 전망하고 있다(에너지경제연구원 2000, 110쪽). 또 분할매각에 의해 경쟁이 도입된다는 점에 대해서도 원전이 공기업으로 남아 있는데다가 처음 민영화된 자회사의 전력수급계약을 보장해 줘야 한다는 현실적 요구 등을 감안할 때 경쟁환경의 조성이 어렵다는 점을 인정하고 있다.

특히 한전의 민영화와 관련하여 정부는 "OECD 규제개혁 프로그램의 일환으로 회원국 상호간의 전력 등 공익산업 규제내용 및 구조개편상황 점검" "IBRD 차관공여의 조건으로 전력·통신·가스 등 공익서비스분야의 구조개편 요구" "APEC 에너지실무그룹에서 회원국간 상호투자 여건조성을 위해 각국의 전력산업 구조개편 독려" 등 국제기구의 요구를 들어왔다. 이와 관련하여 현정부가 한전의 해외 분할매각을 서두르는 배경에 국제기구를 앞세운 외국자본과 현정부 간에 모종의 압력 혹은 교감이 작용하고 있다는 의혹이 제기되기도 하였다.[8]

그 밖에 민영화론자들은 경쟁체제 도입으로 값싸고 안정적인 전기공급이 가능하다고 주장하지만 일단 투자보수율의 보장 등으로 가격은 오를 것이라는 견해가 지배적이다. 한전의 1999년 투자보수율은 4.5%였고 한전측이 제시하는 적정 투보율이 9%인 데 반해 그간 외국자본은 18%의 투보율 보장을 요구한 예도 있었던 것으로 알려졌다.[9]

우정사업 민간위탁정책

정부는 향후 우정업무를 민간위탁제 방식으로 운영한다는 방침을 제시하고 있는데 이러한 정책변화가 대량의 인원감축을 전제하는 것이어서 갈등이 증폭되고 있다. 정보통신부는 현정부의 구조조정 추진 이전부터 자체적으로 인력감축을 단행하여 이미 97년까지 2천여 명의 인력을 감축하였으나 기획예산처, 행정자치부 등의 요구에 의해 추가로 8500여 명의 인력감축을 계획하고 있다. 특히 임시직으로 보충되고 있는 집배원 등 비정규직의 정규직화 문제가 노사간 쟁점으로 부각되고 있다.

우정사업의 구조조정과 관련하여 기획예산처는 외부기관(아더앤더슨 사)에 용역을 의뢰한바 8천여 명의 인력감축이 가능하다는 결론이 제시되었는데, 이에 대해 우정분야에 종사하는 집배원 등이 보험모집 등에 활용되고 있는 실상을 간과했다는 비판이 줄곧 제기되었다.[10] 그간 인력감축은 97년 말 이후 공무원의 정년단축 및 정년연장제도 폐지 등으로 99년 말까지의 감축분은 정년퇴직이나 명예퇴직 같은 강제적 성격의 자연감축으로 충당해 왔으나 2000년부터는 자연감소 인원이 급감하여 할당된 인력감축을 위해 직권면직이 불가피하다는 것이다.

현재 약 7천 명의 인력감축계획에 따르면 전체 3만 4천여 명의 정통부 종사원 내 일반직(1만 1천여 명)의 5%, 즉 400명(99년, 2000년 각 100명, 2001년 이후 200명)과 기능직(2만 3천 명)의 약 30%인 6700여 명을 감축한다는 것인데 이는 관리층을 중심으로 상위조직이 비대한 것이 공공부문 구조조정의 출발이라는 정부 스스로의 방침과도 괴리되는 것이다.

이처럼 정규직 인원을 감축하면서 한편으로는 우체국의 업무량 과다로 95년부터 병무청으로부터 공익근무요원 3천 명을 지원받아 우편업무를 보조케 하고 있으며 99년 2월 말 현재 2600여 명의 공익근무요원을 활용하고 있다.

한국통신 민영화

한국통신의 한솔엠닷컴 인수를 계기로 쟁점이 되고 있는 한국통신 민영화에 대해 정부는 2000년 6월 구체적인 계획을 발표하였다. 2000년 말까지 총주식의 약 15%(신주 10%, 구주 5%)를 해외매각하고(구주 1743만주/신주 3469만주) 총주식의 약 10%를 국내매각할(구주 5203만주) 예정이며 또 이미 민영화특별법을 통해 동일인 소유한도를 15%로 확대하였고 전기통신사업법을 개정하여 현행 33%의 외국인 주식소유 한도를 49%까지 확대할 예정이다.[11]

현재 정부는 사업분리 또는 지역간 분리를 통한 민영화방안을 연구중인데 이것은 시내 기간망을 분리하여 여타 서비스로부터 독립·매각하는 방안으로서 하나로통신이 경쟁력을 갖추는 2001년경을 목표로 하고서 서울·인천·경기·강원 지역을 제1지역, 그 밖의 지역을 제2지역으로 분할하여 매각하는 방안이 중점적으로 논의되고 있다. 여기서 분리비용은 우선 한국통신이 출자한 자회사 및 관계사의 지분을 정리하여 일차 조달하고 분리 후 장거리통신망의 민영화로 얻어지는 자금의 일부를 사용하여 부족분을 조달하는 방안 등이 강구되고 있다.

그런데 기획예산처는 이러한 민영화방침의 논거로서 공기업 형태일 경우 이른바 주인-대리인관계가 납세자(명목적 주인)-정치권력-행정부-공기업사장-중간관리층 등 복잡하여 관리비용이 높다는 점을 들어 비효율적이라고 주장하고 있다. 하지만 현재 한국통신의 경영상태는 연매출 10조 원에 올 상반기 약 6천억 원(작년 대비 약 400% 성장)의 당기순이익(연 목표 1조 2천억 원)을 기록하는 등 상대적으로 크게 나쁘지 않다. 2000년 상반기 매출 또한 8.5% 증가한 5조 936억 원이며 순이익은 작년 상반기 대비 463% 늘어난 5962억 원을 실현하여 2000년 상반기 순이익 상위 4위 기업에 올라 있다.

그 동안 퇴역관료나 정치인의 낙하산 인사, 정부투자기관관리기본법과 이사회제도의 문제점, 예산편성 지침 등을 통한 지나친 행정규제 때문에 과감한 재투자가 어렵고, 그 자체 공공정책의 일환이긴 하지만 지난해

약 3조 원의 자산매각이 정부재원으로 확보된 데서도 보듯이 한통의 투자재원이 정부의 자원조달과 통신정책으로 활용되고 있는 점(이동통신 프리텔·한솔엠닷컴 인수, 디지털 위성사업 등) 등이 단위기업으로서의 한통의 수익위주 경영을 압박하고 있는 것이다.

무엇보다도 한통의 분할민영화는 초고속통신망 조기구축 등 인프라 구축에 지장을 초래할 가능성이 있고 국내 종합통신사업자의 부재로 네트워크산업의 전형인 국내 정보통신기술의 종합적 발전이 약화되어 외국 통신자본에의 기술 및 자본 종속화를 초래할 우려가 있다. 더욱이 세계 통신업계는 80년대 후반의 분할추세로부터 최근 다시 그 효율성의 저하를 이유로 거대한 국제적 M&A추세를 보이고 있다.

한편 우리사주제도와 관련하여 일부에서는 우리사주 20%로 경영권을 방어하자고 주장하는데 그 현실성에는 상당한 무리가 따를 것으로 보인다. 노조에 따르면 현재 한통의 우리사주는 5%로 배정되어 있는데 법률적으로는 20%까지 허용하고 있으므로 계산상으로는 추후 15%까지 우리사주 배정이 가능하다. 그러나 문제는 이 15%의 주식을 1주당 시가 약 10만 원으로 계산하면 5조 원 가량의 예산이 필요하며 종업원(약 5만 명) 1인당 약 1억 원이 있어야 하는데 이를 개인이 부담할 수 있는 가능성은 매우 낮다는 데 있다. 실제로 그간 우리사주를 5% 배정하였지만 현재 우리사주 보유현황은 1.1%를 밑돌고 있다.

철도 민영화

그간 철도정책은 정권이 바뀔 때마다 변화하였다. 1989년 당시 노태우 정권은 93년 1월 1일부터 철도를 공사(公社)화한다고 발표하였으나 시행을 목전에 둔 92년 12월 철도기반시설 미비를 이유로 들어 공사화계획을 3년 연기하였다. 그러나 다시 95년 12월 김영삼정권은 철도기반시설

미비와 남북철도 연결사업 등을 이유로 철도공사법을 폐지하고 국유철도 운영에 관한 특례법을 제정하여 96년 1월 1일부터 시행에 들어갔다. 이에 대해 1998년 3월 8일 현정부는 철도 민영화방침을 결정하고 2000년 8월 철도민영화에 관한 법안을 마련, 2002년 1월 1일부터 민영화한다는 방침을 세웠으며 이미 2000년 1월 1부터 철도청조직을 기업형 조직인 사업본부제로 개편하고 5개 지방청을 폐지하였다. 또 이 과정에서 철도청은 자체 경영개선계획에 따라 95년 말 3만 7천여 명의 인원 중 7307명 (20%)을 1996년부터 2001년까지 단계적으로 감축한다는 계획을 세우고 1996~98년에 3546명을 감축하였고 다시 99년에는 정부의 조직개편 및 구조조정 계획에 의거 대통령령으로 1506명을 감축하였다.

정부는 민영화의 논거로 적자누적을 들고 있으나 그간 정부 교통정책이 도로중심으로 전개되어 오면서 철도와 관련한 시설투자가 상대적으로 소홀했던 것과 아울러 정부 각 부처의 경영개입으로 일관된 책임경영을 전개하기 어려웠던 점을 간과해서는 안 된다. 예컨대 인사·조직은 행정자치부, 예산은 기획예산처, 정책은 건설교통부가 맡아서 각종 규제 및 지침을 통해 강제함으로써 전문경영에 의한 자율적이며 책임 있는 경영을 펼칠 수가 없었다. 일본의 경우 민영화 이후 철도산업에 대한 정부보조금이 계속 증가하고 있고 철도업자의 겸업을 허용하여 운송업 외에 부동산업, 숙박업도 함께 할 수 있게 하였는데 이들 민간업자들은 종종 철도의 공공성을 무기삼아 정부를 상대로 각종 담합적 요구를 내놓음으로써 또 다른 사회문제가 되고 있다.

이상에서 보듯이 재벌 등 사기업의 소유지배구조가 여전히 전근대적 족벌체제에 머물고 있는 한국 자본주의의 특성에 비추어 당위적으로 민영화를 추진하는 것은 상당한 문제를 내포하고 있다. 따라서 먼저 전문경영체제를 보장하되 기간 및 공익산업의 공공성을 고려하여 정책의 입안에서부터 일반 운영에 이르기까지 의사결정과 집행과정의 민주성과 투명성이 보장될 수 있도록 노동조합, 시민사회단체, 전문가 등으로 구성되는 감시와 견제체제를 갖추어 참여적 전문책임경영체제를 모색하는 것이 하나의 대안이 될 수 있을 것이다. 이 문제에 관해서는 다음 절에서 살펴보도록 하겠다.

5. 맺음말: 공기업 지배구조 개선

공기업 민영화계획과 관련하여 현정부는 우리사주 등 국민 참여기회를 확대하고 경영의 효율성과 투명성을 높이기 위해 운영시스템을 개선하겠다고 밝히고 있다. 또 공기업주식을 국내외 증시에 분산 매각하고 대주주의 지분소유를 일정 기간 제한함으로써 공기업이 재벌이나 외국 자본의 소유로 넘어가는 것을 막겠다고 한다.

그런데 지분소유 제한과 관련하여 현재 재벌은 투신사 등 재벌계열의 금융기관을 통해 한도를 초과할 수 있는 방법이 얼마든지 있다. 따라서 공기업민영화 등 공공부문 개혁은 재벌개혁과 동전의 양면을 이루고 있으며 동시에 금융부문에서의 재벌지배 차단 등 금융구조조정과도 불가분의 관계에 있다.

또 정부는 정부보유의 공기업 주식을 매각하여 증시를 육성한다고 주장한다. 우리 국민의 금융자산 보유비율이 구미 국가들에 비해 여전히 매우 낮은 것이 사실이고 그런 점에서 건전한 금융제도 정비는 기업의 자금구조 건전화뿐 아니라 국민생활의 안정화와도 밀접한 관계가 있다. 그러나 외환위기 이후 IMF 등의 요구에 의해 우리 자본시장은——물론 라틴아메리카 국가들과 비교하면 여전히 그 개방 정도가 낮지만——매우 빠른 속도로 외국인에게 개방되고 있고 여러 가지 방안이 논의되고 있으나 아직 실효성 있는 대비책이 구체화되고 있지는 못한 상태이다. 뿐만 아니라 증권시장의 롤러코스터장세 속에서 외국인과 기관투자가를 모방하는 이른바 개미군단의 피해사례는 우리 증권시장의 취약성을 잘 보여주는 예이다. 기업지배구조 개선이 진행중인 현재의 상황에서 한국 기업경영의 투명성이 여전히 낮은 것도 증권시장의 불안정을 조장하는 또 다른 원인이다.

그러나 공공부문 개혁의 전제조건으로서 앞에서 열거한 재벌개혁, 증시 건전화를 포함한 금융구조조정 등은 어디까지나 이른바 '건전한 자본주의' 혹은 '깨끗한 자본주의'(clean capitalism) 수준의 요구들이다. 다시 말해 한국 자본주의의 특징인 국가주도의 압축적 축적과정에서 해소되지 못한 전근대적 폐쇄성·연고성 등을 해소하고 경영의 투명성을 확보하여 자본주의적 경영의 합리적 틀을 마련한다는 것이 그 기본 내용이다.

자본주의적 경영의 합리성은 노동자계급의 정치경제적 진출 정도에 따라 노동자 경영참여 등 참여적 기업민주주의의 측면을 일정 정도 내포할 수 있지만 그것은 어디까지나 자본주의적 생산력 발전의 동력인 사적 이윤동기를 전제하는 한에서이다. 어떤 사회든 성과의 추구, 성취의 추구라는 의미에서의 기업효율원리는 가져야 할 것이고 자본주의 사회체제에서 그 원리는 이윤추구의 원리로 나타나는 것이지만, 이미 일국 수준을 넘어 국제적 수준에서 전개되고 있는 거대기업의 사회적 생산 및 분배의 일반화는 현대 자본주의의 생산력 발전원리가 스스로 사적 관리, 사적 통제를 초월하는 사회적 원리와 사회적 효율성을 요구하고 있음을 보여주고 있다.

그런 점에서 생산규모의 거대한 사회화·세계화 속에서 일국 및 세계 경제의 민주적 운영과 효율적 운영——이 양자는 사실 동전의 양면이다——을 위해 공기업을 비롯한 공공부문의 위상을 어떻게 볼 것인가 하는 문제의식이 먼저 정립되지 않으면 안 된다.

물론 한국 자본주의처럼 합리적인 근대자본주의의 운영틀조차도 제대로 갖추지 못하고 전근대적인 관료주의와 국가독점적 정경유착이 혼융되어 있는 사회에서는 IMF 등 국제경제기구가 요구하는, 자본적 합리성조차 거의 혁명에 가까운 사회변동을 거치지 않고서는 달성하기 어려운 것이 사실이다. 그런 점에서 현정부 안팎의 상대적으로 개혁적인 인사들이 신자유주의적 담론을 내걸고 계급간 정치지형을 가늠해 가면서 때로는 논리적으로도 정치적으로도 일관성이 없는 재벌구조 개선이며 금융구조조정을 진행해 나갈 수밖에 없는 데는 그들의 시장주의적 편견 외에도 어쩔 수 없는 현실의 힘관계가 있음을 한편 인정할 수도 있을 것이다.

그런데 여기서 결정적으로 중요한 것은 자본주의의 합리적 게임룰을 만든다는, 그런 의미에서 이른바 개량적 수준의 개혁조차도 앞에서 설명한 한국의 특수한 정치경제적 지형을 감안하면서 진행할 수밖에 없다는 점이다. 예컨대 자유주의적 담론에서 말하듯이 공공성은 논리적으로는 민영화에서도 공중의 민주적 경영참여와 견제하에 확보될 수도 있을 것이다. 다만 현대자본주의의 고도로 사회화된 생산력 발전의 특성상, 특히 현단계 한국 자본주의의 재벌체제의 현실을 볼 때 공기업을 '민영'할 수 있는 '민간자본'은 재벌계열 대자본이거나 외국 대자본일 것이다. 따라서 국내 민간자본의 집중성이나 해외자본에 대한 우리의 통제능력 등을 감안할 때 공공성이 확보될 가능성은 대단히 낮다.

이렇게 볼 때 한국 공기업 개혁은 소유구조개편(민영화)보다 지배구조개편(전문책임경영+공기업으로서의 공공참여)에 역점을 두어야 할 것으로 생각된다. 공기업의 경영혁신을 위해 국내외 전문경영인을 영입하고 국민적 감시체제 등을 모색함으로써 공기업을 중심으로 새로운 경영문화와 산업민주주의를 꽃피울 수도 있을 것이다. 구체적으로는 정부가 소유지분을 통해 궁극적인 통제권을 갖되, 전문경영인의 자율적인 책임경영 보장 그리고 해당 노동자와 공중, 민간전문가 등의 실질적 견제장치를 마련하는 것이 중요하다. 이를 통해 공공부문 구조조정은 생산단위가 이미 국민적·세계적 수준으로 거대해진 현단계 한국 자본주의에서 거대기업 일반의 모범적인 구조조정모델을 제시할 수 있어야 할 것이다.

이처럼 현단계 한국 자본주의가 보여주는 이미 거대하게 사회화된 사회적 생산력 수준을 생각할 때 개혁의 방향은 시장주의적 원리로는 담아낼 수 없으며 그 동력 또한 흔히 말하는 시민사회적 동력만으로는 도저히 역부족이다. 따라서 당면 요구과제로서 전문가적 책임경영 혹은 민주적 참여경영을 내걸고 독립된 이사회며 사외이사, 노조를 비롯한 공·사기업 이해관계자의 경영참여 등 경영의 투명성과 민주성 등을 요구할 때도 그러한 요구는 현재의 사회적 생산력 발전경향에 상응하는 중·장기적 과제 속에 위치지어져야 할 것이며, 이때 관건은 무엇보다도 그러한 장기적 과제와 당면 요구과제를 연결하고 추구하는 주체 혹은 동력을 어떻게 동원할 것이냐에 있다.

이와 관련하여 IMF관리체제 이후 우리 사회 여기저기서 불거지고 있는 집단별·부문별 이해관계 투쟁은 보수언론에 의해 종종 집단이기주의로 매도되고 있거니와 사실상 그것은 자신의 문제에 대한 초보적 인식의 발로일 수 있으며 그런 의미에서 앞에서 말한 동력의 하나의 실마리일 수 있다. 다만 집단이기주의라는 매도는 그것대로 문제이지만 최근 일부에서 우려하듯이 각 이해관계집단 혹은 부문운동 내부의 이를테면 '전투적 경제주의'의 경향은 그것대로 또 다른 문제이다. 이러한 미시적이고 단견적인 운동은 사실상 그 집단 혹은 부문의 '이기주의'에도 결과적으로는 도움이 되지 않는다.[12]

최근 공공부문 개혁이 화두가 되고 관공서마다 고객서비스 창출 운운이 유행어가 되면서 예컨대 일부 구청이나 경찰서에서는 과장급 공무원의 전화인사가 "좋은 하루 되세요" 하는 식으로 세련되어 가고 있다. 그런가 하면 한편으로는 '대사관 앞 집회금지' 등의 개악에 이어 다시 주말 집회 금지 등 집시법 개악을 시도하면서도 다른 한편으로는 여경을 배치하여 폴리스 라인을 정하고 시위대의 여간한 도발에는 최루탄을 쏘지 않는다는 식의 나름으로 세련된 제스처를 보이기도 한다. 그런 제스처가 롯데호텔노조 파업에 대한 강제진압과정에서 보듯 한 순간에 엄청난 과잉폭력으로 돌변하는 것은 현정부하에서 지배집단이 보여줄 수 있는 유화 제스처의 한계를 명확히 드러내는 것이기도 하고 한국 자본주의에 여전히 남아 있는 폭력적 축적방식의 한계이기도 할 것이다.

이러한 정세 속에서 우리에게 중요한 것은 한편으로 각 부문운동의 전문화와 과학화이며 또 한편으로는 이렇게 전문화·과학화한 역량의 결집이다. 부문별로 저마다의 요구가 이해관계 속에 그저 병렬되는 수준의 연대를 넘어 총체적 조감과 공감대 속에 각 부문별 결집이 이루어질 때 재벌개혁, 금융개혁, 공공부문개혁 등 상호 불가분의 구조개혁은 비로소 가능할 것이다. 따라서 공공부문 노동자들의 일차적 과제도 이러한 문제의식을 공유하고 스스로 진보의 거점으로서 정치·경제 전반의 민주성과 사회적 효율성을 고민하는 데서 출발해야 할 것이다.

〈「한국의 자본주의와 민주주의」(2000. 1)〉

주

1) 이와 관련하여 좀더 상세한 내용은 김윤자(1998) 참조.
2) 민영화의 의미와 내용은 논자에 따라 다양하다. 가장 넓은 의미로 민영화를 정의하는 경우 그것은 "한 국민경제에서 민간부문의 경제활동이 증가"하는 것으로 받아들여지며 이러한 정의는 시장경제로의 체제전환을 모색하는 소련-동유럽의 연구자들 사이에서 그리고 최근 들어 우편·교도소행정 등 기존의 국가행정적 서비스를 민간에 위탁하고 있는 미국에서도 일반적으로 받아들여지고 있다. 구체적으로 민영화는 ① 경영권을 실질적으로 민간에 이양하는 경우 ② 정부소유지분을 외국자본을 포함한 민간에 매각하는 경우 ③ 사업부문 혹은 조직의 일부를 민간에 이양하는 경우 등으로 유형화된다. 이하에서는 민영화의 핵심이 소유권의 배치 그리고 그것과 불가분인 기업지배력으로서의 경영권에 있다고 보고 이를 중심으로 민영화 개념을 이해한다(김상곤 1995a, 257쪽 참조).
3) X-비효율이란 경쟁의 압력이 없을 경우 최대한의 효율을 추구할 유인이 없음으로 해서

생기는 비효율을 말한다. 또 A-J효과, 즉 Arerch-Johnson효과란 경쟁의 압력이 없기 때문에 요소를 과다 투입함으로써 비용극소화의 요소결합비율을 포기하게 되는 것을 말한다.

4) 그런 점에서 종종 오해받는 재벌'해체'라는 표현에도 불구하고, 재벌문제의 핵심 역시 시장점유율 등 그 현상적인 기업'덩치'가 문제여서 이를 인위적으로 분할하는 문제가 아니다. 그 핵심은 오히려 가격결정을 비롯한 경제적 의사결정의 권한 집중 그리고 그와 불가분인 정치적 의사결정권한의 집중이라고 할 수 있다.

5) 멕시코는 아직도 농지개혁의 과제를 안고 있는 등 우리와는 여러모로 여건이 다르긴 하지만 멕시코의 국영기업 민영화는 시사하는 바가 적지 않다. 1994년 멕시코 페소화위기는 구조적으로 1982년 외채위기 수습과정에서의 대대적인 개방화·민영화에 의해 조성된 것으로 평가되고 있다. 마드리드정권(1982~88)의 민영화기조(정부투자기업이 82년 1155개에서 88년 412개로 감소)에 이어 살리나스정권(1988~94)과 세디요정권(1994~2000)은 전력과 철도, 고속도로 등 사회간접자본 전반에 걸쳐 본격적인 민영화를 단행하였고 은행도 소유지분 49%까지의 민영화를 허용하였다. 이후 민영 은행과 고속도로가 부실화하자 멕시코정부는 97년 부실은행 지원에만 GDP의 11~12%에 해당하는 약 400억 달러를 쏟아부었고 고속도로 지원에는 100억 달러(GDP의 3%)를 지출하였다. 96년 현재 800억 달러에 이르는 멕시코수출은 80% 이상이 미국에 집중되어 있으며 마킬라도라 수출자유지역의 총투자기업 4천여 개 중 90%가 미국계 투자기업이다. 95년 NAFTA 출범 이후 멕시코경제는 95년 -6.2%의 경제성장률이 96년 5.1%로 반전되고 97년 상반기에는 8.8%로 과열조짐마저 나타냈지만 1994~97년의 실질임금은 37.4% 하락했다. 제조업의 경우 이 기간 동안 생산성 향상은 7% 수준이었으나 실질임금은 22% 하락했고 97년 현재 공식실업률은 3.2%로 발표되었지만 비공식추계로는 20%가 넘는 것으로 알려져 있다(임영일 1998 참조).

6) 공공부문은 구체적으로는 정부가 사용자가 되는 경우, 즉 정부기관, 정부투자기관(정부가 총자본금의 50% 이상을 출자한 기관), 정부출자기관(정부가 총자본금의 50% 미만을 출자한 기관), 재투자기관(정부투자기관이 자본금을 가장 많이 소유한 기관), 지방공기업(지방자치단체가 총자본금의 50% 이상을 출자한 기업), 정부출연기관, 그 밖에 특수재단 및 사단법인 형태의 공공법인체를 지칭한다. 이중에서 수익성 운영원칙(50% 이상의 비용을 수익에 의해 충당)을 가지고 있는 공공부문을 흔히 공기업으로 분류하며, 국가공기업은 그 법적 형태에 따라 정부부처 형태를 띠는 정부부처기업과 주식회사 형태를 띠는 회사공기업으로 나뉜다. 전자에는 우정사업, 철도사업, 조달사업, 양곡관리사업 등 특별회계로 운영되는 4개 정부기업 혹은 국영기업이 포함되고 후자에는 재투자기관까지 포함하여 93개의 공기업이 있다.

7) 야당의 정치공세라는 반박이 있었지만 작년 한나라당은 자료를 공개하여 정부산하단체 임원급 55명을 낙하산 인사의 사례로 제시했다. 이에 따르면 36명은 민주당 혹은 그 전신인 국민회의·평민당 출신이고 아태재단 관계자 3명, 대통령 친인척 2명, 자민련 관계자 4명이 포함되어 있다(『조선일보』 2000. 9. 27).

8) 1998년 5월의 6차 의향서까지는 IMF프로그램의 합의사항에 공기업민영화가 포함되어 있지 않았다고 한다. 동년 7월의 7차 의향서부터 민영화계획이 들어가는데 이는 IMF측의 요구라기보다 "한국정부의 자발성(과잉충성?)에 의한 것"이라는 지적이다(황상인 외 1999, 55쪽; 김기원 2000, 10쪽 참조).

9) 참고로, 한전을 포함하여 메이저 발전회사들이 동남아 전력시장에 진출할 때 약 15%의 투자보수율을 보장받는 것으로 알려져 있다.

10) 여타 정부부처와 달리 우정사업 종사인력이 특별회계로 운영되는 사업부서임을 감안할

때, 일반부처의 공무원과 구분하여 공무원 정원에서 제외하는 것이 타당하다는 견해도 제시되고 있다. 업무량에 기초한 인력배치가 가능하기 위해서는 이러한 논리가 수용되어야 한다는 주장이다(체신노조, 「노사정위원회 건의문」, 2000. 6).

11) 이에 대해 일부에서는 정부가 IMT2000 사업권과 디지털위성방송 사업권의 매각, 파워컴 매각, 한전 매각, 한통 지분매각 등으로 40조원 규모의 긴급 공적 자금을 마련하려 한다고 보도하면서 한통의 국내 인수대상으로 삼성그룹이 가장 유력하다고 지적하고 있다 (『내일신문』 2000. 6. 2).

12) 이와 관련하여 한 논자는 "더 이상 제 정치세력들이 대중운동조직을 상대로 제로섬게임을 되풀이해서는 안 된다"고 주장하면서 정치세력화와 전선운동의 상호 확대·강화라는 문제의식 아래 대중운동, 전선운동, 정당운동 전반을 상세히 다루고 있다(이회수 2000 참조).

참고문헌

강충호 (2000), 『공공부문 단체교섭 실태조사』, 한국노총중앙연구원.

권혜자·강익구·한인임 (1999), 『공기업 구조조정의 평가와 사례』, 한국노총중앙 연구원.

김기원 (2000), 「김대중정부의 구조조정정책」, 『김대중정부의 구조조정정책: 평가와 과제』, 서울대학교 민주화를 위한 교수협의회 제10회 심포지엄자료집.

김상곤 (1995a), 「공공부문의 경영합리화와 민영화에 대한 비판적 고찰」, 『산업노동 연구』 제1권 제1호, 산업노동학회.

_____ (1995b), 「시민을 위한 한국통신, 어떻게 되어야 하는가」, 정보통신주권 수호 와 재벌독점 방지를 위한 범국민대책위원회 주최 '시민의 통신 만들기 공청 회' 발표문.

김상권·김재홍·서주석 (1995), 『공익사업의 경쟁정책』, 한국경제연구원.

김수행 (2000), 「구조조정의 경제철학 비판」, 『김대중정부의 구조조정정책: 평가와 과제』, 서울대학교 민주화를 위한 교수협의회 제10회 심포지엄자료집.

김용렬 (1994), 「기업의 소유구조와 지배구조」, 『실물경제』 제29호, 산업연구원.

김윤자 (1998), 「엔화가치 폭락: 세기말 자본주의의 자기부정?」, 『민주노동과 대안』 제10호, 노동조합기업경영연구소.

_____ (1999a), 「국제금융자본과 사회적 통제」, 한신대학교 사회과학연구소 편, 『한국사회와 노동운동』.

_____ (1999b), 「현대자본주의와 화폐」, 『한신논문집』.

_____ (1999c), 「공기업민영화: 비판과 대안」, 『진보평론』 제2호, 겨울호.

_____ (2000a), 「한국 공공부문의 특징과 개혁과제」, 『민주노동과 대안』 제32호, 노동조합기업경영연구소.

_____ (2000b), 「공공부문 구조조정에 관한 몇 가지 검토」, Working Paper Series no. 122, 서울사회경제연구소.

김진성 (1999), 「전력산업 구조개혁추진계획」, 한전 주최·산자부 후원 "Electric Power Industry Restructuring in Korea".

남일총 (1997), 『공기업 경영혁신을 위한 제도개선방안』, 한국개발연구원.

노사정위원회 (1998), 공공특위 26차 회의록.

류상영 (1997), 『민영화와 구조조정』, 세종연구소.

박동철 (1995), 「한국에 있어서 공기업의 형성과 민영화」, 『서사경 연구』 1, 서울사회경제연구소.

에너지경제연구원 (2000), 『전력산업민영화 연구』(최종보고서), 한국전력공사.

이만우 (1999), 「정부투자기관 관리기본법과 공기업 지배구조」, 한국공기업학회 춘계학술발표대회 자료집.

이병훈·황덕순 편 (2000), 『공기업의 민영화와 노사관계』, 한국노동연구원.

이성복 (1999), 「공기업민영화의 전개 및 영향: 한국의 공기업을 중심으로」, 『세계화 시대의 초국적기업과 공기업민영화』, 한국정치학회 특별학술회의.

이회수 (2000), 「2000년 민중연대투쟁 준비현황과 과제」, 『민주노동과 대안』 통권 31호, 4/5월호.

임영일 (1998), 「코포라티즘에서 신자유주의로?: 멕시코위기의 정치경제적 배경에 관한 연구」, 『연대와 실천』, 영남노동연구소.

장상환 (2000), 「김대중정부 구조조정정책의 문제점과 진보적 구조조정의 필요성」, 『김대중정부의 구조조정정책: 평가와 과제』, 서울대학교 민주화를 위한 교수협의회 제10회 심포지엄자료집.

정갑영 외 (1996), 「전문경영체제 확립을 위한 지배구조의 설계」, 정갑영 외 『민영화와 기업구조』, 나남.

조창현 (1999), 『공익산업 민영화의 국제비교와 시사점: 영국, 호주, 아르헨디나의 전력산업을 중심으로』, 산업연구원.

황상인 외 (1999), 『IMF체제하의 한국경제』, 대외경제정책연구원.

Armsrong, M., S. Cowan & J. Vickers (1994), *Regulatory Reform: Economic Analysis and British Experience*, Cambridge, MA: MIT Press.

Cook, P. & C. Kirkpatrick ed. (1988), *Privatisation in Less Developed Countries*, Wheatshef

Books Ltd.

Hall, D. (1999), *Electricity Restructuring, Privatization and Liberalization: Some International Experience*, London: Public Services International Research Unit, Univ. of Greenwich.

_____ (2000), "Impact of Electricity Privatisation on Industrial Relations: Lessons from the UK(and Hungary)." (산업연구원, 국제세미나 자료집 「전력산업 구조개편이 고용관계에 미치는 영향」.)

Hughes, O. E. (1996), *Public Management and Administration: An Introduction*, London: Macmillan.

Jackson, P. M. & C. Price ed. (1994), *Privatization and Regulation: A Review of the Issues*, London: Longman.

Politt, M. (1995), *Ownership and Performance in Electrical Industry*, Oxford Univ. Press.

Stiglitz, J. (1994), "Privatization," *Whither Socialism?*, The MIT Press.

Vickers, J. & G. Yarrow (1989), *Privatization: An Economic Analysis*, Maple-Vail, Inc.

김대중정부의 사회복지정책, 어떻게 볼 것인가

김 연 명[*]

1. 머리말

DJ정부는 외환위기 이후 미증유의 경제·사회적 혼란 속에서 출범하였다. 일찍이 경험하지 못한 대규모의 기업도산과 구조조정 그리고 이에 따른 대량실업과 소득의 양극화 등은 경제·사회적 위기를 불러왔고, 이에 대한 대처방안으로 김대중 대통령은 집권 초기 '민주주의와 시장경제의 병행발전'을 그리고 2년 뒤에는 '생산적 복지'를 각각 정치적 비전으로 제시하였다. 정권이 표방하는 정치적 모토에서 수사를 걷어내고 국가정책의 핵심에 해당되는 경제·산업 정책 및 고용정책 등의 실제 정책내용을 살펴보면 DJ정부의 정책기조는 신자유주의적 접근법에 기초해 있다(김균·박순성 1998; 장상환 1998). 특히 지난 70년대 이후 라틴아메리카와 동유럽 등 세계 각국에 구제금융을 제공한 경험이 있는 IMF/세계은행의 노선이 해당 국가 경제·사회 구조의 신자유주의적 재편임을 고

* 중앙대학교 사회복지학과 교수

려한다면(Pieper and Taylor 1998) DJ정부의 정책 전반이 신자유주의 노선이 라는 진단은 상당한 설득력이 있다.

한편 김대중정부가 지난 3년 동안 추진한 사회복지정책은 그 변화의 강도와 내용 면에서 우리나라에 근대적인 사회복지가 시작된 60년대 이후 가장 혁신적인 것이다. 20여 년 동안 논란을 거듭해 온 의료보험 조합·통합 논쟁에 종지부를 찍고 통합방식 의료보험으로 전환했으며, 공공부조의 패러다임을 바꾼 국민기초생활보장법을 제정하였을 뿐 아니라, 선진국을 제외하곤 발견하기 힘든 공적 연금의 전국민 적용을 시행하였다. 이 모든 제도 하나하나가 우리나라 사회복지의 근본적인 변화를 가져오는 정책들이다.

이러한 김대중정부의 사회복지정책은 두 가지 측면에서 주목을 받고 있다. 첫째는 세계화와 사회복지의 연관성이라는 측면에서 DJ의 사회복지정책을 주목하는 경우이다. 세계화의 진행이 국민국가의 자율성을 약화시키고 국가복지의 축소를 가져온다는 명제(Teeple 1995, pp. 55~74; Mishra 1999, pp. 94~100)와 관련하여 오히려 한국의 경우는 IMF 구제금융을 계기로 세계화가 급속히 진행되는 가운데서도 사회복지가 확대되고 있다는 점에 주목한다. 즉 세계화가 사회복지의 확대를 가져오는 흔치 않은 사례로서 DJ정부의 사회복지정책 변화에 주목하는 경우이다(Lee 1999; Shin 2000). 둘째는 DJ정부 사회복지정책을 선진국의 복지국가체제에서 나타나는 사회복지제도의 특징과 비교하여 그 성격을 규명하거나 혹은 특정한 복지체제로의 이동을 예측하는 경우이다. 예를 들어 DJ정부의 사회복지정책은 신자유주의적 특성을 보이고 있으며, 실제 정책의 내용을 볼 때 영미식 자유주의 복지체제로 이동할 가능성이 있다는 주장(정무권 2000; 조영훈 2000) 혹은 DJ정부가 추진한 사회복지제도는 유럽대륙의 보수주의적 복지체제에서 나타나는 제도적 특징을 보이고 있다는 주장(김영범 2001)이 있다.

이 글에서는 두번째 측면의 논의와 연관하여 세 가지 주장을 제기하고 자 한다. 첫째, DJ집권 이후 사회복지제도 개혁의 특징을 분석하여 DJ정 부의 사회복지정책은 시장과 개인의 복지책임을 강조하는 신자유주의적 노선이 아니라 국가의 복지책임을 강화하는 국가복지노선임을 밝혀보고 자 한다(3절). 둘째, 이러한 분석을 근거로 DJ정부에서 추진한 사회복지 제도 개혁이 자유주의 복지체제 혹은 유럽대륙형의 보수주의적 복지체 제, 일본형 복지체제에서 보이는 사회복지제도의 특징과 유사성을 갖고 있다는 주장을 비판적으로 검토한다(4절). 셋째, DJ정부의 사회복지개혁 의 결과 한국의 사회복지제도는 기존의 여러 복지체제에서 보이는 제도 적 특징들이 혼합되어 나타나고 있다는 점을 부각시키고자 한다(5절). 5 절의 논의는 사회복지'제도'의 특징이라는 좁은 범주를 복지'체제'라는 보다 넓은 범주로 확대시킴으로써 학계에서 아직 본격화되지 않고 있는 한국의 복지체제의 유형분류에 대한 논의를 촉진시키는 함의를 갖고 있 다.[1]

2. 사회복지에 대한 신자유주의적 접근

복지공급에서 국가와 시장의 관계

이 글의 주요 논지 가운데 하나는 DJ정부의 사회복지정책에서는 신자 유주의적 특징이 드러나지 않는다는 점이기 때문에, 먼저 사회복지에 대 한 신자유주의적 접근방법과 그 모형이 갖고 있는 특징을 제시할 필요가 있다. 하이에크나 프리드만 등으로 대표되는 (신)자유주의 이론가들이 비판한 케인스주의 복지국가의 문제점과 그 대안으로서의 신자유주의적 접근에 대한 철학적·이론적 입장은 이미 많은 문헌에 잘 정리되어 있다(George and Wilding 1994; Pierson 1998; O'Brien & Penna 1998). 신자유주의 자들은 기본적으로 국가보다는 시장에 의한 복지공급을 매우 선호한다. 이들은 시장이 한정된 자원배분의 효율성을 가져오는 중요한 도구이고 복지공급에서 국가의 개입은 자원배분의 비효율성과 독점을 낳으며, 또한 국가복지는 복지수혜자들의 의존성을 심화시키는 역기능을 갖고 있기 때문에 복지공급에서 국가의 역할은 축소되어야 한다고 주장한다. 따라서 이들에 따르면 국가복지의 민영화를 통한 시장의 복지역할 강화, 개인의 복지책임 등 시장과 개인을 통한 복지공급의 강화가 필요하다.

물론 이들도 복지공급에서 국가의 역할을 완전히 부정하지는 않는다. 그러나 국가는 복지공급에 참여한다 하더라도 가능하면 빈곤층을 대상으로 최소한의 역할만 담당해야 한다. "국가가 복지공급에 참여하는 경우 국가의 역할은 잔여적이고 최소한의 서비스를 공급하는 것, 즉 안전망을 제공하는 것으로 제한되어야 한다"(George and Wilding 1994, p. 38)는 것이 신자유주의자들이 주장하는 사회복지에서의 국가역할의 요체이다. 결국 사회복지의 핵심적인 공급주체를 시장과 국가로 단순화시킬 경우 신자유주의적 접근은 시장의 복지공급 역할 강화, 최소한의 복지제공자로서의 국가의 역할 축소로 단순화시킬 수 있다. 이 글에서는 DJ정부의 사회복지정책이 복지공급 면에서 시장의 역할을 강화한 것인지 아니면 국가의 역할을 강화한 것인지에 대한 평가가 이루어질 것이다.

지금까지의 논의는 복지공급에서 신자유주의 시각이 국가와 시장의 역할을 어떻게 설정하는가라는 추상적인 차원이었다. 이러한 추상적 차원의 논의를 구체화시켜서 복지국가의 핵심 제도에 해당하는 사회보험과 공공부조제도의 신자유주의적 모형을 IMF와 세계은행의 정책대안을 중심으로 살펴보기로 한다.[2]

사회보험과 신자유주의

사회보험'제도'의 형태에서 다른 복지이데올로기와 구분되는 신자유주의만의 독특한 제도적 형태가 있는가 하는 점은 논란의 여지가 있다. 왜냐하면 사회보험제도는 기여와 급여의 연계 혹은 상대적으로 강한 권리성 같은 일반원리에서 공통점을 찾을 수 있으나 각국의 사회보험제도를 미시적인 차원에서 비교해 보면 너무나도 상이한 형태가 많이 발견되기 때문이다(Social Security Administration 2000). 그러나 이러한 차이에도 불구하고 공적 연금과 의료보험에서는 적어도 신자유주의자들이 매우 선호하는 제도적 모형이 분명히 존재한다. 그 구체적 예는 신자유주의 이념을 제도적 차원에서 정책대안으로 구체화하고 이를 전세계로 전파하는데 핵심적인 역할을 하는 IMF/세계은행이 제안하는 공적 연금과 의료보험의 개혁모형에서 찾아볼 수 있다.[3]

세계은행이 제안한 공적 연금의 개혁모형은 신자유주의가 추구하는 사회보험의 모형을 가장 잘 보여주는 사례이다. 1994년 세계은행은 국제적인 연금개혁 논쟁을 촉발시킨 보고서("Averting the Old Age Crisis")에서 부과방식의 재원조달, 소득비례의 확정급여방식, 공적 관리라는 세 가지 요소가 하나의 제도에 결합되어 있는 유럽 등 선진국의 기존 '단일연금제도'(혹은 ILO의 표현대로 사회보장연금[4])가 노령인구의 소득보장에도 실패했고 경제성장의 장애요인으로 작용한다고 주장하면서 그 대안으로 3층연금제도를 제시하였다(World Bank 1994, pp. 16~18). 3층연금제도에서 1층은 자산조사방식 혹은 최저연금방식으로 이루어진 강제적이고 공적으로 관리되는 연금제도로서, 노후소득보장에서 최소한의 소득만을 보장하는 제한적인 역할만 담당해야 한다. 2층은 강제적이며 민간이 관리하는 연금제도이다. 여기에는 칠레가 가장 전형적인 사례인 강제 개인저축제도와 기업연금제도 두 가지 형태가 있을 수 있는데, 세계은행은 전자를 강력하게 권고하고 있다. 시장원리를 이용하여 민간기업이 관리하는 강제 개인저축제도는 민간관리, 연금기금간의 경쟁, 확정기여방식, 완전적립방식 등의 요소를 갖고 있기 때문에 수익률 확보와 자본시장 발전, 투자위험 분산, 형평성 향상 등에서 단일연금제도보다 훨씬 유리하다고 세계은행은 주장한다. 그리고 3층은 임의보험제도로 기업연금 혹은 개인저축의 형태가 있을 수 있으며, 노인들에게 추가적인 소득을 보장해 주는 기능을 담당한다.

세계은행은 기존의 사회보장연금제도에서는 기여율이 계속 인상하고 기여회피, 조기퇴직 유도, 연기금의 정치적 이용과 같은 현상이 나타나는데 이는 기존의 부과방식의 확정급여연금제도에서 나타나는 고질적이고 구조적인 문제점이라면서(같은 책, p. 162) 연금제도의 근본적인 틀을 변화시키지 않는 한 이 문제점은 극복하기 어렵다고 주장한다. 세계은행이 제안한 연금개혁안의 핵심은 2층의 민간이 관리하는 완전적립방식 연금제도인데, 이 부분이 바로 공적 연금의 책임을 국가에서 민간시장으로 이전시키는 신자유주의적 특성이 가장 강하게 나타나는 동시에 사회보장연금제도를 방어하는 국가복지주의자들의 가장 큰 반발을 불러일으킨 부분이기도 하다.

세계은행이 제안한 3층연금제도는 세계은행과 ILO를 축으로 하는 양 진영의 학자, 즉 노후소득보장 책임을 시장으로 돌리려는 진영과 기존의 공적 연금, 즉 사회보장연금제도를 유지하려는 진영 사이에서 격렬한 논쟁을 불러일으켰으나(Beattie & McGillivray 1995; Holzman 1998) 후자를 방어하는 입장에 있었던 ILO진영에서 최근에 공적 연금에서의 시장역할을 일정 부분 수용하는 모습을 보이는 등(Gillion et al. 2000, pp. 453∼86) 전세계적으로 연금개혁의 흐름을 시장 쪽으로 이동시키는 데 결정적인 역할을 하게 된다.[5] 결국 세계은행이 제안한 3층연금제도의 핵심은 사회보장연금제도에서 국가의 역할을 축소하고 시장과 개인책임에 의한 노후소득보장 기능을 강화하는 신자유주의적 지향을 가진 방안이다. 이러한 세계은행의 연금개혁 이데올로기는 사회보험을 통한 집단간 연대, 소득재분배, 국가에 의한 공적 관리 등을 주요 가치로 내세우는 유럽의 사회보장연금의 기본 가치와도 충돌하는 것이다.

세계은행은 저개발국과 개발도상국의 구조조정과정에 개입하면서 90년대 중반에 들어와서야 사회안전망의 일부분으로서 보건의료 문제에 관심을 표명하기 시작하였다. 세계은행은 보건의료에 개입하는 방식에 대해 나름대로의 입장이 있으나, 영양문제 등 보건의료 전반을 다루고 있는데다 원칙적인 차원의 진술에 머무르고 있다(World Bank 1997). 즉 세계은행은 사회보장연금의 신자유주의적 대안으로서 3층연금제도를 제시한 것처럼 사회연대성과 공적 관리 등을 특징으로 하는 사회의료보험에 대한 정책대안을 제시하지는 않고 있다. 물론 그렇다고 사회의료보험을 적극적으로 옹호하지도 않는다.

사회의료보험의 대안으로 신자유주의 진영에서 주목하고 있는 것으로 개인저축계좌방식(MSA)을 들 수 있다.[6] 싱가포르 그리고 미국의 일부 주에서 실험적으로 운영되는 MSA제도는 개인별로 계좌를 만들어 의료비로 지출하고 남은 액수는 현금으로 상환하는 제도인데 주로 사회의료보험에서 나타나는 소비자의 도덕적 해이, 즉 의료소비자의 과도한 의료이용을 억제하는 장점이 있다. 또한 MSA제도를 완전히 민간보험회사가 운영하면 의료공급자에 대한 통제는 국가 혹은 공적 보험자가 아닌 시장이 담당하게 된다. 그러나 이 제도는 빈곤층의 의료접근도를 줄일 가능성이 높고 비용이 적게 드는 질병에 대해서는 의료보장이 잘되지 않는다는 약점을 갖고 있다. 그리고 MSA제도의 운영주체가 사보험회사 등 민간금융기관이 될 경우 사실상 사회의료보험을 민간의료보험으로 대체하는 효과를 가져오게 된다. 이 경우는 의료보장의 책임이 국가에서 민간시장과 개인으로 이전되며, 사회연대성이라는 사회의료보험의 핵심적 가치가 사실상 소멸된다.

세계은행은 MSA제도를 '3층연금제도'만큼 강력하게 주장하는 것은 아니지만 의료보장제도의 재원조달방식에서 사회의료보험에 대한 정책대안으로 MSA제도에 대해 강한 관심을 갖고 있으며(Prescott 1998), 실제 개발도상국의 정책대안으로 제시하기도 하였다. 가령 세계은행이 한국에 제공한 제2차 구조조정차관의 조건 중 한국에 MSA제도를 도입할 것을 요구한 것(김창엽 외 1998, 34~35쪽)도 이 제도가 사회의료보험에 대한 유력한 신자유주의적 정책대안임을 보여주는 사례로 볼 수 있다.

사회안전망과 신자유주의

사회안전망은 IMF와 세계은행이 개발도상국과 후진국의 신자유주의적 구조조정에 개입하면서 실업, 빈곤 등 구조조정의 사회적 역효과를 통제하지 않으면 구조조정 자체가 어려워진다는 경험을 통해 80년대 후반부터 제기되기 시작했다. IMF와 세계은행은 초기에 사회안전망이라는 용어를 '구조조정과정의 역효과, 즉 대량실업과 소득분배의 악화에서 파생되는 취약계층의 빈곤문제에 단기적으로 대처하는 프로그램을 총칭하는 의미'로 사용하였다(IMF 1995, pp. 104~105; World Bank 1996, p. 104).

90년대 중반 이후 세계은행은 빈곤퇴치를 주요한 사업목표 중의 하나로 설정하면서 사회안전망 개념을 체계화시키기 시작하였는데 그 내용을 정책대상, 프로그램의 종류 그리고 전달방법이라는 세 가지 측면에서 보면 다음과 같다.[7] 먼저, 사회안전망의 대상은 소득이 빈곤선 이하인 만성적 빈민, 자연재해나 경제적 충격으로 소득수준이 빈곤선 주위에서 맴도는 일시적 빈민 그리고 기업 혹은 사기업의 파산으로 인한 실업처럼 구조조정의 영향을 직접적으로 받는 집단 등이다. 둘째, 안전망의 프로그램 종류는 전통적인 자산조사방식에 입각한 공공부조와 아동이 있는 가족에게 지급되는 가족부조 등의 현금이전, 빈민과 취약계층에게 지급되는 쌀, 등유 같은 상품배급과 의료·교육 서비스 같은 현물지원 그리고 우리나라에서도 많이 행해진 공공근로를 포함한다. 사회안전망의 전달방법으로는 재정부담이 크고 비효율성이 나타나는 보편주의적 보조금 지원보다는 일정한 목표집단을 정하고 지원을 집중시키는 방법(targeting)을 제안하고 있다. 물론 목표집단에 대한 지원에서 행정비용과 거래비용을 축소시키는 제도적 장치가 필요하다.

이상의 사회안전망의 내용이 3층연금제도나 MSA제도처럼 신자유주의에서 선호하는 모형인가는 상당한 논란의 여지가 있다. 왜냐하면 빈민이나 실업자 등 취약계층에 대한 현금, 현물 지원 등의 프로그램은 일반적인 복지국가에서도 흔한 프로그램이기 때문이다. 그리고 국가복지제도가 전혀 없거나 혹은 있어도 미약한 미개발국이나 개발도상국의 경우는 세계은행이 제안하는 사회안전망 수준의 프로그램조차도 일정한 수준의 국가복지 확대라는 의미를 가질 수 있기 때문이다. 그러나 세계은행의 사회안전망에는 복지국가에서 일반적으로 강조되는 각종 복지급여에 대한 '시민적 권리'의 원리가 강조되지 않고, 대상이 일반시민에 대한 보편주의적 복지제공이 아닌 저소득층을 주요 대상으로 설정하는 선택주의적 성격을 띠고, 비용-효율성이 강조된다는 점에서 국가복지를 강조하는 이념과는 일정하게 거리가 있는 것이 사실이다. 그럼에도 사회안전망 프로그램의 신자유주의적 성격을 권리성이나 선택주의의 적용이라는 한두 가지 잣대로 평가하기에는 한계가 있다.

따라서 사회안전망의 성격은 그 프로그램을 관통하는 핵심 원리와 함께 더 넓은 차원의 사회복지의 구조개혁, 즉 다른 국가복지 프로그램의 전반적 변화를 고려하여 규명되어야 한다. 예를 들어 사회보험 같은 국가복지 프로그램이 축소되면서 선택적이고 일시적인 사회안전망 프로그램이 확대되었다면 이는 사회복지의 신자유주의적 재편이라 할 수 있다.

그러나 국가복지 프로그램이 강화되면서 동시에 공공부조 등의 권리성이 강한 프로그램이 확대되었다면 이를 사회복지의 신자유주의적 재편이라고 보기는 어려울 것이다. 한국에서는 IMF 구제금융을 계기로 나타난 실업문제와 빈곤문제를 극복하기 위해 정부는 물론 NGO, 학계에서도 사회안전망 확충이라는 구호가 자연스럽게 받아들여졌고 여러 가지 프로그램이 시행되었다. 이에 대한 평가는 뒤에서 이루어진다.

3. DJ정부의 사회복지정책 변화와 그 성격

DJ정부에서 제도의 변화가 가장 급격하게 나타난 분야는 국민연금, 의료보험 등 사회보험분야와 실업대책을 포함한 공공부조분야이다. 아동복지, 노인복지 등 사회복지서비스 분야에서는 주목할 만한 변화가 나타나지 않았다. 따라서 사회보험과 공공부조를 중심으로 변화된 사회복지제도의 성격을 규명해 보기로 한다.[8]

국민연금: 사회보장연금제도의 고수

우리나라의 국민연금은 기초연금과 소득비례연금이 분리되어 있지 않은 소득비례 단일연금제이며 '공적 관리' '확정급여방식'과 '부분적립방식'을 주요한 특징으로 하고 있다. 그리고 군인, 공무원 등 일부 직업을 제외하면 독일, 프랑스 등 유럽대륙에서 흔히 볼 수 있는 생산직과 사무직, 농어민이 별도의 제도로 분리된 직역별 연금제도가 아닌 대부분의 국민이 하나의 제도에 속해 있는 통합적 제도에 속한다. 따라서 한국의 공적 연금제도에서는 에스핑–안데르센이 독일, 오스트리아 등 조합주의적 복지국가체제에서 나타나는 사회보험제도의 특징으로 지적한, 연금제도의 차별적 적용 때문에 발생하는 지위의 차별화 혹은 사회보험의 계층화 효과(Esping-Andersen 1990, pp. 58~61)가 상대적으로 부각되지 않는다. 물론 공무원·군인 연금제도가 분리되어 있기 때문에 계층화 효과가 어느 정도 있다고 볼 수도 있으나 이들을 제외한 대부분의 직업집단이 모두 하나의 제도에 포괄되어 있기 때문에 그 강도는 크게 떨어진다. 그리고 연금급여도 40년 가입시 60%라는 비교적 관대한 연금을 제공하며 계층간 소득재분배 효과와 세대간 재분배효과, 즉 사회연대성의 원리가 강하게 나타나도록 설계된 제도이다.

김영삼정부에서는 정부의 공식위원회에서 국민연금제도를 세계은행이 제안하는 방식과 유사하게 부과방식의 기초연금과 확정기여방식과 완전적립방식이 결합된 소득비례부문으로 이원화하려는 연금개혁안을 제시하였다(국민연금제도개선기획단 1997). 이 개혁안은 98년 국회에서 국민연금법이 개정될 때까지도 상당히 유력한 대안으로 논의되었다. 그러나 김대중정부는 이 대안을 받아들이지 않았으며, 소득대체율을 70%에서 60%로 낮추고 연금기금운용의 투명성과 가입자의 정책결정과정에의 참여를 강화하는 것을 골자로 한 제도개혁을 단행하였다(석재은 2000). 즉 공적 관리, 세대간·계층간 연대, 관대한 급여수준, 임금근로자 및 자영자의 통합관리라는 기본 골격이 전혀 손상되지 않았다. 다시 말해 개혁된 국민연금제도에서 세계은행이 제안한 신자유주의적 요소는 거의 발견되지 않으며 여전히 노후소득에 대한 국가책임의 원칙이 강하게 유지되고 있다.

연금개혁에서 또 하나의 특징은 도시지역 자영자들에 대해서 기존의 공적 연금제도의 기본틀을 그대로 확대적용하는 방식으로 전국민 연금적용을 시도했다는 점이다. 국민연금은 2000년 기준으로 가입대상자의 60%만이 보험료를 납부하고 있다는 한계가 있지만(김연명 2001) 전국민 연금적용에서 기본적인 정책방향은 공적 책임을 강화하는 노선을 분명히 반영하고 있다. 또한 소득비례방식으로 도시자영자 연금을 확대했다는 점도 특기할 만하다. 우리나라 연금제도의 기본 골격은 일본의 공적 연금을 참고하여 설계되었지만, 일본의 연금제도에서 자영자들은 '정액기여' '정액급여' 방식인 반면 우리나라 국민연금은 자영자들에게도 소득비례제를 적용하였다. 즉 노후생활에서의 공적 연금 의존도를 높이고 국가의 역할을 확대한 것이다. 이 부분은 또한 우리나라 국민연금의 모형이 되었던 일본연금제도와 차별성을 획득한 부분에 해당된다.

의료보험: 사회의료보험의 고수와 연대성의 강화

의료보험은 DJ정부에서 가장 극적인 변화를 겪은 제도이다. 개혁 이전의 의료보험제도는 독일과 일본에서 볼 수 있는 사회의료보험을 전제로 한 조합주의 방식이었다. 즉 직역과 지역에 따라 의료보험조합을 구성하고 각 조합별로 보험료 수준을 달리하고 재정을 독립적으로 운영하는 방식이었다. 따라서 약 420개의 의료보험조합으로 구성된 과거의 한국 의료보험제도는 앞에서 지적한 사회보험에서의 지위의 차별화 현상이 적극적으로 반영되어 있었고, 이런 의미에서 사회구성원간의 연대가 매우 제한적으로 관철되는 제도였다. DJ정부는 첫째, 420개 개별조합을 공적 기관에서 관리하는 단일 의료보험제도로 일원화하였다. 즉 의료보험의 행정관리기구뿐 아니라 독립채산제로 운영되던 수백 개의 기금도 하나로 통합하였다. 둘째는 조합별로 다르게 부과되던 보험료가 하나의 전국적 기준으로 통일되어 보험료 부담의 공평성이 강화되었다. 셋째, 의료보험의 급여범위가 이전보다 약간 확대되었다(김연명 2000).

이러한 의료보험 개혁은 다음과 같은 의미를 내포하고 있다. 우선 모든 국민이 하나의 의료보험제도에 가입됨으로써 조합주의적 복지국가체제에서 직역별로 각기 다른 의료보험제도를 적용할 때 나타나는 지위의 차별화 현상이 없어졌으며, 소규모 집단으로 제한되던 연대를 전국민적 연대 차원으로 넓혀놓았다. 두번째는 의료보장에 대한 국가의 책임이 강화되었다는 의미를 갖는다. 기존의 조합방식은 조합자치주의 원칙이 적용되었고 재정이 조합별 독립채산제로 운영되었으며 보험료도 조합별로 결정되었다. 그러나 통합주의 방식에서는 보험료 책정이나 재정을 공공기관인 단일보험자가 직접 관리함으로써 의료문제에 대한 국가의 책임이 훨씬 강화되었다. 세번째는 통합방식으로의 전환은 우리나라 의료보험의 모델이 되었던 일본의 조합방식 의료보험과 결별하고 한국의 독자적인 모델을 구축했음을 의미한다.

한국의 의료보험 개혁과정에서 대립되는 지점은 사회의료보험방식이냐, MSA방식 혹은 영국 같은 국영의료서비스방식이냐라는 대립구도가 아니었다. 오히려 사회연대성의 원리에 기초한 사회의료보험제도를 전제로 하되, 그 형태를 조합방식으로 할 것인지 아니면 통합방식으로 할 것인지가 주요한 대립지점이었다. 즉 연대의 범위를 좁게 설정할 것인지 전국적 차원에서 설정할 것인가의 문제였다. 개혁의 전과정에서 신자유주의적인 MSA제도로의 전환은 거의 제기되지 않았으며, 개혁의 결과 나타난 통합방식 의료보험에서도 국민연금 개혁과 마찬가지로 어떠한 신자유주의적 요소도 찾아볼 수 없다. 의료보험제도 개혁의 지향점을 본다면 DJ정부의 의료보험 개혁은 시장의 역할을 강화하는 것이 아니라 사회의료보험의 기본 원리인 사회연대성 그리고 의료보장에서 국가의 역할을 강화하는 방향으로 정책이동이 이루어졌다는 점이 분명하게 나타나고 있다.

고용보험과 산재보험: 사회보험방식의 적용 확대

우리나라의 고용보험과 산재보험은 연금, 의료보험과 마찬가지로 공적 관리, 소득비례 기여와 급여 등 전통적인 사회보험제도의 특성을 갖추고 있다. 또한 모든 임금근로자가 하나의 제도에 포괄되어 있는 단일제도이며, 직업에 따라 제도가 분리적용되지 않는다.

DJ정부에서 이루어진 산재·고용 보험 개혁도 몇 가지 특징이 있다. 첫째, 전통적인 사회보험제도의 골격을 해체시키지 않았다. 김영삼정부에서는 산재보험을 민영화하려는 시도가 재정경제부를 중심으로 상당히 강하게 일어났으나 DJ정부에서는 이러한 시도가 전혀 없었다. 둘째, 고용·산재 보험의 적용대상이 놀라운 속도로 확대되었다는 점이다. 95년에 시행된 고용보험제도는 99년 4월 5인 미만 사업장에 근무하는 영세근로자에게까지 확대적용되어 5년 만에 전체 임금근로자를 적용하는 경이로운 확대속도를 보였으며 또 고용보험에서 일부 배제되어 온 임시직, 계약직 등 비정규근로자에게도 고용보험이 확대되었다. 산재보험 역시 2000년에 5인 미만 소규모사업장 근로자 및 사업주에게까지 적용이 확대되어 사실상 전체 임금근로자가 산재보험에 포괄되었다. 김대중정부가 집권하기 전인 97년 말 고용보험의 적용률이 33.1%였으나 2000년에는 55.1%로 급증했으며, 산재보험의 적용률도 62.1%에서 67.4%로 높아졌다(김연명 2001). 세번째는 실업수당의 급여기간 연장, 급여액의 인상 등 고용보험의 급여수준이 어느 정도 높아졌으며, 실업대책에서 적극적 노동시장정책 개념이 도입되었다는 점이다. 실업률이 20여 년 동안 2·3%를 유지했던 경험 때문에 한국에서 적극적 노동시장정책이라는 개념은 매우 낯선 것이었다. 그러나 구조조정으로 실업률이 급격히 증가하면서 직업훈련, 고용안정지원사업, 적극적 노동시장 프로그램이 상당히 확충되었다. 물론 그렇다고 실업수당 지급이나 실직자에 대한 공공부조 등 소극적 노동시장정책이 없었던 것은 아니며 오히려 전체적인 예산배분의 측면에서 보면 소극적 실업정책에 투여된 예산비중이 더 많았다(황덕순 2001).

산재보험과 고용보험의 개혁내용을 전체적으로 보면 민영화 등 시장의 역할을 강화하는 요소는 전혀 발견되지 않는다. 오히려 국가책임이 전제된 사회보험제도를 전체 임금근로자에게 확대하고 보험급여의 수준도 관대한 방향으로 이동하는 등 국가책임의 강화가 더욱 부각된다. 적극적 노동시장정책의 확대 역시 신자유주의적 특성으로 해석하기 어렵다. 가령 80년대 이후 적극적 노동시장정책을 강력히 추진한 스웨덴의 경우를 우리는 신자유주의적 정책이라고 부르지 않는다.

사회안전망의 확충과 국가책임의 강화

DJ정부는 경제위기로 촉발된 실업과 빈곤 문제를 해결하기 위하여 사회안전망으로 통칭되는 여러 가지 프로그램[9]을 시행하였는데 성격에 따라 두 가지 범주로 나누어볼 수 있다. 첫째는 빈곤층이 아닌 일반국민을 대상으로 시행되던 국가복지제도를 취약계층에까지 확대함으로써 제도화되는 방향으로 나간 프로그램과 빈곤층이나 실업자를 주대상으로 일시적으로 도입되어 폐지 혹은 약화된 프로그램이다. 후자는 주대상이 빈곤층이고 수급자의 권리 개념이 약하고 제도화되지 않았다는 측면에서 세계은행의 사회안전망 개념과 부합되는 프로그램이라 할 수 있으나, 전자의 경우는 국가복지제도의 확대이므로 세계은행의 사회안전망 프로그램과는 그 기본 성격이 다르다고 볼 수 있다.

일시적인 빈곤 혹은 실업 대책으로 시행된 사회안전망 프로그램은 공공근로사업, 빈곤층에게 일시적으로 공공부조 수혜자격을 부여한 한시적 생활보호, 실업자에 대한 생활자금 대부 그리고 실업자 직업훈련 등이 있다. 이 네 가지 프로그램에 투여된 예산은 99년 기준으로 전체 실업대책 예산 7조 4536억 원의 59.5%를 차지하는 4조 3654억 원이었다(황덕순 2001, 7쪽). 이 프로그램의 주대상은 경제위기로 가장 피해를 받는 빈곤층과 실업자였으며, 실업률이 떨어지기 시작한 99년 이후 2000년에는 대부분의 프로그램이 축소, 폐지되었다. 2000년의 경우 4개 프로그램에 투여된 예산은 2조 4098억 원으로 50% 가까이 축소되었으며, 한시적 생활보호는 폐지되었다. 이러한 프로그램들은 대상집단이 빈곤층과 실업자 등 취약계층으로 한정되어 있고 급여에 대한 권리 개념이 없고 또 제도화가 아닌 일시적 성격을 갖는다는 점에서 세계은행의 사회안전망, 즉 신자유주의적 접근법의 특성이 나타난 것으로 볼 수 있다.

한편 사회안전망 프로그램 중 일반국민을 대상으로 시행되던 국가복지 프로그램이 확대되거나 제도변화가 일어난 부분은 취약계층에 대한 사회보험의 확대와 공공부조제도의 개혁이다. 사회보험의 확대 중 고용보험의 적용대상자 확대나 급여수준의 인상 그리고 산재보험의 대상자 확대 등의 조치는 국가복지의 확대와 제도화로 보아야 한다 점은 앞에서 논의하였다. 한국에서 경제위기 기간중 DJ정부가 시행한 사회안전망 프로그램 가운데 가장 상징적인 개혁으로 인정되는 정책은 기존의 공공부조제도를 혁신적으로 대체한 국민기초생활보장제도의 시행이다(2000년 7월 시행).

기존의 공공부조제도에서는 수급자가 되기 위한 두 가지 조건이 있었다. 첫째는 인구학적 기준으로 18~65세의 인구는 적용대상에서 제외되었다. 둘째, 노동능력이 있는 경우는 원천적으로 공공부조에서 제외되었고 극히 일부의 급여만 받을 수 있었다. 이러한 기준은 공공부조를 관통하는 원리가 노동능력이 있는 사람은 국가의 공적 소득이전의 대상이 될 수 없다는 것이다. 기초법은 이러한 기준을 폐지하고 일정 수준 이하의 소득과 재산 등의 요건을 갖추면 누구나 공공부조를 받을 수 있는 자격을 부여하였다. 다만 노동능력이 있는 경우는 수급자의 근로유인을 유도하기 위해 직업훈련이나 자활사업에 참여하는 것을 조건으로 공공부조를 지급하는 이른바 '노동연계복지'(workfare) 방식의 조건부 수급자 규정이 새로 도입되었다(허선 2000).

기초법은 공공부조의 '패러다임적 전환'으로 평가할 정도의 혁신적인 개혁을 담고 있는데 그 의미는 다음과 같다. 첫째, 기초법은 빈곤에 대한 책임을 개인으로 이전시키는 것이 아니라 여전히 국가에 부여하고 있으며 오히려 수혜자격을 완화함으로써 빈곤에 대한 사회적 책임을 더욱 확대했다. 둘째, 과거의 공공부조제도는 빈곤층에 대한 국가의 시혜라는 성격이 들어가 있으나 기초법에는 공공부조에 대한 빈민의 권리와 국가의 의무를 명시하고 있다. 이상의 두 가지는 빈곤에 대한 개인의 책임을 강조하기보다 국가의 책임을 강조하는 것이다.

셋째, 논란이 될 수 있는 부분은 조건부 수급자, 즉 노동능력이 있는 자에게 노동의 참여를 강제하고 이를 지키지 않을 경우 급여를 제한하는 것이다. 이 조항은 '노동연계복지' 개념이 우리나라 공공부조제도에 구체화된 것으로 1996년 미국에서 제정된 '개인의 책임과 근로기회 조정에 관한 법'(Personal Responsibility and Work Opportunity Reconciliation Act, PRWORA of 1996)에서 나타난 빈곤의 개인책임을 강조하는 대책이라 할 수 있다. 조건부 수급자가 기초법에 명문화된 것은 복지의존성의 확산과 공공부조예산의 급팽창을 우려하는 기획예산처 등 정부부처 내의 친시장주의자의 문제제기에 의해서였다. 따라서 이 부분은 신자유주의적 요소로 볼 수도 있다. 그러나 미국의 PRWORA처럼 "2년 이상 수급자는 무조건 노동을 해야 하고 통상 5년 이상 수급을 할 수 없다"는 규정에 비하면 한국의 기초법은 매우 관대한 조건이고 또한 기초법에서의 노동의무는 신자유주의적 노선으로 보기 힘든 '자활사업'[10]에의 참여라는 점도 고려하여야 한다. 그리고 '노동연계복지'를 적용받는 수가 전체 기초법 대상자 151만 명의 3% 수준에 불과하며 여기에 투여되는 예산도 전체 기초법예산의 약 6%밖에 되지 않는다. 즉 기초법의 '노동연계복지'는 빈곤의 책임을 개인에게 전가하는 성격이 매우 약하며 또한 기초법의 핵심적인 내용도 아니다.

지금까지 본 것처럼 세계은행적 의미의 사회안전망 프로그램은 DJ정부에서도 나타났다. 그러나 사회안전망 프로그램 중 핵심에 해당되는 기초법은 빈곤에 대한 개인의 책임보다는 국가의 책임을 강화한 정책이다. 그리고 앞에서 서술한 사회보험제도의 개혁까지 포함해서 볼 경우 일시적인 빈곤대책으로 제시된 사회안전망 프로그램은 DJ정부의 사회복지정책에서 주된 측면이라기보다 부차적인 측면이다. 즉 DJ정부의 사회복지제도개혁에서 나타난 주된 측면은 분명히 사회보험과 공공부조제도에서 시장과 개인의 책임 강화보다 국가와 사회의 책임을 강화한 것이다.

4. 신자유주의를 넘어서

비교사회정책 분야의 연구성과를 통해 우리는 각국 복지제도의 특징에 대해 상당히 진전된 이해를 할 수 있게 되었다. 복지제도의 특징을 포함한 복지'체제'의 유형을 분류하는 데 에스핑-안데르센의 분류(Esping-Andersen 1990)가 가장 널리 인정되고 있는데, 그는 소득보장제도의 탈상품화 정도와 계층화 효과라는 두 개의 기준으로 선진 복지국가를 자유주의 복지체제, 보수주의적 조합주의 복지체제 그리고 사회민주주의 복지체제로 유형화하였다.[11] 이러한 에스핑-안데르센의 유형론을 사용하여 DJ정부에서 나타난 사회복지제도 변화를 검토한 기존의 연구에서는 한국의 사회복지제도의 특징, 복지체제의 유형과 관련하여 몇 가지 주장을 제기하였다. 첫째, DJ정부의 사회복지정책은 신자유주의적 특징을 보이며 나아가 복지개혁의 결과 한국은 자유주의 복지체제로의 이동이 예상된다. 둘째, 한국의 사회복지제도는 유럽대륙형인 보수주의적 복지체제에서 나타나는 제도적 특징을 보이고 있다. 셋째, DJ정부 집권 이전이지만 소위 동아시아 복지모델을 제기한 연구자들은 한국의 사회복지제도가 일본형과 유사하다는 주장을 제기하였다.

이하에서는 한국의 복지체제 유형 설정에서 중요한 근거가 될 수 있는 이 주장들의 타당성을 검토해 보기로 하는데 먼저 몇 가지 전제에 대해 언급하기로 한다.

첫째, 사회복지'제도'의 특징을 분석하는 것과 복지'체제'의 유형을 구분하는 것의 차이점이다. 에스핑 안데르센에 의하면 "복지'체제'(welfare regime)는 국가, 시장, 그리고 가계(가족) 사이에 복지생산이 배분되는 방식"을 의미한다(Esping-Andersen 1999, p. 73). 반면 복지제도의 특징은 국가, 시장, 가족 세 부문 중 국가부문에만 해당되며 복지국가체제의 유형을 구분하는 하나의 기준에 불과하다. 예를 들어 에스핑-안데르센에 따르면 유럽대륙형 복지체제에서 나타나는 사회복지제도의 특징은 조합주의적 사회보험제도이며, 이는 특정한 직업집단에 특혜를 부여함으로써 지위의 차별화라는 계층화효과를 가져온다(Esping-Andersen 1990, pp. 58~61). 그러나 조합주의 복지체제는 사회복지제도의 특성 때문에 발생하는 지위의 차별화라는 현상 외에 국가복지 급여의 관대함(즉 높은 수준의 탈상품화 정도), 복지공급에서 높은 가족의 책임과 상대적으로 적은 시장의 역할이 결합된 복지체제이다. 필자가 3절에서 분석한 것은 DJ정부에서 나타난 사회복지제도의 변화된 특징이지 가족과 시장의 역할변화 등을 포함한 한국의 복지체제 유형이 아니다. 둘째, 에스핑-안데르센의 복지국가체제 분류는 모두 선진자본주의 국가를 대상으로 하고 있다는 점이다. 가령 선진자본주의 국가 중 사회복지비 지출비율이 가장 낮은 국가는 일본인데 96년 현재 GDP의 15%를 지출한 데 비해 한국의 사회복지비는 GDP의 3.4%에 불과하다(고경환 외 2000). 따라서 우리나라를 에스핑-안데르센이 분류한 국가와 동일한 차원에서 평면적으로 비교하는 것은 한계가 있다.

종합하자면 이 글을 통해 필자가 제기할 수 있는 것은 DJ정부가 개혁한 사회복지제도의 특징이 어떤 복지체제에서 나타나는 제도적 특징과 유사성을 갖고 있는가 하는 점이다. 물론 이러한 분석을 기반으로 향후 한국이 복지국가로 이행한다면 특정한 복지체제로 수렴될 '가능성'이 있다는 정도의 논의는 가능할 것이다.

신자유주의적 특징과 자유주의 복지체제로의 이동?

정무권은 김대중정부의 집권 초기 사회복지정책을 분석하면서 DJ의 복지정책이 과거에 비해 획기적인 측면을 가지지만 "신자유주의적 구조조정의 커다란 틀 안에서 보았을 때, 사실상 사회정책개혁의 내용과 성과는 신자유주의의 가치와 배치되지 않는 수준"이라고 평가하고 있다(정무권 2000, 354쪽). 그는 또한 DJ정부에서 추진된 사회보험의 적용확대와 기초법의 제정을 "사회보장제도가 원활한 신자유주의적 틀을 갖추는 데 필요한 충실한 사회안전망 장치를 확충하는 것으로 해석할 수도 있다"고 하여 DJ의 사회복지개혁이 세계은행이 제안하는 사회안전망 구축 수준으로 제한될 가능성을 경계하였다. 그러나 이러한 우려와 달리 3년이 지난 현시점에서 보면 DJ정부는 집권 이후 계속 국가책임을 강화하는 정책을 구체화하였다. DJ정부의 사회보험정책이 신자유주의적 특징을 보이려면 3층연금제도나 MSA제도로의 이행이 이루어지거나 아니면 적어도 사회보험에 갱쟁원리 같은 시장원리가 도입되어야 했지만, 이런 측면은 전혀 보이지 않는다. 기초법의 경우도 단지 사회안전망의 수준이라면 권리개념이 강하게 부각된 점, 일시적인 대책이 아닌 법의 형태로 '제도화'된 점 그리고 수혜대상자와 예산이 늘어난 점을 설명하기 어렵다. 더욱이 기초법의 제정주체는 신자유주의 진영이 아닌 국가복지 확대를 주장하는 시민사회단체였고, 신자유주의 진영은 기초법의 시행을 연기하거나 폐지하자고 주장했다는 점도 고려해야 한다.

DJ정부의 사회복지제도 개혁이 신자유주의적 특징을 보이고 있다는 데서 더 나아가 불분명했던 한국의 복지체제 유형을 자유주의 복지체제 쪽으로 크게 이동시킬 것이라는 진단도 제시되었다. 그 근거로 첫째 '생산적 복지론'이 일반시민과는 무관한 저소득층을 위한 공공부조의 활성화에만 초점을 맞추고 있으며, 둘째 소득이전이나 사회보장 확대에 관심이 없고 시장을 통해 자원배분을 활성화하려고 했으며, 셋째 사회복지의 제공자로서 국가 외에 시민단체나 지역사회와 기업의 역할을 강조하며, 넷째 '노동연계복지'를 강조하기 때문에 시장에의 의존도를 높인다는 점을 들고 있다(조영훈 2000, 99~100쪽). 여기서 첫째와 둘째, 넷째 근거는 필자가 분석한 DJ정부의 사회복지정책의 변화와 너무나도 상반되는 주장이다. DJ정부에서 추진된 실제 정책의 내용은 사회보장제도의 급격한 확대였으며, 이를 통해 공적 소득이전이 이전보다 강화되었다. 그리고 '노동연계복지'는 공공부조제도의 전반적 변화를 고려하면 부차적 측면에 불과하다. 복지다원주의를 주장하는 세번째 주장도 DJ정부에서 제도로 구체화되지 않았거니와 그런 식으로 국가가 맡았던 책임을 전가한 사례도 발견되지 않는다.

에스핑-안데르센은 최근의 저서에서 자유주의 복지체제의 특징으로 첫째 악성 위험(bad risks)에 대해서만 사회적 보호를 하며(빈곤층에 대한 공공부조가 매우 중요한 제도로 부각됨), 둘째 위험을 사회적으로 대처하는 데 매우 잔여적이며(미국은 전국민의료보험, 아동수당과 출산수당이 없음), 셋째 시장을 통한 사적 복지를 증진시킨다는 점을 들고 있다(Esping-Andersen 1999, pp. 75~76). 앞의 3절에서 분석했듯이 DJ정부의 사회복지정책에서는 공공부조 외에 사회보험의 확대가 두드러졌다. 사회보험 지출비 대비 공공부조 지출비가 95년에 17.3%에서 98년 14.6%로 떨어졌고(고경환 외 2000, 105쪽에서 재계산), 앞으로 국민연금 지급이 늘어나면 공공부조의 비중은 훨씬 더 떨어질 것이다. 즉 한국의 복지제도에서 핵심은 공공부조가 아니라 사회보험제도이다. 그리고 시장을 통해 사적 복지를 증진시키는 현상이나 국가복지를 시장으로 이동시키는 민영화정책도 발견되지 않는다. 또한 우리나라는 아동수당과 출산수당은 없지만 기업주 책임의 유급출산휴가가 있고 개발도상국으로는 드물게 전국민의료보험을 시행하고 있다. 따라서 자유주의 복지체제로의 이동 가능성은 DJ정부에서 추진한 사회복지정책의 실제 내용과 맞지 않는다.

결국 지금까지의 논의를 종합하면 DJ정부 사회복지정책이 신자유주의적 특징을 보인다는 분석은 피상적 관찰의 결과이며, 실제적인 제도의 분석결과는 오히려 국가의 복지책임을 강화하는 반신자유주의적 성격을 보이고 있다.

조합주의 복지체제의 제도적 특징?

신자유주의적 특징을 보인다는 진단과 다르게 DJ정부의 사회복지개혁은 오히려 독일, 오스트리아 등 보수주의적 조합주의 복지체제에서 나타나는 사회복지제도의 특징을 보인다는 주장도 제기되었다. 김영범은 DJ정부에서 추진된 소득보장정책을 '제도 자체만으로 보면' 보수주의적 복지체제에서 나타나는 제도적 특징을 보인다고 하면서 그 근거로 소득보장제도의 가입자 확대, 비용부담에서 가입자부담 증가 등을 들고 있다(김영범 2000, 46~47쪽). 그러나 이러한 분석도 국민연금과 의료보험 제도의 개혁내용을 피상적으로 관찰한 결과이다. 보수주의적 복지체제의 핵심은 '지위의 차별화와 가족책임주의(familialism)의 융합'에 있다(Esping-Andersen 1999, p. 81). 지위의 차별화는 시장에서의 특권적 지위를 유지시키는 방향으로 사회보험이 구조화되는 것, 즉 조합주의 방식의 사회보험 형태를 의미한다. 그러나 DJ정부는 의료보험에서 조합방식 의료보험을

418

철폐하고 지위의 차별화를 없애는 통합주의 방식으로 이행했으며, 연금에서도 농민·노동자·자영자가 한 제도에 포괄되는 방식으로 전국민연금을 확대하였다. 즉 사회보험제도의 개혁방향은 지위의 차별화를 강화한 것이 아니라 지위의 차별화를 없애고 사회연대성을 강화하는 방향이었다.

DJ정부의 사회복지제도 개혁의 결과 한국의 사회복지에서는 조합주의 복지체제에서 나타나는 '지위의 차별화' 그리고 자유주의 복지체제에서 나타나는 '두 개의 국민'(dualism)과 같은 현상이 아닌 전혀 새로운 형태의 계층화 현상이 나타나고 있다. DJ정부에서 추진된 급속한 사회보험 확대에도 불구하고 수백만 명의 비정규 노동자와 5인 미만 영세사업장 근로자, 영세자영업자 그리고 영세농민들은 연금, 산재보험 그리고 고용보험에서 배제되고 있다. 즉 사회보험에 가입되어 위험분산이 가능한 '내부자'와 사회보험에서 배제됨으로써 위험분산의 혜택을 받지 못하는 '외부자'라는 계층화 현상이 발생하고 있다(김연명 2001). 사회보험에서 내부자-외부자가 확연히 구분되는 계층화 현상은 선진국의 복지체제 유형 논의에서 전혀 언급되지 않는 새로운 한국적인 현상이다.

가족책임주의는 사회복지제도가 '남성 가장-여성 가사노동' 모델을 전제로 구축됨으로써 아동과 노인을 부양하는 노동이 복지제도에 의해 사회화되지 않고 가구(가족)단위로 떠넘겨지는 것을 의미한다. 즉 사회적 케어서비스의 저발달을 의미한다. 에스핑-안데르센은 가족책임주의가 중부유럽뿐만 아니라 스페인 등 남부유럽에서 강하게 나타나고 있으며, 이것을 가족의 부양서비스를 사회화한 북유럽의 사회민주주의 복지체제와 구분되는 특징 중의 하나로 들고 있다(Esping-Andersen 1996). 우리나라의 경우도 케어서비스에서 가족책임주의가 강하게 나타남은 부정할 수 없으나, 이 특징은 복지체제를 유형화하는 기준이지 복지제도의 특징을 구분하는 기준은 아니다.

일본형 복지제도로부터의 이탈

최근 비교사회정책 분야에서 일본, 한국, 대만 등 동아시아 국가를 서구의 복지체제와 다른 새로운 복지체제로 유형화하려는 시도가 있었다. 분석의 시기가 DJ정부 집권 이전이지만 굿맨과 펭은 일본, 한국, 대만의 사회복지를 비교분석하면서 한국과 대만의 복지체제가 일본과 유사하다는 주장을 제기하였다. 이들은 일본의 복지를 첫째 국가복지에 대한 필요성을 부정하는 것으로 보이는 가족복지체계, 둘째 지위의 차별화와 약간은 잔여적인 사회보험중심 체계, 셋째 '핵심' 노동자층에 대한 기업복지제도라는 세 가지 특징으로 단순화시키면서(Goodman & Peng 1996, p. 207) "동아시아복지모델은 '일본형'이다"(같은 글, p. 216)고 결론을 내리고 있다.

유럽에서 비스마르크의 사회보험이 문화적 전파를 통해 전유럽으로 확산되었듯이 일본의 사회복지제도가 우리나라의 사회복지제도 형성기에 일종의 모델역할을 한 것은 부인할 수 없다. 하지만 굿맨과 펭이 일본의 특징으로 지적한 세 가지 중 가족의 강한 복지책임이라는 특징은 정도의 차이는 있겠으나, 에스핑-안데르센이 지적했듯이 유럽대륙 국가에서도 강하게 나타나는 특징이며 반드시 동아시아에 한정된 것은 아니다. 그리고 두번째로 지적한 지위의 차별화(조합주의 사회보험방식)와 잔여적 사회보험중심 체계는 DJ정부 복지개혁 이전 우리나라의 사회보험에서 나타난 특징이라 할 수 있다. 가령 권혁주는 위험분산이 매우 제한적인 조합주의 사회보험방식이 한국, 일본, 대만 3개국 사회복지제도에 나타나는 하나의 주요한 공통점이라고 지적하고 있다(Kwon 1998, p. 66).

그러나 주목할 것은 유럽대륙형의 보수주의 복지국가뿐 아니라 일본[12]에서도 강하게 나타나는 조합주의 사회보험제도가 DJ정부에서 해체되어 가고 있다는 점이다. DJ정부는 의료보험에서 조합방식을 해체하고 통합방식으로 이행하였다. 그리고 공무원·군인 등을 제외한 대다수의 국민을 단일 연금제도로 포괄시킨 DJ정부의 연금확대정책은 직역별 연금제도를 발전시킨 일본보다 훨씬 덜 조합주의적이다. 또한 공적 연금에서 자영자에게 소득비례방식을 적용한 것도 일본제도에서 이탈한 것이다. 따라서 DJ정부에서 추진한 사회보험제도 개혁으로 복지국가의 가장 핵심적 제도인 의료보험과 국민연금에서 한국은 일본형 복지제도에서 이탈해 가는 현상이 분명하게 나타났다.

5. 맺음말

경제위기와 IMF의 구제금융을 겪은 나라로서 한국의 경우는 빈곤층을 주요 대상으로 한 사회안전망의 확대가 아닌 국가사회복지제도가 급속히 확대되었다는 점에서 매우 특이한 사례이다. IMF의 구조조정차관을 받고 그 대가로 급속한 경제개방한 대부분의 나라에서 국가복지의 축소와 시장 및 개인으로 복지책임이 이동했다는 것은 여러 경험적 연구에서 확인되는 바이다(Deacon et al. 1997; Tang 2000; Mesa-Lago 1997). 그렇다면 세계화의 급속한 진전이라는 상황 속에서 추진된 DJ정부의 사회복지정책에서는 어떤 특징이 나타났는가? 지금까지의 논의를 정리하면 대략 다음과 같은 주장을 제기할 수 있다.

첫째, DJ정부의 사회복지정책에서는 시장과 개인의 복지책임을 강화하는 것이 아닌 국가와 사회의 책임을 강화시킨 국가복지 강화노선이 확연히 드러나고 있다. 따라서 DJ정부의 사회복지정책이 신자유주의적 복지정책의 특징을 보인다는 주장은 타당하지 않다.

둘째, DJ정부에서는 공공부조제도의 재편과 노동연계복지가 나타났으나 그 이상으로 보편주의적 사회보험의 급격한 확대와 재편이 이루어졌다. 그리고 노동연계복지는 DJ정부의 사회복지정책 전반을 보면 부차적 측면에 해당된다. 따라서 DJ정부의 사회복지 개혁으로 그 동안 불분명했던 한국의 복지유형이 자유주의 복지체제로 이동할 것이라는 주장도 타당하지 않다.

셋째, DJ정부의 사회보험정책에서는 조합주의 사회보험제도의 철폐가 분명하게 나타났다. 이것은 보수주의적 복지체제에서 나타나는 사회보험의 지위차별화 현상이 한국에서는 극적으로 약화되었다는 것을 의미한다. 따라서 DJ정부의 사회복지정책이 보수주의적 복지체제에서 나타나는 제도적 특징이 보인다는 주장도 타당하지 않다.

넷째, DJ정부는 의료보험에서 통합방식을 도입하였고 공적 연금에서는 자영자에게 소득비례제를 적용하였다. 이것은 한국의 사회복지제도가 일본형 제도에서 이탈해 가고 있음을 보여주는 것이다.

기존의 주장을 이렇게 부정한다면 한국의 사회복지제도는 어떤 복지체제와 유사성을 보이며 어떤 체제로 이행할 가능성이 있는가? 이 질문과 관련하여 몇 가지 중요한 점을 부각시킬 수 있다. 첫째는, 사회보험제도에서, 특히 보수주의 복지체제에서 나타나는 지위차별화 현상이 약해지고 보편주의적 사회보험의 특성이 부각되고 있다. 그러나 사회보험에 가입된 내부자와 사회보험의 적용이 배제된 외부자라는 다른 형태의 계층화 현상이 나타나고 있다. 이 현상은 기존의 복지체제 유형분류에서 나타나지 않은 한국의 독특한 특징이다. 둘째, 탈상품화로 표현할 수 있는 급여수준에서 연금과 산재보험은 보수주의 복지체제에서처럼 관대한 수준이며 의료보험과 고용보험은 자유주의 복지체제에서 나타나는 미약한 수준이 강하게 남아 있다(김연명 1997, 235~39쪽). 셋째, 기초법의 제정이라는 공공부조제도의 혁신적 변화에도 불구하고 자유주의 복지체제에서 보이는 공공부조 중심의 소득보장이 핵심적 제도로 고착될 가능성은 없어 보인다. 사회보험은 양과 질 면에서 공공부조보다 훨씬 더 빠른 속도로 팽창하고 있다. 넷째, 사회복지서비스 분야, 특히 노인과 아동의 케어 서비스에서 DJ정부의 정책은 거의 변화가 없었다. 따라서 케어서비스 공급에서 가족책임주의는 상당 기간 지속될 것으로 보이는데 이는 보수주의 복지체제의 특징이 강하게 잔존하게 됨을 의미한다.

이상과 같은 특징을 종합적으로 고려하여 한국의 복지체제의 유형화 가능성을 논의한다면 한국은 복지체제를 구성하는 일관된 원리가 없고, 각 체제의 특징이 절충적으로 뒤섞여 나타나는 '혼합모형'이 될 가능성이 높아 보인다.

DJ정부의 사회복지정책에서는 신자유주의적 사회안전망의 접근이 나타나기는 하나 부차적 측면이다. DJ정부에서는 국가복지를 상당히 강화하여 보편주의적 국가복지의 확대와 제도화가 사회안전망 확충보다 더 주요한 측면으로 나타난다. 따라서 복지국가로의 발전인가, 아니면 세계 은행식의 사회안전망적 접근인가 하는 질문을 던진다면 DJ정부의 사회복지정책은 당연히 복지국가로의 전진이다.

그렇다면 급속한 경제개방과 전반적인 신자유주의적 경제정책 기조에서 어떻게 그리고 왜 국가사회복지의 급속한 확대가 가능했는가? 이러한 국가복지의 확대를 추동한 사회적 힘은 무엇인가? 그리고 98년 전국민연금의 확대과정에서의 행정적 혼란 그리고 최근의 의료보험 재정위기, 급속한 사회보험 확대에도 불구하고 수백만 명이 여전히 사회보험에서 배제되는 내부자-외부자 현상 등 국가사회복지 확대의 결과가 왜 전반적인 복지수준의 향상으로 이어지지 못했는가? 이러한 질문에 대한 해답은 또 다른 연구주제에 해당한다.

주

1) 사회복지'제도'의 특징 분석과 복지국가'체제'의 유형 구분은 다른 차원의 논의이다. 복지제도의 특징은 복지체제를 유형화시키는 한 가지 기준이다. 따라서 제도의 특징 분석을 통해 곧바로 한국의 복지체제의 유형을 구분하는 것은 논리적 비약이다. 다만 복지제도의 특징 분석은 한국의 복지체제의 유형 분류작업에 절대적이지는 않지만 중요한 기준이 될 수 있다. 이에 대해서는 4절의 앞부분에서 자세히 논의할 것이다.

2) 물론 신자유주의라는 추상적 범주를 사회복지제도라는 구체적 현실과 연관시킬 경우 과도한 일반화의 문제가 발생할 수 있다. 따라서 이 글에서는 신자유주의 복지모형을 제도적 차원에서 가장 구체적으로 제기하는 IMF와 세계은행의 입장에 초점을 맞추기로 한다. 물론 세계은행 내에서도 연금과 사회안전망 형태 등을 둘러싸고 입장차이가 없는 것은 아니다. 그러나 Deacon이 지적한 것처럼 IMF와 세계은행의 지배적인 관점이 존재하며(Deacon et al. 1997, pp. 61~70) 이 글에서도 신자유주의 내부의 지배적인 관점에 초점을 맞출 것이다. 또한 사회보험과 공공부조에 초점을 맞추는 이유는 DJ정부의 사회복지개혁의 핵심은 공적 연금, 의료보험 등의 사회보험분야와 공공부조이기 때문이다. 사회복지서비스분야는 사실상 거의 변화가 없었다. 따라서 사회보험과 공공부조 제도에서 신자유주의적 접근법을 살펴보는 것만으로도 DJ정부의 사회복지정책의 성격을 규명할 수 있다.

3) IMF와 세계은행이 라틴아메리카, 아프리카, 동유럽을 비롯하여 한국 등 동남아시아의 경제위기과정에 개입하면서 처방하는 거시경제 안정화정책, 노동정책, 사회복지정책 등의 정책패키지가 자유시장적 경제개혁을 신봉하는 신자유주의 이념에 기초해 있다는 것은 다른 문헌에서 충분히 실증되고 있다(Chossudovsky, 1997; Deacon, et al. 1997, pp. 61~70; Pieper and Taylor 1998).

4) 최근 ILO와 ISSA에서는 신자유주의적 소득보장과 의료보장제도와 구분되는 전통적인 사회보험제도에 내포된 사회적 연대, 공적관리 등의 이념을 명확히 표현하기 위하여 사회보장연금(social security pension), 사회의료보험(social health insurance)이란 용어를 사용하고 있다. 이 글에서도 이 용어를 사용하기로 한다.

5) 이 영향으로 칠레를 필두로 90년대에 들어와 아르헨티나, 멕시코 등 대부분의 라틴아메리카각국가는 물론 헝가리, 폴란드 등 동유럽국가 상당수도 다층연금제도 모형으로 전환하였다. 최근에는 스웨덴, 이탈리아에서도 세계은행이 주장하는 확정기여방식을 가미하는 연금개혁이 이루어졌다(Gillion et al. 2000, pp. 499~597).

6) MSA는 사회보장제도의 민영화를 지속적으로 제기하고 있는 미국의 대표적인 신자유주의 싱크탱크인 카토연구소에서 사회의료보험을 민영화하는 대안으로 강력하게 제시하는 제도이며, 우리나라의 경우도 신자유주의적 복지개혁을 주장하는 전경련 산하 자유기업센터에서 사회보험을 대체하는 모형으로 제기하고 있는 대안이다(자유기업센터 1998).

7) 이 부분은 안전망에 대한 세계은행의 홈페이지 내용을 정리한 것이다(World Bank 2001). 세계은행은 사회안전망(social safety nets)에서 '사회'자를 뺀 '안전망'(safety nets)이라는 용어를 공식적으로 사용하고 있다.

8) 일부에서 DJ정부의 사회복지정책을 '생산적 복지론'(대통령비서실 삶의질향상기획단 1999)에 초점을 맞추어 평가한 적이 있다. 이 책은 우리나라 역사상 처음으로 최고권력자의 생각이 담긴 복지 청사진이라는 점에서 주목할 만한 가치가 있다(이 책 영문판의 서문은 대통령이 직접 작성하기도 하였다). 그러나 이 책에는 유럽의 국가복지노선, 신자유주의적 노선 혹은 제3의 길 노선 그리고 복지다원주의 노선 등이 원칙 없이 절충되

어 있어 뚜렷한 이념적 입장을 파악할 수 없다. 따라서 '생산적 복지론'을 해석하는 입장도 각자의 이론적 입장에 따라 신자유주의 색채, 국가복지노선 혹은 제3의 길 등 다양하게 제시된다(예를 들어 참여연대 사회복지위원회(2000)에서 발간하는『월간 복지동향』에 특집으로 마련한 '한국적 생산적 복지란 무엇인가'에 실린 3명의 글을 비교해 보라). 따라서 생산적 복지론을 소재로 삼아 DJ정부의 사회복지정책의 성격을 규정하는 것은 적절한 연구방법이 아니며 이 글에서는 실제 DJ정부에서 시행된 정책의 내용을 가지고 DJ정부의 사회복지정책의 성격을 규명해 보기로 한다.

 9) 한국에서 사회안전망이란 용어는 IMF와 세계은행이 사용하는 개념, 즉 빈민과 실업자를 주요 대상으로 일시적으로 현금, 현물 급여를 제공하는 프로그램이라는 의미보다는 일반적 사회복지 혹은 넓은 의미의 사회적 보호(social protection)제도를 통칭하는 의미로 사용되었다. 따라서 공공부조 대상자 확대나 실업자를 위한 공공근로 시행뿐만 아니라 사회보험 확대 등 국가복지의 확대까지 통칭하여 사회안전망 확충으로 이해되는 것이 일반적이었다. 따라서 한국에서 사회안전망이란 용어는 반드시 빈민대책을 의미하지 않는다.

10) 자활사업은 일종의 공동체운동의 성격을 갖고 있으며 공공부문과 민간부문이 결합된 제3섹터형이다. 그리고 예산의 상당 부분은 공공재원에서 지출된다. 따라서 시장 혹은 개인의 책임을 강조하는 노선으로 보기 어렵다.

11) 에스핑-안데르센 이후 많은 비교사회정책 연구자들은 세 가지 복지국가 유형에 제4의 유형을 추가할 필요성을 제기하였다. 예를 들어 Mitchell(1991)의 Antipodean모형(오스트레일리아, 뉴질랜드), Leibfried(1992)의 라틴유럽모형(스페인, 포르투갈, 그리스 등) 그리고 Goodman et al.(1998), Gough(2000)의 동남아시아 복지모델(일본, 한국, 대만, 태국 등) 등이 그것이다. 이 글은 복지체제에 있어서 제4유형의 타당성을 논의하는 것이 아니기 때문에 에스핑-안데르센의 유형 분류만을 사용하기로 한다. 그는 최근 저서에서 (Esping-Andersen 1999) 제4의 유형 분류에 회의적인 의견을 제시하고 있다. 또한 한국이 포함되는 동아시아모델을 제기한 연구자들로 동아시아의 복지모델이 뚜렷한 공통점을 갖고 있지 않으며 매우 이질적이라는 점을 인정하고 있다.

12) Esping-Andersen(1999, p. 91)은 일본을 잔여적 성격의 자유주의 복지체제 그리고 조합주의 사회보험방식의 보수주의 복지체제의 특징이 혼합된 혼합(hybrid)모형으로 규정하고 있다. 그는 일본의 복지제도가 자유주의 복지국가에 비해 덜 잔여적이고 가족의 복지 책임이 강하며 사회보험이 조합주의방식으로 구성되어 있다는 점에서 여전히 보수주의적 복지체제의 유형으로 분류하고 있다.

참고문헌

고경환·장영식 외 (2000),『OECD 추계방법에 의한 한국의 순사회복지지출 추계』, 보건복지부·한국보건사회연구원.

국민연금제도개선기획단 (1997),『전국민연금 확대적용에 대비한 국민연금제도 개선』.

김균·박순성 (1998),「김대중정부의 경제정책과 신자유주의」, 이병천·김균 편, 『위기 그리고 대전환』, 당대.

김연명 (1997), 「ILO의 사회보장기준과 한국 사회보장의 정비과제」, 한국사회복지학회, 『사회복지학』 통권 31호, 나남.

_____ (1999), 「이익집단의 벽에 가로막힌 한국형 복지모형」, 『신동아』 12월호, 동아일보사.

_____ (2000), 「의료보험통합의 성과·쟁점 그리고 미래」, 한국사회과학연구소 사회복지연구실 편, 『한국 사회복지의 현황과 쟁점』, 인간과복지.

_____ (2001) 「비정규근로자의 사회보험 확대: 쟁점과 정책」, 『사회복지학』 통권 45호(근간).

김영범 (2000), 「경제위기 이후 사회정책의 변화」, 『한국사회학』 제35집 1호, 한국사회학회.

김창엽·이태수·김연명 (1998), 「IBRD는 우리에게 무엇을 요구하였나?」, 『월간 복지동향』 제2호, 참여연대 사회복지위원회.

대통령비서실 삶의질향상기획단 (1999), 『새천년을 향한 생산적 복지의 길』.

박순일·최현수·강성호 (2000), 「빈부격차 확대요인의 분석과 빈곤·서민생활 대책」 정책보고서 2000-14, 한국보건사회연구원.

석재은 (2000), 「국민연금의 정책적 선택의 특성과 발전과제」, 한국사회과학연구소 사회복지연구실 편, 『한국 사회복지의 현황과 쟁점』, 인간과복지.

자유기업센터 (1998), 『의료보험제도에 시장원리를』, 자유기업센터.

장상환 (1998), 「김대중정권 경제정책의 성격과 전망」, 『경제와사회』 38호, 한국산업사회학회.

정무권 (2000), 「국민의 정부의 사회정책: 신자유주의로의 확대? 사회통합으로의 전환」, 안병영·임혁백 편, 『세계화와 신자유주의: 이념·현실·대응』, 나남.

조영훈 (2000), 「생산적 복지론과 한국 복지국가의 미래」, 『경제와사회』 45호, 한국산업사회학회.

참여연대 사회복지위원회 (2000), 「한국적 생산적 복지란 무엇인가?」, 『월간 복지동향』.

허선 (2000), 「국민기초생활보장법 시행방안의 주요 쟁점과 그 대안」, 『사회복지정책』 10집, 한국사회복지정책학회.

황덕순 (2001), 「사회안전망으로서의 실업대책의 확충현황과 발전방향」, 『사회안전망 확충에 관한 Workshop』, 보건복지부·한국보건사회연구원.

Beattie, R. & W. McGillivray (1995), "A Risky Strategy: Reflections on the World Bank Report, Averting the Old Age Crisis," *International Social Security Review* vol.

48/no. 3~4, ISSA.

Chossudovsky, M. (1997), *The Globalization of Poverty: Impacts of IMF and World Bank Reforms*, Third World Network. (미셸 초스도프스키, 이대훈 옮김, 『빈곤의 세계화: IMF 경제신탁통치의 실상』, 당대, 1998.)

Deacon, B. et al. (1997), *Global Social Policy: International Organization and the Future of Welfare*, Sage.

Esping-Andersen, G. (1990), *The Three Worlds of Welfare Capitalism*, Polity Press.

_____ (1996), "Welfare States without Work: The Impasse of Labour Shedding and Familialism in Continental European Social Policy," Esping-Anderson ed., *Welfare State in Transition: National Adaptations in Global Economies*, Sage.

_____ (1999), *Social Foundations of Post-industrial Economies*, Oxford Univ. Press.

George, V. and P. Wilding (1994), *Welfare and Ideology*, Harvester Wheatshesf.

Gillion, C., J. Turner, C. Bailey, D. Latulippe eds. (2000), *Social Security Pension: Development and Reform*, ILO.

Goodman, R., and I. Peng (1996), "The East Asian Welfare State: Peripatetic Learning, Adaptive Change, and Nation Building," Esping-Anderson ed., *Welfare State in Transition: National Adaptations in Global Economies*, Sage.

Goodman, R., G. White, and Huck-ju Kwon eds. (1998), *The East Asian Welfare Model: Welfare Orientalism and the State*, Routlege: London.

Gough, I. (2000), "Welfare Regimes in East Asia and Europe," Paper presented at the Annul World Bank Conference on Development Economics Europe 2000' (Towards the New Social Policy Agenda in East Asia), Paris.

Holzman, R. (1998), "A World Bank Perspective on Pension Reform," Social Protection Paper Series, Discussion Paper no. 987.

ILO (1998), "The Social Impact of the Asian Financial Crisis," Technical Report for Discussion at the High-Level Tripartite Meetings on Social Responses to the Financial Crisis in East and South-East Asian Countries, Bangkok.

IMF (1995), *Social Dimensions of the IMF's Policy Dialogue*, Pamphlet Series no. 47, Prepared for World Summit for Social Development, Copenhagen.

Kwon, Huck-ju (1998), "Democracy and the Politics of Social Welfare: A Comparative Analysis of Welfare System on East Asia," R. Goodman et al. eds., *The East Asian Welfare Model: Welfare Orientalism and the State*, Routlege: London.

Lee, Hye Kyung (1999), "Globalization and the Emerging Welfare State: The Experience of South Korea," *International Journal of Social Welfare* vol. 8.

Leibfried, S. (1992), "Towards a European Welfare State?: On Integration Poverty Regime into European Community," Z. Ferge et al. eds. *Social Policy in a Changing Europe*, Frankfurt am Main: Campus Verlag

Mesa-Lago, C. (1997), "Social Welfare Reform in the Context of Economic-Political Liberalization: Latin America Case," *World Development* vol. 25/no. 4.

Mishra, R. (1999), *Globalization and the Welfare State*, Edware Elger.

Mitchell, D. (1991), *Income Transfers in Ten Welfare State*, Avebury: Ashgate.

O'Brien, M. and S. Penna (1998), *Theorising and Welfare: Enlightenment and Modern Society*, Sage.

Pieper, U. and L. Taylor (1998), "The Revival of the Liberal Creed: The IMF, the World Bank, and Inequality in a Globalized Economy," D. Baker et al. eds., *Globalization and Progressive Economic Policy*, Cambridge Univ. Press.

Pierson, C. (1998), *Beyond the Welfare State: The New Political Economy of Welfare* 2nd ed., the Pennsylvania State Univ. Press.

Prescott, N. (1998), "Choices in Financing Health Care and Old Age Security," World Bank Discussion Paper no. 392, The World Bank.

Shin, Dong-Myeon (2000), "Financial Crisis and Social Security: The Paradox of the Republic of Korea," *International Social Security Review* vol. 53/no. 3, International Social Security Association.

Social Security Administration (2000), *Social Security Programs throughout the World: 1999*.

Tang, Kwong-leung (2000), "Social Welfare, and Policy Responses: Hong Kong and Korea Compared," *International Journal of Sociology and Social Welfare* vol. 20/no. 5~6.

Teeple, G. (1995), *Globalization and the Decline of Social Reform*, Humanities Press.

World Bank (1994), "Averting the Old Age Crisis: Policies to Protect the Old and Promote Growth," A World Bank Policy Research Report, Oxford Univ. Press.

_____ (1996), *Social Dimensions of Adjustment: World Bank Experience, 1980~1983*.

_____ (1997), "Health, Nutrition and Population Sector," Strategy Paper.

_____ (2001), "Safety Nets," http://www.worldbank.org/poverty/safety/index. htm

제4부 사회운동의 상황, 쟁점과 과제

87년 이후 시민운동의 성격과 과제

조 희 연[*]

1. 87년 6월민주항쟁의 '이중성'과 시민운동

87년 6월항쟁은 권위주의 시대에서 민주주의 시대로 이행하는 역사적
계기였다. 87년 이후 한국사회는 이른바 민주주의 이행 혹은 민주화의
과정에 놓여 있다. 이러한 과정은 구(舊) 권위주의 체제가 민주주의 체
제로 변화하는 것을 의미한다. 시민운동의 출현은 바로 이러한 민주주의
체제로의 변화와 밀접히 연관되어 있다.

시민운동의 성격을 논의하기 위하여, 먼저 민주화와 권위주의화에 대
한 논의부터 시작해 보자. 민주화의 대립개념인 '권위주의화'의 과정은
군부국가가 외삽(外揷)적으로 진입한 이후 제도정치영역의 배제적인 재
편과 시민사회의 통제적 배제를 하는 것을 의미한다. 그리고 이와 반대
로 민주화의 과정은 시민사회 및 시민사회의 활성화에 기초하여 제도정

---

* 성공회대학교 시민사회복지대학원 NGO학과 및 사회과학부 교수. 이 글은 조희연(1999a;
2000a; 2000b; 2000c)을 기초로 하였음을 밝혀둔다.
* 성공회대학교 시민사회복지대학원 NGO학과 및 사회과학부 교수. 이 글은 조희연(1999a;
2000a; 2000b; 2000c)을 기초로 하였음을 밝혀둔다.

87년 이후 시민운동의 성격과 과제 431

치와 국가가 개방적으로 재편되는 것을 의미한다. 원리적 측면에서 보면, 대의민주주의는 시민사회의 의견분포와 세력관계 등이 제도정치 내의 의석분포로 반영되고 다양한 의석을 가진 제도정치세력들간의 경쟁에서 다수파가 된 정치세력이 일정 기간 동안 국가권력을 담당하는 것이라고 정의할 수 있다. 독재체제는 바로 이러한 대의민주주의의 전도(顚倒)인데, 제도정치영역이 통제되고 점차 협소해지는 동시에 자율적인 사회운동영역이 박탈되는 것이다.

　박정희 군부정권시대에 제도정치·시민사회의 영역은 극도로 위축되어 있었다. 군부정권이 전두환정권으로 더 경직화(stiffening)되어 가면서 이러한 자율적인 제도정치영역과 시민사회영역은 더욱더 제한되게 된다. 군부국가에 의한 정당정치영역 및 시민사회의 '식민화' 현상이 심화된다는 것이다. 이 시기 제도정치영역에서는 정부의 통제 아래 있는 '어용야당'만이, 그리고 시민사회에는 노총이나 새마을중앙운동협의회 같은 관변단체만이 '자유롭게' 존재했다.

　바로 이러한 상황에 대한 반전과 극복 과정이 민주화 혹은 민주주의 이행의 과정이 된다. 민주주의의 '부정'으로 특징지을 수 있는 '권위주의화'의 과정을 권위주의 국가로부터 제도정치 및 시민사회로 작용해 들어가는 배제적 과정이라고 한다면, 민주주의의 '복원'으로 특징지어지는 민주화의 과정은 시민사회의 활성화에서 출발하여 제도정치 나아가 권위주의 국가의 민주적 재구조화를 도모하는 과정——달리 표현하면 시민사회에 의한 제도정치 및 국가의 개방화과정——이라고 할 수 있다. 이런 점에서 권위주의화 과정과 민주화과정은 정반대의 사회 재조직화(reorganization) 과정이다.

　주지하다시피 70년대와 80년대의 반독재 민주화운동 및 전투적 민중운동의 투쟁으로 권위주의화 과정은 반전되고 한국사회는 민주화과정으로 진입한다. 군부권위주의 정권의 초기에 권위주의적 통제 아래 '방어적' 위치에 놓여 있던 노동과 시민사회의 반독재 민주화운동과 민중운동은 점차 활성화되어 갔으며 군부권위주의 정권의 퇴진과 본격적인 민주화를 강제하는 조건을 만들어내었던 것이다.

80년대 말, 특정하게는 87년 이후 시민운동의 태동과 그 성격을 이해하기 위해서는 민주화과정의 두 가지 측면을 살펴보아야 할 것이다.

첫째, 노동과 시민사회의 활성화에 의해 민주화가 강제되고 그를 통해 준(準)자율적인 제도정치공간과 사회운동공간이 확장된다는 점이다. 군부권위주의 정권하에서 운동을 한다는 것은 곧 '존재'를 위협받는 것을 의미하였고 그래서 '목숨을 내건' 전투적인 반독재 민주화운동과 민중운동만이 비합법적인 공간에서 활동하게 되었다. 물론 합법적인 공간에서 이루어지는 '온건한' 시민운동은 원천적으로 불가능하였다.

80년대 말 시민운동의 출현은 군부권위주의 국가에 의해 통제되고 협소해졌던 제도정치공간과 사회운동공간의 자율적 확장을 그 조건으로 하고 있다. 80년대 민주화과정을 통해 제도정치적 공간의 자율적 분화가 나타나는 동시에 군부국가권력으로부터 자율성을 가진 사회운동공간이 분화되었다. 그간에 군부권위주의 정권의 종속적 위치로서만 존재할 수 있었던 시민사회 내에, 전투적 민중운동의 투쟁에 의해 약화된 군부국가권력에 조응하여 자율적인 사회운동기구들이 분화되었고 그것이 이른바 80년대 말의 시민운동이 되었던 것이다.

둘째, 80년대에 전개되는 민주화의 성격은 '아래로부터의 급진적 민주화'가 아니라 '위로부터의 보수적 민주화'의 경로이며 이것은 80년대 말 시민운동의 지향성을 규정하는 데 반영되고 있다는 점이다.

한국의 민주주의 이행에서 우리가 주목해야 할 점은 그것이 '위로부터의 보수적 민주화'의 경로를 따라 전개되고 있다는 것이다. 87년까지의 시기에는 '아래로부터의 급진적 민주화'와 '위로부터의 보수적 민주화' 경로가 각축했으나, 확장된 제도정치공간에 대한 민중운동진영의 전략적 대응능력의 부족과 제도야당세력의 분열 등으로 '위로부터의 보수적 민주화' 경로가 지배적인 것으로 관철되었다(조희연 1998, 3장 참조). 88년 이후 일련의 정치적 변동은 바로 '위로부터의 보수적 민주화'의 경로를 따라 제도정치 및 사회운동 공간이 확장되는 과정이었다.

이와 같이 '위로부터의 보수적 민주화'가 관철됨으로써, 이는 새롭게 출현하는 시민운동이 이전의 전투적 민중운동 혹은 반독재 민주화운동의 확장이라기보다 반(反)민중운동 혹은 비민중운동의 지향을 가지면서 출현하는 배경이 된다.

80년대 후반(정확하게는 88년)부터 90년대 중반(정확하게는 문민정부가 균열되기 시작하는 94~95년 무렵)까지는 시민운동의 반민중운동 혹은 비민중운동적인 독자적 발전이 주목받고 보수언론에 의해 이데올로기적으로 부각되었던 시기라 할 수 있다. 80년대 후반에 민선군부정권(노태우정부)과 보수언론에 의해 반민중운동의 분위기와 이데올로기적 조건이 적극적으로 조성되었다. 또 이러한 이데올로기적 분위기는, 91년 외대에서 정원식 총리 밀가루투척사건처럼 민중운동, 특히 학생운동의 도덕성을 훼손시키는 사건이 일어나면서 더욱 증폭된다. 일반적으로 전두환정권에서 노태우정권으로의 이행, 이 민선군부정권으로부터 민선민간정권인 김영삼정권으로의 이행은 마치 민중운동시대의 종언을 나타내는 듯했다. 이러한 정세 속에서 정치적·사회운동적 공간에 민중운동 목소리의 반영 정도 또한 두드러지게 감소하고 있는 것으로 비쳐졌다.

'위로부터의 보수적 민주화' 경로가 바로 이러한 '경쟁적 분화'경향을 더욱 강화하고 사회운동의 전개에 '보수적인 이데올로기적 효과'를 강하게 미쳤던 것이다. 노태우정부가 출현하면서 80년대 후반에 보수언론은 "민중운동의 시대는 가고 시민운동의 시대가 도래하였다"는 보수적 인식을 강하게 증폭시켰는데, 이 시기의 시민운동은 바로 이러한 보수적 인식에 '편승'하는 동시에 상대적으로 '반사이익'을 받으면서 성장하였다고 할 수 있다. 제도정치 및 사회운동 공간이 확장됨으로써 '존재'를 위협받지 않고도 활동할 수 있게 된 한편으로, 그러한 공간에서 태동하는 새로운 운동의 지향이 전투적 민중운동의 확장이라기보다 그와 차별되는 새로운 운동으로서 출현하게 되었던 것이다. 즉 반독재 민주화운동 혹은 민중운동의 '구심력적 심화' 혹은 확장이 아니라 '경쟁적 분화' 혹은 '원심력적 분화'로서 나타나게 된다.

이러한 두 가지 측면은 바로 한국의 민주화를 가능하게 하였던 87년 6월민주항쟁의 이중적 성격을 의미한다. 87년 6월항쟁은 60~70년대 및 80년대를 관통하며 전개되어 온 반독재 민주화운동의 승리이자 패배의 사건이라는 것이다. 70년대부터 개발독재의 폭압적 탄압을 뚫고 전개되어 온 반독재 민주화운동은 80년대 초 더 폭압적인 신군부정권의 출범이라는 어려운 조건 속에서도 지속적으로 발전하여 87년 6월민주항쟁이라는 정점에 이르게 된다.

6월항쟁은 군부권위주의 정권이 퇴진하지 않을 수 없는 정치·사회적 조건을 창출할 만큼 대중적·전국적으로 전개되었고 나아가 6·29선언이라는 군부측의 '양보'를 강제할 만큼 위협적이었다는 점에서 '성공'적이었다고 할 수 있다. 그러나 군부권위주의 정권의 '타도'에 이르지 못하고 6·29선언 같은 지배블록의 '개량적' 정책에 의해 중단되었다는 점에서는 '패배'라고 할 수 있다. 6월항쟁의 성공의 측면에서 볼 때, 반독재 민주화투쟁은 군부권위주의 정권 나아가 군부권위주의적 통제질서를 약화시킴으로 해서 '존재를 위협받지 않으면서도' 활동할 수 있는 자율적인 제도정치·사회운동 공간을 확대시키고 80년대 후반 '화려한' 시민운동 시대를 가능케 하는 조건을 창출하였다. 그러나 실패의 측면에서 볼 때는, 반독재 민주화운동이 군부권위주의 정권을 '타도'하지 못함으로 해서 기존의 지배질서 및 지배블록의 이니셔티브를 유지시키고 또 여기서 새롭게 출현하는 시민운동은 반독재 민주화운동 혹은 민중운동의 발전적 확장이기보다 반민중운동 혹은 비민중운동의 성격을 띠고 출현하는 이중적이면서도 역설적인 조건을 창출하게 된다. 그래서 필자는 87년 6월 민주항쟁을 80년대 반독재 민주화투쟁의 승리이자 패배의 이중적 성격을 지니고 있다고 해석한다.

통상 민중운동과 시민운동은 그 이슈로 구분된다. 그러나 80년대를 통해 혁명적 운동이 고조되었던 시기에도 그 구체적인 투쟁이슈를 보면 대단히 '체제 내적이고' '개량적인' 것이었다(직선제개헌 요구 같은 것을 상기하자). 민중운동과 시민운동을 대립적인 것으로 보는 '상식'은 사실 초기 시민운동이 반민중운동 혹은 비민중운동적 지향을 강하게 풍기면서 출현한 데 따른 반사적 '편견'이라고 할 수 있다.

2. 80년대 후반 시민운동의 90년대적 변화

이러한 배경에서 경제정의실천시민연합(이하 경실련)[1]이 부동산투기 근절 및 경제정의 실현 등을 목적으로 하여 89년 7월 출범하고 이를 필두로 시민운동이 급부상한다. 그리고 이 시기에 출범한 시민운동단체와 이전부터 활동해 오던 시민운동단체들이 94년 9월 한국시민단체협의회(이하 시민협)를 결성하여 집단적 실체로서 떠오른다. 이 시기의 시민운동은 전반적으로 비민중운동적 정체성을 강하게 가지고 있었으며 기존의 반독재 민주화운동이나 민중운동이 적절히 대응하지 못했던 이슈들을 중심으로 사회운동의 '틈새시장'을 공략하고 그 결과 급성장한다.

한국의 시민운동은 서구의 신사회운동(new social movement)[2]와 비견된다. 서구에서 신사회운동은 계급적 대중운동으로 환원되지 않는 다양한 이슈와 계급적 대중운동, 특히 노동운동의 '체제 내화' 혹은 제도화를 배경으로 해서 출현한 운동이라고 할 수 있으며 한국의 시민운동도 이슈,

참여자, 가치와 목표, 활동양식, 지향 등의 면에서 반독재 투쟁을 주도했던 민중운동과는 다른 특징을 보인다.

한국의 시민운동은 80년대 반독재 투쟁 속에서 부각되었던 독재정권 타도나 계급적 문제보다는 환경문제 같은 다(多)계급적이고 전계급적인 문제, 소비생활상의 새로운 문제 같은 반독재 투쟁과정에서 적절하게 다루어지지 못했던 문제들을 중심으로 분화·발전한다. 군부정권의 극단적 억압기에는 군부정권의 타도가 모든 문제해결의 중심 과제였기 때문에, 이처럼 제반의 문제영역이 분화되고 있었음에도 불구하고 그것들이 부차화될 수밖에 없었다. 그러나 군부독재 '타도'의 문제가 일정하게 해결되면서 그러한 새로운 문제영역과 이슈들이 더 크게 주목받는 상황이 시민운동의 독자적 발전을 추동하는 또 하나의 배경이 되었다.

이 시기 시민운동은 그 이전의 시민운동에 비해 반독재 민중운동의 '전투성'이나 '혁명적 지향'을 공유하지 않지만 정부 및 제도정당, 기득권 체제 및 세력을 비판하는 넓은 의미의 '정치적' 성격을 띤다. 그것은 이전 개발독재체제 아래서 왜곡되게 고착된 정부 및 제도정치에 대한 비판과 민주적 개혁——비록 이전 시기처럼 급진적이고 혁명적이지는 않지만——이 '시대적 당위성'이 되었기 때문이다. 이러한 시민운동의 정치적 성격은 이전 시기의 시민운동과 대비된다. 즉 80년대 후반의 시민운동, 특히 대표적인 시민운동이 넓은 의미의 정치적 성격을 띠었다고 하면,[3] 80년대 중반 이전 시민운동은 탈정치화된 시민운동으로 존재하였다. 한편에 군부권위주의 정권에 포섭된 관변단체가 있고 다른 한편에 군부권위주의 정권에 저항하는 반독재 민주화운동단체들이 있었듯이, 당시의 시민운동은 관변단체로 동일시할 수는 없겠으나 독재체제 자체와 공존하는 탈정치적인 단체로 존재하였다

한편 80년대 후반에 보수언론의 화려한 주목을 받으면서 출발한 시민운동은 사회운동의 새로운 형태로 주목을 받게 된다. 그리하여 90년대

이후 다양한 형태의 사회운동이 '앞다투어' 시민운동으로서의 '정체성'을 '자기화'하게 된다. 그러나 90년대를 지나면서 시민운동의 조건에 일정한 변화가 나타나는데, 80년대 후반 및 90년대 초반 "민중운동의 시대는 가고 시민운동의 시대가 온" 것처럼 보였던 사회적 분위기는 반전되고 그 결과 시민운동의 분화가 촉진된다는 것이 그 한 가지 변화이다. 구체적으로 보수적 시민운동과 다른 진보적 지향의 시민운동이 출현하였으며 또 보수적 시민운동 내부에서 진보의 목소리가 커졌다. 80년대 후반의 시민운동에서 강했던 반민중운동적 성격이 상대적으로 완화되는 동시에 친(親)노동운동 혹은 친민중운동적 시민운동도 출현하였던 것이다. 이는 시민운동의 다원화 현상으로 파악될 수 있으며, 시민운동 내부에서 보수적 시민운동의 헤게모니가 전반적으로 약화된 것을 의미한다.

이러한 시민운동의 변화를 가능하게 한 요인으로는 몇 가지를 들 수 있다. 먼저 6·29를 통해 구지배블록의 이니셔티브 아래서 진행된 '위로부터의 보수적 민주화' 자체의 내적 문제점이 표출되면서 전반적인 비판의식이 고조되었고 이는 '대결적'(confrontational) 사회운동이 다시 활성화될 수 있는 조건을 조성한다. '타도'의 위기를 '슬기롭게' 극복하면서 지배체제의 합리화와 정치적 안정화가 달성될 수 있을 것으로 보였던 6공화국과 문민정부 초기의 분위기가 반전됨으로 해서 저항운동의 이니셔티브가 상대적으로 다시 강화될 수 있는 조건이 나타난 것이다. 민중운동을 전체적으로 위축시켰던 지배블록의 이니셔티브가 약화되고 '위로부터의 보수적 민주화'의 공신력 또한 약화된 것이 바로 시민운동의 변화가 나타날 수 있는 조건이 되었다. 둘째, 객관적으로는 80년대 후반부터 90년대 중반까지의 시기에 노동운동을 비롯한 계급적 대중운동의 성장과 그에 따른 이데올로기적인 '급진화'의 효과를 들 수 있다. 위로부터의 보수적 민주화라는 한계에도 불구하고 그것이 동반하는 사회운동공간의 확장을 이용하는 한편 노동운동이 정권과 보수언론의 이데올로기

438

적 공세를 뚫고 자신의 정치적·조직적 발전을 가속화함으로써 시민운동의 내부적 정세가 변화되었던 것이다. 셋째, 확장되는 시민운동공간에서 외재적인 '이데올로기적 비판'만으로는 역시 확장되는 시민사회적 이슈를 포괄할 수 없음으로 해서 시민운동공간에 대한 진보적 개입이 필요하다는 '뒤늦은 인식'이 확산되었기 때문이다.[4] 이른바 개량적 이슈에 대한 주체적인 대응의 필요성이 이전보다 강해졌다.

이처럼 한편으로는 위로부터의 보수적 민주화의 내적 균열과 위기, 노태우정권 및 문민정부의 균열이 가져다준 정치적 효과, 노동운동의 조직적·정치적 발전이 동반한 사회운동의 급진화 효과와 또 한편으로는 주체적 측면에서 '진보적 시민운동' 같은 대항적인 시민운동의 실천에 대한 공감확대 등이 90년대 중반의 시민운동정세를 변화시켰다고 할 수 있다.

또 다른 진보적 성격의 종합적 시민운동체인 참여연대의 출범은 바로 이 같은 새로운 정세를 배경으로 하고 있었다. 참여연대의 초기 문제의식은 크게 두 가지로 나눌 수 있다. 첫째는 '타도되지 않은' 권력에 대해 방관할 것이 아니라 그 권력의 민주화를 위해 싸워야 한다는 인식이다. 둘째는 새로운 이슈, 이른바 시민운동적 이슈에 대한 적극적인 대응의 필요성이다. 전자는 운동방법론에 대한 고민이었다고 할 수 있는데, 가두에서 전투적으로 발현되던 저항정신을 어떻게 새로운 방법론 속에서 표출할 수 있을 것인가로 정리할 수 있을 것이다. 그리고 후자는 반독재 민주화운동 및 민중운동이 포괄하지 못했던 운동 영역과 이슈가 존재한다는 데 대한 자각이었다.[5]

3. 시민운동의 실험: 낙천낙선운동

2000년 4·13총선에서 전개된 낙천낙선운동은 90년대 이후 시민운동의 발전을 상징적으로 보여주고 있다. 87년 6월민주항쟁은 군부권위주의 정권을 퇴진시키고 선거민주주의를 가능케 함으로써 이후 한국사회는 군부권위주의 체제의 민주적 개혁 국면으로 진입하게 된다.

앞서 지적한 바와 같이, 군부권위주의 체제란 외삽적으로 국가권력을 장악한 군부세력이 물리적 강제에 의해 제도정치와 시민사회를 배제적·억압적으로 통치하는 것을 말한다. 이런 군부권위주의 체제하에서 제도정치는 그에 거슬리지 않는 '종속적' 정치세력이 중심이 되어 운영되며, 그에 반하는 세력들은 제도정치로부터 배제된다. 따라서 제도정치의 공간이 군부권위주의 정권에 의해 통제되었기 때문에 그에 저항하는 운동은 합법성을 보장받지 못하고 비합법적인 운동으로 전개되었고, 바로 이러한 운동의 전투적 투쟁을 계기로 한국의 시민사회는 저항적으로 활성화되어 왔다. 한마디로 6월민주항쟁은 배제적·억압적 체제에 대한 시민사회의 반란(insurrection)이었다. 6월항쟁은 권위주의 국가권력을 장악하고 있는 군부세력을 퇴진시킴으로써 군부권위주의 정권의 민주적 재편을 향한 출발점을 만든 사건이었다. 이 반란으로 군부권위주의 정권이 퇴진하며, 이후 한국사회는 군부권위주의 체제하에서 고착된 권위주의 체제에 대한 본격적인 민주적 개혁의 국면으로 진입하게 된다. 87년 이후 다양한 층위에서 구체제의 개혁을 위한 다양한 투쟁이 전개되는바, 정치적 측면에서 본다면 이러한 민주적 개혁은 시민사회의 변화에 상응하는 제도정치의 민주적·개방적 재편과정이라 할 수 있다.

이런 점에서 87년 이후 한국사회는 군부권위주의 체제하에서 왜곡된 시장, 왜곡된 국가, 그 구체적인 형태로서의 재벌구조, 기업관행, 정치구도, 사회운영구조 등 여러 측면에서 근본적인 구조적 전환을 위한 진통의 과정 속에 있다고 할 수 있다. 87년 이후 민주주의 이행의 과정은 바로 구체제의 혁신과 전환을 위한 진통과 갈등의 과정이다.

그런데 이러한 전환과 혁신의 영역 가운데서도 제도정치와 정당정치의 영역이 전환속도가 가장 느렸고, 그런 점에서 정치의 후진성은 더욱 두드러지고 있다. 6월민주항쟁으로 표상된 시민사회의 활성화에도 불구하고 87년 이후 정치적 전환의 속도는 무척 느렸으며 구정치세력의 교체도 대단히 지연되었다.

사회학에는 '근대화' 과정에서 나타나는 사회층위(層位)간의 괴리현상을 지칭하는 '문화지체'(cultural lag)라는 용어가 있다. 이는 경제적·기술적 변화의 속도에 비해 문화적 변화속도가 늦음으로 해서 나타나는 현상을 의미한다. 이를 원용하면 한국사회에는 '정치지체'(政治遲滯, political lag) 현상이 존재한다고 볼 수 있다. 87년 이후 진행되는 민주적 개혁과정에서 시민사회의 활성화의 속도는 빠른데 정치적 전환이 지체되어 시민사회와 제도정치가 극단적으로 괴리되는 상황이 나타나는바, 필자는 이를 '정치지체'라고 개념화한다. 우리 사회의 많은 사람들이 제도정치에 대해 가지는 불신과 비판, 동시에 강렬한 정치개혁 요구의 표출은 바로 시민사회와 괴리되어 있는 제도정치의 지체현상에서 말미암은 것이다.

구조적인 면에서 보면 정치후진성은 한국의 시민사회, 넓은 의미의 '사회'는 변했는데 (상부구조로서의) 정치의 변화속도가 늦다는 것을 의미한다. 70년대 이후 본격화된 우리 사회의 반독재 민주화투쟁으로 국민들의 정치의식이 대단히 변화하였다. 국민들의 정치의식이나 반부패 의식도 상대적으로 높아졌다. 한국경제 역시 저개발경제로부터 30여 년 이상 고도성장을 달성했다. 이런 변화한 사회와 경제 현실을 정치가 제대로 반영하지 못하고 후진국적 구조로 고착되고 또 제도정치가 시민사회 내의 계급·계층적 대립, 다양한 갈등과 의견분포를 반영하지 못함으로 해서 한국사회 발전의 병목지점이 되고 있는 것이다.

이러한 시민사회와 정치의 괴리는 정치에 대한 국민들의 극단적인 불신과 동시에 관심의 원인이 된다. 국민들의 정서와 의견, 요구를 제대로 반영하지 못하는 정치가 증오스럽고 그 증오스런 정치에 대한 변화기대가 역으로 정치에 관심을 갖게 만드는 것이 우리의 현실이다. 바로 여기서 정치에 대한 거대한 불신과 거대한 관심이 공존하는 역설이 나타나게 되는 것이다.

2000년 4월 13일 낙천낙선운동으로 표출된 정치개혁을 위한 시민사회의 반란은 87년 6월민주항쟁에 뒤이은 '2차 반란'의 성격을 지닌 것으로서, 구조적으로는 시민사회의 활성화와 변화에 부응하지 못하는 정치지체 혹은 정당지체가 원인이 되었다. 정치와 정당이 지체되어 있기 때문에 한편으로는 국민들로부터 엄청난 불신과 증오를 받고, 또 한편으로는 개혁과 변화를 요구하는 강렬한 압력과 관심의 대상이 된다. 우리의 현실이 바로 이것이다. 이러한 정치지체 현상은 권위주의 질서에서 민주주의 질서로 이행하는 '민주주의 이행'(democratic transition)의 과도기적 국면에서 특히 두드러진다.

정치개혁은 정부주도형과 정치권주도형, 시민사회주도형의 세 가지 유형으로 나눌 수 있는데, 정부주도형은 과거 권위주의 정권이 답습한 것으로 현실성이 없으며 정치권주도형은 불가능하다는 판단 위에서 시민사회주도형의 정치개혁운동이 촉발되었다고 할 수 있다.[6] 이처럼 대의(代議)기구로서의 정당이 시민사회의 의견을 반영하는 대의기구의 역할을 제대로 수행하지 못하기 때문에, 시민사회운동단체가 시민사회의 의견을 반영하는 일종의 '대의의 대행(代行)' 현상이 나타나게 된다. 따라서 낙천낙선운동은 기성정당들의 대의기능이 제대로 수행되지 못하는 데 대한 시민사회의 반란이자 기성정당의 불구화된 '대표자(representative)선발' 기제에 대한 시민사회단체의 '대리선발'이라고 표현할 수 있다.

낙천낙선운동과 이를 주도한 총선시민연대는 80년대 시민운동의 발전을 반영하고 있다고 해석할 수 있다. 먼저 낙천낙선운동을 주도한 총선시민연대의 구성을 보면 서울의 몇몇 대표적인 시민사회단체를 비롯하여 전국의 다양한 시민사회단체들이 참여하고 있다. 이는 기존의 시민운동연합단체인 시민협의 구성과도 구별된다. 그리고 시민운동에 국한해서 보면, 초기에 중앙 수준의 대표적인 시민운동 중심에서 지역 및 풀뿌리 수준의 다양한 운동으로 확산되어 갔고 일부 이슈영역 중심에서 다양한 이슈영역으로 넓혀져 갔다. 이러한 다양한 시민사회단체들이 각자의 영역에서 대중과 결합하면서 시민사회의 여론에 영향을 미치는 기구로 발전되어 왔다.

다음으로, 총선시민연대의 낙천낙선운동은 시민사회단체의 연대운동이 한 단계 높은 수준으로 발전하고 있음을 상징하는 것이었다. 국민정부하에서 나타난 시민운동상의 중요한 변화는 다양하게 분화되어 가던 시민사회단체들이 국민적인 이슈를 중심으로 연대기구를 구성했다는 점이다. 1999년에 전개되었던 동강 살리기 연대운동과 특검제를 쟁취하기 위한 연대운동 등이 대표적인 예이다. 따라서 낙천낙선운동은 연대운동상의 발전을 의미하며 시민운동이 전국적 연대조직으로 나아가는 징검다리 역할을 할 수 있다.

또 한 가지 중요한 변화는 시민사회운동 내부의 주도성 변화이다. 경실련 등 80년대 후반 시민운동을 주도했던 단체들(시민협으로 결집됨)은 개별단체로 낙천운동을 벌이고 환경연합, 녹색연합, 참여연대 등이 총선시민연대를 주도한 것이 이를 잘 보여준다. 실제로 80년대 후반 시민운동의 리더십은 약화·해체된 상태였고 이를 대신할 리더십이 형성되지 않은 일종의 '리더십 공백상태'였다고 할 수 있다. 이는 시민협 등 연합단체가 90년대를 거치면서 전국적 수준에서 다양하게 출현한 시민사회단체들을 포괄하지 못함으로써 시민사회운동의 대표성이 약화된 데 그 원인이 있다. 이런 면에서 볼 때 낙천낙선운동은 시민사회운동의 새로운 리더십이 형성되는——특히 전국단체 수준에서——과정 또는 시민사회단체들의 새로운 대표체가 형성되는 과정으로 이해할 수 있을 것이다.

그러면 여기서는 낙천낙선운동의 과정에 대한 서술은 생략하고, 그 성과와 한계를 몇 가지 측면에서 살펴보기로 하겠다. 먼저 직접적인 효과를 보면, 낙선운동은 언론이나 낙선운동을 주도한 지도부의 예상까지 뛰어넘는 압도적인 성공으로 나타났다. 영남지역을 제외한 전국에서 낙선운동은 예상 밖으로 국민들의 지지를 받으면서 유력한 낙선대상자들을 대거 낙선시키는 효과를 거두었다. 전국의 낙선율이 70%에 이르렀으며 지역주의가 상대적으로 적게 작용하는 수도권의 경우 95%의 낙선율을 기록했다(〈표〉참조). 특히 수도권의 집중낙선 지역에서는 압도적인 우위를 보이던 낙선대상후보들이 낙선하여 낙선운동에 대한 국민적 지지를 확인할 수 있다. 또 일부 집중낙선 지역의 경우에는 낙선대상후보가 압도적인 우위를 보여 실질적으로 낙선운동을 포기하고 여타의 전략지역에 집중한 경우도 있는데 이런 경우에서조차 낙선대상후보가 낙선하는 결과를 가져왔다.

이러한 낙선효과 외에도 낙천운동은 공천과정의 '개혁화'를 촉발하였다. 낙천운동이라는 '외압'이 없었다면 기성정당들은 일부 참신한 후보들을 공천하고 '적당히' 선거를 치르는 방식을 채택했을 가능성이 크다. 그러나 정치개혁을 요구하는 낙천운동은 공천과정에서부터 기성정당의 변화를 강제하였다. 다수의 중진의원들이 출마를 포기했으며 일부 의원들이 정계은퇴 혹은 선거 불출마를 할 수밖에 없게 했다. 그리고 기성정당

〈표〉 낙선대상자 및 낙선율

(단위: 명, %)

	낙선대상자	실제 낙선자	낙선율
전국	86	59	68.6
수도권	20	19	95
전략지역(22개)	22	15	68.2
수도권 집중낙선지역	7	7	100

들의 경우, 텃밭이라고 할 수 있는 지역에서는 여전히 '후진적인' 공천이 이루어졌지만 지역주의의 영향을 적게 받는 수도권에서는 개혁적 공천을 위한 경쟁이 두드러졌던 것도 낙천운동의 한 가지 효과이다.

그러나 이러한 성과에도 불구하고 낙천낙선운동의 문제점과 한계에 대해 다양한 견해가 제시된 바 있다.

먼저 낙천낙선운동이 부패·무능한 정치인의 퇴출을 지향하는 네거티브(negative) 캠페인이었을 뿐 적극적인 대안을 제시하지 못한 한계를 지녔다는 점이다. 둘째, 정치개혁을 '인물교체'로 국한함으로써 한국정당의 비민주적인 구조를 변화시키는 과제를 방기하였으며 그 결과 1인보스중심 체제와 비민주적인 공천'구조' 자체를 변화시키는 데 기여하지 못했다는 비판이다. 셋째, 인적 교체를 부각시킴으로써 선거가 인물경쟁으로 흐르고 총선 이전에 부각되고 있던 김대중정부의 신자유주의적 구조조정정책에 대한 전선을 실종시켰다는 것이다.[7] 넷째, 앞의 비판과 연관된 것인데 낙천낙선운동이 진보정당운동에 긍정적인 결과를 미치지 못하였다. 다섯째, 낮은 투표율(57.2%)에 표현된 기성정치에 대한 광범위한 불신에도 불구하고 네거티브 캠페인에 머묾으로써 대안적인 정치운동의 역할을 못하였다.[8] 여섯째로는 연합시민사회운동으로서의 낙천낙선운동이 지닌 시민운동 내부적 문제점으로서 여전히 서울 집중주의가 관철되었다는 점을 들 수 있다. 낙천낙선운동은 한편으로는 전국적인 시민사회운동단체들의 광범위한 참여를 촉발하였지만 또 한편으로는 시민사회운동의 서울중심주의, 중앙중심주의를 크게 극복하지 못했다고 할 수 있다. 통상 서울의 전국적인 단체들이 '공중전'을 하고 지역의 단체들이 '백병전'을 한다는 비유를 사용한 바 있는데, 지역의 백병전 또한 대중적인 형태로 수행된 것은 아니었다. 시민사회운동도 한국사회의 일반적 특징과 마찬가지의 중앙집중주의적 경향과 서울에 있는 전국단체들의 과도한 집중성을 극복해야 한다는 과제를 남겼던 것이다.

4. 개혁을 둘러싼 이중적 전선

여기서는 문민정부 및 국민정부를 경과하면서 시대적 화두가 되고 있는 개혁의 성격과 사회운동의 관계를 살펴보기로 하겠다.

87년 이후 우리 사회는 민주화 혹은 민주주의 개혁의 과정에 있다고 한다. 그렇다면 민주화가 무엇인가. 민주화의 핵심 내용은 자유화와 자율화이다. 구체제는 권위주의적 국가에 의한 경제적·정치적·사회적 사회통제 시스템이었다. 따라서 구국가에 의한 경제통제와 정치통제, 사회통제, 그러한 조건하에서 고착된 왜곡성을 극복하는 과정이라고 할 수 있다. 즉 이러한 개혁의 과정은 권위주의적 국가에 의한 시장통제와 사회통제, 그러한 권위주의적 국가의 일부로서의 정치체제의 개혁을 내포하게 된다.

그런데 여기서 주목해야 할 점은 민주화로 인한 자유화·자율화는 분명 '국가에 의한 시민사회 통제'의 약화를 의미한다는 것이다. 이러한 통제약화는 아래로부터의 시민적·민중적 힘의 분출을 가능하게 하지만 또한 시민사회 내에서 사적인 힘, 시장권력의 힘, 자본의 힘, 유산자의 힘도 제약 없이 표출되게 한다. 따라서 민주화의 과정에서 후자의 힘이 지배적인 경우에는 자유화·자율화가 증진되면서도 그 결과는 민중들에 대한 자본의 '자유로운' 지배 혹은 자본의 '자율'적인 지배로 나타날 수 있다. 구 권위주의 국가에 의해 왜곡된 지배를 극복하는 과정은, 새로운 질서의 내용을 둘러싼 투쟁이 없을 경우 자본지배의 새로운 정치적·사회적 형식이 확립되는 과정이 될 수 있는 것이다.

이런 점에서 우리는 민주화의 과정에 두 가지 전선이 존재함을 주목해야 한다. 구 권위주의 국가에 대한 정치·경제·사회적 통제와 그로 인한 왜곡을 '개혁'하는 것을 둘러싼 전선이 한편에 존재하고 다른 한편에는 그러한 개혁되는 질서가 시민들의 이해와 민중들의 복지에 부응하도록 하는 과제를 둘러싼 전선이 존재한다. 이는 서구의 시민혁명 과정을 연상해 보면 확연해진다. 서구에서는 시민혁명을 통해 전근대적인 절대권력과 그로 인한 왜곡을 극복하였으나 시민혁명 후의 '자유의 질서'가 새로운 근대적인 불평등의 질서가 되었다. 이렇게 해서 구 권위주의 국가에 대한 시민사회 통제에 대항하고 구 권위주의 국가에 유착된 시민사회 내의 전근대적인 경제권력 및 정치권력·사회권력을 극복해 내는 과제를 둘러싼 전선과, 자유화·자율화된 조건 속에서 국가의 새로운 사회성·공공성·민중성을 확립하기 위한 전선이 존재하게 된다. 전자의 전선은 기본적으로 구체제의 '개혁'과 반개혁의 싸움이라면, 후자는 개혁의 사회성 혹은 개혁의 실질적인 사회경제적 내용을 둘러싼 전선이라고 할 수 있다.

예컨대 교육개혁을 보자. 민주화는 과거 교육부에 의한 대학 및 교육의 '관치주의'적 통제를 극복하고 자율성을 강화하는 개혁의 과정이 된다. 교육부문 전체가 구 권위주의 국가에 의한 통제로부터 일정한 '자유'를 획득하는 과정이 되는 것이다. 그러나 이러한 자율화·자유화 과정은, 교육의 공공성이나 사회성을 강화하는 실질적 개혁이 동반되지 않을 때 시장을 통한 자율적인 교육적 불평등을 재구축·강화하는 과정이 된다. 부의 격차가 크지 않던 이전과 달리 이제는 계급·계층 간에 경제적 불평등이 커졌다. 따라서 단순히 자율화만 부각시키면, 이것은 '시장논리'로 문제를 해결하려는 것이며 그럴 경우 이미 존재하는 경제적 불평등이 자율적인 시장경쟁을 통해 더욱더 큰 교육불평등을 초래하게 된다. 실제 한국사회에서는 이런 현상이 나타나고 있다. 공교육이 부실한 상태에서 자율적으로 하라고 하면 다들 사교육시장으로 가야 하는데, 그러면 중산층 이상은 사교육시장을 이용해서 좋은 대학에 가고 유학을 가고 해서 자율적으로 하층민보다 우월한 위치에 서게 되는 것이다.

바로 이런 점에서 김대중정부의 교육정책은 개혁의 이중성을 인식하지 못하고 자율화·자유화의 관점에서만 바라봄으로써, 일정하게 과거의 관치주의적 질서가 개혁되기는 하겠지만 본질에서는 계급적 질서를 강화시키는 결과로 나타날 소지가 충분하다. 공교육을 강화하고 자율화에 의한 시장불평등을 상쇄하는 사회적 대책들을 강화하지 않는다면, 민주화는 자율적이면서도 과거보다 더 불평등한 교육질서를 낳는 결과를 가져올 수 있다.

우리는 이른바 '개혁'을 성취해야 하는 과제와 '개혁의 사회화'를 강화해야 과제를 가지고 있고, 그런 점에서 반(反)개혁세력에 맞서서 구체제를 개혁해야 하는 전선과 신체제의 사회화를 둘러싼 전선에 직면해 있다고 할 수 있다. 전자의 전선에서 보면 민주화로 인한 자유화·자율화는 분명 개혁적인 것이라고 할 수 있지만, 후자의 전선에서 보면 자본에 의한 새로운 지배를 확립하는 것 혹은 자율적이고 자유로운 새로운 불평등질서를 확립하는 과정이 된다. 무산자나 민중의 입장에서 보면, 형식적인 변화를 부여받는 대신에 '자율적인' 새로운 불평등을 감수해야 하는 조건에 놓이게 되는 것이다.

이 양자의 전선 모두에 투쟁이 존재한다. 전자의 전선에서도 제도적·비제도적 반개혁세력들이 다양한 국면에서 다양한 명분으로 개혁에 저항한다. 때로는 지역주의의 이름으로 또 때로는 보수언론의 지원을 받거나 쟁점을 희석시키는 방식으로 구체제를 유지하기 위한 노력들이 진행된다. 그리고 후자의 전선의 경우에는 보수언론들의 뿌리깊은 편향적 시각에 의해 쟁점화 자체가 되지 않거나 혹은 일부 과격한 주장으로 치부되기도 한다. 전자의 전선에서 개혁적 입장에 선 개인이나 집단들이 후자의 전선에서는 보수적인 입장에 설 수도 있다.

5. 시민전선과 민중전선의 바람직한 관계: 민중운동과 시민
운동의 세계사적 동맹모델의 실현

시민운동이 주축이 되어 다양한 시민적 이슈를 중심으로 전개되는 시민적 투쟁공간을 시민전선이라 하고 민중운동이 주축이 되어 다양한 민중적 이슈 중심으로 전개되는 투쟁공간을 민중전선이라고 한다면, 민중전선과 시민전선은 앞으로의 개혁국면에서 공존하게 될 것이다. 민주주의 이행의 과정에서는 민주개혁의 이슈, 일반민주주의적 과제 해결을 둘러싼 이슈, 정치지체 현상으로 인한 정치개혁 이슈 들이 다양하게 제기되고 이런 점에서 계급적 전선으로 '환원되지 않는' 시민전선이 존재하는 것은 사실이다. 예컨대 반부패 같은 '국민적' 이슈가 존재하고 이를 둘러싼 전선이 존재하게 된다.

완전히 일치하는 것은 아니지만, 대체로 시민전선은 개혁의 성취를 둘러싼 전선과 크게 중첩되며 민중전선은 개혁의 사회화를 둘러싼 전선과 상당히 중첩된다. 이러한 전선을 보는 데는 두 가지 편향이 존재하는데, 그 하나가 시민운동의 이슈를 국민적 이슈로 상정하고 민중적 이슈를 '계급이기주의'적 이슈로 간주하는 인식이다. 하지만 이는 80년대 말과 90년대 초의 이데올로기적 규정에서 비롯된 것이라 할 수 있다. 민중적 이슈들, 예컨대 민영화문제나 노동시간단축 등은 그 자체가 국민적 이슈임에도 불구하고 왜곡된 이로올로기적 인식으로 인해 시민운동이 다루는 시민적 이슈들만 국민적 이슈로 상정하는 경향이 있다.

또 하나는 모든 시민적 이슈를 '개량적'이고 부차적인 것으로 간주하는 편향이다. 4·13총선에서의 낙천낙선운동 같은 개량적 투쟁들이 본질적인 민중적 투쟁들을 주변화시켰다는 비판도 이런 맥락에서 제기된다. 물론 필자는 일리가 있는 비판이라고 생각한다. 하지만 사실 이런 비판은 모든 '개량적' 투쟁에 다 적용되는 것으로 보아야 한다. 심지어 87년 6월

민주항쟁의 주요 이슈인 '직선제개헌 쟁취' 투쟁에 대해서도 이러한 비판이 적용되어야 할 것이다. 혁명적 시기가 아닌 모든 비혁명적 시기에 있어서의 개량적 투쟁이 변혁적 투쟁을 저해한다고 말할 수는 없다. 앞에서 지적한 바와 같이 낙천낙선운동이 주목을 받으면서 '의도하지 않게' 여타의 투쟁과 이슈들을 희석시킨 것은 사실이다. 그럼에도 불구하고 비록 개량적 성격의 이슈이지만 시민적 이슈들은 그 자체가 민중적 투쟁으로 '환원'되지 않는 독자적인 의의를 갖는 투쟁이슈로 파악되어야 할 것이다.

87년 이후 사회운동의 전개과정을 보면, 다양한 일반민주주의적 투쟁이슈가 존재했음에도 불구하고 민중운동은 이것을 주변적인 것으로 파악하여 방기하거나 민중투쟁의 저변을 위한 '수단적' 영역으로 파악하는 경향이 있었다. 그래서 민중진영은 역설적으로 이 투쟁영역을 방기하였고 그 결과 이 영역은 점차 시민운동의 영역이 되어갔다.[9]

사실 이러한 민주주의적 투쟁공간은 오랜 반독재 민중투쟁을 통해 획득된 것이다. 계급적 시각에서 파악될 수는 있지만 계급문제로 '환원되지 않는' 일반민주주의 영역이 분명히 있거니와 특히 민주주의 이행국면에서는 이 부분이 더욱 확대된 규모로 존재하게 된다. 87년 6월민주항쟁은 군부권위주의 정권 퇴진의 계기를 마련한 것일 뿐, 구체제의 구조를 혁신하는 것은 이후의 계급적·사회적 투쟁에 의해서 결정되는 것이었다. 따라서 이 부분을 단순히 개량적 투쟁의 영역 또는 도구적으로만 이해해서는 안 될 것이다. 시민적 전선과 민중적 전선은 별도의 차원인 동시에 중첩되기 때문에 두 전선을 명확히 분리하는 것은 적절한 파악이라고 볼 수 없다. 왜냐하면 그로 인해 시민운동은 건강성을 훼손당할 수 있고 민중운동은 대중적 투쟁의 풍부한 저변을 상실하기 때문이다.

이런 점에서 '이중멤버십'을 적극적으로 인정해야 하며, 민중운동이 일반민주주의적 영역에 적극적으로 개입하여 시민전선을 진보화하는 적극적인 전략이 필요하다. 일반민주주의 영역에는 노동정치 이외에 생활정치, 환경정치, 성정치 등과 관련된 다양한 이슈가 존재한다. 민중운동은 바로 이러한 운동 이슈와 영역들에 어떻게 진보적으로 개입할 것인가를 고민해야 할 것이다.

또 한 가지는 '재정치화를 위한 연합전선'의 필요성을 고려해야 한다는 것이다. 80년대 전투적인 반독재 '정치'투쟁이 존재했던 시기와 달리, 시민운동과 민중운동 및 진보정당운동의 근거지라고 할 수 있는 대학과 작업장은 대단히 '탈(脫)'정치화되어 있다. 그런데 이처럼 전반적으로 탈정치화된 조건을 도외시하고 곧바로 비약하여 '급진적 정치화'를 도모하는 전략이 시도되고 있는 것이 현실이다. 어떤 면에서는 재정치화를 위한 '연합전선'이 필요하다고 할 수 있다. 다양한 시민적 이슈를 중심으로 조성된 정치적 관심을 활용하여 대학 및 작업장을 재정치화하면서 그 속에서 급진적 정치화를 위한 토양을 확대해 가는 전략이 요구된다. 일종의 이중전략이 필요하다는 것이다.

따라서 앞으로 민중운동의 연대질서와 시민운동의 연대질서는 상호 적극적으로 중첩시키고자 하는 시각이 필요할 것이다. 여기서 중첩성은 시민운동단체——특히 진보적 시민운동체——들이 적극적으로 민중운동의 연대질서에 참여하고 민중운동이 시민운동의 연대질서에 참여하거나 적극 연대하는 전략이 요구됨을 의미한다. 그리고 이런 적극적인 개입전략에서 중요한 것은 시민전선의 복합성을 전제해야 한다는 점이다.

시민전선은 쟁점이 복합적이고 운동단체의 이념적 스펙트럼도 다양한데 비해 민중운동은 반독재 투쟁과정에서 일정한 통일적 정체성을 공유해 온 것이 사실이다. 그렇기 때문에 민중운동으로서는 시민운동단체의 이질성과 복잡성 및 한계를 전제로 한 탄력적인 연대 및 견인 전략이 현실적이고 필요할 것이다. 예컨대 신자유주의 반대에는 일부 진보적 시민운동단체만이 동의하겠지만, 적어도 신자유주의적 질서 재편과정에서 드러난 많은 사회경제적 문제에 대해서는 상당수의 시민운동단체가 민중운동과 함께할 수 있을 것이다. 결국 이런 면들을 섬세하게 고려하는 적극적인 연대전략이 필요하다.

이런 민중운동의 개방적인 연대전략과 더불어 시민운동측은 스스로를 더욱더 진보화시키는 노력이 필요하다. 많은 시민운동단체들이 급진성을 포기하고 끊임없이 '체제 내화'하는 경향성을 가지고 있는 것 또한 사실이다. 실제로 시민운동은 대중성 내지 국민적 지지라는 당위성 속에서 자신의 운동을 '(개혁)자유주의'적인 영역에 가두고 있다.[10] 모든 국민이 지지하는 운동은, 현재처럼 정당과 정부의 합리성이 극도로 제약되어 있는 현실에서는 개혁적 의미를 가지겠지만 이러한 '전국민적 지지'의 영역에만 한정하면 '운동성'을 견지하기 어려울 것이다. 사회운동으로서의 시민운동은 보수적 의식을 뚫고 전개되는 진보적인 것이어야 하는바, 이런 점에서 시민운동은 부단히 급진화되고 진보화될 때 비로소 그 생명력을 유지할 수 있다. 시민운동의 운동성을 견지하기 위해서는 곧 시민운동의 진보화가 필요하다고 할 수 있다.[11]

그리고 시민운동의 이념적 스펙트럼도 개혁자유주의에서부터 사회민주주의, 급진주의에 이르기까지 폭넓게 확장되어야 한다.[12] 그렇지 않을 경우 시민운동은 지속적으로 포섭(co-optation)의 위험을 안게 된다. 더욱이 이러한 위험성은 정부정책의 합리성이 높아지고 제도정당의 민주화가 진전되면 될수록 그만큼 커질 수 있다. 이런 점에서도 민중운동과 시민운동의 적극적인 연합모델이 성취되어야 한다. 한국의 계급적·사회적 투쟁의 조건, 민주주의 이행국면에서의 민주개혁과제가 존재함으로해서 "전투적 민중운동과 진보적 시민운동의 세계적 동맹모델"(조희연 1998b, 5장 참조)이 가능하며 필요하다.

6. 시민운동의 병목지점과 향후 발전과제

마지막으로 이상의 논의를 전제로 해서 시민운동 나아가 일반 사회운동의 병목지점과 향후 발전과제를 살펴보기로 하겠다.

먼저 '시민 없는 시민운동'을 어떻게 극복할 것인가, 어떻게 시민운동을 대중 참여적 운동으로 발전시킬 것인가의 문제를 살펴보자. 일반적으로 한국의 시민운동은 시민참여가 취약한 '시민 없는 시민운동'의 한계를 가지고 있다고 지적된다. 여기서는, 그렇다면 계급적 대중운동과 달리 시민운동은 독자적인 대중운동으로 전개될 수 있는 것인가 하는 문제가 제기될 수 있다. 이 점에 관해서는 명확한 해답이 존재하지 않으며, 현재로서는 시민운동이 소수의 전문가들 혹은 상근간사들의 운동으로 관성화되어서는 안 된다는 원칙적인 입장을 강조할 필요가 있다고 본다.

그런 점에서 시민참여를 확대하기 위한 내적·외적 노력이 다양한 방식으로 경주되어야 한다. 무엇보다도 시민 참여의식을 높이기 위한 일상적인 노력이 이루어져야 할 것이다. 환경운동처럼 상대적으로 많은 회원을 보유하고 있고 각종 운동과 행사에 일반시민들의 참여가 높은 경우도 있지만, 일반적으로 시민운동은 상근자와 임원, 일부 열성회원 중심으로 활동이 전개되고 있다. 이것은 물론 '무임승차의식' 등과 같이 시민들 스스로의 참여의식이 부재한 데서 비롯되는 것이기는 하지만 이 점을 유념하면서도 시민운동이 '엘리트주의'적 편향과 '상근자주의'적 관성으로 가지 않게 지속적으로 노력할 필요가 있다. 여기서는 참여 자체가 시민운동의 수단이자 목적이기도 하다는 것이 강조되어야 할 것이다.

한편 NGO활동과 관련하여, 2000년의 특징적인 현상의 하나는 NGO에 대한 비판담론이 출현하였다는 것이다. 비판담론의 내용으로는 주로 '시민 없는 시민운동' '백화점식 운동' '재정의 정부의존' 등을 들 수 있는데, 이중에서 특히 '시민 없는 시민운동'이라는 비판은 상당히 표준적인 비판의 준거가 되고 있는 것 같다. 언론에서도 사설을 통해 NGO의 이러한 문제점을 지적하곤 했다.

필자 역시 현단계 시민운동에 이 같은 현상들이 문제로 존재한다고 생각한다. 그러나 여기서 또 한 가지 지적되어야 할 점은 이러한 '시민 없는 시민운동'의 비판이 시민운동 내부의 자성적 비판 및 발전과제로서 제기되는 것이어야지, 외부자에 의해 무책임한 비판담론으로 사용되는 것은 정당하지 않다는 것이다. 즉 이 같은 문제는 시민운동 스스로 시민참여적 마인드를 가지고 시민참여 프로그램들을 적극적으로 개발하지 못하는 시민운동의 한계에서 비롯된 것이기도 하지만, 참여문화와 기부문화의 부재 같은 한국시민사회의 '후진성', 과거 독재정권하의 '공포의 문화' 속에서 내재화된 피해의식 등으로 인해 나타나는 결과적 현상이기도 하다(조희연 2001). 이렇게 볼 때 '시민 없는 시민운동'의 문제가 시민운동 내부의 성찰적 비판으로서 분투를 위한 내부과제로 인식되어야지 외부에서 시민운동을 비판하는 논거로 사용되는 것은 '무책임한' 점이 있다고 생각된다.

두번째로, 안정적인 재정기반을 어떻게 마련할 것인가 하는 문제이다. 99년에 국민정부는 행정자치부를 통해 150억 원(중앙 50%, 지방 50%)을 지원하였으며, 현재 민간운동지원법(시민단체에서는 시민사회지원법)의 법제화가 추진중이다. 그리고 시민단체가 정부지원금을 받아야 하는가라는 구체적인 쟁점이 있다. 이에는 원칙적으로 시민사회단체의 독립성과 자율성을 위해 정부는 '간접지원'에 국한해야 한다는 원칙론에서부터 "지원금이란 기본적으로 국민의 세금이므로, 더구나 지원과 정치적 지원이 교환되는 것이 아니므로 당연히 받아야 한다"는 입장에 이르기까지 다양한 의견이 있다.

이 점과 관련해서는 세 가지 변수를 고려해야 할 것으로 보인다. 첫째는 한국의 민주주의가 충분히 완숙되지 않아 재정지원의 정치적 효과가 없다고 말할 수 없는 조건, 둘째 기금이나 재단 형태의 지원체계가 발전되어 있는 서구와 달리 현실적으로 '사회적' 재정지원장치가 없다는 점, 마지막으로 참여적 시민문화 및 기부문화가 부재함으로 해서 회비에 의한 재정충당이 어렵다는 점이다. 가령 참여연대의 경우 월 총지출의 70%를 회비로 충당하고 나머지를 개인적 기부나 그림전 등 각종 특별모금행사를 통해 보충하고 있다.[13] 이는 일반적으로 회비에 의한 재정충당률이 20~30%인 점을 감안하면 대단히 높은 수치이다. 더욱이 참여연대는 기업과 정부로부터 재정지원을 받지 않는다는 원칙을 견지하고 있기 때문에, 일상적으로 재정적인 어려움을 겪고 있는 것이 사실이다. 인지도가 있는 단체의 실정이 이러할진대 군소단체들의 재정적 어려움은 말할 필요도 없을 것이다. 이런 어려움을 오로지 상근자들의 개인적 헌신으로 버텨가고 있는 셈이다. 그럼에도 필자는 공신력을 갖는 대표적인 단체일수록 정부나 기업으로부터의 재정적 자립성을 유지하려는 노력을 경주하는 것이 중요하다고 생각한다. 이와 동시에 정부는 직접 '자금교부' 방식에서 간접적인 지원체제를 제도화하는 방안으로 나아가야 할 것이고 사회적 차원에서 다양한 공익재단들이 마련되면서 시민운동의 재정적인 후방지원체제가 폭넓게 발달하는 것이 필요하며 나아가 우리 사회에 폭넓게 기부문화가 발전되어야 할 것이다.

세번째로, 시민운동과 정치의 관계는 어떠해야 하는가 하는 고민의 지점이 있다. 정치와 시민운동의 관계는 두 가지 문제로 요약할 수 있다. 최근 '젊은 피 수혈론'에서 문제가 된 바와 같이 정치엘리트의 충원풀(pool)로 시민운동(지도자)이 기능해야 하는가의 문제이고 그리고 국민적 불신을 받고 있는 제도정치의 혁신을 위한 '정치적' 역할을 시민운동이 해야 하는가 또 한다면 그 형태는 어떠해야 하는가의 문제이다. 장기적으로 볼 때는 시민운동이 정치엘리트 충원풀의 하나가 될 것이라고 본다(사실 미국에서는 기업엘리트가 정치엘리트로 대거 충원된다). 그러나 현재처럼 정치에 대한 국민적 불신이 크고 시민운동의 발전이 취약한 점 등을 고려할 때, 극소수가 이동할 수는 있겠지만 시민운동 전체적으로는 시민운동의 '마르지 않는 저수지'가 형성되어 '흘러넘치는' 역량의 일부가 정치적으로 충원되어도 좋은 시점이 오기까지는 절대적으로 반대해야 한다고 생각한다(조희연 1999b).

그리고 시민운동의 정치화가 필요한가의 문제이다. 사실 96년선거에서 반지역주의적인 개혁적 제도야당세력과 시민운동세력이 연대하여(정치개혁시민연대) 시민운동의 정치화를 위한 시도가 있었지만, 실패하였다. 현재로서 시민운동의 정치세력화를 포함한 진보적 정치세력화는 중장기적으로 실현될 수밖에 없을 것으로 생각된다. 단기적으로는 노동세력의 정치세력화나 환경사회운동세력의 정치세력화를 전망해 볼 수 있으며 또 노동세력의 정치세력화와 결합된 시민운동 일부의 정치세력화가 현실적으로 유일한 가능성이라고 보인다. 그러나 현재 우리 사회는 반(反)정치주의적 분위기와 노동운동-시민운동의 긴장으로 이 역시 불가능한 상태에 있다. 따라서 노동세력을 중심으로 한 진보정치세력화가 '각개약진'의 형태로 추구될 수밖에 없는 것이 현실적 조건인 것 같다.

네번째로, 시민운동 일반이 '운동만 있고 조직과 체계는 없다'는 지적을 어떻게 넘어설 것인가 하는 과제가 제기되고 있다. 한국경제가 '압축형 성장'을 하였듯이, 시민운동 역시 압축형 성장을 하였다고 볼 수 있다. 경실련이나 참여연대 같은 단체는 불과 5년 혹은 10년도 채 안 되는 기간 동안 '작은 정부'라고 일컬어질 정도로 대표적이고 영향력 있는 단체로 성장하였다. 이러한 압축형 성장과정은 시민운동의 내적 체계성과 전문성의 부족을 시사한다. 자원봉사관리, 대형 조직관리, 직무교육, 직무 매뉴얼, 규정, 업무분장 등 기존의 '관료제'적 조직의 노하우가 충분히 축적되지 않았을 뿐 아니라 시민운동을 지원하는 외적 인프라의 부족으로 이런 문제점들이 더욱더 심화되고 있다. 비교사회학적 관점에서 보면 한국의 시민운동, 특히 종합적 시민운동은 다른 나라들에 비해 그 영향력이 대단히 크다. 그러나 이 같은 영향력에도 불구하고 내적 체계성과 조직운영 인프라의 빈곤이라는 모순적 상황에 놓여 있다. 이런 점을 보완해 가는 것도 현시기 종합적 시민운동 혁신의 중요한 과제라고 할 수 있다.

다섯번째로, 시민운동, 특히 진보적 시민운동에 상응하는 시민운동'문화'를 어떻게 만들 것인가 하는 점이다. 현재 대부분의 시민운동단체들은 개별이슈 중심의 활동으로 통합성을 발휘하고 있는데, 고유한 시민운동문화 나아가 시민운동적 생활문화가 부재한 실정이다. 7, 80년대 대학에서는 민중문화가 대학의 저항문화로 자리잡고 있었으며 이는 또 사회운동에서도 전형적인 문화지향으로 존재했다. 하지만 현재는 강력한 대항문화가 존재하지 않는다. 대학이 상업적 소비문화에 압도당해 있고 강력한 대항문화가 없다는 데서 우리 시대의 '병적인' 측면을 발견할 수 있다. 시민운동 역시 대항문화의 진원지가 되지 못하고 있다. 이것은 한국의 시민운동이 68년 5월혁명처럼 문화혁명적 성격을 전혀 지니지 못하고 있음을 의미한다. 이런 점에서 어떻게 대안적인 시민'운동문화'를 형성할 것이며 또 이를 어떻게 대학문화와 연결할 수 있을 것인가 하는 과제가 제기된다.

특히 개발독재하에서 압축형 성장을 위해 동원된 여러 부정적 요소들은 왜곡된 보수적 시민사회의 재생산기제의 일부로 재편되었고 구조적으로 의식, 생활, 사회적 관계 등의 일부로 내재화되어 있다. 폐쇄적 가족주의, 성장주의, 반공주의, 연고주의, 유교적 엘리트주의, 지역주의, 권위주의, 가부장제 등이 시민 속에 내재해 있다. 이렇듯 왜곡된 보수적 시민사회에 대한 성찰과 대안적 행동을 유도하기 위해서도 대안문화의 필요성이 크다고 할 수 있다. 이런 점에서 현재와 같은 대(對)권력적 투쟁을 넘어서서, 시민사회 자체의 쇄신을 도모하고 대권력적 투쟁이 문화공

동체적 기반 위에서 전개될 수 있도록 하는 고민이 요구된다.[14)]

여섯번째로, 시민운동가에게는 어떻게 사이버세계와 신세대로 확장해 나갈 갈 것인가 하는 고민이 있다. 이를 위해서는 실재행동(real action)에 상응하는 수준의 사이버 행동프로그램(cyber action program)이 마련될 필요가 있다. 사이버 공간이 갖는 무한한 잠재력을 직시하면서, 의사소통이 면대면 관계 혹은 언론보도를 통한 관계뿐 아니라 사이버 통신을 통한 쌍방향적 의사소통을 통한 시민운동으로 확장될 필요가 있다. 또한 신세대들이 볼 때 시민운동가는 '엄숙주의'에 경도되어 있다는 평가도 귀기울여야 할 것이다(김어준 외 1999). 즉 시민운동의 '세대간 재생산'을 위한 방안이 강구되어야 한다.

일곱번째로, 시민운동과 글로벌리즘(globalism)의 관계이다. 즉 시민운동 나아가 사회운동이 어떻게 글로벌한 이슈와 의제들을 내부화할 것인가 하는 문제이다. 한국의 사회운동은 폐쇄적 민족주의의 성격을 강하게 가지고 있고 '국제주의'적 차원에 대한 인식은 결여되어 있다. 이런 점에서 글로벌 의제를 어떻게 내부의 사회운동 의제로 만들 것인가 하는 과제를 안고 있으며, 사회운동에 대해서도 "탈식민화적 인식과 보편적 독해"(조희연 1998, 3장 4절)가 필요하다. 글로벌리즘과 한국 시민운동이 만나는 것에는 국제적 의제를 내부화하는 측면만 있는 것이 아니라 우리의 의제를 어떻게 세계화할 것인가 하는 면도 있다. 우리가 우리 사회운동의 경험을 하잘것없는 것으로 여기고 서구의 운동이론에서 사회운동의 보편적 지혜를 배울 수 있다는 사고를 극복하는 것이 필요하다. 나아가 우리 현실과 운동의 보편적 요소를 인식하고 그것을 보편적 운동 의제와 범주로 정식화하려는 '세계주의적'인 노력이 있어야 할 것이다.

여덟번째로, 시민운동이 신자유주의에 대한 근본적 비판의 관점을 가지고 있지 않다는 비판을 넘어서려는 노력이 요구된다. 이 점과 관련하여 필자는 현단계 민중운동과 시민운동의 '최소공약수'는 '신자유주의'에 대한 비판적 연대라고 생각한다. 신자유주의는, 20세기 전기간을 통해 자본운동에 대한 공익적 규제장치들이 강화되어 왔으나 자본운동의 범세계화로 인해 그것들이 무력화됨으로써 나타난 상황이라고 볼 수 있다. 이런 점에서 범세계적인 광폭한 자본운동, 특히 현시기 초국적 금융자본운동으로 표상되는 자본운동에 대한 새로운 규제장치를 어떻게 만들 것인가 하는 것은 국민국가 또는 글로벌 수준에서 전개되는 사회운동의 공통 과제라고 할 수 있다(Cho 2000).

돌이켜보면 자본주의의 역사는 자유시장을 만들기 위한 역사만이 아니라 자유시장의 가혹성을 공적으로 규제하는 과정이기도 하였다. 사회민주주의적 복지국가는 일국적 차원에서 그러한 공적 규제가 제도화되는 것을 의미하였다. 그러나 이제 자본은 일국의 경계를 뛰어넘어, 따라서 일국의 규제장치를 뛰어넘어 전지구를 하나의 단일한 시장으로 하는 범세계적인 자본운동을 전개하고 있다. 이런 점에서 우리는 이제 범세계적인 자본운동에 대한 범지구적 규제장치를 만들려는 노력이 필요한 시점에 서 있다.

19세기 자본주의에서는 무한착취의 경향을 갖는 자본주의 운동법칙에 대한 통제장치가 없는 상태였다. 그러나 세계대전 및 세계대공황을 거치면서 순수한 형태의 자본운동법칙이 관철되는 자본주의가 '수정자본주의'라는 형태의 새로운 규제장치 혹은 새로운 재생산양식을 가진 자본주의로 변화하였다. 범지구화, 정보화는 바로 자본운동의 세계화의 현상적 측면이라고 할 수 있을 것이다. 2차대전 이후에는 사회민주주의적 복지국가라는 새로운 규제장치를 가진 자본주의 양식이 출현하게 되었는데 이는 노동·민중·시민사회의 힘이 강화된 조건 속에서 가능했다. 그리하여 이 새로운 양식은 적나라한 자본운동에 일정한 공익적 규제장치를 가하는 계급타협적 제도가 만들어지는 것을 의미했다. 그러나 20세기 후반 사회주의 붕괴라는 계급역관계의 새로운 조건이 도래하여 글로벌 자본운동을 제약하던 체제장벽이 무너지고 과학기술혁명, 특히 통신기술이 발전하면서 일국 경계를 넘는 글로벌 자본운동을 가능한 기술적·체제적 조건이 형성되었다. 이리하여 기존의 일국 경계를 뛰어넘어 범세계적인 자본운동을 하는, 전지구를 하나의 단일한 시장으로 하여 운동하려는 경향이 나타나게 된다.

19세기에는 구자유주의에 대한 투쟁이 강화되면서 여러 규제장치가 만들어졌는데 이러한 규제장치들은 자본주의 대 사회주의 진영간의 대립, 자본운동의 일국적인 한계를 전제로 해서 성립했다고 할 수 있다. 그러나 이제 자본은 바로 그러한 규제장치를 실효성 있게 하는 조건들 자체를 뛰어넘어 범세계적으로 자유로운 자본운동을 하고자 하는 과정에 있다. 시장이 만병통치약이 되고 자유시장논리에 의해 공공선이 달성된다고 믿었던 구자유주의의 논리가 이런 변화된 조건 속에서 신자유주의라는 논리로 회생하고 있는 것이다. 사실 자본운동을 공익적 관점에서 규제하려는 운동은 언제나 새로운 자본운동의 병폐에 대응하는 아래로부터의 민중적 운동을 통해——무차별적인 자본운동에 공익적 족쇄를 채우려는 투쟁을 통해——달성되어 왔다고 할 수 있다. 이런 점에서 시민운동, 특히 진보적 시민운동 역시 범세계적인 진보적 실천의 일부라고 할 때 범세계적인 자본운동에 대한 범지구적 규제장치를 만드는 노력이 필요하며 따라서 신자유주의에 대한 반대는 현시기 노동운동과 진보적 시민운동의 최소공약수라고 할 수 있다.

마지막으로, 시민운동의 대중성이라는 이름으로 '개혁적 보수주의'나 '보수적 자유주의'의 한계에 머물러 있어서는 안 된다는 점이다. 통상 시민운동은 한 가지 이슈를 설정하고 제기할 때, 그것이 '시민들이 받아들일 만한가' '너무 과격하지 않은가' '어떻게 하면 언론이 잘 보도할 수 있을 만큼 세련된 운동상품으로 만들 수 있을 것인가'를 고민하는 것이 사실이다. 과거 권위주의 정권이 기승을 부리던 때 오로지 헌신적인 투쟁성에 기초하여 운동이 전개되던 시기와 비교한다면, 운동방법론에 대한 고민이 발전했다고 평가할 수 있거니와 현시기의 운동지형상 불가피한 면이 있다고 본다. 그럼에도 불구하고 이러한 '전술'적 고민이 시민운동의 '전략'적 '체질'이 된 면이 없지 않다.

사회운동이란 특정 시기의 민중적인 과제를 비록 과격하다고 할지라도 끌어안고 헌신적으로 '선도적인' 투쟁을 하는 것이라고 할 수 있다. 그런 점에서 이러한 고민들은 전술적인 것이 되어야지 전략적인 것이 되어서는 안 될 것이다. "운동의 급진성이란 근본성, 다시 말해 당면한 문제의 본질을 있는 그대로 드러내고 그것을 진지하게 사고하는 것"임을 뜻할 때, 시민운동은 이 같은 '운동의 급진성'을 회복하려는 노력이 필요하다. "운동의 대중성만이 일방적으로 강조될 경우 단기적으로는 효과적일지 모르나 장기적으로는 운동의 활력을 상실할 가능성이 높다."(김호기 2001)

앞서 지적한 바와 같이, 80년대 후반 시민운동의 부상 시기의 특정한 보수적 이데올로기 지향에 압도되어서도 안 될 것이다. 또한 대중성이라는 이름으로 언론의 주목이나 정부정책으로 받아들여질 만한 일에만 집착해서도 안 될 것이다. '개혁' 자체의 화두에만 집착하여 개혁의 실질적인 사회성을 간과하지 않고 개혁과 동시에 그 개혁을 사회화하기 위한 적극적인 노력이 필요하다. 이런 점에서 시민운동을 제약하는 다양한 '자기합리화의 족쇄'[15]로부터 탈출하려는 적극적인 노력이 필요하다.

주

1) 80년대 후반의 대표적인 시민단체인 경실련의 초기활동에 관해서는 서경석(1992; 1993; 1994; 1995); 「경실련을 위한 변명: 김현철, 비디오테이프와 거짓말」(『말』 1997. 4); 「눈물 흘린 경실련 그리고 시민운동」(『인물과사상』 5권); 정수복(1995) 참조.
2) 신사회운동에 관해서는 Offe(1985); 클라우스 오페(1993); Boggs(1986); 조돈문 편(1996); 러셀 J. 달턴, 만프레트 퀴흘러 편(1996); 최종욱·권용혁(1994); 이병천·박형

준 편(1993) 참조.

3) 이런 점에서 필자는 종합적 시민운동은 '정치적' 시민운동으로서의 성격을 띠고 있다고 본다. 이것은 종합적 시민운동체들이 자신의 정관에 강력한 '반(反)정치주의'적 규칙(예컨대 임원이 정치에 진출하면 임원직을 그만두어야 한다)을 가지고 있는 것과 대비된다.

4) 조희연(1993); 유팔무 · 김호기 편(1995, 3부의 글들)은 이러한 문제의식을 반영하고 있다.

5) 참여연대의 초기 정체성은 '종합적 권력감시운동', 법을 독재정권의 지배도구에서 시민 · 노동자 · 민중의 권리 확장을 위한 투쟁도구로 활용하고자 하는 '법률적 시민운동', 구체적인 대안을 제시하면서 대안을 가지고 '앞으로부터 이끄는' 시민운동이 되고자 하는 '정책(대안)적 시민운동', 친노동운동적인 시민운동, 보수적 시민운동에 대립하는 '진보적 시민운동' 등이었다.

6) 이러한 정치지체는 대의지체 혹은 대표체계의 저발전을 낳는다. 대표체계의 저발전은 정치사회에서의 민주적 게임규칙과 행위규범의 저발전, 정당 내부 민주주의의 결여, 공통의 기득이익을 중심으로 한 정치사회의 야합 등의 요인에서 연유할 것이다(최장집 2000).

7) 김성구 2000. 시민운동에 대한 비판적 견해로는 정종권(2000a); 이종회(1999) 참조.

8) 낮은 투표율은 기존의 '정치적 동원' 양식의 붕괴를 시사하고 있다고 본다. 특히 20, 30대 유권자의 투표율이 낮은 점이 이를 말해 준다. 기존정치의 유권자 동원방식은 지연, 학연, 연고 같은 전근대적인 동원방식에 크게 의존하고 있었다. 그중에서도 연고주의적 동원과 지역주의적 동원이 기성정치의 주된 방식이었다. 문제는 이런 과거의 동원방식이 젊은 유권자들, 특히 20, 30대 유권자들에게 효과가 없으며 그것이 이번 낮은 투표율에서 나타나고 있다는 점이다. 어떤 면에서는 낙천낙선운동조차도 그러한 연고주의와 지역주의에 의존하는 구정치에 대한 비판이었을 뿐 새로운 정치에 대한 비전을 제시하거나 새로운 동원양식을 개발한 것은 아니기 때문에, 투표율 자체에는 큰 영향을 끼치지 못했을 것으로 추측된다. 현재의 정치는 젊은 유권자들을 투표장에 나오도록 유인할 힘을 상실한 것으로 보인다. 물론 이 점을 군이 부정적으로 볼 것은 아니다. 이러한 구정치의 위기는 새로운 정치로 가는 동력이 되기 때문이다. 진보정당 역시 이 문제에 새로운 방식으로 대처하지 않는다면, 즉 구정치에 대한 '계급정치적' 안티테제로서의 성격만 부각한다면 낮은 투표율을 반전시키는 데 기여하지 못할 수도 있다. 진보정당이 진보적 대중을 결집하는 차원을 넘어, 구정치 자체에 의해서는 전혀 '동원'되지 않는 20, 30대 유권자를 '동원'하려면 '국민적'인 '신정치'를 보여주어야 할 것으로 생각된다.

9) 이러한 일반민주주의 투쟁영역을 담당해야 할 민중운동의 연합체인 전국연합은 통일문제만을 다루는 '정과적' 기구로 되어감으로써 이전과 같은 일반민주주의 투쟁에서의 주도성을 상실하였으며, 민중운동의 중심 운동인 노동운동은 노동이슈를 중심으로 투쟁을 전개해 나갔다. 이처럼 민중운동은 점차 노동운동의 중심성이 강화되어 갔으나 노동운동은 노동이슈를 중심으로 투쟁하고 민중운동의 연합단체는 일반민주주의 투쟁에서의 주도성을 상실하게 됨으로써, 시민운동이 일반민주주의 투쟁에서 주도성을 가지는 역설이 나타나게 되었다고 본다.

10) 그렇지 않을 때 한국의 시민운동은 '자유주의 운동으로서의 시민운동' '관리주의운동으로서의 시민운동'으로 한계지어질 것이며 서구의 신사회운동이 갖는 급진성과는 거리가 먼 이데올로기적 운동이 될 수도 있다(정종권 2000b).

11) "정부나 기업이 투명해지고 합리적으로 변하면 변할수록, 오히려 시민운동의 입지는 더욱 위축되거나 하위파트너 정도로 전락할 위험성도 얼마든지 전망해 볼 수 있다." 그런 점에서 자신을 부단히 진보화하는 노력이 요구된다. 그렇지 않을 경우, 시민운동을 성장

시켰던 '위기가 제공한 기회'는 더 큰 위기를 수반할 수도 있을 것이다(홍일표 2000).
12) 이런 점에서 보면 시민운동의 이념적 분화는 오히려 바람직한 것이라 할 수 있다. 현재는 일반민주주의적 개혁과제를 해결해 감에 있어서의 공통성 때문에 내부의 이념적 지향이 일정 정도 '봉쇄'되어 있다고 할 수 있다. 하지만 시장자유주의적 입장, 사회민주주의적 입장, 급진사회주의적 입장 등이 가능하고 그 각각의 내부에서 우파와 좌파의 구분이 가능하다고 생각된다.
13) 외국의 경우, 비영리단체(NPO) 전체를 조사한 자료를 보면 정부보조금이 30%, 개인적 기부금이 20%, 회비와 수익금 등이 50%를 차지하는 것을 알 수 있다(電通總研 1999).
14) 이와 관련하여 민예총의 전통을 계승하면서 동시에 문화개혁영역을 개척하고자 1999년 10월 출범한 '문화개혁시민연대'가 있다.
15) 조현연(2001)은 시민운동의 자기합리화의 족쇄로서 "동질성의 족쇄, 공익성·공공성의 족쇄, 효율성과 현실성의 족쇄, 정치적 중립성·순수성의 족쇄"를 지적하고 있다.

참고문헌

김성구 (2000), 「시민운동의 구조조정정책과 4·13총선」, 『사회진보연대』 4월호.

김어준 외 (1999), 「딴지일보 기자들이 본 시민운동: 앗! 씨바, 시민운동 졸라 엄숙해」, 『참여사회』 8월호.

김호기 (2001), 「한국 시민운동의 반성과 전망」, 『경제와사회』 겨울호.

러셀 J. 달턴, 만프레트 퀴흘러 편 (1996), 『새로운 사회운동의 도전』, 한울.

서경석 (1992), 「경실련 3년의 평가와 반성」, 『사회평론』 8월호.

_____ (1993), 「경실련운동의 평가와 전망」, 경실련 편, 『경실련출범 3주년 기념자료집』.

_____ (1994), 「94년 경실련운동의 방향」, 경실련 편, 『경실련출범 4주년 기념자료집』.

_____ (1995), 「경실련 5주년의 평가와 전망」, 경실련 편, 『경실련 창립 5주년 기념자료집: 깊어진 시민의식, 넓어진 시민운동』.

유팔무·김호기 편 (1995), 『시민사회와 시민운동』, 한울.

이병천·박형준 편 (1993), 『후기자본주의와 사회운동의 전망』, 의암.

이종회 (1999), 「자본의 신자유주의적 공세와 한국의 시민운동: 진보적 사회운동의 지평확대를 위하여」, 『진보평론』 제2호, 겨울호.

電通總研 (1999), 제진수 옮김, 『시민경영학: NPO』, 삼인.

정수복 (1995), 「경실련운동 5년을 평가한다」, 『창립5주년기념 심포지엄 자료집』.

정종권 (2000a), 「신자유주의에 복무하는 시민운동」, 『사회진보연대』 4월호.

_____ (2000b), 「시민운동에 대한 비판적 평가」, 『경제와사회』 봄호.

조돈문 편 (1996), 『노동운동과 신사회운동의 연대: 이론적 이해와 연대의 경험』, 한
　　　국노총중앙연구원.

조현연 (2001), 「한국사회 시민운동의 2000년 활동평가와 과제: '성공의 신화화' 경
　　　향에 대한 경계와 '자기합리화의 족쇄'로부터의 창조적 탈주를 통한 '차이 속
　　　의 (수평적) 연대' 구축」, (사)참여사회연구소 정책포럼.

조희연 (1993), 「민중운동, 시민사회 그리고 시민운동」, 『실천문학』, 실천문학사.

_____ (1998), 『한국의 국가·민주주의·정치변동』, 당대.

_____ (1999a), 「종합적 시민운동의 구조적 성격과 변화전망에 대한 연구」, 『당대비
　　　평』 겨울호.

_____ (1999b), 「시민운동의 정치참여, 어떻게 볼 것인가」, 나라정책연구회 주최 월
　　　례포럼.

_____ (2000a), 「민주주의 이향과 제도정치·민중정치·시민정치」, 『경제와사회』
　　　여름호.

_____ (2000b), 「한국정치개혁과 낙천·낙선운동」, 참여사회연구소 제2회 정책포
　　　럼 발표문.

_____ (2000c), 「시민사회의 정치개혁운동과 낙천·낙선운동」, 한림대 사회조사연
　　　구소, 『한국사회학평론』.

_____ (2001), 「2000년 NGO활동의 흐름, 평가 및 전망」, 상지대·한신대·성공회
　　　대 부설 민주사회정책연구원 연구보고서.

최장집 (2000), 「한국의 민주화, 시민사회, 시민운동」, 한국정치학회 발제문.

최종욱·권용혁 (1994), 「새로운 사회운동론에 대한 이론적 설명담론」, 최종욱 외,
　　　『현대의 위기와 새로운 사회운동』.

클라우스 오페 (1993), 「신사회운동: 제동정치의 한계에 대한 도전」, 한국정치연구회
　　　정치이론분과 편, 『국가와 시민사회: 조절이론의 국가론과 사회주의 시민사
　　　회론』, 녹두.

홍일표 (2000), 「이제 다시 위태로운 모험의 기로에 선 한국 시민운동」, 『경제와사
　　　회』 봄호.

Boggs, C. (1986), *Social Movements and Political Power: Emerging Forms of Radicalism in the
　　　West*, Philadelphia: Temple Univ. Press.

Cho, Hee-Yeon (2000), "Civic Action for Global Democracy: A Response to
　　　Neo-liberal Globalization," *Inter-Asia Cultural Studies* vol. 1/no. 1, Routledge.

464

노동체제의 전환과 산별노조 조직전환

노중기[*]

1. 머리말

최근 몇 년 동안 한국의 노사관계는 급격하게 변동하였다. 1995년 말 민주노총의 결성을 전환점으로 해서 시작된 변화는 96년의 노사관계개혁위원회와 연말 민주노총의 겨울총파업 그리고 97년 3월의 노동법개정으로 일단락되는 듯하였다. 그러나 곧바로 닥친 IMF경제체제에서 실행된 기업 구조조정과 대규모 실업사태는 고용문제를 둘러싼 노사정간의 대립을 불러일으켜 노동정치에 다시금 커다란 역동성을 부여하였다. 98년 초부터 시작된 노사정위원회는 노동운동과 국가 간에 합의정치뿐 아니라 복잡한 긴장과 갈등 관계를 불러왔으며 현재까지도 이러한 변화는 계속되고 있다.

지금 진행되는 노사관계 변동은 매우 복합적이라는 특징을 갖고 있다. 노사관계가 원래 구조와 전략이 복합적으로 상호 작용하는 복잡한 주제

---

* 한신대학교 사회학과 교수

이기는 하지만 최근의 흐름은 특별히 복잡한 양상을 띠고 있다. 한편에서는 노조활동 보장이나 노동기본권과 관련된 최소한의 권리문제가 여전히 주요한 쟁점으로 부각되고 있으나 또 한편에서는 고용보장과 정리해고, 작업장 유연화 등 신자유주의적 자본공세의 여러 측면들이 주요한 쟁점으로 떠올랐다. 그리고 이른바 '사회적 합의체제'의 구축이라는 새로운 의제가 갑자기 노사관계를 규율하는 중요한 쟁점으로 부각되기도 하였다. 서구사회에서 100여 년에 걸쳐 제기된 다양한 의제들이 우리 사회에서는 한꺼번에 제기되고 있는 형국이라고 할 수 있을 것이다.[1]

또 이런 복잡성은 각 주체들의 전략적 행동양식의 변화에서도 나타나고 있다. 예컨대 국가는 기존의 물리적 그리고 법·행정 수단 위주의 억압적 노동정책을 대신할 수 있는 새로운 정책수단을 모색하는 것처럼 보인다. 노사관계개혁위원회나 노사정위원회는 그 대표적 기구일 것이다. 노동측의 사정도 그리 다르지는 않다. 복수노조가 허용되고 민주노총이 합법화됨에 따라 노동운동 내부에서도 복잡한 의제들이 발생하고 있다. 현재 민주노조 내부에서는 국가와 자본의 억압과 배제 전략에 대응하는 전투적 대중동원전략의 수정 가능성이 검토되고 있다.[2]

노사관계의 구조적 지형이나 각 주체들의 전략을 둘러싸고 이런 복잡하고 거시적인 변화가 일어난 것은 결국 현재의 시점이 노동체제가 변화하는 체제이행기이기 때문이다.[3] 이 글은 변동의 복합성을 규명하고 노동체제 변동의 함의를 해명하기 위해 노동조합 조직체제 전환을 고찰하고자 한다.

노동조합 조직체제는 한 사회의 노동체제의 골간을 형성하는 기본 요인이라 할 수 있다. 더욱이 기업단위의 노사가 경제적 의제를 둘러싸고 전투적인 대립을 되풀이하는 한국의 노동체제에서 노조조직체제의 문제는 핵심적인 사안이 된다. 이하에서는 기업별노조 조직체제의 특성을 1987년체제의 틀 속에서 구체적으로 살펴보고(2절) 체제변동의 함의를 조직체제 전환의 관점에서 정리할 것이다(3절). 그리고 현재 진행되고 있는 조직전환의 현황과 흐름들을 정리하고(4절) 그 과정에서 제기되는 주요한 쟁점들을 검토할 것이다(5절).

2. 1987년 노동체제와 기업별노조

　조직의 형식 측면에서 기업별노조 체제는 많은 한계를 갖고 있다. 우리나라 노사관계의 특수성과 복잡성은 대개의 경우 기업별조직 형식과 밀접히 연관되어 있다. 예컨대 매우 높은 수준의 전투성과 대중성이 취약한 조직역량 및 계급의식과 결합되어 있는 한국의 노동운동은 서구사회에서는 이해하기 어려운 현상일 것이다. 이런 특성의 기반에는 조직형식의 특수성이 자리잡고 있다.

　기업별노조의 조직원리는 매우 간단하다. 그것은 개별기업 울타리 내의 정규직 종업원으로 노조의 조직범위를 한정하는 데 가장 큰 특징이 있다. 즉 직종과 숙련, 직위와 무관하게 한 기업의 전체 종업원이 하나의 노조에 가입하는 조직원리를 갖는다.[4] 기업별노조는 기업단위로 독립적인 규약과 재정 그리고 교섭권, 쟁의권을 보유하므로 외부에 대해서 높은 조직적 자율성을 가진다.

　기업별노조의 조직특성은 현대 노조조직의 일반적 형태인 산별노조와 비교해 보면 분명하게 나타난다(한국산업사회연구회 편 1994; 민주노총 1997; 김금수 외 1996). 산별노조는 그 범위가 기업, 업종, 산업의 울타리를 넘어 노동자들을 단일한 전국적 조직에 포괄하고자 하는 조직이다. 현실적으로 산업단위의 노동자들을 조직하지만 산업별 구획은 절대적인 조직화의 기준은 아니다. 그것은 기업이나 지역을 가로지르는 횡단적 조직화로서, 자본의 조직구조와 무관한 자주적인 계급조직 형식을 지향하는 점이 큰 특징이다. 이럴 경우 규약, 재정, 교섭권, 쟁의권은 모두 기업 외부의 산업단위 전국노조로 집중되며 노조활동은 주로 기업의 울타리 밖에서 이루어진다.

이 글에서는 기업별노조의 한계를 크게 다섯 가지로 나누어 살펴보고 자 한다.[5]

노동운동의 자주성 문제

기업노조는 그 조직범위와 활동범위가 특정 기업으로 제한되기 때문 에 경영관리조직과 구조적인 유사성을 갖게 된다. 그리고 노조활동이 주 로 기업의 활동에 대응해서 이루어지므로 노조의 기본 원리인 자주성 (自主性)이 위협받을 가능성이 크다.

우선 노조활동가들은 자신의 업무와 관련해서 일상적으로 기업관리자 를 접촉하게 되고 그 과정에서 회사측의 노조에 대한 지배·개입의 개 연성이 높아진다. 예를 들어 노조의 선거나 단체교섭활동에서 회사가 물 리적·조직적 자원을 동원하여 개입하는 현상이 광범하게 나타나게 된 다. 또 기업노조는 재정이 취약하므로 회사에 재정적으로 의존하거나 종 속될 가능성이 많다. 노조 전임활동가들의 임금이나 사무실, 사무집기 등 시설을 회사가 지급할 경우가 많은데 이 또한 자주성을 약화시키는 한 가지 요인이 된다.

특히 중요한 것은 노조의 생존이 기업조직의 흥망에 따라 타율적으로 결정된다는 문제를 안고 있는 점이다. '기업이 먼저 살아야 노조도 있다' 는 사용자들의 이데올로기가 힘을 얻는 것도 바로 이 때문이다. 산별노 조가 계급조직으로 기업의 흥망으로부터 상대적으로 자유롭고 자주적인 것과는 커다란 차이가 있다. 요컨대 기업노조는 노동조합의 기본 원리인 조직의 자주성이 근원적으로 보장되지 않는 조직형태라고 할 수 있다.

1987년체제에서 대부분의 핵심 쟁점들은 바로 노조의 자주성과 관련된 것이었다.[6] 수없이 발생하였던 이른바 어용노조 문제는 기업노조에서 피하기 힘든 한계였다. 사용자의 개입이 구조적으로 보장되는 상황에서 노조는 사측의 이해와 자신의 이해를 동일시하기 쉬웠고 이는 곧바로 어용노조의 문제를 발생시켰다. 이런 체제에서는 대립적인 노조활동과 협력적인 노사협의회 활동이 구조적으로 중첩되고 구별되지 않는다. 노사협조주의적 노조활동이 정당화되고 기업의 관리활동과 구별되지 않았다. 사용자들이 신경영전략을 동원하여 현장을 장악하려는 시도도 기업별노조 체제에서 훨씬 용이하게 이루어질 수도 있다. 일본의 기업노조들이 경영관리기구로 전락한 것도 우연은 아니다.

노동자의식의 왜곡 문제

자주성 측면에서 더 심각한 문제는 조합원대중의 의식과 활동을 기업 내로 제한하여 계급의식의 발전을 가로막는 점이다. 이 경우 노동자들은 기업의 발전을 자신의 발전으로 이해하고 사용자들의 생산성 향상이나 산업평화의 담론을 쉽게 거부할 수 없다. 그리하여 노동조합의 활동은 기업의 생존에 영향을 미치지 않는 범위 내에서 분배를 둘러싼 각축으로 제한될 수밖에 없다.

조합원의 지위가 종업원의 지위와 중복되면 노동자들에게는 정체성의 혼란이 발생한다. 이럴 경우 기업 이기주의 의식이 자연스럽게 배태되며 기업간의 경쟁의식이 연대의식의 성장을 가로막게 될 것이다. 나아가 노동자들은 스스로의 요구를 기업 내부의 문제로 제한하거나 기업의 지불능력 내로 한정시킬 가능성이 크다. 또 기업 울타리를 벗어난 전체 사회 차원의 제도적·정치적 이익에 대해 둔감해질 수밖에 없다. 결국 노동자들의 의식은 경제주의적 의식을 넘어서기 힘들어진다.

1987년 노동체제에서 노동운동은 흔히 임금, 근로조건만 앞세운 경제주의적 경향을 갖고 있다고 비판받았다. 또 경우에 따라서는 대기업 노동자의 이기주의가 문제가 되기도 했다. 그리고 노동자들은 동종업체의 다른 노동조합의 투쟁에 대해서 연대보다는 경쟁의 관점에서 바라보기도 하였다. 같은 울타리 내에 있는 노동자들일 경우에도 임시직, 하청노동자 등 비정규직 노동자들에 대해서 조직노동자들은 거의 관심을 기울이지 않았다.

그간 자본의 제반 이데올로기 공세가 힘을 발휘한 것도 바로 이 때문이었다. 사용자들은 지난 십수 년 동안 산업평화론과 노사협조주의, 지불능력론, 경제위기-경영위기론, 경쟁력-생산성 담론, 경영-인사권 등 다양한 논리를 동원하여 노동자들의 기업주의·경제주의 의식을 부추겼으며 실제로 상당한 성과를 거두었다. 또 국가는 노동자들의 일상적 요구나 투쟁을 (기업)집단이기주의로 매도하는 한편, 기업 울타리를 넘는 연대투쟁, 권리확보투쟁이나 정치투쟁을 불법적인 쟁의로 규정하여 강하게 처벌하였다.[7]

노동조합의 취약한 조직력 문제

기업별노조는 조직범위가 기업으로 한정되므로 조직력이 취약한 것이 특성이다. 더욱이 기업 내 종업원 중 정규직 종업원만을 조직하는 것이므로 그야말로 최소한의 조직화 방식이라 할 수 있다. 이런 취약한 조직력은 교섭력 약화로 이어지며 궁극적으로 노동조합의 활동 범위와 내용을 매우 협소하게 만든다.

먼저 노조 내부에서 본다면 기업노조는 조직운영상에 많은 문제를 안게 된다. 규모가 작으므로 재정이나 인력 면에서 조직의 안정적 재생산이 어렵다. 대개의 중소사업장과 영세사업장에서는 노조의 존립이 항상적으로 위협받거나 조직화 자체가 원천적으로 불가능해진다. 또 소규모 노조에서는 노조의 정책활동이나 서비스활동, 연대활동 등이 불가능할 경우도 많았다. 규모와 관계없이 기업노조 활동은 대개 임단협 교섭 중심으로 배치될 수밖에 없고 이는 다시금 경제주의적 노조활동의 재생산이라는 한계로 연결되었다. 한편 상대적으로 조직력이 큰 대규모 노조의 경우에는 과도한 선거경쟁이 발생하게 된다. 노조지도부는 교체가 잦아 지도력이 취약해졌으며, 2~3년마다 되풀이되는 선거의 압력으로부터 자유로울 수 없었다. 또한 중장기적 조직목표를 안정적으로 추진하기가 쉽지 않았고 노조 내부에는 분파적 조직화가 커다란 문제로 나타났다.

다음으로 노조 외부에서는 국가·자본의 노조 탄압이나 통제에 대응하기가 쉽지 않다. 87년체제에서 국가와 자본은 손쉽게 노조의 존립을 위협할 수 있었다. 이는 중소기업 노조뿐만 아니라 대기업 노조들도 예외가 아니었다. 예컨대 국가는 대표적인 대규모 노조를 전략적으로 공격함으로써 전체 노조운동을 위축시키려는 시도를 최근까지 계속해 왔다. 우리나라에서 노조활동과 관련해서 해고자가 많이 발생한 것과 해고자의 지위가 노사간의 쟁점이 된 것은 이 때문이었다. 또 사용자들도 미조직노동자층, 즉 하청이나 파견·임시직 노동자들을 늘림으로써 기업 내 노조활동을 위축시키는 시도를 하였다. 최근에는 구조조정과정에서 정규직의 비정규직으로의 전환이 광범하게 이루어진 결과 노조의 조직력이 더욱 약화되고 있다.

마지막으로 기업노조 조직력의 취약성은 전체 노동계급의 계급역량에도 결정적인 영향을 미쳤다. 10%를 겨우 웃도는 조직률, 그것도 특정 계층에 집중된 조직화라는 한계는 한국 노동운동의 기본적 제약으로 작용하고 있다.

교섭·투쟁력의 취약성 문제

산별노조와 비교해 볼 때 기업별노조의 교섭·쟁의 행위는 노동력 공급통제에 한계가 있다는 결정적인 약점을 갖는다. 개별사업장의 노동력 공급이 중단되더라도 업종이나 산업 전체로 본다면 생산은 크게 위협받지 않기 때문이다. 특정 기업의 쟁의가 다른 동종업체의 호황을 불러올 가능성이 있다면 쟁의의 한계는 뚜렷해진다. 노동조합의 교섭과 쟁의가 결국은 노동공급의 중단 위협이라는 점을 감안하면 이것은 매우 중요한 문제이다. 또 기업노조가 확보한 파업기금, 동원인력 등 쟁의자원은 상대적으로 미미하므로 힘있는 투쟁이 이루어지기 힘들다.

이런 한계를 극복하기 위한 것이 연대투쟁이었지만 실질적 연대는 이해관계의 기업별 차별성, 투쟁력 차이로 말미암아 용이하지 않았다. 결국 기업별노조 체제에서 대기업 중심의 노조운동이 고착화되는 것은 필연적이었다.

교섭내용 면에서도 임금, 노동조건 개선에 국한되며 기업을 넘는 지역적·산업적·전계급적 차원의 제도적 요구는 다루어지기 힘들어진다. 1987년체제에서 이런 요구들은 교섭되기보다 말 그대로 '투쟁으로 쟁취하는 것'이었으며 노동운동은 그만큼 오랜 시간에 걸쳐 많은 비용을 지불하지 않을 수 없었다.[8]

87년체제하에서는 파업이 공식적이고 합법적인 수단 외에 굴뚝농성, 점거투쟁, 상경투쟁, 가족의 동참, 집회와 시위 등 비일상적이고 극한적인 양상으로 전개되었다. 이런 특수성은 근본적으로 취약한 투쟁력에 그 원인이 있는 것으로 보아야 한다. 제한된 교섭력·투쟁력으로 사용자의 양보를 이끌어내기가 쉽지 않기 때문이었다. 그리고 반대로 국가는 기업 단위로 쟁의를 고립화시키고 분할통제함으로써 손쉽게 쟁의를 파괴할 수 있었다.

또 오랫동안 노사간의 중요한 쟁점이었다가 법제화된 '파업기간중의 임금지급 문제', 즉 무노동 무임금의 문제도 기업노조의 취약한 쟁의력을 반영하고 있다. 자주적으로 파업기금을 확보할 수 없는 기업노조들은 오랫동안 원칙과 달리 사용자로부터 재정지원을 받았던 것이다. 최근 개정법에서 임금지급이 금지됨으로써 노조의 투쟁력은 다시금 크게 약화된 것으로 보아야 한다.

마지막으로 전체 노동운동 역량이 소모적으로 지출되는 문제를 낳았다. 수천 개의 노동조합이 동일한 방식으로 매년 교섭과 쟁의를 준비하는 일이 되풀이되었던 것이다.

노동운동의 구조적 분절 문제

기업별노조는 노동운동과 노동자들의 상태를 기업단위로 분절시키는 효과를 가져온다. 동종산업이라 할지라도 노조들의 이해관계는 회사별로 상이하게 나타나며 결국 운동노선이나 이념의 측면에서 통일성보다는 이질성이 강화된다. 이런 운동적 조건은 여러 가지 측면에서 중요한 구조적 분절현상들을 낳았다.

가장 중요한 문제는 규모별 분절현상이다. 노조의 규모는 앞서 본 바와 같이 노조운동의 최소한의 가능성을 가름하는 요소가 되며 일정 규모를 확보하지 못할 경우에는 노조의 존립 자체가 어려워진다.[9] 규모별 임금, 노동조건의 격차는 87년체제하에서 점차 확대되어 왔다. 또 고용안정성 면에서도 노조의 규모는 결정적인 요소였다.

다음으로 정규직과 비정규직 노동자간의 분절도 심각하다. 최근까지 노조운동은 반쪽의 노동운동이었다. 87년체제에서 노동운동은 임시직노동자, 하청노동자, 파견노동자, 파트타임노동자, 실업노동자 등 하위노동계층을 전혀 포괄하지 못하였다. 이들은 정규직의 미조직노동자들과도 비교할 수 없는 열악한 노동조건과 사회보장, 임금수준 그리고 고용의 불안정성에 시달려왔다.

비정규직의 존재는 반대로 정규직 노동자들의 의식과 노동운동, 노사관계에도 상당한 영향을 미치게 된다. 정규직 노동자들은 작업장 내에서 일종의 특권계층을 형성하고 그릇된 우월의식을 가지며, 작업장 내부에 이런 계층화가 구조적으로 발생할 경우 계급의식의 발전은 어려워질 것이다. 또 사용자와 국가는 이런 조건을 악용하여 계층화 현상을 공고화하는 신경영전략을 주요한 통제전략으로 사용하게 된다.

그리고 기업노조는 노조 내부에 직종간, 계층간 분절을 야기하기도 한다. 기업 내의 모든 노동자들을 조직하는 관계로 노조는 다양한 집단들의 이익을 대표하지 않을 수 없다. 이 경우 조합 내에는 분파주의가 발생할 가능성이 크다. 87년체제에서 이른바 노노갈등의 문제나 교섭대표권 문제가 잦은 것의 배경에는 노조 내부의 이해관계의 편차가 작용하였던 것으로 볼 수 있다. 사용자들이 노조의 이런 구조적 조건을 악용하여 노조활동에 개입할 경우, 갈등은 현재화되며 나아가 일본에서처럼 제2노조가 형성될 가능성도 커질 것이다.

3. 체제변동과 노조 조직구조 변동

87년체제의 내적 모순은 노동조직체제의 측면에서도 명료하게 재정리할 수 있다. 그것은 기업별노조 조직체제가 87년체제를 형성한 관건적인 체제요인이었기 때문이다.

먼저 국가는 1987년 노동자대투쟁 이래 기업단위 노조조직의 설립과 일상적 유지에 대해서는 상당히 용인하는 태도를 보였다. 반면에 기업을 넘어서는 연대활동이나 계급적·정치적 지향에 대해서는 강한 통제를

행사하였다. 즉 국가의 기본 전략은 기업 내 노사협조주의를 강제하는 것이었다.[10]

이런 기본 전략은 자본의 그것과 다르지 않았다. 자본은 기업노조의 성격을 경제주의적 노사협조주의로 변질시키기 위한 통제전략으로 신경영전략을 적극 추진하였다. 때로 노조를 파괴하기 위한 공작을 펼치기도 하였으나 주요한 전략은 노조의 성격을 변화시키는 것이었다. 기업 울타리를 벗어난 노조활동이나 외부의 개입에 대해 매우 적대적이었던 점에서 자본은 국가전략을 추종하였다.

반면에 민주노조운동은 기업을 넘어서는 노조활동을 일관되게 추구해 왔다. 노동자대투쟁 직후인 88년부터 민주노조운동은 기업별 분할을 넘어서지 않고서는 노동운동의 발전이 불가하다는 점을 명료하게 인식하고 지역단위와 전국단위의 연대활동에 주력하였다. 국가와 자본의 기업노조 강제전략을 기업간의 연대활동과 조직 확대전략으로 돌파하고자 하였다. 앞절에서 자세히 살펴본 바와 같이 노조의 기본 성격인 민주성과 자주성은 기업노조 체제하에서는 확보될 수 없는 것이었기 때문이다. 민주노조들은 낮은 수준이지만 교섭과 투쟁의 의제를 전국적 단위에서 조율하였으며, 그 결과 개별기업의 쟁의는 곧바로 전국적 전선으로 확대되곤 하였다. 특히 조직·투쟁력이 컸던 대사업장의 쟁의는 항상 전국적 정치투쟁의 함의를 갖고 있었다. 87년체제에서 전투적 노동조합주의는 그 산물일 따름이다.

그러나 지난 10년간의 연대의 확대는 기업별노조 체제를 전제로 한 제한된 것이었으며 그런 만큼 한계를 갖고 있었다. 즉 조직적 발전에도 불구하고[11] 그것이 노동체제 자체의 변화를 가져올 수는 없었던 것이다.

반대로 국가·자본도 노동측의 연대 확장전략을 궁극적으로 통제할 수 없었다. 국가의 입장에서 보면 절차적 민주성을 정당성의 기반으로 하는 이른바 '민주정권'이 노동운동에 대해서는 반민주적·반자유주의

적 통제전략으로 일관할 수가 없었다. 한편에서 노동기본인권의 자유로
운 보장이라는 명목과 노조활동의 기업 내 통제라는 실질 사이에 명백한
정책적 모순이 존재하였던 것이다. 결국 국가정책의 효율성과 정당성은
크게 약화되었다.

또 자본은 이 체제하에서 막대한 비용을 지불하지 않을 수 없었다. 기
업단위로 노조활동을 국한시키고자 하였으나 그것은 성공하지 못했다.
사회적·정치적 차원에서 제기되는 노동대중들의 요구는 항상 기업 내
로 환류되었다. 이것이 기업 내 노사관계의 과부하상태를 낳았고 임금비
용과 관리·통제 비용을 급격히 상승시켰던 것이다. 또 노조활동이 기업
내로 국한되면서 노조는 단체교섭을 통한 임금·노동 조건의 개선에만
모든 역량을 동원하게 되었다.

한편 구조적 모순의 압박은 노사정 각 주체들에게 1987년 체제의 조직
형식인 기업별 노사관계 체제를 해체하도록 하는 압력을 지속적으로 가
하였다. 각 주체들의 입장은 서로 달랐지만 전체적으로 이해관계가 공유
된 부분이 있었던 것이다.

먼저 민주노조운동은 일종의 전환점에 봉착하게 되었다. 민주노조진영
의 확대에도 불구하고 조직률은 전체적으로 하락했으며 계급적 연대의
가능성은 불투명하였다. 각 단위사업장 노조들은 기업노조 활동에 안주
하기 시작하였으며 경제주의적인 노조활동으로 귀착하는 경향을 드러내
었다. 특히 전국적 연대조직으로 민주노총이 건설되었지만 기업노조를
기반으로 하는 협의체적 조직방식의 한계는 여전히 강했다. 이런 경향은
그간 공식적으로 천명되어 온 전투적·계급적 운동노선과 쉽게 조화할
수 없었다.[12]

이는 기업별체제를 전제한 채 앞만 보고 달려온 민주노조운동의 체제
적 한계를 반영하는 것이었다. 국가·자본의 탄압과 민주노조 불인정에
대응한 연대투쟁은 그 자체로서는 계급적 단결을 확장시킬 수 없었다.

그것은 제도적인 변화를 요구하였으며 그 핵심은 기업별노조 체제를 실질적으로 해체하고 새로운 조직체제를 건설하는 것으로 귀결될 수밖에 없었다. 이런 상황에서 97년의 노동법개정과 IMF사태, 그리고 99년 민주노총의 합법화는 조직전환의 중요한 계기로 작용하였다.

체제전환의 필요성은 국가와 자본에게도 있었다. 두 주체의 입장차이가 작은 것은 아니었으나 변화는 진행되고 있었다.

먼저 자본측은 대재벌 독점자본의 헤게모니 아래서 체제변동에 대해 가장 소극적인 태도를 취하였다. 그러나 독점재벌의 헤게모니하에 있던 자본의 전략은 가능한 한 기업노조를 끝까지 고수하려는 것이었다. 전근대적 소유형태와 경영방식을 유지하고 있는 독점대자본은 자신의 초과이윤을 바탕으로 해서 기업 내 포섭전략이나 민주노조 불인정 전략을 유지할 객관적 기반을 가지고 있었기 때문이다. 또 이런 입장은 장기적으로 초기업적 노동운동이 활성화될 경우, 재벌체제의 특권적 지위가 정치적으로 위협받을 수 있다는 객관적 인식에 터한 것이기도 했다. 그러나 1987년 체제는 임금·노무관리비용의 상승, 기업 내 노사관계의 항시적 불안정, 노동시장구조의 왜곡 등 총자본의 입장에서도 모순적이었다. 결국 날치기파동 이후 자본은 변화를 강제당할 수밖에 없었다.

반면에 국가의 입장은 1987년 체제 기간 동안 상당히 변화하는 모습을 보였다. 그것은 일차적으로 국가권력의 성격이 점진적으로나마 변한 것에 원인이 있었으며, 시간의 흐름에 따라 체제모순의 효과가 심화된 것과 연관되어 있었다. 군부정권과 권력의 기반이 동일했던 노태우정권이 기업노조체제의 유지에 강한 집착을 보였던 것은 사실이다. 다만 노정권 기간은 기업노조체제의 유지가 얼마나 비생산적이고 비효율적인지를 입증한 시기였다고 판단된다.

그에 비해 YS정권은 동요하는 모습을 보였지만 조직체제 개편의 필요성을 충분히 인지하고 있었다. 3저호황 이후 80년대 후반과 90년대 초반의 경제상황 악화는 세계적 차원의 경제환경 변화와 함께 축적의 위기를 불러왔다. 집권 초반부터 YS정권은 경쟁력과 세계화의 담론을 정치적 정당성 확보를 위한 새로운 기제로 도입하였으나 내부적 조건은 구비되어 있지 못했다. 특히 노사관계나 노동시장구조는 매우 비효율적인 것으로 판명된 상태였으므로 체제변형의 요구가 좀더 현실적으로 설정되었다. 따라서 국가기구 내 개혁파들은 노동개혁을 주요한 정책과제로 설정했고 1987년 체제의 권위주의적 잔재들을 해소하고자 하였다.

그러나 총자본 수준의 장기적·구조적 이해관계가 곧바로 국가의 정책적 의제로 나타나지는 못하였다. 그것은 지배블록 내부의 권력구조를 매개로 해서 구체화될 수밖에 없었기 때문이다. 따라서 체제변형에 대한 YS정권의 전략방침은 국가기구 내의 개혁파와 수구파의 권력구도에 따라 수시로 달라졌다. 대체로 보아서 두 차례의 변화가 있었다고 할 수 있는데, 1993년 노동부장관의 노동개혁 시도와 실패 그리고 96년의 노사관계개혁위원회(이하 노개위)의 구성은 그 전환점이었다.

이 가운데 노개위의 노동법개정 시도에서는 체제재편으로의 전략방침 변화가 뚜렷이 나타났다. 노개위는 87년체제의 존속을 가늠한 정치과정이었고 그 핵심은 복수노조 금지조항의 처리 문제였다.[13] 국가 내부에는 더 이상 기업단위 노조체제를 강제할 수 없다고 보는 개혁적 블록이 형성되어 있었으며 이들은 체제효율성 면에서 노동체제의 변형을 주장하였다. 그러나 노개위 법개정과정에서 독점재벌 및 정치적 수구파는 이런 개혁파의 의도를 무산시켰고 날치기 노동법개악의 결과를 가져왔다. 그리고 이런 상황전개는 곧바로 민주노조들의 겨울총파업을 불러와 97년 3월의 노동법개정으로 이어졌다. 법개정으로 기업별노조 조직체제의 버팀목이 사라진 이후, DJ정권은 이전 정권들과 달리 기업별조직 체제에 대해 상당히 유연한 접근을 보이고 있는 상태라 할 수 있다.

요컨대 97년 3월 개정노동법은 노동정치의 각 주체들의 전략적 의도와 최대한의 권력자원 동원이 맞부딪쳐 이루어낸 최종적 결과였다. 그것은 국가의 체제변형전략, 자본의 강한 반대와 민주노조운동의 총력투쟁 등 세 주체들의 전략적 상호작용의 결과이자 87년체제의 내적 모순의 귀결이었다. 또 그 핵심에는 기업별 노동조합 조직체제의 문제가 자리잡고 있었다고 할 수 있다. 총파업과 법개정으로 민주노조운동은 사회적·정치적 시민권을 부여받게 되었다(임영일 1997). 그리고 노조운동을 기업단위로 제한하는 87년체제의 핵심 구조는 적어도 제도적으로는 해체의 길로 접어들게 되었다. 민주노조운동은 이제 산별노조 조직전환의 문제를 추상적인 구호가 아니라 전략적 선택을 요구하는 현실적 과제로 인식하지 않을 수 없게 된 것이다.

마찬가지로 국가와 자본도 기업노조로 노조활동을 제한하는 지금까지의 노동통제전략에 더 이상 의존할 수 없게 되었다.[14] 이것은 87년체제 하에서 노사정간의 전략적 상호작용을 규율하는 기본적인 구조가 해체되기 시작하였음을 의미하는 것이다. 공식적 노조활동은 기업 울타리 내로 제한되고, 기업 밖의 노사관계는 비공식적이고 물리적인 대립으로 일관했던 기존 정치구도는 크게 허물어졌다. 김대중정부가 들어선 이후 노동정치가 '노사정위원회'라는 새로운 초기업단위 정치기구를 중심으로 진행되었던 것, 구조조정과 고용안정 그리고 실업·복지 정책 등 주로 초기업적 의제가 쟁점이 되었던 것은 우연한 일이 아니었다.

4. 산별노조 건설운동의 현단계

한국 노동운동에서 산별노조로의 조직전환이 논의된 것은 매우 오래된 일이다. 1987년 이전부터 논의되어 온 조직전환은 90년 전노협의 결성을 계기로 하나의 구체적 운동목표가 되어왔다. 그렇지만 앞서 본 바와 같이 87년 노동체제하에서는 이것이 당장 현실적인 과제가 될 수는 없었다. 최근의 산별노조 건설에는 노동체제의 변동이라는 구조적 요인 외에 IMF 경제공황과 신자유주의적 노동정책의 가속화라는 정세적인 요인이 자리잡고 있다.

주지하듯이 98년 이후 노동운동은 이전과는 완전히 다른 정세조건에 놓이게 되었다. IMF 경제공황은 단기간에 대규모의 실업사태와 고용불안, 비정규직 노동자층의 급속한 확대 그리고 노동조건의 대폭적인 하락을 불러왔는데 이는 한국 노동운동으로서는 전혀 새로운 사태였다. 또 DJ정부의 신자유주의적 노동유연화 정책은 이런 흐름을 가속화하고 심화시켰다. 이전 정부에서부터 시작된 시장질서 위주의 노동체제 재편은 IMF공황이라는 상황조건과 맞물려 그 효력이 배가되었던 것이다. 노사정위원회와 민주노총 합법화로 대표되는 정부의 새로운 노사관계정책도 노동운동을 둘러싼 환경변화의 중요한 요인이 되었다.

체제변동과 더불어 이 같은 정세의 급속한 변동에 대해 민주노조운동은 적절히 대응할 수 없었다. 그리고 이런 어려움은 노동운동의 위기상황을 불러일으켰다(노중기 1999b). 양보교섭이 크게 늘어나고 노동운동은 실업사태와 비정규직 확대 문제에 대해 적절히 대처할 수 없었을 뿐 아니라, 내적으로는 운동지도부의 지도력이 크게 위협받게 되었다. 조직 내부의 민주주의가 훼손되고 전투적 대응의 운동기조가 크게 흔들렸다. 운동적 위기상황은 정리해고 문제와 노사정위원회에 대한 민주노총의 혼란스러운 대응에서 단적으로 나타난다.

반면에 노동운동의 위기상황은 조직체제의 전환 문제를 현실화시키는 데 결정적인 역할을 하였다. 기업단위 조직으로 기업 울타리 밖에 존재하는 실업문제나 비정규직 노동자의 문제를 다룰 수는 없었다. 또 정부의 구조조정정책이나 실업정책 또는 사회보장정책에 대한 대응과정에서도 정책역량과 조직역량의 한계가 분명히 드러났다. 특히 기업의 구조조

480

정과 기업의 해외매각, 공공부문의 민영화 등 구조조정과정에서 나타나는 고용불안과 대규모 정리해고에 대해 노동운동은 어떤 체계적인 대응도 할 수 없음이 드러났다. 기업 내부의 고용불안을 해소하기 위해서도 정규직 조직노동자와 여타 비정규직 · 실업 노동자 간의 연대투쟁이 절실했으나 조직적 기반이 전혀 없다는 점이 문제였다. 또 기업단위를 넘어서는 산업단위, 전국단위의 투쟁이 필요했으나 수세적 국면에서 그 한계가 극명하게 드러났다.

그렇지만 현재까지 민주노총이 산별노조 건설운동을 본격적으로 추진한 것은 아니었다. 95년 민주노총의 결성과정에서 산별조직화는 강령적 요구로 정식화된 바가 있었으나 이후 구체적인 실천의 내용은 빈약하였다. 산별노조추진소위원회가 구성되고 정책토론회가 개최되거나 연구프로젝트가 진행되기도 하였지만 실질적이고 힘있는 조직화사업은 미미했다. 민주노조운동은 급박한 정세변화 속에서 97년대선 참가, IMF와 정리해고 투쟁, 집행부 교체와 노선갈등 등 현안에 대한 대응에도 급급하였기 때문이다.

그 대신 산별조직 전환은 주로 민주노총 산하 각급 연맹에 의해 개별적으로 추진되어 왔는데(허민영 1999) 주로 지역 · 업종별 단일노조 건설, 연맹통합운동, 연맹 차원의 산별노조 건설운동 등 세 가지 흐름으로 진행되었다. 지역 · 업종별 단일노조 건설은 각종 업종별 지역노조나 과기노조, 대학강사노조 등의 전국적 소산별 단일노조의 건설운동으로 나타났다. 연맹통합운동은 최근까지 가장 활발히 진행되었다. 노조조직의 통합은 운동의 수세기에 흔히 나타나는 것이지만 최근의 흐름은 산별노조 건설을 명백히 지향한다는 특징을 갖고 있다(〈표1〉 참조). 마지막으로 연맹 차원의 산별노조 건설운동은 98년 보건의료노조의 전례가 이미 있었지만 올해 금속산업연맹의 조직전환을 기점으로 본격화될 것으로 보인다.

〈표 1〉 민주노총 산하 연맹의 조직통합

통합연맹	통합대상 조직	통합일자	통합추진 기간
금속산업연맹	민주금속연맹-자동차연맹-현총련	1998. 2	97. 3～98. 2(1년)
언론노련	언론노련-출판노협	1997. 11	97. 초～97. 11(10개월)
공공연맹	공공연맹-공익노련-민철노련	1999. 3	98. 4～99. 3(1년)
사무노련	보험노련-구사무금융노련	1995. 2	94. 4～95. 2(11개월)
사무금융노련	사무노련-민주금융노련	1999. 2	98. 말～99. 2(4개월)
건설산업연맹	건설노련-전일노련	1999. 12	97. 11～99. 12(2년)
화학섬유연맹	화학연맹-섬유연맹	2000. 2	98. 2～2000. 2(2년)

자료: 민주노총 2000a.

최근까지 진행된 조직전환운동에는 몇 가지 특징이 나타난다(같은 글). 우선 단일노조 건설이든 연맹통합이든 대산별노조 지향이 뚜렷하다는 점이다. 과거 조직논쟁 가운데 문제가 되었던 그룹별 조직화나 업종·지역 조직 중심의 소산별노조 지향은 점차 현실적 기반을 잃고 있는 반면[15] 최대 조직화의 산별노조원리는 대체로 일반화되고 있다.

다음으로 각 연맹조직별로 편차가 매우 심하다는 문제이다. 산별노조 전환을 마무리한 보건의료노조나 올해 전환이 예정된 금속산업연맹, 언론노련이 있는가 하면 준비 정도가 미미한 연맹들도 다수 존재한다. 이는 현재까지의 조직전환이 민주노총의 전체적인 조율 없이 연맹단위로 자율적으로 진행된 것과 무관하지 않다. 즉 현재까지의 조직재편에서 민주노총은 총연합단체로서의 역할을 충분히 수행하지 못했으며 결과적으로 민주노총 전체의 조직전환의 구체적 상은 결여되어 있었다.

셋째, 조직전환이 '위로부터' 목적의식적으로 시도된 반면 대체로 아래로부터의 대중적 동력은 취약했다는 점이다. 산별노조 건설 초기에는 위로부터 목적의식적인 조직전환의 노력이 필요하겠지만 대중적 참여의 노력이 상대적으로 미진했던 것은 사실이다. 이것은 기업별노조의 관성

이 여전히 남아 있는 상황에서 지도부가 대중들의 동의와 참여를 이끌어
내는 일관된 전략방침을 갖고 있지 못했기 때문일 것이다(고민택 2001).
  현재 산별노조 전환을 염두에 둔 산별연맹 및 기타 조직들의 목적의식
적인 노력들은 다음 표와 같이 정리할 수 있다.
  〈표 2〉를 보면 현재 보건의료노조, 민주버스노조, 대학노조, 전교조 등
4개 조직은 이미 산별조직의 형식을 갖추고 있다.[16] 이들을 포함해서
2001년까지 산별조직의 형식을 갖출 연맹의 수는 모두 8개로 전체 16개
조직의 절반에 이를 전망이다. 언론노조가 이미 2000년 하반기에 결성되
었고 금속산업연맹이 2001년 상반기, 사무금융노련이 하반기에 산별노

〈표 2〉 민주노총 각 조직의 산별노조건설 추진현황(2000년 2월 현재)

조직 명칭	당면목표와 추진과정	추진단위	건설일정
건설산업연맹	통합연맹 강화→산별노조 건설		
금속산업연맹	산별노조 건설	산별노조건설준비위원회	2000. 10
화학섬유연맹	통합연맹 강화→산별노조 건설		2005
보건의료노조*	의료산별노조 강화		
민주택시연맹	택시단일노조		
민주버스노조*	단일노조 강화 →운수산별(연맹)	운수산별추진위원회	
화물노련	단일노조 강화		
공공연맹	공공연맹 강화→대산별노조 건설		
언론노련	산별노조 건설	산별노조건설추진위원회	2000. 11
사무금융노련	업종별 단일노조→산별노조 건설	산별노조연구위원회	2001. 12
시설연맹	공공연맹으로 연맹통합 모색		
대학노조*	대학노조 강화		
전국강사노조	조직 확대		
전교조*	조직 확대, 산별노조 내실화		
민주관광연맹 상업연맹	연맹통합	연맹통합추진위원회	

  * 는 산별노조 혹은 단일노조 조직
  자료: 민주노총(2000a, 70쪽) 수정

조를 건설할 것이다. 이럴 경우 2001년 말에는 전체 조합원 58만 명의 42만 명, 약 72%의 조합원이 산별조직 체제로 조직될 예정이다(민주노총 2000b). 이 가운데 특히 민주노총에서 최대 조직인 금속산업연맹이 성공적으로 산별노조로 전환하게 된다면[17] 적어도 조직형식의 측면에서는 산별노조 건설은 본격적인 궤도에 오를 수 있을 것으로 보인다.

그러나 조직형식의 전환은 산별노조 건설의 한 부분이자 출발점일 뿐이다. 이미 조직전환을 완료한 보건의료노조나 대학노조에서 보는 바와 같이 노조조직으로서 계급적 연대를 담보할 수 있는가의 문제는 전혀 별개의 사안이기 때문이다. 우선 사용자들이 산별노조의 산별교섭 요구를 거부하고 있기 때문에 산별노조 전환은 상당 기간 동안 계속되어야 할 과제라고 보아야 한다. 또 미조직·비정규직 노동자들을 제도적으로나 실질적으로 산별노조 조직체제에 포괄하는 과제도 여전히 남아 있다. 이

〈표 3〉 민주노총의 산별노조 구획과 조직전망

발전단계 산별분류	(통합)연맹	연맹, 산별노조	산별노조
제조업	금속산업연맹	금속노조	금속노조
	화학+섬유	화학섬유연맹	화학섬유노조
건설업	건설+전일노련	건설산업연맹	건설산업노조
보건/사회복지업	보건의료노조	보건의료노조	
공공사회서비스업	공공연맹	공공연맹 ⇒	공공노조
사업관련 서비스업	시설노련 ⇒		
운수/창고업	택시, 버스, 화물	운수연맹	
금융/보험업	사무금융노련	사무금융노련	사무금융노조
교육서비스업	전교조, 전강노, 대학노조	전교조+대학노조	전교조
기타	언론연맹	언론노조	언론노조
도소매업/음식업	상업+관광	상업관광연맹	상업관광노조

자료: 민주노총 2000b, 101쪽.

런 면에서 전체적으로 형식적 산별전환 단계라고 할 수 있는 현단계에서는 많은 실천적·이론적 논쟁들이 발생하고 있으며 이는 어느 정도 긍정적인 측면을 갖고 있다.

5. 산별노조 건설의 주요 쟁점

산별노조 건설은 새로운 노동체제를 주도적으로 형성하고 노동운동의 위기를 조직적으로 타개하기 위한 막중한 과제이다. 이런 과제의 중요성에 비추어보면 현재까지 조직전환의 노력은 상대적으로 미진하며 성과도 분명치 않은 것이 사실이다. 중앙에서는 산별교섭이 지지부진하고 각 지부에서는 현장공동화(空洞化)라든가 지도력의 불안정, 조직발전의 전망 부재 등 많은 문제점이 드러나고 있는 상태이다. 이런 현상이 나타난 데는 구조적 지형과 정세적 조건, 국가·자본의 전략 그리고 기업별노조의 관성과 한계 등 여러 가지 원인이 있을 것이다. 그러나 산별노조 건설 운동이 무엇보다 주체들의 목적의식적인 활동에 기반한 것임을 전제로 하면 일차적으로 검토되어야 할 것은 주체의 전략과 관련된 쟁점들일 것이다.[18]

건설과정의 계급성 문제

계급성은 매우 포괄적이고 추상적인 개념이지만 대체로 계급적 연대주의의 원리, 계급적 자주성과 투쟁성, 민주성의 원리를 포함하는 개념으로 볼 수 있다. 건설과정이 계급적 원칙을 지키지 못하고 있다는 비판의 내용은 다양하지만 대체로 다음과 같이 요약할 수 있다(박성인 1998; 김태정 1999; 이황현아 2000).

현재 진행되고 있는 산별노조 건설은 대중들의 폭넓은 연대투쟁 없이 위로부터 강제된 관료주의적 운동이라는 한계를 갖는다. 조직전환의 일정을 미리 정해 놓고 투표로 밀어붙이는 방식의 운동은 산별노조 건설의 본래 의미를 크게 훼손하고 있다는 것이다. 아래로부터의 대중참가와 계급적 단결이 매개되지 않는다면 산별운동은 형식주의적 조직전환에 불과한 것이 된다는 비판이다. 또 그것은 IMF시기 대중들의 전투적인 생존권투쟁과 결합되어야 하며 변혁지향적인 투쟁과정으로 위치지어져야 하나 그렇지 못했다. 나아가 형식적인 중앙교섭체계를 우선하는 산별노조 건설이라면 필연적으로 노사 동반자관계를 지향하는 조직노동자 중심의[19] 개량주의 운동으로 귀결할 것이라는 지적이다. 민주노총 내부에 존재하는 개량주의 지도부가 그간의 실천을 자기반성하지 않는 산별노조로의 전환은 '산별 만능주의'에 다름 아니라는 것이다.

반면에 산별 전환을 옹호하는 입장에서는 비판이 민주노조운동의 현실적 조건을 무시한 최대강령적(maximalist) 요구라고 반비판한다(임영일 2000; 허민영 1999). 이들은 민주노조운동이 90년대 초반 이래 이념적으로 하향 평준화하고 있으며 조직의 피로도 매우 심각한 상황이라고 파악하면서, 이런 조건에서 투쟁만 강조할 수는 없다는 것이다. 또 관료주의라는 비판에 대해서는 관료제와 관료주의가 구별되어야 하며 지금은 오히려 효율적인 관료제의 부재가 문제라고 반박한다(임영일 1999). 그리고 위기상황의 노동운동을 고려하면 산별 전환은 민주노조운동의 사활적 과제라는 것이다. 나아가 비판이 타당하다 하더라도 뚜렷한 대안을 제시하지 못하는 점을 역으로 지적한다.

계급성 논쟁에 대해 평가하는 것은 쉬운 일이 아니다. 그렇지만 논쟁의 진전을 위해 몇 가지 사항은 확인될 필요가 있다. 우선 비판자들의 비판은 단순히 산별노조 건설과정의 운동전략이나 실천만을 문제삼고 있는 것이 아니란 점이다. 이들의 비판은 보다 광범위한 노선논쟁의 일부로서 제출된 것이었다.[20] 노선논쟁의 맥락을 고려하면 비판의 의도를 이해할 수는 있다. 그러나 바로 이 점이 '관료주의적 산별 만능주의'라는 규정이 과도하다거나 대안 없는 비판이라는 반비판을 불러온 것으로 보인다. 노선상의 오류와 산별 건설과정의 오류는 서로 연관되어 있고 비판의 일정 부분은 타당하겠으나, 두 문제는 원칙적으로 다른 수준의 문제라고 생각된다.

둘째, 논쟁에는 현재의 노동운동을 바라보는 이론적 입장차이가 가로 놓여 있는 것 같다. 비판은 현재 노동운동의 위기가 무엇보다 운동지도부의 개량주의적 실천에 기인하는 것으로 인식하고 있다. 반면에 산별노조를 강조하는 입장은 위기의 근원이 기업별노조의 '노동체제'로부터 비롯되는 것으로 파악한다. 그러나 이 두 가지 문제는 서로 배타적인 성격의 문제가 아닐 것이다. 따라서 논쟁은 기업별노조의 한계를 부인한다거나 운동지도부의 실천에 전혀 문제가 없다는 식의 논의틀로 극단화되지 않는 한계 내에서 진행될 필요가 있다.[21]

셋째, 이론적 차이가 한 번에 해결될 수 있는 것이 아니라면 현재 필요한 것은 이미 진행되고 있는 산별 전환의 구체적인 내용에 관한 논쟁일 것이다. 이런 면에서 계급성 논쟁은 소모적이기만 한 것은 아니었다. 예컨대 노조운동의 관료주의 문제나 현장성과 민주성 그리고 직선제 문제 등에 대한 인식의 진전과 새로운 대안들은 모두 논쟁과정의 소산이었다고 할 수 있다. 그러므로 산별노조 전환의 당위성과 시급성, 현실성을 부인할 수 없다면 논쟁은 보다 구체적인 사안으로 나아갈 필요가 있다.

조직체계와 교섭체계의 문제

현재 민주노조운동은 산별노조로의 전환과정에 있으므로 완성된 산별 조직체계와 교섭체계를 마련하지 못한 것은 어느 정도 이해할 수 있는 일이다. 그러나 조직체계의 문제는 전환과정에서부터 이미 핵심적인 쟁점사안으로 부각되어 왔다. 보건의료노조나 금속산업연맹 그리고 공공연맹 등 조직전환이 이루어졌거나 준비하고 있는 조직에서는 모두 지부구성의 기준과 단위를 어떻게 할 것인가의 문제에 봉착해 있다.[22] 산별노조가 지역을 지부구성의 기준으로 삼는 원칙을 갖고 있지만, 현실적으로 지역이 아닌 기업이나 업종을 구획기준으로 삼을 수밖에 없지 않느냐 하는 논란이다.

이런 논란은 그 자체로서는 단지 조직체제의 형식인 것처럼 보이지만, 이 문제는 산별노조 조직화의 핵심적인 쟁점이다. 산별노조운동은 기업규모별, 업종별로 분단되어 있는 기업별 노동조합 체제를 넘어서서 규모와 업종의 차이를 뛰어넘는 계급적 연대운동이기 때문이다. 기업별노조체제에서 기업규모간, 업종간 이질성과 분절성이 운동발전을 가로막고 있는 것이 우리 현실이다. 그러므로 지역지부의 원칙을 확보할 수 있는가의 문제는 기업별노조 체제의 진정한 극복을 위한 관건적 요소라고 할 수 있을 것이다.[23]

대규모 노조를 중심으로 발전해 온 우리 노조운동의 관성 외에도 이 문제에는 대기업노동자들의 현실적 이해 문제가 개입되어 있다. 일부 대기업노동자들에게는 독자적 교섭이나 재정운용이 어려울 경우 노동조건이 하향 평준화되지 않을까 하는 암묵적인 우려도 있는 것이다. 물론 이 것은 단순히 대기업 이기주의의 문제만은 아니다. 오히려 이 같은 임금·노동 조건의 격차는 조직체계 결정뿐 아니라 산별교섭의 내용과 틀을 실제로 어렵게 만들고 있는 객관적 난관이라고 보아야 한다.

또 노조활동의 중심이 지역단위로 설정될 경우 사업장 내의 기존 조직기반이나 운동역량이 약화될 것이 아니냐는 우려도 있다. 그러므로 조직체계 문제는 산별노조의 교섭권, 쟁의권, 재정권의 중앙집중성을 어떤 수준에서 설정하는가의 문제와도 깊이 연관되어 있다. 또 그 동안 민주노조운동의 투쟁동력이었던 현장의 활동성을 어떻게 산별체제에서도 보존할 것인가의 문제이기도 하다. 예컨대 일부에서는 산별노조에서도 현장노조조직에 독자적인 파업권을 부여해야 한다고 보는 반면(이황현아 2000) 독자 쟁의권 허용은 기업별 체제의 사실상 온존이라고 비판하기도 한다(임영일 2000, 47쪽).

조직체제의 문제에서도 모범답안을 찾기는 어려울 것이다. 그러나 민주노조의 산별노조 건설은 계급적 연대를 확보하면서도 서구 산별의 한계를 극복하는 창조적 시도라는 점을 다시 확인할 필요가 있다. 그것은 결국 계급적 연대의 확장, 권력자원의 중앙집중이라는 기본 원리를 유지하는 범위에서 현장동력을 최대한 끌어낼 수 있는 새로운 조직체제를 만드는 문제이다. 이런 관점에서 본다면 이원 조직체제는 과도기에 허용될 수는 있겠지만 장기적으로 바람직한 것은 아닐 것이다(민주노총 2000b). 반대로 교섭권이나 쟁의권의 최종적 권한은 본조가 갖되 현장의 창발성을 유도할 수 있도록 일부 권한을 이양하는 제도적 장치는 진지하게 고려할 필요가 있을 것으로 생각된다.[24]

현장조직과 노사협의회 문제

기업단위 노조조직, 즉 집행체계, 소위원, 대의원이나 비공식 계파조직으로 있었던 현장조직의 재편문제도 핵심적인 논란거리이다. 앞서 형식적 산별 전환이나 산별 관료주의라는 비판은 항상 현장공동화 문제를 염두에 둔 비판이었다. 기업노조의 해체, 즉 교섭과 쟁의 그리고 재정의 집중은 현장 노조활동을 급속히 공동화할 가능성이 있다는 것이다.

이런 비판에 대해 민주노총은 이른바 현장위원제도를 새로 도입하여 공동화를 막는 방안을 제시한 바 있다.[25] 현장위원은 노조의 최일선 공식활동가로서의 위상을 부여받는다. 또 제반 현장활동, 단체협약이행 감시, 고충처리, 노사협의, 작업장 교섭과 협약체결, 제반 지역활동, 현장조직 및 쟁의조직자의 역할을 수행한다. 그리고 조합원 20~50인 단위로 직접 선출되는 현장위원들은 부서별 편제 등 현장조직을 구성할 수 있으며 전임자, 현장사무실 등 기업노조의 권한을 계승할 수 있다.

민주노총이 제안한 현장위원제도에 대해서는 다양한 비판과 의견들이 있다.[26] 무엇보다 그것이 기업노조의 현장성, 전투성, 민주성을 담보할 수 있을 것인가라는 일반적인 고민은 여전히 남아 있다고 할 수 있다. 독자적인 교섭권과 쟁의권이 크게 제한될 현장 노조조직의 미래는 여전히 불투명하기 때문이다.

현장위원들의 역할과 관련해서 또 하나의 쟁점은 노사협의회제도에 대한 대응방안이다. 이 문제는 본격적으로 논의된 바가 없으나 향후 현장위원들의 일상적 활동이 작업장 참가 및 통제가 될 것임을 고려하면 매우 중요한 문제라고 할 수 있다.[27]

그러나 산별노조 전환을 전제로 논의한다면 일방적 활용론은 무리가 있는 것으로 보인다. 우선 현행 노사협의회는 서구의 종업원참가제도와도 비교할 수 없는 노사협조기구로 구조화된 측면을 갖고 있다. 이는 종업원기구가 아닌 노사합동기구이며 노조활동과 엄격히 단절된 구조이다. 경영전권을 제도적으로 보장하고 있는 협의 위주의 기구란 점도 큰 한계일 것이다. 또 노사협의회가 기업노조 대체기구로 오랫동안 활용되어 온 역사적 경험도 무시할 수 없다. 전환의 과도기에는 사용자가 이를 보다 본격적인 노조통제수단으로 이용할 가능성도 큰 것으로 파악된다.

그러므로 산별체제에서 작업장 참가기구 혹은 협의기구가 어떤 방향에서 재조직되어야 할 것인가는 좀더 본격적인 연구가 필요한 주제이다. 다만 과도기적으로 조직전환 이전까지 노사협의회는 매우 제한된 정보수집기구, 단체교섭 보완기구로 설정될 필요가 있다. 그리고 장기적으로 산별노조가 정착되면 노사협의회제도는 보다 중립적인 조합원 경영참가

기구로 대체될 수 있을 것이며, 이 새로운 참가기구에서는 노동조합조직의 공식적 참가와 통제 그리고 노조활동과의 연계성이 확보되는 내부구조를 반드시 갖추어야 할 것이다(같은 책, 76~77쪽).

총연합단체의 위상 문제

산별노조와 관련된 총연합단체의 위상 문제는 건설과정의 역할과 산별노조 조직체계상의 위상으로 나누어 살펴보아야 한다. 현재까지 건설과정에서 민주노총의 역할이 미미했던 것도 문제이지만(허민영 1999; 민주노총 2000b) 더 큰 쟁점은 산별체계상의 위상이라고 할 수 있다. 그 자체가 산별조직화의 단위가 될 수는 없으나(임영일 2000, 49쪽) 총연합단체의 위상에 따라 실제 산별체계는 상당한 변이를 보일 수 있기 때문이다.

먼저 민주노총이 산별 건설과정 전체를 기획·조율하고 그 완급을 조절하는 추진주체로 나서야 한다는 점에 관해서는 특별한 이견이 없는 듯하다. 이를 위해서 민주노총은 (가칭)'민주노총조직발전위원회'를 구성할 것을 제안하고 있다(민주노총 2000b, 99~100쪽). 이 기구는 산별 전환을 위한 산하조직들을 총괄하는 정책연구와 정책협의, 실행사업을 수행하며 산별노조 건설과 관련된 대(對)정부 교섭과 법제도 개편투쟁을 기획·추진해야 할 것이다. 또 무리하지 않은 범위 내에서 개별 산별노조 건설의 일정을 기획·조정하여 전체 틀을 마련하는 일도 중요한 과제일 것이다.

다음으로 보다 중요한 쟁점으로 부각되어야 할 문제는 산별체제하에서 내셔널 센터의 위상이다. 산별노조 체제에서 조직과 투쟁의 중심이 개별 산별노조임은 말할 나위가 없을 것이다. 그러나 그렇다고 해서 총연합단체의 역할이 정책개발이나 개별노조간의 정책협의로 국한될 필요는 없다. 즉 모든 권력자원이 산별노조로 집중될 이유는 없다는 것이다. 오히려 산별체제하에서도 총연합단체는 대정부 투쟁과 교섭을 직접

주도하는 기구로서 작동할 필요가 있다. 그것은 한국 노동정치의 구조가 독특하고 또 이 조건은 상당 기간 온존할 가능성이 크기 때문이다. 제도 정치의 보수성과 불안정성 수준이 높고 노동계급의 정치세력화 수준이 낮은 점 그리고 그에 따라 전반적인 이데올로기 지형이 보수적인 점은 쉽게 변화하지 않을 전망이다. 게다가 노동정치에 대한 국가기구의 행정적 개입이 일상화되어 있으며 자본권력의 헤게모니가 취약한 점도 중요한 요인일 것이다. 요컨대 자유주의적 노동정치의 환경에 있는 서구와 달리 한국의 총연합단체는 전민중적 연대투쟁의 구심역할을 상당 정도 수행하지 않을 수 없다(노중기 1999b).

총연합단체의 위상 문제는 결국 그것과 산별노조의 관계를 어떻게 설정하고 제도화할 것인가의 문제라고 할 수 있다. 총연맹에 정책·협의 기능 외에 전국적·전산업적 투쟁과 교섭 및 정치활동의 역할을 부여하고 있는 민주노총발전전략위원회의 조직혁신안은 권력자원 분담을 원칙적으로 수용한 안으로 보인다(민주노총 2000b, 104쪽). 그렇지만 이런 역할 분담의 구체적인 내용은 여전히 모호하므로 여러 가지 제도적 장치들로 보완될 필요가 있다.

6. 맺음말

현재 한국 노동운동은 여러 가지 측면에서 위기를 맞고 있다. 그것은 운동노선의 위기일 뿐 아니라 노동정치의 구조적 위기이기도 하다. 위기를 구성하고 있는 이 두 측면은 서로 연관된 것이기도 하지만 서로 자율적인 요인으로 작동하는 것도 사실이다(노중기 1999b). 민주노조운동의 산별 전환운동은 구조적 위기의 핵심 요인을 제거하는 과정인 동시에 운동노선의 위기를 해결하기 위한 전제조건으로 보아야 한다.

물론 산별노조가 모든 문제를 해결할 수는 없을 것이다. 산별노조 건설 외에도 민주노조운동은 지난 실천들과 운동노선을 재검토하여 계급성을 회복해야 한다. 미조직노동자를 조직적으로 포괄하고 실질적 연대를 구축해야 하는 역사적 과제도 남아 있다. 또 정치세력화라는 오래 된 숙제도 만만한 일이 아닐 것이다. 그러나 산별노조 건설은 이런 여타 과제들과 함께 현재 시점의 가장 핵심적인 과제라는 점을 이 글은 강조하고자 하였다. 또 그것은 1987년 이후의 낡은 노동체제를 마감하고 새로운 노동체제를 형성하는 노동운동의 능동적인 전략적 시도란 측면을 갖고 있다.

앞서 보았듯이 산별노조 건설과정에는 수많은 장애물이 놓여 있다. 그리고 건설은 미리 준비된 교본을 따라가는 것이 아니라 시행착오를 거듭하여 전인미답의 새로운 길을 찾아나서야 하는 힘겨운 일이다. 많은 쟁점들은 논리적으로 답하기 어려운 요소들을 안고 있는 것이 사실이다. 그러나 과거의 민주노조운동이 그러했듯이 이미 역사적 과제가 된 산별노조운동은 노동대중의 새로운 사고와 창발적 실천을 불러일으킬 것이란 점도 분명하다.

주

1) 1999년 중반에 주요한 정치적 쟁점으로 떠올랐던 조폐공사노동조합 파업유도 사건은 이런 면에서 상징적인 것이었다. 98년 하반기 노사정위원회를 중심으로 참여와 협력, 사회적 합의가 공언되고 있는 상황의 한편에서는 국가가 파업을 의도적으로 유발하여 억압적으로 진압하는 노동통제가 동시에 진행되고 있었던 것이다.

2) 1998년에는 민주노조운동의 운동노선을 둘러싼 약간의 논쟁이 진행된 바 있었다. 또 2000년 상반기부터 시작된 민주노총의 '노동운동발전전략위원회'는 최초로 조직적이고 공개적으로 진행되는 노동운동노선 검토작업이라 할 수 있다. 필자는 노동운동에게 닥친 이런 변화와 어려움을 '노동운동의 위기' 현상으로 정리한 바 있다(노중기 1999b).

3) '1987년 노동체제' 개념에 관해서는 노중기(1997); 임영일(1998); 장홍근(1999) 등 참조.

4) 세계적으로 기업별노조 조직체제는 한국과 일본에서만 예외적으로 형성되어 있다. 다른

나라에 기업노조가 없는 것은 아니지만 지배적인 조직형식으로 존재하는 사례는 없다고 할 수 있다(윤진호 1998). 일본의 기업노조는 기업 내 생산직과 사무직 종업원 모두를 포괄하고 있다는 점이 우리와 다르다. 일본은 생산직을 주로 조직하고 있는 한국보다 더 완전한 형태의 기업별노조 조직체제를 갖고 있다고 할 수 있다.

5) 이 다섯 가지 문제점들은 실제로 서로 긴밀하게 연관되어 있으나 분석적으로 분리해서 고찰하고자 한다. 한편 반대로 기업노조의 장점에 대해 논란이 있는 것도 사실이다. 그러나 산별노조의 조직적 약점인 조직민주주의 문제를 빗대어 기업노조의 장점을 논의할 수는 없다. 그것은 분석의 차원이 다른 별개의 문제이기 때문이다(윤진호 1998; 임영일 1998). 마지막으로 현재 한국의 노조운동이 갖는 문제들을 모두 노조 조직구조의 문제로 환원시킬 수는 없다. 다만 여기서는 그 관련성만을 문제삼고자 한다.

6) 구체적으로 노조대표자의 직권조인 사태, 사측의 선거개입, 이른바 노노갈등 등 조합 내부의 갈등 유도 등은 87년체제에서 일상적인 일이었다. 99년 하반기에 핵심 쟁점이 되었던 전임자임금지급 처벌조항 문제도 기업별노조에서만 발생할 수 있는 사안이었다. 전임자에 대한 임금지급은 취약한 기업노조의 재정문제에서 비롯된 것으로서 과거에는 노조 통제의 수단이었다. 그러나 87년 이후 노조활동의 자주성이 높아지고 통제가 쉽지 않게 되자 다시 이를 철회함으로써 통제력을 회복하고자 한 것이다. 말하자면 임금지급도, 임금지급의 철회도 모두 통제수단으로 이용될 가능성이 크다. 구체적인 양상에 관해서는 노중기(1995, 6장) 참조.

7) 제3자개입 금지조항이나 복수노조 금지조항, 정치활동 금지조항 등 87년체제의 노동악법 조항들은 단순한 통제기구를 넘어서 기업별체제를 강제하기 위한 제도적 장치라는 의미를 갖는다.

8) 최근 분명하게 드러난 바와 같이 전사회적 차원의 문제인 고용, 실업에 관련된 교섭과 쟁의가 거의 불가능해지는 것도 중요한 한계일 것이다.

9) 87년체제하에서 이런 현상은 특히 국가와 자본의 억압이 심화되었던 시기에 두드러지게 나타났다. 예컨대 노태우정권의 노동억압이 심화되었던 90년대 초반 중소 영세사업장 노조들의 조직화와 쟁의는 크게 줄었다(노중기 1995). 이들 노조의 해산은 조직률 하락의 한 가지 요인이 되었다.

10) 예컨대 87년체제의 버팀목이었던 이른바 4대 악법조항은 노조활동을 기업단위로 제한한 핵심적 제도였다. 그중에서도 복수노조금지 조항은 노사협조주의적인 한국노총을 유일한 상급 노조조직으로 인정함으로써 민주노조운동의 초기업단위 활동을 원천적으로 불가능하게 만들었다. 또 제3자개입 금지조항은 노조간 연대활동 일반을 불법적인 것으로 규정함으로써 노조활동을 기업 내도 세안하였다. 노조의 정치활동 금지조항도 노조의 활동을 기업 내부의 의제로 제한하는 의미를 갖고 있었다.

11) 노동자대투쟁 이후 10년 동안 민주노조운동의 연대는 꾸준히 확대되었다. 1988년 지역노동조합협의회, 89년 지역·업종별 노동조합전국회의, 90년 전국노동조합협의회와 전국업종노동조합회의 그리고 연대를 위한 대기업노동조합회의, 91년 ILO공동대책위원회, 93년 전국노동조합대표자회의, 95년의 민주노총으로 이어지는 조직적 발전은 그 결과물이었다.

12) IMF 이후 노동운동의 제반 위기는 그것의 현상적 표현이었다. 1998년 이후 노동운동에는 기업간·규모별 분절의 확대, 비정규직 노동자 확대, 대기업 중심주의의 강화와 기업노조의 고착화, 노동조건의 악화, 투쟁력의 약화와 조직률 감소, 현장권력의 해체 등 구조적인 과제들이 감당할 수 없을 정도로 분출하였다.

13) 노개위 노동정치에 대한 자세한 분석은 최영기 외(1999); 노중기(2000) 참조.

14) 물론 체제해체의 효과는 단지 조직체제 변형에서만 나타난 것은 아니다. 국가의 노동정 책 측면에서만 보더라도 최루탄과 공권력 투입으로 대표되는 물리적 억압이 적어도 표면 적으로는 줄어든 점, 이데올로기적 통제수단의 비중이 증가한 점, 노동자들의 정책참가 가 매우 형식적이나마 확대된 점 등 여러 가지 변화가 나타나고 있다.

15) 아직도 공공부문을 비롯해 일부 연맹에서 업종별 조직화의 흐름이 여전히 남아 있다. 그 러나 전체 조직에서 이는 일부에 불과한 것이라고 판단된다.

16) 물론 민주버스노조나 대학노조의 경우에는 산별노조라기보다 업종별 단일노조로 보는 것이 정확할 것이다. 한편 한국노총의 경우에도 금융산업노조와 택시노조가 최근 결성되 는 등 산별노조 건설의 움직임이 있다.

17) 금속산업연맹은 2001년 2월 산별노조 결성 준비를 거의 마친 상태이다. 1월 중 열린 15 차 중앙위원회 자료에 따르면 전체 224개 노조(17만 920명) 중 조직형태 변경 결의가 예정되어 있거나 가능한 노조가 약 170여 개 노조(약 9만 명)에 이른다.

18) 현재 민주노총은 '노동운동발전전략위원회'를 구성하여 산별노조 건설을 포함한 조직발 전 문제를 포괄적으로 검토·연구하고 있다.

19) 비판자들은 현재의 산별조직 건설이 대기업 조직노동자 중심으로 진행되고 있으며 영세 사업장, 미조직·실업 노동자들을 배제하고 있다고 비판한다. 그러나 산별노조 건설을 강조하는 쪽에서는 원칙적으로 개방원칙을 유지하고 있으며 미조직노동자의 조직화 및 조직확대는 다른 차원의 문제라고 파악한다.

20) 1998년 하반기 이래의 이른바 '사회적 조합주의' 논쟁이다(김유선 1998; 박성인 1998).

21) 예컨대 '관료주의' '산별 만능주의'나 '최대강령주의'라는 상호비판은 필자가 보기에 모두 초점이 빗나가거나 과도한 것 같다.

22) 보건의료노조와 금속산업연맹은 지역지부와 대사업장의 기업지부를 모두 인정한 이원 조 직체계를 확정지었다(전국보건의료산업노동조합 1999; 전국금속산업노동조합연맹 2000). 업종지부 허용 여부의 문제가 걸려 있는 공공연맹 등 향후 조직전환이 예정된 모든 조직 들이 동일한 문제에 부딪힐 것으로 보인다.

23) 서구 산별노조의 경우 기업별노조 체제의 조건이 없이 산별노조를 건설하였으므로 이런 문제에 봉착할 필요가 없었다(임영일 2000).

24) 기업단위 복수노조체제가 형성될 경우, 교섭창구 문제는 주요한 쟁점이 될 전망이다. 현 재까지 민주노총 내부의 다수 의견은 심각한 폐해가 예상되는 창구단일화보다는 자율교 섭원칙을 고수해야 한다는 것이다. 창구단일화 방안은 무엇보다 사용자의 지배·개입이 극심해질 가능성이 크기 때문이다(전국민주노동조합총연맹 2000). 산별노조를 전제로 할 경우 문제가 더욱 복잡해지므로 보다 심도 있는 연구와 고민이 필요하다.

25) 민주노총(2000b, 97~98쪽) 참조. 금속산업연맹의 분회 운영위원회는 민주노총의 현장 위원제도와 크게 다르지 않은 것으로 보인다. 운영위원회는 분회장, 지부대의원 및 기타 간부로 구성되는 현장 노조조직이다.

26) 민주노총 노동운동발전전략위원회 순회토론 결과 참조. 예컨대 그것은 현재 기업노조의 조직력과 투쟁력을 담보하기에는 약하다는 평가에서부터 현재 기업노조조직을 그대로 현장조직으로 전화시켜야 한다는 주장에 이르기까지 다양하다.

27) 현행 노사협의회제도를 개선하거나 적극 활용하자는 견해로는 한국노동사회연구소 (1999); 조돈문(1999) 참조.

참고문헌

고민택 (2001), 「민주노조운동의 새로운 발전과 모색(2)」, 한국노동이론정책연구소 편, 『현장에서 미래를』 62호.

김금수 외 (1996), 『산별노조의 과거, 현재 그리고 미래』, 한국노동사회연구소.

김유선 (1998), 「민주노조운동의 혁신을 위한 제언」, 한국노동사회연구소, 『노동사회』 9월호.

김태연 (1999), 「산별노조 건설운동의 현황과 과제」, 『민주노총 산별노조 건설전략』.

김태정 (1999), 「민주노조운동의 현재와 과제」, 『현장에서 미래를』 12월호.

노중기 (1993), 「한국국가의 노동통제유형에 관한 비판적 연구」, 한국산업사회연구회, 『경제와사회』 여름호.

_____ (1995), 「국가의 노동통제전략에 관한 연구, 1987~1992」, 서울대 박사학위논문.

_____ (1996), 「노사관계개혁과 한국의 노동정치」, 『경제와사회』 가을호.

_____ (1997), 「한국의 노동정치체제 변동: 1987~1997」, 『경제와사회』 겨울호.

_____ (1999a), 「사회적 합의와 노동정치의 새로운 실험: 노사정위원회」, 최영기 외, 『한국의 노사관계와 노동정치』, 한국노동연구원.

_____ (1999b), 「노동운동의 위기구조와 노동의 선택」, 한국산업노동학회, 『산업노동연구』 제5권 1호.

_____ (2000), 「한국사회의 노동개혁에 관한 정치사회학적 연구」, 『경제와사회』 겨울호.

민주노동조합총연맹 (1997), 『산별노조의 이해』.

_____ (2000a), 『민주노총 산별노조 건설전략』.

_____ (2000b), 『노동운동발전전략 수립을 위한 정책토론회』(자료).

박성인 (1998), 「1998년 노동자투쟁 평가」, 『현장에서 미래를』 12월호.

유범상 (1999), 「사회적 합의와 노동정치의 새로운 실험: 노사관계개혁위원회」, 최영기 외, 『한국의 노사관계와 노동정치』.

윤진호 (1998), 「노동조합 조직체계의 동향과 정책과제」, 한국노동연구원.

이황현아 (2000), 「현시기 산별노조 건설, 이것이 문제다」, 노동조합기업경영연구소, 『민주노동과 대안』 2월호.

임영일 (1997), 「노동운동의 제도화와 시민권」, 『경제와사회』 여름호.

_____ (1998), 「한국 노동체제의 전환과 노사관계: 코포라티즘 혹은 재급진화」, 『경제와사회』 창간10주년 기념호.

_____ (2000), 「노동체제 전환과 산별노조: 현황과 쟁점」, 『경제와사회』 겨울호.

장홍근 (1999), 「한국 노동체제의 전환과정에 관한 연구: 1987~1997」, 서울대학교 박사학위논문.

전국금속산업노동조합연맹 (2000), 「2000년 임시대의원대회 결과」.

전국민주노동조합총연맹 (2000), 『복수노조시 교섭제도, 어떻게 해야 하나』 (정책토론회 자료집).

전국보건의료산업노동조합 (1999), 「민주노총 정책토론회 토론문」.

조돈문 (1999), 「계급적 노동운동과 노동조합의 개입전략」, 노동조합기업경영연구소, 『한국경제와 노동자통제』 (자료집).

최영기 (1999), 「한국의 사회적 합의의 전통과 미래」, 최영기 외, 『한국의 노사관계와 노동정치』.

최영기 외 (1999), 『한국의 노사관계와 노동정치』, 한국노동연구원.

_____ (2000), 『한국의 노동법개정과 노사관계: 87년 이후 노동법개정사를 중심으로』, 한국노동연구원.

한국노동사회연구소 (1999), 『전략적 개입』.

한국산업사회연구회 편 (1994), 『산별노조론』, 미래사.

허민영 (1999), 「민주노총 산별노조 건설전략」 (민주노총 정책토론회 자료).

경제민주화 운동론

신자유주의적 운동에 대한 대안

조 원 희[*]

1. 개혁에 대한 두 가지 시각

어떤 대상도 관점에 따라 다양하게 평가될 수밖에 없다. 현정부의 개혁뿐 아니라 최근 참여연대를 중심으로 한 시민단체의 경제민주화운동에 대해서도 사정은 마찬가지이다. 대체로 두 개의 대립적인 관점에 따른 평가가 지배적인 가운데 소수이기는 하나 절충적 견해들도 존재한다.

첫째 관점은 개혁은 선(善)이라는 관점이다. 따라서 지향점이나 내용이 어떠하건 전근대적인 잔재를 청산하는 개혁에 기여하는 한 절대적으로 긍정적인 것으로 평가된다. 이 관점은 현단계 한국사회를 압축적인 경제성장에도 불구하고 전근대적인 잔재가 사회경제적인 발전을 가로막고 있는 것을 근본적인 제약이라고 보는 경향이 있으며 개혁은 선이고 진보라고 본다. 설령 외부에서 강요한 개혁이라 해도 전근대성을 타파하는 것이면 나쁠 것이 없다.

---

* 국민대학교 경제학과 교수

따라서 이 진영에는 전통적인 자유주의뿐 아니라 신자유주의자 그리고 일부 진보적인 인사들까지 다양하게 집결해 있다. 심지어 재벌이익을 대변하는 한국경제연구원도 최근 원칙적으로는 이 입장을 표명했다. 개혁의 구체적인 내용은 대체로 신자유주의적이므로 신자유주의 개혁진영으로 통칭할 수 있다.

두번째 관점은 개혁의 내용과 방향성을 중시하는 관점으로서 현재 일련의 개혁은 지나치게 자본의 자유, 영업활동의 자유만을 지향하는 신자유주의적인 개혁, 어떤 의미에서 역사를 역류하는 개혁이므로 잘못되었다고 본다. 1997년 외환위기도 단지 내부적인 체제와 제도 때문이라기보다 미국과 IMF 등이 '강요한' 개방화를 섣불리 추진하다가 단기자본의 과다 유입과 유출로 둑이 터진 결과 발생했다고 본다. 미국과 IMF가 이 위기를 역이용하여, "위기가 재발하지 않으려면 이런저런 울타리를 쳐서 자본의 이동을 방해함으로써 한 번 둑이 터지면 크게 홍수가 나는 일을 없애야 하고 따라서 경제의 모든 영역을 외부에 대해 개방하는, 즉 순수한 시장원리를 최대한 경제 내부에 침투시켜야 한다"는 신자유주의 개혁 논리를 아시아에 강요했다고 보는 것이다.

시장의 심화에 대해 개혁적인 케인스주의의 관점에서는 헤게모니를 금융자본이 장악하고 이 자본이 전세계를 자유롭게 이동함으로써 자본의 효율적 배분이 아니라 금융불안정에 따른 전세계경제의 혼란과 불안정을 가져올 가능성을 특히 우려한다. 신고전파의 표준논리에 따르면 투기적 금융행위는 경제를 안정화시키는 데 기여하는 것으로 이해되지만 그것은 실물부문이 균형의 근방에 있거나 신속히 균형으로 향하는 힘을 가지고 있을 때이며 만약 그렇지 않다면 지나친 금융자본의 가동성과 투기적 행태는 불안정을 배가시키는 주요 요인으로 된다. 일정 지역과 산업부문에 과도한 자본을 공급하다가 결과가 기대에 비해 조금이라도 어긋나면 과도하게 유출하는 경향을 가질 수밖에 없다는 것이다.

노동측에서는 이른바 '초국적자본'에 대한 국민경제의 종속 가능성을 우려하는 동시에 자본의 활동자유가 증대하는 만큼 노동의 힘은 약화되고 이윤논리에 압도당할 수밖에 없는 점을 우려한다. 특히 주요 산업 (core industry)에서 과잉공급이 전반적으로 문제가 되고 주도권을 잡기 위한 시장쟁탈전이 세계적 차원에서 치열하게 진행되고 있는 시점에서 급속한 개방과 급진적인 미국식 시장중심체제로의 전환은 한국기업의 경쟁기반을 무너뜨리고 종속과 외국자본에의 흡수합병을 가속화시킬지 모른다는 우려가 제기되고 있다.

이들은 반신자유주의 개혁진영이라고 부를 수 있고 개혁적인 케인스주의에서부터 급진적인 반자유주의 진영까지 포괄한다.

이 글은 이 두 가지 조류의 문제점을 밝히고 경제체제 전체의 민주화라는 관점에서 올바른 경제민주화, 대안적 체제, 그에 따른 민주화운동의 대안적 방향을 모색하는 데 목적이 있다. 제2의 경제위기, 특히 장기불황의 그림자가 깊게 드리운 현시점에서 냉정하게 과거를 반성하는 작업의 일환이다. 신자유주의를 반대하는 것은 결코 개혁을 반대하는 것을 의미하지 않는다. 저급한 신(新)정경유착과 노름판·카지노 시장에 기대어 개혁을 사고하는 것의 위험을 지적하고 동시에 진정한 경제민주화의 방향성도 확인함으로써 신자유주의에 대한 반대는 대안 없는 반대로 끝나지 않아야 할 것이다.

2. 신자유주의에 편승한 경제민주화운동이 효과적이었던 정황과 배경

근대를 넘어서기 위해서는 근대를 경험하고 일정한 과정을 통과함으로써 물적인 조건을 마련해야 한다. 이런 점에서 IMF 경제위기와 그에 이은 구조조정이라는 이름의 시장폭력은 길게 보면 경험하지 않으면 안 되는 근대의 한 모습이다. 물론 자본주의 역사를 통해 공황 등 시장경제의 혼란과 실패를 국가개입을 통해 억제하거나 발생한 경우 덜 폭력적인 방법으로 해결하려는 케인스주의 정책이 후퇴하고 적나라한 시장의 약육강식을 통해 해결한다고 하는 신자유주의적 정책원리가 득세하게 된 것은 분명히 역사 퇴보적인 면이 있다. 그러나 역사는 앞으로만 나아가는 것이 아니라 일보 후퇴 이보 전진하는 식 또는 긴 우회로를 걷기도 한다. 향후 역사의 전진은 바로 이 신자유주의 정책기조가 낳는 문제와 모순의 혼란 가운데서 싹트는 새로운 사회세력에 의해 이루어질 것이다. 이렇게 본다면 신자유주의는 역사전진의 계기인 것이다.

1980년대 이후 영미 등 선진국에서 신자유주의가 등장한 것은 국가권력을 상당 정도 노동세력 등 이른바 반자본주의 세력이 장악한 상황에서 자본진영이 과잉자본과 수익성 위기를 더 이상 국가를 통해서 해결하는 일이 어려웠기 때문이다. 이 정책은 평상시가 아니라 70년대의 경제위기 속에서 탄생했다. 노동세력이 상대적으로 강했던 영국에서는 대처수상이 탄광노조와 그야말로 정권을 건 투쟁에서 승리함으로써 가능했다. 일반적으로 신자유주의 정책은 사회주의 정책만큼이나 비상한 시기에 기회를 갖는다. 다만 정치역학상 노동 등 진보진영의 힘이 크게 약화되어 있다는 조건이 충족되거나 대결을 통해 굴복시킬 수 있어야 한다.

한국의 경우 신자유주의의 상륙은 김영삼정권하에서는 어려웠다. 그야말로 세계화 구호로 표현되듯이 겨우 대외적인 개방화 정책 정도만이 추진되었을 뿐이다. IMF위기를 경과하면서 비로소 중심적인 정책기조가 되었는데 그 이유는, 외부의 압력은 차치하고 내부적으로만 본다면 그 이전까지는 국가권력-재벌-노조 등이 일종의 암묵적 '사회조합주의'를 형성하여 서로 주고받는 관계를 유지함으로써 이 교착상태로부터 국가권력이 빠져나올 의지도 능력도 없었기 때문이다.

국가권력은 정경유착으로 표현되듯이 하나의 거대한 이권을 향유하는 한편 노동세력이나 사회 일반의 불만을 수용하는 개입적 정책을 추구했으며 따라서 근본적인 구체제의 타파를 시도할 수 없었다. IMF위기는 이 교착상태를 일시에 무너뜨렸다. 재벌과 노동세력은 경제위기 속에서 극히 취약한 상황으로 몰렸으며 국가권력도 위기에 대한 책임으로부터 자유로울 수 없었다. 그 동안 많은 연구가 IMF위기는 한국경제체제의 구조적인 문제와는 직접 관계가 없다는 것을 밝히고 있으나(구조적 문제는 과거부터 존재했던 문제일 뿐) IMF위기가 개혁의 계기를 마련해준 사실을 변경할 수도 없었고, 위기를 최대한 개혁의 당위를 보여주는 것으로서 이용하는 것을 방해할 수는 없었다. 일반국민들은 더 이상 희망이 없는 사이비 '사회조합주의'가 타파되기를 희망했으며 경제위기도 벗어나고 경제체제를 혁신하는 대의에 우선은 지지를 보내게 된 것이다.

시민운동은 재벌개혁이라는 누구도 부정할 수 없는 당위를 가지고 정부의 신자유주의적 개혁과정에 '동참'하였다. 신자유주의란 대단히 급진적인 경제사상이다. 이것은 그야말로 순수한 자본주의 원칙을 비타협적이고 공격적으로 밀고 나가려는 태도를 내포하며 한국의 개발독재체제 아래서 형성된 재벌체제와는 양립하기 힘든 것이다. 시민운동이 일견 인상적인 성과를 낼 수 있었던 것은 바로 이러한 극단적인 처방을 들이댈 수 있는 정세가 일시에 찾아왔고 그것을 기민하게 이용했기 때문이다.[1]

3. 재벌체제의 본질

참여연대의 경제민주화운동은 재벌체제 개혁사업을 주로 해왔는데 이 운동이 동원한 자본주의 원칙이 재벌체제에 대해 얼마나 이질적인 것인가는 재벌체제와 자본주의 원칙 간의 심대한 차이를 생각해 보면 이해될

수 있다.[2]

재벌의 본질이 무엇인가에 관해서는 재벌문제가 본격적으로 대두되기 시작한 80년대 중반부터 나온 수많은 연구만큼이나 다양한 입장이 나와 있다. 문어발식 복합기업, 선단식 경영, 그룹총수에 의한 전제군주적(황제적) 경영 등, 이러한 견해를 결합해 놓으면 다음과 같이 될 것이다.

> 재벌은 급속한 외형확장(문어발식 확장) 과정에서 교차 및 복선출자, 우회적 상호출자 등의 방식 그리고 상호지급보증, 내부거래시의 상호지원방식 등을 이용하여 총수가 법적으로는 독립적인 개별계열사들을 선단식으로 경영하는 경제독재체제이다. (김기원 1998)

몇 가지 특징적인 요소의 상호관계를 고려하면서 이 말을 다시 풀어쓴다면 이러할 것이다. 서구의 대기업은 소유에 있어 단일체로 되어 있고 그러면서도 개별사업 단위나 자회사별로 경영의 자율성(성과와 보상의 연계)이 어느 정도 보장되며 기업중앙조직은 기업 전체의 투자전략 등에 주력하는 구조로 되어 있는 경우가 다수이고 확장의 성격은 기술적·경영적 핵심 역량의 이용이라는 측면이 강하다. 한국재벌의 경우는 핵심 역량의 배양에 주력하기보다 '영토'확장에 집중하였다. 과거 봉건권력의 세력이 개별귀족이 지배하는 영토의 크기에 비례하듯 재벌총수의 권력 또한 외형에 의해 결정되었다(문어발식 외형확장). 지배력이 미치는 외형의 범위를 극대화하는 방법 가운데 하나가 법적으로 독립된 기업에 출자(상호출자, 교차복선출자)하여 그룹의 일원으로 끌어들이는 것이었다(선단경영).[3] 총수 개인의 가용자본 범위를 넘어서 외형확장을 하기 위해서는 당연히 부채를 과도하게 끌어들일 수밖에 없다. 그런데 모든 독재권력이 그러하듯 총수도 실제 그룹이라는 물적 기초를 이용하여 자신의 목표를 추구하기 위해서는 경영전권을 견제하는 여러 가지 장치를 무력화시켜야만 했고 이사회, 감사(회계감사) 등을 우호적인 인사로 채웠다. 소수주주권(소액주주권)의 철저한 무시는 전제적 총수권력의 동전의 뒷면이다.

이와 같은 조건을 기초로 총수는 계열사나 개별적인 사업단위별로 이윤극대화를 추구하거나 그룹 전체의 이익극대화를 추구하는 것이 아니라 오로지 총수의 이익을 극대화하였다.

그러나 재벌에 관한 모든 논의는 문제의 현상 그리고 현상간의 관계를 지적한 것이지 결코 발생론적 본질을 밝히고 있다고 볼 수 없다. 계열사간 교차·복선 출자에 따른 가공자본분을 빼고 그룹총수의 사실상의 자본지분을 계산해 보거나 단순히 각 계열사의 지분분포만으로 볼 때 총수가 3~5% 또는 10% 미만의 지분으로 그룹 전체를 지배하는 것은 소유로부터 경영권이 나온다는 자본주의 원칙으로는 도저히 이해되지 않는다. 그런데 실효지분만큼 권한을 갖게 하자는 재벌개혁론은 자본주의 원칙을 전제로 하여 거꾸로 재벌을 분석한 것으로서 재벌의 본질을 밝혔다기보다 재벌체제는 자본주의 원칙과 어긋난다는 사실을 확인한 결과에 불과하다. 마치 바둑을 두는 데 상대가 정석대로 두지 않는 것을 불평하는 태도와 같다. 정석대로 두지 않은 바둑돌이 힘을 내는 것은 그 자체만으로는 이해되지 않고 그 주위에 있는 다른 돌과의 상관관계를 보아야 알 수 있다.

한국에서 재벌총수가 소유에 기초하지 않은 힘을 가지게 된 발생론적인 이유는 잘 알려져 있는 대로 박정희 개발독재체제가 소유와 관계없이 특정 자연인을 선택하여 정치적 충성을 대가로 모든 지원을 제공했기 때문이다. 즉 한국의 재벌은 정치적 독재자에 의해 선택된 소수의 기업가가 그 정치권력자의 배려에 의해 모든 지원과 특혜를 받고 성장한 것이고 그 성장의 성과를 서로 나누는 가운데 성장했다. 이른바 정경유착은 또한 그 자체 원인이 아니고 단지 이 주고받는 관계를 동어반복적으로 표현한 것에 불과하다. 결국 재벌총수의 힘은 발생론적으로 보았을 때

소유에서 나온 것이 아니라 정치적 독재권력으로부터 나온 것이다. 소유가 경영권을 부여해 준 한에서는 다른 자본주의 국가의 기업경영권과 차이가 별반 없으며 이 공통 사항은 재벌의 본질과는 상관이 없다.[4]

참여연대 소액주주운동이나 재벌개혁감시단이 강조하는 총수의 독재, 개인 이익을 위한 일반주주 이익의 무시 등은 실은 총체적인 모든 사회적 조건의 결과이지 한국경제 비민주성의 원인이 아니다. 요즈음 많은 학자들이 재벌과 총수의 전횡이 기업경영 감시장치의 미비 등에 기인한다고 주장하고 있으나 이 유행하는 관점도 원인과 결과를 뒤집어놓고 있는 점에서는 마찬가지이다.

이 모든 장치가 부재한 것은 우연이거나 혹은 관료들이 무능하고 부패해서가 아니라 독재권력 자신이 유일한 재벌의 감시자가 됨으로써 재벌에 대한 영향력을 극대화하려는 데 원인이 있다. 국가와 대통령은 스스로가 재벌의 유일한 견제자가 됨으로써 자신의 이익을 추구했던 것이다. 또 재벌이 여러 불법, 편법을 사용하여 중소기업, 소비자 등을 희생시켜 벌어들이는 이른바 지대(rent)를 묵시적으로 용인하면서 자신도 그 지대의 분배에 참여하기 위해서는 이런 장치가 필요한 것이 아니라 있어서는 안 되었기 때문이다. 재벌 내의 기업집단간의 특이한 관계, 기업의 극단적인 위계적 관계, 중소기업과의 불평등관계, 언론 등 비경제적 영역에서의 영향력 등도 모두 이러한 정치적 역학이 수십 년 지속되는 가운데 하나의 '사회적 물질'(사회적 관계, 생산관계)로서 구현된 것들이다. 지금 이 순간 겉으로 관찰되는 무소불위의 힘을 가진 재벌총수의 권력이란 그 개인을 떠나서는 생각할 수 없는 것이 사실이지만(정치적 독재자를 박정희라는 구체적인 자연인과 분리해서 생각할 수 없듯이), 그 힘의 원천이 그 개인에 있지 않은 것도 명백한 사실이다.

결론적으로 재벌체제와 재벌총수 권력이란 그 내부조직과 외부와의 관계, 이것들을 규율하는 제도적 틀, 내부와 외부관계상의 인적 결합 등 제반 조건을 매개로 하여 성립하는 것이지 그 자체를 정태적으로 분석해서는 도저히 이해되지 않는다.

그 동안 경제발전과정에서 총수의 경제적 권력이 오직 정치적 독재자만이 제압할 수 있을 정도로 성장하는 한편 정치적 독재자는 국민의 거센 저항에 부딪혀 제거되었다. 이후 재벌과 총수는 그 경제적 독재권력을 극대화해 주는, 이미 물질화된 사회적 환경에서 지난 십수 년 동안 아무런 견제도 받지 않고 더욱 성장했다. 그러나 이 외견상의 힘의 원천은 다시 반복하지만 어디까지나 정치적인 것이고, 인적·제도적·법적 경제독재권력의 청산은 어디까지나 정치적인 힘에 근거해서만 이루어질 수 있는 것이다.

박정희의 정치적 독재권력이 행정, 입법, 사법 그리고 언론 등 제반 기구를 장악한 가운데 실현되었듯이 총수의 독재권력도 각 계열사의 이사회, 감사를 자기 사람으로 심고 또 외적 통제기구를 무력화시키는 가운데 실현된 것이지 소유집중을 했기 때문이 아니다. 물론 형식적으로는 계열사 출자 등을 이용하여 우호지분을 확보함으로써 '합법적으로' 경영권을 유지하고 있지만 이것은 어디까지나 형식일 뿐이다. 사실 현 구조를 그냥 두고도 총수와 그 가신 등 조직 내 우호세력을 어떤 정치적인 조치를 통해 물러나게 한다면 하루아침에 총수권력을 박탈할 수도 있다. 왜? 이미 현재도 소유는 충분히 분산되어 있고 총수지분은 얼마 되지 않기 때문이다.

4. 경제민주화운동의 파괴력과 한계

이상에서 보듯 재벌(총수)권력은 소액주주 권리의 무시와 동전의 양면을 이루고 있는데, 참여연대 경제민주화운동이 강력하게 보인 것은 바로 이 권리(1원1표 또는 1주1표 원리에 근거한 권리)를 내세움으로써 정면으로 재벌권력에 대결하고자 했기 때문이다. 한국 재벌체제의 문제점 가운데 핵심적인 것이 총수전횡, 선단식 경영이라는 사실은 자주 지적되어 왔으나 그 동안 이 문제를 어떻게 운동 차원에서 대응할 것인가와 관련해서는 별로 실효성 있는 대답이 없었다. 참여연대 소액주주운동과 재벌개혁감시단의 혁신적인 측면은 7, 80년대 주로 미국에서 시도된 '주주행동주의'라는 운동개념이 미국의 기업과는 전혀 성격이 다른 한국의 재벌에 대해 강력한 무기임을 입증한 데 있다.

   종래 정부의 정책이나 경실련이 제시한 재벌대책은 이러한 재벌체제의 본질에 정면으로 도전한다기보다 재벌체제의 결과적인 증후군에 임상적으로 대응하는 식, 말하자면 '숲 언저리를 두드리는'(beating around the bush) 것들이었다(총액출자한도 설정, 여신한도, 독과점규제, 소유분산 정책 등). 재벌의 본질이 아니라 그 증상만을 문제시한 대증요법이었다. 이에 반해 소액주주운동은 그 동안 철저히 소외되어 있던 소액주주의 권리를 이용하여 총수의 경영독주에 직접적으로 도전하였다. 소액주주운동은 잠자고 있는 주주의 권리를 환기시키고, 이 권리의 온전한 행사를 위해 법적·제도적 장치의 개선 또는 신설의 필요성을 일깨우는데 큰 역할을 했다. 정부의 정책변화에 영향력을 행사하는 방식이 아니라 법과 시장(현재 또는 잠재적인 주식시장 참여자인 소액주주)을 이용하여 직접 경영책임자에게 압박을 가하는 방식 자체가 대단히 혁신적인 것이었다. 그리고 국가와 정치집단이 재벌과의 관계에서 자유롭지 못하고 언론 또한 소유 및 광고주인 재벌과의 관계에서 자유롭지 못한 현실에서 참여연대가 출발 당시부터 재벌을 포함한 기업의 재정적 지원을 거부하였기 때문에 운동에서 대담할 수 있었던 점도 반드시 지적되어야 할 것이다.

   소액주주운동은 1997년 3월 제일은행 주총에 참여하여 한보철강에 대한 부실 여신을 따지는 것을 출발점으로 해서 재벌계열사간의 부당 내부거래, 부당 지원행위, 또 그것을 이용한 총수일가의 편법증여, 기업회계상의 위법사항, 부실한 회계감사에 대한 지적, 현대증권을 중심으로 한 현대의 계열사 주가조작사건 등 그간 당연시되어 온 주주이익 침해사례를 지적하고 필요하면 소송을 제기하면서 짧은 기간 동안 큰 성과를 거두었다. 동시에 주주이익 보호를 위한 법개정운동, 경영진과 지배주주로부터 독립적인 사외이사·감사의 선임 필요성을 환기하는 운동도 병행하였다. 계열사들은 법적으로 엄연히 독립된 법인임에도 불구하고 총수 등 지배주주는 마치 계열사가 자기 개인회사인 것처럼 취급함으로써 자신의 이익을 위해 다수 주주의 이익을 마음대로 침해해 온 관행에 소액주주권이라는 권리를 행사함으로써 효과적으로 타격을 가했던 것이다. 이렇게 총수 독재체제에 대해 직접적으로 타격을 가하고 그 권력에 도전함으로써 지금까지 우회적인 재벌비판에 비해 재벌체제의 '약한 고리'를 잘 이용했다는 평가를 받았다.

재벌개혁감시단은 한시적 사업이기는 하지만 소액주주운동 사업을 일부 끌어들이면서 주주권이라는 좁은 범위에 한정하지 않고 정부의 재벌개혁과정을 감시·비판하면서 보다 포괄적인 제도적 개혁대안을 신속히 제시하는 데 기여하고 있다. 감시단은 책임경영의 원칙을 거듭 천명함으로써 경영자는 그 경영에 대한 권한과 아울러 책임을 지는 것이 온당하며 실패한 경영자는 퇴진해야 한다는 원칙으로 재벌총수를 압박하였다. 소유자경영인이건 전문경영인이건 경영에 대해 책임을 지는 것이야말로 자본주의 원리임을 환기했다. 또 총수경영권의 세습을 비판하여 소유자도 전문경영 능력을 입증하는 한에서만 경영권을 가질 수 있다는 입장을 보였다. 실패한 경영인을 제거하는 방법으로 실패한 기업에 공적 자금이 투입될 때 부채의 출자전환방식으로 은행이 일시 경영권을 인수한 다음 경영자를 교체하고 계속 은행이 이사회를 통해 경영에 참여하거나 국민주 등의 방식으로 주식을 매각하여 주식분산을 유도하고 명실상부한 전문경영인체제를 만들자는 안도 제출하고 있다.

반드시 재벌감시단의 주장을 따른 것은 아니고 언론도 제안을 하고 여론이 그런 쪽으로 흐른 데서 비롯된 것이기도 하지만, 어쨌든 정부의 최근 정책——제2금융권의 사금고화 경향을 억제하는 정책, 부당 내부거래의 감시 강화, 계열사 출자한도의 도입, 상속법 강화를 통한 경영권세습 억제 등——이 나오는 데는 참여연대도 기여한 바가 크다고 할 수 있다. 또한 5대재벌의 구조조정과 6대 이하 대기업의 구조조정에 동일한 기업개선명령을 적용하라는 주장도 대우그룹 부실처리과정에서 수용된 것으로 볼 수 있다. 현재는, 소유권에까지 손을 대야 한다는 참여연대의 주장은 정부에서 받아들여지지 않았고 참여연대는 집단소송제, 단독주주권 등 진일보한 감시장치를 마련해야 한다는 주장을 계속하면서 여론환기에 힘을 쏟고 있는 국면이다.

정부도 같은 기조로 기업지배구조 개혁을 위해 노력하여 상법과 증권거래법상에 소액주주 권리를 대폭 확충했다.[5] 그외에도 기업통제장치의 많은 부분을 개선하였다.[6] 또한 1999년 재경부의 주도로 기업지배구조 개선위원회가 설치되어 기업지배구조 모범규준이 마련되었고 법무부는 외부보고서를 기초로 새로운 입법안을 준비하고 있다.

사실 참여연대 등 시민단체운동은 정부에 의해 주도되는 전체 정책기조와 거의 일치하기 때문에 시민운동의 한계와 문제점은 정부 정책방향의 문제점과 거의 구분할 필요가 없다. 따라서 작금의 정책기조 전반과 정책시행으로 나타난 결과들을 가지고 전체적인 평가해 보기로 하겠다.

우선 다시 한 번 확인해야 할 사항은 재벌체제의 문제는 어디까지나 정치적인 문제라는 사실이다. 재벌 내 정치적 구조의 문제이며 재벌과 정치권력 및 금융과의 외부관계 또한 정치적인 문제이다.

신자유주의 정책기조의 근본 문제는 이 사실을 인정하지 않고 재벌체제에 극단적으로 이질적인 순수 자본주의 시장원칙을 돌출적으로 들이대는 데 있다. 개별 계열사별로 주주-이사회-감사(회)를 중심으로 기업을 경영하며 은행은 미래수익성까지 고려한 이른바 '신자산건전성 분류기준'(FLC)으로 기업대출을 통제하라는 말은 기업의 주인은 주주이고 주식가치는 바로 기업의 미래수익에 대한 예측에 달려 있으니 주주이익 극대화에 은행도 복종하라는 뜻이다. 주주중심, 주식중심으로 경제를 통제하자는 것이다. 즉 은행의 대출도 주식시장에 복종시키며 매일매일 단기적인 (미래)수익성을 둘러싸고 게임을 벌이는 주주와 주식시장에 봉사하며 그렇지 않은 기업은 M&A시장을 통해 규율하자는 식이다.

개방된 직접금융시장에서 힘을 발휘하는 큰손은 결국은 외국의 대형 펀드들인데 이들의 힘을 빌려 한국의 재벌과 기업 전반을 요리하겠다는 뜻도 내포한다. 한마디로 이러한 실험은 위험하다. 이것은 총수중심의 경제독재체제인 재벌체제를 정면으로 해결하고자 하는 것이 아니라 재벌체제 문제를 해결하기 위해 경제적 자원의 동원구조를 대안도 없이 와해시키는 것이다. 우리 조상의 민간요법 중에 습진 등 피부병에 유황가루를 뿌려 병을 치료하는 방법이 있는데 이 방법이 무식한 이유는 유황이 근처 멀쩡한 살을 모두 괴사시킴으로써 습진도 낳게 하는 방법이기 때문이다. 자신이 없으니까 옆집(외국, IMF)의 말을 듣고 시행하는 현정부의 개혁이 바로 이런 것이다.

재벌을 포함하여 한국의 기업이 성장해 온 것은 정부의 보험기능도 있었지만 계열사간의 상호지원과 보험기능 그리고 이에 기초한 은행의 안정적인 대출·자금중개에 의존한 바가 크다. 이를 기반으로 새로운 산업에서 급속한 자본축적이 이루어지고 그것이 수출, 여타 부문의 성장을 견인해 온 것이 사실이다. 이것이 재벌체제와 정경유착을 낳은 것도 물론이지만 이 문제는 정치적 민주화, 정부조직 내부의 의사결정의 민주화 그리고 기업경영의 민주화로 해결하면 된다. 그렇지 않고 유황과 같은 약, 그러니까 시장원칙은 재벌권력을 제거하지도 않으면서 시장원칙을 강요함으로 인해 문제를 복잡하게만 만들고 경제불안정만 가중시킬 위험이 있다.

그 이유를 생각해 보자. 총수권력이 있는 한 재벌은 위험한 대규모투자를 반복하는 경향성을 갖게 된다. 예를 들어 현대는 그 투자수익성이 불투명하고 회수기간이 불확정적인 대북사업을 하려 한다. 그러나 단기적으로 현대건설 경우처럼 유동성 위기가 오면 직접금융시장, 채권시장은 차환을 꺼리고 계열사간의 지원도 해당 기업 주주들의 반대로 어려울 것이다. 은행도 FLC기준→BIS기준 때문에 섣불리 지원을 할 수가 없다. 정부가 할 일이라고는 마지막 숨넘어가는 소리가 나면 나서서 재벌을 사실상 해체시키거나 이로써 발생한 악성부채는 국민의 돈인 공적 자금을 투입하는 과정이 반복될 것이다.

기업지배구조 개선안도 문제가 있다. 총수권력이 엄연히 있는데 사외이사를 앉혀놓으면 어떻게 되겠는가? 모든 독재권력의 조직기반이 그러하듯이 한국의 이사회는 일원적인 통제조직이며 또 이사회 역시 기업 최고경영자들의 집단인데 이것과 성격이 다른 사외이사를 붙이는 것은 물과 기름을 섞으려는 시도이다.

한국의 경우는 종래의 이사회는 경영(집행)이사회로서 두고 감독이사회를 만들어 경영감시를 하는 장치를 만들어야 한다. 그리고 이 감독이사회에는 재벌권력에 대항할 수 있는 강력한 견제집단의 대표가 들어가야 한다. 소액주주의 대표, 유관단체의 대표, 공익을 대변하는 대표 그리고 무엇보다 중요하게는 주거래은행 등에서 파견한 이사 및 1/2 이상의 종업원(또는 노조) 대표가 들어가야 한다. 여기서 은행 파견이사는 해당 기업이 도저히 생존을 할 수 없을 때는 과감히 퇴출을 결정함으로써 종업원의 도덕적 해이, 즉 무조건 자기가 속한 조직을 살리려는 경향을 억제하며 또 기업이 일시적인 유동성 위기에 봉착했을 때는 과감하게 지원을 할 수 있어야 한다. 이를 위해서는 물론 은행의 경영도 유사한 방식으로 지배구조를 바꾸어야 할 것이다. 국민주 방식으로 주식을 분산하고 책임 전문경영을 유도하는 한편 은행의 감독이사회를 기업과 유사한 방식으로 구성하여 은행경영진의 잘못된 행위를 감시하고 정부의 개입을 차단해야 한다. 당연히 제2금융의 경우도 재벌로부터 분리시켜야 한다.

중요한 것은 재벌총수를 내쫓는다고 해서 기업조직 내외에 형성된 관계나 조직을 장악하고 있는 인맥, 위계적 경영관행이 하루아침에 불식되는 것이 아니기 때문에 일정 기간(예컨대 5~10년 정도)을 두고 이상의 정치적 견제장치를 통해 서서히 재벌체제를 지양해야 한다는 것이다. 그래야 한국경제의 활력을 해치지 않으면서 재벌체제를 극복할 수 있다. 그렇지 않고 단순히 마지막 숨 넘어갈 때, 총수를 내몰고 그룹을 분해하는 일만을 반복할 때는 일각에서 우려하듯이 알짜 기업을 외국에 헐값으로 내주는 결과만이 있을 것이다. 지금의 주식시장 등 직접금융시장 중심의 체제에서는 유동성 위기가 상시로 발생할 것이므로 이 우려는 지나친 것이 아니다.

특히 우려되는 것은 총수를 단지 내몰기만 하면 과거 소련 등 동유럽권에서 보듯이 권력의 공백상태로 인해 조직은 장기 표류할 가능성이 있다는 점이다. 우리는 개혁역량이 부족한 정부가 경제적 위기에 봉착하여 자신의 정권안보를 위해 이런 모험주의적 정책을 시도하는 것을 수없이 보아왔다. 현정권이라고 그렇게 하지 말란 법이 없다. 요컨대 대안 없는 파괴는 위험하다.[7]

재벌체제의 본질을 총수전횡으로 보아 무능한 총수 퇴진(또는 책임 전문경영)을 제시하는 것이나 그것을 선단식 경영으로 보아 그 대안으로 핵심 역량 중심의 단독경영을 제시하는 것은 친재벌측의 민간자율경제론(관치청산론)만큼이나 위험하다. 단독경영론이란 어떤 이상적인 시장경제모델로 경제체제를 강제로 이행시킴으로써 재벌체제=경제독재체제

문제를 '해결'하기보다 문제 자체를 '해소'하려는 발상이다. 유황가루를 뿌려 습진을 고치려는 발상과 다름이 없다. 재벌체제의 문제는 어디까지나 정치적인 문제이며 공적·사적 영역을 민주화하는 문제로 접근해야 한다. 공권력의 민주화는 단지 국가가 경제에서 손을 떼는 문제가 아니라 그 의사결정과정을 민주화하는 일이며, 부패하고 무능하고 또 여전히 보스정치가 불식되지 않음으로 해서 극히 비민주적인 정치권에 맡겨두어서는 불가능하다.

이를 위해서는 시민이 정책결정과정에 참여하는 다양한 통로를 확보하는 것이 필요하다. 마찬가지로 재벌을 비롯한 민간조직에도 앞에서 열거한 방식으로 시민과 노동자, 기타 이해당사자의 참여가 보장될 때 민주적 과정이 확보될 수 있다. 노조대표가 감독이사회에 참여해야만 하는 가장 큰 이유는 우리의 현실에서는 오직 노조만이 재벌의 경우 총수와 정부의 입김으로부터 기업경영의 자율성을 확보하는 데 필요한 힘을 가지고 있기 때문이다. 단지 전문경영자가 기업을 경영하게 되면 총수의 지배는 제거할 수 있을지 몰라도 정부의 입김에서 자유로울 수 없는 것이 한국의 현실이다. 한편 국가의 민주화, 기업의 총수지배가 이런 과정에서 점진적으로 해소되면 노동자 경영참가는 새로운 차원의 역할을 부여받게 될 것이다. 세계에서 가장 선진적인 참여적 경제모델의 전범으로 발전할 수 있다.

물론 이를 추진할 의사도, 능력도 없기 때문에 미국의 지원과 국제금융·국제금융시장의 힘을 등에 업고 경제를 외국에 전면 개방함으로써 문제를 해결하려는 현정부의 태도는 더욱더 위험하다. 신자유주의 문제는 단지 그 자체로 등장한 것이 아니라 바로 개혁의 주체가 가진 한계로 인해 미국과 IMF라는 외세를 등에 업고 개혁방식으로 과도하게 추구되고 있다는 점을 인식할 필요가 있다. 개혁에 대한 올바른 대안만이 신자유주의에 유효하게 대처할 수 있음을 신자유주의 반대를 주장하는 사람

들이 유념해야 한다. 대안이 없을 때 슬그머니 등장하는 것이 반재벌해체론 같은 반동적 사고인 것이다.[8]

최근 법무부가 쿠더 브라더 사(Coudert Brothers) 등에 의뢰해 작성한 기업지배구조 권고안을 보면 과도한 주주중심적 사고가 반영되어 있다. 재벌문제 등 한국 기업경영의 불투명성을 견제해야 한다면서 그것을 빌미로 회사정보 접근권을 회사 영업장부까지 확대하는 것은 회사의 존재이유를 망각한 발상이다. 기업은 적대적 경쟁환경에 놓여 있는 하나의 '전략적 기지'이며[9] 따라서 회사의 중요한 기술·영업상의 비밀이 공개되면 그것은 회사존립을 위협할 수도 있다. 역시 빈대 잡으려다가 초가 태우는 꼴이다. 경제독재를 해결하기 위해 회사의 본질적인 존립근거까지 침식해서는 곤란하다. 경제독재 문제는 정면으로 해결해야지 시장원리로 해결되지 않는다. 사외이사의 기능을 지나치게 강화하는 것 역시 의문이 아닐 수 없다.

따라서 거듭 주장하거니와 감독이사회를 두어 그 구성은 노조나 노동자대표 1/2을 포함하는 이해관계자로 하고, 주요 사안에 대해 승인 및 동의 보고의 의무를 경영(집행)이사회에 요구할 권한을 부여하는 제도가 올바르다. 이러한 제도적 장치를 통해 이해관계자와 회사경영자(총수경영인 포함)가 일정한 견제와 균형을 이루도록 유도하고 경제독재의 가능성을 제거하면서 회사의 본래의 기능을 유지하는 체제로 가야 한다.

5. 시민운동은 왜 필요하며 어떻게 해야 하는가?

한국사회 전반에 흐르는 위기의식과 한번 불이 붙으면 무모하고 과도하게 한쪽으로 기우는 현상은, 모든 조직이 이익집단화됨으로써 자기 이익에 몰두하는 가운데 사회의 나아갈 방향에 대한 감각을 상실하였기 때문이다. 여기서 끊임없는 위기와 긴장, 혼란이 숨돌릴 틈이 없이 발생한다.[10] 어느 나라에도 없는 시민운동의 활력은 바로 이 지점에서 나오는 것이다. 시민운동은 어떤 기득권세력과도 일정한 거리를 유지하고 이 사회가 나아가야 할 방향을 차분히 제시하기 때문에 권위가 주어지고 지지자가 생기는 것이다. 따라서 또 현재의 흐름을 주도하는 세력, 특히 집권세력에 편승하는 태도는 당장은 성과가 있는 것처럼 보일지 모르지만 시간이 지나 흐름이 바뀌면 금방 약화될 수밖에 없다. 시민단체의 성공사이클이 정권의 사이클과 동일한 약 5년인 이유를 깊이 생각해 보아야 한다.

주도세력에 편승하려는 무의식적인 태도는 시민단체가 스스로를 권력화하려는 경향의 산물이다. 그러나 권력화된 시민단체는 결국 자신의 기반을 잠식하는 셈이다. 한국의 시민단체에 사회·역사적으로 주어진 존재이유는 그것이 권력화하는 순간 소멸하게 된다. 오로지 집권세력뿐 아니라 다른 기득권세력과도 일정한 거리를 엄격히 유지하면서 당장은 인기가 없더라도 끊임없이 사회의 방향성을 제시할 때 신뢰와 권위를 얻을 것이고 그럴 때 당면의 역사적 국면에서 위대한 업적을 남길 것이다.

이런 맥락에서 시민운동은 경제적인 측면에서는 현정부의 신자유주의적 개혁정책의 문제를 지속적으로 제기하고 대안정책을 제시하는 일을 자신의 과제로 설정해야 할 것이다. 그리고 정부의 신자유주의에 편승한 경제개혁운동은 폐기되어야 마땅하다.

6. 경제민주화운동의 대안적 방향

경제민주화의 방향은 이상에서 분명해졌고 또 현정권 스스로 그렇게 해왔듯이 경제체제 전체적 차원에서 사고하고 유기적으로 연결된 대안에 의해 찾아져야 한다. 신자유주의에 대한 대응은 부분적으로 사고하면 그 엄청난 힘과 파괴력이 잘 이해되지 않거니와, 더 심각한 문제는 부분적 사고가 어떤 유효한 대안에 대한 사고 자체를 봉쇄하는 경향을 낳는다는 데 있다.

예를 들어 교육개혁을 보자. 한국교육의 문제는 한국사회 전체의 문제가 특이한 방식으로 집약해서 나타나고 있는 영역이며 학벌과 그에 따른 대입경쟁이 살인적으로 전개되고 있는 영역이기도 하다. 이에 편승하여 공익이 아니라 사익을 추구하는 사학재단의 문제, 학원 등 거대한 사교육집단의 이익 등이 얽혀 있다. 교육의 정상화는 학교를 포함한 한국사회 전체의 민주화와 다양화, 학연에 기초한 권력집단의 해소, 학벌이 아니라 개인능력 위주의 보상체계 등이 이루어질 때 비로소 가능하다. 그러나 문제를 부분적으로 보기 시작하면 교육문제는 교육서비스 수요-공급체계 그 자체의 문제이고 수요자의 요구에 잘 부응할 수 있는 교육시장의 경쟁을 활성화하면 해결되는 문제로 환원되어 버린다.

재벌개혁 문제도 마찬가지이다. 우리가 모르는 사이에 외국 주식자본이 주식시장의 30%를 차지할 정도로 들어와 있고 시장과 주주 중심의 각종 제도가 도입되고 은행은 건전성 기준에 부합하는 재무상태를 만들기 위해 골몰하고 있으며 재벌의 실제적인 문제는 그대로 존재하는 가운데 기업들의 재무상태에 약간의 허점이 발생해도 금융시장 전체가 경색되는 상황이 벌어지고 있다. 정부는 이런 문제가 생길 때마다 다시 개혁을 소리 높여 외치고 개혁미비가 문제의 근원이라고 주장하고 있으나, 이상에서 본 대로 본질을 벗어난 개혁은 더 이상 문제해결의 방법이 아니다.

반드시 일치한다는 보장은 없으나, 1989년 이후 10년 이상 이른바 신자유주의 정책을 추진해 오고 있는 멕시코의 경험은 우리의 미래를 예측하는 데 하나의 유력한 경험이 된다. 멕시코경제는 성장률, 인플레 등의 지표로 보면 어느 정도 성공적인 것으로 알려져 있다. 그러나 특정 부문

516

의 과도한 성장과 괴멸, 전체적인 불안정성, 소득불균형, 지역적 불균형이 극도로 악화되고 있다. 말하자면 성장하는 부문이나 기업으로만 자금이 집중되는 현상이 나타나고 있다. 성장의 고용효과도 미미하다(Peters 1998 참조).

혹자는 국내에 유입된 단기차익을 노리는 주식투자자금의 급격한 유출 가능성은 과거 단기대출과는 달리 일종의 자동안정장치를 가지고 있기 때문에 약하다고 주장한다. 즉 급격한 유출은 주가폭락, 환율급등 때문에 유출에 따른 손실이 지나치게 커지므로 차라리 국내에 머물 유인이 따라서 증대한다는 것이다. 일리 있는 주장이다. 그러나 국내 금융시장이 항상적으로 국제 금융시장·주식시장 사정에 따라 불안정하게 출렁거리는 일을 비롯하여 이 세계금융시장에 전적으로 제약된다는 사정은 변함이 없는 사실이다. 겨우 1인당소득 1만 달러에 턱걸이하고 있고 따라서 여전히 착실하게 산업기반을 확충해야 하는 시점인데 어떻게 단기이익에만 관심을 가진 국제금융자본에 기대어 이를 성취할 수 있겠는가. 더구나 여전히 사회적 안정장치의 미비로 시장의 주변부로 탈락한 많은 사람들의 불만과 사회적 분열에 따른 혼란과 갈등이 계속 발생할 것인데 이 비용까지 감안한다면 결코 이러한 체제가 경제의 '효율성'을 보장한다고 볼 수도 없다.

시장을 무시하고 억압하자는 말이 아니다. 한국의 경우는 그 체제 특성상 시장과 비시장적인 통제를 적절히 조합한 체제로 가야 한다는 말이다. 이때 비시장적이라는 것은 국가나 정부 차원의 개입만을 의미하는 것이 아니고[11] 보다 중요하게는 사회적인 차원에서의 참여이며 재벌이나 금융의 경우 앞에서 제시한 방법을 말한다. 기업과 금융기관의 민주화와 함께 외국인의 국내 주식시장에 대한 투자를 적절한 수준으로 통제하여 은행과 직접금융시장이 일정한 균형을 유지하고 자금의 배분을 수행한다면 영미식 체제와 독일식 체제의 특징을 결합한 독자적인 한국 경제체제모델이 구성될 수 있다.[12) 이것은 영미식 모델의 단기적 유연성과 독일의 장기적인 전망을 결합한 체제이며 정보통신혁명이라는 급격한 기술적·사회적 변화에 따른 적응의 과제를 처리하면서도 여전히 지속적인 자본축적과 다소의 위험을 감수하는 신규사업의 전개를 가능케 하는 체제이기도 하다.[13)

또 한 번의 위기나 경기침체가 와서 개혁의 계기가 마련되면 바로 이러한 대안이 추진될 수 있도록 모든 노력을 경주하는 것이 시민운동의 목표가 되어야 한다. 그러면 계기가 올 때까지 시민운동은 지켜보고만 있어야 하는가? 아니다. 모든 신자유주의적 개혁의 국면에서 그 오류와 한계를 지적하는 방식으로 개입하고 부분적이지만 대안을 제시해야 한다. 전면적인 외환자유화에 대해서는 가변예치의무제나 토빈세(Tobin tax) 등의 도입방안을 제시하고 재벌지배구조 개혁, 금융개혁에 대해서는 앞에서 말한 민주적 통제장치를 반드시 포함해야 함을 역설해야 한다.

보론: 카지노자본주의를 안락사시키자[14)

강원도 정선에 내국인을 상대로 한 이른바 스몰 카지노가 개장한 이래 이미 잔치가 끝난 증권시장을 대신할 노름판을 학수고대하던 전국의 노름꾼들은 다시 때를 만난 듯이 신이 난 모양이다. 하루 22시간 돌아가는 슬롯머신에 열이 식을 여유도 없다는 소식이다. 주식시장에서 상투를 잡은 개미군단의 한숨소리가 이들이 내뿜는 열기에 압도되는 형국이다. 한국경제 위로 몰려오는 두꺼운 먹구름이 도대체 이들에게는 무슨 상관이란 말인가? 수천 미터 깊은 곳 막장에서 위험을 무릅쓴 채탄작업의 노고로 가족의 생계를 유지하는 대신 돈 놓고 돈 먹는 희한한 방법을 발견했으니 폐광촌도 신이 났다. 땅을 1미터도 파지 않고 황금을 노다지로 캐는 방법이 있는 줄을 왜 여태 몰랐단 말인가.

카지노 열풍을 걱정하는 사람들이 많지만 냉정히 따지고 보면 그야말로 정해진 룰에 따라, 돈이 많고 적고 공평한 규칙에 따라, 더구나 일정한 승률을 정해 놓고 이루어지는 도박은 차라리 최소한의 공평한 게임의 조건을 갖추고 있다. 세금과 도박장의 수입으로 돌아가는 일정한 비용을 제하면 결국은 확률적으로 누구나 판돈을 차지할 수 있는 전형적인 영합게임(zero-sum game)의 일종이다. 어차피 사행심이라는 인간의 악덕을 완전히 제거할 수 없는 한 음지에서 행해지는 사기성 짙은 도박보다 바깥에 내놓고 하는 규제된 도박이 차악(lesser evil)으로 허용되어야 한다는 논리도 있을 수 있다. 또 사실 말이지 외국의 카지노로 전전하는 이 땅의 도박꾼들을 국내에 묶어두면 국부유출도 방지되는 것 아닌가.

미국사람의 30%가 도박을 즐기고 유럽의 경우도 그에 못지않게 도박이 유행하는 것으로 알려져 있다. 왜 그런가? 사회과학자의 냉정한 눈을 가지고 생각해 보면 여기에서는 참으로 가련한 사연이 발견된다.

자본주의 사회가 안정화되면 가지지 못한 자들이 위로 올라갈 확률은 그야말로 낙타가 바늘구멍에 들어갈 수 있는 가능성만큼이나 줄어든다. 이 사회에서 돈 없는 사람들은 그래도 하루 자고 나보니 부자가 되어 있었다는 동화의 세계, 꿈의 세계를 완전히 포기하고 싶지는 않다. 정말이지 꿈이 없는 세계는 황무지와 다름없지 않겠는가. 그러니 사람들은 말을 하지 않고도 서로 합심하여 십시일반으로 판돈을 내어 누구 한 사람에게 수십억 원을 몰아주고, 그래서 '기적'을 본 이 사람이 기뻐하는 모습을 보고 싶어하게 된다. 그러면 그 사람도 기분이 좋고 나도 꿈을 포기하지 않아도 되니 인생이 덜 삭막하고 결국 누이 좋고 매부 좋은 것 아닌가? 또 아는가, 나에게도 그런 행운이 돌아올지.

우리가 카지노 열풍을 우려한다고 이 가련한 사람들의 꿈까지 잘못되었다고 주장하는 것이 되어서는 너무 냉혹하다는 사실을 확인하자. 물론 도박에는 항상 바보와 도둑이 존재한다는 서양속담이 있는데 도둑의 역할을 지방자치단체나 공공기관이 한다는 사실이 씁쓸하기는 하지만.

우리가 우려하고 준엄하게 비판하는 대상은 경제의 중심인 '생산'을 추동하는 힘이 투기꾼으로부터 나오도록 되어버린 경제체제이다. 구체적으로 IMF 이후 현 집권세력이 중심이 되어 만들어놓은 대외적으로 완전히 개방된 자본시장을 중심으로 경제가 굴러가도록 한 경제체제가 문제이다. 그리고 이 이른바 '앵글로색슨 모델'(또는 노골적으로 미국 양키모델)이라는 것도 미국이나 영국 정도의 일류가 아니고 과거 정경유착과 사기꾼들이 설칠 여지가 조금도 억제되지 않은, 그야말로 저질 도박판모델이라는 데 문제가 있다.

아직 첨단기술의 여지가 마련되지도 않고 어느 정도의 기업이 성장하지도 않은 상태에서 정부가 코스닥시장부터 육성함으로써 벤처는 그야말로 벤처 카지노가 되었고 코스닥시장은 코스닥 카지노가 되어버렸다. 사기꾼이 엉터리 약을 팔자니 줄이 필요했고 천신만고 끝에 정권을 잡은 세력들의 일부는 최근 드러나고 있듯이 이들과 유착하여 순진무구한 서민의 돈을 끌어내어 한몫 챙기려 했다. 더구나 이 사기적인 노름판을 21세기의 희망이라 하면서 대통령이 앞장서서 부추겼으니 노벨상을 탐으로써 모든 영광을 한 몸에 안은 대통령이 한국판 카지노자본주의의 실패에 대한 모든 불명예를 져야 하지 않을지 걱정이다. 한국의 신지식인이라 하여 사기꾼 비슷한 사람들을 상 주고 한껏 높여준 것도 정부이다. 이 판국에 무늬만 벤처가 아니고 진짜 벤처도 타격을 입을 수밖에 없게 되어버렸다는 데 문제의 심각성이 있다.

지금 한국사람들은 IMF충격에 이어, 주식시장 붕괴로 수십 조의 돈을 소리 없이 빼앗긴 충격뿐 아니라 지난 3년 동안 카지노자본주의라는 마법에 홀려 정신이 완전히 탕진된 것이 아닌지 걱정이다. 100조 원이 넘는 공적 자금을 넣고도 기업금융 부실을 근원적으로 해결하기는커녕 공짜자금이 하늘에서 떨어진 양 돈잔치를 하는 데 시간을 낭비했다. '마약 기운'이 떨어진 아편환자처럼 공짜자금의 효과가 다하자 다시 비틀거리는 한국경제가 암울하게만 보인다. 정말로 공적 자금을 투입하여 한국경제라는 중환자를 수술했다면 당연히 1999년, 아니 앞으로 수년간은 경제가 수술의 고통으로 저성장 기조를 유지해야 마땅하다. 피상적인 수술, 그러니까 부채비율 200%, 상호지급보장 해소 등이 아니라 진정으로 재벌기업, 공기업까지 포함하여 기업의 소유지배구조를 민주적이고 투명하게 만들고 정치정당구조를 민주적으로 개혁하려 했다면 많은 시간이 걸리겠지만 지금 같은 어려움은 당하지 않았을 것이다.

그렇게 하기는커녕 개혁의 시늉만 내고 내외의 자금을 끌어들인다는 명분으로 순전히 카지노판을 벌여놓았으니 누가 고통스러운 구조개혁의 비용을 지불하려 하겠는가. 화급해서 다시 공적 자금을 40조 원 조성해 달라고 국민을 설득하려 하고 있으나 명분이 궁색하다. 만일 한국경제가 마약환자가 되는 식으로 되면 끊임없이 공적 자금이 들어갈 것이다. 라틴아메리카 경제가 살인적인 인플레를 겪는 일은 결국은 인플레를 통해 공적 자금을 주기적으로 공급해야 경제가 굴러간다는 뜻이다. 개방된 자본시장 때문에 외국자본뿐 아니라 국내자본도 어떤 근본적인 개혁의 칼날이 들어올 성싶으면 외국으로 달아나려 하고 노동계급에 일방적으로 희생을 강요하는 개혁을 이들이 더 이상 참지 못하는 가운데, 라틴아메리카의 많은 나라들이 결국은 인플레의 악순환 속에서 시달리고 있는 것이다. 완전한 교착상태에서 역사가 정지해 버린 꼴이다.

지금이라도 국민들에게 희망을 주려면 쓰러지는 자전거를 더 빨리 달리게 해서 넘어지지 않으려 할 것이 아니라 개혁의 내용과 방향을 완전히 재검토해야 한다. 개방된 자본시장의 채찍으로 개혁을 강행함으로 해서 자본시장에서 안정적으로 회사채와 주식을 발행할 수 있는 20개 정도의 우량기업 이외에는 돈을 가지고 있지 않다. 이들 나머지 기업은 해적

(국제투기자본)이 들끓는 험난한 자본시장이라는 바다에서 침몰하거나 노략질을 당할 지경으로 몰리고 있고 경제 전체로는 금융경색이 해소될 기미를 보이지 않고 있다.

아직도 시장을 신봉하는 사람들은 수익성이 없는 기업은 망해야 한다는 주장을 기계적으로 반복하고 있지만, 문제는 그렇게 되면 한국의 엄청난 수의 주요 기업이 망해야 한다는 데 있다. 한국경제가 죽고 나서 시장이 무슨 소용 있단 말인가.

노동자를 배제만 할 것이 아니라 권한을 준 후 개혁에 따른 고통의 분담을 요구해야 한다. 투기꾼과 뒤섞인 소액주주를 동원해서 재벌이 개혁될 리 없다. 외환시장을 일정 정도 통제하고, 대기업의 경우는 (경영)이사회와는 분리된 감독이사회를 만들어 노조(추천)대표, 소액주주, 채권자, 기타 이해관계자 대표로 이사회를 만드는 획기적인 기업지배구조를 도입해야 경제민주화가 가능하다. 정선의 카지노장 하나가 문제가 아니라 광란하는 카지노자본주의를 어떻게 잠재울 것인가, 이것이 문제이다.

주

1) 신자유주의 개혁진영 내 진보적 성향의 논자들은 개혁당위론을 가지고 애써 이 사실을 외면하면서 개혁 이후의 체제적 모습은 다양할 수 있고 그것은 당면의 개혁 필요성과는 독립된 문제라고 보고 있으나 이 태도는 솔직하지 못하다. 개혁의 계기와 주체가 개혁내용과 그 이후 발전을 결정한다는 사실을 직시해야 한다.
2) 뒤에 논하겠지만 파괴적인 것이 반드시 건설적 대안인 것은 아니다.
3) 기업을 독립법인으로 만들어 출자하여 지배하는 방법은 단일회사(예컨대 지주회사)를 통해 지배하는 방법보다 동일한 자본으로 수십 배 많은 자산을 지배할 수 있다. 말하자면 자본의 지배력 승수(1원이 지배할 수 있는 자산의 크기)가 선단식 그룹의 경우 증대한다. 그 이유는 가공지분을 창출할 수 있기 때문이기도 하지만 중핵 기업이 여러 계열사를 지배하고 계열사들이 상호지배력을 행사함으로써 각 계열사의 소수주주들의 영향력을 차단하면서 중핵 기업의 지배주주가 전계열사를 통제할 수 있기 때문이다. 일각에서는 단일지주회사의 지배주주는 회사의 이익이 지신의 이익과 일치할지 모르지만 선단식 그룹의 경우 그룹총수의 이익은 각 계열사 이익뿐 아니라 전그룹의 이익과도 불일치할 가능성이 높은 이유는 바로 선단식 그룹의 경영권이 지배주주의 지분에 비해 과대하

기 때문이라고 주장한다. 그러나 뒤에서 보겠지만 과대 권력의 문제는 단순히 특이한 소유구조에서 발생한 현상이 아니다. 실제 인과관계는 그 반대이다. 과대한 총수의 정치적 권력이 선단식 구조를 낳았고 또 기업선단을 총수가 장악할 수 있었으며, 그 결과 경영권력과 소유지분의 괴리가 발생했다.

4) 재벌이 독점자본의 특성도 가지고 있는 것은 사실이다. 그러나 이것은 어디까지나 독점자본 일반의 문제이고 그런 관점에서 분석되어야 할 사안이다. 독점자본의 문제도 중요한 것은 사실이나 재벌문제와 독점자본문제를 혼동하거나 재벌문제를 독점 및 독점자본의 문제로 접근해서는 생산적인 결론이 나올 수 없다. 이 점에서는 필자도 김기원(2000)과 같은 의견이다. 그럼에도 불구하고 재벌문제를 오로지 전근대적 유산의 문제로만 볼 수는 없다. 어디까지나 한국적 근대의 경제독재의 문제로 보아야 할 것이다. 김기원은 재벌문제를 주로 한국 자본주의의 전근대성 차원에서만 사고하기 때문에 전근대성을 극복할 수 있는 것은 무조건 선으로 보는 편향에 빠지고 있다. 마치 쥐 잡는 데 흰 고양이면 어떻고 검은 고양이면 어떠냐는 식이다. 소액주주운동이 철저히 신자유주의에 편승한 운동임을 충분히 인식하지 못하는 이유도 여기에 있다고 본다. 재벌의 문제는 한국 자본주의의 철저한 개혁 위에서 극복될 수 있는 것인데 이 철저한 개혁의 최종귀결이 무엇인가를 따지지 않고 넘어가고 있는 것이다. 문제는 결코 단계론적으로 해결되는 것이 아니다. 주주의 힘이 충분히 작용해야 재벌총수가 제압될 터인데 그러려면 한국 자본주의는 미국식 주주자본주의가 되어야 한다. 흰 고양이(주주)가 쥐를 잡으면 흰 고양이가 판치는 세상이 되는 것은 정해진 이치 아닌가? 물론 지난 3년간 육성된 시장(특히 자본시장)이 순전히 저급한 노름판시장으로 판명된 현실을 볼 때 원천적으로 시장을 통한 개혁은 불가능하다는 사실이 이미 드러났다.

5) 소액주주권은 상법 및 증권거래법에 규정되어 있다. 상장기업의 경우는 증권거래법의 적용을 받고 1998년 5월에 개정된 법에서는 주식을 권리행사일 6개월 전부터 보유하도록 되어 있다. 증권거래법의 주요 권리의 행사 지분한도를 보면 대표주주소송권은 0.01%, 이사·감사 해임권, 위법행위유지청구권은 0.5%(자본금 1천억 원 이상은 0.25%)로 되어 있고 회계장부열람권, 주주제안권은 1%(자본금 1천억 원 이상은 0.5%)이다. 정부는 2000년 12월 일부 조항에 대한 권리행사요건을 다시 완화하는 조치를 취하였다.

6) 그 주요한 내용을 보면 계열사간 지급보증 해소, 상장기업에 사외이사를 1/4 이상(자산 2조 원 이상의 경우는 1/2 이상) 두도록 했고, 2조 원 이상 상장회사에 1/2 이상의 사외이사로 구성된 사회이사추천위원회 설치, 감사이사회 도입과 외부감사인의 독립성 보장, 상장회사 공시의 강화, 집중투표제 도입, 이사 충실의무조항 신설, 증권거래법상 M&A 관련조항 완화 등이다.

7) 재벌개혁 등 전반적인 개혁이 시간을 끌고 있는 사이, 재벌을 대신할 투자주체 확보와 실업문제 해결을 위해 현정부가 마치 숨구멍을 확보하기 위해 추진한 정책이 벤처기업과 코스닥 육성이다. 벤처와 코스닥시장의 급격한 성장과 최근의 붕괴에서 드러나듯이 정책은 자본시장 주도의 한국적 시장경제의 모든 한계를 집약적으로 보여주고 있다. 집권세력과 벤처기업가의 유착, 금융조작에 의한 투기적 이익의 극대화 그리고 일시적인 침몰의 과정은 더 이상 설명을 필요치 않을 정도이다. 그럼에도 불구하고 소액주주운동이 재벌문제에 비해 이 문제에 상대적으로 미온적이거나 침묵하는 이유는 무엇인가? 그 저질의 정도가 극을 달하고 있는 점을 감안한다면 소액주주들의 이익침해에 대해 경영진과 정치권인사, 투기적 자본가 모두에 대한 비판과 소송은 아마 더 강해야 마땅할 것이다. 벤처육성을 주요 정책으로 내세우고 있는 현정권과의 공조의혹을 불식하기 위해서라도 이 문제에 대한 분명한 태도가 있어야 할 것이다.

8) 예를 들어 유승민(2000)이 대표적이다. 그의 입론은 바로 재벌해체론자들의 논리적인, 현실적인 한계를 비집고 들어옴으로써 성립한다. "재벌해체가 결코 산업발전을 보장하는 것은 아니다. 경쟁력 제고를 위한 재벌해체란 어불성설이다. …해체는 재벌형 기업조직의 강점까지 없애기 때문에, 만약 급진적 해체가 이루어진다면 한국기업들은 전반적인 경쟁력 저하를 경험할 것이다. 미국식 전문독립경영이 한국의 미래를 보장한다는 자신이 없다."(같은 책, 54쪽)

9) 회사를 단순히 계약의 망(nexus of contracts)으로 보는 신고전파 경제학의 관점만큼 비현실적인 것도 없을 것이다. 왜 회사는 전략적 기지일 수밖에 없는가는 조원희(2000) 참조.

10) 한국주재 모 외교관이 한국은 결코 따분할 시간이 없다는 말을 했다는데, 국외자의 입장에서는 남의 집 불구경이 즐거울지 모르나 한국사람으로서는 피곤하고 괴로운 일이다.

11) 관치경제는 당연히 청산되어야 한다. 그러나 관치경제=국가/정부 개입으로 이해해서는 안 된다. 원칙에 입각한 투명한 개입은 당연히 있어야 한다. 검은 돈과 권력을 이용한 부당한 이권이 거래되는 관계를 청산하는 일과 현대경제에서 경제의 안정과 성장을 위한 적절한 개입을 혼동해서는 안 된다. 요즈음 정책당국이나 학자들의 경우 흘러간 유행가처럼 생각하는 경향이 있지만 국가의 산업정책기능을 되살리고 강화하는 데 있어 국가의 역할은 중요하다. 물론 특정 산업을 직접 지원하는 과거의 방식은 현재의 WTO체제에서는 일반적으로 금지되어 있으나 기능적 또는 간접적 수단(연구개발인력 양성, 기반확충 등)은 얼마든지 가능하고 실제 선진국에서도 이런 의미의 산업정책은 적극적으로 시행하고 있다. 그러나 이때의 정책은 어디까지나 민주적인 합의과정을 거쳐서 나오는 것이므로 공정성도 보장된다. 우리의 경우도 정치가 진정으로 민주화되어야 이러한 '민주적 산업정책'이 이루어질 수 있을 것이다. 그런 기초조건이 없으니 국가개입=관치로 이해되는 것이다. 이 틈을 비집고 들어오는 것이 시장지상주의이다. 케인스주의의 경우 지나친 국가의 후퇴를 비판하는 경향이 있는데(Chang 1999), 이들이 자주 간과하는 사항은 적절한 국가역할의 회복은 정치적 민주화를 전제로 한다는 점이다.

12) 민주노동당 등 진보진영 일각에서는 정부가 우리사주구매기금을 조성하여 구매대금을 지원하는 등 현행 우리사주제도를 대폭 개선하여 회사주식을 공동소유형태로 해당 기업 노동자들이 획득하고 이 소유에 기초하여 기업경영에 주주로서 참여하는 방식을 대안으로 제시하고 있다(송태경 1998 참조). 신자유주의의 첨병인 주식시장의 논리, 자본논리를 스스로 자본가가 됨으로써 극복하자는 발상인가? 한편에서 법정노동시간을 줄이자고 하면서 주주총회에서는 이에 반대해야 하는 모순은 어떻게 처리할 것인가? 100% 자본을 노동자가 소유하거나, 주주의 의결권을 원천적으로 제한함으로써 탈자본의 논리가 지배하도록 만들지도 않은 상태로 소유자가 된다면 노동자들이 스스로 자기 손발을 묶는 결과가 될 것이다. 보다 원천적으로 보면 노동자로서 기업에 운명을 맡긴 경우 다시 소유자로서 이중의 위험을 감수해야 한다면, 단기적인 주식거래차익을 위해서라면 모를까 일반적으로는 노동자 자신이 이에 참여할 유인이 있겠는가? 소액주주운동에 우리사주조합이 전술적으로 참여하는 것은 있을 수 있지만 전면적인 대안으로서의 노동자소유 경영은 납득하기 어렵다.

13) 기존의 유럽모델은 최근 가속화되고 있는 기술의 변화(특히 정보통신혁명과 관련된 변화) 및 그에 따른 사회적 변화 나아가 변화에 따른 이익과 비용의 배분 문제를 신속히 처리함에 있어 유연성이 떨어진다는 점에 유의해야 한다. 우리의 제3의 대안은 바로 이러한 점에서 효율성과 형평성을 동시에 만족시킬 수 있다고 본다. 한편 완전히 탈자본주의적인 체제를 생각하고 있는 사람들은 여기서 제시되는 대안모델에 상당한 불만을 가질

지 모른다. 예를 들어 필자의 사고는 신자유주의에 대한 전면적인 부정이 아니라 하나의
타협책 아니냐고 반문할 것이다. 보다 장기적이고 근본적인 관점에서 다른 입론이 가능
하다는 것을 필자는 부정하지 않는다. 다만 그런 관점이 있다 해도 그것이 필자의 상대
적으로 단기적인 사고와 모순되지는 않는다고 본다. 어쨌든 근본적인 관점에서 전면적인
신자유주의 극복을 지향한다면 현실적으로 제기되는 급격한 기술변화, 그에 따른 사회변
화를 그 대안체제가 어떻게 담아내고 또 그 대안을 이끌어낼 주체의 문제, 대안의 구체적
인 요소와 작동 가능성 등 착잡한 문제에 대한 답을 제시할 수 있어야 한다. 필자도 이러
한 관점에서의 한 가지 대안으로 자주관리모델을 제시한 바 있다(조원희 1997 참조).
14) 보론은 『시민의 신문』(2000. 12. 11)에 기고한 필자 글의 일부이다. 물론 최근의 상황을
다루고 있지는 않지만, 필자는 최근의 상황을 반영할 수 있게 수정을 하였으므로 이 글
전체의 논지를 좀더 직접적으로 이해하는 데 참고가 되리라고 본다.

참고문헌

김기원 (1998), 「IMF사태 이후 재벌의 구조조정」, 『경제와사회』 40호.
_____ (2000), 「재벌개혁을 둘러싼 쟁점」, 유철규·윤진호 편, 『구조조정의 정치경
제학과 21세기 한국경제』, 풀빛.
송태경 (1998), 『우리사주조합! 잘만 활용하면?』, 노동자기업인수센터.
유승민 (2000), 『재벌, 과연 위기의 주범인가』, 비봉출판사.
조원희 (1997), 「개혁사회주의를 넘어선 시장사회주의 모형연구」, 『비교경제연구』
통권 5호.
_____ (1999), 「경제민주화운동의 재검토」, 『사회비평』 제22호.
_____ (2000), 「자본주의 제도론: 동학적 접근」, 『사회경제평론』 제14호.
강철규 (1999), 『재벌개혁의 경제학』, 다산출판사.
Chang, H.-J. (1999), "Industrial Policy and East Asia: The Miracle, the Crisis, and the
Future," World Bank Workshop.
Peters, E. D. (1998), "Mexico's Liberalisation Strategy, 10years on: Results and
Alternatives," *Journal of Economic Issues* vol. 32/no. 2.

신자유주의 세계화,
국제 기구·협정 비판과 민중운동의 대응전략

이 창 근*

1. 신자유주의 세계화의 역사적 맥락과 특징

오늘날의 자본주의 설명에서 세계화나 신자유주의는 널리 사용되고 있는 개념들이다. 특히 세계화는 좌파와 우파를 막론하고 폭넓게 이용되면서 다양한 방식으로 물신화되고 있는데, 대표적으로 다음 두 가지 지점이 아닌가 한다. 첫째로, 세계화는 역사 필연적인 방향이며 과학기술혁명에 기반한 자연스러운 경향이라는 관점이다. 이는 "역사의 필연은 거스를 수 없으며, 설사 문제점이 있더라도 그것은 보완되어야 할 것이지 세계화 과정 그 자체가 의문시될 것은 아니다"는 주문을 담고 있다. 둘째로, 세계화는 민족적 토대를 기반으로 한 자본주의로부터 '지구적 자본주의'(global capitalism)라는 새로운 단계로의 이행이며, 이 과정에서 국민국가의 역할은 쇠퇴 혹은 소멸된다는 관점이다. 이는 "세계화시대에 국

---

* 투자협정·WTO반대 국민행동 정책위원

민경제와 국가정책은 불가능하며 심지어 무의미하다"는 사고를 강요한다. 세계화에 대한 이런 물신화된 관점은 많은 부분 오늘날 자본주의 질서가 발휘하고 있는 이데올로기적 헤게모니에서 연유한 것이다.

하지만 세계화 개념의 이런 물신화는 NGO 및 좌파들 속에서도 나타나고 있다. 특히 지구적 시민사회(global civil society), 지구적 민주주의(global democracy) 같은 대안전략 개념은 기본적으로 세계화에 의한 국민국가의 쇠퇴, 일국적 투쟁의 불가능성 혹은 무의미함을 바탕에 깔고 있으며 사회세력관계의 근본적 변화와 국가변혁에 대한 희망을 포기하게 만들고 있다. 따라서 민중들의 대안전략의 재구성은 세계화에 관한 혼란과 무비판적 수용에 대한 비판적 고찰로부터 시작되어야 할 것이다.

자본주의 역사발전에서 세계화는 주기적이었다. 자본주의 역사에서는 "'고도의' 외적 팽창(세계화) 시기가 있었고 위기의 순간들이 있었으며 경제적 흐름이 내부로 전환된 시기들"(제임스 페트라스 1998)이 주기적으로 반복되었다. 예를 들어 19세기 후반 자유주의 시대에 해외무역과 대외수입이 국민총생산에서 차지한 비중은 20세기 말보다 더 컸는데, 이는 세계화가 자본주의 역사에서 새로운 현상이 아님을 말해 준다. 또한 세계화의 역사는 자국시장을 확대·심화하여 생산력을 발전시키기 위해 "경쟁자를 축출하고 자국 거대기업의 지배와 정치적 지배를 부과하기 위한 제국주의 국가들간의 치열한 경쟁의 과정이었다"(같은 글). 이는 자본의 민족적 토대가 전혀 사라지지 않았음을, 그리고 국가의 역할이 여전히 건재함을 반증한다.

그러므로 오늘날의 세계화가 그 규모와 속도에서 엄청나게 고도화되어 있는 것은 사실이지만——특히 금융적 팽창은 놀랄 만하다——그 자체를 자본주의 역사발전의 새로운 단계로 규정할 수는 없다. 그렇다고 해서 단순히 19세기 말 자유주의 시대의 그것과 똑같다는 말은 아니다. 분명 제국주의 시대를 경과한 오늘날의 세계화는 이전 국면과 다른 특징을 갖고 있다. 이를 설명하는 데 신자유주의라는 개념은 필수적이다. 즉 세계화는 케인스주의 위기를 극복하기 위한 자본의 전략인 신자유주의의 맥락 속에서 고찰되어야 한다. 결국 문제는 신자유주의 세계화이다. 그 역사적 맥락과 특징은 다음 몇 가지로 정리할 수 있다.

첫째, 신자유주의 세계화는 역사적으로 자본의 위기에 대한 자본의 대응전략이다. 세계자본주의 체제는 1960년대 후반 이후 심각한 이윤율 하락에 직면했으며 실물경제, 특히 제조업부문은 아주 심각했다. "1965~73년 미국 제조업부문의 이윤율은 약 40%, 경제 전체적으로는 25~30%가 감소했으며 70년대 이후 선진자본주의 국가들 전체가 장기불황 상태에 돌입했다." 이러한 자본축적의 위기——케인스주의 위기——의 대응전략이 신자유주의 세계화의 역사적 맥락을 이루며 그것의 핵심적인 행위자들은 국제 기구 및 협정——IMF, WTO 등——을 등에 업은 제국주의 국가, 초국적 기업과 은행들이다.

둘째, 신자유주의 세계화는 자본축적과정의 투기화·금융화와 노동유연화를 가장 큰 특징으로 한다. 즉 "산업자본 및 상업자본의 이윤율이 이자율 수준으로 수렴하자 초국적 금융자본의 (투기)활동이 만연(금융화)"했고 "각국 기업 내에서는 리엔지니어링, 다운사이징 등 노동에 대한 공격이 진행(유연화/궁핍화)"된 것이다(박하순 2000). 금융적 축적을 돕기 위한 일련의 경제정책들이 펼쳐졌는데, 그 핵심은 인플레이션 억제정책이다. 인플레이션은 금융자본들에게 참을 수 없는 것이기 때문이다. 또한 인플레이션 억제를 위한 주요 정책수단인 긴축재정·긴축신용은 임금억제와 고비용-저효율 기업들에 대한 합리화를 강제하는 효과를 가져왔다. 이는 대량실업, 비정규직·계약직의 확산 등 노동 유연화와 궁핍화로 귀결되었다. 요컨대 신자유주의 세계화는 하락해 가는 자본의 평균이윤율을 투기적 이윤의 제국주의적 전유와 노동궁핍화를 통해 개선하는 전략을 의미한다.

셋째, 금융적·투기적 축적을 위한 우호적인 환경이 극적으로 형성된 것은 미국이 '세계경제를 떠받치는 은행'으로서의 역할을 포기한 시점이다. 1971년에 달러의 금태환이 정지되고, 73년 각국 화폐를 달러에 연계시켰던 고정환율제가 파산한 때를 의미한다. 이로써 자본의 흐름은 걷잡을 수 없이 확장되었고 그 성격 또한 이전 국면과는 판이하게 달라졌다. "1971년 국제금융거래의 90%가 무역이나 장기투자와 같은 실질경제와 관련되었고 투기자본은 10%에 불과했다. 그러나 1990년 그 비율은 완전히 뒤집혔고 95년경에는 막대한 자금의 95%가 투기성 자본이 되었다. 1일거래량은 7대 산업국 총외환보유액을 상회하는 1조 5천억 달러에 이르렀고 그중 80%가 1주일 이내에 상환해야 하는 초단기거래였다."(국민행동 2000) 금융시장이 경제 일반과 사회를 지배하는 권력자(금융시장 독재체제)로 등장한 것이다.

넷째, 신자유주의 세계화는 단순한 이데올로기나 일련의 경제정책만을 의미하지 않으며 오히려 그것은 "집단적인 사회적 책임을 거부하고 욕심과 탐욕의 편협한 철학을 사회발전의 토대로 받아들이는 등, 사회정책의 근본적인 방향전환"(해리 클리버 1999)을 포함한다. 이는 재정지출의 삭감이 대개 사회적 약자를 위한 복지프로그램에 대한 체계적인 공격으로 나타난 데서 확인할 수 있다. 민영화, 사회적 비용의 축소, 노동조합 파괴, 저임금, 자유무역, 자유투자, 생태계 수탈과 파괴 등이 그 일련의 전략이다. 이러한 전략은 일국적·국제적 규모에서 가치와 부를 체계적으로 다수의 노동대중으로부터 소수의 초국적자본으로 이전시키는 데 복무한다.

다섯째, 신자유주의 세계화는 시장지상주의 혹은 자유시장자본주의와 동일하지 않으며 그것의 작동은 철저하게 "국가, 정치권력, 정책들을 포함한 비(非)시장기구들"(에릭 홉스봄 1998)의 협력을 전제로 한다. 신자유주의의 핵심적인 정책기조가 자본운동을 국민국가에 의해 부과된 민족적·국제적 한계라는 속박으로부터 자유롭게 하는 데 있는 것(해리 클리

버 1999)은 엄연한 사실이지만, 이것이 정부개입의 소멸을 의미하는 것은
아니다. 탈규제정책 자체가 정부개입의 특정한 형태이다. 왜냐하면 소멸
된 것은 국가개입 일반이 아니라, 케인스주의적 국가개입이기 때문이다.
자본주의 역사에서도 정부의 개입은 예외적 조치라기보다 일반적 현상
이었다. 신자유주의 세계화시대에 정부의 개입은 사회·경제적으로 더
없이 편파적일 따름이다.

여섯째, 19세기 말 제국주의는 식민지주의를 정당화하기 위해 경쟁과
자유무역을 경제적으로 합리화했듯이, 신자유주의 세계화 역시 그 어느
때보다도 제3세계에 대한 야만적인 공격을 수반하며 그것을 합리화한다.
이는 1980년대 제3세계 국가들이 반복적으로 경험한 '외채위기'와 지속
적으로 확대·재생산된 '남북간의 격차'에서 확인할 수 있다. 외채위기
는 제3세계 국가들의 신자유주의 구조조정을 강제하는 체계적인 수단으
로 작용하였으며, 이는 IMF/세계은행의 구제금융-구제조건이라는 메커
니즘을 통해 제도적으로 뒷받침되었다. 이로 인해 제3세계는 국민경제의
파괴와 노동자·민중의 생존권 위기라는 엄혹한 현실에 직면해야 했다.

일곱째, 신자유주의 세계화의 또 다른 특징 하나는 IMF/세계은행,
WTO, 투자협정, 자유무역협정 등 국제적인 강제수단의 발달이다. 이러
한 국제 기구·협정 들은 신자유주의 세계화과정에 법적·정치적 정당
성을 부여하고 전세계에 신자유주의적 모델을 강제하며 그것을 불가역
적인 것으로 만들어버리는 제도적 수단으로 기능하고 있다. 이러한 국제
적인 수단들은 공통적으로 초국적자본의 정치적·경제적 권리를 보호하
는 규범·조항 들로 가득 차 있으며 각국 경제·사회 정책의 자율성을
심각하게 억압한다. 즉 이들은 본질적으로 제3세계에 대한 신식민지적
재수탈체제의 유지·강화에 봉사하고 있다.

여덟째, 신자유주의 세계화는 케인스주의 위기에 대한 자본의 대응이
었지만 그것은 위기극복에 실패했고 오히려 위기를 확대·심화시켰다.

이는 70년대와 80년대 제국주의 국가들의 구조적 불황과 제3세계의 반복적인 외채위기에서 확인할 수 있다. 특히 1994년 멕시코 외채위기와 1997~98년의 동아시아 금융위기는 아주 극적으로 신자유주의 세계화의 위기적 현실을 드러냈다. 신자유주의 세계화는 "70년대의 상승, 80년대와 90년대 초반의 공고화 그리고 아시아와 라틴아메리카에서 시작되어 북아메리카, 유럽으로 퍼지고 있는 지난 몇 년간의 쇠퇴"(제임스 페트라스 1998) 과정을 겪으면서 이제 70년대 이후 그것의 탄생과 더불어 야기된 "일련의 위기 중 최후의 위기──금융불안정 시대──"(해리 클리버 1999)로 치닫고 있다. 최근 들어 지배엘리트와 자본가들 간에 자못 활발하게 진행되고 있는 신자유주의 세계화에 대한 위로부터의 개혁논의[1]는 이 체제의 위기가 얼마나 심각한지를 간접적으로 드러내준다.

아홉째, 신자유주의 세계화는 두 가지 결정적인 결과를 가져왔는데 그 하나가 '빈곤의 세계화'이다. 실질임금 하락, 소득불평등 심화, 일상적인 고실업, 전염병의 창궐과 민중건강권의 후퇴, 전반적인 삶의 질 하락 등이 그것이다. 그리고 금융불안정 시대의 도래이다. 1994년 멕시코위기와 1997~98년 동아시아위기에서 드러났듯이, 위기는 그것이 발생한 일국과 지역의 경계를 곧바로 뛰어넘어 다른 국가·지역의 금융시스템과 경제 전반을 붕괴시키는 효과를 낳는다. 이제 금융위기는 예외적인 것이 아니라 전형적인 현상으로 변해 버렸다.

신자유주의 세계화는 제3세계와 노동계급에 대한 야만적인 공격을 통해 자본의 이윤율을 개선시키려는 전략이며, 이는 국제적인 수단들에 의해 그 정당성과 합법성이 가장(假裝)되고 있다. 하지만 이 전략 역시 오늘날 위기에 처해 있으며, 일국적·국제적 수준에서 아래로부터의 저항에 직면해 있다. 특히 신자유주의 세계화과정의 상징으로 인식되고 있는 국제적인 기구 및 협정에 대한 저항은 최근 들어 뚜렷하게 증가하고 있다. 이에 다음에서는 신자유주의 세계화에 봉사하는 주요한 국제적인 수단들을 살펴보도록 한다.

2. 신자유주의 세계화 추진 국제 기구 및 협정[2)]

제3세계 외환·금융위기와 IMF

역사적으로 IMF는 80년대 초반부터 외채위기를 겪고 있는 국가들에게 구조조정프로그램(SAPs)을 강요해 왔다. 그것은 "금융시장 자유화, 최저임금 철폐, 쿼터 및 보조금 철폐, 국가독점(기업)의 축소, 가격통제, 변동환율제, 민영화" 등을 내용으로 하여 80년대 라틴아메리카와 아프리카 대륙에서 악명을 떨쳤다. 냉전시대의 해체와 더불어 구조조정프로그램은 이른바 워싱턴 컨센서스라는 보다 포괄적인 제국주의 세계지배전략으로 발전하는바, 바로 "긴축재정, 민영화, 외국인 직접투자 자유화, 세금감면, 금융시장 자유화, 자유무역, 노동시장 유연화" 등을 기본 내용으로 하는 초국적(금융)자본의 프로젝트이다. 이 프로젝트는 미국 자본주의가 전세계를 자신들의 축적체제——금융적 축적체제——에 걸맞게 재편하기 위해 기획되었으며, 그 목표는 핵심적으로 제3세계의 공략이었다. 지정학적 특수성에 기반하여 냉전시대에 상대적으로 경제성장의 달콤함을 맛본 동아시아는 라틴아메리카에 이어 주요 공략표적이 되었다.

제3세계 국가들은 신자유주의 세계화과정으로 편입되면서, 장기적인 경제발전정책을 수립하고 실행하는 것이 사실상 불가능하게 되었다. 왜냐하면 그들은 항상 '자본이탈의 위협'에 직면해야 했기 때문이다. 특히 80년대 후반 냉전시대가 해체되면서, 초국적자본과 제국주의 국가들의 공격은 보다 적나라하게 진행되었다. 사회주의 국가를 염두에 둘 수밖에 없었던 냉전시대와는 달리, 이제는 정치적 목적을 위해 경제적 실리를 조금이라도 포기할 필요가 없어졌기 때문이다. 결국 야만적인 신자유주의 세계화 속에서… 제3세계 국가들은 반복적인 외채·금융위기에 시달려야 했다. IMF는, 한국민중들이 익히 경험했던 대로 위기를 빌미로 제3세계에 돈을 빌려주고 그 대가로 신자유주의 모델로의 전환을 위한 각종 구조개혁정책들을 요구했다. 수많은 제3세계 지배엘리트들은 경제발전을 위한(혹은 경제위기 극복을 위한) 자본을 해외에서 쉽게 조달할 수 있다는 환상 속에서, 신자유주의 구조개혁을 단행하고 신자유주의 세계화과정으로 편입해 들어갔다. 그러나 그 편입의 대가는 절망적이었다. 경제성장은 둔화되고 오히려 성장잠재력까지 잃어버렸다. IMF구조조정은 단지 외국은행과 초국적자본의 대부금만을 회수해 갔을 뿐이다. (국민행동 2000)

금융시장 자유화, 노동시장 유연화, 민영화정책 등 구조조정프로그램은 제3세계 국가와 민중에 대한 어떠한 고려도 없이 초국적자본과 제국주의적 국가들의 투기적·금융적 착취를 위한 '그들만의 경기장'을 만드는 과정이었다. IMF는 이처럼 제3세계에 신자유주의 모델을 강요하는 선봉의 역할을 했으며 그것은 대부분 구제금융−구제조건의 메커니즘을 통해 효과적으로 관철되었다.

세계무역기구(WTO)

1995년 공식 출범한 WTO는 초국적자본의 신자유주의 세계화 프로젝트에서 매우 중요한 위치에 있다. WTO체제는 과거 '관세 및 무역에 관한 일반협정'(GATT)을 계승하는 것이지만, 다음 세 가지 점에서 후자와 질적으로 차이가 난다.

우선 GATT체제는 전통적인 상품거래만 다루었던 데 비해, WTO는 서비스(GATs)와 지적재산권(TRIPs)까지 포괄한다. 이러한 새로운 영역의 편입은 자본의 조직화방식(및 성격)의 변화를 반영하는 것이다. 신자유주의 시대의 자본은 "생산적이라기보다 투기적이며, 생산부문 내에 서는 그 어느 때보다도 지식집약적"(Tandon 1998, p. 5)인데, 이러한 자본 의 성격 변화는 GATT체제의 전환을 필요로 했다. 여기에 냉전시대의 해체가 제국주의 국가들에게 자본 조직화방식의 변화에 조응하는 국제 무역질서 재편의 호기를 제공했다. WTO에 새롭게 편입된 영역은 당연 히 제국주의 국가들, 특히 미국계 초국적자본의 이익을 극대화하는 데 봉사할 수 있었는데 금융, 컨설팅 서비스분야 및 하이테크 산업——전자 소프트웨어 및 하드웨어, 생명공학 등——에서 미국계 기업의 경쟁력은 거의 절대적이었기 때문이다(이창근 2000a).

둘째로, 과거 GATT체제가 핵심적으로 관세라는 국경(國境)간 장벽만 다루었다면 WTO는 비관세장벽(non-tariff barriers)이라는 이름으로 국 내정책까지 통제한다. 우루과이라운드 과정에서 집중적으로 제기된 비관 세장벽은 제3세계 국가들의 국민경제적·사회적 필요에 따른 정책들을 자유무역원칙에 위배되는 불법적인 것으로 만들어버렸다. 일례로 명시적 으로 국내 생산품정책(local content policy)[3] 및 무역수지균형정책(trade-balancing policy)[4]을 금지하고 있는 무역관련투자조치협정(TRIMs)은 초국적기업들이 세계 전역에 흩어져 있는 자회사들간의 내부거래를 자 유롭게 할 수 있게 해준다. 또한 비관세장벽에서는 노동·환경·보건 등 일국의 사회정책까지 규제의 대상이 되고 있다 농민생존권 보호정책, 식량안보정책, 역차별 정책(affirmative action) 등도 자유무역원리를 거 스르는 장벽으로 취급되어 제거되어야 할 것으로 간주되고 있다.

마지막으로 WTO가 제국주의적 지배-종속관계의 강화에 복무하는 것 임을 적나라하게 보여주는 것으로서, 비약적으로 강화된 WTO체제의 분 쟁해결절차를 들 수 있다. 여기서 핵심은 상호보복 논리이다. 비록 "형식 적으로 분쟁해결은 분쟁해결기구(Dispute Settlement Body, DSB)의 책 임 아래 있지만, 누가 옳고 그른지 판단은 단 3인의 전문가로 구성된 패

534

널에서 이루어진다. 패널보고서는 자동적으로 채택되며 패소한 국가는 자국의 정책을 변경하든지 아니면 상대방으로부터 보복조치를 당하는 수밖에 없다." 한마디로 '재판은 WTO가! 집행강제 및 처벌은 당사자 상호간에!'라 할 수 있다. 이러한 상호보복주의는 국가간 힘관계의 구조적 불평등성이라는 냉혹한 현실을 그대로 반영한 원칙이다. 즉 약소국이 설사 WTO패널에서 승소하더라도 그들이 패소한 제국주의 국가들에 대해 보복조치를 부과하기는 현실적으로 힘든데, 그 이유는 제3세계의 어떤 국가도 개별적인 차원에서 제국주의 국가에 보복조치를 취할 수 있는 자원과 힘을 갖고 있지 않기 때문이다. 결국 WTO의 상호보복주의는 강대국들에 절대적으로 유리한 결과를 가져온다. 따라서 여기서는 보다 근본적으로 "누가 WTO에게(그것도 단 3인의 전문가들에게) 우리들 대다수의 삶에 치명적인 영향을 끼칠 수 있는 중대한 사안에 대한 결정권한을 위임해 주었는가" 하는 문제가 제기되어야 한다. 이는 국민국가의 주권과 민주주의의 문제이자, 그에 대한 중대한 위협이기 때문이다.

다자간투자협정

WTO체제의 성립에도 불구하고 90년대 중반 이후 금융자본의 폭발적 팽창을 배경으로 해서 투자협정이 급증한다. WTO체제가 금융적 팽창에 조응하는 투자의 완전한 자유화를 위한 국제규범을 그 내부에 만드는 데 실패했기 때문이다. 사실상의 투자협정이라 할 수 있는 WTO 내의 GATs는 개별국가들이 허용하는 부문에서만 자유투자가 가능하다는 점에서 한계를 가지며, TRIPs는 제3세계 국가들이 국내 규제와 체제를 그에 조응하도록 바꾸는 데 시간적인 유예를 너무 많이 주고 있다는 점에서 불만이었다. 또 TRIMs는 비록 해외투자자들을 차별하는 조치를 금지하고 있지만 그것은 상품교역에 영향을 미치는 조치들——수량제한, 국내 생산품 사용의무 부과 등──로 한정되었다. 이처럼 WTO협정들은 '자유로운 시장접근과 투자설립의 권리'까지 보장해 주지는 못했다.

이러한 상황에서 제국주의 국가들과 초국적(금융)자본은 1995년부터 선진국 클럽인 경제개발협력기구(OECD)에서 다자간투자협정(Multilateral Agreement on Investment, MAI)을 별도로 논의하기 시작했다.

MAI 초안에서는, 우선 투자자 및 투자 개념이 대단히 넓게 정의되어 있다. 모든 주체──개인과 법인, 민간기업과 공기업, 영리기업과 비영리 기업 등──가 투자자가 될 수 있으며 주식, 채권, 지적 재산권 등 모든 형태의 자산이 투자로 간주된다.

둘째로, 기존의 투자보장협정과 달리 투자자는 투자설립 전(前)단계 에서부터 보호받게 된다. 이는 정부의 고유 권리, 즉 특정의 해외 직접투 자가 자국 국민경제에 필요한지, 사회적·민중적 이해에 부합하는지를 심사하고 그 진입 여부를 결정하는 권리가 박탈되었음을 의미한다.

셋째로, MAI는 어떠한 경우든 해외투자자의 기업활동에 대해 특정한 조건을 부과하는 것을 금지한다(이행의무부과 금지원칙). 예를 들어 정 부는 노동자·민중이 해외투자자들로부터 이득을 얻을 수 있도록 '국내 에서 고용되어야 할 종업원의 최소기준을 정하거나' '국내 부품업체와 협 력하고 일정 기준 이상 국내 생산품을 사용토록 하는 것' 혹은 '국내에서 획득한 이윤 중의 일정 비율 이상은 반드시 그 국경 내에서 재투자되도 록 하는' 등의 요구조건을 부과할 수 없다.

넷째로, MAI는 해외투자자와 국내투자자(내국민대우), 해외투자자와 해외투자자(최혜국대우) 간에 어떠한 차별도 있어서는 안 된다는 차별 금지원칙을 명시하고 있다. 노동자·민중의 입장에서는 국내자본이든 외국자본이든 차별 없이 그들을 민주적·사회적으로 통제하는 것이 중 요하다. 그런데 문제는 MAI의 차별금지원칙에서 문제삼고 있는 차별의 내용이 노동자, 민중, 지역공동체의 필요와 이해에 따른 정책들──미디

어산업 혹은 공공부문에 대한 외국인 소유를 제한하는 법률, 중소기업 및 농민들에게 보조금 및 대부금을 지원하는 행위 등——을 다수 포함하고 있다는 데 있다.

다섯째, MAI의 해외투자자를 위한 정치적 보호수단으로서 점진적 철폐(rollback) 및 현상동결(stand-still) 원칙이 있다. 즉 MAI규약과 충돌하는 국내법 및 제도들은 점점 축소되어 최종적으로 철폐되어야 하며(점진적 철폐), 미래에도 협정조인국들은 협정에 부합하지 않는 새로운 법률과 정책을 일절 도입하지 못한다(현상동결)는 것이다. 이는 한마디로 개별국가가 일단 자유화·개방화 과정으로 진입하면 결코 되돌아올 수 없게 강제하는 제도장치이다.

마지막으로, 투자자-국가의 분쟁해결절차를 규정하고 있는 점이다. MAI체제에서 해외투자자는 자신의 투자자산에 손실을 입히거나 입힐 것으로 예상되는 일체의 정부조치에 대해 정부를 상대로 손해배상청구를 할 수 있다. 심지어 계획된 투자에 제한을 가하는 것조차 기업가에 의해 '경쟁기회의 박탈' '미래소득의 수용'이라는 근거로 제소대상이 될 수 있다. 투자자의 권리가 국가와 동등한 수준으로 격상되어 있음을 보여주는 대목이다. 반면 초국적기업의 노동착취활동, 환경파괴활동, 투기활동 등에 대해 노동조합 등 시민·민중의 제소권은 보장되지 않는다.

이러한 무수한 문제점들 때문에, MAI는 각국 민중들의 거센 저항을 불러일으켰으며 결국 1998년 10월 공식적으로 중단되었다. 당시 각국 시민, 사회단체, 노동조합 들은 MAI에 대해 투자자의 권리를 정부·지역사회·시민·노동자·환경의 권리보다 훨씬 우위에 놓고 있는 것, 해외투자자에 대한 민중들의 민주적 통제의 권리를 존중하지 않는 것, 해외투자자가 국가를 상대로 직접 제소할 수 있는 권리를 부여함으로써 민주주의와 국가주권을 심각하게 침해하고 있는 문제점 등을 집중적으로 제기하였다. MAI가 '초국적(금융)자본의 권리헌장'이란 별명이 붙은 것도 이 때문이었다.

자유무역협정[5)]

역사적으로 자유무역협정(Free Trade Agreement, FTA)은 지리적으로 인접한 국가들이 동맹을 맺고 가맹국 상호간의 무역을 자유화하려는 시도였다. FTA는 자연히 지역블록(지역화)의 형성 및 발전의 역사와 밀접한 관련을 갖고 있는바, 지역블록의 가장 보편적인 형태라 할 수 있다. 제국주의 국가들은 1995년 WTO체제의 출범에도 불구하고 지역화전략을 적극 추진하고 있다. 미국은 94년 북미자유무역협정(NAFTA)을 발족시킨 데 이어, 현재 이를 미주대륙 전체로 확장시키는 '미주자유무역협정'(FTAA)을 추진하고 있다. 뿐만 아니라 89년 출범한 아시아태평양경제협력체(APEC)에 적극 개입하여 아시아시장에 대한 주도권 유지 및 확대를 꾀하고 있다. 그리고 유럽은 93년 유럽연합을 출범시키고 현재 동유럽으로의 확장을 추진하고 있으며 또 아시아시장에 대한 접근권한의 확대를 위한 틀로 96년 아셈(ASEM)을 출범시키고 라틴아메리카남부공동시장(MERCOSUR)과의 통합계획도 추진중이다. 한편 제국주의 국가 중 유일하게 자유무역협정을 맺지 않은 일본은 최근 한국, 싱가포르, 멕시코 등과 자유무역협정 체결을 모색하고 있다.

이처럼 제국주의 국가들이 경쟁적으로 지역화전략을 추진하고 있는 것은, 다자간협상이 점점 그들간의 갈등과 경쟁, 제3세계의 반란, 세계민중들의 국제적인 반대행동 때문에 합의가 쉽지 않고[6)] 신자유주의 세계화과정에서 발생할 수밖에 없는 국내 비용 및 사회세력들의 저항을 방어해야 할 필요성 때문이다.

그렇다면 신자유주의 세계화 속에서 '지역화'는 어떠한 의미를 갖는가? 양자는 상호 배타적인 과정인가? 이에 대해 1995년 WTO사무국은 연구보고서에서 "지역통합과 다자간통합 계획은 '더 많은 개방무역'의 추구에서 양자택일적 길이라기보다는, 종종 인정되는 것보다 훨씬 더 상호 보완적"[7]이라고 말한다. 높은 수준의 지역협정이 보다 높은 규칙과 제도를 갖는 다자간체제의 출범과 발전을 가능케 한다는 것이다. 가령 서비스시장 개방과 지적 재산권 보호조항을 포함한 높은 수준의 지역무역협정——특히 제국주의 국가들에 뿌리를 두고 있는 NAFTA와 EU——덕분에 우루과이라운드협정은 이들 쟁점을 포함한 훨씬 포괄적이고 강력한 무역질서인 WTO체제를 출범시킬 수 있었다. 또한 최근 지역 자유무역협정은 '무역과 관련된 자유화'뿐 아니라 자본이동 및 투자자유화, 해외투자자 권리보호조항들을 포함하고 있는데, 이러한 지역 자유무역협정의 '금융 개방적 성격'은 그것이 신자유주의 세계화의 심화·확대, 금융팽창의 유력한 수단으로 기능하고 있음을 보여준다. 특히 금융의 자율적인 발전양상을 고려하면 지역화의 미래에서 "금융적 통합이 무역통합보다 더욱 중요해질 것"(S. 브뤼노프 2000)인데, 이는 지역화가 결코 신자유주의 세계화와 상호 배타적인 과정이 아님을 의미한다.

3. 김대중정부의 대외경제정책 추진방향과 그 배경

현재 김대중정부는 WTO 뉴라운드, 한미·한일 투자협정, 한국·칠레 자유무역협정 그리고 동북아자유무역협정 등을 적극 추진중이거나 구상 중이다. 이러한 대외경제정책은 신자유주의 세계화로의 편입을 심화시키고 한국경제구조를 신자유주의 모델로 영구히 변화시키는 데 결정적인 역할을 할 것으로 보인다. 이하에서는 한국정부의 대외경제정책을, 최근 현안이 되고 있는 지점을 중심으로 WTO 뉴라운드와 후속협상(농업 및 서비스 협정), 동북아자유무역협정 추진전략, 양자간 협정체결

획의 세 가지 축에서 검토해 보기로 하겠다.

첫번째로, 한국 정부 및 자본가들에게 WTO를 중심으로 한 다자간 무역질서의 강화 및 확대는 여전히 대외경제정책에서 중심축을 이룬다. WTO와 관련된 최근의 현안은 뉴라운드와 후속협상의 문제에서 형성되고 있다.

우선 뉴라운드는 그 동안 WTO가 포함하지 않았던 새로운 영역들을 휘하로 편입하고 권한을 더욱 강화하는 것을 목적으로 한 포괄적인 다자간 무역협상이다. 현재 뉴라운드의 조기출범을 위해 제국주의 국가들간의 협의가 활발하게 진행되고 있지만 출범시기를 정확히 예상하기는 어렵다. 미국은 우루과이라운드에서 이미 의제로 설정된 농업·서비스 협정, 즉 기설정 의제를 기본으로 해서 공산품관세 인하, 노동기준 등 소수 의제만 첨가하여 논의하자는 입장이지만 EU와 일본은 투자, 경쟁정책 등 새로운 영역을 다수 포함하는 포괄적 협상 진행의 입장을 보이고 있다. 또 개도국의 경우에는 투자, 경쟁정책, 노동기준 등이 뉴라운드 의제로 포함되는 것에 반대하고 대신 우루과이라운드에서 약속한 '개도국에 대한 특혜조치'의 이행 여부를 집중적으로 제기하고 있다.

한편 뉴라운드 출범에서 국제 사회운동세력이 집중적으로 제기하고 있는 쟁점 하나는 WTO 내 '투자규범 창설'의 문제이다. EU와 일본을 중심으로 한 제국주의 국가들은 OECD에서 논의되다 잠정 중단된 MAI의 핵심 조항들을 WTO로 이전시키기 위해 총력을 기울이고 있는데, 만약 이렇게 된다면 WTO는 각국 경제정책의 자율성을 심각하게 제약하게 될 것이고, 특히 자유무역과 투자에 대한 국민경제적·사회적 통제수단이 결정적으로 제거될 것이다.[8] 이처럼 뉴라운드 출범을 둘러싸고 제국주의 국가들간, 제국주의와 제3세계 국가들 간의 이해관계가 첨예하게 대립되고 있다. 하지만 시기와 협상범위가 문제일 뿐, 그것은 현재 진행되고 있는 WTO 후속협상과 연계되어 언제고 출범할 것으로 보인다.

한국정부는 뉴라운드 출범에 대해 유럽연합, 일본 등과 더불어 가장 적극적으로 지지하는 국가 중 하나이다. 정부는, 뉴라운드는 자유무역체제를 한 단계 진전시키는 획기적인 계기이며 대외무역이 국내총생산(GDP)의 63%에 달하는 한국경제의 현실을 감안하면 이에 대한 지지는 필수적이라고 설명한다. 특히 한국정부는 국내재벌의 이해와 직접적으로 맞닿아 있는 '공산품관세 인하'와 '반덤핑제소 규제' 문제를 뉴라운드 의제에 포함시키기 위해 총력을 기울이고 있다. 이것이 국내재벌의 수출전략에 보다 우호적인 국제무역환경을 조성하기 위한 것임은 불문가지다. 하지만 자유무역의 혜택 혹은 손실의 부과는 결국 국내 계급역관계에 의해 좌우되는 것이라면, 정부의 논리는 국내 독점자본의 생존전략에 봉사할 뿐 대다수 민중들의 이익에는 전혀 부합하지 않는다.

또한 뉴라운드의 출범 여부와 무관하게 현재 진행되고 있는 WTO 후속협상의 문제——대표적으로 농업과 서비스 협상——의 문제도 우리는 주목해야 한다. WTO 서비스협정(GATs)의 경우 포함하고 있는 영역이 실로 다양하여 기업에 대한 서비스, 교육, 보건의료, 통신서비스, 건설, 유통, 환경, 금융, 문화 등 159개 부문에 이른다. 이중 특히 우리가 주목해야 할 영역은 교육·보건의료를 포함한 공공영역이다. 제국주의 국가들이 이번 서비스관련 후속협상에서 교육·보건의료·상수도를 포함한 공공서비스에 대한 공격을 강화하고 있기 때문이다.

실제로 미국서비스산업연맹은 해외시장에 대한 제한 없는 접근 운운하며 GATs에 보건의료가 포함되어야 한다고 주장해 왔으며, 미 행정부도 보건의료시장의 자유화·개방화 문제가 협상테이블에 오를 것이라고 단언해 왔다. 만약 이러한 내용들이 WTO 내에 제정된다면, 각국의 공공보건의료서비스 체제는 심각한 위협에 직면할 것이다. 또한 초국적 교육자본들도 전세계 교육서비스시장을 노리며, 교육시장 자유화·개방화가 서비스 후속협상에 포함되어야 한다고 주장하고 있다. 실제 시애틀 시위

과정에서 WTO의 다음 타깃은 '보건의료와 교육'이 될 것이라는 예측이 지배적이었다. 그리고 GATs에서 또 다른 위협은 '상수도'와 관련된 것인데, 기업들이 WTO체제를 이용하여 공공 상수도체계의 민영화·자유화를 강요하고 있다. 세계 '먹는 물' 시장은 블루 골드(Blue Gold)라 불릴 정도로 그 규모가 엄청나며, 초국적기업들은 먹는 물까지 이윤착취의 수단으로 삼으려 하고 있다. 현재 WTO체제 아래서는 일체의 물의 수출에 대해 규제를 가할 수 없는데, 여기에 더하여 제국주의 국가들은 각국의 공공 상수도체계의 민영화까지 요구하고 있는 것이다.

한국정부는 서비스 후속협상에서 공공영역을 포함한 모든 분야가 협상대상——자유화·개방화 대상——에서 예외일 수 없다고 주장하고 있다. 이는 한국정부가 민중기본권과 공공성에 대해 어떠한 고려도 하지 않고 있음을 적나라하게 보여준다.

이처럼 서비스 후속협상에서 교육, 보건의료, 먹는 물 등의 공공서비스 영역이 집중 표적이 되고 있는 것은, 그 시장규모가 엄청남에도[9] 아직까지 많은 국가들에서 이 영역이 공공영역으로 되어 있어 초국적자본이 진입하기에 많은 장벽이 존재하기 때문이다. 어쩌면 공공서비스 영역은 초국적자본들에게 '최후의 황금시장'으로 인식되고 있는지도 모른다.

또 전통적인 쟁점인 농업후속협상(AOA)의 경우에는 차기협상이 어떻게 진행되든, 현 WTO농업협정 자체가 농업에 대한 거대 독점기업의 지배를 더욱 촉진시키는 방향으로 작동하고 있어 이미 농민생존과 식품안전에 치명적인 영향을 끼치고 있다. 기업들이 농산물을 생산가격 이하로 국제시장에 덤핑판매할 수 있도록 허용하고, 가족농·소농 등을 보호하고 기업적 생산을 규제하는 정부조치들을 금지시키고 있으며 또한 이러한 규칙들은 유기농식품을 구별하는 것과 같은 표시제도를 위협한다. 따라서 2001년 1월부터 진행되고 있는 농업협상은 문제를 더욱 악화시킬 뿐이다. 한국정부는 지난 1999년 시애틀 각료회의 당시, 농축산물 시장접근 분야에서는 "가급적 폭넓은 자유화", 국내 보조금분야에서는 "상당 수준 점진적인 감축"으로 잠정합의해 주었는데 이는 농민의 생존 및 식량안보에 대한 어떠한 고려도 없음을 드러낸다.

결론적으로 한국정부의 WTO 후속협상 및 뉴라운드에 임하는 자세는 철저하게 국내재벌의 이해를 대변하는 반면 대다수 민중들의 삶과 민주주의, 노동, 환경, 문화, 인권 등은 전혀 고려하지 않는 모습이다. 한국민중과 인류의 삶에서 필수적인 공공서비스, 환경, 문화, 농업 등은 자유무역의 원리가 아니라 민중기본권과 보편적 인권의 논리로 다뤄져야 한다. 따라서 이상의 영역들은 WTO체제에서 '제외'(exemption)되어야 한다는 국제 시민사회운동세력의 주장은 전적으로 타당하다.

두번째로, 한국과 일본 나아가 중국을 포괄하는 동북아 지역블록(지역자유무역협정) 구성을 위한 중장기적 계획을 살펴보겠다. 이 프로젝트는 외환·금융위기 이후 한국정부의 '지역화'에 대한 변화된 인식과 실천을 반영한다. 종속적 발전의 길을 걸어온 한국 정부와 자본가들에게 대외경제정책의 자율성은 애초부터 구조적 제약을 갖고 있다. 특히 냉전시대라는 정치적 배경 아래, 동아시아지역에 막강한 정치·경제적 헤게모니를 행사하는 미국을 고려치 않는 대외경제정책이란 사실상 불가능했다. 실제로 미국은 경제적으로 역개방정책 및 자본주의 쇼케이스(show-case) 정책을 통해 한국과 일본의 경제 부양 및 성장을 떠받치고 있었다. 동아시아지역에 EU나 NAFTA 같은 지역블록이 존재하지 않은 것은, 미국 일극주의가 일방적으로 관철될 수 있는 이 같은 특수한 정치·경제적 배경 때문이다. 하지만 97년의 동아시아 외환·금융위기는 한국과 일본을 포함하여 역내 정부 및 자본가들에게 "점점 심화되고 있는 동아시아지역 내 무역과 자본이동의 확대·심화, 그로 인한 금융위기의 동조화 현상에 어떻게 대응할 것인가" 하는 문제를 제기했다. 동아시아국가간의 자본투자비중의 증가와 금융연관관계의 심화[10]는, 동아시아 외환·금융위기 때 그 위력을 유감 없이 발휘했기 때문이다.

이러한 상황에서 한국과 일본을 포함한 동아시아국가들은 지역블록의 구성에 대해 적극적 태도를 취하지 않을 수 없었다(이창근 2000b). 한일투자협정(BIT)과 자유무역협정(FTA) 구상은 이와 같은 맥락에서 이해될 필요가 있다. 현재 BIT의 경우 마무리 단계에 있으며 FTA는 공동연구중에 있다. 실제로 2000년 5월에 한일 양국 국책연구기관은 한일자유무역협정에 대한 공동세미나를 진행하였으며, 김대중정부와 국내자본은 "자유무역협정 체결은 외국 선진기업의 첨단기술과 우리나라 기업의 생산기술, 마케팅능력의 결합을 통하여 생산구조의 고도화와 수출능력 배양"(외교통상부 2000)에 기여할 것이라며 적극 추진하고 있다. 즉 한국재벌의 주요 전략산업인 철강, 석유화학, 반도체, 자동차, 조선 등의 과잉설비 문제를 해결하기 위해 일본자본과 전략적 제휴를 모색하고 있는 것이다. 그러나 한일 자본간 격차를 감안한다면, 전략적 제휴는 일본 초국적자본의 하위파트너화, 국민경제의 종속 심화만 가져올 가능성이 많다.

이러한 한일 양국 정부 및 자본의 자유무역협정 체결을 위한 적극적 의지와 노력에도 불구하고 한일간 나아가 동북아 자유무역협정이 단기간 내 체결될 수 있을 것으로 전망하기는 힘들다. 왜냐하면 세계 초강대국인 미국의 동아시아지역에 대한 헤게모니는 여전히 막강하게 작동하고 있으며, 한국 자본가들에게도 자유무역협정 체결에 따른 국내적 충격을 완화하기 위한 유예기간이 필요하기 때문이다. 이는 동아시아 금융위기 때 일본이 제안했던 아시아통화기금(AMF) 창설이 미국의 반발로 무산되었던 것과 2000년 9월 김대중 대통령의 방일 때 일본의 조속한 자유무역협정 체결 요구에 대해 한국 정부 및 자본가들이 대일무역 역조의 심각성을 이유로 유보적인 태도를 보인 사실에서 확인할 수 있다. 따라서 현실적으로 한일 양국정부는 양자간투자협정을 우선 체결하고 중·장기적으로 자유무역협정의 체결 가능성을 타진할 것으로 보인다.

국책연구기관인 대외경제정책연구원의 정책보고서도 자유무역협정이 단시일 내에 이뤄지지는 않을 것이라며 그 장애요인으로 역내 경제격차 확대, 무역수지 불균형의 고착, 중국의 사회주의 체제 고수, 역사적 잔재 등을 들면서 동아시아 지역블록 구성을 위한 단계적 시나리오를 다음과 같이 제시한다. "제1단계인 2000년에는 한·중·일 3국간 공동연구를 통해 동북아 경제협의체 구성을 위한 역내 공감대를 형성하고, 제2단계 (2001~2005)에는 동북아경제협의체를 출범시켜 동북아 경제협력의 제도적 기반을 구축하며, 제3단계(2006~10)에서는 제2단계에서 시작된 협력사업과 협력기구를 심화·발전시킴으로써 2010년 이후에는 한·중·일 중심의 동북아경제통합"을 추진한다는 것이다(이창재 등 1999).

하지만 민중들에게 지역자유무역협정은 전혀 이롭지 않다. 노동자들의 고용 및 임금 수준을 악화시킬 뿐만 아니라[11] 소비자로 규정되는 국민 일반의 이익에도 전혀 도움이 되지 못한다. 더 심각한 것은 자유무역협정이 민주적 주권까지 침해하고 있다는 사실이다. 특히 자유무역협정이 규정하고 있는 투자자에 의한 국가제소권한은 국가에 대한 자본의 직접적 규제는 말할 것도 없고 공중건강, 환경보호, 사법적 절차까지 소송의 대상이 되어 민주적 주권을 빈 껍데기로 만들어버릴 것이다.

세번째로, 다양한 양자간협정의 체결계획을 미국과 일본 등 제국주의 국가들과의 투자협정 체결계획, 칠레·태국·멕시코 등 경쟁열위 국가들과의 자유무역협정 체결계획 등 두 가지 측면에서 한미투자협정과 한국·칠레자유무역협정을 중심으로 살펴보기로 하겠다.

한국 정부와 자본은 미국과 투자협정을 체결하여 외국자본 유치를 위한 제도적 환경을 조성하고 미국계기업과 국내기업의 전략적 제휴를 유도함으로써 국내 구조조정의 지속과 완성을 의도하고 있다. 한편 미국은 동아시아 지배전략의 맥락에서 한미투자협정을 제기하고 있다. 사실 미국은 지난 1988년부터 동아시아국가들과의 자유무역협정 가능성을 타진해 왔다. 미국국제무역위원회(USITC)의 보고서에 따르면, 동아시아국가들의 시장은 협소하여 개별국가보다는 아·태지역 전체와 자유무역협정을 체결하는 것이 미국에 유리하다고 결론짓고 있다.

이러한 맥락에서 미국의 대(對)아시아 계획은 APEC을 매개로 진행되었지만, APEC은 개방적 지역주의(open regionalism)에 기반한 느슨한 경제협력체이고 이 자체가 자유무역협정으로 발전할 가능성도 낮다. 따라서 미국은 APEC의 무역 및 투자 자유화를 원활히 추진하기 위한 다른 방안을 더욱 적극적으로 모색할 수밖에 없었으며 이는 1997년의 미국무역대표부(USTR) 보고서에 잘 나타나 있다. 이 보고서는 "미국은 미국산업의 아시아지역에 대한 시장접근을 보다 용이하게 하고 2010~20년까지 APEC 무역자유화를 달성하기 위해 역내 주요 교역상대국과 쌍무적 자유무역협정을 체결할 수 있음"을 밝히고 있다. 시장규모, 무역관계 등을 고려할 때 한국이 동아시아국가들 중에서 미국과의 자유무역협정 체결 가능성이 가장 높은 국가임은 확실하다. 이러한 맥락에서 미국은 한국과의 투자협정 체결에 적극 나서고 있다. 비록 한미투자협정이 한미자유무역협정으로 곧바로 발전하지는 않겠지만, 그것이 미국의 동아시아 지배전략의 연장선에 있는 것은 확실하다.

한편 한국정부는 열위의 제3세계 국가 혹은 산업구조상 상호 보완적인 국가들과 적극적으로 양자간 자유무역협정을 체결하려 하며 현재 칠레, 뉴질랜드, 태국, 멕시코 등과 자유무역협정의 체결을 위한 노력을 진행중이다. 이들 국가가 지리적으로 한국과 멀리 떨어져 있음에도 불구하고 정부가 자유무역협정을 체결하려는 것은, 국내자본 특히 제조업이 상대국들보다 우위에 있고 산업구조 면에서 경쟁적이지 않아서 자유무역협정 체결에 따른 국내비용을 최소화할 수 있기 때문이다. 이들 국가가 대표적인 농산물수출국이라는 점을 고려할 때, 농업을 희생하더라도 국내 재벌들의 전략 수출상품시장을 확대하는 효과가 있기 때문이다. 또한 이들 국가와의 무역규모도 그리 크지 않아서 자유무역협정 체결에 따른 국내의 충격을 충분히 방어할 수 있다는 점도 고려된 것 같다. 특히 칠레와는 1998년 11월 APEC정상회의에서 자유무역협정 추진을 협의한 이후 현재 3차협상까지 진행되어, 이미 상당히 진척된 상황이다.

이처럼 한국정부는 국내자본에 비해 상대적으로 경쟁열위의 국가들이면서 산업구조 측면에서 경쟁적이지 않은 농산물수출국 중심으로 자유무역협정을 우선적으로 추진하고 있는바, 그 목적은 국내재벌의 이익을 보전하고 신자유주의 구조개혁을 지속시키고 공고히 하는 데 있다.

4. 아셈투쟁 평가와 한국 민중운동의 대응방향

1997년 외환·금융위기 이후 한국경제는 위기를 겪은 여느 국가와 마찬가지로 신자유주의적 전환이 급격히 진행되었다. 고비용-저효율 기업의 퇴출 및 합리화, 대량실업 및 노동유연화, 민영화, 금융시장 자유화·개방화 등이 추진되었다. 이러한 신자유주의 구조개혁정책은 재벌독점을 더욱 강화하고 초국적자본의 직접지배력을 비약적으로 확장시켰다. 국민경제의 종속은 심화되고 노동자·민중의 삶은 위기에 빠져들었다. 잠시 동안의 경제회복도 노동자·민중의 삶과 사회운동세력들의 엄청난 희생을 대가로 한 것이었다. 금리인하와 증시부양을 통한 투기적·금융적 축적의 한계는 한국뿐 아니라 세계 곳곳에서 드러나고 있다. 미국은 그 동안 막대한 경상수지 적자를 감내하면서 금리인하를 통한 주식시장 부양과 과소비를 통해 세계경제를 떠받쳐왔으나, 최근 정보통신산업의 거품화와 고유가 때문에 비틀거리고 있다. 정보통신산업을 중심으로 형성된 엄청난 주가상승이 실질적인 축적이라기보다는 투기거품이었다는 사실을 여실히 드러내고 있다.[12] 미국 증시 및 경제의 침체는 세계경제에 매우 파괴적인 영향을 미치고 있다. 이미 제3세계 주식시장은 연중 최고치에 비하여 40～50% 하락하였고 선진국 증시도 15～30% 가량 떨어졌다. 특히 정보통신산업 및 전자제품의 대미수출 의존도가 높은 한국에 미치는 영향은 막대하다.[13]

비록 한국경제는 그 동안 실질GDP 성장률이 1999년 10.7%, 2000년 10.4%였으나, 그 성장은 주로 정보통신산업 및 수출산업 중심으로 한 불균등한 것이었고 국내 증시부양에 의한 투기적·금융적 축적에 기댄 것이었다. 이러한 상황에서 김대중정부와 자본은 한국경제의 위기적 현실을 초국적(금융)자본이 주도하는 신자유주의 세계화로의 적극적인 편입과 4대부문 구조조정의 지속적 추진과 완성을 통해 돌파하려 하며, 이런 신자유주의 구조조정·세계화 전략에 대해 민중들은 이렇다 할 '아래로부터의 저항'을 조직하지 못하고 있다. 노동자들의 고용안정, 민영화 반대 등 구조조정 반대투쟁은 자본가들의 악의에 찬 이데올로기 공세——구조조정 반대→시장의 불신→외국인 투자자 이탈→제2의 경제위기——에 속수무책으로 무너지고 있다. 한국민중들에게는 이 같은 악순환의 고리를 끊어내고 '노동과 자본의 힘관계'를 역전시킬 대안적 전략의 재구성이라는 과제가 절실하게 제기되고 있다. 이에 필자는 2000년 10월 전개된 아셈(ASEM)투쟁을 평가하면서 한국 민중운동의 향후 대응방향 재구성의 토대를 마련하고자 한다. 왜냐하면 아셈투쟁은 국내의 대다수 노동조합 및 시민·사회 단체들이 개입하였으며 고용안정, 정리해고 반대, 민영화 반대 등 개별적인 요구투쟁을 넘어 신자유주의 세계화라는 보다 일반적인 지배계급의 전략에 맞선 대응이었기 때문이다.

아셈투쟁은 저항주체의 형성과 대응전략, 두 가지 측면에서 평가할 수 있다. 저항주체 면에서 볼 때 이 투쟁은 노동조합을 비롯한 대중조직의 조직적 참가와 그들의 주도 아래 진행되었는데, 이는 여느 국제적인 시위의 뚜렷한 특징인 '자율적 주체 및 네트워크들간의 연대와 자발적 참가'라는 지점과 구분된다. 이는 시애틀·워싱턴·프라하 시위의 한계인 노동조합을 비롯한 대중조직의 미흡한 참여를 극복했다는 긍정성이 있지만 국내적으로 거대 대중조직 중심의 조직화 관행을 탈피하지 못하고 자율적·급진적 저항주체의 형성에 실패했다는 부정적인 면 또한 있다. 결국 신자유주의 세계화 반대동맹의 심화·확장에서 관건은 "어떻게 자율적 네트워크와 대중조직의 유기적 결합을 이뤄낼 것인가"이다.

다음으로 대응전략 측면이다. 아셈투쟁은 신자유주의 세계화에 대한 국내 사회운동세력들의 인식과 대응전략을 간접적으로 확인할 수 있는 계기였다. 이중 대응전략은 크게 두 가지로 나눌 수 있다. 우선 '아셈민간단체포럼'을 중심으로 한 시민단체들은 '비판적 개입'——개혁주의——의 입장을 제시했는데, 이는 아셈이 WTO, IMF/세계은행 등과 달리 경제적인 차원의 문제뿐 아니라 정치·문화·사회 등 훨씬 포괄적인 문제를 함께 다루는 공간이라는 점과 신자유주의 세계화가 기본적으로 미국 중심의 세계질서 재편이라고 한다면 아셈은 미국의 독주를 견제하는 효과를 갖고 있다는 점에 근거하고 있다. 이에 대해 '투자협정·WTO반대 국민행동'과 '신자유주의 반대 민중대회위원회'는 아셈에 반대입장을 표명했다. 그것은 아셈은 아시아시장에 대한 유럽 제국주의의 계획이라는 측면에서 '신자유주의 세계화를 추진하는 또 다른 도구'이며, 아셈 서울회의의 핵심 의제가 '뉴라운드 조기출범을 위한 상호간의 의견조정' '아시아·유럽 간 투자 및 무역 자유화 강화 방안'(아시아유럽자유무역지대 창설방안) 등 WTO를 중심으로 한 신자유주의 세계질서의 확대·강화를 위한 의제들이라는 점에 근거하고 있다.

이 두 가지 입장은 아셈투쟁 과정에서 충분히 토론되지 못하고 3자연대기구의 공동행동으로 봉합되었다. 그러나 이상의 쟁점들은 단순히 아셈에만 국한된 것은 아니며 넓게는 신자유주의 세계화에 맞선 대응전략을 비롯하여 국제 사회운동세력들간의 대안전략 논쟁과도 깊이 연관되어 있어, 향후의 올바른 투쟁방향 정립을 위해서는 필수적으로 검토되어야 할 지점들이다. 아셈투쟁을 국제 사회운동세력에서 제기되고 있는 몇 가지 논쟁들과 연결시켜 평가하고 그것들이 우리의 대응방향 정립에 주는 시사점을 정리해 보면, 첫째로 아셈과 같은 국제적인 기구 및 협정을 투쟁의 타깃으로 설정하는 것의 의미와 한계, 둘째로 국제 기구 및 협정에 대한 개혁주의적 입장——이른바 사회적 조항(social clauses) 노선——에 대한 비판적 평가, 마지막으로 미국중심의 신자유주의 세계화질서에 맞선 대안적 지역블록 구축전략의 배경과 위험성 등이다.

먼저 최근 많이 논의되고 있는 WTO 및 IMF/세계은행 등 국제 기구 및 협정들에 대한 반대투쟁의 의미와 한계이다. 1998년 다자간투자협정, 99년 WTO 및 뉴라운드, 2000년 IMF/세계은행 그리고 아셈투쟁까지 국제 사회운동세력들이 전개하고 있는 국제적 수단들에 대한 대응투쟁은 많은 성과와 한계를 동시에 드러내고 있다. 무엇보다도 이러한 국제적 수단들에 대한 해체 및 급진적 개혁투쟁은 국내외 민중들에게 신자유주의 세계화가 역사 필연적인 과정 혹은 역전 불가능한 과정이라는 지배계급의 이데올로기를 극복하는 데 많은 도움을 주고 있다. 또한 신자유주의 세계화가 갖는 의미의 추상성을 극복하고 '그것이 왜 노동자·민중들에게 파괴적인가'를 교육하는 데 좋은 수단을 제공하고 있다. 특히 투자협정 및 자유무역협정 등이 포함하고 있는 각종 조항들의 극단성은 민중들에게 신자유주의 세계화의 파괴적 성격을 설명하는 데 유용하다. 나아가 이 투쟁은 민중들에게 보다 근본적인 문제, 즉 '계급권력과 제3세계 노동자들과의 국제적인 연대에 관한 근본적인 쟁점들'을 제기했다. 그럼으로써 신자유주의 세계화의 파괴성, 착취적 결과에 맞선 사회세력들간의 국내외적 연대를 복원시킨 중요한 계기가 되었다. 노동조합에서부터 생태주의자그룹, 여성단체, 인권운동단체 등에 이르기까지, 자기 영역의 이해관계를 넘어 상호 협력할 수 있는 유력한 계기를 제공한 것이다.

550

그럼에도 이 투쟁이 갖는 한계 또한 분명하다. 우선 이 같은 반대투쟁은 자칫 극우민족주의 및 인종주의로 흐를 가능성도 없지 않은데, 이는 단순한 우려의 수준을 넘어 현실로 드러나고 있다는 데 그 문제의 심각성이 있다. 2000년 4월 워싱턴에서의 IMF/세계은행 반대투쟁 당시 미국 노총산별회의(AFL-CIO)는 극우파개혁당 당수인 뷰캐넌을 연사로 초청해 그의 극우주의적·인종주의적·국수주의적 시각을 경청하면서 끈끈한 연대를 과시했다. 또한 당시 AFL-CIO가 외친 구호도 "대(對)중국 무역관계 정상화 반대, 중국의 WTO가입 반대"였는데 이는 자기 일자리 지키기 위한 이기주의적 구호에 불과한 것이었다. 이러한 현실은 국제적 기구 및 협정들에 대한 반대가 이론적·실천적으로 극우민족주의 세력과의 경계가 모호해질 수 있음을 보여준다. 그러므로 실업과 빈곤, 불평등의 근원이 '남과의 교역 혹은 국제적 경쟁'에 있는 게 아니라 '국내 계급정책'에 있음을 분명히 하는 것이 극우주의와 경계짓는 첫 출발점이 될 것이다. 이러한 관점을 분명히 하지 않는다면 극우민족주의 및 인종주의와의 경계는 더욱 모호해질 것이며 그 귀결은 좌파의 전략적 패배가 될 것이다.

다음으로, 신자유주의 세계화의 핵심적 특징인 금융화에 맞선 투쟁과 어떻게 결합시킬 것인가이다. 국제 기구 및 협정들은 동일하게 자본이동의 자유화, 자유로운 시장 진입과 퇴출 등을 보장하고 있는데 이런 면에서 국제 협정·기구의 해체와 반대 투쟁은 분명 자본통제운동의 첫걸음 (전제적 조건)이라 할 수 있다. 그럼에도 국제 협정 및 기구는 금융축적을 보다 효과적으로 수행하는 데 필요한 수단에 불과하다는 점에서, 금융화에 맞선 보다 본질적인 투쟁과 결합되지 않으면 안 된다.

금융적·투기적 축적과정은 국제 기구와 협정의 작동 이전에 존재하는 본질적인 문제이며, 자유로운 금융흐름 자체가 각국 경제정책의 자율성을 심각하게 위협하고 있다. 투기적 금융자본의 광폭한 운동은 필수적 공공지출을 가로막고 교육, 보건의료, 실업구제, 농민보조금 등 민중의 삶에 직접적인 영향을 미치는 공공영역을 심각하게 축소시킨다. 이러한 현실은 민중들의 생존권 및 민중복지 요구투쟁이 금융시장과 자본운동을 급진적으로 통제하는 운동을 필수적으로 수반해야 함을 의미한다. 이는 일국적·국제적 규모에서 금융자본의 이해를 대변하는 지배계급의 동맹에 맞선 정치적 투쟁을 의미하며 외채지불 거부, 금융거래 과세, 자본통제운동 등을 포함한다. 그리고 WTO를 비롯한 국제적 수단들에 맞선 투쟁을 어떻게 국내 정치·경제적 구조의 변혁으로 수렴되게 할 것인가의 문제가 있다. 국가의 근본적 변혁을 위한 민중운동세력의 강화로 연결시키지 못하면 국제적 수단들에 맞선 투쟁은 자칫 공허한 메아리로 전락해 버릴 수도 있기 때문이다.

둘째로, 국제적인 수단들에 대한 투쟁에서 개혁주의에 대한 평가의 문제이다. 특히 개혁론의 맥락에서 제기되고 있는 '사회적 조항' 노선은 그 논쟁의 역사가 아주 오래 된 것이다. 이 노선은, 국제 기구 및 협정들이 경제적 차원의 문제만이 아니라 노동·환경·인권 등 사회적 차원의 문제들을 함께 다루도록 함으로써 그것의 파괴적 성격과 작동을 일정하게 제어할 수 있다는 문제의식에 그 뿌리를 두고 있다. 1999년 시애틀에서도 큰 쟁점이 되었던 '무역과 노동기준 연계' 문제가 그 대표적인 예이다. AFL-CIO는 "WTO가 '자유'무역에서 노동기준의 문제를 항상 고려해야 하며 이를 위해 대화를 시작해야" 하고 궁극적으로는 "노동자권리 및 환경보호 조항이 WTO 내에 편입되어야 한다"고 주장했는데, 이는 국제 기구 및 협정 자체에 대한 반대라기보다 그것의 개혁을 요구하는 것이다. 현재 국내에서 쟁점이 되고 있는 한일투자협정에 대한 일본노총 렌고(聯合)의 입장도 비슷하다. 렌고는 "투자협정이 사회적 조항을 충분히 고려하고 편입시킨다면 그에 반대하지는 않는다"는 입장을 갖고 있다.

그러나 설사 WTO 혹은 투자협정·자유무역협정에 사회적 조항이 편입된다 하더라도 그것이 제대로 작동할 수 있을지에 대해서는 회의하지 않을 수 없다. 자유무역협정 중에서 최초로 노동과 환경 이슈가 도입된 것은 역설적이게도 '악명 높은' NAFTA이다. NAFTA는 부속협정의 형태로 환경보호위원회와 노동위원회의 설치를 규정하고 있지만, 지금까지 어떠한 기능과 역할도 수행하지 못한 채 유명무실화되고 있다. 또한 WTO 내에도 무역환경위원회가 있으나 5년이 지난 지금 그 작동은 완전히 역전되고 말았다. 즉 무역이 어떻게 환경에 영향을 미치는가를 연구하기보다 각종 환경보호규정들이 어떻게 자유무역을 방해하는가를 연구하는 위원회로 전락해 버렸다.

그러나 사회적 조항 노선이 지닌 보다 본질적인 문제점은, 신자유주의 세계화를 확대·심화시키고 있는 WTO 및 투자협정·자유무역협정에 정치적 정당성을 부여함으로써 현재의 제국주의적 지배-종속관계를 유지하는 데 일조하고 있다는 점이다. 1999년 WTO 뉴라운드 반대를 위한 국제연대투쟁의 과정에서 전세계 시민·사회단체·노동조합 들이 합의한 최소한의 지점은 "더 이상의 WTO체제 강화 반대"였다. 즉 어떤 새로운 영역이 WTO체제에 편입됨으로써 그것이 강화되는 것에 대한 반대를 의미한다. 설사 그 새로운 영역이 상대적으로 진보적인 의미를 담고 있는 사회적 조항——노동·환경·인권 기준 등——이라 하더라도 마찬가지다. 왜냐하면 사회적 조항의 편입 역시 WTO의 정통성과 권한을 확대함으로써 (계급)역관계를 손상시킬 것인데, 이는 사회적 조항이 가질 수 있는 잠재적 가치보다 치명적이기 때문이다(패트릭 본드 2000). 결론적으로 국제 기구 및 경제 관련 협정에 노동·환경 기준 같은 이른바 사회적 조항의 편입을 주장하는 것은 극히 위험하다.

경험적으로도 WTO 혹은 자유무역협정(및 투자협정)에 편입된 사회적 조항은 노동 및 환경권 보호에 아무런 역할도 못했을 뿐 아니라 신자유주의 (금융)세계화에 맞선 투쟁을 왜곡하고 보호주의적 흐름과 결탁할 가능성이 높았다. 이렇게 볼 때 사회적 조항 노선은 북반구 노동귀족들이 극우민족주의 및 인종주의자들과 결탁하여 자신들의 현재 고용 및 임금 수준을 유지하려는 이기주의적 발상에 불과하다는 비판이 가능하다.

마지막 논점은 지역블록 구축과 관련된 문제이다. 앞에서 살펴보았듯이 오늘날 지역블록의 주도적인 경향은 WTO체제를 보완하고 금융팽창 전략에 봉사하는 수단으로서 기능하는 것이다. 그런데 지역블록을 좌파적 시각에서 신자유주의 세계화에 맞선 대안전략의 일부로 제기하는 흐름이 존재한다.[14] 이러한 흐름은 신자유주의 세계화가 본질적으로 미국식 자본주의 체제의 세계화이며 오늘날의 경향을 주도하고 있는 초국적 금융자본의 대부분이 미국에 근거지를 두고 있다는 점과 일국 차원에서 신자유주의 세계화에 맞서는 것이 도저히 불가능하며 최소한 지역적 (regional) 차원에서의 대응이 필수적이라는 점에 그 인식의 토대를 두고 있다. 특히 금융불안정 시대의 빈번한 유동성 위기에 직면하여 지역블록 구축은 실현 가능한 현실적 대안으로 자주 언급되고 있는데, IMF를 매개로 한 미국식의 극단적인 개입을 대신하여 지역적 차원의 기구 및 금융 협력을 통해 유동성 위기에 대처하자는 견해이다. 아시아통화기금 (AMF) 같은 구상이 그 대표적인 예이다.

하지만 이 전략에는 두 가지 문제점이 있다. 하나는, 미국화에 맞선 지역화전략은 유럽·일본 등 후발제국주의 국가들에 이로운 환경을 주성하는 쪽으로 흐를 가능성이 매우 많다는 것이다. 제국주의 국가들간 경쟁의 노리개로 전락할 가능성이 다분하다는 것이다. 또 하나는, 유동성 위기에 대한 국제적 개입은 그것이 IMF를 통해서건 지역적 금융기구를 통해서건 필수적으로 대부조건이 수반되며 그 효과는 국내 계급투쟁을 통해 불균등하게 부과된다는 사실을 간과하고 있다는 점이다. 지역 수준에서 최종대부자——예를 들어 아시아통화기금——를 건설하거나 금융·화폐 블록을 구성할지라도 이는 현실적으로 특정 화폐 및 제국주의

554

국가의 헤게모니 아래 존재할 수밖에 없고 미국이 아닌 또 다른 제국주의 국가의 개입을 의미할 수밖에 없다. 특히 오늘날 자본주의 체제에서 유동성 위기가 각국 정부 및 자본에 신자유주의적 개혁을 불가피한 것으로 정당화하고 이를 통해 민중들의 기본권 투쟁을 억압하는 데 대단히 효과적인 도구로 기능하고 있다는 점을 고려한다면, 이에 대한 대응은 국제적 개입과 지역적 개입 중 어느 하나를 택하는 것을 넘어 국내 계급투쟁의 문제를 포함하고 있음을 인식해야 한다. 그러므로 지역블록 구축의 문제의식은, 미국주도 신자유주의 세계화에 대한 적극적 대응의 의미를 갖고 있음을 부정할 수는 없지만, 국내적 수준에서 노동과 자본간 힘관계의 근본적(최소한 상당한 수준의) 역전이 전제되지 않으면, 그것은 또 다른 경쟁 제국주의 국가의 놀이터를 만들어주는 결과를 낳을 가능성이 없지 않다.

이상에서 필자는 아셈투쟁을 계기로 드러난 국내 노동조합 및 사회운동 세력들의 신자유주의 세계화에 대한 인식과 실천을 국제 사회운동세력들간의 대안전략 논쟁과 연관지어 평가해 보았다. 마지막으로 이러한 평가가 향후 한국 민중운동의 대응방향 재구성에 주는 몇 가지 시사점을 정리하면서 이 글을 마치도록 하겠다.

첫째 한미·한일 투자협정, WTO 및 뉴라운드, 한국·칠레자유무역협정 등 국제 기구 및 협정들에 대한 투쟁은 더욱 강력하게 진행되어야 하는바, 불평등하게 위계화되어 있는 세계경제질서에서 진행되는 자유화·개방화 그리고 이 같은 국제적 수단들에 의해 강요되는 신자유주의적 구조개혁은 제3세계와 노동자·민중 들의 희생 아래 초국적(금융)자본의 이익을 보장해 주는 것에 불과하기 때문이다. 또한 이 투쟁은 신자유주의 세계화 반대동맹의 심화·확장과 투쟁동력 복원의 유력한 계기일 수 있기 때문이다. 하지만 이 투쟁이 최소한의 유의미성을 획득하기 위해서는 개혁주의적 입장을 극복해야 하며 국내적 불평등성·빈곤·실업의 문제에 맞선 투쟁과 결합되어야 한다. 이를 통해서만 극우민족주의, 국수주의로 흐를 가능성도 차단할 수 있다.

둘째, 국제적 규모에서 진행되고 있는 투기적·금융적 축적과정에 맞선 투쟁전략의 재구성이 시급하다. 금융불안정 시대, 금융시장 독재체제 등의 개념에서 집중적으로 나타나듯이 신자유주의 세계화시대의 핵심적 특징은 금융자본의 팽창과 금융시장 불안정성의 심화이다. 이는 반복적인 외환·금융위기, 그로 인한 국민국가 자율성의 파괴와 민중생존권 위기를 낳고 있다. 따라서 우리의 투쟁은 국제적인 경제기구나 협정을 타깃으로 한 대응을 넘어 현재의 상황을 낳고 있는 본질적인 차원, 즉 금융적 축적과정 자체에 대한 대응으로 나아가야 한다. 여기에는 제3세계에 대한 재수탈구조의 재생산에 결정적인 매개역할을 하는 '외채'문제와 초국적자본의 투기적 이익을 보장해 주고 있는 자유로운 금융거래에 대한 통제 문제가 포함된다. 따라서 '제3세계 외채 탕감 및 거부 운동' '토빈세를 비롯한 자본통제정책'[15] 등이 비판적으로 수렴되어야 한다.

셋째, 이 같은 투쟁들은 국내외 독점자본에 대한 민중적·사회적 통제와 그를 위한 국가의 근본적 변혁으로 수렴되어야 한다. 최근 유행하고 있는 '지구적 민주주의' '지구적 시민사회' 혹은 '세계정부' 등은 민중의 대안이 될 수 없다. 이 개념들은 세계화를 역전 불가능한 현실로 전제하는 지배계급 이데올로기의 변증법적 대립물에 지나지 않는다. 진정으로 필요한 것은 일국의 구체적 현실과 투쟁에 기반한 국제주의적 시각과 행동의 복원이다.

주

1) 국제적인 지배엘리트들 내에서 세계자본주의 체제 및 국제금융질서에 대한 개편 논의가 진행되고 있다는 사실 자체가 현재 신자유주의 세계화체제의 '위기적 현실'을 역설적으

로 보여준다. 이러한 논의들은 스티글리츠가 주장한 '포스트 워싱턴 컨센서스로의 이행'으로 개념화할 수 있을 것이다. 이 주장들은 "잠재적 성장가능성까지도 갉아먹는 IMF식 고금리정책에 대한 비판(성장 및 발전을 위한 정책 옹호), 온건한 금융규제(특히 단기성 투기자본에 대한 규제), 금융건전성 감독, 채무자로의 일방적 위기비용 전가에 대한 비판(채권자의 공동분담)" 등을 핵심으로 한다.

2) 이 절은 필자의「금융세계화, 한미・한일 투자협정 그리고 우리의 대응」(『진보평론』, 2000, 여름호)에서 관련내용을 수정・보완한 것이다. 그래서 이 글에서 인용・발췌한 부분은 따로 주를 달지 않았다.

3) 특정한 국내조달 수준을 요구하는 조치를 말한다.

4) 기업의 수입을 제한하는 조치 또는 기업의 수출목표를 설정하는 조치들을 말한다.

5) 이창근(2000a)에서 발췌・인용.

6) 이는 상징적으로 1998년 다자간투자협정의 체결 실패와 99년 시애틀 각료회의 결렬에서 드러났다.

7) 자료: http://www.wto.org/english/thewto_e/whatis_e/tif_e/bey3_e.htm

8) 하지만 미국은 뉴라운드에서 투자문제를 논의하는 것은 시기상조라는 입장을 갖고 있다. MAI의 실패 이후, 미국은 WTO 내에서 국제투자규범 논의를 시작하는 것에 상당히 조심스럽고 대신 쌍무간・지역간 협정의 체결에 중심을 두고 있다.

9) 예를 들어 보건분야의 세계시장 규모는 연간 2조 달러에 이르는데, 이는 한국의 연간 국내총생산의 약 5배이다.

10) 동아시아의 역내 교역량은 1985년 37.3%에서 95년에는 무려 51.2%로 늘어났다. 또한 80년대 이후 아세안국가들의 적극적 해외직접투자 유치전략, 중국의 개방화전략 그리고 일본・한국・대만 자본의 해외팽창전략이 상호 결합되면서 동아시아국가간의 직접투자는 크게 확대되었다.

11) 미국 노동부에 따르면 약 21만 4902명의 미국 노동자들이 NAFTA에 의해 해고된 것으로 조사되었다. 또한 고용파괴 현상의 70%가 제조업분야에서 발생했으며 이들 해고된 고임금 제조업(자동차, 전자 등)종사 노동자들은 저임금 서비스직종(웨이터, 회계원 등)의 노동자로 전락하였다.

12) 미국 나스닥은 연중 최고치에 비해 약 50%나 하락했고 한국의 코스닥 역시 75% 이상 하락하였다. 또한 미국의 경제성장률은 2000년 2/4분기의 5.6%에서 3/4분기에는 2.4%로 낮아졌다.

13) 한국의 대미수출 비중은 1997년 15.9%에서 2000년 1~9월중에는 21.4%로 상승했고 정보통신산업이 한국 경제성장률에서 차지하는 비중은 51%나 된다. 이러한 통계수치들은 미국의 증시 및 경기 침체가 한국경제에 미칠 파괴적 영향을 가늠하게 해준다.

14) 예를 들어 『르몽드 디플로마티크』(Le Monde Diplomatique)의 필립 골뤼브 편집고문은 『월간 말』지와의 인터뷰에서 다음과 같이 말했다. "현재의 지구화추세로 볼 때 동아시아도 지역블록화가 불가피할 것입니다. 동아시아국가들은 특히 대미・대유럽 수출을 통해 경제를 발전시켜 왔습니다. 그러나 앞으로는 동아시아지역 내에서 충분한 유효수요와 투자자금을 마련하기 위해 각국정부들이 정책협조에 들어가야 합니다." 이처럼 지역블록의 구성에 저항적인 의미를 부여하는 인식은 NGO 및 좌파지식인들 사이에 상당히 광범위하게 퍼져 있다(『월간 말』 2000년 1월호).

15) 이 주장은 토빈세를 포함한 금융거래 과세수단을 통해 자본의 자유로운 이동에 일정한 규제를 가하자는 것이다. 이는 최근 국제네트워크인 '금융거래과세연합'(ATTAC)을 중심으로 활발하게 전개되고 있다. 이 운동은 비록 토빈세가 대단히 온건한 수준의 금융규

제라 하더라도 신자유주의 세계화과정의 핵심인 투기적·금융적 축적의 문제와 그 심각성을 직접적으로 제기하고 있다는 점에서 중요한 의미를 갖고 있다. 하지만 마시모 드 안젤리스(2000)는, 토빈세는 급격한 통화가치의 절하시기에 별다른 역할을 할 수 없으며 엄청난 규모의 단기투기자본의 이동에 무기력하다는 맹점이 있다고 말한다.

참고문헌

국민행동 (2000), 『시애틀, 프라하 그리고 서울, 신자유주의 세계화에 반대한다』, http://antiwto.jinbo.net.

마시모 드 안젤리스 (2000), 「자본운동, 토빈세 그리고 영구적 위기방지시스템: 비판적 고찰」, 『민주노동과 대안』 7/8월호.

박하순 (2000), 「한일투자협정과 노동권」.

에릭 홉스봄 (1998), 「시장, 붕괴 그리고 마르크스」, 『가디언』 10월호.

외교통상부 (2000), 『주요 통상현안』, http://antiwto.jinbo.net.

이창근 (2000a), 「시애틀 이후, 우리는 무엇을 해야 하는가?」.

_____ (2000b), 「김대중정부의 자유무역협정 추진배경과 영향」, 『문화과학』 겨울호.

이창재 등 (1999), 「동북아경제협력 전략연구(총괄편)」, 대외경제정책연구원, 1999.

제임스 페트라스 (1998), 「지구화: 사회주의적 전망」, 『PICIS 인터내셔널뉴스』 36호, http://picis.jinbo.net.

패트릭 본드 (2000), 「만국의 노동자여, 장벽을 넘어서라!」, 『PICIS 인터내셔널 뉴스』 94호, http://picis.jinbo.net.

해리 클리버 (1999), 「신자유주의의 위기와 21세기의 대안」, 서울대 강연회 자료집.

S. 브뤼노프 (2000), 「지금 우리에게 어떤 유럽이 필요한가? 우리는 어떤 유럽을 얻을 수 있는가?」, 『사회진보연대』 11월호.

Tandon, Yash (1998), "Globalization and Africa's Options", *ISGN*.